인생의 성공자가 되기 위한
자기관리

인생의 성공자가 되기 위한 자기관리

발행일   2019년 5월 29일

지은이   이호재
펴낸이   손형국
펴낸곳   (주)북랩
편집인   선일영   편집   오경진, 강대건, 최예은, 최승헌, 김경무
디자인   이현수, 김민하, 한수희, 김윤주, 허지혜   제작   박기성, 황동현, 구성우, 장홍석
마케팅   김회란, 박진관, 조하라
출판등록 2004. 12. 1(제2012-000051호)
주소   서울시 금천구 가산디지털 1로 168, 우림라이온스밸리 B동 B113, 114호
홈페이지 www.book.co.kr
전화번호 (02)2026-5777   팩스   (02)2026-5747

ISBN   979-11-6299-689-8 03320 (종이책)   979-11-6299-690-4 05320 (전자책)

이 도서의 국립중앙도서관 출판예정도서목록(CIP)은 서지정보유통지원시스템 홈페이지(http://seoji.nl.go.kr)와
국가자료공동목록시스템(http://www.nl.go.kr/kolisnet)에서 이용하실 수 있습니다.
(CIP제어번호: CIP2019020598)

(주)북랩 성공출판의 파트너

북랩 홈페이지와 패밀리 사이트에서 다양한 출판 솔루션을 만나 보세요!

홈페이지 book.co.kr   •   **블로그** blog.naver.com/essaybook   •   **원고모집** book@book.co.kr

삶의 실수와 불행을 줄이는 자기관리의 기술

인생의 성공자가 되기 위한
자기관리

이호재 지음

to be a successful person in life

북랩 book Lab

이 책을 읽는 이에게

나는 이 책이 학생은 물론 군인, 직장인, 그 외에도 많은 사람들의 책상 위에 놓여, 자기관리를 위한 지침서가 되길 바란다. 자신의 인격이 남으로부터 침해당하지 않으면서, 남을 공격하지 않고 자신의 길을 바르고 안전하게 살아갈 수 있게 하기 위해 이 책을 쓰게 되었다.

누구나 세상을 살아가다 보면 남과 경쟁 관계에 놓일 수도 있고, 본의 아니게 남의 영역을 침범할 수도 있다. 인간의 운명이란 자기가 짓고 자기가 받는다는 사실을 알아야 한다. 삶은 이치밖에 없듯이, 모든 길흉사의 발생은 남에 의해서 이루어지는 것이 아니라, 자기 자신에 의해 이루어진다는 점을 잊어서는 안 된다.

어떻게 보면 타인으로 말미암아 자신이 불행해지고 파멸에 이르게 된다고 생각할 수 있을 것이다. 하지만 사실은 자신의 삶이 남에 의해서 영향받고 지배받는 것이 아니다. 깊게 생각해보면 모든 것이 자신의 탓이라는 점을 알게 된다. 자기 자신이 남보다 높은 지위에 자리하고 싶고, 남보다 앞서가길 바란다. 그러나 그것은 뜻대로 쉽게 이루어지는 것이 아니다. 상대방도 똑같은 길을 추구하고 있기 때문이다.

그러므로 남을 시기하고 질투할 이유가 전혀 없다. 상대방도 나름대로 자기 삶을 살아가고 있다는 것에 주목해야 한다. 옛말에 '내 착함도 자연이 알아주고, 내 원한도 자연이 풀어준다'는 말이 있다. 오직 자신만이 자기를 바르게 살도록 만들 수 있다는 말일 것이다.

누구나 짧은 인생을 살아간다. 그 짧은 일생 동안 종국에 가서는 내가 지은 죄는 내가 받는다는 것이 사실로 드러난다. 그것이 당장 나타나지는 않지만, 세월이 흘러 먼 훗날 되돌아보면, 그런 결론에 도달할 수 있을 것이다. 한 인간의 흥망성쇠가 모두 자신에게 있다는 것을 이 자리를 빌려 한 번 더 전하고 싶다.

이러한 점을 볼 때 한 인간이 오래 살면서 훌륭하게 살아가고 있다면, 그것은 그 사람의 삶의 방법이 참되고 올바르기 때문이다. 때로는 운(運)이 작용할 수도 있겠지만, 인생 전체를 생각해보면 자기관리를 잘하며 살아온 사람이 성공하고 승리자가 된다는 것을 명심하기 바란다. 결국 인생은 자신과의 싸움인 것이다.

인간은 그냥 막무가내로 남들처럼 웃고 웃으면서 어울리고 야합(野合)하며 살아갈 것이 아니라, 모름지기 스스로 은인자중(隱忍自重)할 줄 알아야 한다. 즉 '밖으로 드러내지 않고 속으로 참고 견디며 몸가짐을 신중히 해야 하는 것이다.' 인간이란 알고 보면 세 치 앞을 내다볼 수 없다. 현재의 상태에서 삶을 예단할 수도 없다. 그저 삶을 다 살고 난 후에야 개인의 성공 여부를 논할 수 있을 뿐이다. 그 정도로 삶이란 복잡미묘하게 전개된다.

우주의 원리는 물론 인간 삶의 법칙 또한 마찬가지다. 인간의 마음 상태 역시 화평심을 이루고 있어야 한다. 즉 심중(心中)의 기운 또한 균형과 안정심으로 충만해야 할 것이다. 한편으로 치우치면, 언젠가는 맞은편에서 역으로 치우쳐야 수평을 이룰 수 있다. 한 쪽이 오목하면, 반드시 볼록한 면이 있어야 균형이 유지될 수 있는 법이다. 만약 자신이 남에게 죄를 지었다면, 다시 남에게 죄를 받아야 할 것이다. 이것이 인간의 심중에 존재하는 우주의 기운 법칙이 아니고 무엇이겠는가? 자기관리는 이 법칙에서부터 시작해야 한다.

2019년 2월 20일
이호재

삶은 누구에게나 존귀하다. 이것을 스스로 깨닫는 일은 대단히 중요하다. 그럼에도 불구하고 사람들은 일반적으로 세상이 살벌해서 삶이 위태롭다고 느낀다. 살아가다 보면 누구나 잘못을 저지를 수도 있고, 과오를 범할 수도 있다. 자기 입장을 생각해서라도 남을 용서하고, 자신도 용서받아야 한다. 그런데도 그렇지 못하다. 서로 함께 살아가면서 어렵고 힘들 때마다 의지하고 도우며 살아가야 한다. 하지만 현재의 삶은 서로 갈등과 반목으로 얼룩져 인심이 메말라 있다. 자본주의의 경쟁 논리 때문에 어쩔 수 없는 일이라고 생각할 수도 있을 것이다. 특히 요즘 우리 사회는 '분노의 사회'라 할 정도로 사람들이 크고 작은 일에 화를 쉽게 낸다. 더 큰 문제는 이념의 갈등보다도, 정의가 왜곡되어 부정의가 정당화되고 있다는 점이다. 현대인들이 이렇게 부정의를 정의로 고정화시켜가면, 다음 세대는 올바른 교육의 부재로 이어져 사회가 병들지 않을까 우려된다. 이런 병폐 현상을 누가 바르게 잡아주어야 할지 정말 미래가 참담하다.

그런가 하면, 자신의 재물을 남의 생명보다 더 귀중하게 생각하는 세상이 바로 오늘의 세상 아닌가. 이런 문제를 해결하려면 가장 먼저 개인의 인격과 양심이 올바로 형성되어야 한다. 그 다음은 국가의 법이 바로 서야 할 것이다. 그런데 그렇게 되고 있다고 말하기 쉽지 않다. 자기관리는 남에게 피해를 주지 않으면서, 바르고 안전하게 살아가기 위해 본인의 결함을 찾아 개선해 나가도록 스스로를 계발(啓發)하는 것이다. 우리 시대의 인문학 논의는 종국적으로 사람다움의 이념 정리이다. 그것의 실현을 목표로 '힘겨운 반성적 작업과 고통스런 실천 행위'를 이룩하기 위해 각자 노력하지 않으면 안 될 것이다. 인문학 공부의 의미는 가정의 우환을 예방하고 삶을 무난히 살아가는 것에 두어야 한다. 그러기 위해서는 지나치게 물질문명의 노예가 되지 말아야 하고, 감각적인 쾌락에 치우치기보다 이성에 근거한 내면 세계, 정신 세계를 계발하여 올바른 인생철학을 먼저 습득해야 한다. 이것이 인생에서 가장 먼저 이루어져야 할 과제이다.

　그러려면 도덕의 기초 위에 인생을 설계해야 한다는 기본적인 논리가 삶의 가장 밑바닥에 흐르고 있어야 한다. 나는 본래 아주 멋진 농장을 경영하고 싶었다. 뒷산 언덕에서는 얼룩소를 키우면서 젖을 짜고, 축사 옆에는 벌통을 놓아 벌이 윙윙 하늘을 날게 하며, 언덕 주변으로는 복숭아나무를 심어 봄이면 화사한 복사꽃이 피어나도록 하고 싶었다. 앞 뜰에는 포도 과수원을 조성해서, 9월이면 검은 머루포도가 주렁주렁 열리게 해, 지나는 길손과 같이 먹으면서 아름다운 정담(情談)을 나누고 싶었다. 그리고 가을이 오면 마당 옆 뜰에서 푸른 깃을 길게 늘어뜨린 붉은 벼슬의 수탉이 하늘을 향해 우렁차게 울어대고, 대문 밖에는 맨드라미, 과꽃, 코스모스 등 계절에 맞는 꽃이 피어나는 농장을 만들고 싶었다. 하지만 그런 삶도 지나가는 뜬구름 같아서, 사람들이 보다 훌륭하게 살아갈 수 있도록 하기 위한 인문학을 공부하기로 결심을 했고, 현재 이 길을 걷게 되었다.

나는 운명대로 이렇게 흔들리고 부딪히며 현재까지 살아왔다. 왜 하필이면 내가 『자기 관리』라는 책을 쓰게 되었겠는가? 이 질문에 대한 답은 간단하다. 나 자신이 살아온 과거가 나의 잘못으로 인해 너무나 후회스럽고 한스럽기 때문이다. 그래서 우리의 후손들에게는 그런 전철(前轍)을 밟지 않게 하기 위해서이다. 특히 젊은이들이 인생 교육을 잘 받지 못하면, 자기관리를 소홀히 할 수 있다. 이 책을 통해 보다 나은 미래를 개척하고 아름다운 삶을 살아갈 수 있기를 바란다.

나는 가난한 가정에서 재능이 특별하지도 않게 태어났다. 그래서 만일 같은 운명으로 다시 태어난다면, 또 다시 현재의 삶을 재현하며 이 길을 걷게 되지 않을까 생각되기도 한다. 하지만 나는 철들고 나서부터는, 내가 허송세월하며 살았다고 생각하지 않았다. 나름대로 열심히 살았다고 판단되기 때문이다. 그런 내 인생 여정에서 특별히 내가 결혼하지 않고 독신자로 살았다면 내 인생과 운명이 바뀌었을 것으로 생각한다. 하지만 그렇지 않다면 하는 수 없이 현재와 똑같이 내 방식대로 삶을 살아가지 않으면 안 될 것이다. 이런 와중에서 이렇게 늦게나마 이 책을 집필하게 되었다. 좀 더 훌륭한 글을 남기고, 세상을 떠나면서 우리의 귀한 후손들에게 행복한 삶을 살아가도록 보탬이 되면 얼마나 좋으랴마는, 이 정도 내용의 글이라도 남기게 되어 보람을 느끼기도 한다. 이 뜻을 잘 이해하고 인지하여, 그나마 이 책을 읽은 사람들이 삶을 살아가는 데 조금이라도 도움이 되었으면 하는 바람을 지울 수 없다.

2019년 2월 20일
이호재

1장

인간의 삶

1.
삶의 본질과 진실은 무엇인가?

인간의 삶이란 위험한 장소는 물론 인간과의 갈등을 피하고 하늘의 도(道)를
따르면서, 자신에게 주어진 의무와 책임을 다하고 꿈을 실현하는 것이다.

- 이호재

　인간은 어떤 존재인가? 인간 마음의 근저에는 항상 삶에 대한 애
착과 죽음에 대한 두려움, 자기 위주의 이기심과 남에 대한 공격성,
성욕과 물질 추구에 대한 갈망, 행복과 꿈의 실현 욕구 등을 가지
고 살아간다. 그러면서도 항상 선과 악 사이에서 한 쪽으로 고정시
키지 못하고, 양쪽을 오가며 지속적으로 흔들린다. 보편적으로 나
쁜 마음은 마음속 깊이 감추고, 겉으로는 착한 모습을 보이려 한
다. 누구에게나 마음속 깊은 곳의 악성(惡性)을 완전히 뿌리째 뽑아
버리는 것은 불가능하다고 본다. 결국 마음속의 악을 숨기고 겉으
로 선한 듯이 살아간다고 할 수 있다. 인간의 마음은 미로를 걷는
것과 같이 항상 불안하다. 그것뿐인가? 인간은 하루에도 몇 번씩
생각을 바꾸는 변덕스러운 마음을 간직하고 있는 동시에, 허영과
자만으로 가득 차 있는 존재이다.
　인간의 삶은 어떤가? 우리 스스로에게 각인시키고 싶은 것이 있

다. 우리가 살고 있는 이 세상을 불교에서는 '사바세계1)'라고 부르고 있다는 점이다. 우리는 살아가면서 이 점을 한시라도 잊으면 안 될 것이다. 이 세상의 삶에서 행복 추구에 대한 지나친 기대를 하지 말아야 한다는 결론에 이른다. 즉 사바세계에서 살아가야만 하는 우리는 어려움과 고통, 걱정과 근심, 이런 문제와 슬픔을 안고 살아가야만 한다.

생(生)을 갖게 되면 노사(老死)에 따른 근심과 슬픔이 있게 된다. 왜냐하면 이 세상은 그렇게 만들어져 있기 때문이다. 그렇다면 이 세상은 어떻게 형성되었으며 우리의 생명은 또 어떻게 주어졌는가? 그 원리를 살펴보아야 하겠다.

고대 인도의 철학 경전 『우파니샤드(Upanisad)』에서도 주된 관심사는 세계와 자아(自我)에 관한 것이다. 특히 〈슐베타스바타라 우파니샤드〉에서는 단도직입적으로 묻고 있다. "세계의 근원은 무엇인가? 우리는 어디에서 생겨났으며, 무엇에 의해 살아가고 있는가? 그리고 죽어 어디로 갈 것인가?"가 그것이다. 이 『우파니샤드(Upanisad)』는 대개 기원전 800년에서 500년 사이, 불교가 성립하기 이전에 만들어진 것으로 알려져 있다. 이미 이때부터 인도인들의 관심사는 세계와 자연, 삶과 죽음에 관한 문제를 깊게 논의하는 것이었다.

인간의 역사에서 이때까지 가장 중요하게 다루어온 논의(論議) 대상은 삶과 죽음의 문제이다. 인간의 조건(한나 아렌트, 1997)에서는

---

1) 사바(娑婆) : 이 말은 'saha'라는 산스크리트의 발음을 따서 적은 것으로 '억제하다, 극복하다, 견대다, 인내하다'의 뜻을 지니고 있다. 그래서 한역 불전에서는 사바세계를 '인토(忍土)'나 '인계(忍界)'로 번역했던 것이다.

"죽을 수밖에 없는 인간은 불멸적인 행위 업적과 사라지지 않을 흔적을 뒤에 남길 수 있는 능력에 의해, 인간은 개별적으로 죽을 수밖에 없음에도 불구하고 자신의 불멸성을 획득하고, 스스로를 '신적(神的)' 본성을 가진 존재로 확증한다. 인간과 동물의 차이는 인간 종(人間種) 그 자체에 의해 분명하게 드러난다. 자신을 항상 최고의 존재로 증명해 보여야 하고('최고임을 입증한다'는 뜻의 동사 aristeuein은 다른 언어에서는 발견되지 않는다), 없어질 것보다 불멸의 명예를 좋아하는 '가장 뛰어난 자(aristoie)만이 참된 인간이다. 자연이 제공해주는 쾌락에 만족하는 자, 그는 동물처럼 살다가 죽는 자이다. 이것은 여전히 헤라클레이토스[2]의 의견이다."라고 기술하고 있다.

그러니 항상 인생의 종말을 생각해야 한다. 그리고 지금 당장 인생에서 가장 중요한 것이 무엇인지를 생각해야 할 것이다. 즉각 이행해야 한다. 우리가 살아가면서 가장 경계하고 분별력을 필요로 하는 것이 있는데, 그것은 자신에게 주어진 특별한 삶을 살아야 한다는 것이다. 자신의 길을 걸으면서 자신이 가장 가치 있는 것이라고 판단되는 그 일을 수행해 목적을 달성할 수 있도록 노력하는 것

---

[2] 헤라클레이토스('Ηράκλειτος, 기원전 6세기 초 - ?)는 고대 그리스의 이른바 전 소크라테스 철학자이다. 헤라클레이토스의 출생 연대는 매우 불확실하다. 기원후 3세기에 쓰인 디오게네스 라에르티오스의 철학자 전기에 따르면, 헤라클레이토스는 기원전 504년경에 이른바 아크메(Akme, 사람이 가장 많이 활동하는 나이, 40대)에 접어들었다고 하며, 에페소스의 귀족 가문에서 태어났다고 한다. 이밖에 헤라클레이토스의 생애에 관해 오늘날 전해지는 일화들은 믿을 만한 것이 못 된다. 헤라클레이토스는 이해하기가 어려운 글을 자주 씀으로써 이미 고대에 '어두운 철학자'(Skoteinos)로 이름났다고 알려져 있다. 중심 사상을 나타내는 "같은 강물에 두 번 들어갈 수 없다"는 말로 유명하다. 그 어떤 것도 안정되거나 머물러 있지 않다고 생각했다. '생성, 변화'를 중요시한 철학자라고 볼 수 있다. 헤겔 이후 재조명받았고, 흔히 '존재에서 생성으로'라고 일컬어지는 현대 철학의 전회에 따라 영향권이 확장되고 있다. 니체, 베르그송, 들뢰즈 등 현대의 거장들에 미친 그의 영향력은 현저하다. 또한 운동/생성에 대한 고찰이 유사한, 노장 철학과 중국 철학과의 연관성으로 동양 철학에서도 새롭게 주목받고 있다.

이 중요하다. 때로는 남의 인생과 비교할 수도 있겠지만, 그것 때문에 불행해져도 행복해져도, 또한 우쭐해져도 의기소침해서도 안 된다. 개개인은 출발점에서부터 태어난 조건부터가 다르기 때문에 자신의 운명에서 출발해야 하고, 자기 삶의 실적으로 평가해야 한다. 형제간에서도 마찬가지이지만, 독특한 자신의 인생행로가 주어지기 때문에 오직 자기 내면의 가치를 새롭게 점검하고, 자신에 맞는 삶을 개척해 나가지 않으면 안 된다. 비록 남보다 자신의 처지가 하위 수준에 머물러 있더라도 슬퍼하지도 원망하지도 말며, 자신에게 닥치는 운명이라 생각하고 묵묵히 살아가야 한다. 자기 인생만은 꼭 성공하라는 법은 없지 않은가? 그렇다고 인생을 포기할 수는 없는 일, 우주 자연의 원리를 깨닫게 되고 인간으로서 영혼의 세계에 조금이라도 접근할 수 있다면, 세상은 그저 주어지고 우연에 의해서 이루어지지 않았음을 깨닫게 될 것이다. 어떤 일이 닥치더라도 양심과 이성을 잃지 말고, 인간의 도리를 지키며, 자연의 섭리에 순응하는 것이 무엇보다 중요하다. 인간은 처음 태어날 때부터 그렇게 창조되었다고 생각되기 때문이다.

인간은 누구나 언젠가는 죽음을 맞이해야 하는 필연성을 안고 살아간다. 1년 후에 죽음이 찾아올지, 20년 뒤에 찾아올지, 그 차이만 있을 뿐이다. 대부분의 사람들은 자기가 죽을 것을 잊고 영원히 살 것처럼 행동하며 살아간다. 하지만 누구나 죽음을 피할 수는 없다. 본인은 물론 타인에게도 죽음은 공평하게 엄습해오고 있다. 인생도 꽃처럼 한번 피었다가 시드는 자연의 법칙에 따라야 한다. 한번 피게 되는 그 순간을 의미 있게 보내지 않으면 안 된다.

인간의 수명이 80년이라고 볼 때, 태어나서부터 대학 졸업까지 25

년, 직업을 구하고 결혼하며 경제적인 자립과 자녀 양육, 직장 근무에 소요되는 기간 35년을 합하면 60년의 세월이 지나가 버린다. 그마저 열심히, 부지런히 살아야 겨우 맡은 바 자신의 책임과 의무를 수행하게 된다. 따지고 보면 그렇게 여유로운 시간이 많지 않다는 것을 알게 된다. 즉 인생이 무엇인지 알게 되는 순간 몸은 쇠락해지고, 인생은 황혼기에 접어들게 된다. 세월은 시냇물처럼 흘러가면 다시 돌아오지 않는다는 것을 항상 기억하지 않으면 안 된다.

『인생일기』(톨스토이. 2007)에서, 1910년 10월 28일 톨스토이는 집을 떠나면서 자기부인 소냐에게 이런 글을 남긴다.

"……그리운 쏘냐, 안녕히, 신(神)이 당신에게 힘을 주시도록 빕니다. 인생은 결코 유희가 아닙니다. 우리는 자신의 의지로 인생을 포기할 권리는 갖지 않았습니다. 시간의 길이에 의해 이것을 측량하는 것도 불합리합니다. 아마 우리에게 남은 여생은 지금까지 살아온 생활보다도 중요할 것입니다. 그렇기 때문에 그 남은 세월을 잘살지 않으면 안 됩니다."

이렇게 사랑하는 부인에게 의미 있는 글을 보낸다. 이 글을 통해 우리가 느낄 수 있는 것은, 삶이 고달프더라도 자신의 의도로 생을 포기해서는 안 되며, 주어진 운명을 수용하고 최선을 다해 살아가는 것이 신(神)에 대한 의무로 보고 있다는 것이다.

이런 의미에서 볼 때, 그리스 옛 전설을 상기시킬 수 있다.

미다스 왕이 디오니소스 신의 종자인 현자 실레노스에게, "인간에게 최상이자 최선의 것은 무엇인가?"라고 물었다. 이에 실레노스는 눈썹 하나 까딱하지 않고 입을 다물고 있다가, 왕의 강요에 못 이겨 느닷없이 날카로운 웃음을 띤 소리로 대답했다. "우리는 지극히 짧은 생을 받은 자들이다. 우연과 고통의 자식들이여, 듣지 않는 편이 이로운 것을 어찌해 억지로 들으려 하느뇨? 너희에게 최선의 것은 이제 와서 너희가 어쩔 도리도 없는 일이다. 그것은 바로 태어나지 말았어야 할 것, 존재하지 않았어야 할 것이니까. 그러나 너희에게 남겨진 차선책은 있다. 즉 얼른 죽는 것이다."

물론 이 말은 그 시대의 그리스 민중에게 있던 생존의 공포와 고뇌를 대변하는 대답이라고들 할 것이다. 하지만 인류 누구에게나 가장 마음속 깊은 곳에 자리하고 있는 삶의 고통과 죽음에 대한 공포를 말해주는 것이 아니겠는가 생각해본다. 이것을 극복하기 위해서 이 우연적인 탄생에 대해 종교적인 의미를 부여하지 않으면 안 될 것이다. 우리의 선조들은 자연히 다른 동식물과 자연의 섭리에서 삶을 배우기도 하면서, 자연의 순리에 맞게 살아가는 것이 삶의 가장 최선의 방법이라고 알고 살아왔다.

인간의 삶은 아이러니하게 필연적으로 죽음을 맞이해야 함에도, 충실한 삶을 살아가기 위해서는 죽음으로부터 해방되어야 한다는 점이다. 만일 인간이 죽음의 감정에서 해방되고자 한다면 죽음에 대한 공포를 버려야 한다. 『서양철학사』(앤서니케니, 2004)에서도 "자유로운 사람은 죽음에 대해 조금도 생각지 않는다. 그리고 그의 지혜는 죽음이 아니라 삶에 대한 명상이다."라고 기술하고 있다. 좀 어려운 해석이지만 다른 뜻으로 풀이하면, 자연의 섭리에 순응하는 삶을 가장 지혜로운 삶으로 보아야 한다는 것이다. 도덕이 자연의 법칙이라고 볼 때, 도덕적 진보를 이루는 열쇠는 만물의 필연성을 이해하고 받아들이는 데 있다는 점이다.

『좋은 인연 맺는 법』(남산 스님, 1999)에서도 "삶을 산다는 것은 시련을 극복하는 것이요, 고난과 싸우는 것이요, 역경을 이겨내는 것이요, 운명에 도전하는 것이다. 그래서 힘과 용기, 인내와 덕(德)이 필요하다."라고 말한다. 실질적으로 삶이란 탄탄한 것이 아니다. 엉성하다. 더욱이 영원한 것이 아니고 순간적이다. 삶은 언제나 기도와 명상하는 자세처럼 조심을 근본으로 한다. 껍데기가 아닌, 실질적이고 알맹이가 있는 삶을 살아야 한다.

어떻게 살아야 하는가? 올바른 이성으로 정확한 사고(思考)로부터 시작하지 않으면 안 된다. 희망, 신뢰, 의지, 진리, 사랑 등이 가장 소중한 가치가 된다. 필히 배제되어야 할 것은 오만, 사치, 위선, 허영, 나태 등이라고 생각한다. 결국 안정되게 존재하는 것, 이것이 삶의 최고의 목표이다.

안정된 존재는 정체성과 사상이 그 속에 자리하고 있어야 한다. 어떻게 보면 삶 자체는 고난이다. 연약한 생명을 부여받아 보존한다는 것은 그 자체가 바로 처절한 투쟁인 것이다. 투쟁은 반드시 승리를 동반해야 한다. 그 때문에 생존경쟁이라는 의미를 포함하게 된다. 그래서 항상 갈등이 생기고 싸움이 일어나는 것이다.

하지만 이런 순간들이 지속적으로 일어나더라도 마무리가 중요하며, 경계선을 지키면서 그 이상 상대의 영역을 침범해서는 안 된다. 그 순간이 지나면 좋지 못한 기억들은 없었던 것처럼 영원히 잊어버리고, 새롭게 출발해 훌륭한 삶을 사는 것이 올바른 삶이다. 이런 일들은 언제나 일어날 수 있는 일이다. 속상해할 일이 아니다.

이것이 바로 우리 삶의 현실이다. 그렇기에 언제나 좋게 수용하며 바르게 전진해야 한다.

인간이라면 누구나 사는 동안 꼭 세 가지를 지키며 살아야 한다. 첫째는 자연 속에서 평화롭게 살다가 조용히 세상을 떠나는 일이다. 둘째는 종교 경전을 머리에 새기면서 거기서 가르치는 대로 인간다운 삶을 사는 일이다. 셋째는 마음을 통제하며 꿈을 실현하는 일이다.

칸트의 최고 가치는 도덕 철학에서 출발한다. 즉 조건 없이 선(善)의 유일한 것은 선의지(善意志)뿐이라는 것이다. 선의지를 선하게 만드는 것은 선의지에 의한 성취가 아니라, 선하게 의욕하는 것, 그 자체만으로 선하다는 것이다. 그는 이렇게 말한다. "아무리 노력해도 결코 아무것도 성취할 수 없고, 오로지 선의지만이 남는다고 하더라도, ……이때에는 선의지는 스스로 빛을 발하는 보석처럼 그 자체로서 완전한 가치를 지닌 것으로 빛날 것이다." 또한 칸트의 '정언명법(定言命法)'은 조건 없는 명령이다. 죽음과 관련해 정언명법에서는 이런 말이 나온다. "품성(nature)의 가치는 누군가가 경향성 때문이 아니라 의무로 말미암아 선(good)한 행위를 할 때에만 보인다. 예컨대 살 맛을 완전히 잃어 죽음을 갈망하는 사람도 여전히 도덕법에 따라 자신의 생명을 보존하기 위해 최선을 다한다." 칸트는 도덕을 의무로부터 비롯되어 행위하는 것으로, 도덕률에 대한 외경(畏敬)으로부터 비롯되어 행위하는 것으로 본다. 즉 자신의 목숨을 스스로 끊는 것은 자신의 인격을 고단함과 괴로움을 종식시키기 위한 수단으로 사용하는 것이라고 칸트는 역설한다. 그래서 종교가 아니라 도덕률에 의해서도 삶은 귀중한 것이 아니라고 말할 수 없다.

도덕은 자연법칙에서 온 것이다. 그래서 칸트의 정언명법은 "인간으로 태어난 이상 아무리 고단하고 삶이 괴롭더라도, 끝까지 삶을 살아가야 한다는 논리이다." 이것은 하늘로부터 정해진 뜻(intention)으로 본다. 이 점은 인간으로서의 삶에 대해 대단히 중요한 의미를 부여한다.

우주와 자연, 인간의 마음 등 삶과 관련해 『세네카 인생론』(세네카, 2007)에서도 〈자연의 연구〉에서 우주라는 신의 작품에는 이해할 수 없는 것이 많다는 것을 강조한다. 이와 동시에 세네카는

헤라클레이토스

요하네스모리엘스(Johannes Moreelse)가 그린 헤라클레이토스, 이 그림은 "눈물을 흘리는 철학자"로서 헤라클레이토스를 묘사했다. 그림에서 그는 세계를 두 손으로 감싸고 있으며 "어둠에 둘러싸인" 옷을 입고 있는데, 두 가지 모두 전통적인 모티브이다.

사람의 마음에 대해서도 그것이 무엇인가를 쉽게 대답할 수 없음을 말했다. 세네카에 앞서 그리스 철학자 헤라클레이토스는 "마음은 한없이 넓어 그 끝에 이를 수 없는 것이다."라는 뜻의 말을 남겼다. 세네카가 한 말은 뜻밖에도 헤라클레이토스를 연상케 한다. 헤라클레이토스 역시 "우주의 깊이와 마음의 불가사의에 마음을 진정시켜 사색을 기울일 것"을 암시한다. 그리고 세네카는 그의 인생론에서 "사람은 앞으로 나는 어떻게 살아야 하는가를 소중히 해야 한다."라고 말한다.

우리의 삶은 죽음을 전제로 전개되고 있다. 이것이 자연의 순리이기 때문이다. 죽음을 자연의 이치에 따라 풀어가야만 하는 과제

를 우리는 안고 있다. 그렇게 생각하면 죽음을 두려움의 대상으로 볼 것이 아니다. 죽음은 자연 그 자체인 것이다. 다만 삶은 어떤 삶이어야 하는가? 인위적으로 생명을 조작하고 주도하는 삶이 아니라, 생명 그 자체를 자연에 맡겨, 삶과 죽음이 자연적으로 이루어지도록 하는 데 그 의미가 있을 것이다. 즉 어쩌면 우리의 목숨을 관리하는 주인(master)으로서 별도로 절대자가 존재한다는 의미와 같은 뜻으로 풀이된다.

성현(聖賢)은 자연의 신비함의 의미를 깨닫고 살지만, 평범한 사람은 자연의 신비함의 의미를 깊게 깨달을 수 없다. 그래서 성현의 가르침에 따라 살아가는 것이 옳은 것인 줄 알고 그렇게 살아가고 있는 것이다. 우리는 성현의 가르침을 배우기 위해서 경전(經典)을 가까이하고, 훌륭한 스승들의 생각과 자세를 배우면서 닮은 삶을 살아가게 된다. 불교 지도자 달라이라마의 정신적인 삶의 자세를 따르듯이, 톨스토이의 인생론을 삶의 철학으로 받들듯이, 그리고 인격이 높은 이웃사람들의 생활태도와 자세를 모방하듯이, 우리는 좋은 스승을 옆에 모시고 인생을 배우며 살아간다.

하지만 삶 그 자체는 행복하고 즐겁고 아름다운 것이 아니다. 삶 그 자체는 고통이나 다름없다. 불우한 환경에서 어려움을 견디고 성공했을 때 그 열매는 행복하고 아름다운 것일지라도, 그 과정은 고통의 연속이다. 역으로 생각하면 어려움과 고통이 없는 삶 그 자체는 아무런 의미가 없으며, 행복의 진미(眞味)도 느낄 수 없다.

특히 삶의 큰 뜻을 이루려고 하면 그에 비례하는 인내와 고통 없이는 불가능하다. 선조의 삶을 조명해보면, 값어치 있는 삶을 살다 간 사람들의 발자취는 어려운 삶의 과정을 참아내는 인고(忍苦)의 세월을 보냈다는 것을 알게 된다. 그러니 삶을 편하게 살아갈 것이라고 생각하는 것은 삶의 의미를 모르는 사람들의 생각이나 다름없다.

훌륭한 삶을 위해 어떻게 살아갈 것인가 생각해보지 않을 수 없다. 『생활지도』(이재창, 2000)에서 보면, "삶의 기술이란 인생을 살아가면서 자신의 감정과 정서, 공포와 희망, 그리고 갈등과 좌절, 즐거움과 슬픔의 조절능력 등을 다루는 기술을 말한다."라고 말하고 있다. 살아가면서 만나게 되는 어려운 문제를 해결하기 위해서 우리는 선택의 문제에 직면하게 된다. 한 개인이 행위를 한다는 것은 자기 앞에 놓인 문제를 해결하기 위해 해답을 구하는 것이기 때문이다. 이런 선택을 원만히 잘하느냐 못 하느냐는 인생의 행복에 직결되는 중대한 문제이다. 그렇기 때문에 명상을 통해 지혜를 구하기도 하고, 독서를 통해서 지식을 얻기도 하며, 사회생활을 통해서 경험을 쌓기도 하는 것이다.

실존주의적 심리 치료가인 빅터 프랭클[3]은 "삶은 궁극적으로 문

---

3) 빅터 프랭클(Viktor frankl, 1905~1997)은 유태인으로서 오스트리아 비엔나에서 출생했으며, 정신과 의사이며 교수이다. 저서로는 『죽음의 수용소에서』 등이 있다. 빅터 프랭클은 2차 세계대전 때 유태인 수용소인 아우슈비츠에 갇혔다가 살아난 사람으로 유명하다. 그가 그 수용소에 갇혀 있을 때, 사랑하는 가족인 부모님, 아내, 형제 그리고 친구들도 모두 가스실에서, 혹은 굶주림, 질병으로 인해서 죽었다. 빅터 프랭클이 절망에 빠져 있을 때 한 사람이 죄수복을 건네주었는데, 그 안에 쪽지가 있었다고 한다. '진심으로 네 영혼과 힘을 다해 하나님을 사랑하라.' 그날 그 구절을 보는 순간 빅터 프랭클은 정말 열심히 살아야겠다고 생각하게 되었고, 자신의 존엄성을 잃지 않으려고 노력했다.
자신을 가꾸기 위해서 마실 물조차 없는 상황에서도 항상 청결하려고 노력했고, 절대로 낙담하거나 절망적인 말을 입에 담지 않았다고 한다. 이렇게 부지런하게 자신을 가꿈으로써, 의도하지는 않았지만 다른 유태인들보다 건강하고 깨끗해 보여서 죽음의 가스실로 붙들려 가는 것을 면할 수 있었다. 그리고 끝까지 살아서 아우슈비츠에서 해방될 수 있었다고 한다. 힘든 상황에서도 긍정적인 마음을 가져 자신을 잃어버리지 않았고, 2차 세계대전이 끝난 후 그는 '로고 테라피'라는 심리치료를 만들어서 많은 사람들에게 도움을 주었다.

제에 대한 옳은 답을 찾는 책임 능력을 가지고 개인에게 주어진 임무를 다하는 것을 의미한다."라고 정의 한다. 또한 그의 저서 『죽음의 수용소에서』를 보면, "만약 어떤 사람이 시련을 겪는 것이 자기 운명이라는 것을 알았다면, 그는 그

빅터 플랭클

시련을 자신의 과제, 다른 것과 구별되는 자신만의 유일한 과제로 받아들여야 한다. 시련을 당하는 중에도 자신이 이 세상에서 유일한 단 한 사람이라는 사실에 감사해야 한다. 어느 누구도 그런 시련으로부터 구해낼 수 없고, 대신 고통을 짊어질 수도 없다. 그가 자신의 짐을 짊어지는 방식을 결정하는 것은 그에게만 주어진 독자적인 기회이다."라고 말한다. 그리고 "……이제 우리는 삶의 의미란 끊임없이 변하지만 고통과 시련은 절대로 없어지지 않는다는 것을 알았다."라고 말한다. 즉, 이 말은 살아가기 위해서는 지속적인 삶의 어려움을 만나게 된다는 의미로 해석된다. 그는 심리적인 측면에서 삶에 접근해가고 있다. 그의 '로고 테라피'라는 심리치료 프로그램에서 우리는 삶의 의미를 세 가지 방식으로 엿볼 수 있다. 그는 "1) 무엇인가를 창조하거나 어떤 일을 함으로써 2) 어떤 일을 경험하거나 어떤 사람을 만남으로써 3) 피할 수 없는 시련에 어떤 태도를 취하기로 결정함으로써 삶의 의미에 다가갈 수 있다."라고 기술하고 있다.

　여기서는 심리적인 측면에서 삶의 과정을 설명하고 있다. 하지만 우리의 삶에 대한 태도를 반영해볼 수 있는 문제가 아닌가 생각하게 한다.

책을 읽다 보면, 먼저 세상을 떠난 조상들 중에서 그래도 선비에 속하는 사람들이 얼마나 덕을 쌓고 착하게 살기 위해 노력하다가, 세월의 흐름을 이기지 못하고 삶을 마감하게 되었는지를 엿볼 수 있게 된다. 우리도 그들과 다름없이 그들의 뒤를 따라가고 있다고 할 것이다. 삶은 불변하는 것이 아니라 끊임없이 변화한다. 그래서 우리는 새로운 문제에 직면하게 된다. 삶은 아주 현실적이며 개별적이기 때문에, 시시각각 사유의 형태가 달라져야 한다. 때문에 매일 공부하고, 뉴스를 보아야 하며, 깊은 고뇌에 빠져보기도 해야만 하는 것이다.

우리는 어떤 생각을 가지고 삶에 임해야 하는가.

첫째, 삶은 중요하다. 생존만큼 중요한 것이 없다. 왜냐하면 어차피 세상에 태어났으니 행복한 삶을 살아가기 위해서 꿈을 이루고 살아야 하기 때문이다. 그러므로 한 번의 실수에 의해서 인생을 실패로 마감해서는 결코 안 된다. 삶을 살아가는 태도는 얇은 얼음판 위를 걷는 것처럼 조심하고, 조심하고 또 조심해야 한다. 그렇게 조심에 조심을 거듭해도 삶을 목적지까지 옮겨놓을 수 있을지 확신하기 어려운 불명확한 여정이다. 삶을 영위하는 동안 한 번의 실수로 영원한 심연(深淵)의 나락으로 떨어질 수 있는 위기는 항상 존재한다.

무엇보다도 목표를 이루고 천수(天壽)를 누릴 수 있도록 몸 관리에 주의하지 않으면 안 된다. 이 세상에 태어났으니 살 만큼 사는 것, 그것은 중요하다. 인생의 황혼기가 되도록 살아보아야 인생의 의미를 말할 수 있을 것이다. 『이성과 기능 The Function of Reason』(화이트헤드, 역자 도올 김용옥, 1998)에 의하면, "dodge, 삶의 방법 이란 원래 '피한다'는 뜻인데, 명사로서는 '피하는 수단'이라는 맥락 에서 묘안(妙案), 교묘한 착상, 기발한 방법이라는 의미로 해석한다. 허나 가장 보편적인 의미는 '위험으로부터 보호되는 안전한 대피소 (safe haven)'라는 뜻이다. ……또한 여기서 생존의 방법(a dodge to live)에는 두 가지가 있는데, 방법 하나는 자신을 안정적으로 만들 고 그냥 생존하는 수준으로 퇴행해버리는 것이요, 또 하나는 과거 의 관습들을 자유롭게 떨쳐버리고, 더 잘사는 모험을 시작하는 것 이다."

여기서 화이트헤드가 강조하고 있는 것은, 더 나은 삶으로 비약 하려면 실천이성(實踐理性)[4]의 힘만으로는 불가능하며, 반드시 사변 이성(思辨理性)[5]의 작동을 요구한다는 것이다. 그래서 삶에서 생존 의 방법은 안전이냐(쇠락의 길), 모험이냐(더 좋은 삶으로 도약하는 길) 의 두 가지 길이 있다는 것을 보여주고 있다.

하지만 이런 상황이 아니더라도, 삶이란 도가(道家)의 도(道)의 철

---

4) 1 실천이성(實踐理性)이란 목적의 실현을 위해서 행위를 통어(通御)하는 이성, 또는, 도덕적 법칙에 따라 의지(意志)를 규정하는 이성
   2 칸트 철학에서 실천이성(practical reason)의 기본 개념으로 도덕적인 실천의 의지를 규정하는 이 성을 가리킨다. 칸트는 『실천이성비판』에서 사변이성과 실천이성을 대비적으로 비교한다. 그러나 중 요한 것은 두 이성이 서로 분리된 다른 이성이 아니라는 점이다. 하나의 순수이성이 다른 의도와 관심에서, 그리고 다른 영역에서 작동하는 것을 표현하는 말일 따름이다. 따라서 "만약 순수이성 이 독자적으로 실천적일 수 있고, 도덕법칙에 대한 의식이 입증하듯이 실체가 그렇다면, 이론적 의 도에서건 실천적 의도에서건 선험적 원리들에 따라 판단하는 것은 언제나 오로지 동일한 이성뿐이 다." 결국 사변이성과 실천이성은 두 개의 이성이라기보다는, 하나의 이성이 서로 다른 관심에서 사 용되는 것으로 설명된다. 우선 하나의 이성이 두 가지 서로 다른 방식으로 사용되는 것은 관심의 차이 때문이다. "이성의 사변적 사용의 관심은 최고의 선험적 원리들까지 이르는 객관의 인식에 있 고, 실천적 사용의 관심은 궁극적인 완전한 목적과 관련해 의지를 규정하는 데 있다."
5) 사변이성(思辨理性)은 철학의 관념론에서 경험이나 실증에 의하지 않고, 순수한 사유(思惟)만으로 인식에 도달하려는 이성.

학에서뿐만 아니라 그 본질적인 면에서 따지고 보면, 인생을 싸움으로 보고 있는 측면이 고스란히 나타난다. 결국 우리 삶의 과정에서는 비교와 경쟁을 피할 수 없다. 이는 곧 삶이 고달프고 어렵다는 의미로 해석된다. 왜냐하면 남과 싸우고 경쟁한다는 것은 정신집중이고 정신무장인 동시에, 또한 먼저 자신과의 싸움이다.

남과 대결하는 것은 승자가 있고 패자가 생기는 험한 세계이다. 삶에서는 승자가 되기 위해 경쟁을 피할 수 없다. 하지만 싸움과 동시에 몸의 위태로움이나 죽음으로부터 멀어지게 해야 한다. 그 방법은, 남에게 싸움을 해서 이기는 데 목표를 두지 않고, 싸움을 피해 자신의 몸을 보전하는 데 목표를 두는 것이다.

노자(老子)나 장자(莊子)의 철학에서도 명예(이름)나 재물보다는 생존을 중히 여겼으며, 명예나 이름을 추구하면 몸을 망치게 되기 때문에 삼가했다. 그리하여 옛날에 도(道)를 얻은 사람은 장수를 누리면서 아름다운 성색(聲色)과 맛있는 음식을 오랫동안 즐겼다고 했다. 그러니 삶에서 가장 중요하게 다루어야 할 부분이 무병장수하는 것이라고 아니할 수 없다. 그러므로 삶의 목표를 건강하고 오래 사는 데에 두고, 젊어서부터 이를 위해 준비해야 할 것이다. 욕심대로 한다면 명예와 재물을 얻고 무병장수하기를 바라겠지만, 자연의 이치가 그렇게는 운행되고 있지 않음을 도의 철학에서는 가르치고 있다.

특히 『노자』(김홍경, 2003)에서 보면, "나에게 언제나 세 가지 것이 있으니 그것을 보배로 여긴다. ① 자애(自愛)로움이고 ② 검약(儉約)이며 ③ 감히 천하 사람들 앞에 나서지 않는 것이다."라고 했다. 여기서 보더라도 노자사상은 몸을 숨기고 아껴서 장생불사(長生不死)

하는 삶을 가장 중요한 철학으로 삼았다고 할 수 있다.

둘째, 앞에서 기술했듯이 무병장수한다는 전제조건에서 반드시 성공적인 삶을 살아가기 위해 원대한 꿈을 가슴에 품고, 그 꿈을 이루기 위해 노력해야 한다. 물론 성공적인 삶을 위해서는 무병장수의 꿈이 제일 먼저이겠지만, 여기에 이중적인 모순, 즉 아이러니(Irony)가 있다. 욕심을 버리고 오래 살아야 하면서도, 원대한 꿈을 이루어야 한다는 점이다. 한 송이 국화꽃을 피우듯이 우리도 저마다 삶의 꽃을 피워야 한다. 결실을 맺고 삶을 마감하는 것이 무엇보다 중요하다. 삶이 성공할 경우에 죽음은 그 이상 두렵지 않을 것이다. 꿈을 이루기 위해서는 고행(苦行)의 길이라도 걸어야 한다. 꿈이 이루어지는 순간은 인생의 참다운 의미를 발견하게 되는 순간이 된다. 매일매일 정신을 새롭게 가다듬고 잘못된 삶의 자세를 바꾸어서, 자신의 꿈을 이루는 데 한 치의 소홀함이 없어야 한다.

셋째, 무형(無形)을 중시하며, 신(神)과 같은 절대자를 공경하며, 삶을 경건하게 맞이하며 살아야 한다. 인간의 삶이란 한치 앞을 예견하기 힘든 혼미한 삶이다. 생의 종말이 우리에게 언제 닥쳐올지 알 수 없다. 미래는 불확실하다. 그러니 언제든지 천지신명(天地神明)이 나를 부르신다면 즉시 '예' 하고 대답하고 세상을 떠날 준비가 되어 있어야 한다.

우리가 이 세상에 머무는 시간은 촌음(寸陰)이며, 우주가 존재하는 이 영원성은 끝이 없다. 생명의 본질은 보이는 현상 세계보다는, 보이지 않는 무형의 세계에서 찾아야 할 것이다. 보이는 세계는 누구나 쉽게 피할 수 있고 지나갈 수 있지만, 보이지 않는 무형의 세계를 예측하기란 정말 어려운 일이 아닐 수 없다.

넷째, 순간순간을 즐길 줄 알되 참답게 삶을 살아야 한다. 자연은 물론 주변 환경과 조화롭게 살아야 하며, 구김살 없이 생명 그대로의 꽃을 피워야 한다. 그래서 무례하고 오만하며 이기적인 삶을 사는 것이 아니라, 도덕적이면서 분별력 있게 사는 자세가 필요하다. 한 번뿐인 삶을 후회 없이 살기 위해 인생을 즐기면서 보람 있고 알차게 살아야 한다.

다섯째, 자기관리를 철저히 해야 한다. 고려 시대의 고승인 나옹 스님6)은 한평생 산속에서 처절하게 자기관리만 했다고 전해진다. 자기관리를 잘하기 위해서는 남이 억울한 말, 못 들을 말을 해도 받아들여서 소화할 수 있는 능력이 있어야 한다는 것이다. 나옹 스님은 "이 지구상에서 자기관리를 잘못하면 바로 죽음을 맞게 된다. 악착같이 하는 모든 사업, 모든 명예가 자기관리가 되어 있는 상태에서 동여매어야 한다. 자신이 자기관리를 잘못하면 수명이 단축된다. 내가 내 관리를 잘못하면 헛된 구름이다. 내가 내 관리를 얼마나 잘하느냐가 중요하다."라고 가르쳤다.

삶의 어려움 중의 하나는 남과의 관계이다. 거기에 주목하지 않으면 안 된다. 얼마나 실존이 처절한가는 세상을 살아보아야 알게 된다. 세상 인심을 읽을 수 있으려면 산전수전(山戰水戰)을 겪어보아야 한다. 그러지 않고서는 쉽게 말할 수 없다. 삶에서 벌어지는 치열한 경쟁에서는 시기·질투부터 시작해 비난의 범위를 넘어, 저주에까지

---

6) 나옹 스님은 지금으로부터 600여 년 전 고려시대의 고승이다. 나옹 스님은 20세에 친구의 죽음으로 출가를 결심해 묘적 선사에게 가서 축가했다. 나옹화상(법명 혜근, 1320~1376)은 1344년 양주 회암사에서 용맹 전진해 깨달음을 얻었다. 그 후 중국 원나라에 유학, 연길 법원사에 도착해, 그 절에 머물던 인도 스님 지공화상으로부터 인가를 받고 무학 대사에게 법을 전했다. 영덕 장육사를 창건했다.

이르게 된다. 특히 중병이라도 걸려 삶의 영위가 어렵고 불가능하다고 판단될 때면 그 도가 최대에 이른다. 쉽게 말하면, 정승이 죽으면 조문객이 없어도, 정승의 개가 죽으면 조문객이 많다는 말과 일맥상통한다. 한 사람이 건재(健在)할 때는 주변에 사람들이 모여들고 그 사람에게 보이는 호의가 줄어들지 않는다. 하지만 그 사람이 무너지기 시작하면, 그렇게 호의를 보이는 사람도 등을 돌리고, 주변 인심이 늦가을 서리나 겨울철 얼음처럼 싸늘하게 돌변하고 만다.

뿐만 아니다. 콤플렉스가 있으면 약자였던 어떤 사람이 자신을 앞지른다든지 잘되는 듯이 보이면, 어떻게 하든지 그 사람의 한때의 잘못된 실수를 거론하며 흠집을 내기 시작한다. 친구에서부터 시작해 이웃, 가까운 친인척들도 가세해 그 사람을 무너뜨리려고 온갖 애를 쓰게 된다. 특별한 관계가 아니면, 서로 도우며 함께 살아가고자 하는 마음을 쉽게 찾아보기 힘들다. 이것이 세상인심인 것이다. 그렇기 때문에 무엇보다도 마음을 통제하고 자제하는 일이 세상을 살아가는 데 가장 중요한 것이다. 자칫하면 인간의 마음은 언제나 보복의 칼날을 세우게 된다는 것을 알아야만 한다.

생(生)은 한마디로 기적(奇蹟)이다. 그리고 형언할 수 없을 정도로 존귀(尊貴)한 것이다. 삶은 아주 잘살아야 하고 반드시 뜻있게 살아야 함을 전제로 한다. 그런데도 아이러니컬하게 삶은 처절하다. 자신도 모르게 조금만 방심하면 죽음의 나락으로 떨어진다. 어쩌면 정해진 운명에 따라 절망의 늪과 심연으로 추락하고 만다. 이 점이 삶의 진실이 아니고 무엇인가? 현재 생명을 영위하고 있는 인간들이 심각하게 받아들이지 않으면 안 될 실존의 일면인 것이다.

그래서 『노자』(김홍경, 2003)에서 말했듯이, "『주역』, 『노자』 모두 길흉화복에 대한 관심에서 출발하여, 복을 얻고 화를 피하려는 삶의 방법(처세)을 연구했다. 여기서 중요한 점은, 그것들은 모두 길흉화복을 행위의 결과로 보았다는 것이다. 운명처럼 작용하는 어떤 보편법칙[命]을 파악해서, 그에 합당하게 행동함으로써 복을 구하는 것이 『주역』, 『노자』 두 책의 공통적인 특징이다. 또한 이런 보편법칙은 인간의 능력으로 완전히 포착되지 않으므로 최대한 근신하고 조심하는 태도가 바람직하다는 권고도 같이 발견된다. 불행에 대한 현실적 염려와 우환 의식을 바탕으로 안전을 확보하는 삶의 기술을 고안해냈다는 점에서 『주역』과 『노자』 두 책은 일치한다."라고 그는 말한다. 아마도 이 세상에 한 번 태어난 이상 성공적인 삶을 위한 진실을 한마디로 말한다면, 바로 근신하는 데 있지 않을까 생각한다. 그러므로 삶이란 본래 주어진 의미를 깊이 깨닫고, 지속적인 수양을 통해 도(道)를 추구하며 살아가지 않으면 안 된다. 그러면서 고된 인생길을 개척해 나가야만 하는 것이다. 이것이 인생인 것이다.

2 장

성장기별로
이루어야 할
과업은
무엇인가?

인간을 성장기별로 나누어 살펴보면
진작 인생이라는 것은
한 치의 여유가 없을 정도로
숨 가쁘게 변하기 위해
노력해야 한다는 점을 알게 된다.
하지만 보통사람들의 삶은 그렇지 않다.
시간은 물과 공기처럼 우리에게 무한함을
주고 삶은 영원한 것으로 생각하게 된다.
여기에 진정 삶의 오류가
존재 하게 되는 것이다.
우리는 삶에 대해 한번더
긴장하고 우주와 인간 삶에 대해
새롭게 정립하며 하루를
살아가야 한다.

1.
청소년기의 특징은 무엇인가?

인생은 한 번뿐이고 젊음은 다시 오지 않는다. '청소년'이라는 소리를 듣기만 해도 우리의 가슴은 뛰고 벅차오른다. 청소년기, 누구에게나 꼭 한번은 맞이하고 지나가는 인생의 황금 기간이면서 중대한 위기이다. 이 위기를 어떻게 맞이하고 보냈느냐에 따라 성인이 된 후 삶의 방향이 크게 다르게 나타난다. 이 시기는 한마디로 '인생이라는 바다에서 자신이 나아가야 할 목표점을 향해 방향을 잡는 시기이다.' 청소년기는 누구나 방황하게 된다. 방황하는 동안은 불안과 고뇌가 늘 함께한다. 앞이 보이지 않으며, 방향을 잡기가 힘들다. 그래서 방향을 잡기 위해 탐색하는 기간이다. 방향을 잡기 위해 참고 기다리며 열심히 인생을 준비해야 한다.

청소년 시기는 현재의 안일하고 익숙한 환경에서 미래의 어렵고 힘든 길을 택해 전진하는 시기이다. 따라서 상반된 마음이 동시에 존재한다. 상반된 마음이란, 안으로는 쾌락을 추구하려는 육체적인 욕구가 늘 생성되는 데 반해, 외부 세상은 새롭게 태어나야 하는 자기 변신을 요구하는 힘든 상황을 말한다. 이 같은 상황에서 현재 자신의 처지를 역전시켜, 살아갈 인생의 길을 개척하는 일이다. 항상 마음에 '개척(開拓)'이라는 글자를 새기면서 자기의 영토를 넓히고 전진하는 일밖에 없다. 그렇게 하기 위해서는 정신을 가다듬고 갈고 닦아야 한다. 이것이 학습이며 공부다. 열심히 노력하지 않으면 안 된다. 이런 측면에서 볼 때 인생의 가장 중요한 시기가 아닐 수 없다. 모든 욕망의 충족은 뒤로 미루고, 그야말로 미래를 위해 현재 눈물을 흘려야 하는 시기이다. 앞이 보이지 않는 미로(迷路)를 걷는 것이나 마찬가지이다. 이 기간만은 참담함을 면하지 못한다. 이런 시기에 아름다움이나 체면은 있을 수 없다. 자존심도 없으며, 자신의 이름마저 잊고 오직 분투해야 한다.

머리에서는 늘 가능성을 찾아 방황해야 한다. 꿈을 키워야 하기 때문에 항상 머리가 복잡하다. 어디서 꿈을 키우는가? 도서관이나 집 작은 방구석 책상에서 꿈을 키우게 된다. 청소년 시기를 알차게 보내 성인으로 거듭 태어나야 하기 때문이다. 물론 삶에서 중요한 시기가 따로 있고 없는 것이 아니라, 전 기간이 다 중요하다. 하지만 성인의 문턱에 진입하기 위한 준비 기간이라는 차원에서, 삶을 열어가야 하는 시기이다. 그런 점에서 청소년기는 중요하지 않을 수 없다. 아동기까지 쌓아온 자신의 모든 재료(材料)와 역량을 가지고, 새로운 미래에 대한 삶의 정체성을 형성해야 하는 과도기가 청소년기이다.

아직 인생관이 형성되지 않은 상태에 있으며, 앞으로 여러 가지 정신적인 모형(模型)이 얼마든지 변화될 수 있는 유동적인 상태로 진행되고 있는 단계이다. 아직은 성인 집단에 들어가지 못한 채 변화의 시기에 머물고 있는 '성장인'이다. 따라서 그들에게는 정신적·

신체적 불안정과 불균형의 심한 긴장이 발생하며, 다양한 감정이 표출되기도 한다.

현재 자신의 상태와 머물러 있는 위치가 중요하지 않을 수 없다. 현재의 위치와 방향이 미래를 결정하기 때문이다. 앞으로 남은 과제는, 강한 태풍의 눈과 같은 자기 생각의 핵심이 마주치게 되는 현실에서, 가치를 분별하여 삶을 잘 선택하는 결정이다. 이것이 곧 미래를 결정하는 변수(變數)로 작용하게 되는 것이다.

청소년기에 가장 중요한 것은, 기본적인 욕구를 추구하려는 과정에서 어떻게 하면 외부세계, 즉 주변 사람과의 관계에서 빚어지는 마찰과 갈등을 완화하며, 순리적으로 표출해서 승화시킬 수 있느냐 하는 것이라고 할 수 있다. 그것이 관건이다. 이때 자신을 보호하고 안전하게 지켜줄 수 있는 행동은 자제력이다.

여기서 우리가 꼭 음미하고 넘어가야 할 부분이 있다. 그것은 발달과업7)이라는 개념이다. 해비거스트는 "발달과업은 생(生)의 특정시기에 생기는 것으로서, 이 과업을 성공적으로 성취하면 행복을 얻고, 그 다음 시기에 이루어야 할 과제도 달성할 수 있다. 하지만 이번 시기에 이루어야 할 과제 달성에 실패하면 불행을 맛보고, 다른 사람으로부터 사회인정을 받지 못하며, 다음 발달에 곤란과 고착을 겪는다."라고 기술하고 있다. 해비거스트의 발달과업은 특정시기에 기대되는 행동 과업으로서 질서와 계열성을 가지고 있으며,

---

7) 발달과업(發達課業) 개념을 최초에 정립한 사람은 미국의 생리학자 로버트 해비거스트(Robert Havighurst)이다. 그는 인간이 남들에게 꽤 행복하고 성공한 사람이라는 평가를 받기 위해 해야 할 것을 발달과제라고 부른다. 더 나아가 인간이 주어진 사회에서 성숙과 학습의 가능성을 가지고 발달해 나가는 과정에서 반드시 배우고 성취해야 할 일들을 발달과업이라고 한다.

이번 시기의 발달과업의 성패가 다음 단계의 발달에 영향을 주기 때문에 '준비성'과 관계가 있다는 것이다.

그런가 하면, 인간의 발달과업과 연관하여 청소년기에 좋은 생각이나 훌륭한 창조력은 단독으로 발현되기보다는, 반드시 다른 요소들과 뒤섞여서 복합적으로 나타난다. 복합적인 요소들 속에서 성품, 즉 성격 표출에 있어서 좋은 점을 발견해내 발전시켜나가고, 나쁜 점은 차츰 없애는 것이 청소년기에 중요하게 다루어야 한 과제이다. 즉 기본적인 욕망을 추구하며 행동하는 가운데 부수적으로 위험한 순간들을 만나게 되는데, 그때 자신의 성격을 어떻게 분출하고 발현하느냐에 따라서 청소년기를 잘 넘기느냐 잘못 넘기게 되느냐 하는 것이 결정된다고 할 수 있다.

청소년기에 필히 가르치고 배워서 획득해야만 하는 과제는, 생각 면에서 옳고 그름의 정확한 판단력, 행동 면에서 사려 깊은 신중성과 자제력, 원만하지 못한 성격의 지적과 보완, 미래를 향한 확실한 방향, 삶에 대한 기술력, 어려움을 참고 견디는 인내심, 노력하면 좋은 결과가 있다는 믿음, 현재 자신이 정상적으로 성장하고 있다는 확신감 등이다. 청소년의 내면에 자아라는 성장의 싹이 올바르게 자라도록 용기와 희망, 자신감과 침착성을 함양해야 한다. 그리고 자신을 되돌아볼 수 있는 기회를 주면서, 부족하고 잘못된 부분을 선명하고 확실하게 노출시켜 그에 따른 상황 설명을 충분히 해주어야 한다. 그리고 이렇게 성장하면 앞으로 어떤 나쁜 영향이 미치게 된다는 점과, 어떻게 마음을 반성하고 행동을 바꾸어서 생활해야 올바른지, 뚜렷한 방침을 제시하고 스스로 성찰할 수 있도록 하는 것이 중요하다. 청소년 시기는 마음을 바르게 갖도록 하는 교육이 절실히 필요하다. 아울러 순간순간 양식이 될 수 있는 소중한 글귀와 훌륭한 명언(名言)을 가슴에 와닿도록 읽게 하고 가르쳐, 좀 더 큰 변화와 발전을 도모해야 한다.

청소년 시기는 똑같은 또래 아이들이라도, 학업 면에서 성적 차이로 인해 심각한 심리적 문제까지 초래하는 경우가 많다. 물론 일부 학생들은 청소년 시기의 부족한 면을 청년기에 만회할 수도 있고 더 월등하게 앞지를 수도 있다. 하지만 아동기까지의 학업 침체로 청소년기에 그냥 주저앉고 마는 경우가 흔히 발생하기도 한다.

그래서 청소년 시기는 자아의 성장과 발달이라는 과제가 모든 생활의 기저(基底)를 이룬다. 청소년은 청년으로 점차 성장해가면서 자존심, 자기주장, 독립심이 강해진다. 청소년기의 발달과제는 오직 사색(思索)과 고뇌(苦惱), 그리고 변화와 성장의 과정이라고 하겠다.

그렇다면 청소년기에 이루어야 할 과업은 어떤 것이 있는가?

첫째, 자기애(自己愛)이다. 이 세상을 온당하게 살아가고자 한다면, 먼저 자기 자신부터 사랑해야 한다. 어떤 일이 있어도 어디를 가도, 이 지구상에서 하나뿐인 자신의 생명을 귀중히 여기며 자기를 사랑하는 마음이 강해야 한다. 그래야만 자신의 생명을 귀중히 여기고, 건강을 보전하며, 꿈을 이루며 행복하게 살아갈 수 있는 것이다. 그래야 특히 어려운 고난에 처해서도 자포자기하지 않고 살아남게 된다.

자신을 진심으로 사랑할 수 있게 되려면 어떻게 해야 하는가? 자신의 장점, 우수한 능력을 찾아서 개발하는 일이다. 우수한 능력을 찾아 자신을 개발하는 일에 적극적으로 노력해야 할 때가 청소년 시기이다. 이 점은 세상을 살아가는 데 대단히 중요한 일이 아닐 수 없다.

둘째, 자기규율(自己規律)이다. 엄정하게 자기 자신에 대한 내부 통제규정을 정해놓고 스스로 통제하는 일이다. 이 세상이 열리고, 인류뿐만 아니라 모든 만물이 공존하며 영원히 번영하기 위해선 반드시 지켜야 할 질서가 있다. 자연에서는 섭리가, 사회에서는 도덕과 법률이, 청소년에게는 자기규율이 있어야 한다. 특히 삶을 살아가려면 인간과의 관계 형성이 중요하지 않을 수 없다. 때로는 갈등이, 때로는 충돌이 야기된다. 그럴 때 상대방에게 피해를 주지 않고 자신이 피해를 보지 않기 위해서는 자기통제, 자기규율이 엄격히 지켜져야 한다. 이것이 자신을 온당하게 보존할 수 있는 길이기 때문이다. 만약 자기규율이나 통제가 이루어지지 않으면 남으로부터 침해나 공격을 받게 되어 자신을 온당히 보존하는 데 실패하게 될 것이다. 그렇게 되면 인생이 실패로 연결된다는 점을 인식하지 않으면 안 된다.

셋째, 성격 교정(性格矯正)이다. 본인의 성격에 대해 아동기까지는 잘 파악되지 않는다. 성격은 사춘기에 접어들어서야 대략 파악할 수 있게 된다. 자기 삶에 가장 영향을 많이 미치는 것이 성격이다. 성격은 운명을 만든다. 성격이 원만해야 삶이 순조로워진다. 성격이 원만하지 못하면, 살아가는 동안 언제 어디서 무슨 일이 발생할지 모른다. 자신의 나쁜 성격이 무엇인지 확실히 파악된다면, 그 부분에 대해 조심 하게 되고, 그러다 보면 갑작스럽게 낭패를 당하지는 않을 것이다. 이 문제는 본인 스스로도 고치도록 해야 하지만, 부모님의 도움과 지도가 꼭 있어야 할 것이다.

넷째, 사회성 발달이다. 에릭슨(Erickson)에 의하면 "청소년들은

에릭슨

또래 관계를 통해 사회적 유능감으로 발달하는 것이 중요하다. 즉 또래 집단은 사회적 행동에 대한 기준, 개인적인 관계의 추구, 소속감의 제공, 자아감의 통합을 주는 동시에, 자아 존중감의 원천이자 자신의 사회적 위치를 확보해주며, 청소년들에게 자신과 타인의 존재를 지각하도록 한다"는 것이다. 이런 의미에서 볼 때 또래 문화를 올바르게 이해하고 그 속에서 성장하는 것이 청소년의 사회성 발달에 중요하고 유용하다고 하겠다. 훌륭한 친구들과의 만남은 사회성 발달에 한몫을 하게 된다.

다섯째, 훌륭한 정서(情緒)의 발달이다. 정서란 주위의 사물을 접할 때 기쁨, 슬픔, 노여움, 괴로움, 사랑, 미움 따위를 느끼게 되는 마음의 작용이나 기능이다. 정서란 심리적인 문제와 관계되는 것으로, 삶에 중대한 영향을 미친다. 또한 본인 감정의 문제로서 성격과도 연관성이 깊다고 생각된다. 보고 느끼는 작용에서 좋은 방향으로 정서가 형성되어야 한다. 그래야 좋게 받아들이게 되고, 좋게 표현할 수 있게 될 것이기 때문이다. 주변환경과의 접촉에서 주고받는 관계가 원만하도록 심리 상태를 유지하는 것이다. 아마도 부모와의 관계, 가정환경이 정서 형성에 크게 영향을 미칠 것이다.

청소년 중기(中期)의 정서가 성적(性的)인 색채를 띠게 한다는 데 의의(意義)가 있다. 청소년기에는 정서적인 문제가 성적인 문제로 연결되어, 때로는 의식적으로 자신에 대한 억압 작용이 활발하게 나타나게 된다. 이런 억압으로 인해 자기혐오나 열등감을 갖게 될 수도 있다. 청소년 후기에는 이제 자신을 합리적으로 통제한다. 주관과 객관과의 통합, 자기와 사회와의 타협, 이상과 현실과의 조화로 발전시키면서 완성된 자아의식을 갖게 된다는 것이다. 여기서 중요한 것은 무조건 안으로 감추며 억압할 것이 아니라, 자연스럽게 자기 정서를 수용하고 감정을 표현할 수 있어야 한다는 점이다. 이때 또래 아이들과의 좋은 관계는 청소년들의 정서발달에 도움이 된다.

여섯째, 자기 자신을 신뢰하는 것이다. 이것은 자신감이나 확신감, 유능감과 같은 뜻이다. 자기 자신을 신뢰하는데, 무엇을 신뢰하라는 것인가. 즉 차분히 끝까지 참고 견디면서 꾸준히 노력하고 준비하면, 반드시 꿈을 이룰 수 있게 된다는 믿음이다. 이 믿음이 확고하게 형성될 때 방황과 불안을 감소시킬 수 있고, 정상적인 궤도에서 이탈되지 않을 것이다. 특히 포기라든지 어떤 유혹으로부터 자신을 굳건히 지킬 수 있을 것이다.

일곱째, 인생은 속도가 아니라 방향이라는 것을 청소년은 자각해야 한다. 나는 미래에 어떤 사람이 될 것인가? 그 방향을 잡는 시기가 청소년기이다. 청년기에 이르러 방향을 잡으려면 이미 늦은 감이 든다. 청소년기에 자신의 인생에서 꼭 붙잡아야 할 최고의 가치에 뜻을 두고, 지금부터 그것에 도전하지 않으면 안 된다. 많은 것을 이루려고 하면 다 놓치고 만다. 가장 가치 있는 것이라고 생각하는 한 가지 목표를 정하고, 그 방향으로 모든 정력을 쏟아야 한다. 이는 청소년기에 가장 중요한 문제이다. 자기의 적성과 능력에 맞는 목표를 정하고, 그것에 한평생을 걸어야 할 것이다.

2.
청년기의 중요성

청년기란? 보통 19세에서 35세까지의 시기를 말한다. '청년'의 사전적인 뜻을 살펴보면 '사람이 신체적·정신적으로 한창 성장하거나 무르익은 시기, 일반적으로 고등학교 다닐 무렵부터 20대의 시기를 가리키나, 넓게는 30대 초반을 포함하기도 함'으로 되어 있다. 청년기를 한마디로 표현한다면, 삶을 실행하는 시작 단계로서, 이 시기부터 인생을 본격적으로 살아가는 시기라고 할 수 있다.

그러나 아직까지도 청년기는 인생의 기틀을 마련하는 시기라고 보는 것이 더 맞을 것이다. 인생이라는 어렵고 힘들며 두렵기도 한 먼 항해를 위해서 준비를 철저히 해야 하기 때문이다. 멀리 내다보고 뚜렷한 인생 목표를 설계해야 한다. 황혼기 자신의 모습을 상상해보고, 목숨까지 바꿀 수 있는 그 무엇에 목표를 두고, 그것에 청년이라는 생명을 걸어야 한다. 그러려면 청소년기에 뜻을 둔 방향과 일치하는 것이 좋겠다. 만약 청소년기에 자신이 설정한 방향이 잘못되었다면, 지금이라도 수정해서 궤도를 재조정해야 할 것이다. 인생이라는 큰 틀에서 볼 때, 전반기는 전문지식 함양과 실무경험

증대를 목표로 해야 하며, 후반기에는 외적 세계로의 확장을 목표로 해야 할 것이다.

청년기의 시간은 인생의 황금기나 마찬가지다. 이때 확실한 자아 정체성을 형성하지 못하고 정확한 계획을 세우지 못하면, 그리고 새로운 출발을 하지 못해 허송세월을 보내게 된다면, 출발점이 없어 어디에 안착해야 하는지, 종착점 역시 기대할 수 없다. 정확한 출발이 없었기 때문에, 그 결과 중간도 끝도 보이지 않게 되는 것이다. 이미 이룰 수 있는 가능성을 잃게 되는 것이다.

중국 송(宋)나라 주신중(朱新仲)이라는 학자가 인생 오계론[8]을 주장했다. 그것은 한평생을 살아가면서 다섯 가지의 계획을 올바로 세워야 한다는 것이다. 반드시 청년기에 참신한 계획을 세우고, 그 계획에 맞추어 기반을 구축해 나가는 것, 그것이 바로 청년기의 과업이다.

나는 청년기를 어쩐지 하늘의 창공(蒼空)에 비유하고 싶다. 여기서 창(蒼)은 '푸를 창, 푸른 빛깔의 창'을 말한다. 공(空)은 빌 공, '비다'의 뜻이다. 즉 공은 '한(限)이 없다'라고 풀이해도 될 것이다. 비어 있으니 한이 있을 리 없다. 한이 없으니 푸를 따름이다. 청년기(靑年期)의 '청(靑)'자 역시 '푸를 청'이다. '푸른빛'의 청이다. '푸르다'라는 빛깔의 의미를 보면, 푸른색의 범위가 넓다고 생각된다. 나는 푸른색 중에서도 하늘의 창공에서 보듯이 비어 있어서 지나치게 맑아 푸

---

8) 첫째, 생계(生計)는 참되게 살아가기 위한 계획이다. 둘째, 신계(身計)는 병마나 부정으로부터 몸을 보전하는 계획이다.
셋째, 가계(家計)는 집안을 편안하게 꾸려가는 계획이다. 넷째, 노계(老計)는 멋지고 보람 있는 노후를 준비하는 계획이다. 다섯째, 사계(死計)는 아름다운 죽음을 맞을 수 있는 계획이다.

른빛이 도는 것을 말하고 싶다.

이것은 또한 다음과 같이 비유하면 어떨까? 만년설(萬年雪)은 지나치게 희(白)기 때문에 가까이에서 보면 푸른빛이 돈다. 전복 껍질의 속(안쪽)을 보면 지나치게 희기 때문에 푸른빛을 띤다. 그런가 하면 칼을 예리하게 갈(sharp)았을 때, 아주 예리한 부분은 푸른빛이다. 이것뿐인가. 벽암(碧巖)이라는 용어에서도 푸를 청과는 글자는 다르지만 '푸를 벽(碧)'을 쓴다. 바위가 너무도 험준해 멀리서 보아 푸른빛이 돌 때, 벽(碧)이라는 글자를 사용한다.

나는 '청년(靑年)'을 생각할 때마다 언제나 위에서 언급한 '푸르다'의 용어를 연상하게 된다. 청년기의 '청(靑)' 역시 푸를 청이다. 이 '청'은 젊은이의 지성(知性)이 푸른빛이 돌 정도로 예리(keen)하고 날카로워야(acute) 한다는 '의무감으로 풀이하고 싶다. 다시 한 번 되풀이한다면, 나는 억지(stubbornness)로라도 청년기에는 '푸른빛이 도(moving)는 것처럼 지성으로 가

디오게네스

득 찬 젊음'이어야 한다고 주장하고 싶다. 단 고정된(fixed) 푸른 색깔이 아니라, 변화하고 움직이는, 즉 푸른빛이 도는(moving)-여기서는 푸른빛이 눈에 잘 안 보일 수도 있다-뜻으로 설명하고 싶다. 청년기는 인생에서 그런 시기다.

또한 너무 예리한 성질은 쉽게 망가지기도 쉬운 특성이 있다. 때로는 한 번도 사용할 수 없는 성질이기도 하지만, 아주 급박하고 위태로울 때 단 한 번의 지성으로 그 문제를 해결할 수도 있는 날카

롭고 예리한 성질을 함유하고 있기도 하다. 청년기는 낙엽기가 아닌, 생기가 흘러넘치는 녹음(綠陰)과 같은 생동하는 시기다. 그러므로 하늘처럼 높고 푸른 희망을 뜻하는 것으로 '푸를 청'(靑)을 사용해야 할 것이다.

아무튼 옛날 중국에서나 우리나라에서도 국가의 중요한 사무를 관장한 궁중(宮中)의 주요 관리들은 푸른 옷을 즐겨 입었다. 『열하일기 상(上)』(박지원, 2009)을 보면, 옛날 중국 고을에 있는 저자(市場) 거리에 자주 나타나는 도사(道士)들은 푸른빛의

디오게네스

옷을 즐겨 입고 다녔다는 구절이 나온다. 아마도 그 도사는 자신의 지성과 지혜, 이미지(image)를 푸른 색깔로 나타내려 한 것이 아닐까 나름대로 생각해본다. 오히려 그보다는, 지성은 본래 푸른색과 동일한 높은 격조를 갖고 있다고 말하고 싶다. 즉 푸른빛은 '날카롭고 예리하다'는 뜻을 상기시키지 않나 생각된다.

『서양철학사』(앤서니케니, 2004)에서도 보면 "알렉산드로스 3세[9]가 공손한 태도로 디오게네스[10]에게 자신이 도울 수 있는 것이 무

---

[9] 알렉산드로스 대왕(기원전 356년 7월 말~기원전 323년 6월 10일)은 필리포스 2세의 왕위를 계승한 후 거대한 제국인 알렉산드로스 제국을 세운 마케도니아 왕국의 왕이다. 그의 업적을 기려 마케도니아인 알렉산드로스 대왕이라 받들며, 때로는 계승 서열에 따라 알렉산드로스 3세라 일컫기도 한다. 대한민국에서는 영어의 영향으로 알렉산더 대왕으로 더 많이 알려져 있다. 또한 아랍 식 이름으로 이스칸다르라고도 한다. 아리스토텔레스의 제자로서, 세계 4대 성인 소크라테스의 증손 제자이다. 로마인들은 알렉산드로스를 대왕이라 불렀다. 그는 살아 있을 때부터 스스로가 주인공인 신화 속에 살았고, 자신을 신의 아들이라고 믿었다. 그는 세계를 정복하려 했다.

[10] 그리스의 철학자, 키니크 파의 대표적인 인물, 시노페에서 출생, 안티스테네스의 제자. 행복을 얻기 위해서는 인간이 가지고 있는 자연적인 욕망을 간단하고도 쉬운 방법으로 만족시켜야 하며, 그 자연적인 욕구(欲求)는 하등 추한 것이 아니므로 공공연하게 만족케 해야 차지(差支)가 없고,

엇이냐고 물었을 때, 디오게네스는 '햇빛을 가리지 말고 비켜달라.'고 답했다고 한다. 유명한 이야기다. 이때 알렉산드로스는 그 소리를 듣고 자신의 주변사람에게 말하기를 "내가 만약 대왕이 아니라면 나는 저 디오게네스 사람처럼 살았을 것이다."라고 말했다고 한다. 그런데 유명한 그리스 철학자 디오게네스(BC 400 ?~BC 323) 역시 푸른 옷을 즐겨 입었다고 전해진다. 그래서 나는 무엇보다도 청년기에 중요하게 다루어야 할 과업은 지성이 푸른 빛깔처럼 최고조에 이르게(reach)도록 가꾸고(-ing) 또 가꾸어야 한다고 본다. 그런 시기가 바로 청년기가 아닌가 생각한다.

청년기란 안착(安着)을 의미하기도 한다. 안착이란 어떤 곳에 편안히 자리 잡는 것을 말한다. 청년기의 안착이란 무엇인가? '성인(成人)'으로 '인생이라는 삶의 문제'에서 정확히 해답을 구함이다. 인생이라는 토양에 성인의 나무로 깊이 성장하기 위해 강한 바람이 불어도 쓰러지지 않게 땅속 깊숙이 뿌리를 뻗어야 하는 시기이다. 조금

또 그렇게 하지 않으면 안 된다고 했다. 그것에 대해 수치심을 일으키는 풍습이라든가 문명은 반자연적인 것으로, 이를 무시할 필요가 있다고 했다.

그의 실생활의 표어는 아스케시스(askesis, 할 수 있는 한 작은 욕망을 가지도록 훈련하는 것), 아우타르케이아(autarkeia, 自足), 아나이데이아(anaideia, 無恥)였다. 주로 이 최후의 성격 때문에 그는 개(kyon, 犬)로 불리고, 여기서 키니크학파의 이름이 생겨났다. 아무런 부족도 없고, 아무것도 필요로 하지 않는 것이 신(神)의 특질로, 필요한 것이 적으면 그만큼 신에게 가까워지는 것이 되고, 간이생활(簡易生活)이 이상이 되는데, 그것은 무엇보다도 자유인이 되기 위함에서라고 했다. 이런 원시적인 반문명의 사상을 그는 몸으로 실시, 실행했고, 생애에 의복 한 벌, 한 개의 지팡이와 두타대(頭陀袋) 외에는 아무것도 몸에 걸치지 않을 뿐더러 통(桶)을 거소(居所)로 해, 많은 일화의 주인공이 되었다.

다윗 권세가 비할 바 없는 알렉산더 대왕이 거소(居所)를 찾아와 원하는 것이 무엇인가 하고 물었을 때, "아무것도 필요 없으니, 해(太陽) 비치는 그곳에서 비켜 서달라"고 했다는 이야기는 유명하다. 대왕은 "내가 알렉산더가 아니었다면 디오게네스였을 것이다"라고 했다고 한다. 몇 개의 대화편과 비극을 쓴 듯하나 확실치 않다. 사후 자못 전설적인 인물이 되었고, 특히 스토아 학파 철학자들로부터 이상(理想)의 현자(賢者)로 추앙되었다.

더 유사하게 설명한다면, 직업인으로서 사회적인 안착을 의미하기도 한다. 사상적으로 표현하면, 성인으로서 확실한 인생관을 갖도록 한다는 것이다. 이 안착이 청년기에 이루어야 할 삶의 과제이다. 자기가 원하는 삶에 안착하기 위해서는 희망하는 삶에 욕망을 두어야 한다. 욕망의 종류는 개인마다 다를 것이다. 여기에 맞는 지식이라는 영양분을 섭취해 자아실현의 열매를 맺도록 근육과 신경을 만들어나가는 과정이어야 한다.

만약에 이 과제를 해결하지 못하게 된다면, 어떤 형국을 맞이하게 될까?『불안의 개념』(쇠렌키르케고르, 2005)에서와 같이,『이것이냐 저것이냐』(원래 덴마크어 제목은 Enten-Eller)에서도 그런 사람을 세상에서 가장 불행한 인간으로 표현한다. '세상에서 가장 불행한 인간'은 바로 젊은 자신의 자화상으로 연결된다고 할 수 있다. 즉 "그는 늙을 수가 없다. 왜냐하면 그에게는 결코 '젊은 시절이 없었기' 때문이다. 어떤 점에서 그는 죽을 수가 없다. 왜냐하면 그는 결코 참답게 살지 못해서 그는 이미 죽은 자이기 때문이다."라고 묘사한다. 이 부분을 음미해보면, 인생에서 가장 중요한 젊은 시절을 어떻게 보냈느냐가 남은 인생을 좌우하게 된다는 것이다. 그런 맥락으로 다루어진다. 그 정도로 젊은 시절 젊은이답게, 청춘답게 적극적이고 긍정적으로 살았느냐 하는 것이 인생의 전 기간을 통해 보더라도 삶의 쟁점이다. 젊음의 시기는 삶의 정점(Peak)에 있기 때문으로 풀이된다.

청년기에는 무엇보다도 무서운 태풍의 눈과 같이 강력한 힘을 분출할 수 있는 추진력과 멀리 세상을 내다볼 수 있는 지성에 찬 혜안이 있어야 한다. 피나는 노력은 물론 젊음 자체를 만끽하고 즐길

(자신의 의무를 다하면서) 줄도 알아야 한다. 젊음은 사랑과 꿈이 있고 낭만이 있어야 한다. 그것은 곧 하나의 예술 작품이나 다름없다. 그러니 젊음이 있기 때문에 펼칠 수 있는 특권인 노력을 투자하고 즐거움을 만끽해야 한다.

그렇다고 이성(reason)을 잃고 살아가라는 의미는 더더욱 아니다. 유아기는 유아기 시절다운 천진난만함이 있어야 하고, 아동기는 아동기 시절다운 씩씩함이 있어야 하며, 청소년기는 청소년시절다운 희망과 아픔이 있어야 한다. 그리고 청년기는 청년다운 강력한 추진력과 멀리 볼 수 있는 혜안(慧眼)을 길러야 하며 낭만이 있어야 한다. 그리고 중년기, 노년기에도 그 시기에 맞는 특징적인 삶이 있어야 한다.

그중에서도 중요한 것은, 청년기에는 마음속에 솟구치는 감정의 물결, 즉 폭발하는 화산의 화염(火焰)과도 같은 삶의 열정이 있어야 한다는 점이다. 이것을 몸 밖으로 배출하기도 하고 품어내기도 하며, 그리고 분출하기도 하고 토해내기도 해야 하는 과정인 것이다. 만약 젊음의 시기에 절정의 감정을 이렇게 몸 밖으로 배출하지 않은 채 가슴에 묻어놓고 억압해둔다면, 삶은 주름지고 메마르며 위축되고 시들어갈 것이다. 이것은 지나고 보면 살아 있어도 죽어 있는 것이나 다름없다. 그러니 시기별로 끓어오르는 열정을 잘 꽃 피울 수 있어야 할 것이다. 이같이 시기별 삶의 열정을 토해내는 방법은 여러 가지가 있을 수 있다.

청소년은 운동을 해서 씩씩하고 활발하게 젊음을 과시할 수도 있고, 그야말로 풍부한 감성을 갖고 노래나 춤을 연출할 수도 있다. 청년기의 젊은이라면 때로는 머리를 단정히 빗질하고, 검정 양복과 하얀 와이셔츠에 붉은 넥타이 정장차림으로, 밤거리 네온샤인 불빛 아래서 맥주 집을 나와 하얀 눈이 내리는 거리를 걸어갈 수도 있을 것이다. 아니면 색스폰 연주가 울려퍼지는 카바레에서 가벼운 스텝을 밟으며 파트너와 사푼사푼 원을 그리며 춤을 출 수도 있을 것이다. 젊은 여인 같으면 노랗고 빨간색 옷을 입고, 황홀함으로 자신의 감정을 표시할 수도 있다.

여러분은 물고기의 혼인색(婚姻色)-동물의 번식기에 한해 나타나는 몸빛. 어류·양서류·파충류 등에서 볼 수 있다. 노랗고 붉고 황색의 천연 빛깔이다-을 기억하고 있는가? 또한 수탉의 우렁찬 목소리와 함께 온통 피로 물든 붉은 벼슬과 깃털에서 흐르는 윤기, 푸르고 빨간 깃털의 아름다운 색깔을 기억하는가? 그와 똑같은 참신하고 활기 넘치는 매력을 간직하고 마음껏 뽐내야 할 시기가 청년기이다.

그런가 하면 여름방학이나 겨울방학에는 에어컨이나 온열기 아래서 속옷이 해지도록 의자에 앉아 젊음을 불태우는 열정으로 학습에 임할 수도 있어야 할 것이다. 이런 것들이 시기별로 특징적인 삶의 열정을 분출하는 모습이라고 생각한다. 이런 행동들이 없으면 청년기의 삶은 노인기나 다름없을 것이다. 청년기에 이런 낭만은 중요하지 않을 수 없다. 그래서 시기별 특징적인 삶의 열정을 토해내지 못하면 다음 단계로 성장할 수 없으며, 세월이 지나고 보면 가슴에 한이 맺혀, 젊음을 마음껏 펼치지 못한 억울함과 원통함에 늙어갈 수가 없게 될 것이다. 젊은이가 지나치게 남을 의식하고 눈치를 본다면 자신의 젊음을 마음껏 펼칠 수 없을 것이니, 어쩌면 다소 남의 눈에 거슬리더라도 도덕적으로 하자가 없다면 젊음을 마음껏 발산할 수 있어야 할 것이다.

또한 긴 인생의 안목에서 성숙이라는 열매를 알차게 맺기 위해 젊은 시절에 꼭 성취하여 기반을 구축해야 할 과제가 있다. 그것은 청년기에는 청소년기에서 완벽하게 이루지 못한 정체성 형성과 학문의 깊이를 더하는 것이다. 청년기에 이런 과제를 만회하는 일이 무엇보다 중요한 발달과제라고 생각한다. 또 청년기는 확실하게 인생의 방향을 세워야 하는 시기이다. 왜냐하면 인생 역시 숨바꼭질이나 하나의 연극, 드라마처럼, 인생의 후반기인 노인기에는 승리와 실패라는 두 가지 평가가 자신을 기다리고 있다는 점을 염두에 두지 않으면 안 된다. 반드시 죽음을 맞이할 노인은 이 평가를 피할 수 없다. 이 평가에서 승리를 거두었다면 죽음은 두렵지 않고 편히 죽을 수 있지만, 만약 실패했다면 후회와 좌절과 절망 속에 죽음으로 내몰려가기 때문이다. 청년기는 인생의 성공이냐 실패냐의 마라톤 경주의 시작과도 같은 시기이다. 그래서 명확한 목표를 가지고 인생이라는 마라톤 경주를 출발해야 한다.

미국 명문 MBA인 하버드 비즈니스 스쿨에서는 첫 수업시간에 학생들에게 현명하게 사는 삶에 대해 얘기할 때 다음과 같은 4가지 단어를 꼭 언급한다고 한다. '임금(Wage), 보험(Insurance), 저축(saving), 즐기다(enjoy)' 등의 네 단어다. 이와 같이 현명한 삶을 영위하기 위해 급여를 받으면 위기 관리를 위해 보험에 가입하고, 목표를 세워 소비하기 전에 저축을 먼저 하는가 하면, 이후에 삶을 즐기며 살라는 보이지 않는 메시지가 담겨 있다. 그러니 종국에 가서는 삶은 즐기는 것으로 풀이되기도 한다.

물론 인생에서의 승부는 70대가 되어야 끝이 나고, 80대가 되어야 인생을 이야기할 수 있다고 생각한다. 그 이전에는 자기가 잘났다고, 출세했다고, 돈이 많다고 함부로 나서지 말아야 한다. 인생은 80세가 넘어서 과거를 회상하며 이야기해야 한다. 젊음! 여기서는 청년기를 말한다. 청년기는 가장 고귀하고 중요한 시기가 아닌가 생각한다. 물론 어떤 시기를 막론하고 전부 중요하겠지만, 청년기 역시 어떤 시기보다도 중요하다. 청년기를 알차게 보내면 중년기와 노년기는 자연히 청년기에 다져놓은 기초 위에 건물만 세우면 되기 때문이다.

3.
중년기를 어떻게 보내야 하는가?

　중년기는 35~65세에 걸친 30년간의 시기라고 본다. 신(神)은 인간에게 중년이라는 긴 세월을 할애해 인생을 알차게 살도록 배려해 주신 것 같다. 가장 실질적이고 본질적인 삶을 살아야 하는 시기가 곧 중년기이다. 그런데 중년기 삶의 특징은 언제 지나갔는지 자신도 모르게 지나가버린다는 점이다. 이것은 중요한 정도만큼이나 바쁘게 흘러간다는 뜻이다. 인생을 살아가면서 삶의 에너지를 최대로 발휘하며 삶의 꽃을 피워야 하고, 일상적인 생활을 통해 삶의 결실들을 거두어야 하는 시기이기도 하다.

　중년기에 이루어야 할 과업은 최고의 가치 있는 삶을 구현하는 일이다. 다시 말하면 무형의 가치이든 물질적인 재화이든, 미래에 더 많은 목표를 이루고 생산하기 위해 자원을 투자하는가 하면, 또한 능력을 발휘해 삶의 최고 단계까지 끌어올려야 하는 시기이다. 만약에 중년기 말에 해당하는 65세 정도에서 자기가 원하는 최고의 가치들을 지닌 일과 목적을 이루지 못한다면, 자기 인생의 중요한 과제들을 영원히 놓치게 되는 것이기 때문이다. 중년 말기에는 지나온 청소년, 청년기에서 쌓아온 모든 실력과 경험을 바탕으로 자신이 도달할 수 있는 정상의 고지(高地)를 탈환해야 하는 시기이다. 앞에서도 기술했지만, 이 시기에 자신의 꿈을 펼칠 수 없다면, 더 이상의 전진과 영광은 바라볼 수 없다. 이 중년기라는 시기에 삶의 전반적인 꿈을 실현시키지 않으면 안 된다. 인생이라는 삶의 모든 과업들이 이 시기에 거의 완성되어야 한다.

물론 사람에 따라서는 중요한 자아실현의 꿈이 노년기에서 이루어지기도 한다. 그러나 그 모든 과업에서 중요한 목표의 수행과 진척은 중년기에 거의 이루어져야 한다. 다만 꼭 알아야 할 것은, 바쁘게 살다 보면 세월이 흘러서 가버리게 되고, 머리가 하얀 노인이 되어 있기도 하다는 것이다. 청소년기를 지나면서 가치관이 형성되고 정체성이 잘 이루어졌다면, 계획대로 차질 없이 목표를 향해 살아갈 수 있다. 그렇지 못한 사람은 중년기 초반인 40대에 삶의 목표와 방향을 잃고 방황하는 경우도 있다.

인생 역시 마라톤 경주와 마찬가지로 출발과 시작이 중요한 법이다. 나름대로 열심히 살아왔다고 생각해보지만, 중년기가 끝날 무렵 60대가 되면 살아온 삶의 실적이 없어 무엇을 했으며 어떻게 살아왔는지, 결과가 손에 잡히지 않는 경우가 많다. 반드시 처음 시작할 때인 청년기의 생활 철학과 목표를 생각하고, 자기 삶의 방향이 계획대로 가지 않고 다르게 살아가고 있지나 않는지, 향상 되돌아보면서 점검하며 살아야 한다.

그러면서도 청년기에 세운 꿈들을 중년기에 들어서면서부터 수정, 변경해야 할 경우도 있다. 잘못하면 열심히 살았는데도 나중에 결실을 맺을 수 없게 되는 경우가 있으니, 이는 중요한 문제가 아닐 수 없다.

앞에서도 중년기의 특징을 언급했지만, 여기서 한 번 더 정리해보자. 중년기의 삶을 살아왔는데, 그 30년의 세월을 어떻게 살아왔는지 지나고 보면 실적이 없고 나이만 먹어 얼굴에 주름살만 생기고, 몸과 마음만 늙어버리게 되는 것이 중년기 삶의 공통적인 속성이라고 할 수 있다(물론 개인적으로 보아서 찬란하게 살아온 사람도 있을 수 있겠지만). 여기서 사회적인 관행에 관해 문제점을 하나만 도출해보면, 세상에 편승해서 그에 맞추어 살다 보니, 많은 시간과 정력이 관습사(慣習事), 관행사(慣行事)에 사용됨으로써 실질적으로 살아야 할 개인적인 삶을 놓치게 된다. 그렇다고 사회를 위해서나 타인을 위해서 무슨 큰 업적을 남기는 것도 아니며, 거의가 지나고 나면 별 가치 없는 일에 정력과 시간을 소비하게 된다는 점이다. 인간이고 보니 혼자서는 살아갈 수 없고 공동사회의 일원이 되고 보면, 자연적으로 지역 발전을 위한 행사나 이웃의 길흉사, 인간관계 맺음 등도 중요하지 않을 수 없다. 그렇다고 이런 일에 참여하지 않은 사람 역시 인생을 성공적으로 살았다고 장담할 수도 없으며, 반대로 이런 일에 열심히 참여하면서 살아온 사람도 자기 개인적인 인생을 완성한 사람도 있다. 그러나 대체적으로 사회적인 관습에 얽매여 살아가다 보면 많은 시간과 정력이 똑바르게 실용적으로 사용되기보다는, 낭비가 많다는 결론에 이르게 된다. 이런 사회적인 관행과 전통, 관습에 지나치게 얽매이는 것은 자기 입장에서 볼 때 바람직스러운 삶이라고만은 할 수 없을 것이다.

중년기의 전 기간은 청년기에 이루지 못한 과업을 보완하고, 본인의 삶에서 중대한 결실을 이루어야 하고, 노년기의 죽음을 준비해야 하는 시기라고 할 수 있다. 중년기의 과업은 경제적인 자립, 부부간의 행복 구현, 자녀양육의 성공, 직장생활의 결실, 인생을 건전하게 즐기는 문제, 인격완성, 자아실현을 위한 노력 등이라고 생각된다.

이외에도 정작 죽음의 문턱에서 우리가 아쉬워하는 것은 무엇이겠는가? 우주 자연 현상을 확실하게 아는 것, 학문에 심취해보는 일, 진실로 사랑과 낭만을 만나는 것, 인생의 동반자 훌륭한 벗과의 사귐, 낯설고 아주 먼 곳으로의 여행, 참 인생의 의미 찾기, 정신적이고 영적인 삶 살기, 신(神)과 관련된 종교적인 신앙 문제로의 귀의, 완벽한 죽음 준비 등일 것이다. 이런 일을 하느라고 바쁘게 살다 보면 어느새 중년기 30년 세월이 지나가버린다. 물론 돈 벌어서 자녀를 양육하며 먹고사는 것을 인생에서 중요한 과업이 아니라고 말할 수 없다. 그러나 좀 더 나은 인생을 위한다면, 그것만으로 만족할 수 없다. 이런 문제들이 좀 더 중년기에 비중 있게 다루어야 할 삶의 과제가 아닌가 생각한다.

주변의 나이 많은 어른들, 즉 중년을 넘어서 노년기에 들어선 사람들은 어떻게 중년을 살아왔는지? 또한 주변에 중년기를 살아가고 있는 훌륭한 사람들이 어떻게 살아가고 있는지를 눈여겨보아야 한다. 가정생활은 어떠했는지? 직장생활과 사회생활은 어떻게 수행해왔는지? 여가와 취미생활은 어떻게 했는지? 노년기 준비는 어떻게 했으며, 즐거움을 찾아 만족한 삶을 살았는지? 자녀 양육은 어떠하며 재산 증식은 어떤 방법으로 이루었는지? 주변 사람들과의 관계는 어떻게 맺고 살아가는지? 그들이 가장 두려워했던 문제는 무엇이었는지? 이런 것들은 중요하게 다루어야 할 과제들이다.

다만 이 시기에 잊어서는 안 될 것이 있다. 그것은 중년기는 완전한 성인으로서의 성숙된 모습으로 책임과 의무를 다해야 하는 시기라는 점이다. 사회적으로나 가정적으로나 개인적으로도, 가장 무거운 책임의식을 갖고 국가와 사회를 이끌어가는 중대한 임무를 수행해야 하는 시기이기도 하다. 즉 자신의 삶을 훌륭하게 살아야 함은 물론, 성인으로서 노인을 봉양하고 다음 세대를 양육하며, 사회를 주도적으로 이끌어가야 하는 시기가 바로 중년기의 과업인 것이다.

이와 관련해 여기에 짤막한 굴원(屈原)[11]의 시 한 수를 실어본다.

"늙음이 한 발 한 발 다가오니
훌륭한 명성 남기지 못할까 두려워라."

여기서 명성은 자아실현과 연관된다. 자아실현은 반드시 건강한 조건 위에서 이루어져야 한다.

굴원

---

11) 중국 춘추전국시대(BC 343경~289경)의 정치가이며 시인이다. 중국 전국시대 초나라 정치가이자 비극시인이며, 초나라 마지막 충신(忠臣)이다. 굴원의 이름은 평(平)으로 초나라 왕족으로 태어나 초나라의 회왕 때에 좌도(보좌관)에 임명되었다. 학식이 높고 정치적 식견이 뛰어난 정치가였다. 초나라 무왕의 아들 굴하의 후예이며 뛰어난 학식으로 중책을 맡아 내정과 외교에서 활약하기도 했다. 중국의 위대한 낭만주의 시인 중의 한 사람이다. 초사(楚辭)라는 문체를 창안 향초미인(충성스럽고 현명한 선비를 비유)의 전통을 세웠다. 작품은 한부(漢賦)에 영향을 주었고, 오늘날도 문학사에서 높이 평가받고 있다.

가. 중년 초기

중년 초기는 36~45세 사이의 시기이다. 중년 초기쯤 되면 대체적으로 인생과 세상을 다 안다고 생각한다. 하지만 노인 입장에서 볼 때 아직도 불앞에 놓여 있는 아이의 모습으로 비추어진다. 만 19세부터 성인이 되고, 이 시기가 되면 뇌의 발달은 다 이루어져 모든 사고 능력이 완전히 발달된 셈이다. 그런 까닭에 중년 초기는 예리한 두뇌를 간직하고 어느 정도 경험을 쌓은 까닭에, 문제해결 능력이나 판단력이 인생에서 최고조에 이르는 시기이기도 하다. 그러나 성숙이라는 차원에서 보면 앞으로 넘어야 할 산이 많다고 할 수 있다.

인생 80평생을 하나의 기간으로 보지 말고, 10년 단위로 끊어서 인생 주기를 정하고, 그 주기마다 반드시 이루어야 할 과업을 성취하고, 다음 단계로 발전하는 것이 삶의 과정이다. 잠시 한눈팔게 되면 인생에서 주요 과업을 이룩해야 할 시기를 놓치고 만다. 그렇게 되면 다음 주기에서 이룩해야 할 과업들이 정체되어 정확한 목표를 성취하기에 어려움이 따른다.

삶의 과정에서 필히 지혜와 성숙의 정도를 가늠하는 다섯 개의 문(門)을 통과해야 한다면, 청년기는 첫째 문을 통과하는 과정이고, 중년 초기는 둘째 문을 통과하는 과정이 될 것이다. 더 깊숙이 진행해 마지막 과정인 다섯째 문을 통과하는 과정은 노년기에 접어드는 때라고 할 수 있다. 중년 초기에는 둘째 문을 통과해야만 하는 지혜와 성숙이 필요하다. 청년기에 삶의 방향을 확실하게 설정하지 못한 경우, 다소 늦지만 중년 초기에라도 빨리 삶의 방향을 잡아야 한다. 즉 '어떻게 살아갈 것인가' 하는 방향성이다. 그래서 중년 초기에도 청소년기나 청년기와 마찬가지로 특별한 삶의 계획이 요구된다.

중년 초기에 수행해야 할 과업은 삶의 터전을 마련하기 위한 투자와 노력이다. 무엇을 위해 어디에 자신의 자원인 시간과 몸을 투자하고 노력할 것인가? 곧 인생에서 놓치면 안 되는 가장 중요한 삶의 실현이다. 앞 장에서도 언급이 있었지만, 경제적인 자립 문제, 부부 화합과 자녀양육, 직장을 통한 사회적인 참여와 봉사, 삶의 즐거움의 향유, 인격의 완성, 꿈의 실현 등이다. 이런 과업을 제대로 실현하기 위한 태도와 의지(意志)가 중요하다. 이를 위해 최선의 삶을 살아야 하는 시기가 바로 중년 초기이다. 이것을 위해 시간은 물론 물질적인 투자와 노력을 아끼지 말아야 한다.

앞의 가치들을 실현하기 위해 어떻게 살아야 하는가? 자신의 정확한 선택과 판단이 요구된다. 그렇게 하기 위해서는 사전에 충분한 지식과 정보가 필요할 것이다. 이 지식과 정보를 확보하고 수집하는 것은 자신의 역량에 달려 있다고 하지 않을 수 없다. 다만 자신의 자질과 적성에 맞는 독특한 자신의 길을 찾는 것이 중요하다. 인생에서 뚜렷한 목표를 갖고 그 방향으로 자신의 노력을 투자하지 않으면 안 된다. 그래서 사귀어야 할 사람과 사귀지 말아야 할 사람, 가야 할 곳과 가지 말아야 할 곳이 있다. 어느 곳에 자기의 시간, 자원, 노력을 투자해야 하느냐의 문제이다.

또한 중년 초기에 삶의 위기가 찾아오게 된다. 삶에 대한 시행착오와 방황, 젊음으로 인한 자만(自慢), 젊은 기분에 의한 무모한 삶 등이 그것이다. 특히 앞에서 말했듯이, 젊은 청소년기나 청년 초기

(20대 전후)에 자아 정체성이 훌륭하고 확실하게 형성되지 못해, 세상 따라 남들처럼 살면서, 그리고 핵심적인 문제에 정면으로 도전해 노력하지 못하면서, 앞으로 계속 전진하지 못하고 젊음의 시기를 놓쳤기 때문에 중년 초기에 위기가 오기도 한다. 이는 불행한 일이 아닐 수 없다. 왜냐하면 현재까지는 부모의 영향으로 젊음을 소유하고 살아왔지만, 청년기나 중년기에 자신이 쌓아야 할 영양분을 섭취하지 못하면 고갈 상태에 놓이게 되기 때문이다. 정신력이 이미 새롭게 탄생할 기회를 놓쳐, 그 심연에서 다시 새로운 세계로 나오기 힘들어서 그냥 주저앉고 매몰되기 때문이다. 이것이 중년 초기의 위기이다.

보통 사람들은 중년 초기에 인생의 승패가 나누어지는 전환점이 되는데, 이것은 중년 초기의 잘못이 아니라 청소년기와 청년기에 원인이 있었기 때문이다. 그것이 이 시점에 발현되는 것이다. 중년 초기에서 낙오한 사람은 대체적으로 다음 단계로 성장이 어렵다고 보인다. 이 시기에 실패하지 않고 정상적으로 성장한 사람들 역시 중년 초기 삶의 문제에서 항상 신중을 기해야 할 것이 있는데, 그것은 가치관에 따른 '이것이냐 저것이냐' 선택의 문제다. 선택의 문제는 항상 삶의 중요성을 비교해보고 장래를 생각하며 판단을 내려야 한다.

더욱더 중요한 점은 청소년기나 청년 초기(20대전후)의 자아 정체성 형성에서 실패해 중년 초기에 실패의 위기를 맞듯이, 중년 초기에 확실하고 충실한 삶을 살지 못하면 노인기에도 인생 실패의 위기를 맞게 된다는 점이다. 이는 삶의 심각하고 중요한 부분이다.

왜냐하면 중년기의 삶 자체가 이것도 하고 저것도 해야 하는 모든 일들이 이중삼중으로 겹쳐져 오기 때문이다. 여기서 중요한 것은 중년기 전 과정을 통한 힘의 균형 유지와 시간 안배(按排)이다. 인생을 통찰하고, 사회 관습에 자신을 빼앗기지 말고 자신을 지킬 수 있어야 한다. 자신을 여기에 빼앗기면 모든 것을 놓치고 마는 셈이다. 자신을 빼앗긴다는 의미는 앞에서 언급한 인생이라는 발달과업을 수행하지 못하는 것이다. 이것이 중년 초기 삶의 기본 방향이라고 생각한다.

비록 소설이지만 『연금술사』(파울로 코엘료, 2006)를 읽어보면 이런 글귀가 나온다.

"산티아고가 신학교에 있을 때 그랬던 것처럼(하나의 종교에 발을 디디게 되는 것), 그들은 우리 삶의 한 부분을 차지해버린다. 그렇게 되고 나면(신앙이 깊어지는 경우), 그들은 우리 삶을 변화시키려 든다. 그리고 우리가 그들이 바라는 대로 바뀌지 않으면 불만스러워한다. 사람들에겐 저마다 나름대로의 인생이 주어지는 데 있어서 분명한 기준들이 설정되기 마련이다. 하지만 정작 자기 자신의 인생을 어떻게 살아야 하는지 알고 있는 사람은 너무도 적다고 하겠다. 그것은 현실로 끌어낼 방법이 없는 꿈속의 여인과도 같다고 하겠다."

그 정도로 인간이란 세속적인 삶 속에 푹 빠져들면, 진작 자신이 가야 할 유일한 길을 찾는 것은 힘든 일이 된다. 자신이 가야 할 유일한 길을 찾아 그 길을 가는 것이 가장 현명한 삶인데도 말이다.

또한 젊음을 누려야 할 시기에는 청년기도 해당되겠지만, 오히려 중년 초기도 예외는 아니다. 이 시기에 젊음에 대한 절정(peek)

의 경험을 맛보아야 한다. 청년기는 아직도 인생의 기틀이 마련되지 않은 경우가 많고, 결핍과 부족, 불안정의 시기이다. 하지만 중년 초기는 그런 점을 어느 정도 만회한 시기이다. 또한 잊어서는 안될 더 중요한 사실은 남자가 가장 힘을 발휘하는 시기가 20대 초반(20-22세)이 아니라 30대 후반, 즉 36-38세 사이라는 점이다. 사무실에서 업무상 밀려오는 전화를 정신없이 받아야 하며, 주어진 업무를 감당해내야 한다. 그뿐인가? 여름 휴가철이 오면 모든 일을 제쳐두고 훌쩍 해외로 여행을 떠나 낭만과 추억 속에 흠뻑 젖어야 하는 시기가 또한 이 중년 초기 아니겠는가? 상상만 해도 끝이 보이지 않는 넓고 먼 수평선의 바다 항해를 연상케 한다.

그렇다면 중년 초기에 꼭 갖추어야 할 수행과제는 다음 세 가지로 요약된다.

① 자아실현의 기틀 마련을 위한 관련된 지식 쌓기이다. 청년기를 비롯한 중년 초기에 꼭 이루어야 할 과업은 실력을 갖추는 일이다. 지식이 왜 필요한가? 지식이 없으면 꿈을 이룰 수 없기 때문이다.

② 추억을 많이 만들어 뇌 속에 저장해두어야 한다. 이 추억들이 우리가 늙었을 때 소중한 자원이 된다. 돈을 저축해두었다가 필요할 때 사용하듯이, 늙어서 외롭고 슬퍼질 때를 대비해 젊었을 때 저장해둔 아름답고 즐거운 추억을 다시 기억해내 상상하게 되면, 노인기의 우울함을 극복하는 데 크게 도움이 될 수 있다. 그러므로 좋은 추억을 갖도록 함이 중요하다.

③ 자기 자신을 살피는 일이다. 즉 자기성찰(自己省察)이다. 자기 자신을 아는 일은 어느 시기에서도 중요하지만, 특히 중년 초기에

더 중요하다. 왜냐하면 자신을 되돌아보고 자신의 처지를 점검해 자기에게 알맞은 삶을 선택해야 하기 때문이다.

나. 중년 중기

중년 중기란 46~55세의 시기다. 직장에서의 세속적인 자기 성장은 중년 중기에 거의 마무리되어야 한다. 어떻게 보면 인생의 성공이란 한낱 세속적인 출세만으로 완성된다고 볼 수 없다. 때로는 그 이상의 무엇을 추구해야 할 사람도 있게 된다. 중년 중기에 보편적이고 일상적인 삶의 형태인 세속적인 성장 등에 대해서는, 그 이상 욕망을 갖지 말고 이 상태에서 마무리하는 것이 바람직하지 않을까 생각한다.

중년 중기에 이르면 개인적인 삶의 실적이 하나 둘 나타나기 시작하는데, 개인차가 선명하고 뚜렷해진다. 세속적인 가치관으로 볼 때 인생의 성공 여부가 거의 명백하게 가려지는 시기이기도 하다. 삶의 목표가 정상적으로 추진되었을 경우, 그 실적이 눈앞에 보이기 시작한다. 이미 청년기를 비롯해서 중년 초기를 지나오면, 20년이란 긴 세월이 투자되었기 때문이다. 아무것도 아닌 것처럼 보이지만 하루하루를 착실하게 살아온 사람들의 삶의 실적에 비해서 그렇지 못한 사람들은 이제 만회하기 힘들 정도로 차이를 보인다. 중년 중기가 끝나는 50세 중반기가 되면, 성실하게 살아온 사람과 그렇지 않은 사람의 삶에 실적은 이미 돌아올 수 없는 강을 건너게 된 것이나 다름없다. 이 시기에 충실히 삶을 살아온 사람은 사회적으로 성숙이라는 열매가 영글어 나타나기 시작한다. 이 시기에 사회적인 출세라는 삶의 결과가 나오게 된다.

중년 중기에 이루어야 할 과업은 한마디로 요약하면 축적(蓄積)이다. 축적이란 많이 모으는 것이다. 무엇을 많이 모을 것인가? 지식을 높이는 일, 경험을 쌓는 일, 돈을 모으는 일, 자식을 키우는 일, 덕을 쌓는 일, 삶을 즐기는 일, 인간관계를 넓히는 일, 행복을 느끼는 즐거움, 추억을 만드는 일, 사회에 봉사하는 일, 자아실현을 위해 노력하는 일 등이라고 생각한다. 이와 같이 본질적인 삶의 문제를 좀 더 많이 충족시키는 일이다.

인생에서 중요한 모든 가치를 실현시키기 위해 최대한 성장시키고, 높이 오르고, 확장하고, 모으며 인생의 꽃을 피우기 위해 한 발짝 다가가는 삶을 사는 기간이다. 아마도 정상으로 자신을 끌어올리는 노력이 계속되는 시기이기도 하다.

중년 중기에도 중년 초기와 마찬가지로 동일한 과업이 지속된다고 할 수 있다. 다만 인생에서 최고의 삶을 누려야 할 가장 높은 단계에 이르게 되는 셈이다. 또한 가장 중요한 일을 할 수 있는 나이이기도 하다. 이 시기에 세속적인 가치관이라고 하는 모든 삶의 진미를 향유할 수 있는 최고의 높은 경지에까지 올라가야 한다. 모든 그물(a net)을 펼쳐 자기가 잡을 수 있는 고기는 모조리 잡아 올려야 하기 때문이다.

그리고 개인적 발달 관점에서 볼 때 신체적·생물학적 노화가 시작되는 시기로서, 인생의 유한성에 직면해 본질적 자아에 대한 성찰과 관심을 갖기 시작하는 시기이기도 하다. 사회생활에서 모든 난관을 극복하고 경제적인 자립, 대인 관계의 확장, 사회적 지위 등에서 절정에 이르게 되며, 개인적 입장에서 자신의 한계를 인정하게 되고, 다음 세대로의 전수(傳授)를 생각해야 할 시점에 놓이게 되는 전환점을 맞이하게 된다. 훌륭한 사람들의 발자취와 그들이 살다 간 삶의 모습과 방향을 한 번 더 살펴서 자신의 삶에 반영해보아야 한다.

이 시기 이후부터는 사회적으로 볼 때, 이제 더 이상의 성취보다는 퇴양(退讓)과 은퇴를 조심스럽게 접해야 하는 시기이다. 그러니 사회적인 출세와 관련하여 승진을 위한 새로운 일을 시작하기에는 이제 늦었다는 인식을 가져야 할 때이기도 하다. 중년 중기야말로 생의 최고의 가치를 실현해야 할 시기이다. 그렇기에 세속적으로 말하는 명예나 권력, 재산도 이 시기에 거의 성장의 극한점에 이르게 된다.

그렇다면 중년 중기에 수행해야 할 과업은 어떤 것이 있는가?

① 개체화가 이루어져야 한다. 중년 중기의 후반부인 50세 이후부터는 외부세계로 많이 집중되던 정신 에너지를 차츰 내면으로 돌려, 억압되고 방치되어 있던 내면의 진정한 자아를 찾기 위한 탐색을 시작해야 할 시기이다. 이런 탐색 과정은 반드시 독서와 함께 이루어져야 한다. 융은 이런 자아 탐색을 통한 내적 성장 과정을 개체화라고 부른다. 그래서 적어도 이 시기의 부모인 자신은 개체화가 이루어져야 한다. 중년 중기가 되면 자신의 생활신조가 동일한 방향으로만 생활하려는 극단적인 연속성이 굳어진다. 그러므로 새로운 변화의 추구가 절실히 요구된다.

② 중년기의 생리적 변화의 수용과 적응이다. 이 시기에 여자는 말할 것도 없거니와 남자 역시 갱년기를 맞이한다. 자신의 능력에

한계가 있다는 것을 느끼기 시작하며, 점차 늙어가고 있다는 것을 알게 된다. 또한 제2의 인생이라는 삶의 후반기 과제가 자신의 앞에 펼쳐지고 있다는 것을 점점 실감하게 된다. 이 시기에 사회적인 성숙과 결실을 거두는 것이 가장 시급한 인생 문제로 대두된다. 이때부터 이제까지 자신이 쌓아온 실적을 자양분으로 삼아 삶을 영위하게 된다. 하지만 세계적인 추세는 물론 사회적인 변화를 선택적으로 수용하고, 새로운 지식으로 꾸준히 자신을 변화시켜야 한다.

③ 인생의 계획 수정이다. 여기서는 55세를 기준으로 하기보다는 50세를 기준으로 한다는 점이다. 어차피 인생을 살다 보면 본의 아니게 처음 생각했던 계획을 변경해야 할 때가 있게 된다. 특히 자신의 성공이 남에 의해서 저지되는 경우도 있고, 건강상의 이유나 환경 변화에 따른 이유 등으로 인생 계획을 불가피하게 수정해야 할 때가 있다. 이럴 때는 어쩔 수 없이 생의 목표를 변경하지 않을 수 없다. 『명상록』(마르쿠스 아울렐리우스, 2007)에서는 이렇게 말하고 있다.

"세월이 흘려가면서 생명이 하루하루 소멸되어 점차 줄어든다고 걱정하기에 앞서 생각해보아야 할 것이 있다. 가령 어떤 사람의 수명이 연장된다거나 하더라도, 그가 과연 사물을 이해하는 데 필요한 사고력과 판단력을 한결같이 유지할 수 있을지, 또 신(神)과 인간의 문제를 이해하는 데 사색 능력을 변함없이 보존할 수 있을지의 문제이다."

노년기에 접어들어도 보편적인 삶은 젊으나 늙으나 별 차이가 없다. 다만 어떤 위기에 처했을 때, 해결 능력이나 중요한 삶의 가치를 실현하는 등의 문제에서는 정확한 판단과 해답을 이끌어내는 데 한계에 부딪히게 된다는 점이다. 따라서 여기서 지적하는 것은 "우리는 서둘러야 한다. 단지 죽음이 시시각각으로 다가오고 있다는 이유 때문이 아니라, 사물을 꿰뚫어보고 이해하는 능력이 무엇보다도 먼저 쇠약해가고 있기 때문이다."라고 기술하고 있다.

우리가 한번쯤 생각해보아야 할 것이, 중년기를 지나고 노년기에 들면 이미 늦어서 지나간 시간을 되돌릴 수 없게 된다는 점이다. 하는 수 없이 세월의 흐름에 따르지 않을 수 없게 되고, 이미 자신을 바꿀 수없는 꼴이 되어, 삶을 능동적으로 살아갈 수 없으며 시간 속에 예속되고 만다. 그러니 적어도 중년 중기에 한번쯤 자신의 삶을 바로잡지 않으면 안 된다. 적어도 자신의 삶을 바꾸려고 한다면, 이 중년 중기에서 새로운 탄생의 기회를 만들 수 있게 계획을 바꾸고 다른 길을 선택해야 하기 때문이다. 그래야 다른 사람으로 재탄생할 수 있을 것이다. 이 시기가 바로 중년 중기라고 생각한다.

다. 중년 말기

중년 말기란 56~65세의 나이로, 현재까지의 집중적으로 투자하고 노력해 쌓아온 삶의 실적을 결실로 수확하는 시기이다. 또한 변화를 직접 수용해야 하는 시기이기도 하다. 삶의 결실이란 성숙이란 말로 대체할 수 있을 것이다. 정신적인 성숙, 물질적인 수확, 사회적인 출세, 다음 세대를 위한 헌신과 봉사 등이라고 생각된다. 변화의 수용이란 직장에서의 은퇴, 자녀 결혼, 부모와의 이별, 몸의 쇠퇴 등 인생의 큰 문제들과 직면하게 된다.

중년 말기의 삶에서 가장 중요한 변화는 무엇인가? 생물학적인 기능으로, 인간 능력의 한계에 부딪혀 노쇠 현상이 확실하게 나타난다. 지금부터는 앞을 내다보고 마냥 전진하기보다는 오히려 머뭇거리고 멈춰서야 하며, 때에 따라서는 뒤돌아보아야 하는 시기가 아닌가 생각된다. 어쩐지 서운하면서 허전하고, 후회스러움이 자신도 모르게 엄습해오는 시기이기도 하다. 하지만 인생은 돌이킬 수 없으며, 주어진 운명의 길을 걸어가야만 한다. 삶의 모든 시기가 중요하지만, 중년 말기 역시 나름대로의 중요한 특성이 있다.

그중에서도 특히 중년 말기는 늙음을 준비해야 한다. 모든 시기에도 마찬가지이지만, 이것은 이 시기에도 중요한 과업이다. 『행복의 조건』(조지 베일런트, 2010)에서 보면, 스위스의 철학자이자 시인이며 비평가인 앙리 마이엘(Henri Amiel)은 1874년에 "어떻게 늙어가야 하는지 아는 것이야말로 가장 으뜸가는 지혜요, 삶이라는 예술에서 가장 어려운 장이다."라고 기록했다. 또 『행복의 조건』에서는 50대 이전의 삶으로 70대 이후의 삶을 예견할 수 있다고 한다. 그 정도로 아름답게 늙어갈 수 있으려면 젊을 때부터 준비해야 한다는 결론에 이른다. 그러니 늦어도 중년 말기를 살아가는 사람은 적어도 자신이 어떻게 늙어가야 할지, 청사진을 마음속으로 그리면서 살아가야 한다.

중년 말기는 자신의 운명을 조용히 수용하고, 남은 마지막 장(場)이라는 인생 후반기의 삶에 대해 다시 한 번 재기의 꿈을 버리지 말아야 한다. 건강을 지키고 시간을 활용하여, 지나친 욕심을 버리고 자신의 능력에 맞는 계획을 수립해 지속적으로 인생 과업을 이루기 위한 노력이 필요한 시기이기도 하다. 자신의 독자적인 행보가 어느 때보다 필요한 시기가 이 시기이다.

그렇다고 억지로 삶의 무대에서 새롭게 조명 받으려고 애써서는 안 된다. 주어진 의무감에서 조용히 충실하게 살아야만 하는 시기이다. 남들이 활동하는 무대를 부러워한 나머지 자신의 삶이 흔들려서도 안 된다. 조상들이 이루지 못한 꿈을 가슴속에 새기며, 최고의 가치라고 생각되는 자신의 꿈을 실현시키는 데 주력해야 한다. 자신의 경쟁자들과 서로 다른 길을 걷는다는 것도 염두에 두고, 중도(中途)에서 자신의 삶이 끝날 수 있다는 것도 고려해볼 필요도 있다.

그러니 깊이 사색해야 한다. 내면의 자아와 외부의 현실세계를 탐색해 이를 조정하기도 하고, 더 나아가서 죽음이라는 무형의 세계로 입문하기 위한 준비의 단계로서 더 성숙해지기 위해, 한 발짝 물러서서 관망하는 자세가 필요하기도 하다. 자신의 운명의 한계를 인정해야 하며, 그 범위에서 삶을 수용하고 최선의 삶을 살아가야 한다. 그리고 앞으로는 낙엽이 쌓인 오솔길을 자신만이 가야 한다는 그 의미를 깨달아야 한다. 이제는 더 이상의 업보(業報)를 만들지 않도록 자신을 지켜야 하며, 새로운 인연을 만들지 말아야 할 것이다.

중년 말기에 수행해야 할 과업은 다음과 같다.

① 제2의 인생을 준비하고 철저히 살아가야 한다. 이것은 자아실현의 꿈이 이루어지도록 최선을 다하는 삶을 말한다. 마지막 삶의 과업을 실현하기 위한 최선의 방법으로서 자아실현의 길을 모색하

는 것이다. 현재까지 자신의 뜻대로 성장하지 못한 사람은 여기에서 마지막 재생(再生)의 길을 찾아야 한다. 자칫 잘못하면 괜히 심리적으로 늙었다고 생각하기 쉽지만, 그런 생각은 아주 위험하고 어리석다. 적어도 노년 말기까지 포함한다면, 아직도 활동할 수 있는 기간이 20년의 세월이 있으니 기대해볼 만하다. 사람마다 다르겠지만 건강한 사람이라면 노인 초기, 노인 중기가 남아 있다. 그러므로 인생 역시 후반전의 게임이 중요하지 않을 수 없다.

② 삶에서 자신의 의도대로 자유를 누리는 삶을 살아야 한다. 이 나이에 자신의 의도대로 자유를 누릴 수 없다면, 그런 삶은 비극적인 삶이 아닐까 하는 생각이 들기도 한다. 자유를 누린다는 것은 어쩌면 그 정도로 자신의 삶에 스스로 책임을 진다는 의미이기 때문일 것이다.

③ 포기할 것은 포기하는 일이다. 아이로니컬하게도 앞의 새로운 시작과 뜻이 다르긴 하지만, 한편으로는 자신의 능력의 한계를 인정하고 마음을 비워야 생명을 보전하며 명(命)을 온전히 누릴 수 있게 된다. 지금부터는 마지막 삶에서 유종(有終)의 미(美)를 얻도록 하나하나 삶의 범위를 좁혀가야 한다.

4.
노년 초기의 삶의 자세

　노년 초기란 66~75세의 시기이다. '노년기'라는 소리만 들어도 어쩐지 마음이 저절로 숙연해진다. 무언가 어감이 부드러운 듯 너그럽기도 하고, 그러면서도 자꾸만 뒤돌아보고 싶으며, 가슴을 짓누르는 듯한 슬픔이 몰려온다. 뭔가 귓가에서 맴도는 소리는 '당신이 진정 성숙한 노인이라고 생각하는가? 그리고 젊음을 알차게 보냈는가? 만약 당신이 예!라고 대답할 수 있다면 나는 당신께 고개를 숙이겠노라!……'라고 속삭이는 듯하다.

　당신이 진정 성숙한 노인이라면, 풀잎에 불어오는 가냘픈 바람결에도 삶의 전율을 느끼며 흐느끼는 삶의 신음 소리를 들을 수 있을 것이다. 그것뿐인가? 인간의 삶이란 웃음과 눈물이, 삶과 죽음이 하나라는 것을 알게 되어, 흘러가는 바람소리에 자신의 영혼을 날려보낼 수도 있을 것이다. 한 조각의 구름에 인생의 의미를 깨닫게 되고, 밀려오는 파도소리에 나이만큼이나 세월의 아픔을 느낄 줄도 알게 된다. 그냥 스치고 지나가는 사람에게도 같은 나그네의 심정을 전할 수 있으며, 때로는 귀를 기울일 줄도 알 것이다.

아! 그리고 삶에 대한 격양가(擊壤歌)에서 마지막 이별의 아픔을 토해 내며, 몸은 낡아 새 옷으로 다시 치장해야 하지만……, 아직도 마음은 젊음의 꿈속을 헤맨다. 이제는 노을이 지는 창가에 기대 서서, 다시는 영원히 돌아오지 못할 멀기만 한 여행길을 떠날 준비를 해야 할 것이다.

이제 노인기는 또 다른 뭍의 선착장(船着場)으로 가려고 큰 배에서 작은 운반선으로 갈아타야 하는 시기이다. 얼마 지나지 않아 영원의 땅, 뭍에 닿아야만 하는 과제를 안고 있다. 하지만 인생이라는 배를 타고 바다에서 뭍을 향해 노를 저으면서, 그 바다의 마지막 아름다운 풍경을 감상해야 할 때다. 영원한 땅, 뭍으로 향하는 운반선은 잔잔한 물결을 가르며, 삶의 끝자락이라는 마지막 생명의 바람을 쐬면서 영원한 땅, 뭍의 계곡으로 전진해야 한다. 지금도 과거에 얽매어 욕망의 미련이 남아 있다면, 그것은 이 바다에 던져버려야 하고, 뭍에 안착해야만 한다는 절박함이 엄습해온다. 뭍은 이 세상과는 전혀 다른 예쁘고 고운 천사가 사는 곳이다. 그곳은 영원한 안식처가 있는 곳이다.

늙음이란 어떤 것인가? 신(神)은 전지전능함에 틀림없다. 이렇게 인간들에게 인생의 마지막 부분인 노인기에도 생(生)의 의미를 부여해주고, 삶에서 자유로움의 기회를 주었다. 그에 대해 감사함을 넘어서 눈물겹도록 고마운 마음이 든다. 만약에 한 인간이 청년기, 중년기를 모두 탕진하고, 오직 노인기만을 남겨두고 있다 할지라도, 참다운 인격과 지성을 쌓았다면, 그리고 옳은 이성(理性)을 가진 소유자라면, 자신의 이 공허함을 조금이라도 만회할 수 있다. 그것이 가능한 시기가 바로 노인 초기라고 생각한다. 즉 아직도 삶의 시간이 조금은 남아 있다는 뜻이기도 하다.

특히 노인기에 접어들어서도 잊지 말아야 할 것이 있는데, 그것은 인간의 성장 발달은 생의 마지막까지 진행된다는 점이다. 이점을 한시라도 잊어서는 안 된다. 노인 초기만이라도 새로운 각오로 마음을 정렬(整列)하고, 생의 끝자락을 열심히 살아간다면, 그래도 인생에서 황폐화는 면하지 않을까. 패배자의 모습으로 세상을 떠나지 않기 위해서는 미약하지만 활동할 수 있는 마지막 기회를 잘 활용해서 남은 인생을 최선을 다해 살아가야만 한다.

노인 초기는 자연에 비유한다면 10월 중순~11월 상순에 해당되는 시기이다. 이 시기는 인간에게는 물론 자연에 존재하는 동식물들도 바쁜 계절임에 틀림없다. 겨울을 나기 위해서 모든 준비를 완료해야 하기 때문이다. 산에 올라보면 나무들도 결연한 마음으로 단풍이 들어간다. 붉은 단풍잎, 노란 은행잎, 적갈색의 떡갈나무잎, 그 외 형형색색의 나뭇잎들이 저마다의 혈통과 자라온 환경을 자랑하며 보란 듯이 물들어 자신을 뽐내고 있다. 우리도 단풍잎에서 배워야 할 점이 많다. 11월이 되면 단풍잎은 마지막으로 자신의 색깔과 빛을 뽐내며 이 지상생활을 정리한다. 인간도 노인기에 접어들면 살아온 삶에 결실을 맺어야 하고, 조용히 이 세상의 삶을 마감해야 한다.

『자조론/인격론』(새뮤얼 스마일스, 2007)에서는 이렇게 기록하고 있다.

"······선량하고 현명한 사람들도 때로는 세상이 돌아가는 꼴을 보고 화를 내기도 하고 슬퍼하기도 하네. 하지만 자신의 임무를 완수한 사람은 결코 세상에 대해 불만을 품지 않았다는 것을 알아두게. 만약 교육받은 사람이 건강한 눈과 손, 그리고 시간이 있는데도 어떤 목적을 얻지 못한다면, 그것은 오직 하나님께서 축복을 받을 만한 가치가 없는 사람에게 모든 축복을 내리셨기 때문일세." 이런 내용을 보면 자신의 임무를 묵묵히 수행하는 사람은 아예 불만을 가질 시간적인 여유도 없으며, 자신의 임무를 완성한 후 세상을 떠날 때는 무언가를 원망하며 떠나지 않을 것이다. 또한 교육받고 건강한 눈과 손을 가진 사람이라면, 어떤 목적의식 없이 허송세월을 보내서는 안 된다는 경고의 메시지가 들어 있다.

한 번 더 조용히 생각해보아라. 인간이 태어나서 성장하며 성숙하는 과정이 하루아침에 이루어지겠는가? 인간은 갑작스럽게 성장하고 발달이 완료되지 않는다. 삶에서 발달은 대개 전 생애를 통해 서서히 이루어진다. 발달 과제를 보면, 삶의 기간들 중에서도 시기별로 중요한 과업이 주어지게 된다. 노인기에도 건강하다면 아직 66세에서 85세까지 20년이라는 세월 동안은 활동성을 유지할 수 있다. 아직 적극적인 삶을 살아갈 수 있기에, 가능한 한 최선을 다해 못다 이룬 꿈을 이루도록 노력해야 한다. 적극적인 삶을 유지하는 것이 죽음에 대한 철저한 준비이기 때문이다. 앞으로 남은 과제는 시간을 지속적으로 아끼며 관리하는 것이다. 황금보다 더 중요한 시간을 어떻게 생산화시킬 것인가가 중요하다.

『행복의 조건』(조지 베일런트, 2010)에서는 품위 있는 노화에서 중요한 다섯 가지 항목을 이야기한다. "사회적 기여도, 과거의 자양분 흡수, 유머감각과 삶의 여유를 즐길 줄 아는 능력, 자기관리, 인간관계 유지" 등이 그것이다. 여기서 한 단계 더 진행하여, 품위 있는 죽음을 위해서는 훌륭한 후계자 양성, 당사자의 내면 성숙, 삶의 목적 실현, 신과의 만남 등이 아닌가 생각해본다.

특히 노인기는 지나온 세월에 대한 회한(悔恨)과 상념(想念) 등에서 벗어나도록 노력해야 한다. 신체적 노화와 심리적 변화에 적응하기 위해 새로운 변화를 받아들이고 옛것을 과감히 버려서, 경직된 마음에서 탈피해야 한다. 그러면서도 노인기에 대한 새로운 철학을 획득해야 할 것이다. 쉬운 일이 아니지만, 세대차와 사회변화를 인식하고 자기중심주의(egocentrism)에서 벗어나도록 노력해야 한다.

또한 모든 인간관계를 재정립해야 하며 이웃과 사회에 대해서는 어른으로서 품위를 유지하고, 경제적 자립과 인격 완성을 먼저 이루어야 한다. 그리고 누구의 잘못을 따지기 전에 자신이 먼저 서로의 좋지 못한 감정을 없애버리고, 좋은 관계를 유지하도록 노력해야 한다.

그런가 하면, 자연과 친해지고 자연과 합일하도록 노력해야 한다. 신(神)에 대한 믿음을 정립하고, 행복한 죽음을 위해 삶을 아름답고 깨끗하게 마무리하도록 최선을 다해야 할 것이다. 원만한 부부관계 유지는 물론 바람직한 사별이 이루어지게 해야 하며, 자녀와 손자·손녀에게도 자신의 의무를 다하기 위해 최선을 다하도록 한다.

노년 초기에 이루어야 할 수행과업에는 어떤 것이 있는가?

① 뭐니뭐니해도 가장 먼저 이루어야 할 수행과업은 자기완성이

다. 즉 내면의 성숙이다. 누에의 성숙기[12]처럼 노인은 노인으로서 내면이 성숙해야 한다. 누에 같으면 몸속에 있는 뽕잎의 단백질이 실로 화학 변화를 이루는 시기이다. 인간의 내면 성숙은 어떻게 변화하는 것을 말하는가? 한 마디로 말하

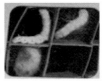

위의 오른쪽 누에 사진(성숙의 단계)

면 자신의 의도대로 욕심을 채우려 하는 것이 아니라, 외부의 변화를 수용하는 자세를 취하는 것이다. 즉 마음을 비우며 자연의 변화에 순응하는 자세이다.

이제부터는 묵묵히 세월의 흐름에, 세상 따라 그냥 흘러가야 한다. 그렇게 하려면 자꾸만 욕심을 줄이고 이루지 못할 것은 포기하면서, 체념의 과정이 필요하리라 본다. 즉 누에가 실을 토해내듯이 사회에, 타인에게, 그리고 다음 세대에게 자신의 모든 것을 내주어야 한다. 이 과정은 이해, 인내, 분별, 정의, 진리, 관용, 양보, 사랑과 같은 가치를 실행하는 과정이 아닌가 생각한다. 그렇게 하려면 눈을 내부로 향하게 하여 마음을 살펴서 부정적인 생각을 모두 떨

---

12) 누에의 성숙기를 보면, 누에는 알에서 부화해 30일 정도 뽕잎을 먹고 자란다. 이렇게 자라는 동안 4번의 허물을 벗고 몸이 커진다. 다 자란 누에의 몸무게는 새끼 누에의 약 만 배 정도이다. 허물을 벗는 시기를 잠을 잔다고 하며, 막잠(4번째)을 자고 나면 7일간 먹이를 더 먹는데, 이 시기에 일생 중 먹는 뽕잎의 90%를 먹게 된다. 그래서 성장이 다 이루어진 누에는 몸에서 실을 뽑기 시작한다.
여기서 중요한 점은 먹이를 다 먹은 누에는 양적으로 최대로 성장했다가, 실을 뽑을 수 있도록 완전히 성장하고 나면, 크기가 다소 작아지면서 노랗게 몸이 변하는 시기가 있다. 이 시기를 성숙기라고 할 수 있을 것이다. 사람 같으면 노인기에 해당한다고 하겠다.
누에가 완전히 성장해 몸이 최대로 커졌다가 실을 토해낼 수 있도록 완전히 자라면(익으면서), 다시 몸이 작아지면서 몸 안에 있는 단백질이 실(silk)로 변하게 된다. 즉 누에 몸속에 있는 뽕잎의 단백질이 화학 변화를 이루어 실로 변화하는 시기, 즉 성숙의 단계를 거쳐 실로 변화시켜 이를 토해내는데, 이 시기를 성숙의 단계(저자의 이론, 학술적으로 정해진 이론 정립은 없음)라고 할 수 있을 것이다. 이 성숙의 기간은 대체적으로 약 2일 정도 소요된다고 예측(외형적으로 볼 때)할 수 있다.

처버리고, 참회(懺悔)의 승화 과정이 필요하다. 즉 누에의 성숙과도 같은 단백질이 실(thread)로 변하듯이, 화학적인 변화의 과정이 있어야 한다. 이것이 내면이 성숙되는 과정(사진 참조)이 아닐까.

『인격론』(새뮤얼 스마일스, 2007)에서는 "인격자는 양심적이며, 양심적으로 일하고 말하며 행동한다. 나이가 많아 황혼기에 이르면 오직 인격만은 갖추어야 한다. 이들에게는 시간은 사라지지 않고 그와 더불어 흐른다. 몸이 약해지는 것이 아니라 영혼이 강해지는 것으로 나이를 먹는다."라고 기술하면서 인격의 중요성을 강조한다. 노인기에 이르면 반드시 이렇게 인격적인 사람으로 재탄생해야 한다.

② 자아실현의 꿈을 이루어야 한다. 세상을 살고 난 후에는 무언가 남는 것이 있어야 하기 때문이다. 죽을 정도로 최선을 다해 살았지만, 남는 것은 오직 자녀뿐이다. 물론 그것이 전부일 것이다. 여기서 욕심을 하나 더 갖는다면, 자아실현의 꿈을 이루는 것이다. 자아실현의 꿈은 꼭 노인 초기에만 해당되는 것은 아니다. 앞에서도 언급했지만, 자아실현의 꿈을 이루기 위해서는 "한 송이의 국화꽃을 피우기 위해 소쩍새는 봄부터 울어야 하듯이" 아동기에서부터 꿈을 키우며 능력을 개발해야 한다.

③ 인생을 살아오면서 자신에게 맺힌 한(恨)을 풀어야 한다. 맺힌 한을 푼다는 것은 쉽지 않은 일이다. 한은 운명과 함께 얽혀 있기에, 어쩌면 타고나면서부터 예정된 일종의 아픔이 아닌가 생각되기도 한다. 또한 남에게 끼친 상처 역시 거꾸로 생각하면 남에게 한을 입힌 것이다. 크게 생각해 이 두 응어리(grudge)를 치유한다는 것은 한마디로 말하면 결국 자신의 잘못을 인정하고 수용한다는

뜻이나 다름없다. 이런 행위를 인정하고 수용하는 마음의 상태를 쉽게 허락할 수 있을까. 그것은 성숙된 인격으로 본인의 마음을 변화시키는 가운데 가능할 것이다. 그런 과정에서 반성(反省)과 참회(懺悔)의 뼈저린 아픔 없이는 불가능하다. 그래서 종교적인 도움이 필요하리라 본다.

④ 인생을 즐기는 것이다. 삶을 즐긴다는 과업에 있어서는 노년 전 기간은 물론이고 인생 전체의 기간에도 해당될 것이다. 그러나 건강 면에서나 어려운 삶을 살아온 무게만큼이나 당위성을 감안해 보면, 노년 초기가 가장 인생을 즐겨야 할 시기가 아닐까 한다. 특히 신이 인간에게 부여한 노년기의 애틋한 부부의 마지막 정다움도 이 시기에 시간을 늘려나가야 한다. 왜냐하면 모든 자연의 이치가 그러하듯이 이제 인생도 마지막 끝에 다다랐기에, 자연의 섭리처럼 얼마 남지 않은 인생에서 헤어질 날을 준비해야 하기 때문이다.

삶을 즐기는 문제에 있어서 특별히 다른 시기의 수행과업과 다른 점은, 노년기가 될 때까지 여태껏 쌓아온 삶에서 그 업적의 후광을 업고 인생을 즐길 수 있어야 한다는 점이다. 물론 참다운 삶이라면, 어려운 삶의 과정마다 시간을 만들어서 삶을 즐길 수 있어야 한다. 『행복의 조건』(조지 베일런트, 2010)에서도 "65세를 넘어서면 세속적인 지위는 더 이상 중요한 목표가 될 수 없다. 노년에는 파블로 피카소(pablo picasso)의 능력 중 그림을 잘 그리는 능력보다는 삶을 즐길 줄 아는 능력, 즉 혈기 왕성한 새끼고양이처럼 지칠 줄 모르게 노는 능력이 더 쓸모가 있다."라고 강조한다. 여기서 분명히 두 가지 길을 함께 가야 한다. 하나는 자신의 목적하는바 계획을 완수하는 일이고, 다른 하나는 삶을 즐기는 문제이다.

⑤ 영성을 쌓는 일이다. 이것은 자신의 내면으로 침잠해야 한다는 말이다. 『승려와 철학자』(장 프랑수아르벨 & 마티유카르, 1999)를 참고하면 "과학은 삶의 조건을 개선할 수 있다. 그러나 단지 개인이 안락함을 누릴 수 있게 만들어줄 뿐, 삶의 질적인 문제는 여전히 숙제로 남는다. 삶의 질을 높이는 유일한 방법은 '존재에 내적인 의미를 부여' 하는 일이며, 그 방법은 바로 우리의 정신을 알고 변화시키는 데 있다."라고 한다. 선각자들은 일관되게 이렇게 주장한다.

가만히 생각해보아라. 존재에 내적 의미를 어떻게 부여해야 하는지를? 쉽게 해답을 구할 수 있는 부분이 아니라는 것을 느끼게 될 것이다. 유일하게, 혼자 고요한 경지인 무아지경의 세계로 잠입(潛入)하지 않으면 그 해답을 구하기란 힘들다. 잠입했더라도 억지로 그 해답을 끄집어낼 수 있는 것도 아니다. 그래서 인간심에서 완전히 자유로워진 정신세계에 들어가면, 잡념으로 가려진 상태를 벗어난 경지로 들어가게 되는데, 그것이 바로 영성의 세계로 입문하는 것이 아닌가 하고 생각된다.

또 『승려와 철학자』에서 보면 "정신적 도(道)의 목적을 의식의 흐름으로부터 거만함, 질투, 증오, 탐욕 따위의 흔적을 모두 지워버리는 것이다."라고 말하고 있다. 또한 강한 개성과 영혼의 힘을 혼동해서는 안 된다고 말한다. 사람들은 그들(修道者)이 매우 인상적인 개성을 가지고 있으며, 누구나 감지할 수 있는 자연스러운 힘의 빛을 발한다고 한다.

그러나 커다란 차이점은 그들(修道者)에게서 에고(ego)-여기서 말하는 에고는 이기주의와 자기중심주의로 고취된 에고를 뜻한다-의 흔적은 조금도 찾아볼 수 없다는 점이다. 그들의 영혼이 내뿜는 힘은 흔들림 없는 확신을 통해 외부적으로 나타나는 깨달음과 평정, 내면적 자유에서부터 생겨난다고 한다. 그래서 영혼의 힘이 중요하다.

결과적으로 노년기에서 가장 중점적으로 다루어야 할 생의 수행 과제는 죽음에 대한 준비로서 영혼의 문제이다. 자신의 마음을 맑혀 신에게 맡겨야 하는 의무감이 있기에 그렇게 행해야 하는 것이다. 정신을 보다 순수하고 깨끗하게 맑혀서 순수한 영혼을 간직하여, 삶과 죽음의 문제에서 가장 핵심적인 해답을 이끌어내야 한다. 그것은 오직 영성을 획득하는 데 심혈을 기울임으로써 최대한 접근 가능할 것으로 본다. 노인 초기에 수행해야 할 중요한 과업은 종교를 믿는 것과 영성을 쌓는 일이라고 나는 생각한다.

5.
노인 중·말기의 의미와 생의 종말

노년의 중·말기란 76세 이후의 시기이다. 중국 민속(民俗)에 84세는 염라대왕이 부르지 않아도 자진해서 스스로 가야 한다는 말이 있다. 나이만큼이나 84세는 삶과 죽음이라는 경계선상에 놓여 있는 뜻에서 의미심장한 의미를 지닌다. 바로 삶과 죽음이 교체되어야만 하는 자연적인 법칙이 노년 중·말기이기 때문이다. 비록 과학이 발달하여 의술이 향상되었다고 하지만, 아직도 이 속담이 우리에게 시사하는 바는 크다고 하겠다.

『육도삼략』(태공망, 2009)에서는 "인간은 80이 되어야 인생을 안다. 삶에 대한 중요한 문제는 80년의 성숙과정을 거쳐야 인생의 깊은 문제를 이해하게 되는 것이다."라고 기술한다. 아마도 이 내용은 앞에서 기술한 중국 속담과 다른 내용의 문장이지만, 어쩌면 일맥상통하는 면이 있다. 그 정도로 인생은 성숙과 함께 죽음이 긴박하게 주어지게 된다는 함축적인 의미를 내포하고 있는 것 같다.

중국의 등소평은 자기가 죽은 뒤 화장(火葬)을 해서 태평양에 뿌려달라고 유언을 남기고 세상을 떠났다. 그 말뜻은 자기 인생을 후회 없이 다 살고 간다는 맥락에서 원(願)도 한(恨)도 없다는 의미로 풀이되기도 한다. 자기 인생을 충실히 다 살고 간다는 것, 그리고 세상을 떠나게 된다는 것만큼 삶에서 중요한 문제는 없을 것이다.

그렇다면 일반인인 우리는 70대 중반까지 어떻게 살아왔는가? 지금부터라도 자신의 잘못된 삶에 대해서는 참된 뉘우침으로 반성해서 성숙한 사람으로 거듭 태어나야 할 것 아닌가?

『불안의 개념』(쇠렌 키에르키고르, 2005)에서는 잘못된 삶에 따른 참된 뉘우침에 대해 "후회하는 그 현상은 인간의 감성적인 것(알코올 중독, 약물 중독, 방탕에의 몰입 등)과 관련해서는 말할 것도 없고, 더 고차적인 것(자만심, 허영, 분노, 증오, 반항, 교활, 질투, 갈등 등)과 관련해서도 나타날 수 있다. ……그리고 후회에는 참된 뉘우침에서보다 정열(情熱)의 변증법과 표현에 있어서 훨씬 더 강력한 우울이 담겨 있다."라고 설명하고 있다.

앞의 글귀를 다시 한 번 풀이해보면, 잘못된 삶을 살아온 사람이 진정한 뉘우침을 하는 데는 독창성과 인내심이 따르는데, 어딘지 한 구석에는 자신을 변호(辯護)하며 비호(庇護)하는 잘못된 뉘우침이 있게 된다는 표현이라고 본다. 또한 사람들은 그런 현상(참된 뉘우침)을 은폐하거나 폐기할 수도 있으며, 자신도 모르게 별 교묘한 수단을 다 사용하기 때문에 진실한 뉘우침이 되지 않는다는 뜻이기도 하다. 이런 잘못된 뉘우침을 고쳐서 참된 뉘우침을 갖기 위해서는 종교적 도움이 필요할 것이다. 그러나 종교를 갖지 않는 사람들은 종교를 갖는 어려움을 택하기보다는 가까운 곳에 손을 내밀게 된다.

노인기에는 성적 즐거움도 없어진다. 즐거움을 마음의 평화와 고요함에서 찾아야 할 것이다. 『노자』(김홍경, 2003)의 '장생구시(長生久視)'13)는 『노자』 사상의 가장 중요한 삶의 목표이다. 이때 장생구시는 안온(安穩)하고 장구(長久)한 개인적인 삶에서 비롯된다고 할 수 있다. 노인이 되면 안온, 즉 조용하고 편안한 삶이 중요하다고 하겠다. 이것이 장생구시와 통하게 된다.

여기에 나오는 『여시춘추』의 말대로 "세상의 왕공 귀족들은 잘나거나 못나거나를 막론하고 모두 장생구시를 원하지 않는 사람이 없는 것"으로 표현하고 있는 것을 보면, 건강하고 오래 사는 것을 참다운 삶의 목표로 보고 있다. 그러면 어떻게 '장생구시(長生久視)'로 살아남는가가 문제인데, 그 방법으로 인순(因循, 내키지 않아 머뭇거리는 것)과 퇴양(退讓)을 실천적 지침으로 제시하고 있다.

노인 중·말기의 삶에서 두려움과 절망감은 어디에서 오는가? 노년 중·말기의 삶은 그 어느 때보다도 더 쏜살같이 지나가는 데 있다고 하겠다. 하지만 우리는 이 순간, 영원한 것을 붙잡는 법을 배워야 한다. 이것은 오직 종교만으로 가능하다고 본다. 노인(즉 實存)은 항상 불안하다. 언제 자신에게 죽음이 닥쳐올지 모르기 때문에 불안하게 되어 있다. 오늘밤을 무사히 넘길지 그것조차 모른다. 그 불안을 없애려 한다면, 딱 한 가지 방법밖에 없다. 그것은 종교에 귀의(歸依)하는 것이다. 노년 중·말기에 있는 노인들은 반드시 종교를 가져야 한다는 결론에 이르게 된다. 그곳에서 우리의 삶을 영원한 삶으로 복귀시키는 것이다. 종교를 갖게 됨으로써 절망을 희망으로

---

13) 노자(老子)의 수행법(修行法)의 하나로 흔히 '장생구시(長生久視)'가 손꼽힌다. '장생구시'란 『도덕경(道德經)』 59 〈가름(章)〉에 나오는 대목이다. 다석(多夕) 류영모(柳永模)는 이것을 풀어 '길이 살아 오래 보는 것'이라고 했다.

바꾼다는 의미이기도 하다.

인간은 궁극적으로 종교를 갖고 신을 믿어야 한다. 종교를 통해 신을 믿음으로써 노년기에 죽음을 극복하고, 지혜롭게 살다가 생을 마감할 수 있게 된다. 어떤 차원에서 보면 우리의 삶은 종교로 시작해 종교로 끝난다. 인간의 삶은 종교가 가장 기본이라고 볼 수 있다. 성경이나 불교 경전 등에 진리의 말씀이 다 포함되어 있기 때문이다. 오직 착하게 살아가려고 하는 마음을 가지고, 자신의 아픔을 기도를 통해서 치료해야 한다.

노인 중·말기에 꼭 이루어야 할 삶의 과제는 죽음을 준비하는 것이다. 죽음을 준비하기 위해서는 먼저 삶을 통합해야 한다. 또한 삶을 통합한다는 것은 자기의 한(恨)을 하나하나 풀어가는 과정이라고 할 수 있다. 부정적인 자신의 한을 풀어서 자신이 살아온 긍정적인 면으로 통합시키는 것이다. 즉 자신의 과거를 인정하고 자신의 운명을 받아들이며 순화(馴化)하는 과정이다.

한을 푼다는 것은 자신의 마음속 가운데 깊게 맺혀있는 원통함을 줄여나간다는 뜻인데, 그게 쉬운 일인가? 노인기에 접어든 나이 많은 사람들은 오랜 세월을 살아오는 동안 누구나 가슴속에 원통함을 갖고 있다. 그 한의 종류는 친척, 형제간의 관계에서 맺힌 한이 가장 많이 차지한다고 한다. 그 한을 상대방에게 말 못 하고 가슴에 그대로 쌓이게 되기 때문이다. 보통 이런 한은 가슴에 깊게 묻어 없애버리려고 애(solicitude)를 쓰지만 쉽게 없어지지 않으며, 죽음까지 가지고 가게 된다고 한다.

한을 푸는 방법 중의 하나는, 스스로라도 과거를 회상하면서 당사자가 아닌 타인에게라도 이야기(complain)함으로써 감소시키는 것이다. 나이 많은 사람들에게 말을 많이 하게 함으로써 그 한을 풀수 있는 기회를 주라고 한다. 어떤 경우에는 남에게 말할 수 없는 사연도 있다. 그럴 때는 신에게 고백함으로써 그 원통함을 풀어야한다. 이것이 소위 고백성사(告白聖事)이다. 즉 성당에서 영세(領洗)받은 신자(信者)가 범한 죄를 뉘우치고 하나님의 대리자인 사제(司祭), 신부에게 고백해 용서받는 일이 바로 그런 행위이다. 신은 마음속에서 참회하는 것을 보기만 하면, 곧 죄를 사하신다고 한다.

노년기는 실제적으로 볼 때 상실과 이별, 고통의 나날이라고 할수 있다. 이런 현실을 순수하게 받아들이면서, 남은 생에서 하루라도 가치 있고 보람 있게 살아가야 한다. 때로는 자신도 모르게 마음이 미래에 대한 불안감으로 젖게 되는데, 이것을 극복하기 위해서 종교를 갖고 신을 공경하고 받들며 살아가야 한다. 그래야만 궁극적으로 인생이 평화롭게 끝날 수 있게 된다.

노인기의 수행과업 중에서 가장 중요한 점이 '신을 만나는' 것이다. 신을 만난다는 것은 죽음이 끝이 아니라, 또 다른 세상을 만나게 되는 것이다. 그러므로 삶과 죽음이 하나가 되어 지속적으로 자신을 개척해 나가는 지혜를 열어나가게 된다. 자신이 현재 처해 있는 상태, 즉 주변의 동료, 친지, 형제들과의 대화가 그 이상 도움이 되지 못하고, 결국은 혼자 이 세상을 외롭게 떠나야 하기 때문이다.

우리는 현재까지 이 세상을 살아오면서 수많은 회한(悔恨)에 젖게 된다. 이런 아픔을 달래기 위해서 신과 소통하여 자신을 달래고 정리하며 한을 풀고, 자신의 사후 문제에 대해 긍정적으로 접근할 수 있게 되는 것이다. 이것은 어쩌면 자신이 선(善)을 행한다는 것이나 다름없다. 오직 착함을 행해서 신 앞에 죄를 짓지 않음으로써 올바른 죽음을 맞이할 수 있기 때문이다. 그런 의미에서 행복한 죽음은 평생을 준비해야 한다는 말의 의미가 여기에 있는 것이다.

그중에서도 중요한 것은, 죽음 앞에서 인생의 본질을 이해하려고 노력하는 일이다. 이것은 행복한 죽음과 연결된다. 왜냐하면 죽음은 삶의 한 과정이라고 보기 때문이다. 스위스의 정신의학자이며 심리학자인 칼 구스타브 융(Carl Gustav Jung)에 의하면 "내세(來世)에 대한 어떤 이미지도 소유하지 못한 사람은 죽음을 건전한 태도로 직면할 수 없다고 믿는다. 즉 그들은 살았을 때 얻지 못한 자각(自覺)을 죽어서라도 얻으려고 애쓴다는 것이다. 이와 같이 죽은 자의 생도 생의 연장이다. 사자(死者)도 노인처럼 존재에 대한 질문과 계속 씨름한다. 그들은 생을 완전하게 하고, 또 그 의미를 부여하는 것이 어떤 것인지 궁금해 한다."라고 기술한다. 그러니 살아 있을 때 인생의 본질을 이해하고 내세(來世)에 대한 원형적 이미지를 획득하여 죽음에 임하는 것이 무엇보다 죽음을 잘 준비하는 것이다.

노인 중·말기에 한을 풀어야 하고, 신을 만나기 위해서는 결국 자신이 살아온 인생을 정리해야 한다. 정리하는 것은 현재까지 살아온 자기 인생을 이해하고 용서하고 수용하는 일이다. 비록 인생에서 큰 성공은 이루지 못했더라도, 자기의 한계를 인정하고 작은 만족을 찾아야 하기 때문이다.

특히 자신만의 독특하고 유일한 삶에 대해 자신만의 시간을 갖고, 오직 혼자 인생을 되돌아보고, 이렇게 살지 않으면 안 되었던 과정들을 관조(觀照)해 보아야 한다. 마지막 종결의 죽음이라는 또 다른 큰 틀의 숙명 앞에 살아온 과정들의 운명을 대입하여, 앞으로 풀어야 할 남은 과제를 도출해내는 것이다. 영원히 풀 수 없는 불가능한 삶의 과제는 세월 속에 묻어 잊어야 하고, 정리할 수 있는 과제들은 주어진 잔여의 시간들 속에서 하나하나 해결해 나가야 한다. 이런 과정이 한을 푸는 것이고, 신을 만나는 것이다.

노년 말기에 접어든 노인이 무엇을 더 바라겠는가? 아마도 품위 있는 죽음일 것이다. 품위 있는 죽음이란 어떤 것인가? 고결한 정신을 끝까지 잃지 않으면서, 죽음 이후에 자신을 받아줄 신 앞에 한 점 부끄러움이 없도록 하는 것 아니겠는가? 그리고 노인으로서 이때까지 헛되지 않게 살았다는 그 실적이 있기에, 인간으로서 가장 높은 성숙한 삶의 끝자락에서 노화의 자연적인 현상으로 죽음을 순수하게 받아들이는 모습이 아니겠는가?

다만 한 가지 더 욕심 낸다고 하다면, 노년 중·말기에는 남을 위해서 살아야 한다고 말하고 싶다. 즉 사회와 남을 위해서 봉사하는 즐거움으로 마지막 생을 정리하는 것이 어떠할까? 이것은 자신을 위해서도 그렇고, 남에게 빚진 것을 갚는다는 차원에서도 그렇다. 숨 가쁘게 살다 보면 자기도 모르게 자신을 위한 삶에 중점을 두게 되고 남에게 피해를 줄 수도 있기 때문이다. 그리고 후세를 양성한다는 차원에서도 마찬가지라고 생각한다.

3 장

삶을 어떻게
가꾸어가야
하는가?

1.
나에게 맞는 직업이란?

직업이란 삶에서 어떤 의미를 갖는가?

직업을 통해서 자신의 모든 정체가 세상에 알려지게 된다. 직업은 실존이며, 생명 그 자체다. 직업은 곧 우주 자연의 원리이며, 신의 명령이고, 인간의 의무이다. 또한 직업은 신성한 것이며, 선(善)이다. 직업은 자존심이요, 도덕이며, 명예이다.

인간 세상에서의 실존은 험하면서도 처절하다. 직업에는 자존심이 걸려 있고, 생계가 매달려 있기도 하다. 한 개인의 인생 전체가 직업에 매달려 있다고 보아야 할 것이다. 직업 속에는 나의 인격이라는 무게와 시장의 수요 공급에 따른 가치가 포함되어 있기도 하다. 직업이라는 것은 겉으로는 자신에 대한 간판을 내걸고, 안으로는 생명줄과 연결되어 있다.

직업을 통해 다음과 같은 가치를 획득하게 된다.

삶은 노동과 불가분의 관계에 놓여 있다. 직업과 관련하여 노동의 의무는 신의 명령을 준수하는 일이고, 욕망의 충족과 관련하여 물질을 확보하는 일이며, 사랑과 성적 욕망을 이루기 위한 기본적인 요건이다. 그리고 사회의 참여와 보람을 갖게 하고, 자기실현의 꿈을 이룰 수 있는 원동력이 되기도 한다. 즉 노동을 통해 삶은 실현되는 것이다. 노동의 중요한 가치는 자기 자신의 자립성이 여기에서부터 이루어진다는 것이다.

한번 더 조용히 생각해보아라. 30대의 젊은이가 직업을 얻지 못해 노동의 기회가 주어지지 않는다면 어떻게 되겠는가? 사회생활은 물론 삶 자체가 흔들릴 것이다. 삶에서 가장 큰 비중을 차지하고 전력(全力)을 다 바쳐야 할 곳이 바로 직업의 세계이다. 직업에 자신을 바치지 않으면, 가정을 꾸리기 위한 생계도, 사회에 헌신할 수 있는 봉사도, 남과의 중요한 인간관계도, 삶의 실현도 이룩할 수 없다.

프로이트(Freud)는 인간에게 가장 중요한 두 가지가 일하고 사랑하는 것이라고 말했다. 그만큼 일, 즉 노동이라는 것은 인간의 삶에 의미를 부여해준다.

교황 요한 바오로 2세는 "일은 인간의 존엄성을 표현하므로 인간에게 선한 것"이라고 강조했다. 에이브러햄 매슬로는 자기실현에서 가장 중요한 것이 바로 '직업'이라고 했다. 아마도 개인들은 일을 통해 자신의 가치를 찾게 되고, 꿈을 이루게 된다는 의미로 해석된다.

노인기에도 일은 중요하다. 노인기는 은퇴와 인생의 종착역 사이에 놓여 있는 광대한 황무지를 지나야 하는 시기라고 흔히들 말한다. 진정한 은퇴는 직장에서 퇴직한 이후가 아니라, 70대 중반 이후까지 의미 있는 일을 계속하여 삶의 중요성을 잃지 않으며, 또한 사회적인 영향력을 행사한 그 이후가 될 것이다. 70대 중반까지 중요한 일을 계속해서 삶의 의미를 잃지 말라는 뜻이다. 물론 80대 후반까지도 일반적인 노동은 계속되어야 한다.

존슨 홉킨스 대학 메디컬센터에서는 70세까지 직업을 갖고 일한 사람이 그렇지 않은 사람에 비해 82세까지 생존할 확률이 2.5배 높다는 조사결과를 발표했다. 어떻게 보면 인생행로란 주변 환경의 영향을 받고 타인의 주관(主觀)과 의지에 의해서 좌우되는 경우가 많은데, 이것이 문제가 되는 것이다. 그러니 정작 본인이 꼭 자신의 뜻을 관철하도록 직장을 구하고, 자기실현이 이루어지도록 삶을 주도해 나가야 한다. 이것이 인생에서 아주 중요한 문제다. 직업과 꿈의 실현은 대체적으로 불가분의 관계에 놓인다. 물론 꼭 그런 것은 아니지만, 완전히 분리할 수만은 없는 것이다.

직업과 자기실현의 길이 동일선상에 놓일 수 있다면, 그것이 가장 좋은 직업이라고 생각해본다. 만약 현재 직업과 자기실현의 길이 다르면 노력을 이중적으로 투자해야 하고, 그럼에도 그 결과는 미미할 수 있을 것이다. 그러니 현재의 직업과 자기실현의 목표가 일치될 때 좋은 결실을 맺을 수 있으며, 인생이 성공으로 옮겨질 가능성이 한층 높아진다. 이런 의미에서 직업은 자기의 실존이요, 이웃에 대한 봉사요, 사회에 대한 참여이며, 삶의 실현이다.

직업의 또 다른 기능(function)을 살펴보면, 가치성(worth)을 무시할 수 없다. 물론 여기서 가치성을 논하기 이전에, 신분이 높은 자리를 차지했다고 해서 무조건 가치성이 높다고는 말할 수 없을 것이다. 하지만 인간이 아무리 평등하다고 해도, 능력과 자질, 교육 수준에 의해 신분을 평가받는다.

직업의 중요성도 그 직업에 대한 일반적인 가치성에 의해 선호도가 주어지게 마련이다. 그런 의미에서 되도록 높은 수준의 직업을 얻는 것이 사회생활을 영위하는 동안 유리한 고지를 차지하는 것이 된다. 즉 직업의 선택은 그 가치성에 따라 자신의 자존심을 유지하는 결정적인 역할을 한다. 누구나 직업을 통해서 이때까지 총체적으로 쌓아온 능력을 타인에게 제공해줌으로써 품위를 지속적으로 유지해나가게 된다. 아마도 직업에는 자기만이 소유한 자신의 브랜드(Brand)가 주어진다고 할 수 있을 것이다. 그래서 좋은 직업은 인류에게 가장 가치 있는 상품을 제공해준다. 그럼으로써 직업을 통해 사회에 공헌하고, 또한 자신이 성장할 수 있는 기회를 갖게 되는 것이다.

오늘날 지구상에는 직업의 종류가 대략 3만이 넘는다고 한다. 어느 자료에 의하면, 우리나라 직업의 종류로 등록 된 것은 2015년 2월 23일 기준으로 11,440 종류라고 기록 되어 있다. 그런데 좋은 직업이라는 신분의 가치성을 따지기 이전에 우리 개인이 직업관에 관해 먼저 갖추어야 할 것은 도덕적 수준과 인격의 함양이다. 그것이 우선되어야 한다. 즉 삶의 철학이 확고해야 한다는 의미이다. 삶의 철학이 확고해야 한다는 것은 다른 말로 목적의식이 뚜렷해야 한다는 말이다. 멀리 장래를 내다보고 직업을 선택해야 할 것이다.

젊은 시절 인쇄소에서 일했던 사람이 50대 후반에 큰 출판사 사장이 되었다. 자부심을 갖고 일했기 때문에 스스로를 보물로 인정했다. 그처럼 혼을 불어넣을 수 있도록 자신의 직업에 심취할 수 있어야 한다. 일에 동화되어 사랑으로 임해야 할 것이다. 즐거움 속에서 일해야 하며, 타인의 눈치를 볼 것이 아니라 보람을 갖고 일하는 게 중요하다. 그래서 삶의 목표가 뚜렷하며 희귀성과 전문성을 갖추고 인격과 지성을 겸비했다면, 직업에는 귀천이 없지 않을까 생각하기도 한다. 그 직업에 상응하는 품성과 인격을 갖추었느냐 갖추지 못했느냐에 따라, 그 직업에 임하는 자신의 자존감은 판이할 것이기 때문이다. 직업의 가치성은 그 사람 삶의 철학이 굳건히 확립되어 있느냐 있지 않느냐에 따라 다르게 나타난다고 볼 수 있다. 똑같은 직업을 가졌다고 할지라도, 인생철학에 따라서 그 직업에 대한 만족감과 가치관이 달라진다.

단순한 예로서 성경에는 "레위의 직업은 세금을 거두는 일이었고, 베드로는 갈릴리 호수의 어부였으며, 바울은 유대교 신자로 지식인 이었다."는 구절이 나온다. 본문에서 사용되는 의미와는 다르겠지만, 만약 여기서 직업의 귀천을 굳이 따진다고 한다면, 바울이 유대교 신자이며 지식인으로서 높은 수준의 직업인이라고 할 수 있을 것이다. 그러나 지식 수준 이전에 각기 그 직업에 종사하는 다양한 직업인들의 도덕적 수준이나 지성과 인격, 지혜의 수준에 의해 실질적으로 사람들의 신뢰와 가치성은 달라질 수 있다.

그러면 중요한 직업을 어떻게 구하고 찾을 것인가? 물론 대학에서 전공학과를 잘 선정하는 것이 중요하다는 것은 말할 필요도 없을 것이다. 그런데 대학의 전공학과 연관된 직업을 구하는 일에 성공하지 못했을 경우에, 차선책으로 어떻게 해야 할 것인가?

첫째, 자신의 적성과 능력을 정확하게 파악할 것. 둘째, 사회의 수요와 공급의 원칙에 준해 자신에게 맞는 직업을 선택해볼 것. 셋째, 적어도 앞으로 20년 후의 사회적인 변화를 예측하고 직업으로서의 가능성을 타진해볼 것. 넷째, 한 가지 뚜렷한 목표를 정하고 그것에 맞는 지식을 갖출 것. 다섯째, 인맥을 구축하고 인간관계를 넓혀나갈 것 등이다. 평범한 직업이라면 이 같은 과정을 통해서 직업을 구하도록 해야 할 것이다. 하지만 직업 선택은 아이러니하게도 우연성의 법칙에 의해서 결정되는 경우가 많다.

직업 선택은 자신이 현재 원하는 직업을 갖기 위해서 문을 두드리면, 그것도 최선을 다해서 힘껏 두드리면, 반드시 헛되지 않게 문이 열리게 된다. 하지만 뜻밖의 일이 벌어지는 경우가 많다. 즉 자신이 원하는 문이 열리는 것이 아니라, 우연히도 반대편의 다른 문이 열리게 된다는 것이다. 이것이 직업 선택의 우연성이다. 물론 때로는 자신이 원해서 두드린 문이 열릴 때도 있겠지만, 어떤 경우에는 생각지도 않은 다른 문이 열리기 때문에 붙여진 이름이 직업 선택의 '우연성'이라고 나 스스로 이름을 붙여본다.

결론적으로 말하면, 어쨌든 열심히 직업의 문을 두들겨야 한다. 그것도 최선의 노력으로 힘껏, 지속적으로 두들겨야 한다. 이점을 직업을 구하는 사람들은 잊어서는 안 된다. 일찍부터 직업 선정에 관한 목표를 세우고, 꾸준히 실력을 쌓아야 할 것이다. 그러면 반드시 자신이 구하는 강도와 노력의 수준에 걸맞은 직업을 구할 수 있게 될 것이다. 직업에 관해서만은 신(神)이 인간에게 무심하지 않을 거라고 느껴진다.

다음은 직업의 속성(attribute)에 대해서 살펴보기로 하겠다. 직업의 속성은 크게 세 가지로 나누어 생각해볼 수 있다.

첫째, 직업에는 살아야 한다는 실존(existence)이 깔려 있다. 『상담목회』(심수명, 2008)에서는 직업이란 "그 자체가 이웃을 사랑할 수 있는 하나님이 주신 신성한 삶의 현장이요. 그뿐만 아니라 이것은 하나님의 문화명령이요. 인생의 실존이요. 의무인 동시에 노동이라는 축복을 통한 자기 인식이다."라고 기술하고 있다. 이 말을 달리 생각하면 바로 실존, 즉 살아남아야 한다는 생존의 개념이 직업이라는 속성에 깔려 있다고 하겠다.

조직체는 물론 국가 간에도 살아남기 위해 외부 환경에 적절히 대응해 나가야 한다. 개인도 마찬가지다. 살아남기 위해 안정되고 비전(vision)이 있는 직업을 구해서, 전문서적은 물론 잡지와 저널(journal)을 읽으면서 실력을 연마하고, 시대 변화에 대응해 나가야 한다. 이런 모든 행위들은 생존경쟁에서 살아남기 위한 것이다. 그 정도로 직업은 삶에서 중요한 위치를 차지한다. 곧 생명과도 같은 가치의 개념이 직업 속에 존재한다고 볼 수 있다.

개인이 살아가는 문제는 어떻게 보면 오직 자기 자신만의 문제이기도 하다. 누가 자신의 삶을 걱정해주겠는가? 자신의 삶은 자신이 개척하고 보존해야 한다는 것이 기본적인 삶의 법칙이다. 자신의 삶과 가장 직결되는 것이 건강이고, 다음으로 직업이다.

그런데 이 직업은 지식·기술과 연관된다고 하겠다. 21세기 글로벌 시대를 살아가려면 현실을 민감하게 수용하고, 경쟁력을 갖추기 위해 피나는 자기 변신을 하지 않으면 안 된다. 우리는 한치 앞을 내다볼 수 없는 불확실한 시대에 살고 있다. 급박하게 돌아가는 사회 경제적인 구조와 변화, 그리고 개혁으로 치닫는 정치적인 구도(構圖) 속에서 살아남기 위해서는 독수리의 눈과 여우 같은 두뇌를 갖지 않으면 안 된다. 자신이 몸담고 있는 직장이라고 해서 영원한 안전지대는 없기 때문이다. 언제 직장에서 퇴출당하고 제거당할지 모른다. 동물들이 굴속에 자신만이 알고 있는 식량을 은닉해놓는 것처럼, 자신의 깊은 마음속에 제2의 직업을 위한 실력을 갖추어놓지 않으면 안 된다. 이것이 21세기를 살아가는 우리의 직업과 관련한 자세가 아닌가 생각한다.

둘째, 직업에 의해 신분이 결정된다는 것이다. 신분(a social positioning)이라는 서열은 사람이 살아가는 데 중요하다. 우리의 삶에서 중대한 문제로 직업을 구하는 것과 결혼하는 것을 꼽을 수 있다. 직업을 구하는 일은 어쩌면 결혼하는 것 못지않게 중요하다. 왜냐하면 결혼은 보통 직업을 구한 이후에 이루어지며, 결혼의 조건으로 건강과 직업을 내세우기 때문이다.

하지만 특별한 경우가 아니면 우연히 어떤 직업이 주어져 그 일에 종사하는 경우가 많다. 청소년들이 군대 임무를 완수하고 나면 30퍼센트 정도는 대학에서 전공한 분야로 나아간다고 한다. 나머지 70퍼센트 정도는 전공 분야가 아니라, 우연성에 의해서 직업이 선택되는 것이 현실이다. 그래서 직업을 얻을 때는 거의 자연적으로 길이 열리게 된다. 다만 자신의 위치에서 열심히 착실하게 살아갈 때 자신도 모르게 어떤 길이 열리며, 그것이 자기 직업으로 정해지는 경우가 대부분이다. 열심히 착실하게 노력하되, 동료나 선배들의 모델을 찾아서 그 사람들의 삶의 방식을 어느 정도 모방해보는 것도 직업을 구하는 데 도움될 것으로 본다. 이렇게 얻어지는 직업이 자신의 신분(a social positioning)으로 정해지게 된다. 어떻게 보면 일순간의 선택이 평생을 좌우한다고 볼 수도 있다.

셋째, 인간이라면 누구나 직업과 관련해 자기실현이라는 거대한 인생 목표를 생각하지 않을 수 없다. 직업이라는 일에 한평생을 종사하게 되면, 그 일에 자연히 전문가가 되고 일인자가 된다. 한번 직장을 얻어 종사하게 되면, 경제적인 문제가 달려 있기에 쉽게 버리고 떠나기 쉽지 않다. 인생에서 성공자가 되기 위해서는 목표를 정하고, 그것을 달성해서 훌륭한 실적을 거두어야 가능하다. 그런데 자신의 직업과 다른 인생 목표를 정해 살아가려면 더 많은 시간과 노력과 돈이 이중적으로 투자되기 때문에 쉽지 않은 일이다. 인생목표와 직업이 연관성이 있다면, 이때는 직업을 통해 자기실현이 가능해진다.

그렇다면 어떤 직업을 구하는 것이 가장 후회스럽지 않고 만족할 수 있을까?

① 자기의 천부적 소질(temperament)과 적성(aptitude)에 맞는 직업이어야 할 것이다. 본인의 적성에 맞으면 스스로 만족감을 얻게 되며, 아무리 오래 그 직장에 근무하더라도 권태나 싫증을 느끼지 않을 것이다. 또 다른 직업보다도 즐거워서 하기 때문에 자연히 생산성도 증대되고, 집중적으로 열심히 일하게 됨으로써 창조력도 발휘될 수 있다. 그러니 직업을 구할 때 가장 중요한 것은 본인의 적성에 맞느냐 하는 것이라고 생각한다.

이와 관련해 『흔들리는 가정과 교육』(이연섭·김호권, 2001)을 보면, 기업 경영에서의 성공도 "한 분야에서 집중적인 경험과 훈련이 필요하다."고 한다. 그래서 대(代)를 물려받아야 성공한다는 것은 유전도 유전이거니와 학습이 생활화되어 있기 때문이라는 것이다. 보통 자식은 아버지를 닮게 되고, 아버지가 했던 일을 계승하는 것이 보편화되어 있다. 이것은 자연적인 현상이며, 아버지다 하던 일은 자신도 모르게 어릴 때부터 그 일에 익숙해지기 때문으로 풀이된다.

한 가지 예를 들어보기로 하자. 내 개인적인 견해를 기록해보기로 하겠다.

직업과 관련해 흔히들 요즘 3D 업종이라는 말을 많이 한다. 3D 업종이란? 더럽고(dirty), 어렵고(Difficult), 위험한(Dangerous) 분야의 산업을 이르는 말이다. 최근 우리나라에서도 일자리가 부족해 실업이 증가하는데도 3D 산업 종사 기피 현상이 나타나고 있다. 여기에는 제조업, 광업, 건축업 등이 해당될 것이다. 이런 직업은 차츰 외국인 근로자가 그 자리를 차지하게 되었다. 이런 일자리를 외국인 근로자들에게 양도하고 나니 우리나라의 청년 일자리는 더더욱 줄어들 수밖에 없게 된다. 그러니 이 같은 문제점들을 해결할 수 있는 방안을 강구해야 한다.

3D 업종에 종사하는 근로자는 스스로 지성과 인격을 높여서 그 직업에 대해 확실한 사명감과 인생관을 가져야 하고, 또한 일할 수 있는 작업 분위기, 환경을 개선해서, 이런 직업 자체가 신분상으로 볼 때 비천하지 않도록 자존심을 보존해야 할 것이다. 또한 어떤 핵심적인 기술이나 정보 등을 갖추어서 노동의 대가를 충분히 보상받을 수 있도록 생산성을 높여 자기완성을 이룩할 수 있어야 할 것이다.

아울러 우리나라 청년들이 스스로 자긍심을 갖고 이 일에 임할 수 있도록 정부의 어떤 지원이나 혜택이 부여되어야 한다. 그래서 종사자의 생활이 안정되고 노년의 삶이 보장될 수 있도록 폭넓은 정책들이 뒷받침되어야 하지 않을까 생각한다.

② 그 직업에 전문적인 지식이나 기술(expert knowledge or skill)이 있어야 한다. 아마도 여기에는 교수나 연구원, 예술인, 철학자, 과학자, 인문학자는 말할 것도 없고, 산업 분야에 종사하더라도 그 분야에서 기술력을 갖추었다면 여기에 해당될 것이다. 이런 분야는 아무래도 창조력을 발휘해 인류사회가 정신적·문화적으로 발전을 이룩하는 데 도움이 될 것이며, 온 인류가 영원하게 안전하고 행복

을 누리고 사는 데 기여할 수 있을 것이다. 전문성을 갖추어야 사회에 기여할 수도 있고, 경제적으로도 넉넉할 수 있으며, 보람을 갖고 그 직업에 종사할 수도 있게 되는 것이다. 오직 전문성은 꼭 의사나 법조계에 근무한다든지 어떤 특별한 자격증을 보유하는 것을 생각할 수도 있지만, 어떤 산업 분야에 종사하든 그 직업에 맞는 기술력을 갖춘 전문인이면 그 범주에 속하지 않을까 생각한다.

③ 원대한 인생의 목표는 아니라도, 자신의 위치에서 자기실현이 가능할 수 있는 직업인이면 좋겠다. 즉 그 일에 종사함으로써 자신의 꿈을 실현시킬 수 있는 직업이어야 한다. 자기실현은 개인으로 보아서는 행복의 조건에 해당되고 보람을 얻을 수 있으며, 인류 번영에 기여할 수 있기 때문이다.

만약 직업이 우선 먹고살기 위해 경제적인 면에 치우치다 보면, 자연히 자신에게 맞는 중요한 과업을 성취하는 것과는 거리가 멀어지고, 결국에는 현재의 직업에 대해 싫증을 느끼게 될 수도 있다. 그래서 가능하면 적성에 맞고 보람 있는, 즉 자기실현이 가능한 직업을 구하는 것이 중요한 과제이다. 이렇게 볼 때 가능하면 인류에 봉사할 수 있고 보다 더 헌신할 수 있는 직업이면 좋겠다.

④ 천지자연의 운행과 일체될 수 있고, 이런 변화와 조화를 이룰 수 있는 직업이면 더욱더 좋겠다. 일례로서 성직자(minister)나 농업인 등을 말한다. 성직자는 영혼을 살릴 수 있는 직업이다. 이 직업에 종사함으로써 자신의 생을 유지함은 물론 상처받은 영혼이 구원 얻도록 도와줌으로써 보람을 얻게 된다. 농업인은 자연의 순리에 따르면서 동식물의 생명을 번창하게 하고, 그 과정에서 생산물을 얻어 인류에게 식량을 공급할 수 있으니, 자연에 순응하는 직업

이다.

예(例)를 한 가지 들어보자.

『성공하는 사람들의 7가지 습관』의 저자 스티븐 코비(Stephen Covey), 동기부여 연설가인 브라이언 트레이시(Brion Tracy), 전설적인 풋볼코치 루 홀츠(Lou Holtz), 행복센터 대표이사인 디팩 초프라(Deepak Chopra) 등과 같은 초일류 인사들은 한번 강의에 3~5억 원 정도의 강의료를 받는다고 한다. 그런데 일반 사람들은 그들의 보수가 엄청나다는 사실에 주목할 뿐, 그들이 그런 수준에 도달하기 위해 어떤 노력을 기울였는지에는 별로 관심이 없다.

그들에게는 리더십, 성취동기, 몸, 건강이라는 단어가 인생에서 자기 운명의 가닥을 잡게 해주었다. 그들은 숙명적인 하나의 단어를 생명의 키워드(key word)로 삼고, 최소한 6만(60,000÷8=7,500일÷365일=20년간) 시간 이상을 쏟아부었기에 그런 초일류의 경지에 오를 수 있었다고 한다. 인생은 바로 키워드이다. 한 단어만 찾으면 된다. 비전을 발견한다는 것은 그런 숙명적인 하나의 키워드를 찾아내는 것이다. 라이트 형제의 숙명적인 키워드는 '비행'이었다. 수많은 직업이 있지만, 이처럼 유명한 강사로서 초일류의 경지에 도달하기 위해 하나의 키워드에 수많은 시간과 노력을 투자한 사람도 있는 것이다.

다음은 직업인으로서 갖추어야 할 자세에 대해 알아보겠다.

· 직업인은 세계 일류 정신을 갖추어야 한다. 그래서 장인정신(匠人精神), 원조정신(元祖精神)으로 직업에 임해야 할 것이다.

· 창의력을 바탕으로 발전할 수 있는 직업이 좋겠다.

· 직업은 가치 면에서 생명과도 같은 동등한 차원에서 시작되어야

한다.

· 직업인은 일회성이 아닌, 집안 대대로 이어지는 신용과 보증을 담보로 할 때 경쟁력을 갖는다.

· 인류사회에 공헌하고 고객에게 이익을 주도록 해야 한다.

· 짧은 시간 안에 승부를 걸려 하지 말고, 충분한 준비와 장기적인 안목으로 접근해야 할 것이다.

· 제품 속에는 특허적인 성격과 살아 있는 생명력이 있어야 한다.

· 자영업은 자유시간이 많고 개척 분야가 다양해, 얼마든지 연구가 가능하고 창의력이 뛰어난 사람에게 유리하다.

· 고유 브랜드를 개발하고 특성화된 상품화를 생산, 판매해야 한다.

· 성실하고 꾸준히, 적어도 30년 이상 한 직업에 종사할 수 있어야 한다.

2.
튼튼한 가정을 이룰 수 있는가?

가정이라는 것은 끊임없는 사랑의 노력에 의해 창조되는 것이다.
이 세상에 가정의 행복 이상으로 중요한 일은 없다.
- 도스토예프스키

가정이라는 말은 듣기만 해도 가슴이 두근거리고 설렌다. 가정,
하면 떠오르는 것이 어머니와 아버지, 사랑, 포근함, 안전함 등이다.
가정은 창조 행위가 이루어지는 곳이다. 사랑, 자녀의 탄생, 희망,
신뢰, 교육, 도덕, 의지, 행복 등 삶에 따른 모든 창조 행위가 이곳에
서부터 시작된다.

그런데 요즈음 가정의 수가 줄어들고 있다. 결혼하지 않는 독신
자가 늘어나기 때문이다. 혼자 생활하는 곳은 가정이라기보다는 거
처(居處)하는 곳이다. 가정의 뜻은 한 가족이 생활하는 집이다. 왜
독신자가 늘어나고 있는가? 인간은 사람 '인(人)' 자처럼 서로 의지해
야 한다. 부부(夫婦)는 서로 의지한다. 혼자 사는 것은 불안하다. 신
은 인간을 양성(兩性)으로 창조하셨다. 한쪽만으로는 완전을 이룰
수 없게 만들었다. 신은 그렇게 만들어놓고, 결혼을 하느냐 하지 않
느냐 하는 것은 본인의 의지에 맡겨놓았다.

이기심에서 결혼하지 않고 독신자로 사는 경우가 늘어나고 있는
추세다. 왜 그런가? 물질에 가치를 두는가 하면 편하게 살려고 하

는 데 원인이 있기도 하다. 인간의 삶은 원래부터 편하게 살도록 되어 있는 것이 아니라, 고통 속에서 살아가도록 되어 있다. 그럼에도 불구하고 편하게 살려고 하다 보니 독신자가 늘어난다. 이것은 개인적인 문제만이 아니라 사회가 그렇게 흘러가고 있기 때문이다.

신은 이것을 바라지 않는다. 가정을 이루어 자녀를 낳고 인류가 영원히 번영하여, 이 땅에 수많은 생명들이 가득하기를 원한다. 이런 추세가 지속적으로 늘어난다면, 가정을 유지하면서 평화로워야 할 이 땅에 악(惡)이 만연해, 살벌한 세상이 만들어질 것으로 예측된다. 꼭 그렇지는 않지만, 대체적으로 독신자는 불안하며 외롭고 영원한 번영과 발전을 기하는 데 한계가 있기 때문이다.

물론 개인적으로 결혼을 못 할 처지에 놓여 어쩔 수 없이 결혼하지 않을 수 있다. 그러나 결혼을 못 할 이유가 없는데도 결혼하지 않는 것에 대해 심각하게 받아들이지 않으면 안 된다. 단란한 가정으로 마음의 평화와 안정을 얻은 상태에서 꿈을 실현하는 것이 가장 중요한 삶의 가치라고 본다. 젊은이로서 가정을 꾸리고, 부부가 서로 사랑하는 가운데 자녀를 낳고 기르며 행복을 추구하며 살아가야 한다. 이것이 자연의 섭리에 따르는 삶이고 신이 원하는 삶일 것이다.

『정신현상학 1』(G.W.F. 헤겔, 2005)을 참고하면 "가족의 법칙은 신의 법칙이며 이 법칙은 인간의 꾸밈없는 애정에 기초한 것이다. 가정은 하나님의 섭리 속에 만드신 모든 제도(制度) 중 가장 원초적인 제도이다. 예수님께서도 이를 재확인하셔서 가나의 혼인잔치에 가셔서 부모를 공경하라, 이혼을 하지 말라, 간음하지 말라고 거듭 강조하셨으며, 가정은 사람이 마음대로 만든 것이 아니며 자녀는 너의 소유물이 아니다."라고 말씀하셨다. 이어서 "지구상에서 가정생활을 하는 것은 곧 천국 가정의 모형 생활이다. 가정생활이란 거기서 신령한 이치와 도덕적, 인격적 형성을 위해 배우게 되는 것이 가정이다."라고 기술한다.

그런가 하면 인간의 이기심이 반영되긴 했지만 『천년의 역사』(로베르 뮈상블레, 2006)에서도 "근대국가의 형성은 신앙심과 왕의 권력을 보장하는 견고한 사회적 장치를 위해서 필수 불가결한 가족이라는 단위에 근거한다."라고 되어 있다. 이 말은 견고한 사회적인 장치는 결국 안정된 가정에서 비롯된다는 의미 아닐까.

가정의 기능은 무엇인가? 가족 구성원인 아버지, 어머니, 자녀 등이 안락하게 생을 영위하면서 꿈을 펼치는 동시에 사회와 교류하는 곳이다. 가정을 이루기 위한 기본 요소로 부부의 사랑, 자녀의 올바른 성장, 재산의 증식, 지성의 함양, 신에 대한 믿음, 그리고 비전(vision)을 제시하고 싶다.

가정의 기능을 다시 한 번 생각해보면, 가족 구성원들이 개별적으로 건전하게 성장·발달할 수 있도록 기본적인 생존 욕구를 충족시켜주고, 안식(安息)과 애정을 제공하는 보금자리 역할을 하며, 또한 사회와 교류를 통해 자신의 꿈을 이루어 나가는 곳이라고 말할 수 있다. 가정의 구심점은 가족이며, 가정의 목표는 가족 구성원의 행복한 삶을 영위하는 것이다.

이외에도 가정은 삶을 향상시키기 위한 창조 행위는 물론 마음을 정화하며 문제를 해결하고 고통을 소화하는 곳이며, 비밀을 유지하는가 하면 추함을 해결해주기도 한다. 하지만 이런 목표를 달성하기 위해서는 다양한 기능과 과업을 수행해야 한다.

건강한 가정이란 어떤 가정을 말하는가?

흔히 가정, 하면 먼저 떠오르는 것은 아버지, 어머니, 자녀들이다. 그리고 그들이 오순도순 살아가는 집이다. 그런데 가정이 무너지면 어떻게 되겠는가? 가족 구성원들이 뿔뿔이 헤어지거나 사별하고, 그 집에서 함께 살아가지 않게 되는 것이다. 겉으로 보기에 가정이면 가정이지, 건강한 가정이 있고 건강하지 않은 가정이 있겠는가? 하지만 내면을 깊숙이 들어가보면, 반드시 건강한 가정이 있는가 하면 그렇지 못한 가정이 있다.

겉으로 보기에 어떤 가정은 돈도 많아 보이며, 가족 구성원이 지식을 갖추어 단란한 가정처럼 보이기도 한다. 어떤 가정은 겉으로 보기에 가난하면서도 초라하며 수준이 낮아 보이는 가정이 있을 수 있다. 하지만 의외로 겉으로 보기에 한때 잘사는 것처럼 보였던 가정이 이혼과 경제 파탄 등으로 쉽게 무너지는 것을 볼 수 있다. 또 겉으로 초라해 보여도 무너지지 않고 자녀들이 성장해 새로운 가정을 이루면서 승승장구하는 경우도 있다. 어떤 경우에는 가정이 하루아침에 아주 쉽게 붕괴되기도 한다.

건강한 가정과 그렇지 못한 가정의 차이는 어디에서 발생하는가?

첫째, 부부의 인생관이다. 즉 아버지와 어머니가 지닌 삶의 철학이라고 말할 수 있다. 삶의 철학은 인류의 중요성과 도덕성에 기초하여, 긍정적으로 살아가려고 하는 의지력이 충만되어 있어야 한다.

둘째, 가족 간의 사랑이다. 얼마나 가족 개개인이 서로 사랑으로 결속하고 있느냐이다. 특히 부부간의 사랑이 중요하다. 부부간의 사랑이 두터울수록 자녀 사랑은 말할 것도 없고 가족 간 사랑이 중대하기 때문이다.

셋째, 자녀의 올바른 성장이다. 자녀는 아버지와 어머니가 사랑하는 가운데 올바른 성장이 이루어지게 된다. 사랑이 성장의 영양소로 작용한다.

넷째, 가정의 경제적인 기반이라고 할 수 있다. 평소에 절약해 어려움을 대비해왔느냐에 달려 있다고 할 수 있다. 경제적으로 큰 어려움이 없을 때 행복은 증대된다.

다섯째, 지성의 함양이다. 어머니 아버지가 지성을 갖추고 있을 때 세상을 정확하게 볼 수 있고, 어려운 문제들을 해결할 수 있게 된다.

여섯째, 신에 대한 믿음이다, 가정은 신에 대한 믿음이 두터울수록 도덕적이며 긍정적인 삶을 살아갈 수 있다. 그리고 사랑과 희망, 신뢰 속에서 영원한 삶을 추구할 수 있는 것이다.

일곱째, 비전(vision)이다. 가정은 물론 가족 개개인의 삶에 대해 긍정적인 미래의 목표를 제시하고, 이를 추진해 나가야 한다. 그것이 곧 삶이기 때문이다. 그래서 반드시 건강한 가정을 이루기 위해서는 앞에서 말한 기본 요소를 갖추어야 한다.

그러면 건전한 가정을 유지하기 위해서 부부 사이에서 사랑의 의무는 무엇으로 나타나는가? 만약 부부 사이에 진실한 사랑이 이루어지지 않는다면 가정은 어떻게 되겠는가? 행복과 선(善)의 추구는 물론 건전한 사회생활 역시 어려워질 것이다. 그 정도로 부부간의 사랑은 자신들의 행복에 기여함은 물론 가족 모두의 삶을 증진시키는 역할을 한다. 그 결과에 의해서 자연히 사회는 건전하게 유지되는 것이다.

성경의 가르침이 있듯이, 성(sex)이 제대로 사용되면 굉장히 선을 이룰 수 있지만, 그렇지 못하면 악이 난무하게 될 것이라는 말은 틀림없는 사실로 증명된다. 인류 공동의 번영이라는 차원은 말할 것도 없겠지만, 우선 우리가 사는 이 사회에서 가정이 형성되어 있지 않으면, 모든 사람들이 밖으로 밀려나와 욕구를 충족시키려고 혼란과 다툼이 끊이지 않을 것이다. 만약 그렇게 된다면, 사회가 각 개인의 욕구를 충족시키면서 평화와 질서를 유지하고 저마다의 보람을 갖고 생의 의미를 발견하고 삶의 목표를 실현할 수 있겠는가? 이성(reason)이 아닌 본능에 의해서 살아가는 동물의 세계에서도 짝을 짓고 새끼를 기르며, 하나의 단위인 가족을 형성하며 그들 나름대로의 집단을 만들어 살아가고 있지 않은가? 이 같은 일련의 과정이 인위적으로 형성, 유지, 발전되어온 것이 아니라, 자연적인 현상이라고 보지 않을 수 없다.

한 예로서 가정은 육체를 보호하는 곳은 물론이거니와 영혼을 성장시키는 곳이라는 사실을 표현한 내용이 바로 밀레의 〈만종(晩鐘)〉에서 나타난다. 하나님과 관련해 밀레의 〈만종〉이라는 유명한 그림에는 3가지의 신성함이 나타나 있다고 한다. 첫째 노동의 신성, 둘째는 가정의 신성, 셋째는 종교의 신성이다. 여기서도 가정을 신성으로 표현하고 있다. 이 신성은 '가정은 매우 거룩하고 성스러워야 한다'는 뜻이다. 즉 가정은 육체뿐만 아니라 영혼도 다같이 성장해가는 곳이며, 그래서 가정에서 하나님을 예배하고 기도함으로써 영혼을 키우라고 강조하고 있다.

또 다른 예로 존 하워드 패인(Jogn Howard Payne)이 작사한 〈즐거운 나의 집(Home Sweet home)>[14]이란 노래 가사를 쓰게 된 동기를 이렇게 설명하고 있다. 이 작사가는 영국 런던의 궁전처럼 화려한 주택가를 아침저녁으로 지나가야 하는 곳에서, 자기는 가난하게 살면서 이 노래 가사[15]를 지었다고 한다.

존 하워드 패인

여기에는 이런 설명이 있다. "영국의 궁전처럼 화려한 저택 가에서는 추운 겨울날 창문들이 꼭꼭 닫혀 있고 커튼도 다 드리워져 있었다. 바깥 공기가 안으로 들어가지 못하게 하고 안의 따뜻한 공기가 밖으로 새어나가지 못하게 한 것이다. 배가 고프고 날씨는 추운데 들어갈 집이 마땅치 않게 된 그(존 하워드 패인)는 너무나 사무치도록 그리운 자기 집을 그리면서 이 노래를 지었다."라고 한다.

여기서 한 구절을 인용하면 "구라파의 가정 하면 온 식구가 벽난로에 둘러앉아 아빠는 시골 목사처럼 투박한 목소리로 설교를 하고, 가족들이 돌아가며 기도하는 그런 가정이 연상된다."는 것이다. 어렸을 때부터 부모 슬하에서 성경을 배우고 기도의 탯줄에서 믿음의 젖줄로 자라는 것이 그 곳의 가정이라는 것을 강조하는 대목이

---

14) 사랑이 담긴 노래, 즐거운 나의 집(Home Sweet Home) 작사, 존 하워드 패인(John howard pain) 1792~1852, 작곡자, 영국인 헨리 비숍이 1823년 오페라 〈클라리 밀라노의 아가씨〉에서 작사자가 가사를 붙여 부르게 한 노래이다. 미국의 남북전쟁 시 남·북군 모두가 애창했고, 링컨 대통령 내외 또한 좋아했다고 한다. 1862년 워싱턴 남쪽 레파하논 강을 사이에 두고 남·북 양군이 대치할 때, 양쪽에서 군악대와 함께 이 노래를 부르다가 뛰쳐나와 피아(彼我) 구분 없이 얼싸안고 감격에 넘쳐 24시간 동안 휴전했다고 한다. 작사자 존 하워드 패인이 알제리에서 사망한 후 31년 만에 그의 유해가 미 군함에 실려 뉴욕으로 귀환하자, 대통령을 비롯해 각료들과 의원들, 그리고 수많은 인파가 그를 환영했다. 이 노래는 영국보다 미국에서 더 알려졌다.
15) 즐거운 곳에서 날 오라 해도 / 내 나라 내 기쁨 길이 쉴 곳도 / 꽃 피고 새 우는 내 집뿐이리오

라고 할 수 있다.

기독교에서는 원만한 가정을 이루기 위해서 다음 세 가지를 강조한다. 첫째, 부부간에 화목해야 한다. 둘째, 주부는 지혜로워야 한다. 셋째, 사랑이 있어야 한다. 즉 화목과 지혜 위에 사랑이 있어야 한다는 내용이다.

중국의 주희(朱子)는 가정을 위해 필요한 덕목 네 가지를 강조했다. 즉 "화순, 순리, 독서, 근검"이라고 말했다. 가정에서 이 네 가지 덕목이 갖추어지지 않으면 병마(病魔)가 찾아온다는 것이다. 엘빈 토플러의 『제3의 물결』에서는 "가정의 윤리성 혹은 영적인 측면에서의 근본이 흔들리게 된다면 인류의 종말이 오게 될 것이다. 여기서 문명의 종말이나 한 민족이 망하려면 반드시 가정의 규모가 해체되고, 가정의 자녀들이 부모에게 거역하며, 부모들이 자녀에 대해 비정하고, 또 남편과 아내가 서로 사랑하지 않고 이혼을 자주 하고, 성적(性的)으로 불결한 생활을 하게 됨으로써 사회 교육, 자녀 교육, 청소년 교육 등이 뿌리째 흔들리게 된다."라고 말한다. 이것이 가정이 지닌 기능의 중요성을 잘 말해주고 있다.

가정의 기능은 역사적·문화적 배경에 따라 다르지만, 보편적으로 제기되는 기능은 크게 가족 구성원들을 위한 가정 내 기능과 대(對) 사회적인 기능으로 구분한다. 가정 내 기능으로는 성적 만족은 물론 생식, 양육, 보호, 휴식, 생산과 소비 등이 있다. 대 사회적 기능으로는 합법적인 성적 통제, 생식을 통한 사회의 유지·존속, 노동력 제공과 소비생활을 통한 경제적 기능, 자녀의 사회화를 통한 사회에 적합한 구성원 제공 등의 기능을 꼽는다. 따라서 가정은 개개인이 생활하고 보호받는 터전인 동시에 한 사회를 유지·존속시키는 최소의 단위로서, 개인과 사회를 연결시키는 집합적인 장소라는 것이다.

원만한 가정을 이루기 위해서는 부부가 사랑을 기본으로 성적 친밀감이 있어야 하고, 부부가 서로 신뢰해야 하며, 아버지의 인자함과 어머니의 순종, 서로가 이해하고 헌신하며 상대방의 단점을 인정하고 포용하는 자세. 자기 영역의 경계를 지키면서도 자유스러운 분위기를 조성해야 한다. 또한 자녀를 건강하게 양육하기 위한 재산 증식이 필요하다. 친척과 사회에 대한 원만한 교류를 통해서 활동 범위를 넓혀야 하고, 덕을 쌓고 베풀면서 사회에 봉사할 수 있어야 한다. 그러기 위해서 가족 구성원들은 각자의 지속적인 자기반성과 기도(prayer)로 하루를 열고, 감사한 마음으로 하루를 마감해야 할 것이다.

행복을 추구하고 참답게 살아가는 사람들을 보면 보편적으로 원만한 가정에서 생활하는 사람들이라는 것을 알게 된다. 물론 훌륭한 사람인데 홀로 살아가는 사람들도 있지만, 이 같은 특별한 사람들을 제외하고 일반적으로는 행복이 거의 가정에서 이루어진다. 왜냐하면 기본적인 욕구 충족을 가정에서 찾아야 하기 때문이다. 즉 사랑하는 아내와 사랑을 나누기도 하고, 귀여운 자녀를 낳고 기르는가 하면, 맛있는 음식도 가정에서 먹으며, 위험을 피하는 곳도 가정이기 때문이다. 그 정도로 가정은 행복한 삶을 이루는 터전인 것이다.

그리고 가정은 감정을 자라게 하고, 창의력을 갖게 하며, 사랑을 싹트게 해 꿈을 키우는 곳이다.

그렇다면 현대사회에 와서 가정이 왜 무너지고 있는가? 가정이 원만하게 이루어지기를 원한다면 가장 먼저 부부 각자가 성숙한 인간이 되어야 한다. 성숙한 인간은 우주·신과 자신의 관계를 정립함으로써 가능하다. 인간과 삶, 사회와 가정, 부부의 의미를 잘 알아야 한다, 즉 이것들의 개념을 잘 파악하고, 그 속성을 잘 아는 일이다. 또한 넓게 생각한다면 종교적인 차원에서 이 세상이 마지막이 아니며, 부부는 어떤 인연에 의함이라고도 생각해보아야 한다.

다음으로 부부 각자가 자신의 환경과 처지를 성찰해야 한다. 인권을 존중해주고 상대방의 한계를 인정하지 않으면 안 된다. 상대방이 지닌 성격의 구조, 성장 환경이 자신과 다르다는 점도 이해해야 한다. 그러면서도 서로가 건설적이며 생산적인 보완관계를 유지해야 한다. 또한 어려움을 참고 견디며, 물자를 절약하고 절제할 수 있어야 한다. 이런 것들을 정확히 알고 바르게 살아가려는 마음이 있다면 가정은 쉽게 무너지지 않을 것이다.

3.
결혼 전 이성교제의 올바른 자세

한 인간이 태어나서 성인(成人)으로 가는 성장 과정에서 육체적으로나 정신적으로 과도기를 맞게 되고 큰 변화가 있게 되는 시기가 사춘기이다. 그때는 이성(異性)에 눈을 뜨게 된다. 성적 욕망이 끓어오르며 누구나 이성에 관심을 갖기 시작한다. 그래서 이 시기는 인생에서 가장 조심해야 하며 자신을 통제해야 할 시기라고 본다. 성욕(性慾)이라는 본능의 발현에 의해 자신을 제어할 수 없어 충동적인 감정에 노출되어 이성을 잃는 순간이기도 한 것이다.

성(性)을 허락한다는 것은 자신의 육체나 정신을 모두 주는 것이다. 성을 주지 않으면 이성 사이에서 벽이 그대로 존재하게 된다. 성은 나에게 있으면서 배우자가 사용해, 그 쾌감으로 행복과 안정, 믿음을 얻게 된다. 본인 역시 배우자의 성을 이용해 그 쾌감으로 만족을 취하게 된다. 이것은 자신의 생명과 다름없으면서, 자신을 대변하고 배우자에게 영원한 담보물로 제공하는 것이다.

가장 큰 욕망을 불러일으키는 것 또한 성이다. 성은 본래 혼자만 간직하는 것이 아니다. 오직 배우자와 함께 사용해야 한다. 신은 인간의 육체 속에 그렇게 부족함을 주고, 이성으로부터 성적 욕망을 충족하도록 했다. 인간에게 사랑과 함께 성이라는 부분에 신의 의지가 가장 많이 반영되었다고 할 수 있다. 인간은 살아가면서 성을 가장 조심하며 소중하게 사용해야 한다. 그렇게도 소중한 성을 사용하면서 인간은 성행위를 잠재워 아무것도 하지 않는 것처럼 감추는 것이다. 만약 인간이 성을 포기하고 욕정을 추구하지 않는다면, 다른 욕망마저 감소하게 될 것이다.

신은 인간에게 성을 종족 번식에 사용하도록 몸속에 욕구를 불어넣었다. 젊은이는 이점을 잊지 말고 가슴에 소중히 담고 있어야 한다. 본래 신은 인간에게 부유하고 명예를 얻고 사치스러운 데 사용토록 성욕을 불어넣은 것은 아니다. 성은 악을 불러일으키는 구실을 하는 데 가장 크게 작용한다. 즉 성적 욕구를 충족하기 위한 과정에서 악한 행위가 있게 된다. 성은 생명의 기운이다. 인간은 사랑하는 사람과 성교를 가장 갈망하지만, 지나고 나면 허무한 것이 이것만 한 것도 없다. 감각적인 느낌에 불과한 것이기 때문이다.

〈햄릿〉(1막 3장 1~46행)에서 오빠인 레어티즈가 동생인 오필리아에게 이렇게 경고한다. 레어티즈는 오필리아에게 진실한 사랑이 무엇인가를 가르쳐주는 게 아니라, 다만 겉만 보고 거짓 사랑에 빠지지 말라고 충고한다.

"네가 너무 솔깃하게 그의 노래를 듣거나 마음을 뺏기거나, 네 순결한 보물함을 그분의 무절제한 간청에 열어준다면 말이야, 조심해라, 오필리아, 조심해, 내 동생아, 네 욕망을 사정거리와 위험이 닿지 않는 네 애정의 뒤쪽에 머물게 해라. …… 봄철 어린 꽃의 봉오리조차 트기도 전에 자벌레(a looper)는 쑤시고 들어가고 인생의 청춘은 이슬 어린 아침나절에 가장 심하게 독기를 타는 법이다."

이런 점을 감안해 젊은이는 성을 결혼 후 배우자에게만 생명처럼 소중히 아껴가며 한평생 사용하지 않으면 안 된다. 성은 생명의 강이라고 말한다. 살아가는 동안 생명과 늘 함께하며 사용해야 한다는 의미로 풀이된다. 만약 어떤 한 여인이 호기심에서 자신만의 추억으로, 아니면 스쳐가는 장난, 또한 한 번의 실수로 결혼 전 성관계를 갖는다면, 이런 행위는 영원히 용서받을 수 없는 과오를 범하게 된다는 점을 상기하기 바란다. 미래의 자기 남편이 부인이 결혼 전 성관계가 있었다는 사실을 알게 된다면, 그 이상 참을 수 없는 패배감과 굴욕감을 느끼며, 평생 그 모욕적인 상처 속에서 헤어나지 못하게 될 것이다. 『자조론/인격론』(새뮤얼 스마일스(2006))에서 루터는 "착하고 순결한 아내로 짝을 이루게 하심으로써 신(神)은 남자에게 최고의 축복을 베푼다. 그는 그런 아내와 함께 평화롭고 한적한 삶을 구가(謳歌)하며, 목숨마저도 내맡긴다."라고 결혼에 대해 기술한다. 아마도 결혼의 조건으로서 무엇보다도 순결을 가장 중요하게 다루고 있는 듯하다. 아무리 지식과 돈, 아름다움을 갖추었다고 하더라도 순결함을 갖추지 않았다면, 이것은 결혼의 조건에서 가장 중요한 것을 잃은 것이다. 결혼은 오직 순결을 담보로 이루어진다. 이점 명심하지 않으면 안 된다.

비근한 예를 든다면 꿀벌이 먼 길을 날아가 꿀을 어렵게 채취해 꿀 낭(囊)에 가득히 채워 힘겹게 자신의 벌통 앞 전방에 날아왔을 때, 꿀을 몸에 지닌 자신을 잡아먹는 도둑말벌이 자기를 덮치려고 준비하고 있다는 사실을 잊어서는 안 된다. 인간 역시 결혼 전에 하게 되는 성행위는 특히 여성의 입장에서 볼 때 남자는 도둑말벌처럼 강탈자에 해당한다고 볼 수 있다. 우리가 달콤한 사랑에 빠질 때가 자신이 위험에 노출하게 되는 가장 위험한 순간이라는 것을 알아야 한다. 사랑에 눈이 멀면 자신만의 눈에 콩깍지가 끼듯이 분별력이 떨어진다. 이것만은 젊은이들이 경계하지 않으면 안 된다. 한번 더 결혼하지 않은 미혼 여성에게 알리노니, 이 세상에 존재하는 모든 남성들은 자신의 부인 정조가 순결하기를 바라는 마음이 지구만큼이나 중요하다고 생각하지 않는 사람이 없다는 것을 명심하지 않으면 안 될 것이다. 그 정도로 남자의 삶은 자기 부인의 순결한 정조를 먹고 한평생을 살아간다. 나는 그 이상 순결한 정조의 가치를 다른 말로 표현할 방법을 찾지 못하고 있다.

인간의 성(性)이 왜 순결해야 하느냐 하면,

① 부부는 성을 바탕으로 서로 신뢰하며 한평생을 살아가야 하기 때문에, 자신의 성은 물론 배우자의 성도 당연히 지키고 보존해야 하는 것이 도리이다.

② 부부가 피로 맺어져 자녀를 낳고 기르며 대를 이어가는 것이 도덕과 인륜이니 당연히 성의 존엄성은 지켜져야 한다.

③ 인간은 또한 육체적 쾌락에 안주할 수 없으며, 그보다 더 높은 정신적인 삶을 추구해야 한다. 정신적인 삶의 추구는 순결함이다.

④ 인간은 만인이 평범한 가운데 기본적인 욕구를 충족하고 영원한 인류의 발전을 기하고자 한다면, 성은 불가피하게 부부에 한해 한정되지 않을 수 없다.

⑤ 성의 훼손은 육체는 물론 마음도 함께 더럽히게 되는 감각적 기관이라는 점이다.

⑥ 성을 올바르게 사용하면 선(善)이지만, 잘못 사용하면 수치요 범죄이며 악인 것이다.

이런 이유에서 성은 부부에 한해 사용해야 한다는 결론에 이른다.

바다에 사는 물고기 중에서 가오리는 번식기가 되면 수컷이 암컷에게 관심을 끌기 위해 공중 점핑(jumping)을 한다. 힘 있는 가오리일수록 넓은 날개로 높이 날았다가, 바닷물에 떨어질 때는 그 낙하의 힘에 의해 크게 부딪히는 소리와 함께 물결에 파도를 일으켜, 주변의 암컷 가오리에게 자신의 힘을 과시한다. 이런 행위는 자신이 다른 수컷보다 기량(技倆)이 뛰어나다는 것을 상대 암컷에게 알리는 일종의 자기 과시인 것이다. 이 정도로 이성에 대한 욕망은 종(種)마다 특이할 정도로 치열하다. 인간의 사랑에 대한 열망도 또한 이것과 결코 다르지 않다.

인간세계에는 직업 선정과 결혼이 가장 중요하다. 여기서 결혼은 배우자를 선택하는 것으로, 인생에서 개인의 행복과 직접적으로 연결된다. 어떻게 하면 결혼에 성공하느냐 하는 문제는 생명만큼이나 중요하다. 이 문제는 겉으로는 부드럽게 하면서 안으로는 경쟁적인 차원으로 접근하지 않으면 안 된다. 결혼은 앞으로의 삶과 행복에 직결되는 만큼, 학교에서 실력을 쌓기 위해 혼자 노력하는 공부와는 사뭇 다른, 이성이라는 특별한 관계 속에서 이뤄진다.

그래서 결혼에 성공하기 위해서는 다음과 같이 철저하게 준비해야 한다.

첫째, 적당히 자신을 아름답게 꾸밀 수 있어야 한다. 외모, 즉 미소, 목소리, 자세, 매너, 걸음걸이 등에서 처녀는 처녀다운, 총각은 총각다운 멋이 있도록, 자신을 일단 외부에서 볼 때 매력 있는 남성과 여성처럼 보여야 한다. 정신을 사로잡는 것은 아름다움이라는 것을 먼저 알아야 하는 대목이다.

둘째, 연애는 기술이다. 상대방을 정복할 수 있도록 기술과 자질로 자신만의 노하우를 갖추어야 한다. 그렇게 되려면 표면 위로 자신의 모습을 드러내기보다는 숨을 죽이고 탐색이라는 과정이 필요하다. 남성은 여성에 대해, 여성은 남성에 대해 많은 공부를 하고 연구를 하지 않으면 안 된다.

셋째, 주변사람들로부터 신뢰를 얻어야 한다. 언제나 자신은 선하고 믿음직스러우며 실속 있는 사람으로 알려지게 해야 한다. 자신을 파는 세일즈 맨이 되어야 하기 때문이다. 자기라는 상품 값(brand)이 높은 수준에서 유지되도록 가치적인 측면에서 자신을 관리하지 않으면 안 된다.

넷째. 비전(Vision)을 갖고 언제나 자신감에 찬 행동을 하며, 목표를 향해 노력하는 사람이 되어야 한다. 마음속으로 희망을 갖고 삶에 대한 아름다운 그림을 형상화하고, 그렇게 행동하면 무엇인가 밖으로 드러나는 것이 달라 보이게 된다.

다섯째, 결혼은 소극적인 선택이 아니라, 사전에 준비된 적극적인 쟁취(爭取)이다. 승패가 분명히 드러나는 생존경쟁의 치열한 실존의 현장이다. 텔레비전에 나오는 〈동물의 왕국〉에서처럼 번식기에 접어든 수컷 순록이 배우자를 차지하기 위해 그렇게도 위협적인 뿔로 산천이 떠나가도록 부딪치며 피투성이가 되도록 경쟁자와 싸우는 광경을 우리는 보아왔다. 인간도 이들 동물과 다를 바 없다. 드라마에서 청춘(靑春)남녀의 사랑싸움을 보면, 자신이 원하는 이성을 차지하기 위해 생명을 담보로 하지 않는가?

미래의 훌륭한 결혼을 위해 실수하지 않고 피해를 입지 않도록 사전에 무장하는 기간이 결혼 전 이성과의 교제 기간이다. 성인으로서 이루어야 할 주요 과업이 안정된 직업을 구하는 문제, 자기가 사랑하고 원하는 사람과 결혼하는 문제, 윤택한 살림살이를 위해 돈을 절약하는 문제, 자녀를 훌륭하게 양육하는 문제, 시간 관리와 생산성 증대에 관한 문제, 그리고 남에 대해 자신이 공격하지 않고 피해를 보지 않도록 하는 문제, 행복하게 삶을 살아가는 문제, 자아실현 등에 관한 문제들이 여기에 해당될 것으로 본다. 성인으로서 살아가면서 이루어야 할 주요 과업을 준비하는 과정에서 이성에 대한 올바른 지식을 갖도록 하는 것이 결혼 전 이성교제에 대한 올바른 자세가 아닌가 생각한다. 이때의 이성교제는 아주 제한적이며 탐색하는 기간이다. 여기에는 반드시 원점으로 돌아와도 자신이 피해를 입지 않는 범위 내에서 허락하는 것이다. 사춘기 때의 이성교제는 인생이 잘못된 방향으로 나아갈 위험이 도사리고 있다. 이 시기는 사랑을 배우는 시기이지, 사랑을 통해 이성간에 성적 욕망을 충족하라는 시기가 절대로 아니라는 점을 깊이 인식해야 한다. 젊은이들이 사춘기 때의 잘못된 이성교제로 인생을 망치게 되는 경우는 흔한 일이다.

『행복결혼학교』(심수명 외)를 보면 이런 말이 나온다.

"사랑은 정신집중을 필요로 하지만 성숙이 뒷받침되지 않는 이성간의 강렬한 하나됨은 참된 사랑이라기보다 정신집중 그 자체에 불과하다. ……비근한 예를 든다면 불안감이나 낮은 자긍심으로부터 벗어나기 위한 한 가지 수단으로 약물을 사용할 때 우리는 그것을 약물중독이라고 규정하는데, 정신집중은 약물 대신에 다른 사람을 사용하고 있다는 점만 다를 뿐, 역시 하나의 중독 현상이라고 할 수 있다."

이 말은 이성간에 사랑을 함에 있어서 성숙이 뒷받침되지 않는 강렬한 하나됨을 목적으로 하는 정신집중은 불안하고 결핍된 순간을 벗어나기 위해 욕구에 굴복하여 임시방편으로 취하게 되는 약물중독이나 다름없다는 표현이다. 여기에는 반드시 뉘우칠 수 없는 후회가 따른다. 그래서 이 시기는 사랑의 큰 욕망이 엄습해오더라도 그 충동을 억제할 줄 알아야 한다. 먼 미래에 이보다 더 큰 위대함을 이루기 위해 자신의 뜻을 간직하고 끝까지 인내해야 하는 시기이다. 젊은 나이에 욕정을 억제하지 못하고 연인을 만나 성관계를 맺게 되면 그런 행동이 철부지 행위가 되고, 한창 성장하기 위해 피눈물을 흘리며 노력해야 하는 시기에 학습과는 정반대의 황홀감과 충족감을 취하게 된다. 그래서 한 번 여기에 빠지고 나면 영원히 불행의 늪에서 빠져나올 수 없음은 말할 것도 없거니와, 아픔과 고통을 이겨내야 하는 학습의 어려움을 감내해야 한다.

고사성어(故事成語)에 '읍혈련여(泣血漣如)'라는 말이 있다. 이 말을 여기에 사용하는 것은 적절하지 않을 수도 있다. 그러나 이 말을 여기에 적용시켜보면 '겉으로 눈물을 감추지만 속으로는 피눈물을 흘린다'는 말이다. 이 말을 다르게 표현해보면, 학습해야 하는 기회를 잃고 나면 '피눈물 나도록 후회해도 소용없다'는 뜻이 되기도 하다. 어린 나이에 성욕을 억제하지 못하고 욕망을 충족하기 위해 귀중한 젊음을 탕진 하게 되면, 앞의 고사성어처럼 성인이 되어서 크게 후회하게 될 날이 반드시 오게 된다는 뜻이다.

한편으로 학습과 성공을 떠나 오직 본능 충족 면에서 본다면, 이성과의 만남은 우주 자연의 이치에 따르는 것이며, 신의 요구사항이라고 생각되기도 한다. 조물주가 이 세상에 만물을 처음 창조할 때 반드시 반려자(伴侶者)를 구해 후손을 이루어, 다음 세대로 이어지도록 했다. 그렇기 때문에 인간은 배우자를 찾아 결혼하는 것이 당연한 일이며, 인간의 삶에 중대한 일로 되어 있다. 그런데 현대사회에서의 병폐는 일부 성인들마저도 성적 쾌락을 삶의 목적으로 삼고 있기에 가정이 붕괴되기도 하는가 하면, 사회가 온통 성(sex)의 문란으로 무너져가고 있다. 너나 할 것 없이 신은 존재하지 않으며, 살았을 때 마음껏 즐기고 살아야 하며, 죽으면 모든 것이 끝난다는 이유로, 인간이 가장 귀하고 아끼며 생명처럼 귀중하게 지키고 살아야 할 성의 순결함이 무너져가고 있는 것이다. 그런 현실을 볼 때, 그 이상 삶의 환멸을 느끼지 않을 수 없다.

인간의 삶에서 생명처럼 귀중하게 다루어야 할 것이 또한 성에 대한 가치성이다. 인간은 삶의 어려움을 사랑과 성으로 극복하도록 되어 있다. 삶에서 사랑의 문제와 성의 문제는 우리의 삶 자체만큼이나 중요하다. 그렇기 때문에 성을 아름답고 깨끗하게 보존, 관리하며 유익하게 사용하는 것은 훌륭하고 아름다운 삶을 위해서 가장 중요한 행위이다.

인간 삶의 모든 문제는 성욕 충족을 목적으로 시작된다. 즉 행동의 근저(根底)에는 그 중심에 성욕이 자리하고 있다. 인간의 삶에서 최고의 가치 실현은 성스러운 성욕의 충족에 있다고 보아야 할 것이다. 신이 인간에게 성에 대한 강렬한 욕망을 부여하면서 이 세상을 항상 만물로 채워야 하는 생식(生殖)이라는, 또 다른 신의 목적이 숨겨져 있다고 하겠다. 이것은 바로 생명이 성과 연관되어 있다는 것을 말해주는 것이다. 바꾸어 말하면, 우리에게 생명이 있는 한 성의 문제를 참답고 올바르게 사용하면서 삶을 영위해가며 인류의 영원한 번영이 이루어지도록 하는 것이 신의 명령과도 같은 지상과제이기도 한 것이다.

성의 본질은 자신의 순수하고 진실한 생명의 에너지가 성으로 화해지는 데 있다. 이렇게 생명의 에너지가 맑고 깨끗하며 순수할 때 자연의 본질에 일치하는, 성적으로 극치를 이루는 만족을 기할 수 있게 된다. 그래서 성은 깨끗하고 순수함을 간직하고 있어야 한다. 성을 깨끗하고 순수하게 보전하며 참답게 사용할 때, 자신의 생명을 꽃피울 수 있는 것은 물론이며, 신의 의도에 가장 합당한 삶을 살게 되는 것이다. 성의 오남용(汚濫用), 즉 과도한 욕망 충족은 인간의 이성적이고 정신적인 측면에서 신의 의도(Intention)에 역행하는 길이다.

『불안의 개념』(쇠렌 키르케고르, 2005)에서는 "과도한 욕망은 허물과 죄에 앞서는, 허물과 죄(sin)에 대한 일종의 결정요소로 취급한다."로 기술하고 있다. 즉 과도한 욕망은 허물과 죄를 짓게 하는 앞 단계의 결정적 요소가 된다. 이런 결론에 도달하기 때문에 이성(理性)의 명령을 따라 행동해야 하는 인간에게는 과도한 욕망을 가장 금기(禁忌)해야 할 숙명적인 과제를 안고 있다. 어쩌면 여기에 신의 목적이 이중성으로 나타나는 아이러니(irony)가 존재하고 있는 것이 아닌가 생각된다. 왜냐하면 신은 인간을 위시한 모든 생물에게 생식을 목적으로 강력한 성적 욕구를 본능적으로 부여하면서, 또한 이성(理性)을 인간의 정신에 담아 강력한 성적 욕망을 통제하며 필히 지켜야 하는 의무를 부여해놓고, 이 경계선을 애매하고 혼돈스럽게 하는 결과를 초래하고 있기 때문이다. 인간은 본능에 의한 성욕 충족과 인간이 따라야 할 이성의 명령 사이에서, 서로 충돌하는 그 영역의 경계선에서 방황하고 혼돈하게 되는 결과를 초래하고 있는 것이다. 하지만 신은 인간에게 이 두 가지 의무를 완수하라는 명령을 함께 부여하고 있다는 점을 간과해서는 안 된다. 그래서 인간은 이 두 가지 명령을 수행해야 하는 의무감에서 행동에 민감한 자제력이 필요하다. 이 문제만은 개인적인 판단에 맡겨지고 주어지게 된다. 그래서 이 문제를 섬세하게 잘 다루는 것이 스스로의 삶을 잘 수행하는 과정이 되는 것이다.

결혼 후의 부부관계는 두 사람의 문화적, 성격적, 성적 이상(理想)이 얼마나 잘 조화를 이루느냐 하는 의식적인 문제뿐만 아니라, 각 인격의 억압된 부분이 어떤 보완 관계를 형성하느냐와 같은 무의식적인 문제에도 크게 좌우된다는 점이다. 그러면 결혼 전 남녀 간의 이성교제를 어떤 차원에서 접근해야 하는가? 결혼 전 이성교제의 목적은 다른 성을 가진 상대방이 나를 이성으로서 어느 수준에서 어떻게 보고 있는지 살펴보아야 한다. 그리고 상대방의 인격과 성격, 억압된 무의식 상태의 움직임을 탐색해보는 수준에서 끝나야 한다.

결혼생활이란 내면화된 대상 간의 상호거래라는 점을 인식한다면, 상대방을 탐색하고 분석하는 것은 무의식적 근거를 파악하는 일이다. 그렇기에 결혼 전 이성 교제는 여기에 초점을 두어야 한다. 즉 무의식 속에 숨겨진 심상(心象)을 찾아내보는 일이다. 이런 탐색 과정이 비록 쉬운 일은 아니겠지만, 그것은 바로 이성인 상대방이 성장해오면서 무의식 속에 형성되어온 어린 시절의 정서적 경험이 어떻게 발달했는지를 분석하여, 앞으로의 결혼생활에 가장 큰 영향을 미치게 될 요소를 사전에 알아내는 일이 중요하기 때문이다. 이런 과정들이 앞으로 있을 결혼의 성공 여부와 관련될 것으로 본다.

만약 결혼 전 남녀 이성교제에서 순간적인 잘못으로 깊은 육체적인 관계가 이루어지면 서로가 상대를 책임져야 하고, 또 앞으로 상대와의 이별은 없어야 한다. 죽음까지 서로가 부둥켜안고 이 세상을 살아가야 하는 것이 결혼이다. 그런데 본인이 아직 미성숙된 상태, 자신의 정체성이 확립되지 못한 상태에서 육체적인 관계가 이루어지고 나면, 자신이 정체성이 확립되고 성숙하게 된 다음엔 완전히 다른 사람으로 변신하게 된다. 그래서 과거에 저지른 자신의 행동이나 이성과의 만남에서 수정이나 변화가 불가피하게 된다.

그런데 육체적인 관계가 이루어지면 되돌릴 수 없는 불가분의 관계로 맺어져, 다시 되돌릴 수 없는 상황에 처한다. 만약 원위치로 되돌아가려고 한다면, 그에 따른 부작용과 책임감, 보상 문제는 차치하고라도, 이보다 더 큰 문제는 성의 가치가 훼손(마음의 상처와 육체적인 변형)되어 회복이 영원히 불가능해진다. 이런 과거의 불결한 상처를 가지고 새로운 이성을 만나 결혼을 하게 되면, 그것은 상대방에게 대해 앞으로의 인생에 지속적인 죄가 되어 심리적인 문제로 자신의 가슴속에 남는다. 그래서 양심과 도덕성에 흠집으로 존재하게 된다. 왜냐하면 결혼 상대방은 육체적으로나 정신적으로 순결을 요구하기 때문이다. 이 순결은 세상에서 가장 아름답고 신성하며 거룩한 것인데도 말이다. 그래서 결혼은 신성한 성(性)을 담보로 서로가 믿고 의지하며 부부생활이 유지되어야 한다. 순결을 빼앗기면 몸의 훼손은 말할 것도 없고 정신도 함께 훼손되며, 영원히 회복할 수 없는 상처로 남는다.

그래서 결혼 전 이성교제는 성경의 말씀처럼 앞으로의 결혼을 염두에 두고 이루어져야 한다는 것을 전제로 해야 한다. 이 뜻은 결혼 전의 이성교제는 언제나 가변성(可變性)을 전제로 이루어지지 않으면 안 된다는 것이다. 이것은 자신의 육체적·정신적 순결을 결혼할 상대에 바쳐야 하는 것을 전제조건으로, 그 의무를 완수하기 위해 그 원칙의 범위 내에서 이성교제가 이루어져야 한다.

만약 이와 같은 이성교제가 결혼으로 연결시키겠다면 다음과 같은 조건이 충족되었으면 좋겠다.

첫째, 인공적이고 가공적인 만남이 아니라, 자연스럽고 애틋한 사랑으로 맺어진, 그리고 애정이 넘치는 만남이어야 한다. 이런 만남의 배후에는 이성이라는 양극 현상으로 강력한 기운의 끌림 현상이 존재하기 때문이다. 이 기운의 끌림 현상은 우주에서 인력(引力)이 작용하듯이, 인간에게도 이 인력작용이 열렬한 사랑을 이루게 한다. 그래서 그것이 강력할수록 좋은 인연으로 맺어질 확률이 높다고 생각된다. 결혼이란 불붙는 사랑으로 서로를 녹여서 하나로 만들어야 하는 과정이기도 한 것이다.

둘째, 무엇보다도 정신적으로나 육체적으로나 서로가 성숙을 전제로 만남이 이루어져야 한다. 성숙하고 무르익어서, 만지고 부딪치면 금방 터져버리듯이, 서로가 마음과 육체를 열고 쉽게 하나가 될 수 있는 조건이 성숙한 만남인 것이다. 그러면서도 육체적인 사랑에 한정된 것이 아니라, 그보다 더 나은 정신적인 가치를 인식하는 게 중요하다. 즉 내면이 성숙한 인간이라면 육체적인 사랑보다 정신적인 사랑이 더 고귀한 가치가 있다는 것을 알게 된다. 왜냐하면 육체적인 사랑의 근저에는 항상 변함이 존재하고, 이에 따른 부작용으로 죄의 성질이 내재해 있지만, 정신적인 사랑의 근저에는 영원성과 함께 선함이 자리하고 있기 때문이다. 그래서 보다 나은 가치적인 측면에서 육체적인 사랑을 넘어 정신적인 사랑으로 승화할 수 있는 인격을 갖추어야 한다.

셋째, 서로의 만남에서 영적인 만남의 어떤 계시를 받는다면 더욱 좋을 것이다. 예를 든다면 '이 사람을 만나지 못하면 평생 후회할 것 같다는 마음', '이 사람은 영원한 내 사람이다'라는 직감을 말한다. 이런 것이 영감의 법칙이라고 생각된다.

넷째, 상대방을 믿을 수 있는가 하는 신뢰성의 문제이다. 진실로 속이 찬 사람인가, 언제나 변할 수 있는 가변성이 있는 사람인가를 분별해낼 수 있어야 한다. 아무리 아름답고 돈이 많고 가문이 훌륭하다고 하더라도 진실성이 결여되어 믿을 수 없다면, 결혼 대상으로서 재고(再考)해보아야 할 것이다. 이 진실성을 가려낼 수 있어야 한다.

4.
돈의 중요성

돈의 가치를 제대로 알고 잘 소비한다는 것은 대단히 중요한 일이다. 대부분의 사람들이 많은 돈이 있으면 자만(自慢)에 빠지기 쉬우며 교만해지고 사치와 낭비를 해서 사회에 부정적인 영향을 미칠 수 있게 된다.『승려와 철학자』(장 프랑수아르벨 & 마티유리카르, 1999)에서는 "정신적 가치가 결여된 물질적 진보는 결국 재앙으로 이어질 수밖에 없다."고 주장한다.『인문학 콘서트』(김경동 외 공저, 2010)에서도 보면, "삶의 질에는 물질적인 토대가 필요하다. 돈이 있다고 해서 삶의 질이 자동으로 높아지는 것은 아니다. 인간은 내면을 채우는 것이 무엇보다 중요하다. 그 안을 채우는 것은 돈이 아니라 삶의 의미, 가치, 아름다움, 목적 같은 무형의 자산이다."라고 기술하고 있다. 어느 정도의 돈이 없으면 삶의 의미와 가치를 실현시킬 수 없다는 점이다. 항상 돈의 중요성과 함께 또한 지혜라는 정신적 가치를 생각하지 않을 수 없게 된다. 경우에 따라서 어떤 사람은 돈의 가치를 낮게 평가하는 경우도 있다. 즉 "있으면 쓰고 없으면 그때그때 맞추어서 살아가지 뭐, 인생이 별거더냐?" 하고 말하기도 한다. 하지만 가난을 직접 겪어보지 않은 사람은 가난한 사람의 서러움을 알 수가 없다.

『죄와 벌』(도스토예프스키, 1986)에서도 이런 구절이 나온다. "가난은 죄악이 아니라고 말하고 있지만 그것도 어느 정도가 문제지요. 무엇 하나 가진 것이 없는 알거지가 되면 문제가 생기지요. 인간 사회에서 몽둥이로 쫓겨나고 맙니다." 또 『닥터스』(에릭 시걸, 1992)를 보면 "가난한 사람이 부자보다 더 자주 아프고 빨리 죽는 건 확실해, 넌 그게 공평하다고 느끼니?"라는 구절이 나온다. 비록 소설의 한 구절들이지만, 이것은 인간사회의 현실을 그대로 반영한 글들이다. 사실 가난만큼 무서운 것은 없다고 생각한다. 『목민심서』(정약용, 2008)에도 이런 구절이 나온다. "흉년이 들면 아이를 기를 수 없어서 버리는 사람이 많았다." 이런 글을 보더라도 옛날 우리 선조들은 역시 가난의 아픔이 어떤 것이라는 것을 뼈저리게 느껴 알고 있었던 것 같다.

가난에 대한 뼈아픈 사연의 한 예를 들어보기로 하겠다. 시골의 어느 10세 소녀가 학용품을 사기 위해 하루 종일 산과 들을 헤매며 나물을 캐서, 그것을 정성껏 삶아 주먹만 하게 다섯 덩이를 만들어 시장에 팔러 갔다. 한 덩이에 100원씩 500원을 받아서 집으로 오려고 하는데, 세금 받는 아저씨가 세금을 달라기에 500원을 주고 나니 돈이 한 푼도 없더라고 하는 슬픈 이야기가 전해지고 있다. 물론 이때는 약 40여 년 전인 1960년대의 일이지만, 그 당시의 시골사정을 잘 표현하고 있다. 이런 일들이 얼마나 한 소녀의 처절함과 서러움이 숨어 있는 사연인가를 실감나게 한다. 지금은 시골에도 그런 순수하고 소박한 마음을 가진 소녀의 모습은 찾아보기 힘들다. 아마도 자연과 함께하는 진실한 삶은 이런 소녀의 깨끗하고 순결한 영혼이 존재했던 시대에서부터 시작되었지 않나 하고 생각을 해본다.

역사적으로 볼 때 돈의 위력에 대해 기록한 글들이 많다. 그중에서도 『열하일기(하)』(박지원, 2008)를 보면 "중국의 옛 연(燕)나라 때 소왕(昭王)이 연(燕)의 수도(首都)인 역현(易縣, 현재는 중국의 북경 일대(一帶)에 위치해 있다)에 궁전을 지은 뒤, 축대(築臺)위에 천금을 쌓아놓고는 천하의 어진 선비들을 맞이해 당시 최고의 강대국인 제나라에 맞서 원수를 갚고자 금(金)을 이용해 원수를 죽이게 했다"는 이야기가 나온다. 이때 천금을 쌓아놓은 축대를 '황금대(黃金臺)'라고 불렀는데, 현재는 두어 길 되는 허물어진 흙 둔덕에 불과하며, 주인 없는 황폐한 무덤처럼 보여 황금대라는 이름이 무색할 정도라고 한다.

현대에도 옛날과 전혀 다르지 않게 세계 여러 나라 곳곳에서는 돈으로 하수인을 매수해 살인행각을 벌이고 있다. 물론 돈은 사용처에 따라 그 가치가 다르게 나타난다. 즉 선한 곳에 사용할 수도 있고 악한 곳에 사용할 수도 있을 것이다. 아무튼 돈은 인간이 살아가는 데 중요하지 않을 수 없다. 특히 삶에서 가장 중요한 행복을 누리기 위해서는 돈이 필수적이다. 왜냐하면 행복은 어느 정도 물적 초석 위에 이루어지기 때문이다.

옛날과 다름없이 지금도 모든 사람들이 돈을 벌기 위해 자신의 모든 시간과 노력을 투자한다. 돈을 정점으로 살아가고 있는 것이다. 『인도철학과 불교』(권오민, 2015)의 서문에는 이런 말이 나온다.

어떤 스님이 운문에게 물었다.

부처의 말도 조사의 말도 뛰어넘는 절대 진리는 무엇입니까?

운문이 말했다.

호떡이다.

- 《벽암록》 제77측 운문호병(雲門胡餠)

위 어록의 깊은 내용은 여러 가지로 해석되겠지만, 이 글귀를 처음 접하고 직감적으로 와닿는 내용은, 아무리 진리니 뭐니 해도, 인간이라면 먹어야 산다는 말이 아닌가 싶다. 그것이 바로 변함없는 진리일 것이다.

인간은 본래 욕구를 충족하며 살아야 할 생리적인 특성을 지니고 있다. 이 욕구를 충족하기 위해서는 반드시 돈이 필요하다. 인간의 본능 중에서 가장 강력한 본능이 식 본능(食本能)이라고 한다. 아무리 인격자라 하더라도 처음에는 욕망을 단절하는 듯하지만, 완전한 단절은 있을 수 없고 외면 내지 유보(留保) 상태에 있을 뿐이다. 이 본능이 충족되지 못할 때 가장 절망적인 공포가 엄습해오게 된다. 이것이 바로 기아(飢餓)에서 오는 공포감이다. 그러니 앞에서 기술한 대로 절대 진리는 호떡이라는 것은 진실이다.

인간의 본능 중에 공격적인 본능인 복수심과 영예(榮譽)를 위한 명예적인 본능이 강하다 하더라도, 이 식본능이 충족된 이후에라야 가능할 것이다. 인간다운 생활을 위해서는 물질로 괴로움을 퇴치할 줄 알고, 더욱이 욕망 충족으로 서러움을 퇴치할 줄 알아야 한다. 물질의 중요성을 확실히 알고 이것을 유용하게 사용할 줄 안다는 것은 지혜로움이다.

하지만 물질의 근원인 돈을 구하기란 쉽지는 않다. 왜냐하면 시간과 노동력을 투자해야만 확보할 수 있기 때문이다. 그렇다고 돈에 굴복해서는 안 된다. 사용해야 할 때는 사용할 줄 알아야 한다. 어느 정도의 부(副)는 행복의 조건에 없어서는 안 될 필수조건이다. 사람들이 때로는 겉으로 돈의 가치를 폄하할 때도 있지만, 그것은 자기 기만(欺瞞)이나 다름없다. 돈의 가치는 삶과 행복과 직결된다. 보이지 않는 가운데 돈의 위력이 인간의 가치를 증대시키는 것은 틀림없는 사실이다. 특히 꿈을 이루기 위해서도 돈이 없으면 불가능하며, 최소한 인격을 유지하고 인간관계를 위해서도, 그리고 최소한의 자신을 관리하며 사람으로서의 청결을 유지하기 위해서도 돈은 꼭 필요하다.

『자조론/인격론』(새뮤얼 스마일스, 2007)에서도 존슨 박사[16]는 초년에 진 빚은 파멸의 근원이라고 주장했다. 이 문제에 대한 그의 말은 명심해둘 만하다.

"빚을 그저 신세를 지는 정도로 가볍게 여겨서는 안 된다. 빚은 하나의 재앙이다. 빈곤은 선행(善行)할 수 있는 수단과 자연적이고 도덕적인 악(惡)에 저항할 수 있는 능력을 빼앗아가므로 모든 방법을 써서 가난

---

16) 새뮤얼 존슨 박사는 우리에게는 그다지 익숙하지 않은 사람인지도 모른다. 영어사전을 출간해 유명하지만, 사실 당시 글을 빨리 잘 쓰기로 유명한 작가였다. 당시 학위를 따거나 공부를 오래 해서 그에게 박사라는 칭호가 붙은 것은 아니다. 실제로는 옥스퍼드에 입학하지만 재정 문제로 겨우 1년만 교육을 받았다. 런던으로 이주한 그는 잡지에 짧은 기사들을 올리는 것으로 작가 일을 시작했다. 다양한 소설, 평전, 에세이 등으로 영국 사람들에게는 유명한 작가이자 시인으로 기억되고 있다. "런던이 지겨워진 사람은 삶이 지겨워진 것이다"(when a man is tired of london, he is tired of life)라는 말로 유명하다.

만은 피해야 한다. 빈곤은 인간의 행복에 가장 큰 적(敵)이다."

　돈은 부모의 상속에 의해서 확보될 수도 있다. 예를 든다면 중국의 저우언라이(主恩來)도 1898년 장쑤(江蘇)성 화이안(淮安)의 비교적 부유한 집안에서 태어났기에 일본, 프랑스, 독일에 유학을 가게 되었다. 물론 장학금을 받고 공부를 했지만, 처음에는 자기의 돈이 투자되지 않으면 안 되었다. 그렇게 식견(識見)을 넓혔기에 중국에서 유명한 정치계 2인자가 되었다. 물론 돈을 잘 사용해야 하는데, 특히 학문을 위해 돈을 투자하는 것이 가장 잘 사용하는 것이 아니겠는가 하는 생각이 든다.

　그러나 부모의 상속에 의한 돈은 대부분 참다운 돈의 가치와 의미를 갖기 힘들다. 만약에 부모의 상속에 의해 돈을 확보했으면서도 참다운 돈의 가치와 의미를 알고 있다면, 그것은 인생에서 정말 소중한 가치를 터득했다고 할 수 있다. 그러나 정작 돈이란 자신의 뼈아픈 노동에 의해서 획득했을 때만 그 돈의 가치를 확실하게 알 수 있다. 뼈아픈 노동을 통해서 자신이 확보한 돈이어야 그 돈은 생명처럼 소중히 다루게 될 것이다. 왜냐하면 자신의 생명을 소모시키면서 힘들고 어렵게 돈을 확보했기 때문이다. 이렇게 해서 벌어들인 돈은 한 차원 높은 삶, 자신이 원하는 삶, 언제나 생명을 지키며 자아실현을 위해서 귀중하게 사용할 수 있게 된다.

　돈을 저축하는 사람은 돈을 소모하는 사람에 비해 인내력이 강하기 때문에, 어려운 상황에 직면할 때도 오래 참을 수 있다. 이들은 도덕적으로 나쁜 행동을 그렇게 심하게 하지 않는다. 수전노(守錢奴)니 구두쇠니 하는 사람도 도덕적으로는 그렇게 나쁜 경우를 벗어나는 일이 드물다. 물론 돈을 아끼고 모으는 과정에서 작은 부작용은 일어날 수 있을지 모르지만, 큰 악은 저지르지 않는다. 왜냐하면 이들이 돈을 모으는 것은 자신을 통제하며 욕망을 이겨내고 모질게 참을 수 있는 인간이기 때문이다. 이들은 나름대로 삶의 기준이 있고, 내부적으로 뼈를 깎는 아픔을 견디며 인생을 살아가기 때문에 자제와 절제를 모두 겸비하고 있다. 그리고 이들은 미래를 준비하고 미래를 위해 살아가는 사람이기에 사회에 나쁜 악을 저지를 확률은 거의 없다고 하겠다.

나는 어릴 때부터 열심히 일하는 이웃 어른을 보며 자라왔다. 이분은 농부로서 아마도 다른 사람들의 배(double)로 부지런해서 일을 더 열심히 했다. 이 농부는 생명이 위험하지 않은 한 돈을 함부로 소비하지 않았다. 가난을 뼈저리게 어릴 때부터 느껴왔기 때문이다. 이분은 신발이며 양말, 속옷 같은 것도 많지 않다. 사치와는 아예 거리가 먼 사람이었다. 이분은 삶을 살아가는 데 가난이 얼마나 무서운 것이며, 돈이 있으면 가정이 얼마나 윤택해지는지를 알기 때문에 그렇게 돈을 악착같이 벌고 아꼈다. 그렇다고 양심을 어기는 일은 없었으며, 남에게 피해도 전혀 주지 않았다. 요즘 세상은 정말 돈을 절약하기에 어려움이 따른다. 왜냐하면 이 절약하는 농부가 살아가는 세상과는 달리 현대는 그렇게 변하고 있기 때문이다.

만약 젊은이들이 열심히 일하고 절약하면서 자신이 벌어들인 돈을 잘 관리하며 지켜서 적은 돈이라도 헛되이 낭비하지 않는다면, 누구든 자립할 수 있는 기회가 올 것이다. 푼돈은 적은 돈이지만, 인류 역사를 되돌아보면 많은 가정이 이 푼돈을 아껴서 부자가 되었다. 그런 예는 동서고금을 통해서 얼마든지 찾아볼 수 있다. 만약 푼돈을 아껴 쓰지 않고 낭비하면, 가난을 면하지 못할 것이다.

비록 푼돈을 처음 저축할 때는 별것 아닌 것 같지만, 세월이 지나 10년이 지나게 되면 푼돈이 모여서 큰돈이 된다는 것을 알게 될 것이다. 이자(利子)가 붙고 늘어나(지금은 이자 수익률이 낮지만) 작은 재산을 이룰 수 있게 되고, 더욱이 좋은 곳에 다시 투자하게 되면, 부자(富者)가 되는 것은 시간문제라고 생각한다.

나는 작은 부유함을 얻어 생을 살아가는 삶의 자세를 선조들의 모습에서, 그리고 주변의 이웃에서 보아왔다. 여기서 배운 교훈은 절약정신과 열심히 일하는 성실함이었다. 이 두 가지를 외면하면 저축과 부(富)는 결코 이루어질 수 없다. 물론 기업가적인 큰 부자는 투자 분야와 투자처, 그리고 돈을 벌 수 있는 기회와 기술이 중요하다. 그렇지만 작은 부자는 순수한 절약과 뼈아픈 노력으로 이루어진다는 것을 알아야 한다. 이웃 사람도 주변에서 함께 살아가다 보면 곧 알게 되지만, 절약정신은 정말 어려운 과정임에 틀림없다. 절약정신, 참고 견디는 인내력은 아무나 할 수 있는 마음가짐이 아니다.

그런가 하면 뼈를 깎아내는 성실함 역시 아무나 견뎌낼 수 있는 쉬운 과정이 아니다. 이 어려운 두 과정에서 가난은 쓰라린 아픔이라는 경험을 겪어보지 않은 사람은 도저히 통과할 수 없는 어렵고 험난한 여정이 아닐 수 없다. 이런 고난의 시간을 보내고 나서야 얻게 되는 것이 작은 부유함이다. 이 부유함은 어떻게 보면 세상에서 가장 보배로운 것이 아닐 수 없다. 여기서 여유를 갖게 되고, 만족하며 인생의 즐거움을 찾고 보람 있게 살아갈 수 있을 것이기 때문이다.

『육도삼략』(태공망, 2009)에서 보면 "인군(仁君)은 반드시 부(富)를 따라야 하옵니다. 부하지 못하면 그로 인해 인(仁)을 이루지 못하옵니다. ……민중을 따르게 하려면 부가 필요합니다. 따라서 재화를 모으는 것은 개인의 이욕(利慾) 때문이 아니라, 인을 베풀어 민중을 따르게 하기 위한 것입니다."라는 글귀가 나온다. 이와 같이 돈은 남에게 베풀기 위해서도 소중하다는 뜻이다.

돈이 없으면 우선 자존심을 지킬 수 없고, 돈이 없으면 자녀교육을 시킬 수 없어 무지(無知)가 대물림된다. 그리고 돈이 없으면 인간으로서 예의와 품위를 지킬 수 없다. 그리고 덕(德)을 구현할 수도 없으며, 선도 베풀기 어렵다. 또한 돈이 없으면 추(醜)함을 벗어날 수 없다. 돈이 없으면 인간의 성품까지 빼앗겨야 하는 참담한 신세가 되며, 그 귀중한 생명까지도 담보로 해야 한다. 가난하다고 해서 자신의 몸까지 천하게 해서는 절대로 안 된다는 것을 알게 된다. 가난은 가난이고 몸은 몸인데, 왜 귀중한 몸을 가난하다는 이유로 천하게 해야 하는지 의문이 간다. 하지만 자신은 그렇게 천대시(賤待視)하지 않으려고 해도, 자연히 남이 그렇게 취급하게 된다. 또한 돈을 벌기 위해서는 천한 일도 하지 않으면 안 되기 때문에 이런 현상이 있게 되는 것이다.

재산에는 유형(有形)의 재산도 있지만, 무형(無形)의 재산도 있다. 『몽테뉴 수상록』(몽테뉴, 2015)에서 보면, "플라톤은 육체적 또는 인간적으로 보배로운 재물을 건강, 미모, 체력, 부유의 순서"로 늘어놓는다. 물론 위대한 사람들이 생각하는 관점과 일반적인 평민이 생각하는 수준에서 오는 차이는 있을 것이다. 자신의 머리에 담고 있는 무형의 재산인 지식이나 근육의 힘은 언제나 유형의 재산으로 교체되고 변화될 수도 있다. 그러니 늘 열심히 노력해서 건강을 보존하고 지식을 쌓아야 하는 이유가 여기에 있다.

자원을 관리하는 방법으로서, 자원은 있을 때 아껴 쓰고 준비해야 한다. 있을 때 경제하지 못하고 있을 때 준비하지 못하면 자원은 고갈되어버린다. 사람이 살다 보면 때로는 우연히 하는 사업이 잘되어 돈을 벌(earn) 수 있는 기회가 올 때도 있다. 이때 정신무장이 잘 되어서 세상만사의 흐름과 삶의 논리를 알고 있는 경우, 즉 무형의 정신적 가치를 터득한 사람은 그 돈을 놓치지 않고 잘 보관하며 지켜나간다. 그러나 개인의 자산에 있어서도 그 부를 유지시킬 수 있는 능력을 갖추지 못하면, 부를 축적하거나 지속시킬 수 없다. 재산 관리가 쉬울 것으로 생각할지 모르나, 그 사람의 자질과 두뇌, 지혜와 경험이 그 재산을 관리할 수 있는 능력이라고 말한다. 즉 돈은 전문적인 지식이 있는 사람 쪽으로 서서히 스며서 흘러들어간다는 진리를 잊지 말기 바란다.

그리고 생명의 존엄성에 해당하는 삶의 목적과 돈의 가치성을 살펴보자. 자칫 잘못 생각하면 돈을 벌고 보존하는 일에 인생의 목적이 있는 것처럼 살아가는 경우가 있다. 그런데 여기에 삶의 큰 오류가 있게 된다. 우리의 짧은 생애에서 돈 버는 일에 시간과 정력을 전부 소비해버리면, 삶의 목적은 어떻게 실현한다는 말인가? 물론 돈을 모으는 재미가 삶의 낙(樂)이라고 주장한다면 할 말이 없다. 하지만 이 세상에서 가장 귀중한 일이 무엇인지를 파악하는 일이 중요하다. 귀중한 일을 이루기 위한 보조 수단으로서 돈이 필요한 것이다. 여기에 돈의 중요성이 있는 것이지, 돈을 모으는 것에 삶의 목적이 부여되어서는 안 된다.

물론 대부분의 사람들이 돈을 모아서 그 다음에는 그 돈으로 인생을 즐기기도 한다. 그러나 돈을 사용하면서 즐거움을 누리는 것에 삶의 최고 가치로 두어서도 안 될 일이다. 인간이 동물과 다른 점은 기본적인 욕구를 충족하는 그 이상의 가치를 추구해야 한다는 것이다.

인간은 만물의 영장으로서, 이 세상의 삼라만상을 능히 관리하고 보존하며 영구히 존속시켜야 하는 책임과 의무를 지니고 있다. 그렇게 하기 위해서는 보이지 않는 정신적인 영역을 넓히고 확장시키지 않으면 안 된다. 여기에 예술과 문학, 철학, 과학이 존재하며, 신학(神學)과 같은 종교적인 문제도 대두되는 것이다. 또한 한 개인으로서 자기의 삶을 완성하고 세상을 떠나야 하기에, 살아 있는 동안 자신의 의무와 책임을 완수해야 한다. 이 의무에 있어서는 자아실현(自我實現)이라는 크나큰 임무가 남아 있다. 이 세상에 태어났다가 그냥 허무하게 소멸하는 것보다는, 무엇인가 인류와 사회를 위해서 불후의 과업을 남겨야 하는 것이 동물과 다른 인간의 삶이다. 자아실현을 달성하는 데는 많은 노력과 시간, 돈, 그리고 건강이 필요하다. 그런데 대체적으로 모든 사람이 단순히 돈을 벌어들이는 데 목적을 두기 때문에 그 귀중한 젊음과 시간을 허비하게 되고, 그럼으로써 개인적인 자아실현이라는 거룩한 목표를 잃게 되는 안타까운 상황에 놓이게 된다. 이런 것을 볼 때 우리는 귀중한 생명과 시간을 소모해 돈을 버는데, 그 돈을 함부로 허비해서는 안 된다. 소중하게 돈을 벌었으면 그 돈으로 자아실현이라는 목표를 달성하기 위해 돈과 함께 체력과 시간을 소모해야 한다. 그것이 삶의 중요한 과업이다. 즉 짧은 시간 안에 돈을 벌고, 많은 시간을 귀중한 자아실현의 목적을 이루는 데 사용해야 할 것이다.

한편으로 주변에서 돈을 많이 가졌다고 하는 부유한 사람들을 보면, 그 사람들은 대부분 돈을 벌기 위해 여념이 없는 사람들이다. 그들은 대부분 하루 종일 어떻게 하면 돈을 절약하고, 다른 사람들보다 돈을 적게 소비하려고 애쓰고, 정신적인 모든 에너지를 돈을 모으고 절약하는 데 사용한다. 그런가 하면 돈을 아끼는 데 심혈을 기울이다 보니 정작 자신의 행복을 만들기 위한 것에는 소홀하게 된다. 더더욱 잘못된 점은, 돈을 건전하게 소비할 수 없게 되고, 돈의 효과적인 사용의 극대화를 이룰 수 없게 되는 경우가 많다.

돈을 많이 가졌다고 하는 부유한 사람들은 돈을 모으는 것을 하나의 즐거움으로 삼고, 그것이 목적이 되는 삶을 사는 경우이다. 어쩌면 절약하고 절제하며 검소하게 산다는 것 자체는 아름다운 미덕이고 훌륭한 삶을 위한 준비가 된다. 하지만 그것이 도(道)를 넘으면, 돈을 확보했지만 더 귀중한 삶의 가치를 잃게 되는 경우가 있으니, 항상 이점에 유념해야 할 것이다.

5.
성적 욕망이 삶에 미치는 영향

인간에게 생명(生命)이 갖는 의미는 무엇인가?

생명이란 사전적인 의미는 '사람이 살아서 숨 쉬고 활동할 수 있게 하는 힘'이다. 인간은 생명이 있는 한 태생적, 생리적으로 살아서 숨 쉬고 활동할 수 있는 힘과 함께 주어지는 것이 욕망이다. 그러니 생명과 욕망은 하나의 몸체로 이루어져 분리할 수 없는 관계를 이루고 있다. 바꾸어 말하면 생명은 욕망이라는 힘에 의해 움직인다.

어쩌면 우리 인간은 욕망을 단순히 비인격적인 시각으로 바라볼 수 있지만, 그것은 잘못된 사고가 아닐 수 없다. 왜냐하면 욕망은 생명 그 자체이기 때문이다. 다만 욕망이 과도하며 자제하지 못하고 바르게 갖지 못하는 데서 허물이 발생하는 것이다. 욕망을 옳게 갖는다면 삶에 활력이 되고, 더욱더 발전적으로 생을 살아갈 수 있도록 촉진제 역할을 할 것임에 틀림없다.

생의 욕망 중에서 인간이 생존하면서 가장 간절하게 원하는 욕망은 사랑받고자 하는 욕망이라고 할 수 있다. 사랑에는 여러 부류가 있다. 그중에서도 사랑은 가장 순수한 성적 욕구로부터 시작된다. 성의 중요성을 헤아려보면, 성은 인간이 삶을 살아가는 동안 자신의 몸에 항상 지니고 있는, 그러면서도 항상 사용할 수 있는 무한한 가치를 간직하고 있는 것이다. 어쩌면 무형의 재산이요, 보물이나 다름없다. 항상 자신의 몸에 간직하면서 남에게 자신의 성적 매력을 발산하기도 하고 안으로 숨기기도 하면서, 귀중한 생의 자원으로서 자신을 보호하고 삶의 목적을 해결해주는 생명력이나 다름없다. 그래서 항상 아끼고 깨끗이 보전하는 데 최선을 다해야만 한다. 다만 이성(理性)을 가진 인간으로서 성적욕망으로 인해 발생하게 되는 육체적 쾌락만은 이 속에 진실이 녹아 있다는 것을 부인할 수 없다.

인간이 자행할 수 있는 모든 행동들 중에서 오직 육체적 쾌락에는 자연의 극치라고 하는 쾌감이 부여되어 있다. 이것은 숨길 수 없는 자연적인 순박함이요, 진실이다. 또한 이것은 신이 인간에게 준 최대의 가치요, 선물인 것이다. 이런 생명과도 같은 육체적 쾌감을 오랫동안 간직하고 즐기기 위해 우리는 최대한 아껴 조심스럽게 사용해야 한다. 그러면서도 다만 잘못 사용하면 인간의 성품을 더럽히게 할 수 있는 것이 성적 욕망이 아닌가 하고 생각한다. 성적 욕망은 삶에서 가장 필요하면서도 강렬하게 일어나기 때문에, 자제하고 바르게 사용하기란 그렇게 쉬운 일이 아니다.

『몽테뉴 수상록』(몽테뉴, 2015)에서 보면 "시각(視覺)은 감각 중에서 가장 필요한 것이 아닐지 모르나 가장 유쾌한 감각이다. 그러나 가장 유쾌하고도 가장 필요한 기관은 아이를 낳는 데 쓰이는 연장으로 보인다. 그렇지만 많은 사람들은 단지 그것이 너무 맛을 주기 때문에 아주 싫어하고, 그것의 값어치 때문에 그 사용을 포기했다."
라는 기록이 있다. 모든 쾌락이 그러하듯이, 즐거움을 맛본다는 것
은 대체적으로 거기에 맞는 대가를 치르게 된다. 누구나 쾌락으로
부터 거리를 두려 하지만, 쉽게 생각대로 되지 않는 것이 또한 쾌락
의 속성이다. 인생을 즐겁게 살고자 한다면 쾌락을 갖는 시간과 횟
수를 늘리기를 바랄 것이다. 성적 쾌감은 일반적인 사람들의 입장
에서 볼 때 즐거움을 주는 최고의 감각으로 간주하지 않을 수 없
다. 이런 이유로 인해 무모하게 즐거움에 빠져들고 나면, 자연적으
로 따르게 되는 것이 근심과 우환이다.

　나는 성적 욕망과 관련해서 항상 불나방을 연상하게 된다. 알고
보면 불나방은 불에 대한 욕망 때문이 아니다. 나방이 불을 향해서
날아드는 것은 주광성(走光性) 때문이다. 불을 좋아해서가 아니라
빛을 향해 일정한 각도, 즉 빛을 향해 일직선이 아니라 등각나선[17]
이라는 형태로 빛을 향해 나는 특성 때문이라고 한다. 불나방이 계
속 등각나선이라는 각도를 유지하다 보면, 나선을 그리면서 결국에
는 불빛 주위를 빙빙 돌며 불속으로 들어가게 된다는 것이다.

　하지만 인간의 성적 욕망은 불나방의 습성과는 다소 다르다고 할

---

17) 불나방은 일직선이 아니라 등각나선이라는 형태로 빛을 향한다.

위 그림처럼 중심 O에서부터 나선까지 선 r을 긋고 그 지점에서의 접선과 r이 만나는 각이 어디를
재든 그 각이 일정한 것을 등각나선이라고 한다.

수 있으나, 욕망도 본능이라는 차원에서 본다면 이 성적 욕망 역시 이와 다르지 않다고 할 수 있을 것이다. 불나방 역시 불 주변을 각도에 따라 날아드는 것은 불나방의 본능에 의해서라고 할 수 있듯이, 인간에게도 성적 욕망은 마찬가지다. 즉 불나방이 불빛에 이끌리다 보면 자신도 모르게 불 속으로 날아들게 되듯이, 인간도 불나방같이 무분별하게 이끌리면 성에 빨려 들어가게 되어 있다. 이런 무분별한 성적 욕망을 잘못 사용하면, 불나방과 같은 신세가 되기도 한다.

인간이 세상을 살아가면서 가장 큰 우환을 만나게 되는 원인은 성적 욕망을 자제하지 못하고 욕망의 충족을 위해 함부로 행위하기 때문이라고 생각된다. 인간 또한 성적 욕망 속에서 살아가야 하지만, 무분별하게 그 속으로 빠져 들어서는 안 된다. 성적 욕망은 맨드라미나 칸나의 요염한 붉은 꽃을 연상시키는가 하면, 물고기의 혼인색을 연상시키기도 한다. 그 정도로 인간의 성적 욕망 역시 짙고 요염한 성질과 빛깔을 함유하고 있다. 남을 유혹하고자 하는 성질을 갖고 있어서 언제나 뜨거운 감정을 뿜어낸다. 성욕의 기본적인 열정은 인간에게 반드시 필요한 것이며, 잘 사용만 하면 언제나 감성적이고 낭만적으로 삶에 활력을 불어넣어주는 기운을 간직하게 되어 있는 것이다.

신은 인간을 창조할 때 동물의 본능과 사람으로서 갖추어야 할 이성(理性)을 함께 부여했다. 형체가 없는, 즉 눈에 보이지 않으면서 최고의 정신적 가치인 이성에 적합하도록 살아가기 위해서는 반드시 육체라는 형체를 빌리고 정신을 그 그릇에 담아야 하기에, 육체나 정신 중 어느 한 가지가 더 중요하다고 말할 수 없다. 육체적인 사랑과 이성에 기반한 우정의 차이점은, 육체적인 사랑은 육체를 통해 성적 쾌감을 목적으로 하고, 이성적인 우정은 지고한 선(善)을 매개로 순수한 영혼의 교류를 목적으로 한다.

우주 자연은 신비스러움으로 가득 차 있고, 인간은 최고의 가치를 지닌 이성적인 동물로서 우주 만상만물을 관리하고 지배하며 삶을 누리고 있다. 신의 의도는 오직 하나, 이 우주 자연을 생명으로 가득 채워서 만상만물을 소멸·생성하게 해서 영원성을 유지함을 목적으로 한다.

그런가 하면 우주 자연은 자체적으로 스스로 발전하며 존재하는 하나의 유기체라고 본다. 그 가운데 인간은 피조물로서, 자신의 후손을 번식해 대를 이어간다. 이와 같은 행위는 인간으로서 부정할 수 없는 신의 당위성이 우리의 몸에 내재되어 있다는 의미이기도 하다. 신은 인간을 통해 자신의 목적을 실현시키기 위해 성적 욕망과 최고의 육체적인 쾌락을 주었다고 할 수 있다. 육체적인 쾌락의 의미는 일차적으로 생식을 목적으로 하며, 이차적으로는 의욕적인 삶을 살아가도록 모든 욕망을 육체적 쾌락과 연관시켜놓았다. 이 두 가지 목적은 부정할 수 없는 삶의 기본 요소를 이룬다. 사랑의 욕망은 인간의 생명처럼 생(生)의 욕구로서 성적 쾌락을 부여해 삶을 스스로 영위하며 살아가도록 신은 인간을 창조하신 것이다.

『한국적 이마고 부부치료』(심수명, 2008)에서 보면 하나님께서 성(性)을 주신 목적은 다음과 같이 크게 다섯 가지가 있다고 한다. "첫째, 부부의 성생활은 인간을 향한 하나님의 최초 명령으로서, 생육하고 번성해 땅에 충만하라는 것이다(창세기 1:31). 둘째, 성은 진정한 교제를 누리도록 부부에게 주신 하나님의 작품이라고 한다. 즉

'사람이 독처하는 것이 좋지 못하니'라고 되어 있다(창세기 2장). 셋째, 성생활은 부부끼리 기쁨과 쾌락을 누리도록 주신 하나님의 선물이다(잠언 5:15~19; 아가 5:1~16; 7:1~9). 넷째, 부부의 성생활은 성범죄에 빠지지 않도록 하기 위한 하나님의 예방 장치이다(고린도전서 7:1~9). 다섯째, 치료를 위한 목적도 있다(사무엘하 12장 24절)."라고 가르친다.

물론 성관계(sex)는 때로는 잘못 사용하면 인간의 정신적인 이성이나 도덕성에 반하게 되는 행위가 될 수도 있지만, 필연적으로 피할 수 없는 행위이기도 하다. 『불안의 개념』(쇠렌 키르케고르, 2005)에 의하면, 1844년의 한 『일지』에서 다음과 같이 기록하고 있다.

"오직 인간을 제외한 동물만이 성(性)관계에서 천진난만한 상태를 유지할 수 있다. 인간은 그럴 수 없다. 왜냐하면 인간은 정신이기 때문이며, 성은 종합의 극한점으로서 정신에 즉석에서 반항하기 때문이다. 또한 성을 도덕적으로 말하는 것은 매우 어려운 일이다. 그리고 이 일지에는 도덕적 결혼은 결코 천진난만하지 않으며, 그럼에도 불구하고 그것은 결코 부도덕하지 않기 때문이다. 바로 이런 사정(circumstances) 때문에 나는 언제나 감성을 죄성(罪性)으로 만드는 것은 죄(罪)라고 이야기하는 것이다."

하지만 오직 삶의 목적과 즐거움을 성적 쾌락에만 두어서 안 되는 것이 또한 우리 인간의 삶이다. 인간은 또 다른 이상(理想)과 욕망으로 한 차원 높은 가치를 추구해야 하기 때문이다.

그래서 성욕(性慾)은 인간의 기본적인 욕구의 하나임에 틀림없다.

성욕이 강하게 일어난다는 것은 어쩌면 기본적인 욕구의 정상적인 발현으로서, 건전한 신체적 조건을 갖추었다고 볼 수 있다. 당연한 생리적인 현상으로 간주되어야 한다. 또한 성욕은 다른 삶의 욕구를 관장하는 데 바탕을 이루는 가장 근원적인 욕구로서, 다른 기본적인 욕구와 연관을 갖고 피드백을 주고받으며 의욕을 북돋우기도 하고 낮추기도 하는 작용을 하게 한다.

인간의 욕망은 모든 것이 성기(性器)에서부터 시작된다고 할 수 있다. 그런데 성욕의 문제점은 스스로 자제하지 못하는 데에 있다. 이성(理性)의 지배를 벗어나 경계선을 넘어 불능(不能)의 상태로 된다면, 이것은 자신을 파멸로 이끌게 되는 행위이다. 즉 이런 행위는 동물의 본능적 모습인 수성(獸性)으로 추락하고 만다. 괴테의 『파우스트』에는 이런 말이 나온다. "그것은 지성이나 학문을, 인간이 누리는 최고의 선물을 경멸하는 도다. 악마에게 몸을 내맡긴 이상은 파멸로 다다를 수밖에 없느니라." 즉 육체적인 쾌락의 추구는 자기의 생명을 불태우면서 그 목적을 이루어내려고 하는데, 허무감으로 끝이 난다는 의미이다.

일반적으로 육체적 쾌락의 추구는 부덕(不德)을 동반하게 되며, 인륜적 행위 수준을 벗어나고 영혼의 순수성을 망각하게 됨으로써, 더더욱 영성의 진입은 물론 인성(人性)의 유지마저도 불가능하게 한다. 육체적 쾌락을 비롯한 모든 쾌락이 그렇지만, 특히 육체적 쾌락으로 자제력을 잃은 타락이나 방종, 지나친 욕망의 추구는 인간을 파멸로 이끈다.

『월든』(헨리 데이빗 소로우, 2010)에서는 이렇게 말한다.

"우리는 우리의 몸 안에 동물이 들어 있는 것을 의식한다. 그 동물은 우리의 고귀한 본성이 잠자고 있는 정도만큼 깨어 있다. 그것은 파충류적이고 관능적이며 아마도 완전히 축출해낼 수 없는 것일지도 모른다. 마치 우리가 살아서 건강할 때에도 우리 몸 안에 들어 있는 기생충처럼 말이다."

여기서 저자 소로우는 정신적인 삶을 살기 위해서는 절제와 순결을 귀중한 삶의 가치라고 간주하고 있다. 또한 소로우는 이렇게 기술하고 있다.

"모든 관능은 여러 가지 모습을 하고 있더라도 하나인 것이다. 모든 순결도 한 가지이다. 한 사람의 관능적인 행동은 그가 음식을 먹든 음료수를 마시든, 누구와 동침을 하든 또는 잠을 자든 똑같은 것이다. 그것들은 한 가지 욕망인 것이다. 그러니 어떤 사람이 얼마나 관능주의자인가를 알려면, 우리는 그가 그것들 중의 한 가지를 하는 것을 보기만 하면 된다. 순결치 못한 사람은 서거나 앉는 동작에도 순결성이 결여되어 있다." 물론 인간이 완벽하게 순결을 지키기란 어렵다. 그러나 관능과 순결의 양편 중에서 최대한 자신의 의지력으로 관능을 억제하고 순결을 유지하기 위해서는 욕망을 자제해야만 한다. 그 자제의 결과는 자신의 몸과 자세에서 드러난다. 왜냐하면 관능성은 인간의 본성을 더럽히지만, 순결은 인간의 본성을 깨끗하게 맑혀주기 때문이다.

『방중술』(한청광 역, 2006)을 보면 이런 말이 나온다.

"방중(sex)은 동물 본능의 극치(極致)이므로 도덕으로 통제되어야 할 범위에 두게 한다. 그래서 성왕(聖王)은 그와 같은 외부적 행위를 제한하고, 내면적으로는 욕정이 지나치게 발동되는 것을 억제하기 위해 절제(節制)의 원칙을 만들었다. 절제하지 않는 것은 탐닉(耽溺)이 되고, 그렇게 되면 심신(心身)을 모두 상(傷)하게 된다. 그러나 성인(聖人)의 절제를 본받아 즐기면서도 적당히 절제한다면 정신은 온화해지고 그 수명은 길게 누릴 수 있을 것이다." 즉 삶을 유지하는 데 최소한의 성적 쾌락의 추구가 있어야만 한다는 의미이다. 가정을 이루어 부부의 사랑으로 자녀의 탄생과 행복을 추구하는 것만은 신이 인정하는 범위이다. 그렇기에 이것은 사회를 지탱하게 하고 인류의 영원한 발전을 위해서 바람직한 성욕 충족의 한 형태이다.

『성(性)은 늙지 않는다』(이태복, 전 복지부 장관 지음)에서는 "성(性)은 생명의 강이다. 성관계(sex)는 창조의 행위이다. 이것 없이는 결코 자기완성을 이룰 수 없다. 성(性)은 늙지 않는다. 성욕은 부정할 수 없는 인간의 본능이다. 성(性)은 늙음의 최대 적(敵)인 고독과 외로움을 해결한다."라고 기술(記述)하고 있다. 인간 또한 동물의 한 종(種)으로서 본능적으로 성관계를 추구하지 않을 수 없다. 하지만 인간은 신의 대리자로서의 임무를 부여 받았고, 만물을 관장하며 번성하게 하고, 우주의 영원한 발전과 영구한 보존을 위해서 도리(道理)를 다해야 하는 이성을 갖추고 있다. 인간만이 지니고 있는 최고의 가치인, 이성이야말로 인간이 필히 지켜야 할 도리이다. 그렇기에 무한한 성욕의 한계를 인정하고, 그 경계선을 지키지 않으면 안 된다.

인간에게 분배의 원칙이 적용되어 가장 공평정대하게 공유해야 할 가치 대상은 성적 욕구를 충족할 수 있는 남녀 성(性)의 분배의 문제이다. 이 문제가 공평하게 분배되지 않고 분배 자체가 균등하지 않으면, 신은 그 이상 방관하지 않을 것이다. 그것은 인간의 탄생 자체에 있어서 남녀의 성 비율이 같은 숫자로 태어나는 자연의 법칙이 우리에게 보여주고 있기 때문이다. 그래서 인간은 성적 대상으로 반드시 1 : 1의 쌍을 지어 살아가며, 그 원칙을 벗어나지 못하도록 규정지어져 있다. 이것은 곧 진리의 법칙이라고 하지 않을 수 없다. 만약에 이 진리를 벗어나면 반드시 응당의 대가를 치르게 된다.

그렇다면 밝고 지혜로운 이성(理性)은 어디에서 유래되었겠는가? 아마도 우주 자연을 유지하고 살아서 운행되고 있는 신명(神明)함에서 유래된 것이 아닌가 생각해본다. 그렇다면 본능에 속하는 인간의 기본적인 욕망 중에서도 가장 강력하게 작용하는 성적 욕망은 어디에서 유래한 것인가? 그것 역시 우주 자연의 기운, 즉 만물을 생성하여 자연을 생명으로 꽉 채우게 하는, 살아 움직이게 하는 생명력에서 온 것으로 생각된다.

하지만 이성은 정신적인 면을 관장하고 비판적이면서 고요한 가운데 온 세상을 통찰하면서, 지속적으로 새롭게 발전을 추구하며 창조력을 형성케 한다. 그러나 성적 욕망은 인간의 가장 기본적이면서 강렬한 육체적 본능의 욕구를 추구하여 번식을 목적으로 한다. 지구상에 존재하는 모든 유기체는 번식을 함으로써 자연을 생명체로 가득 차게 한다. 그렇기에 신은 필연성을 요구하는 성적 쾌락을 부여한 것이다.

성적 욕망은 신(神)이 인간에게 부여한 삶을 영위하는 데 없어서는 안 될 고귀한 자연 현상이다. 그러나 이 성적 욕망을 인간 이성으로 자제할 수 없으면 인간으로서 지켜야 할 도리를 잃고, 동물적 세계로 추락하는 위험한 지경에 놓이게 된다. 그래서 이성은 이 강력한 성적 욕구를 충족시킬 때는 올바르게 행위할 것을 전제로 한다.

정신분석에서 인간 행동의 기본적인 동기는 즐거움을 추구하고 고통을 피하는 성향으로 간주된다. 이것을 쾌락의 원리라고 한다. 즐거움을 추구하고 고통을 피한다는 것은 인간의 공통된 심리이다. 그러나 즐거움 뒤에는 고통이 따르고, 고통 뒤에는 즐거움이 따른다.

육체적 쾌락의 추구와 반대 개념으로서 금욕적인 삶의 추구가 있다. 무조건 금욕적인 삶이 올바른 삶은 아니지만, 대부분 인간의 삶은 금욕적인 삶의 형태로 살아가야 한다. 금욕적인 삶은 자기의 욕망을 억제하는 삶이다. 즉 스스로 절제를 통해 자기의 욕망을 다스리는 것이다. 성욕은 물론 재물욕, 명예욕, 식욕, 수면욕까지도 포함하며, 자신의 마음까지도 선(善)을 유지하기 위해 다스린다. 그렇게 함으로써 육체적 쾌락의 추구는 제한을 받게 되며, 그만큼 정신적인 자유를 획득해 맑고 깨끗한 정신으로 영성(靈性)을 얻는 데 그 의미를 두게 되는 것이다.

그래서 이성이 감당해야 할 책임과 의무는 무엇인가? 이성은 인간의 정신을 한 단계 끌어올리는 것을 의무로 한다. 이성은 지혜를 얻어 천지만물과 조화와 균형을 유지하는 것을 목표로, 자기 자신의 욕망을 떠나 너와 내가 공존하는 삶을 추구한다. 또한 이성은 자연의 섭리를 따르듯이 진리와 정의, 양심을 양식으로 삼고, 정신의 세계에 안주한다. 이성은 육적 세계에 추락하는 것을 두려워하며, 감각적 쾌락을 자제토록 통제한다. 또한 이성은 성스러운 덕의 길을 본받으며 삼라만상을 관리하고 공존함을 목적으로 한다. 결론적으로 이성은 성적인 쾌락은 종족을 번식한다든지, 가정을 위해서 부부 사이에만 허락된다는 의미이다.

세상에서 가장 불행한 비극으로 간주되는 『오이디푸스 왕』(소포클레스[18], 2009)에 나오는 구절을 상기해보자.

"불행 중에서 지금 여기 없는 것이 무엇이란 말이냐? 너희들의 아비는 제 아버지를 죽였단다. 자신의 씨앗이 뿌려졌던 바로 그 여인의 밭을 갈아 아이를 낳게 했고, 자신이 태어난 그 사람에게서 너희를 얻었단다."

소포클레스

이 구절에 숨겨져 있는 비극의 내용 속에는 그 중심에 육체적 쾌락을 추구한 사람의 마지막 운명이 담겨 있다. 그러니 지나치게 육체적 쾌락을 추구하는 사람들의 종말은 모든 재앙의 시작이라는 것을 경고하고 있다.

---

18) 소포클레스(sophocles. BC 496~BC 406) 고대그리스 3대 비극시인의 한 사람으로 정치가로서도 탁월한 식견을 지니고 국가에 공헌했다. 123편의 작품을 씀으로써 비극경연대회에 18회나 우승했고 대표작은 《아이아스 Aias》《안티고네 Antigone》등이 있다. 국적은 고대그리스이며 활동분야는 문학, 그리스 아테네 교외 콜로노스에서 출생했다. 아버지가 부유한 무기상인이므로 최고의 교육을 받았다. 아름다운 용모와 재능을 타고 났고 집안이 기사(騎士)신분에 속했으므로 작가로서, 그리고 시민으로서 명예로운 인생을 보냈다.

그리고『성격에 관한 연구』(로널드 페어베언, 2003)에서는 이렇게 이야기한다.

> "쾌락 원리의 추구로서 미성숙은 대체적으로 경험 부족에서 기인한다. 호의적인 상황에서 현실 원리는 경험이 확장됨에 따라 성숙해간다. 그러나 적응하기 힘든 상황에서, 현실 원리는 긴장을 해소하고, 보상적 만족을 제공하려는 이차적이고 퇴보적인 행동 원리로서의 쾌락 원리에게 자리를 내어주기 쉽다."

이 이론에 따르면, 결국 쾌락을 추구하는 원리는 총체적으로 보아 인격적으로나 지성적으로 미성숙된 상태에 놓이게 되든지, 아니면 현실에서 만족을 찾지 못하고 정상적인 성장이 이루어지지 못한 경우나 적응하기 힘든 상태에서 보상적인 면을 채우기 위해서 쾌락 원리를 추구한다는 의미이다. 그래서 거꾸로 생각해보면, 좋은 환경에서 정상적인 성장으로 성숙한 인간이 되었다면, 지나치고 과도한 육체적 쾌락의 원리를 추구하지 않는다는 결론에 도달하게 된다. 지나친 쾌락 원리의 추구는 올바른 성장과 성숙과는 거리가 다소 있다는 것이다. 즉 쾌락의 원리는 보상적인 차원에서 추구하는 경우가 많기 때문이다. 여기서 쾌락의 원리는 비단 육체적인 쾌락을 추구하는 원리뿐만 아니라, 일반적인 즐거움의 추구와도 관련이 있다고 하겠다.

『월든』(헨리 데이빗 소로우, 2010)에서는 "매일 밤 인간이 감각적인 생활을 부분적으로 중단하면 그의 영혼 내지 그 기관들은 활력을 되찾고, 새날을 맞을 그의 천재성은 고귀한 삶을 어느 정도나마 성취하기 위해 또 한 번의 시도를 하게 된다."고 기록하고 있다. 즉 감각적인 생활을 중단하고 정신에 활기를 얻게 된다면, 모든 기념할 만한 사건은 아침 시간에 또는 아침의 분위기 속에서 이루어진다는 내용이다. 베다의 경전(인도의 가장 오래된 종교문학으로 브라만교의 근본 성전임)들에는 "모든 지성은 아침과 함께 깨어난다."고 쓰여 있다. 시와 예술, 그리고 가장 아름답고 훌륭한 인간 활동은 아침 시간에서 유래된다. 모든 시인과 영웅들은 멤논[19]처럼 새벽의 여신 오로라[20]의 자식들이며, 해가 뜰 때 그들의 음악을 연주한다. 태양과 보조를 맞추어 탄력 있고 힘찬 생각을 유지하는 사람에게 하루는 언제까지나 아침이다.

앞서 이 세상을 떠난 훌륭하고 위대한 선각자들을 보면, 하나같이 성적 욕망을 자제하여 초월하고, 더 높고 위대한 정신적인 가치를 추구하여 불멸의 업적을 남겼다. 그 사실은 부인할 수 없다. 순간적이고 감각적인 쾌락은 자신의 모든 정력을 빼앗아가지만, 일순간, 한 찰나의 즐거움으로 바람처럼 사라져 없어진다. 그런가 하면, 그렇게 정력을 소모하고 나면 정신의 집중력은 흐트러져 보람찬 일을 할 수 없게 되어, 정신적인 결정체를 이루어낼 수 없게 되는 것

---

19) 호메로스의 〈일리아드〉는 기원전 1,200년경 일어난 트로이 전쟁을 주제로 한 서사시이다. 이 전쟁은 트로이의 왕자 파리스와 스파르타의 왕비 헬레네의 사랑이 기화(奇禍)가 되어, 약 10년간 그리스 연합군과 트로이 측 연합군이 격렬히 싸운 전쟁이다. 아가멤논(Agamemnn)은 아트레우스의 아들로서 아르고스 또는 미케네의 왕이 되었다. 트로이 전쟁 때는 그리스군의 총지휘관으로서 출전했는데, 여신 아르테미스의 노여움을 사 출항(出港)할 수 없게 되자, 여신의 노여움을 풀기 위해 딸 이피게니아를 산 제물로 바치기도 했다고 한다. 호메로스의 서사시 〈일리아드〉에서는 그가 총지휘관으로 출정해 트로이 공략 후 아가멤논은 트로이의 왕녀 카산드라의 예언을 무시하고 귀국했다가, 아내 클리템네스트라와 카산드라의 정부(情夫) 아이기스토스의 공모로 암살되었다.
20) 그리스 신화에 나오는 그리스 이름으로 Eos(이오스)라는 새벽의 여신 이름, 영문으로 '오로라(Aurdra)'라고 한다.

이 또한 육체적인 쾌락의 속성이라고 생각된다.

　아마도 인본주의 심리학이 실존주의로부터 추출한 가장 중요한 개념은 '형성(becoming)'이라는 개념일 것이다. 이것은 '창조'와 같은 뜻으로서, 인간은 결코 정적이지 않다는 것이다. 즉 항상 무엇인가 다른 존재가 되려고 하는 과정 중에 있다는 의미이다. 따라서 실존적·인본주의적 관점에서 볼 때, 인간의 진실된 실존에 대한 추구는 생물학적 욕구와 성적이고 공격적인 본능 충족 이상의 것을 요구한다는 것이다. 만약 이런 이론을 바탕으로 생각해볼 때, 마냥 성적 욕구 추구로서 쾌락에 안주한다면, 이는 진실된 실존과는 거리가 멀 것으로 판단되는 대목이다. 즉 문제는 인간의 진실한 실존을 위해서는 특히 성적 쾌락을 뛰어넘는 새로운 형성(becoming)의 개념이 필요하리라 본다.

6.
행복의 진실은 어떠함인가?

이 세상의 복(福)은 거짓이며 참된 복은 신(神)과 하나되는 데 있다.
- 〈시편〉 143편 15절

　마르쿠스 아우렐리우스의 『명상록』에서 보면, 행복이란 말의 어원은 '내면의 선한 신, 즉 선한 지배적 이성(理性)'이란 뜻으로 풀이한다. 자신의 내면에 가지고 있는 선함으로 채워진 이성으로서의 마음가짐이 곧 행복이라는 뜻이다. 그렇게 볼 때 행복은 바로 선함이다. 아리스토텔레스는 "행복에서 외적인 선(善)을 위해서는 건강, 벗, 강(强)함, 아름다움, 가정의 원만함 등이 필요하다."고 말했다.

　『몽테뉴 수상록』(몽테뉴, 2015)에서는 "우리 인생의 행복은 천성(天性)을 잘 타고난 정신의 안정과 만족, 그리고 조절된 심령(心靈)의 결단성과 확신에 달려 있다."고 말한다. 여기에서는 행복의 근원을 타고난 원만한 성격, 마음의 조절 능력, 만족과 미래에 대한 확신에 두고 있다. 그리고 선과 관련해 스토아 학파[21]들, 즉 제논, 크레안

---

21) 스토아 학파의 시조로 알려져 있는 제논(Zenon von Kition, 기원전 340-265)은 뱃사람이었다. 312년경 배가 파선되는 바람에 아테네에 어쩔 수 없이 정박하게 되고, 죽을 때까지(제논은 다리가 부러지는 부상을 입자 스스로 목숨을 끊었다) 50여 년을 아테네에 머물면서 폴리그노토스의 벽화로 장식된 아테네의 한 회랑인 스토아 포이킬레(Stoa poikile)에서 제자들을 가르치길 좋아했다. 그가 강의한 스토아 포이킬레에서 스토아학파(Stoicism)라는 용어가 등장하게 되었다. 이처

티스, 크류시포스 등은 최고의 선을 '자연에 따라 사는 것'이라고 규정하고 있다. 물론 스토아 학파는 디오게네스라는 사이닉(cynic) 학파[22]의 철학을 이어받은 것이다.

럼, 배가 난파되는 극한 상황 속에서 태어난 스토아학파의 제논은 행복을 쾌락에 근거를 둔 에피쿠로스의 쾌락주의(hedonism)를 단호히 거부하고, 행복은 이성에 근거를 두어야 한다고 보았다. 스토아주의자들의 목표는 어떤 상황에서도 자연과 일치하는 삶, 즉 로고스와 일치하는 삶을 사는 것이다. 스토아 학파의 신조는 "자연의 법칙에 따라서", "이성적으로 행위하는 것"이었으며, 스토아 철학자들이 입버릇처럼 하던 말은 "하늘이 무너져도 그대의 의무를 다해라"였다. 스토아 학파는 초연함, 공평함, 평정함, 엄격함과 완고한 행동 강령을 강조한다. 스토아 학파의 핵심 사상은 '불행은 결코 우리의 행복을 감소시킬 수 없다'이고, 스토아 철학은 불행을 이기는 철학이다. 제논을 비롯해 안티스테네스, 디오게네스, 키케로, 세네카, 에픽테투스, 마르쿠스 아우렐리우스, 안토니누스가 대표적인 스토아주의자들이다. 한마디로 말한다면 금욕주의를 실천으로 하는 학파를 뜻한다.

스토아 학파는 죽음을 바라보는 시각을, 죽음이란 자연법칙, 즉 필요법칙이므로, 명랑하고 경건하게 죽음의 날을 기다리며 살아야 한다고 주장한다. 그래서 이런 삶의 태도로 고통, 공포, 욕망 따위를 완전히 극복하는 방법, 극단적인 고행을 제시했다.

스토아 학파 이전에 디오게네스라는 사이닉(cynic)학파의 철학이 있었다. 디오게네스는 거지 철학이라는 별명을 가진 그리스 철학자이다. 한번은 디오게네스가 술통 앞에 앉아 따뜻한 햇볕을 즐기고 있었다. 알렉산더 대왕이 디오게네스에게 이렇게 물었다. "나는 그대의 현명한 지혜를 많이 듣고 배우고 있겠소. 그대를 위해 내가 해줄 일이 있겠소? 모든 소원을 말해보시오. 다 들어줄 것이오." 디오게네스의 소원은 너무 간단했다. 디오게네스는 이렇게 말했다. "나는 지금 따스한 햇볕을 즐기고 있는 중이오. 그런데 대왕이 햇볕을 가리고 있으니 조금만 옆으로 비켜주시지 않겠소." 알렉산더 대왕은 그만 할 말을 잃고 돌아가면서 신하들에게 이렇게 말했다. "내가 알렉산더가 아니었다면 나는 디오게네스이고 싶다."

그것은 그렇고, 디오게네스는 '무소유'를 주장했다. 디오게네스는 밥그릇마저 버리고 옷 한 벌만 걸친 채 세속적 가치를 탈피한 삶을 살았다. 디오게네스를 잇는 학파가 바로 스토아 학파다. '스토아' 뜻이 기둥이라는 뜻이다. 그만큼 기둥처럼 흔들리지 않는 주관성을 갖는다는 뜻으로 풀이된다.

22) cynicism(견유철학, 견유학파(犬儒學派)) : 플라톤과 아리스토텔레스 이후에 철학자들의 관심은 더욱더 형이상학(metaphysics), 인식론(epistemology), 그리고 근대과학과 유사한 학문에서 항상 고대 그리스인들에게 가장 관심이 되어왔던 윤리학(ethics)으로 옮겨갔다. 덕(德)이나 고결함은 무엇이고, 어떻게 해야 훌륭한 삶을 살고 숭고함(arete)을 지닐 수 있는가? 안티스테네스(Antisthenes, BC 445~365, 소크라테스의 제자, 키니코스학파 cynic school의 창시자)의 아버지는 그리스 시민이었고, 어머니는 트라키아(thracia)인으로 여자 노예였다. 자신의 학교를 세운 후에 그는 소크라테스가 자기보다 현명하다는 것을 깨달았다. 그는 스승으로부터 배우기 위해 모든 학생들과 함께 소크라테스에게 건너갔다. 안티스테네스는 견유철학의 창시자다. cynic(냉소적인 사람)이란 그리스어로는 개(kuon)를 의미하지만, 원래는 안티스테네스가 아테네의 빈곤층을 위한 체육장이었던 사이노사르게스(cynosarges)에서 학생들을 가르쳤기 때문에 생긴 단어다. 견유철학에서는 영혼이 자유롭게 되기 위해 단순한 삶을 살아야만 하는 것을 포함하고 있다. 이는 "자연으로의 회귀"를 강조하는 철학이며 프란체스코 회(會)(Franciscans, st Francis of Assisi)와 힌두교의 금욕주의와 유사하다. 욕구와 소유를 없앰으로써 인간은 철학적인 삶에 좀 더 집중

행복의 사전적 의미를 살펴보면, '사람이 생활 속에서 기쁘고 즐겁고 만족을 느끼는 상태'를 말한다. 행복을 이렇게 정의한다면, 보통 우리가 행복한 사람이라고 하는 것은 마음이 화평(和平)하며 수심(愁心)과 걱정이 없고 어질고 착하면서 즐거운 마음을 소유한 자를 일컫는 경우일 것이다. 이 점은 쉬운 것 같지만, 실제적으로 여기에 도달하려면 쉽지 않은 수양심을 갖추어야 할 것이다. 이런 경우를 볼 때 무엇보다도 마음의 평정이 중요하다고 하겠다. 그러나 일반적인 사람들, 즉 평범한 사람들이 생각하는 행복에는 인간의 본능에 의한 생리적인 욕구가 들어 있다. 이 생리적인 욕구를 충족시키며 살아가는 것이 인간의 삶이다. 그래서 행복은 생리적인 욕구를 얼마나 많이 충족하며 안전하게 살아가는가에 따라서 측정되기도 한다.

할 수 있게 된다. 그들은 사회의 모든 관습, 예를 들면 목욕, 결혼, 돈 등을 완전히 무시했다. 견유철학에서 미덕(virtue)은 유일한 가치(이상, good)이자 유일한 참된 행복이다. 인간은 세상과 삶의 부침(浮沈)을 통제할 수가 없으므로 자기 스스로를 제어해야 한다. 당신의 욕망을 억눌러라, 세상살이로부터 자유로워져라! "쾌락은 느끼느니 차라리 나는 미치겠다."라고 안티스테네스는 말했다. 문화를 거부하면서 견유철학자들은 사회를 멀리했고, 심지어는 사막에서 살기도 했다. 이런 것은 초기 유대교와 기독교 수도사들에게 영향을 주었을 것이다. 견유철학은 전적으로 부정적이지는 않다. (오늘날 가치의 관점에서 봤을 때) 그들은 개인주의(individualism)를 강력히 장려했고, 모든 사람은 형제자매라고 믿었고, 전쟁과 노예제도를 반대했으며 언론의 자유를 신봉했다. 또한 그들은 자살과, 묘한 이야기지만, 자유연애를 인정했다. 견유학자들 중 가장 유명하며 철저했던 사람은 디오게네스(Diogenes, BC 412~323)이다. 그는 자신을 세계인(코즈머폴리턴, cosmopolitan)으로 생각했다. 그의 별명은 "개"였고 플라톤은 그를 "미친 소크라테스"라고 불렀다. 이런 디오게네스의 삶에서 나온 말이 있으니 바로 "kynicos bios"로서 "개와 같은 생활"이란 뜻이다. 견유학파의 생활방식은 나중에 스토아 학파 등에도 영향을 주었다. 이 학파는 BC 3세기경에 융성했고 그 이후에는 쇠퇴했으나 로마제국이 도덕적으로 타락했던 1세기경에 다시 융성했다. 지금은 팝문화의 cynicism에서는 일반적으로 인간의 행동의 주요동기를 성실함, 덕, 이타심 등이 아닌 이기심으로 본다. 일찍이 러셀은 서구사회의 젊은이들이 러시아, 인도, 중국, 일본 등에 사는 젊은이들과는 달리 사회에 대해 과거에 비해 냉소적인 것에 대해 우려를 하면서 1930년경에 "on youthful cynicism"이란 에세이를 발표했다. 젊은이들이 그들이 들은 것을 믿지 않을 뿐만 아니라 다른 것들조차 믿을 수 없게 된 원인에 대해 조목별로 낡은 이상들(종교, 조국, 진보, 미(美), 진실)을 중심으로 조사를 했다.

그러면 상상의 세계처럼 보이지만, 행복을 외부에서 찾게 된다면, 그 행운의 여신은 주로 어디에 존재하겠는가? 이 행운의 여신은 언제나 가면을 쓰고 있기 때문에, 우리 인간은 쉽게 접할 수 없다. 특히 행운의 여신은 우리가 바라는 것과는 정반대의 모습으로 존재하고 있는 것 같다. 사회생활을 하는 과정에서 주변 사람들로부터 비난의 목소리를 듣는 순간에도, 행운의 여신은 자신의 모습을 감추고 존재할 것이다. 찢어지도록 혹독한 가난 속에서 자신을 슬픔으로 몰아넣는 환경 속에서도, 행운의 여신은 자신 안에 존재할 것이다, 성격을 고치기 위해 뼈를 깎고 살을 도려내는 아픔 속에도 행운의 여신은 존재할 것으로 본다.

그런가 하면, 인생을 살아가다 보면 누구나 접하게 되는 역경 속에서도, 행운의 여신은 모습을 감추고 여기에 숨어 있기도 하며, 하물며 남들이 가지 않고 싫어하는 시궁창에서도 아름다운 연꽃처럼 피어나기도 한다. 행운의 여신은 언제나 인간이 어려움을 견뎌내고 참아내는 과정 속에 존재한다. 우리가 평소에 생각하는 대로 행운이 있을 듯한 장소와 시기로 추측하는 곳에서는 행운의 여신을 만날 수 없다. 그것이 그녀의 존재 모습이다. 우리가 살아가면서 행운의 여신을 만나기 위해 꾀를 부리거나 요령을 부려 행운을 붙잡으려 하면, 행운은 우리를 피해 가서 영원히 만날 수 없게 되지 않을까? 어려운 가운데 자연스럽게 책임과 의무를 묵묵히 수행하는 과정 속에서 우연히 행운의 여신을 만날 수 있을 것 같다. 그러니 이 점에 주목하지 않으면 안 될 것이다.

어떻게 보면 행운은 일생에 쉽게 찾아오지 않는다. 대부분 우리의 주변을 자신도 모르게 살짝 스쳐 지나갈 뿐이다. 그것도 무심히 살아가는 생활 속에서 접하게 되는 바람에, 떨어지는 낙엽처럼 한 줄기 돌풍에 날려 우리를 가볍게 스쳐 지나가게 된다. 그래서 평소에 일찍부터 만반의 준비를 하지 않으면 붙잡기는커녕 모습을 볼 수도 없이 놓치고 말 것이다. 오직 행운은 기류를 따라 휘날리는 바람의 순환 작용에 자신의 몸을 의지하고 있는 것처럼 도저히 예측이 어려운 상태라고 말할 수 있다.

단 여기서 우리가 알아야 할 것은, 행운의 여신은 생명이 있고 주관이 있으며 철학을 소유하고 있는 것처럼 아무에게나 자신의 몸을 보이지 않는다는 데 그 특성이 있다는 점이다. 그러나 어떻게 보면 또 자연스럽게 우주의 기운이 대지에 스며들듯이, 아니면 한 줄기 바람이 대지에 불어오듯이, 그 속의 어느 한 곳에 자신의 모습을 감추고 우리를 스쳐 지나가는 듯이 느껴진다. 그렇기 때문에 행운의 여신을 만난다는 것은 우연이라고 하지 않을 수 없을 정도이다.

경제학자 잉글하트 교수는 개인소득 1만 5천 달러 이상이 되면 소득이 증가해도 행복지수가 더 이상 상승하지 않는다고 주장한다. 사람마다 행복에 대한 정의는 다를 수 있는데, 아주 주관적이라고 생각된다. 행복이란 삶에서 정성이 투철하면 부수적으로 따르게 되는 산물이 아닐까. 마음의 고요와 평화, 그리고 자신의 만족은 행복에서 제외하려고 해도 제외할 수 없는 필수적인 항목임에 틀림없는 사실이다.

행복을 바라보는 마음의 자세에 대해 살펴보기로 하자.

누구나 행복하기 위해서는 최소한 네 가지 조건을 갖추고 있어야 할 것으로 본다. ① 자신의 생명과 건강을 보전하고 관리하며 잘 지킬 수 있어야 한다. ② 자신의 삶의 목표가 뚜렷해야 한다. ③ 삶은 이치를 따르며 소박하게 살아가야 한다. ④ 마음에 미움이나 성냄, 적의(敵意) 등의 부정적인 감정을 없애야 한다. 이 네 가지 기본적인 원칙들을 잊고 있으면서 즐거움만 추구해서는 진정한 행복에 도달할 수 없을 것이다.

이 세상에 태어난 이상 인생은 고통이며 괴로움의 연속이다. 남에게 의지하고 도움을 받으며 살아가는 것이 삶의 한 방법이라고 생각하기보다는, 차라리 인생이란 홀로 와서 홀로 가는 것이 삶의 자세라고 생각하는 게 나을 것이다. 자신의 운명을 수용하고, 단념할 것은 단념해야 한다. 어떤 일이 있어도 자신을 사랑해야 하며, 볼테르가 말했듯이 뚜렷한 목표의식을 갖고 오직 참된 인생을 살아가려면, 자신만의 정원을 가꾸기 위해 힘껏 노력하지 않으면 안 된다. 앞의 내용은 삶에서 자신의 의지(意志)와 관련된 내용이지만, 또한 우리는 누구나 스스로의 삶의 무게를 지탱하지 않으면 안 되기 때문이다. 이런 의미에서 볼 때 우리는 살아가면서 가정에서나 이웃에서 일어나는 가족들의 죽음과 같은 참혹한 현실들을 운명으로 받아들일 줄 알아야 한다. 이런 현상들은 거부할 수 없다. 피할 수 없는 상황이라면 운명으로 수용해야 할 것이 아닌가?

어떻게 생각해보면 행복은 피안(彼岸)의 세계에서나 찾아볼 수 있는 것 같기도 하다. 우리의 현실적인 삶이 너무나 어렵고 힘들며, 고난의 연속이기 때문이다. 실질적으로 의미 있는 삶을 살기 원하는 사람이 행복을 추구한다는 것은 아이러니컬하게도 서로 상반되는 이중적인 모습이 아닐 수 없다. 의미 있는 삶을 추구하는 것과 행복을 추구하는 삶은 성질 면에서 아주 다른 길을 가지 않으면 안 된다. 어떻게 보면 의미 있는 삶을 산다는 것은 고난을 접하고 역경을 극복하는 삶이어야 한다. 이런 삶은 행복을 추구하는 삶과는 확실히 다른 삶일지도 모른다.

그와 달리 행복을 추구하는 삶이란 편안하기를 원하고 안정적인 삶을 추구하는 것이다. 특히 고난을 접하고 역경을 극복하려는 마음은 언제나 인내와 고통을 감수하는 아픔을 만나야 한다. 이는 행복한 삶을 추구하는 사람이 살아가는 방법과 수단이 아니라고 본다. 진실로 참다운 삶을 살다가 인생을 마무리한 위인(偉人)들을 보면 한결같이 고난과 아픔을 함께했다. 그러니 이런 사람들이 행복을 꿈꾼다는 것은 그들의 삶에서 있을 수 없는 일이다. 인생이란 본래 그렇게 살아가도록 되어 있는 것이다.

그래서 위대하게 살다 간 사람들 중에서 행복을 꿈꾸며 살다 간 사람은 찾아보기 어려울 것이다. 행복을 꿈꾸는 사람이 야심이라든지 거대한 욕망을 갖는다면, 그것은 전혀 다른 길을 원하는 것이기 때문이다. 만약 당신이 행복을 추구한다면, 오히려 삶의 모든 욕망에서 벗어나 완전한 자유의 몸이 되었을 때, 행복이 절로 찾아올 것이다. 왜냐하면 마음의 안정과 평화를 얻을 수 있기 때문이다. 행복은 이들과 늘 함께한다는 것을 우리는 모두 알고 있다.

나는 현재까지 살아오면서 행복했다고 느껴지는 순간이 단 한 번 있다. 30대 초반 10월 어느 일요일 아침이었다. 오전 7시경 창문에 엷고 고요하며 평화로운 햇볕이 따스하게 비추어지고 있었다. 주위에는 아무도 없었다. 나는 충분히 잠을 자고 깨어나 아주 건강하게, 아무런 걱정이나 불안감이 없이 특별히 안정되고 편안한 마음을 느꼈다. 그런 느낌을 받은 시간은 단 1분 정도였다. 아마도 이 순간이 현재까지 살아오면서 나의 기억에 남아 있는 행복했던 순간일 것이다.

이보다 더 행복했던 순간이 있었는지 모르지만 나의 기억에는 없다. 왜 그 시간이 그렇게 행복했던 순간으로 기억되는지는 나 자신도 확실히 잘 모르는 일이다. 그냥 그렇게 흘러왔고, 그렇게 기억되는 것뿐이다. 다만 나름대로 그 이유를 현재의 위치에서 분석해보면, 아침에 사뿐히 내려앉은 창가의 엷은 햇볕의 고요함, 특별한 어려움 없이 근무하고 있다는 직장에서의 안도감, 아무런 걱정 없는 가정의 단란함, 그리고 30대 초반으로서 느끼게 되는 나 자신의 건강함이 작용한 것이 아닌가 하고 생각해본다. 어쩌면 이 글을 읽는 사람은 웃을 수도 있지만, 나로서는 그렇게 표현하지 않을 수 없다.

인간이란 욕망에 따른 성취로 만족할 수도 있을 것이다. 하지만 나는 어쩐지 가장 행복했던 순간을 편안한 마음에 두고 싶다. 욕망에 따른 성취도 행복으로 작용할 것이다. 그러나 그 욕망을 성취하기 위해서는 너무나 힘든 과정을 겪어야 한다. 다만 여기서 한 가지 더 덧붙인다면, 행복이 그냥 그렇게 주어지는 것만은 아니라는 것이다. 무언가 그 대가를 치르지 않으면 안 된다는 것을 깨닫게 된다. 어디 세상에 무엇이든지 공짜가 있겠는가? 그중에서도 삶에 가장 귀중한 가치를 획득하려면, 그에 상응하는 노력이 따라야 할 것이다.

내가 여기서 순간적으로 느낀 행복보다는 평범한 사람이 일반적으로 경험하는 행복은 보통 중년기를 지나서 맞이하게 될 것으로 본다. 이때는 무엇보다도 젊은 나이에 본인의 정체성이 올바로 형성되고, 또 인생이라는 삶의 진의(眞意)를 깨달은 사람일수록 행복의 참뜻을 알게 될 것이기 때문이다.

행복이 갖는 특징은 다양하며 너무나도 주관적이다. 행복은 기후의 영향은 물론 자신이 노출된 현재의 상태, 느낄 수 있는 그 순간의 정서, 주변 분위기의 영향이 크다고 할 수 있다. 또 역설적이지만 남의 불행이 자신을 행복하게 보이게 할 때도 있고, 내가 행복해짐으로써 남이 불행해 보일 수도 있다. 그런가 하면 자기와 관련된 사람이 행복해짐으로써 나도 괜스레 행복을 느낄 수도 있다. 행복한 느낌은 사사롭다. 하지만 올바른 행복이라면 아름다운 자연 속에서 선(善), 진실, 정의로움을 바탕으로 이루어져야 하며 그 사회와 시대, 모든 인류와의 조화 속에 이루어져야 한다. 특별한 경우에는 꿈속에서의 행복이 현실에 영향을 줄 수도 있고, 꿈에서의 고통이 현실과도 연관될 수도 있게 된다.

행복을 느낄 수 있는 마음의 자세는 어떠해야 하는가?

· 정신이 맑고 깨끗하며 순수한 마음을 간직해야 한다.
· 욕심이 적으며 소박하고 선하게 살아가야 한다.
· 긍정적인 마음을 소유해야 한다.
· 낭만적일수록 행복에 다가갈 수 있다.
· 진실한 사랑을 주고받을 수 있어야 한다.
· 성격이 원만하고 온유해야 한다.
· 온갖 느낌 중에서 행복의 조각들을 구분해서 그릇에 담을 줄 알아야 한다.
· 행복은 물질적인 영향을 받는다. 어느 정도의 자원 확보는 행복

의 필수조건이다.

· 종교를 가지며 믿음으로 살아가야 한다.

나는 지금까지 행복은 자기가 찾는다고 해서 찾아진다기보다는, 살다 보면 자연적으로 주어지는 것이라고 생각을 많이 해왔다. 하지만 이런 생각은 소극적인 기대 같기도 해서, 좀 더 적극적인 자세로 행복을 추구해야 하지 않을까 생각해본다. 어차피 행복은 쾌락보다는 마음의 고요와 평화에서 찾아야 한다. 왜냐하면 쾌락은 외적인 관계와 관련되지만, 고요와 평화는 자기 내면과의 문제이기 때문이다.

불교의 선방(禪房)에서는 행복으로 가는 길은 달리 없으며, 행복을 발견하는 그 자체가 행복의 길이라고 말한다. 그러면서도 행복은 먼 훗날 맞게 될 것이라는 목표가 아니라, 지금 당장 발견해야 할 결과가 되어야 옳다고 한다. 이 말은 행복은 다음에 올 결과보다는, 현재 살아가는 과정에서 찾을 줄 알아야 한다는 것이다. 내일의 행복을 기다리기 위해 현재의 삶을 무의미하게 보내거나 낭비하지 말라는 뜻이기도 하다. 그 외에도 이웃집의 행복을 부러워하지 말고, 내 집에 이미 구족(具足)되어 있는 행복의 조건을 찾는 것이 중요하다는 뜻이다.

『달라이 라마, 물음에 답하다』(최평규, 2012)에서도 "인간의 행복, 인간의 만족감은 최종적으로는 자기 자신의 내면에서 솟아나는 것이 아니면 안 된다. 금전이나 컴퓨터에서 궁극적으로 만족을 얻으려고 기대하는 것은 틀린 것이다."라고 말한다. 즉 행복은 외부의 어떤 조건이나 환경과 상관없이 오직 자신의 내면에서 이끌어내야 한다는 뜻이다.

이렇게 볼 때 아마도 아름다운 자연과 함께하는 삶, 자신에게 주어진 시간들의 유용한 활용, 좋지 못한 성격을 다듬는 마음, 내면을 지혜로움으로 채우는 일 등, 자신이 행복해지려는 의지에서 행복을 주관적으로 만들 수 있을 것으로 생각된다. 마음의 정결성(淨潔性), 즉 더러운 잡념을 소멸시키고, 자신의 잘못을 반성하고 참회하는 길이 행복으로 가는 지름길이 될 수 있을 것이다.

아무튼 행복해지려면 자신의 내면에서 행복을 찾고 구해야 한다. 명예와 권력, 부(富)를 누리기 위해서 경쟁에서 남을 이겨 승리함으로써 그 즐거움으로 어느 순간 행복해질수도 있을 것이다. 하지만 남에게 피해를 주지 않고 자신이 행복해질 수 있는 방법이 내면의 고요와 평화에서 찾아질 수 있을 것이다. 행복하기 위해서는 반드시 지혜를 갖추어야 한다. 자신의 내면에서 불필요한 사회적 삶의 찌꺼기인 번뇌를 없애야만 그 자리에 행복이 찾아들 수 있는 공간이 만들어지기 때문이다. 지속적으로 자신의 마음을 성찰해 내면으로 들어오는 문을 단속하고, 경계심을 늦추지 않고 불필요한 생각을 하지 않도록 해야 한다. 그런데 그렇게 하려면 욕심을 줄여야 한다. 꼭 필요한 것 외에는 단념하고 없애며 잊어야 한다. 즉 생활을 간소화하고 정신적인 삶을 살아갈 때 행복에 한 발짝 가까이 갈 수 있을 것이다. 그러니 순수한 행복은 참된 삶에서 찾으려고 노력해야 한다.

한편으로 행복이란 '선(善)하게 살아가려고 하는 인생 계획을 가진 사람이 윤리적인 차원에서 당위성을 인정하고 자기의 의무를 이행함으로써 반사적으로 얻게 되는 만족감'이라고 생각할 수 있을 것이다.

일반적으로 생각할 때 행복하고 위대하게 잘사는 사람은 그것이 그냥 주어진 것처럼 보이지만, 그런 것만도 아닐 것이다. 행복하게 살아가는 사람들의 이면에는 본인 스스로의 피눈물 나는 노력이 있다. 그 노력에 의해 획득된 그들 나름대로의 삶의 철학이 함께하고 있다는 것을 알아야 한다.

실제적으로 행복하게 사는 사람이 몇 퍼센트나 된다고 생각하는가? 우리 주변에는 그런대로 크게 불행을 당하지 않고 살다가 생을 마감한 사람들을 볼 수 있다. 그러나 그들 대부분의 사람들에게 진실로 행복하게 살았느냐고 물어본다면, 행복은 그림의 떡처럼 상상할 수 있었을 뿐, 쉽게 그렇다고 대답하기 어려울 것이다. 왜 그런가? 사실 우리의 삶 자체가 고통(苦痛)이며 불확실한 삶이기 때문이다. 행복의 의미가 즐겁고 만족을 느끼는 상태나 운수가 좋아 풍족한 상태에 있는 삶이라고 볼 때, 진실로 의미 있는 삶을 살아가려고 한다면, 늘 행복을 추구하며 사는 것이 바람직하다고 생각하지는 않을 것이기 때문이다.

어떤 자료에 의하면, 행복하기 위해서는 행복을 만들어야 하는데, 알려진 바로는 행복지수를 100으로 할 때 유전 등과 같은 성격에서 오는 비율이 50%, 돈, 옷, 집 등 조건이 10%, 스스로 행복하려고 하는 의지로서의 의도적인 활동이 40%라고 한다. 그러니 이 통계자료에 따른다면 우리가 생각했던 돈이라든지 집과 같은 조건이 행복의 조건에서 10%만 차지할 뿐이고, 유전적인 성격이 50%이며, 나머지는 행복하려고 하는 의지 등이라고 생각하니 놀라지 않을 수 없다. 행복은 주관적이기에 사람마다 행복을 느끼게 되는 조건이 다르듯이, 행복하려고 하는 의도적인 활동이 40%를 차지한다는 것을 보면, 행복을 추구하는 적극적인 의지가 크게 중요하다는 것을 알 수 있다. 하지만 아마도 이런 행복은 순수하고 자연적으로 맞게 되는 행복이라기보다는, 인위적으로 만들 수 있는 행복의 범주에 속할 것으로 본다.

『쇼펜하우어의 행복론』(쇼펜하우어, 2005)에서도 샹포르(Nicolas Sebastien de Chamfort)[23]의 잠언(箴言)을 인용하여 "행복은 쉽게 얻을 수 있는 것이 아니다. 행복을 자신 속에서 발견해내기란 매우 어려운 일이며, 다른 곳에서 발견해내기란 불가능한 일이다."라고 기술하고 있다. 이처럼 행복은 희망사항이나 다름없으며 손에 잡기란 어렵다고 말한다. 그러니 행복이란 뭐니뭐니해도 참답고 올바르게 열심히 살아감으로써 부수적으로 따르게 될지도 모르는 결과물이 아닐까 생각해본다.

행복을 보고 느끼는 시각은 여러 가지이며, 사람마다 느끼는 관점이 다르기 때문에 일률적으로 딱 잘라서 행복을 정의하기는 쉽지 않은 일이다. 사실 앞에서 행복의 관점에 대해 샹포르(Nicolas Sebastien de Chamfort)의 잠언(箴言)에서나 통계자료에서 정의하는 행복을 보는 정의는 거의 상반된다고 할 수 있다. 그리고 보면 행복 역시 정말 주관적이라고 하지 않을 수 없다. 통계자료에서처럼 어느 정도의 행복은 억지로도 만들 수 있을 것이다.

나는 여기서 개인적인 욕심 같으면 이런 행복을 언급하고 싶지

---

23) 프랑스의 작가(1741~1794)로서 희곡이나 문예 비평도 있으나, 냉철한 눈으로 구체제(舊體制) 말기 상류사회의 인간과 풍속에 신랄한 비평을 가한 《省察, 箴言, 逸話》가 유명하다.

않다. 자연적으로 오는 행복, 즉 샹포르(Nicolas Sebastien de Cham-fort)의 잠언에서처럼 순간적으로 자신도 모르게 찾아오는 행복을 말하고 싶다. 그러나 한편으로는 인간으로서 우리는 행복을 추구하는 이상 그렇게 미온적으로 행복을 느낄 것이 아니라, 좀 더 적극적으로 행복을 추구해야 하지 않을까 생각하게 된다. 그러나 양편 모두 쉽지 않을 것이다.

종합적으로 생각해볼 때 선이라든지 덕만으로 행복하다고 보기에는 어려우며, 천수를 누려야 하고, 세속적인 부(富)를 소유해야 하며, 가정도 화평해야 하고, 편안히 죽을 수 있어야 하며, 자아실현도 이루어어야 한다. 그럴 때 행복이 가능할 것으로 본다.

다만 변함없는 것은, 행복은 자신의 내면에서 꽃피워야 한다는 것이다. 다른 식물들과는 달리 연꽃은 유독 혼자서 시궁창의 더럽고 오염된 환경 속에서도 해맑고 깨끗한 연꽃을 피운다. 그것은 다만 자신의 특수한 체질 때문이다. 어쩌면 다른 식물과 다르게 연꽃과 같이 자신만의 내면세계를 재조직, 재구성해서 외부의 나쁜 물질을 깨끗하게 정화할 수 있는 능력을 갖추게 됨으로써 가능하게 된 것인지도 모른다. 바로 이점이 인간이 행복해질 수 있는 요인을 보여주는 게 아닌가 하고 생각해본다.

7.
성적 사랑은 금욕적인 마음이 우선이다

　여기서는 성적인 사랑에 대해 말하고자 한다.

　사랑이 삶에서 얼마나 큰 영향을 미치는가 하는 문제는 실로 대단히 중요하지 않을 수 없다. 인간은 사랑으로 살고, 사랑 때문에 죽는다. 사랑은 바로 삶 자체이다. 성적인 사랑만은 반드시 진실을 전제로 이루어져야 한다. 인간이 살아가면서 사랑을 속인다든지 거짓으로 가면을 쓰고 행해서는 안 된다. 성적 희롱을 해서는 안 되듯이, 사랑의 거짓 행위는 최악의 행위로 간주되어야 할 것이다. 왜냐하면 삶에서 성적인 사랑의 가치는 생명 그 자체이기 때문이다. 식물도 사랑의 감정을 느낀다고 하니, 지구에 존재하는 모든 생명체들은 사랑으로 연결된 하나의 정신적 통일체를 이루고 있는 것이나 다름없다.

　니체의 『차라투스트라는 이렇게 말했다』를 참고하면 "심리학에서 대 범죄, 즉 …… 사랑이 거짓으로 헌신되고 말았다. 사랑은 인격성의 충일(充溢)에서 오는 결과물의 분여이다. 따라서 더할 나위 없이 완전한 인격만이 사랑할 수가 있다."라고 기록하고 있다. 이와 같이 특히 인간에게 있어서 거짓 사랑만큼 악(惡)은 없을 것이다.

식물에 비유한다면, 향기와도 같은 성분이 인간에게 있어서는 사랑이 아니겠는가 하고 생각해보기도 한다. 주변사람들과 관계를 맺기 위해 인간은 자기의 존재성을 식물의 향기처럼 주변 대상에게 사랑으로 표현하는 것이 아니겠는가? 신이 인간에게 본능적인 면에서 의욕이나 성적 욕구를 부여하면서, 그 매개체로 사랑을 주신 것은 의미심장한 일이 아닐 수 없다.

사랑의 관계를 갖추기 위한 요소로 경제력, 매력, 품위를 든다. 사랑을 하고 받기 위해서는 최소한도의 물질적일 요소가 해결되어야 하고, 매력이 있어야한다. 특히 남자가 매력적이기 위해서는 미모만 아름답다고 이루어지는 것이 아니라, 자신이 하는 일에 확고한 신념과 열정이 있어야 한다. 또 유머감각도 갖추어야 하며, 외부적으로 어울리는 옷을 입기 위해 패션 감각도 있어야 한다. 또한 품위를 지니기 위해서는 마음을 자제하며 상대방의 아픔이나 상처를 감싸줄 수 있는 여유와 배려를 가져야 한다.

한번 주의 깊게 생각해보아라. 어떻게 인간에게 사랑의 정이 존재하게 되었으며, 인간 서로가 사랑을 주고받으며 그 뜻을 감지해 애틋이 그리워하며 정을 느끼게 되는가? 사랑이라는 정이 우연히 생기게 되었겠는가? 이런 면이 사랑의 고귀함이다. 만약 인간의 삶에서 사랑이 없다면, 인간관계가 어떻게 이루어지겠는가? 그러니 이 귀중한 사랑을 어떻게 받아들이고 간직해야 할 것인가, 또 어떻게 남에게 주어야 할 것인가가 인간이 삶을 영위하는 데 대단히 중요한 문제가 아닐 수 없다.

우리가 중요하게 다루어야 할 사랑은 특히 성적(性的)인 사랑이다.

성적인 사랑으로 타인을 사랑함에는 신중을 기해야 한다(물론 남을 미워함도 그렇다). 남을 사랑하는 것, 자신의 마음을 준다는 것은 위험한 일이며, 또한 경계해야 할 일이다. 남에게 마음을 빼앗기게 되면 지속적으로 마음이 그곳으로 향하게 되고, 정신을 그곳에 소모하게 된다. 만나길 희망하고 함께하기를 바라게 된다. 그 사랑이 이루어지지 않을 경우 고통과 괴로움은 이만저만이 아니다. 어떤 측면에서는 성장 도중에 그런 사랑의 경험도 한번쯤 가져보는 것도 허용되겠지만, 정도의 문제이다. 특히 이성에게 사랑을 잃은 상처는 크지 않을 수 없다.

성적 사랑이 갖는 폐해를 잘 표현한 예가 바로 대중가요 이미자의 '섬마을 선생님'이다. 여기서의 문제는 순정(純情)을 빼앗긴 섬마을 처녀의 아픔이다. '순정'에서 '순수하다'는 개념은 마음과 몸에 있어서 잡물질(雜物質)이 하나도 없어 티없이 맑은 정결(貞潔)한 상태이다. 여기서 주목해야 할 것이 '순수하다'이다. 이 세상에서 정신적으로나 육체적으로나 가치적 측면에서 본다면, '순수하다'만큼 높고 깨끗하며 맑은 뜻을 지닌 거룩한 개념이 또 어디 있겠는가? 이것은 아마도 하나님으로부터 온 순결성일 것이다. 이 순결함은 하나님의 성품이기에 특히 처녀에게는 생명과도 같이 귀중하게 간직해야만 할 순수한 정일 것이다. 사랑하는 마음으로 순정(純情) 이상의 높은 뜻을 가진 감정이 또 어디 있을 것인가?

이처럼 하나님의 순결성과도 같은, 바로 순수한 정을 마성(魔性)을 가진 남자에게 빼앗겼으니, 그 원통함은 말할 것도 없는 것이다. 이 처녀에게 앞으로 남은 과제는 순정을 빼앗긴 공허감, 즉 우주의 전부라고 해도 거짓이 아닌, 자신이 소중히 간직했던 진한 사랑의 상실감을 무엇으로 채워야 한단 말인가? 그리고 이차적인 문제로서 자신을 영원히 사랑하고 지켜줄 미래의 남편을 어떤 자세로 사랑하고 맞이해야 할 것인가?

인간에게 반드시 자신의 인권이 주어지듯이, 사랑 역시 자신의 사랑은 자신이 누릴 수 있는 특권이 주어진다. 이 특권은 신이 모든 인간에게 부여한 특별한 선물이나 다름없다. 그런데 자신의 사랑을 남에게 주었을 때, 그 사람의 사랑이 자신에게 되돌아오지 않고, 또한 사랑을 받는 상대방은 그 사랑을 수용하지 않으며 공유하지 않으려 할 때, 사랑을 남에게 준 사람이 당하는 아픔은 이루 말할 수 없이 큰 것이다. 하지만 상대방은 자신이 주는 사랑을 거부할 권리가 있다.

그런데도 본인의 사랑을 상대에게 주어서 상대방에게 부담을 주고 괴롭히는 것은 또한 올바른 이성적 행위가 아니다. 이와 같이 함부로 남을 미워해서도 안 되지만, 함부로 사랑을 해서도 안 된다는 결론에 이르게 된다. 상대방은 자기 스스로 온전하고 바르게 살아가는데, 왜 함부로 그 사람을 미워하기도 하고 사랑하기도 한단 말인가? 미움도 마찬가지이지만, 사랑도 남에게 함부로 주어서는 안 된다는 것을 명심해야 한다. 사랑하고 미워하는 문제를 종교적이고 영적인 문제로 생각하면 또 다른 차원의 의미가 부여될 수 있을 것이다. 그러나 평범한 사람들인 우리가 그렇게까지 깊이 들어갈 수는 없다. 도덕적이고 보편적인 관념으로 생각할 때도 그렇게 느껴진다.

인간이란 여러 가지 면에서 차이가 있다. 외모가 아름답다든가, 지식을 많이 쌓았다든가, 지위가 높다든가, 가문이 훌륭하다든가,

재산을 많이 가졌다든가, 마음이 아름답다든가 하는 것 등이다. 이런 면에서 신분상의 차이가 있게 되고, 또 사랑에 빠지게 된다. 하지만 인간이라는 종(種)의 차원에서 보면 그 이상도 그 이하도 아니다. 특별한 사람이 있다기보다는, 본질적인 면에서 같은데도 특별한 사람이 있는 것으로 생각한 나머지 깊게 사랑을 하게 되고, 그다음 후회하는 경우도 생기게 되는 것이다.

괜히 사랑을 한 나머지 지나치게 자신의 신경만을 소모하는 꼴이 된다. 때로는 이루어질 수 없는 한 쪽만의 사랑으로서 마음의 공허함만 증대되고 귀중한 정신을 그 사람에게 빼앗기게 되어, 자신의 갈 길을 가지 못하고 방황하고, 잘못하면 소중한 시간과 청춘을 허비할 뿐 아니라 인생 자체가 허무하게 끝날 수도 있다. 그러니 성적인 사랑을 함부로 해서는 안 되며, 신중하게 행해야 한다는 결론에 이른다. 성적인 사랑을 잘못하는 경우에는 후일 이것이 불행의 원인이 되어, 자신의 삶마저도 무너질 수 있다는 것을 염두에 두어야 할 것이다.

특히 젊은 청소년들이 이루어질 수 없는 사랑을 함으로써 자신의 귀중한 삶을 낭비하고 소모해서 낭패 당하는 일을 우리 주변에서 흔히 볼 수 있다.

그러니 잘못된 사랑으로 귀중한 젊음의 에너지를 헛되게 낭비해 마음고생을 한다든지, 아니면 남의 사랑을 훔치려고 한다거나 위협적으로 강도 행각을 벌여서 사랑을 빼앗으려고 하는 행위는 대단히 위험한 일이다.

하지만 인간으로서 사랑하지 않을 수는 없는 일이기에, 사랑에 대해 충분히 알고 건전한 사랑의 관계로 접근하도록 청소년들을 선도해야 할 것이다. 성적인 사랑은 한 번 빠져들면 쉽게 나올 수 없다는 데에 문제가 있다. 그래서 어떻게 보면 독서를 통해서 간접적인 사랑의 경험을 갖는 것이 좋을 수도 있다. 그러면 사랑의 중요성과 거기서 오는 폐해를 접할 수 있기 때문이다.

인간의 삶도 마찬가지이지만, 사랑하는 것도 아무렇게나 사랑하고 행하면 되는 것으로 생각하는데, 이점 역시 대단히 주의해야 할 일이다. 물론 사랑의 행위만큼 통제하기 힘든 것도 없지만, 무섭도록 위험한 것이 또한 사랑이다. 인간이란 뭐가 그렇게도 배우고 지켜야 하는 것이 많은지 모르지만, 그중에서 특히 사랑 문제를 잘 해결하고 처리할 수 있다면, 삶의 문제 대부분을 통달했다고 해도 틀린 말이 아닐 것이다. 그 정도로 인간에게 사랑의 문제는 중요하다. 사랑의 문제에는 모든 삶의 기술이 그 속에 녹아 있다. 사랑은 종합적인 삶의 기술이나 마찬가지라고 생각한다.

그렇다면 성적인 사랑에 함부로 빠져들지 않고, 마음을 빼앗기지 않는 비결은 무엇인가? 우리의 자녀들은 무엇보다도 위대한 꿈과 함께 자존감이 잘 형성되어 있어야 한다. 자신만의 독특한 위대한 꿈, 희망과 확신을 갖는 것이 중요하다. 자신이 사랑을 주게 되는 상대방보다도 더 아름답고 훌륭하게 인생을 살아갈 수 있다는 원대한 꿈을 가지고 실현할 수 있다는 믿음이 서 있을 때, 남을 부러워한다든지 자신의 마음을 쉽게 빼앗기는 오류를 범하지 않게 될 것이다.

아니면 종교적인 차원에서 자신의 인생이 그 무엇보다도 더 귀중하다는 믿음이 서 있을 때, 쉽게 흔들려서 남에게 마음을 빼앗기지 않을 것이다. 이렇게 마음을 남에게 빼앗기지 않고 지킬 수 있으려면, 가슴속에 어떤 귀중한 보물처럼 높은 가치관이 형성되어 있어야 한다. 만약 자신이 보잘것없는 사람이라고 스스로 폄하하고 있다면, 어떻게 훌륭한 사람과 사랑을 나눌 수 있겠는가? 현재까지 살아오면서 배운 것이 없고 실패의 경험이 많으며 열등의식에 젖어 있는 사람이 훌륭한 배우자를 만날 수 있는 사랑의 기술을 갖추었다고 할 수 있겠는가? 전혀 그렇지 않다. 성공의 경험이 많고 자존감이 형성되어 있으며 원대한 꿈을 갖고 있는 사람이 결혼에 성공할 수 있는 확률이 훨씬 높은 것이다.

나는 주변에서 젊은 남녀가 쉽게 사랑에 빠지고 쉽게 결혼하는 것을 많이 보아왔다. 여기에는 사랑의 기술이 적용되었다고 할 수 있을 것이다. 하지만 아무나 연애할 수 있는 능력이나 소질을 갖추고 있다고 할 수는 없다. 연애란 감성이 풍부해서 따뜻한 가슴을 소유하고, 외모가 어느 정도 아름다우면서 너그럽게 자신의 마음을 상대 이성(異性)에게 줄 수 있을 때, 또 남의 사랑을 자신이 잘 수용할 수 있을 때 가능한 일이다. 그러나 잘못하면 무모한 행동으로 분별력과 통찰력이 부족해서, 온전히 지속될 수 없는 사랑에 빠지는 위험이 있다는 것도 잊어서는 안 된다.

특히 젊은이로서 자아 정체성이나 인격과 지성을 온전히 갖추지 못했는데도, 한때 순간적인 사랑만으로 쉽게 결혼까지 연결되는 것은 바람직스럽다고 할 수 없을 것이다. 이런 사람이 스스로 연애를 해서 결혼에 성공하는 확률은 그렇게 높지 않을 것이다. 오히려 결혼에 성공하는 확률은 중매결혼이나 신뢰하는 분의 소개로부터 시작된 만남이 아닌가 생각한다. 왜냐하면 성적인 사랑 속에는 정욕(情慾)이라는 욕정(欲情)이 가득 채워져 있어서, 이런 사랑의 배후에는 상대적으로 위선과 가면, 허영이 감추어져 있기도 하기 때문이다.

또한 모두가 다 받아들이기는 힘들겠지만, 이 문제는 종교적인 차원에서 보면, 성적인 사랑에는 업보(業報)가 담겨져 있다고까지 말한다. 성적인 사랑을 경계하지 않으면, 사랑의 고귀함보다도 욕정에서 오는 허물과 가십(gossip)이 더 짙게 따르게 될 것이기 때문이다.

정욕이라는 욕정의 속성을 보면, 자기에게 없는 것을 상대방이 지니고 있을 때, 그 사랑의 강도는 최대화된다. 특히 지성과 인격에 비해 외모와 경제적인 풍요로움, 서로가 처해 있는 신분상의 차이로 인해 우열(愚劣)이 존재하므로 사랑하게 되는 것이다. 특히 성적인 사랑 속에는 인간 본능인 애욕(愛欲)이 존재해서 인격과 양심을 저버릴 수도 있다. 그래서 그 사랑이 실패할 경우에는 받아들이고 평정을 찾기에 너무나 힘든 과정이 남아 있게 된다.

성적인 사랑이란 '이성 상대에게 성적으로 이끌려 열렬히 좋아하는 마음의 상태'이다. 그래서 청춘남녀의 성적인 사랑은 위험하면서 두려움이 함께하는 사랑이 된다. 그 사랑 속에는 무서운 마성(魔性)과 심연(深淵)이 함께 존재한다. 그리고 그런 사랑 뒤에는 절망감, 허탈감, 후회스러움이 따르게 된다. 그렇기 때문에 청춘남녀 간의 애틋한 사랑은 처음부터 분별없이, 그리고 사전에 아무런 탐색과 조심성 없이 닥치는 대로 하게 되면, 실패에 따른 절망이 함께하게 된다. 젊은이들이 달콤한 사랑에 순식간에 빨려들어가 남을 열애(熱愛)하는 사랑을 하게 되면, 하루아침에 실패로 돌아갈 수 있다. 그리고 그 비참함은 이루 말할 수 없이 크다.

자신의 생명보다도 소중하게 사랑했던 사람이 자신을 배신한다든지, 아니면 관심밖에 머물게 되어 자신을 버리게 되었을 때, 그 기대감에 따른 상실감은 어떤 것으로도 메울 수 없는, 그리고 보상 받을 수 없는 아픔으로 변한다. 사랑하는 것은 생명을 담보로 하는 무서운 투자이다. 그러므로 하루아침에 재산을 잃고 빈털터리가 되는 것과 같이 큰 상처를 받게 된다. 더군다나 첫 사랑과 같은 순박한 사랑은 한 번의 사랑으로 영원히 헤어나지 못하고 심연으로 빠져들게 되는 경우가 허다하다.

인간의 육신(肉身)에 햇빛과 물, 공기가 필요하듯이, 우리의 영혼은 사랑을 먹고 그것을 자양분으로 하여 성장한다. 또한 사랑의 씨앗인 원형은 선한 마음을 간직해야 올바르게 자라게 된다. 즉 순수한 사랑을 지닐 수 있는 자신의 깨끗하고 맑은 영혼을 가꾸어야 한다. 이와 같이 순수하고 깨끗한 영혼은 우주에서 온 티없이 맑은 정기를 흡수하며, 잡념에 물들지 않고 선으로 자신을 무장하고 지키며 가꾸어왔을 때 가능한 일이다.

이 선한 마음에는 바르고 맑고 정숙(貞淑)함이 존재하기 때문에, 순수하고 진실한 사랑의 감정이 싹틀 수 있다. 만약 마음이 정결하지 못해 오염되고 악한 마음을 간직하고 있다면, 그 속에서 순수하고 진실한 사랑의 감정이 싹틀 수 있겠는가? 그래서 깨끗한 영혼에서 만들어진 순수한 사랑의 감정은 거룩한 것이다. 자신만의 특유하고 고귀한 사랑의 감정은 오직 자신만이 간직할 수 있는, 행복하며 고귀하게 삶을 살아갈 수 있는 하나의 재산이며 보물이다. 이것이 성적 사랑이 갖는 가치라고 할 수 있다. 그 어느 누구에게도 빼앗기지 않고 간직하며 영원히 사용할 수 있기 때문이다.

아무튼 우리 인간은 누구나 영혼을 가진 생명체로서 순수하고 선함을 자양분으로 사랑의 감정을 생산하고, 그것을 남에게 주며 살아가야 한다. 즉 본인 스스로 순수한 사랑의 감정을 잉태하고 성장시켜 간직함은 물론, 또 남에게 주어야 할 것이다. 순수하고 진실한 사랑의 감정은 아무렇게나 만들어지고 간직하게 되는 것이 아니라는 것을 인식해야 한다. 만약 성적 사랑의 속성을 잘 사용하면 선이고 행복이지만, 잘못 사용하면 악이고 불행의 원인이 된다는 사실을 명심해야 하는 대목이다.

인간의 삶에서 최고의 진리를 도덕정신에 입각하여 살아가는 것이라고 한다면, 도덕정신의 높은 최고 수준은 자연의 도(道)와 일치하는 경지에 이르는 것이다. 여기에 맞는 삶은 선을 바탕으로 살아가는 것인데, 만약 우리가 위선과 가면, 그리고 사기 행각을 벌인다면 반 도덕정신이 아닐 수 없다. 특히 순결하고 고결해야 할 사랑에 대해서도 거짓 사랑을 하게 된다면, 그것은 분명히 신의 뜻에도 역행하는 것이며 반인륜적 행위가 될 것이다. 사랑에 대해서도 사기 행각을 벌이면서 반성하지 않고, 이것이 삶의 기본 행실인 양 착각하고 생활한다면, 이것이야말로 사악함이 아니고 무엇이란 말인가? 언젠가는 스스로 벌을 받게 될 것이다.

특히 인생이라는 험난하고 고달픈 긴 여정(旅程)에서 사랑은 물과 같이 반드시 필요하다. 그러나 한때의 찬란했던 사랑과 권력은 사정없이 녹아내리는 빙산처럼 허망하게 무너져내릴 수 있다. 그러므로 열정을 다해 상대에게 바치는 성적인 사랑을 열망해서는 안 된다. 사랑의 본성을 이해하고 성적인 사랑을 경계하지 않으면 안 되는 이유가 여기에 있다. 그러니 쉽게 접근하지 말고 사랑의 마성(魔性)을 볼 줄 알아야 한다.

즉 겉으로 간교한 미소를 짓고 달콤한 언어를 구사하며 그럴 듯하게 아름답게 외양을 꾸민 사람에게 함부로 쉽게 사랑을 주어서는 안 될 것이다. 진실한 인간의 마음, 원형 그대로를 무형(無形)으로 지각할 수 있을 때 순수한 사랑에 접근할 수 있을 것이다. 즉 부처(Buddha)의 눈으로 사물이나 사람을 관찰하라는 의미이다. 이런 예지력(叡智力)과 분별력은 끓어오르는 청춘남녀의 욕정과는 전혀 다른 성질의 것이 아니겠는가?

이와 관련하여 이 장에서 다루어야 할 과제는 과도한 욕망을 추구하다가 인생의 중요한 부분을 잃을 수 있다는 점이다. 쾌락과 방탕이라는 마음의 자리에 근신과 금욕이라는 삶의 진리를 대체시켜야 하는 부분이기도 하다.

우리가 세상과 인생살이를 참답게 보고 또 보면, 육체란 병들고 썩어서 없어지는 것이다. 또한 정욕이란 지저분한 습기가 고인 것에 불과하기 때문에, 육체를 지나치게 따르지 말고, 순수하며 맑고 깨끗한 영혼을 따라야 하는 이유가 여기에 있다고 하겠다. 이것이 이성적인 인간이 걸어야 하는 도(道)이며, 성현(聖賢)이 바라는 최고의 가치라는 것을 깨닫고, 무모한 사랑에 빠지지 말고 자신을 지켜야 한다. 성경에 보면(사랑의 노래[아가서] 8:6) "남녀 관계의 사랑은 죽음처럼 강하며"라고 표현한 구절이 나온다. 또한 일찍이 석가모니는 세상을 떠나면서 아끼는 제자에게 마지막으로 한 말이 "절대로 남을 믿지 말아라."라는 당부였다. 다른 사람을 믿지 말고 자신이(부처가) 한 말, 즉 불교의 경전(經典)만을 믿고 살아가라고 당부하며 숨을 거두었다. 왜 그랬을까? 아마도 인간들에게는 항상 위선(僞善)이 존재하며, 위선은 진리가 아니라고 판단했기 때문이리라.

그래서 육체적인 사랑을 정신적인 사랑으로 승화할 수 있을 때, 이 사랑은 자신을 보호하고 남을 살릴 수 있는 책임과 의무를 다하게 되는 것이다. 그 정도로 성적인 사랑이 순수한 정신적인 사랑으로 성숙될 때라야 사랑할 수 있는 자격을 얻게 되는 것이다.

『수능·논술고사대비 꼭 읽어야 할 고전소설 27선』(김시습 외, 1999)을 보면, 여기서도 사랑은 단순히 희생하는 것이 아니라, 상대방의 성숙을 위해, 그리고 상대방이 전인적으로 건강하며 아름다운 삶을 살아가도록 '사려 깊게 주고, 사려 깊게 거둬들이는 것'이라고 정의하고 있다. 사랑을 베풀 때는 대상과 상황의 필요에 따라 적절히 배려하되 상대의 성장에 필요한 것이 무엇인지를 고려해야 한다. ……상대에게 올바른 사랑을 줌으로 인해 자아(自我)가 확장되고 성숙되어간다는 것을 알아야 한다. 사랑은 자기의 지경(地境)을 넓히는 것이며 자아를 확장하는 것이기 때문이다.

8. 결혼이란 건전하고
   우수한 유전자를 찾는 것

　개인의 삶에서 결혼은 대단히 중대한 문제이다. 『주역강의』(서대원, 2009)에서 보면 "결혼을 하지 않음은 역시 길(吉)하지 않고 이롭지 않다. 결혼을 하거나 하지 않는 문제는 전적으로 개인의 판단에 따를 일이지만, 결혼하지 않는 젊은이들이 마음에 들지 않는 것은 모든 나이든 사람들의 공통된 견해이고, 결혼하지 않는 젊은이들이 많은 사회가 건강한 사회일 수 없음은 만고불변의 진리이다."라고 기술하고 있다. 자신의 삶이 귀중하다고 생각한다면 결혼은 중요하다.

　이 땅 위에서의 행복한 삶은 결혼에서부터 시작된다고 할 수 있을 것이다. 성경의 뜻이 아니더라도, 목적론에서부터 생각해볼 때, 삶은 가정을 이루고 자식을 낳고 기르며 저마다 꿈을 실현하는 것이라고 할 수 있다. 그래서 결혼은 반드시 해야 하고, 그것도 조기에 이루어져야 하며, 특별히 개인 사정이 없다면 가정을 꾸려야 한다. 이것만은 인간으로서 특별한 사유가 없는 한 변하지 않는, 누구에게나 적용되는 삶의 과정이라고 생각한다. 만약 이 법칙이 깨어지면 인류의 미래는 암담하며 공동 번영의 길로 나아가기는 힘들 것으로 본다. 아마도 이것은 신의 명령이나 다름없는 것이기에 개인적인 삶에서 결혼은 중요한 의미를 갖는다.

그런데 통계청이 발표한 <2001년 혼인 이혼 통계결과>에 따르면, 2001년 결혼한 사람은 32만 쌍이고, 이혼한 건수는 13만 5000건이었다. 2000년에 비해 결혼은 1만 4000쌍이 감소하고, 이혼은 1만 5000건이 증가해, 1970년 이후 혼인율은 최저치, 이혼율은 최고치를 기록했다. 하루에 877쌍이 결혼하고 370쌍이 이혼해, 세 쌍이 결혼하면 한 쌍이 이혼하는 시대가 된 것이다.

이혼도 이혼이지만 더욱 심각한 문제는, 피상적으로 생각해볼 때, 우리가 살고 있는 사회가 주객이 전도되어 도덕이 무너지는 사회가 된 것이 아닌가 우려가 깊어진다는 점이다. 누구나 다 알고 있는 사실이지만 억지로 적용시켜보면, 경제 용어로 그레샴 법칙[24]이 생각나기도 한다. 그렇다면 결혼을 하는 것이 문제가 아니고, 성공적인 결혼이 중요한 것이다. 여기서 우리가 한 가지 간과해서는 안 될 점은, 결혼한 이후에 서로가 마음에 들지 않는다고 이혼하게 되면 이것으로 모든 문제가 끝난다고 보지만, 그것은 아주 잘못된 생각이라는 사실이다. 이혼의 상처는 남겨두고라도, 자신의 생각을 고치지 않는 한, 그에 대한 화근(禍根)은 고스란히 남아 있게 된다. 재혼하더라도 첫 번째 결혼보다 조건이 좋아지는 경우는 겨우 10%

---

24) 그레샴의 법칙(Gresham's law)은 영국의 금융업자 겸 사업가인 토머스 그레샴이 주창한 이론으로, 소재의 가치가 서로 다른 화폐가 동일한 명목 가치를 가진 화폐로 통용되면, 소재 가치가 높은 화폐(Good Money)는 유통시장에서 사라지고, 소재 가치가 낮은 화폐(Bad Money)만 유통되는 현상을 말한다.

이하에 불과하다. 현실로서는 어려운 일이지만 남녀가 맺어지려면 서로가 시간을 두고 탐색해야 하며, 상대방을 차근차근 제대로 알아야 한다.

성경에서도 이혼해서는 안 된다는 점을 강조하고 있다. 만약 자녀가 1명이라도 태어났다면, 그 이후 부모의 삶은 태어난 자녀를 위해서 살아야 한다는 것이다. 우리나라 서울의 35~49세 사이 남성 5명 중 1명은 미혼으로 나타났다. 물질이 우선시되어 자신의 기본적인 욕구를 충족하며 살아가려는 마음이 그 어느 때보다도 크게 작용하고 있다. 이런 사회적인 현상 때문에 결혼생활을 쉽게 포기할 수 있게 되는 것이다. 그럴 때일수록 어려움을 참고 견딜 수 있는 내면적인 성숙이 요구된다. 우리 자녀들은 이점이 부족한데, 이것이 심각한 문제점으로 부각되고 있다.

『나누리』(심수명, 2009)를 참고하면 "결혼은 창조의 과정처럼 진행되어야 한다. 창조의 원리는 혼돈스러운 상황과 무질서함의 상황에서 각각의 자리에 맞는 역할과 기능을 할 수 있는 새로운 질서를 만드는 것을 우선으로 한다. 다음은 이미 존재하는 것들에 나와의 관계를 설정하고 의미를 부여하는 것"이라고 말한다. 그러니 결혼은 남편과 아내가 결혼함으로써 자기에게 주어진 역할과 기능을 다해 새로운 질서를 만들어내는 것이나 다름없다.

또한 여기서 보면 원만한 결혼생활을 유지하기 위해 "결혼에는 한 개인이 어릴 때 가졌던 자기 상처(거부, 버림, 소홀, 과잉통제, 고립, 억눌림)와 부정적 자아상을 치료하는 작업이 선행되어야 한다."고 강조한다. 만약에 부정적인 자아상을 가지고 있다면 어떤 결과가 나타나는가 하면, 만나는 모든 사람들에게 항상 부정적이기 때문에 반항과 도피와 비판을 가지고 사람들을 대하게 된다. 그래서 사람들과의 관계가 원만하지 못하고, 쉽게 갈등이나 파괴에 이르게 된다는 점이다. 하지만 이 문제에서 한 개인이 어릴 때 가졌던 자기 상처를 치료하고 결혼한다는 것은 쉬운 일이 아니며, 거의 불가능한 일이 아닐 수 없다. 청춘 남녀의 예비 후보자들은 결혼 상대자를 찾고 있는 현 시점에서 본인은 '자기 상처와 부정적인 자아상'에 대해 어떤 부류의 사람인가를 한번쯤 생각해보았으면 한다.

이외에도 예비 신혼부부로서 자신을 되돌아보아야 할 점은 많다. 남성의 경우 지나치게 완벽을 추구하면서 무슨 일이 제대로 되지 않는다고, 그리고 자신의 욕망에 맞지 않는다고 애태우며 상대방이나 본인을 탓하고, 모질게 서로를 몰아붙이며 채찍질하고 있지는 않은지? 장차 성인이 되어 가정을 꾸리고 자녀를 길러야 하며, 남편으로서의 책임을 완수해야 함은 물론 사회적인 임무를 훌륭하게 수행해야 한다. 그러기 위해 삶의 기술은 물론 투철한 사명감을 획득해야 할 것이다.

그럼에도 현재의 수준에 만족하고 안일한 삶을 살아가고 있지는 않은지? 부모가 애틋하게 모은 재산을 유산으로 물려받고는 자신이 벌고 모은 재산인 양 행세하면서 특별히 하는 일 없이 빈둥빈둥 시간을 허비하며 어중이떠중이로 허송세월을 보내고 있지는 않은지? 특별히 지식도 재산도 경험도 소유하지 못한 자가 그럴듯하게 외모를 꾸미고, 배운 것이라고는 요령을 부리는 것뿐, 노동의 가치를 모르면서, 그러면서도 상위계층에 소속되고 싶어 그렇게 행세하고 있지는 않은지?

여성의 경우는 어떤가? 제대로 자신의 신분이나 주제를 파악하지 못하고 절약의 당위성은 아랑곳하지 않고, 지나친 사치를 일삼으며 유행에 지나치게 민감해서 백화점을 드나들며 카드를 긁어대고 있지는 않는지? 여성으로서 장차 가정에서의 책임과 도리, 사회적인 의무, 훌륭한 어머니로서의 역할 등 중요한 자질을 갖추기 위해 매일 독서는 하지 않고, 일찍부터 이성(異性)에 눈이 멀어 비슷한 친구와 어울려 낮이나 밤이나 거리를 배회하고 있지는 않는지? 성인의 나이가 되었는데도 자신의 내면을 자제하고 성찰할 줄 모르고 욕망을 외부에서 해결하려고 몸부림치며, 여성으로서 기본적으로 갖추어야 할 품위와 인격은 물론 예의, 도덕을 외면하고 방만한 행동을 일삼고 있지는 않는지? 이런 문제를 심각하게 받아들이고, 어렵고 힘든 미래를 준비하지 않으면 안 될 것이다.

오로지 청춘남녀들은 결혼에 대해 달콤한 밀월(蜜月)만을 연상해서 마냥 아름답고 행복할 것으로 생각할 수 있다. 하지만 전혀 그렇지 않음을 깨달아야 한다. 오히려 지금부터 괴롭고 어려운 삶은 시작되는 것이다.

옛날엔 이혼 문화가 되어 있지 않아 한 번 결혼하면 이 세상 끝까지 살아야 했지만, 지금은 이혼이 생활화되어서 마음에 들지 않으면 이혼하는 것이 일반화되었다. 지금은 그 사람 결혼을 잘했더라가 무색할 정도이다. 왜냐하면 그 사람이 결혼을 잘했다면, 결혼 상대자는 결혼을 잘못했다는 말과 상통한다. 그리고 결혼한 이후에 배우자가 마음에 들지 않는다면 이혼하는 경우가 많기 때문에, 자신이 배우자보다 어떤 면에서 많이 부족하고 흠결이 많다면 이혼당하지 않을 것이라고 누가 장담할 수 있겠는가? 결혼 예비부부는 성공적인 결혼생활을 위해 남자는 앞으로 가장과 남편으로서, 여자는 어머니와 아내로서 충실한 책임과 의무를 이행할 수 있도록 자격을 갖추어야 할 것이다.

결혼한 이후 배우자에게 자신이 부족해서 상대방에게 기대에 못 미쳐 슬픔을 주지 않도록 만반의 준비를 철저히 해야 한다. 즉 고시 수험생이 시험에 합격해 자격증을 획득하는 것처럼, 예비 신랑신부는 앞으로 남편과 아내로서의 자격을 얻기 위해 피눈물 나는 자기 도야(自己陶冶)가 있어야 함은 말할 것도 없다. 자격을 갖추기 위한 중요한 과제는 ① 자신을 아는 일, 즉 주제(主題)를 파악해야 한다. ② 자신의 주체성이 뚜렷해야 한다. ③ 상대방의 인생도 중요하다는 인식을 가져야 한다. ④ 본인이 훌륭하게 성숙해야 한다.

그러기 위해서는 어렵고 힘든 삶을 살아갈 수 있는 기술, 진실한 사랑의 교감(交感), 자녀양육을 위한 지식 획득, 주변 사람과의 보다 바람직한 인간관계 형성, 원만하지 못한 성격 교정, 몸과 마음을 정결하게 유지하는 것, 예의를 갖추고 인격을 높이는 문제, 근신과 인내력 함양, 절약정신, 헌신과 봉사 자세 등이라고 생각한다. 문제는 좀 저속한 말 같지만 흔히 우리 주변에서 회자되는 말 가운데 "그 사람 고물이 덜 찼다는 말을 듣게 된다."이 말은 자격미달이라는 뜻이다. 그러니 결혼할 예비 신랑신부는 반드시 고물이 차야 한다.

아무튼 결혼에 대해 깊게 생각해보면, 결혼이란 결국은 본인 당사자인 자신과의 다짐이며, 신에 대한 맹세이고, 약속이다. 그렇기 때문에 이런 과제를 결혼 이전의 선결 문제(先決問題)로 보고 마음을 정립해야 한다.

그렇다면 자격미달의 원인은 어디에서 찾아볼 수 있는가? 하나는 부모님의 보호 아래 고생해보지 않고 온상에서 성장했기 때문이다.

또 하나는, 현재 예비 신랑신부의 부모가 자격미달인 상태이기 때문에, 그 자녀는 뻔히 자격미달인 것이다. 결국 어려운 문제이지만, 이러나저러나 부모 교육이 제대로 안 되었다는 결론에 도달한다.

그러면 현재의 우리 사회가 안고 있는 결혼문화에 대해 어떤 문제점이 있는지 살펴보기로 하겠다.

① 결혼 당사자가 상대를 구하는 데 있어서 지나친 완벽을 추구하는 점이다. 남자든 여자든 자신의 결혼 상대에 대해 기준을 정해 놓고, 그 기준점에 들지 않으면 결혼하지 않으려는 경향이다. 어쩌면 이점이 좋은 뜻으로도 해석할 수 있지만, 지나친 완벽의 추구는 성장과 발달의 측면에서 앞으로 전진할 수 없다. 서로가 부족함을 이해하고 인정하며 살아가면서 보완하는 가운데 삶의 보람을 찾아야 함에도, 꼭 모든 것이 이루어진 이후에야 합격점을 부여한다. 그것은 지나친 완벽 추구, 지나친 이기심에 기인한 것으로 보인다.

즉 결혼에 있어서 본인이 손해 보지 않으려는 지나친 계산이 깔려 있다고 하겠다. 서로가 조금도 손해 보지 않으려고 한다면 어떻게 결혼할 수 있겠는가? 결혼은 상대성이기 때문에 50퍼센트 이상만 마음에 들면 가능하다는 말이 있다. 자신을 확실하게 알고 상대를 만나게 되었다면 결혼은 성립되지 않을까.

지나친 완벽성과 실리를 추구한 나머지 결혼을 영원히 못 하는 경우가 있다. 다만 결혼 상대자로서의 조건을 들어본다면, 어려운 환경을 만나더라도 견디면서 부부가 서로 힘을 보탤 수 있어야 하고, 스스로 자기 잘못을 반성할 수 있는 사람이어야 하며, 인간의 존엄성을 알고 상대를 존경할 수 있는 사람으로서, 객관적이고 균형적인 시각을 갖추어 세상을 볼 수 있어야 한다. 그렇다면 큰 무리가 없을 것으로 본다.

② 젊은 청춘남녀들은 지나치게 외모적인 아름다움에 매료되는 듯하다. 결혼에서 가장 중요하게 다루어야 할 문제는, 쉽지 않겠지만, 아름다움보다도 다음 세대를 위해 오히려 건강하고 우수한 유전자를 찾는 일이다. 이런 문제는 오늘날 아무리 과학이 발달되어 유전공학이 이론적으로 정립되었다 하더라도, 아직은 신의 영역을 완전히 정복했다고 볼 수 없다. 결혼에서 중요하게 다루어야 할 것은 훌륭한 생명의 탄생이다. 그러니 모든 지혜를 동원해 상대방으로부터 이런 인자를 찾는 데 심혈을 기울여야 한다.

하지만 안타까운 하나의 예를 들어보겠다. 나는 시내의 한 정거장에서 버스를 기다리는 동안 17~18세쯤 되는 두 명의 소녀를 보았다. 12월 중순, 찬바람이 에워싸는 추운 계절인데 하얀 양말에 검정 구두를 신고 팬츠 같은 짧은 흰 색깔의 초(超) 미니스커트를 입고 있었다. 그리고 그 짧은 치마를 거의 가리도록 검정코트를 길게 입고, 추운 겨울철인데도 붉은 허벅지의 살이 지나치게 드러나 보였다. 머리는 미장원에서 짝짝 바르게 검정 단발머리를 하고, 얼굴에 하얀 분과 붉은 립스틱을 짙게 바르고, 검게 속눈썹을 세우고 칠했다. 그리고 가방이 열려 있는 틈 사이로 영어사전과 토익 책이 반쯤 보이도록 하고 있었다.

잠시도 얼굴을 한 곳에 고정해 서 있지 못하고 계속 자신의 얼굴과 시선(視線)을 주위사람들에게 돌려댔다. 그녀의 얼굴이 보였는데 콧대가 바르게 서 있고 눈이 크며 조그마한 균형 잡힌 얼굴로 인상이 좋았다. 아직 완전한 앳된 소녀였다. 그들로서는 자신의 마음을 표현할 수 있는 완벽한 준비를 다해 외모를 아름답게 꾸미고 거리에 나왔다는 것을 한눈에 알 수 있었다.

그녀의 마음을 읽어본즉, 자신이 잘생겼다는 것을 남에게 보이고 싶어 하며, 또래 남자아이들로부터 사랑을 받고 싶어 하는 구애(求愛)의 몸짓이 가득히 묻어나왔다. 그 소녀들을 보게 된 순간 외부로 향하는 그 소녀들의 마음을 자신의 내부로 향하도록 고쳐주어야 하는데, 하는 걱정이 스쳐 지나갔다. 그들의 마음은 이미 텅 비어 있는 상태였고, 그 빈자리는 알맹이가 없이 껍데기만 남아서 지성을 갖춘 인격적인 성인으로 성장하여 후일 올바른 주부로서 가정생활을 하기에는 어려움이 따를 것이라는 느낌마저 들었다.

물론 글을 쓰는 나도 한때 그런 행동이 없었던 것은 아니다. 그러면서도 한편으로는 그들 역시 사춘기의 한때로 지나가는 바람처럼 사라져 없어지게 되는 행동이 아니겠는가 하고 생각이 들기도 했다. 하지만 한창 열심히 공부해서 꿈을 키워야 하는 나이에, 외모에 지나치게 신경을 쓰는 모습은 주위에서 보는 사람을 안타깝게 했다. 나는 마음속으로 이 소녀들을 중국 시짱(西藏) 자치구인 티베트 공원으로 보내서, 그곳 티베트 문화의 중심지인 사원에서, 티베트 스승으로부터 가르치는 정신수행을 받게 했으면 좋겠다는 생각마저 들었다.

아무튼 전부는 아니지만 외모에 신경을 많이 쓰다 보면 내면이 부족한 상태로 남게 될 확률이 높다는 것은 부인할 수는 없는 사실이다. 만약 결혼한 주부가 자신의 남편만을 사랑하고 순종하며 살아가면서 자녀양육에 온몸을 쏟아야 함에도 불구하고, 자신이 잘났다고 주위의 다른 남자들에게 시선을 끌려고 하는 태도가 습관화된다면, 그 가정은 바람 잘 날이 없을 것이 뻔하다. 그러니 성장하는 자녀를 둔 부모들은 자신의 자녀들이 올바르고 참다운 가치관과 정체성을 갖추고 높은 꿈을 갖도록, 어린 유년기와 아동기 때부터 열심히 가르쳐야 할 것이다. 그래야 사춘기에 부적절한 행동을 조금이나마 줄일 수 있을 것이다.

우리 자녀가 훗날 성인이 되어 가정을 꾸려 아버지 어머니가 되었을 때, 자신의 신경회로와 혈액이라는 자양분으로 부터 스스로 발전할 수 있는 모터를 작동하여 내면으로부터 빛을 밖으로 발(發)하며 살아야 하는데도, 남의 빛만 흡수하며 살다가, 그 빛이 비추어지지 않으면 다른 빛을 찾아서 떠나는 신세, 즉 가정을 일탈하는 경우는 면해야 할 것인데 하고 걱정을 해본다. 광산업자가 황금을 얻기 위해 광산에서 굴(tunnel)을 찾아 파고들어야 하듯이, 자기만의 행복을 구하기 위해 스스로 행복을 찾아야 하는 것이다. 남의 행복을 흉내 내고 부러워해서는 안 된다. 행복은 그저 하늘에서 주어지는 것이 아니라 피나는 노력에 의해서 만들어가야 함에도 불구하고 말이다.

얼굴이 아름답고 돈이 많다고 해서 질병에 걸리지 않는 사람도 없다. 누구나 자신만의 약점이 있는 법이다. 자신의 강점을 살려서 세상을 살아가야 한다. 양파 껍질과도 같은 가면을 한 꺼풀씩 벗기고 나면 인생은 누구나 똑같다. 그러니 남을 부러워하지 말고 자신의 능력을 개발해야 할 것이다.

③ 잘못된 관행의 결혼문화를 비판 없이 수용하는 자세를 취한다. 현대인들이 일반적·보편적으로 행하고 있는 결혼의 관례나 추세를 보면, 옛날과는 아주 다른 양상을 보이고 있다. 특히 빈부 격차가 심화되고 있는 가운데, 결혼문화가 형성되고 있는 것이다. 이

에 따라 경제적으로 가난한 사람들이 무리하게 돈 많은 집 자녀들의 결혼방식을 추구하게 됨으로써, 아예 돈이 없으면 결혼에 대해 꿈도 꾸지 못하는 지경에 이르고 있다. 이런 경향을 아주 심각하게 받아들이지 않으면 안 된다.

자신의 형편에 맞추어 값싼 단칸방이라도 월세나 전세를 구해 검소한 결혼생활로 오붓한 가정을 꾸리기를 부끄럽게 여기지 말아야 할 것이다. 돈이 많아 결혼 후 고급 아파트에서 신혼방을 꾸민다고 해도, 행복해야 함에도 이혼하지 않는 법은 없다. 그런데 최소한 아파트 전세 정도가 아니면 아예 결혼을 상상할 수 없으니, 결혼은 자꾸만 어려워진다. 특히 여성분들의 일류 백화점, 유명 브랜드만을 찾는 사례 등 지나친 사치와 유행의 추구는 도(度)를 넘어서는 국면에 이르고 있다. 우리 신혼부부가 알아야 할 것은, 가난하게 살아도 부부가 서로 사랑하며 건강한 자녀를 낳고 얼마든지 행복한 결혼생활을 할 수 있다는 점이다.

④ 현대의 연애결혼 추세에 따르면, 자녀결혼에 대한 부모들의 참여가 줄어드는 경향을 보이고 있다. 자녀의 학교 공부에 대한 충실성과 연애를 잘할 수 있는 능력은 동질의 개념으로 생각할 수 없다. 사실은 현실 생활의 입장에서나 유전적인 측면에서나, 연애라는 것을 결혼 적령기에 접어든 청춘남녀이면 자신의 생각대로 누구나 할 것 같지만, 그렇게 쉽게 이루어지지만은 않는다. 연애를 하려면 그에 대한 소질이 있어야 하며, 또한 실전(實戰) 경험도 있어야 한다.

특히 지능보다는 감성이 풍부해야 연애를 잘할 수 있다. 연애는 영어·수학은 물론 전 과목을 이수하는 것보다 더 어렵고 험난한 길이라고 생각된다. 그런데 현재의 우리 부모들은 학창시절에는 공부에 충실하도록 하고 연애하는 것에는 부정적인 태도를 보여놓고는, 자녀 결혼만은 현재의 사회적인 추세에 따라 그들 자신에게 미루어 버리는 태도를 보이는 경우가 있다. 이는 바람직하지 않다고 본다.

물론 자녀들 중에는 머리가 우수해 학업성적이 뛰어나고 좋은 직장을 구했으며 외모도 반듯하다면 쉽게 연애를 해서 결혼할 수도 있을 것이다. 그러나 우리 자녀들 중에서 이런 경우가 실제로 몇 퍼센트나 해당되겠는가? 자녀들이 삶에 대한 기술이라든지 연애할 수 있는 자질을 현재의 성장 환경 속에서 얼마나 갖출 수 있다고 생각하는가? 중·고·대학을 다니는 동안 고작해야 휴식시간이나 일요일에 커피나 한잔하면서 이성에 대해 이야기하고, 또한 간혹 어떤 기회에 이성을 접할 수도 있겠다. 하지만 결혼이라는 것은 삶에 대한 민감한 문제로서, 함부로 자신을 이성이라는 상대에게 맡길 수 없는 문제이고 보면, 특히 조심성이 많은 자녀들은 연애가 두렵지 않을 수 없다. 특히 가정에 충실하고 부모의 명령에 순종하며 자라온 자녀라면 더더욱 연애를 해서 결혼 한다는 것은 쉽지 않은 문제이다.

특히 대부분의 시간을 학교 공부에 주력하고 나면, 머리는 연애할 수 있는 쪽으로 선회하지 않는다. 더욱이 연애를 잘못하면 인생을 망칠 수 있다는 두려움마저 들게 되는 것이다. 더더욱 우리 부모들이 자녀들의 심정을 깊이 헤아려보아야 할 점은, 현대를 살아오면서 이 사회에서 성장하는 자녀들의 생각과 이상(理想)이 옛날 우리 부모들이 성장하는 환경과는 너무도 판이하다는 것이다. 현재의 자녀들은 매스컴(mass communication)의 범람 속에서 초일류만을 고집하며 자라온 자녀들이라는 점을 잊지 말아야 할 것이다.

또한 이들의 성장 환경이 사회와 고립되어 자신만의 삶을 유지할 수 있는 사회구조가 아니다. 그렇기 때문에 항상 자본주의라는 경제와 문화에 접하게 되어서, 물질에 대해 대단히 민감하게 반응한다. 그런가 하면 현재 자녀들의 정체성이나 가치관이 개인적인 가정환경이나 부모의 영향을 받아, 자신의 신분과 경제적인 수준으로 눈높이가 상당히 높아 있다는 것을 감안하면, 결혼 문제에 있어서 현실을 수용하고 자신의 운명을 받아들여 눈높이를 낮출 수 있는 자세가 되어야 한다. 그럼에도 그렇지 못하다는 데에 더 큰 문제가 있는 것이다.

⑤ 정신적인 가치의 중요성을 생각하지 않고 있다는 점이다. 결혼 상대자가 얼마나 맑고 깨끗하며 참신한 정신력을 소유했느냐는 안중에도 없다. 우리는 무형의 재산인 정신적인 가치를 발견하고 귀중함을 알아야 한다. 아파트에서 뛰어 내려 자살하는 사람도 어쩌면 돈이 없기보다는 정신적인 양식이 부족함에 기인한다고 볼 수 있다. 견고하고 깊은 정신적인 뿌리를 갖추었다면, 한때 돈이 없어도 극한적인 죽음까지는 불러오지 않을 것이기 때문이다.

미국의 어느 통계자료에 의하면, 미래 사회에서는 병원들의 병상이 정신병 환자들로 넘쳐날 것이라고 예견하고 있다. 매스컴에서는 툭하면 '정동장애', '분노조절장애'라는 말이 통용되고 있다. 모든 것을 참을 수가 없다는 것이다. 우리가 성장하면서 들어온 '참다운 성품은 자제하는 것'이라는 말은 이미 소멸한 지 오래다. 그러고 보니 결혼생활 역시 자신의 마음에 들지 않으면 더 이상 견딜 수 없다는 결론에 이르는 것이다.

⑥ 세계적인 추세이겠지만 특히 우리나라도 예외일 수는 없다. 결혼 대상자들이 전부 왕자·공주병에 걸려 있다고 해도 과언이 아니

다. 핵가족화로 한 가정의 자녀가 거의 1~2명이다 보니, 성장 도중에 고생이라고는 겪어보지 않고 부모님으로부터 과잉보호 속에 자라왔다. 그렇기에 결혼 상대자가 자신의 부모처럼 잘해줄 것이라고 기대하게 된다. 더더욱 문제점은, 자녀들은 부모의 신분이 자신의 신분인 양 착각하고 있다는 점이다. 신랑신부감은 무조건 현재 자신의 위치와 가정보다 우월한 수준이나 가정으로 결혼하는 것을 당연시하고 있다.

㉖ 결혼 적령기에 놓여 있는 젊은 결혼 대상자의 눈높이가 지나치게 높게 설정되어 있다. 전부가 화이트칼라만 선호하는 추세이다. 여기에는 어느 정도 정부의 책임도 면치 못할 것도 같다. 3D에 해당하는 직업은 너도 나도 전부가 외면하고 있다. 이런 직업은 외국인 근로자들이 차지한 지 오래이다. 근로 환경을 개선하고 처우를 개선해서 그곳에 근무하는 젊은이의 직업관이 변화되어 우리나라 젊은이들이 보람 있게 근무해야 할 직업 전선을 이미 외국인 근로자에게 빼앗겨버렸다. 그러다 보니 너도 나도 무직자가 되어 실업대란을 맞이하고 있는 것이다.

9.
부부로서의 의무

사람이 산다는 것, 즉 인생이란 한 떨기 꽃이 피었다가 지는 것과 다름이 없다. 그 이상도 이하도 의미를 부여할 수 없는 것이다. 그저 그렇게 영원히 끝나게 된다. 다만 한 떨기 꽃이 피어나기 위해서, 그리고 피어 있기 위해서 여기에 우리 인간은 존재 의미를 부여하지 않으면 안 된다. 꽃이 피어나고 결실을 맺기 위해서 부부가 되고 가정을 이루게 된다. 자신의 삶과 가장 연관 있다고 생각되는 것이 바로 부부이며 가정이다.

그런데 현대에 와서 가장 심각한 문제는 가정이 무너지고 인류가 파괴되고 있다는 점이다. 인생의 꽃을 피우고자 한다면 반드시 가정이 튼튼하게 세워지고 부부가 사랑함을 기본으로 하여, 가족 구성원들 개개인이 아름다운 꽃을 피울 수 있게 되는 것이다. 만약 부부가 서로 사랑하지 않고 비밀리에 불결한 사랑이 이루어진다든지, 자식이 부모에게 반항하고 말을 듣지 않으면, 가정이 굳건하지 못하고 붕괴되며, 사회 또한 망하고 만다.

자신은 스스로 남편과 아내에게 100퍼센트의 사랑을 주고 있는지? 아니면 마음속으로 50퍼센트만 사랑하고 50퍼센트는 마음 구석에 다른 남자와 여자를 그리워하면서 사랑을 주고 있지는 않는지? 자신이 배우자보다도 외모적으로 잘났다고 생각하면서 항상 무시하는 태도로 남의 남자와 여자에게 관심을 보이면서 구애의 눈빛을 보내고 있지는 않는지? 또는 자신의 인상이 좋다고 생각한 나머지 남으로부터 호감과 환심을 얻기 위해 지속적으로 외모에 신경을 쓰며 배우자 이외의 이성에게 관심과 시선을 보내고 있지는 않은지? 만약 이런 마음자세를 지금도 견지하고 있다면, 이는 원만한 가정생활과 참다운 부부의 자세라고 볼 수 없을 것이다.

우리 인간에게 부부란 어떤 의미를 갖고 있는가? 부부란 결혼을 이룬 한 쌍의 남녀, 곧 남편과 아내를 동시에 부르는 이름이다. 좋은 부부의 만남은 행복의 조건에서 가장 우위를 차지하게 되는 부분이다. 워싱턴대학교 카트먼 박사는 좋은 관계를 유지하는 부부가 평균 4년 더 오래 산다는 연구결과를 발표했다. 결국 온 인류의 염원인 건강과 행복은 부부금실에 달려 있다고 해도 지나친 말은 아니다.

불교에서는 부부의 인연을 말할 때, 부부(夫婦)로서 만날 수 있게 되려면 적어도 800생(生), 600생(生)으로 맺어진 인연이 되어야 한다고 한다. 비록 불교적인 생각이지만, 왜 이런 말이 있게 되었는지 한 번쯤 깊이 생각해보아야 할 문제이다. 아마도 그 정도로 부부라는 인연은 그저 주어지는 것이 아니라, 하늘이 맺어준다는 뜻이기도 할 것이다.

이퇴계의 부부관은 '서로 손님처럼 공경하며 살아라'이다. 그것은 이제 막 혼례를 올린 손자 안도에게 보낸 편지에 잘 나타나 있다.

"부부란 인륜의 시작이요 만복의 근원이란다. 지극히 친근한 사이이기는 하지만, 또한 지극히 바르고 조심해야 하지. 그래서 군자의 도는 부부에서 시작된다고 하는 거란다. 허나 세상 사람들은 부부간에 서로 예를 갖추어 공경해야 하는 것을 싹 잊어버리고, 너무 가깝게만 지내다가 마침내는 서로 깔보고 업신여기는 지경에 이르고 말지. 이 모두 서로 손님처럼 공경하지 않았기 때문에 생긴 거란다. 그 집안을 바르게 하려면 마땅히 시작부터 조심해야 하는 것이니, 거듭 경계하기 바란다."

왜 창조주는 인간을 태어날 때부터 단성(單性)을 갖게 했는지? 양성(兩性)을 갖게 해서 성(性)을 한 몸에 지니도록 하지 않고, 단성으로 하여 부부가 만나도록 창조했을까 하는 의문이 든다. 인간은 물론 거의 다른 동물들도 마찬가지이지만, 반쪽짜리 생명을 가진 유기체를 창조해서 자신의 반쪽을 찾아 만나야만 생식이 가능하도록 했다. 여기서부터 창조주의 어떤 의도성(意圖性)이 있지 않을까 싶다.

부부는 자신의 입장에서 상대자를 배우자, 반려자, 동반자 등으로 일컫기도 한다. 부부의 의미란 서로 성적인 결합으로 자녀를 낳고 기르고, 한평생 동안 같이 살아가며, 동일한 목적지를 함께 가는 사람을 뜻한다. 여기에는 인연과 운명이 작용하고, 사랑과 정을 매개로 하여 한 몸으로 동여매는, 즉 두 사람이 하나의 몸으로 살아가야만 하는 뜻이 포함되어 있다.

이부영 교수의 〈인문강단〉(2013. 12. 15. KBS 1 TV. 아침 06 : 30 : 00)에서는, 우주적인 측면에서 생각해보아도 부부관계의 인연이란 그 우연성에서 감탄하지 않을 수 없다고 했다. 부부(夫婦)라는 만남은 동일한 은하계(銀河系)에 속하면서 동일한 우주(宇宙)에서 동일한 항성(恒星), 그리고 지구라는 동일한 행성(行星)에서, 저 남아프리카도 아닌 한국의 어느 이곳에서, 같은 시대에 태어나 서로가 부부로 만난다는 것이 얼마나 특별한 인연인가를 생각하지 않을 수 없게 한다, 정말 신기하고, 감탄할 만한 일이다.

그런데도 부부가 서로 미워하며 싸워야(우스운 생각을 하면서)만 하는가? 하고 묻지 않을 수 없다. 부부가 서로 품위를 지키며 살아간다는 것은 그렇게 쉬운 일만은 아니다. 남편 측에서 보면 자신의 아내가 현명하지 못하면 권위와 품위를 지키기 힘들다. 왜냐하면 자신의 아내가 지키고 행해야 할 일을 남편이 해야 하는데, 이는 남자로서 품위를 떨어뜨리는 행위가 되기 때문이다. 가정과 부부의 역할 분담 차원에서 볼 때, 엄연히 남편과 아내가 해야 할 일이 구분되어 있다. 특히 자녀를 양육하는 일이나 며느리나 사위를 맞이했을 때, 원만한 가정을 운영하기 위해서 격려와 지도, 충고해야 할 경우가 더더욱 그렇다.

한 가정의 어른으로서 남편과 아내가 해야 할 일이 확연히 구분되기도 한다. 아내의 측면에서도 마찬가지다. 아주 민감하면서 간략하게 중요한 결단을 내리기도 하고, 곤란한 문제에 부딪혀 해결해야 할 경우, 아내의 백 마디 말보다는 남편의 한 마디 말이 권위가 있다. 그러니 남편과 아내는 서로 도우며 자신의 역할 분담을 잘 이행해 나가야 한다. 남편은 권위가 있어야 하고, 아내는 인정(認定)을 받아야 한다. 그것이 부부가 품위를 지키는 방법인 것이다.

금슬(琴瑟)이 좋은 부부의 예를 하나 들어보자.

내가 알고 있는 한 가정이 있는데, 농사를 짓고 살아가는 부부이다. 지금은 두 분 모두 세상을 떠나셨다. 살아 계시다면 현재 90세를 넘었을 것이다. 남편은 어릴 때 가난하게 태어나 결혼 전 젊어서부터 일본과 만주에까지 가서 살다가 온 분이다. 어릴 적부터 세상 어려운 한파(寒波)를 몸소 겪은 분이라고 할 수 있다.

남편은 양분(養分)이 거의 없는 메마른 바위틈에서 자란 소나무처럼 모진 태풍의 바람을 견뎌내기 위해 자신의 몸을 웅크릴 줄 알고, 여름 한낮의 뜨거운 태양빛이 자신을 메마르게 하기 때문에 한줄기 쏟아지는 빗방울이 귀한 줄 알며, 겨울철 심한 찬바람에 몸을 보호하기 위해서 여름철부터 준비해야 한다는 것을 이미 알고 있는 분이었다. 신록의 계절 5월이 와도 자신의 잎과 줄기를 한없이 키우지 않으면서 자신의 뿌리가 바위 사이로 뻗어나가야만 한다는 것을 알았고, 그리고 난 이후에 자신의 가지와 잎을 성장시킬 수 있도록 조절하는 법도 배웠다. 봄, 여름, 가을, 겨울의 4계절이 바뀔 때마다 계절에 적응하기 위해 자신의 힘을 조절하는 방법도 터득해서 내부적으로 양분을 축적해 나갔다. 그런 남편은 무엇보다도 물이 있는 아주 깊은 곳으로 자신의 뿌리를 내리고자 군센 의지로 살아갔다. 그리고 보면 남편은 우선 부부라는 상대를 만나기 이전에 자신의 마음을 통제하며 조절할 수 있는 능력의 소유자였다. 자신은 어떤 사람을 배우자로 만나야 한다는 것을 알고 결혼했으며, 어디에서 무슨 일을 하며 어떻게 살아갈 것이라고 계획을 세워놓고 있는 사람이었다. 그것은 자신이 음지에서 한동안 살면서 따스한 태양이 비추어지는 양지 쪽이 살아가기에 좋다는 것을 느껴온 사람이기 때문이다.

결혼 후에는 온통 사랑을 부인에게 쏟아 자신의 빛으로 부인을 따스하게 하며 새벽 형 인간이 되어, 별빛을 보고 들(field)에 나가 열심히 일을 했다. 아마도 남들보다 배(double)로 더 일을 했을 것으로 추측된다. 부부가 이심전심으로 서로의 뜻을 알고 의사소통이 잘되었다. 특히 장거리 마라톤 경주 같으면 일찍 출발해 남들보다 젊어서 앞서가고 있었다. 앞서가고 있는 내용물은 재산과 자식이라고 생각된다.

정분(情分)이 남달라 밤의 잠자리에서 있었던 일은 이들 부부만 알 뿐 그 외는 아무도 알지 못한다. 자연히 남편과 아내는 선천적으로 성격 좋은 사람처럼 상대에게 부드럽고 온화했다. 자녀의 수도 남보다 적지 않으면서 건강하게 낳고 길러냈다. 아마도 부부가 서로 무척 사랑한 결과라고 생각된다. 이 노부부 개인들을 두고 보면 별볼일 없는 아주 평범한 사람들이다. 그런데 부부가 합해져서 새로운 사람으로 변화되었던 것이다. 나는 이들 부부를 통해서 부부의 힘이 무섭도록 강하다는 것을 알 수 있었다.

물론 말할 것도 없이 이들 부부는 지나친 욕심의 소유자였다. 그러나 다른 사람에게 손해를 끼치는 일은 결코 하지 않았다. 오직 스스로 열심히 노력하며 절약하는 부부였다고 생각된다. 그런데 여기서 우리가 중요하게 다루어야 할 문제는, 남편도 중요하지만 아내 역시 중요하지 않을 수 없다는 것이다.

『주역 강의』(서대원, 2007)에서 보면, 여인에게 기대지 말라는 말이

나온다. "여인은 돈 많은 남자를 만나면 쉽게 몸과 마음을 주기 때문에 이롭지 못하다"는 말이다. 이렇게 쉽게 혼들릴 수 있는 아내라면 남편으로서는 모든 면에서 믿을 수가 없으니 조심하지 않을 수 없는 일이다. 이런 경우에 남편은 인화(仁和)로써 상대를 편안하게 껴안아 가정을 다스려야 한다고 생각되지만, 그게 그렇게 쉬운 일이 아니다. 만약에 이와 같이 혼들리는 아내라면 남편은 부인에게 무조건 의존해서는 안 된다고 생각된다. 이처럼 부부로서의 사랑과 신뢰는 중요하지 않을 수 없다.

부부의 사랑은 행복의 원천인 동시에 자신들의 삶에서 성공 여부를 가늠하는 척도가 된다. 부부의 성공적인 삶은 또한 그들 개개인이 어린 시절 정상적으로 자랐다는 것, 또 그들 부모의 부부생활 역시 행복해서 가정생활이 원만했다는 것을 증명하는 것이기도 하다. 왜냐하면 행복한 가정에서 올바르게 성장하지 않으면, 어른이 되어서도 원만한 부부 사랑이 이루어지기 힘들기 때문이다. 행복한 부부의 조건으로 사랑은 물론이거니와 배려와 관심, 예의와 인내, 희생이 뒷받침되지 않으면 부부 사랑의 결실은 어려우며, 성공적인 성인으로서의 성숙 역시 힘들다고 말할 수 있다.

옛날 스키타이족(族)들 사이에서 어느 고을의 추장(酋長)이 매일 아침마다 잠에서 깨어나면 자신이 거느리고 있는 공동체의 사람들을 불러 모아놓고 이렇게 타일렀다.

"적에 대해서 용감히 싸워라. 그리고 자기 아내들에게 정답게 해주어라." 나라가 안정되고 가정이 편안하게 되려면, 자신의 아내를 사랑해주는 것이 당연한 자연의 도(道)라고 생각한다.

왜 부부 사랑이 중요하냐 하면, 행복을 위한 부부의 성적 만족은 그렇다고 하더라도, 자녀가 건강하게 탄생하고, 또한 이들의 성격이 원만하며 올바르게 성장하도록 하기 위해서이다. 이와 같이 되려면 반드시 부부는 개인적으로 부부생활에 만족하고 마음이 안정되며, 서로가 진실한 사랑을 나누면서 자녀를 잉태하고 성장시켜야 한다.

특히 태어나는 자녀의 성격 문제는 부부사랑에 의해 크게 좌우된다. 부부가 진실로 사랑할 때 태어나는 자녀는 정신적인 면에서도 밝고 총명하며 민첩해진다. 헤겔은 혼인을 단순히 육체적인 관계를 넘어서는 정신적인 관계, 따라서 본질적으로 하나의 인륜적인 관계라고까지 말한다. 부부로서의 의무를 다한다는 것은 결국 배우자에게 귀를 기울이고, 상대의 필요를 채워주며, 서로에게 상대방의 존재가 얼마나 필요한지를, 그리고 상대방에게 가까이 가도록 노력하는 일이 얼마나 중요한지를 아는 일이다.

행복을 만들어내는 부부의 사랑은 일생의 전 기간 동안 계속된다. 훌륭한 남편이라면 자신의 아내를 사랑하는 것은 말할 것도 없고, 자녀의 올바른 성장을 위해서도 최선의 삶을 살아야 하며, 부지런히 일해서 경제적인 자립도 이루어야 할 것이다. 그런가 하면 훌륭한 아내라면 남편의 흠집을 가려주는 방패막이가 되어야 한다. 남녀가 서로 결혼해서 가정을 이루었는데, 만약 행복한 결혼생활을 보내지 못할 경우에는 만족스러운 노인기를 맞이할 수 없다. 노인기 생활의 만족은 행복한 부부생활의 만족에서부터 시작되기 때문이다.

행복한 부부생활은 심리적인 면에 영향을 주어 노인기 정신건강은 물론 인생의 끝자락에서 생(生)을 마감하는 데 긍정적으로 작용한다. 삶의 대부분을 차지하는 중년기 동안의 행복한 부부생활은 지속적으로 마음을 순화시켜, 개인적인 삶에서 자신의 인격을 선(善)으로 충만하게 하며, 생의 의욕을 증진케 한다. 삶에서 오는 고통과 슬픔을 완화시켜주며, 인생을 긍정적으로 유도하기 때문이다.

부부로서 함께 살아간다는 것은 한편으로는 성인(成人)으로서의 삶을 살아간다는 의미이다. 성인으로서의 삶의 특징은 자신을 족히 다스릴 줄 알아야 한다는 것이다. 자신을 다스릴 줄 안다는 것은 어떤 의미인가? 부정적인 삶을 긍정적인 삶으로, 악을 선으로, 괴롭고 슬픈 삶을 즐겁고 보람 있는 삶으로, 절망적인 삶을 희망적인 삶으로, 불행한 삶을 행복한 삶으로, 비양심적인 삶을 도덕적인 삶으로, 현재 끓어오르는 분노를 차분한 마음으로, 부부간의 불화도 화합으로 바꿀 수 있는 자질을 갖추고 있어야 한다는 의미이다.

잘살아가는 부부의 내면을 자세히 살펴보면, 언뜻 보기에는 맹목적으로 살아가는 듯이 보이기도 하고, 의욕적으로 살아가는 듯이 보이기도 하며, 때로는 아주 평범하게 살아가면서 허술하게 보이기도 한다. 하지만 이들 삶의 숨은 이면에는 근신(謹愼), 근검, 절약이라는 정신과 삶의 방향과 목표에 대한 생각이 있고, 열심히 노력하면 잘살 수 있을 것이라는 믿음을 갖고 있다. 또한 자신들의 삶이 이 세상에서 무엇보다도 중요하다는 정신 자세가 숨어 있기도 하다. 특히 남편은 아내를 지극히 사랑하고, 부인은 남편에게 순종하며 살아간다.

부부 사랑의 근본은 서로가 신뢰하는 가운데 이루어진다. 특히 가정의 가장(家長)인 남편은 자신의 사랑스런 부인을 대하는 심정과 삶을 대할 때, 하나를 주고 하나를 받을 것이라는 마음이 아니라, 자신의 전부를 순순히 바칠 각오가 되어 있어야 한다. 이들을 보면 남편은 물론 아내 역시 조금도 옆눈질을 하지 않으며 남편만 보고 살아간다. 아예 자기들에게 주어지지 않는 욕망은 바라지도 않으며, 남편은 오직 아내의 인권을 존중하고 상대가 자기 영역에서 자유스럽게 살아갈 수 있는 충분한 여유를 주어, 그 속에서 꽃을 피울 수 있도록 여건을 제공한다.

성경에서도 "남편은 자신의 몸로 아내를 가꾸어야 한다."고 했다. 얼마나 의미심장한 말인가? 설혹 자기 부인이 외모적으로나 내부적으로 인격이 다소 자신의 기대에 미흡하더라도, 아름답고 착실하며 인격적인 사람으로 변화시키기 위해 모든 노력을 아끼지 말아야 한다. 언제나 자기의 빛을 발해 상대방을 감싸고 자신의 영향력 아래에 두게 해야 할 것이다.

이점을 다르게 표현하면, 남편은 물론 아내 역시 삶의 기술과 지혜를 얻기 위해 스스로 독서하며, 언제 어디서나 항상 창조력을 갖추고 시시각각으로 새롭게 태어나지 않으면 안 된다. 이렇게 열심히 살아가다 보면, 자연히 태어난 자녀 역시 부모가 진실되게 살아가는 모습을 보고 제대로 성장하게 되는 것이다. 이 세상 남편은 누구라도 자신의 부인이 사랑스럽게 보이고 자녀가 올바르게 성장하게 되면, 피드백(feed back) 작용에 의해 삶의 의욕이 배가(倍加)된다. 이런 점을 볼 때 부부를 얽어매는 끈은 자녀, 신뢰, 사랑, 재산이라고 생각한다. 만약에 부부의 정분(情分)의 강도가 약해지기라도 한다고 생각되면, 서로가 변화해 새로운 모습으로 다시 태어나지 않으면 안 될 것이다.

부부생활에서 반드시 지켜야 할 사항은 무엇인가? 부부생활에서 절대적으로 필요한 조건이 하나 있다. 그것은 '청결이다.', 청결은 정결(貞潔)함이며 정결은 곧 성결(聖潔)함과 관계 있다. 『팡세』(파스칼, 2006)에 의하면 "유부녀(有夫女)가 남의 남자와 간통을 하여 얻은 이득을 자신의 남편에게 돌려주어야 하는가?"라는 에스코바르의 설문에 몰리나(Molina)는 그렇다고 대답한다. 왜냐하면 남편은 자기 아내의 성생활의 주인이기 때문이라는 이유에서이다. 레시우스(Lessius)는 이와는 반대 주장을 한다. 간통이라는 좋지 못한 행위는 금전으로 보상될 수 없기 때문이라는 것이다. 이득은 불법이고 자제(自制)는 합법이라는 것이다.

아무튼 성(性)이라는 것은 생명이나 다름없으며, 부부는 성을 매개로 한 몸으로 다시 태어난 것이다. 그런데 자신들의 것 일부를 배우자가 아닌 타인에게 준다는 것은 자기 생명을 포기하고 남에게 주는 것이나 다름없다. 더더욱 중요한 것은, 부부라는 것은 성(性)을 주고받음으로써 남들과 차별화된다. 즉 자신들이라는 경계를 확실히 하는 신과의 맹세이기도 한 것이다. 성이 있는 곳에 정신이 함께 가서 존재하기 때문에, 신성하고 깨끗한 가정을 꾸리게 되는 것이다. 성은 생명처럼 다루어야 한다. 육체의 청결과 영혼의 신성함이 서로 관계가 있다는 것을 알고 있다. 부부의 화합은 주어진 것이 아니라 만들어내는 것이다. 그러니 피차 노력해야 한다.

4장

종교의 문제

1.
신(神)은 존재하는가?

　인간의 삶과 신(神)에 대한 관계는 어떤가? 신이 있다고 확신할 수도 없는데, 인간은 왜 이토록 신을 찾고 있는가? 어떻게 보면 신이 있다고 믿는 것은 아주 막연하면서 과대망상적인 생각처럼 느껴지기도 한다. 그러나 이 세상에는 종교가 있게 되었고 대다수 사람들이 신을 믿고 있다. 언제부터 이런 믿음이 생겨나게 되었겠는가? 왜 그렇게 믿음을 가지지 않으면 안 되었으며, 신을 믿게 됨으로써 우리 인간의 삶에 어떤 이득이 있게 되었는가? 여러 가지 점에서 의문이 든다.

　인간이 살아가는 데 부족한 점이 없을 정도로 세상은 만물이 풍성하고 환경은 아름답다. 인간이 살아가기에 완벽 하리만큼 적합성이 주어져 있다. 애매한 점이 있다면, 신의 존재성이 명확해야 하는데 그렇지 않다는 점이다. 이것만 분명히 해결된다면 인간의 삶에서 가장 중요한 의문점이 사라질 것이다. 이렇게 하나의 존재성이 불확실해서 인간의 삶은 방황하게 되고, 미래가 불안하며, 절망적이기도 한 것이다.

어떻게 보면 인간은 우주와 자연에 소속되어 있으면서, 눈에 보이는 것만이 세상에 존재하는 것처럼 보게 된다. 진실로 깊이 따지고 보면 그것은 허상에 불과하다. 이런 것들은 언젠가는 사라져 없어지는 것이다. 오히려 눈에 보이지 않는 무형의 세계가 생명 현상의 근원이 아닐까? 여기서부터 신에 대한 관념(觀念)이 시작되지 않았나 생각된다.

신을 인간이 생각하는 것처럼 형상화시키는 것은 맞지 않다고 보며, 정신처럼 무형으로 접근해야 할 것이다. 신을 고정화해서 볼 것이 아니라, 언제나 변화하는 유동적인 관념으로 접근하는 것이 옳다고 본다. 인간이 삶을 영위하는 동안 가장 많이 머리에 떠올리는 것이 신에 대한 관념이다. 왜냐하면 인간의 삶은 시간적으로 한정되어 있어서 언제나 불안한 상태에서 벗어날 수 없기 때문이다. 이렇게 볼 때 생명은 무(無)에서 탄생되었고, 결국은 무로 돌아가는 것이다. 여기에서 신에 대한 관념이 자연적으로 생겨나게 된다.

프랑수아 비용의 시(詩)에는 "신(神)은 무엇을 먹고 사는가?"라는 글귀가 나온다.

"······신은 인간보다 슬기로워야 하는 것이다. 지고(至高)한 영혼, 맑은 지성, 뜨거운 그 탄식과 눈물, 인간들이 흘리는 그 정신의 혈액을 하나의 술잔으로 마시고 있는 신들, ······그러나 인간이라 할지라도 모두가 다 신의 양식(糧食)이 되는 것은 아니다. ······신들은 인간의 가장 큰 고뇌, 가장 높은 지성, 가장 순수한 마음, 그런 인간들 영혼의 혈액이 아니면 외면을 할 것이다."

비록 한 편의 시에 불과하지만, 깊이 생각해보면 우리 인간의 의식에서 본 '신(神)'에게 있어서 향연(饗宴)'이라는 제목에는 아무런 손색이 없을 정도로 완벽하고 정확하게 표현한 구절이 아닌가 싶다.

자연을 형성하고 있는 만상만물은 신비스러움으로 가득 차 있다. 신이 존재한다면, 또한 신과 자연은 어떤 관계일까? 아니면 신은 자연 그 자체일까? 밤하늘에 빤짝이는 별들, 꽃과 나비, 꿀과 젖이 흐르는 아름다운 강산, 차디찬 겨울이 지나고 따스하게 봄이 오는 길목, 하얀 달빛 아래 피어나는 매화, 붉게 물든 저녁노을과 산들바람, 아침의 영롱한 이슬과 붉은 태양, 한 줄기 비와 푸른 새싹들, 졸졸 시냇물 위에 떠가는 새파란 잎새, 노랗고 붉은 단풍잎과 맑은 시냇물, 기름진 흙, 응달에 곱게 핀 하얀 들국화, 하늘을 나는 새들, 물속을 헤엄치는 물고기 떼, 여름철 한낮에 우는 매미소리, 가을의 태양 아래 붉게 핀 맨드라미, 겨울 산을 하얗게 뒤덮는 눈송이 등, 어느 것 하나 신비스럽지 않은 것이 없다. 오늘 자신의 눈으로 태양을 바라볼 수 있고 현재처럼 자신이 존재한다는 것은, 어떤 측면에서 보면 신의 의도가 숨겨져 있는 것이 아닐까. 현재의 이런 인간의 삶은 이 지구상에서 가장 찬양받아야 할 가치를 지니고 있는 것이 아니겠는가?

이 지구상에 생명이 탄생된 역사는 40억 년이 되었다고 과학자들은 말한다. 이 생명이 신에 의해 탄생되었든, 아니면 자연발생적으로 탄생되었든, 단백질 덩어리에서부터 아메바에 이르러서 결국은 가장 영적인 인간으로 진화하기까지, 즉 현재의 자신이 존재하기까지, 온 생명의 흐름은 40억 년으로 거슬러 올라갈 수 있을 것이다. 현재 이런 상황에서 자신의 생명이 탄생되었다고 생각할 때, 어찌 본인의 삶을 찬양하지 않을 수 있겠는가? 생명을 갖추고 있는 오늘의 삶은 참으로 신비스럽고 감탄스럽다. 생명을 지키고 보존하기 위해 최선을 다해야 하는 것이 우리의 생명 현상이 아닌가?

『명상록』(마르쿠스 아우렐리우스, 2007)[25]에서는 "우리는 인간이 어떻게 신과 만나게 되는가? 즉 인간이 어떤 부분으로 어떤 상태에 있을 때 신에게 가까이 다가가게 되는가를 생각해보아야 한다."라고 지적한다. 너무나 난해하면서도 해답을 구하기 어려운 내용이다. 신적(神的)이라는 것에 대해 한번 더 생각해보기로 하자. 신(神, 신과 동일한 개념 등)이 없다면 우주의 이 세상 만물이 이렇게 질서정연하게 존재하고, 현재까지 역사의 흐름이 발전적으로 지속될 수 있을까 하는 의문을 가져본다.

『서양철학사』(앤서니 케니, 2004)에서 스피노자[26]는 "자연 속에는

---

25) 마르쿠스 아우렐리우스(Marcus Aurelius Antoninus)는 로마제국의 제16대 황제(재위 161~180)로 5현제의 마지막 황제이며, 후기 스토아파의 철학자로 『명상록』을 남겼다.

26) 네덜란드의 철학자. 종교상의 박해로 이주해온 유대인이 조상인 상인의 아들로 암스테르담에서 출생했다. 유대인 학교에서 헤브라이 어와 탈무드, 성경 등을 배우다가 교리에 대한 의혹이 생겨 성경을 비판, 교회 지도자들을 당혹시키고 여러 번 함구(緘口)할 것을 조건으로 좋은 대우가 제시되었으나 이를 거부, 교단으로부터 가혹한 파문을 당했다(1656). 저주와 박해가 계속되는 가운데 라이덴·라인스부르크·바쿠 등을 전전, 하숙집에서 1660년 『지성(知性) 개선론 Tractatus de Intellectus Emendatione』을 썼다. 네덜란드의 정치적 지도자 얀 드 비트(Jan de Witt)와 알게 된 것도 이때이다(1663). 이어 『신학 정치론 Tractatus Theologico-Politicus(1670)』을 익명으로 출판했는데, 독신(瀆神)의 책이라고 비난을 받았다. 그 해 헤이그로 이주해 필생의 저작인 『윤리학 Ethica Ordine Geometrico Demonstrata(1675)』을 썼는데, 이는 기하학의 논증법을 응용해, 윤리학을 정리(定理)·공리(公理)·계(係) 등으로 체계를 세운 것이었으나 생전에는 출판하지 않았다. 그는 스콜라 철학·르네상스의 철학을 연구해 부르노, 특히 데카르트의 영향을 결정적으로 받았으나, 그 물심 이원론(物心二元論)을 배격하고 사물을 "영원의 상(相) 아래에서 Sub Specie Aeternitatis" 인식할 것을 역설·심적 사유(思惟)와 물적 연장(延長)이 실은 유일한 실체인 신의 속성의 일부분이라고 주장하는 범신론(汎神論)을 전개했다. 윤리학적으로는 유한한 인간이 무한한 신과 합일함으로써 정신적으로 완전한 능동의 상태, 즉 자유를 얻고 "신에 대한 지적 사랑 Amor dei Intellectualis"에 도달하는 것이 최고의 선이며 덕이라고 했다.
만년에는 종교적인 박해에도 불구하고 그의 저서가 널리 알려지고, 이해자가 속출해 하이델베르크의 교수직을 비롯한 여러 호의적인 제안이 들어왔다. 그러나 학문 연구에 만족, 사양하고 평생 독

스피노자

우연적인 것이 하나도 없다. 모든 것이 신성한 자연의 필연성에 의해 특정한 방식으로 존재하고 작동하도록 결정되어 있다. 자연이 필연성에 의해 작동함에도 불구하고 신은 자유롭다고 스피노자는 주장한다. 이 말은 신(神)이 자유선택과 같은 것을 가진다는 뜻이 아니다. 단지 신 자신의 본성의 필연성에 의해 존재하며, 오로지 그 자신에 의해서 자신의 행동이 결정된다고 한다면, 이는 자유로운 것이다.

신과 피조물들은 모두 결정되어 있다. 신의 양태인 피조물들은 신에 의해 결정되어 있는 반면, 신은 자기 자신에 의해 결정되어 있다. 하지만 인간도 어느 정도 자유가 있다"는 것이다. 또한 스피노자의 『윤리학』의 마지막 두 권, 〈인간의 예속에 관해〉, 〈인간의 자유에 관해〉라는 제목에서 "인간이 유한한 외부 원인들에 의해 결정되는 한 그만큼 예속되는 것인데, 즉 인간이 감정에 굴복한다면 우리는 예속되는 것이다. 그리고 우리가 지성의 능력을 발휘한다면 우리는 자유로운 상태에 있는 것"이라고 말한다. 이런 의미를 생각해볼 때, 아무리 신이 존재한다고 하더라도, 인간 역시 신의 구속에서 벗어나 어느 정도는 자유가 주어진다는 의미로 풀이된다. 자연

신으로 지냈다. 그러나 『국가론 Tractatus Politicus(1677)』을 최후의 저서로 하여 이 "신에 취한 사람 ein gottruner Mensch(Novalis의 말)"인 그는 하숙집 쓸쓸한 다락방에서 44세를 일기로 그 고고(高孤)한 생애를 끝마쳤다. 셸링·괴테·헤겔·피히테 등에게 커다란 영향을 주었다. "내일 세상이 망할지라도 나는 오늘 한 그루의 사과나무를 심겠다"는 것은 그의 성실한 정신을 잘 나타내주는 말이다.

과 신, 그리고 인간의 연관성을 언급하고 있다는 점에서 스피노자의 글은 상당히 의미 있다고 할 수 있다.

『인문학 콘서트』(KTV 한국정책방송 인문학 열전 1. 2010)에서도 아우렐리우스 아우구스티누스(Aurelius Augustinus, 354~430)[27]는 "신을 보는 측면이 인간의 이기심의 근거에 의해서 보는 것은 아니다. 신은 우리 영혼에 내재하는 진리의 근원이므로, 신을 갖고자 한다면 자신의 영혼으로 통찰의 시선을 돌려야 한다."고 주장했다. 신(神)이란 어떻게 생각해보면 모든 생명체의 밑바닥에 존재하는 또 하나의 영원한 생명이라고 할 수 있을 것이다.

『불안의 개념』(쇠렌 키르케고르, 2005)에서도 "키르케고르는 자기 개념에 대해서 자기를 종교적 차원에서 이해한다. 그에 의하면 절망의 뿌리가 완전히 뽑힐 때 자기의 상태를 기술하는 공식은 다음과 같다. 자신에게 이어져 있으면서, 그리고 자신이기를 원함으로써, 자기는 자신을 만든 힘(권능)에 투명하게 자신의 근거를 두고 있다. 쇠렌 키르케고르의 경우

아우렐리우스 아우구스티누스

이 힘, 이 권능은 곧 신(神, 하나님)이다. 그리고 신(神)과의 관계는 자기의 존재론적 성질이다. 키르케고르에 의하면, 이런 신적 관계를 결여하면 자기는 결코 자신을 완전히 현실화시킬 수도 없거니와 자신을 유일한 자기로 인식할 수도 없다."라고 기술하고 있다.

---

27) Aurelius Augustinus는 초대 그리스도교 교회가 낳은 위대한 철학자이자 사상가, 고대문화의 최후 위인이자, 중세의 새로운 문화를 탄생시킨 선구자였다.

인간이 신을 믿지 않고 살아가면 마음의 공허와 허전함 그리고 미래의 절망감으로 인해 삶이 불완전하게 된다는 것이다. 그러나 신이 존재한다고 생각하고 신을 공경하며 받들며 살아갈 때 삶은 희망적으로 미래를 향해 전개되며, 생명의 영원성으로 불안한 마음은 없어질 것이다. 이 점이 우리 인간의 삶에서 신을 믿어야만 하는 중요성이라고 생각한다. 아무튼 신은 자신의 영혼 속에도 내재해 있는 것이 아닌가하고 생각해본다.

철학은 어쩌면 신의 존재 유무를 파악하기 위한 사전단계로서 설문(說問)에 지나지 않는다고 한다. 하지만 역사가 생긴 이래 가장 좋은 삶의 방법은 선조들도 그랬듯이 계속 신을 믿고 종교를 가지는 것이다. 『팡세』(파스칼, 2006)에서도 보면 "신의 존재를 파악하기 위해서는 철학의 존재를 넘어서라고 말하면서 신앙적 결단은 분명히 이성을 초월하지만 결코 이성에 어긋나는 것은 아니다. 진정한 이성은 그 자신의 논리에 의해 자신을 넘어서는 무한한 세계가 있다는 것을 인정해야 하기 때문이다. <이 이성(理性)의 부인(否認)보다 이성에 더 합치되는 것은 없다>(단장 367). 이성이 참으로 이성다울 수 있는 것은 자신의 한계를 정확히 인식하고 자신을 넘어서는 것에 스스로 복종시키는 데 있다."라고 말한다. 그렇게 할 때 신의 존재를 인정할 수 있다는 것이다.

여기서 파스칼은 명상과 기도를 계속해서 결국 신의 구원의 손길[28]을 잡았다는 내용이 나온다. 여기서 나오는 구절을 보면 거짓

---

28) 신의 구원의 손길이란 어떤 의미가 있는가? : 여기에서 앞뒤의 문맥을 보면 다음과 같다. 파스칼의 현실의 삶에 대한 혐오, 그러나 계속되는 신의 침묵 - 이 고뇌를 안고 파스칼은 빈번히 자클린(파스칼의 누이)을 찾았고, 명상과 기도를 계속했다. 마침내 1654년 11월 23일 밤, 그는 뜨거운 감

이나 허위라고 보기에는 너무나 거리가 먼 진실이라는 생각이 들지 않을 수 없다. 인간은 아무리 생각해도 인간 자신의 의식으로는 신의 유무를 판단하기 어렵다. 『팡세』(파스칼, 2006)의 〈인간의 인식에서 신으로의 여행〉에서도 "신의 존재를 파악하기 위해서는 실체를 눈으로 확인하려고 해서는 안 된다. 눈에 보이는 것 외에 다른 것이 있다는 사실이 얼마나 확연한가를 생각하며, 혹시 신이 자신의 표시를 남기지는 않았는지 찾았다."라고 기술하고 있다.

영감(inspiration)에 대해서는 어떻게 생각하는가? 한참 그 사람을 생각하고 있는 중에 하필이면 그 사람으로부터 전화가 걸려온다는 것에 대해 어떻게 생각하는가? 무당개구리가 얼룩덜룩한 색깔로 자신을 보호할 수 있게 되는 것에 대해서는? 소크라테스는 사람에게 눈썹이 있어 빗물로부터 눈을 보호하도록 만들어진 것에 신적인 의미를 부여했다.

그러나 신이 있느냐 없느냐는 너무나도 주관적이다. 우리는 신의 유무에 대해 어떤 관점에서 접근해볼 수 있는가? 아마도 이런 점을 생각해볼 수 있을 것이다. 우주 자연의 현상과 원리는 물론 신비함, 동물의 본능과 습성, 개개인이 살아오면서 심령의 움직임과 느낀 점, 종교적 교의(敎義), 세상의 허무함과 인간 능력의 한계, 내가 존재하지 않는 세상의 상상력(想像力), 동물의 먹이 사슬, 꿈의 현상, 무당의 언어, 삶과 죽음의 경계에 대한 이해 등이라고 생각한다.

격과 환희 속에서 신의 구원의 손을 붙잡았고 은총의 세례(洗禮)를 받았다. 그는 이 밤의 경험을 황급히 양피지에 적었고 그것을 죽을 때까지 남몰래 몸에 지니고 다녔다. 〈기쁨, 기쁨, 기쁨, 기쁨의 눈물〉, 〈예수그리스도에 대한 전적인 복종……〉, 이것은 무슨 신비주의자의 환각도 아니고 정신착란도 아니다. 『메모리알』 가운데 정확히 적혀 있는 여러 성서의 구절들은 이것이 진지한 명상과 기도에 대한 신의 응답이었음을 말해준다.

이와 관련해 한 통계에 의하면, 세상에는 남자와 여자의 성비가 동일한 수로 태어난다고 한다. 한 예로서 큰 전쟁이 일어나 남자의 인원이 크게 줄어들면, 그 후 곧 바로 남자의 아이가 대량으로 태어난다는 것이다. 정말 놀라운 사실이 아닐 수 없다. 아무튼 인간은 신의 유무에 대해서 아주 주관적이다. 오직 자신의 영감과 삶의 경험에 의해서 스스로 판단해야 할 문제이다.

그리고 인간은 어쩐지 신을 믿지 않으면 불안하고, 자신도 모르게 배우자를 구하듯이 항상 마음에 절대자인 신을 구하게 된다. 이런 현상이 아무것도 아닌 것 같지만, 어떻게 생각해보면 대단히 중요한 형이상학적인 문제들이다. 나는 본능적으로 행하게 되는 인간 행위의 후면에는 반드시 신의 흔적이 함께 존재한다고 믿고 있다. 본능적인 행위를 신의 흔적이라고 단정하고 싶은 것에서 그렇다. 왜냐하면 하찮은 곤충이나 짐승들의 본능적인 삶에 대한 습성이, 신과 자연은 물론 인간의 이성다운 법칙에 하나도 어긋남이 없이 합당하다고 생각되기 때문이다. 즉 우리 인간의 눈으로 보았을 때 그들의 본능적인 행동은 하나의 착오도 없이 자연의 본성에 맞추어 살아가고 있는 것이다.

어쩌면 이런 본능적인 행위 자체가 신에 합당하다고 한다면, 우리가 본능적으로 찾고 있는 신 자체도 존재한다고 할 수 있지 않을까? 만약에 신이 우리 인간에게 모습을 드러낸다면 이 세상은 이 상태로 유지될 수 없을 것이다. 누구나 전부 신만을 숭배하며 따르게 될 것이기 때문이다. 인간에게는 무형의 의미가 중요한데, 신의 문제 역시 인간의 눈으로 확인할 수 없는 형이상학적 차원에서, 이대로 남아 있는 것이 오히려 당연한 것이 아닌가 하는 생각이 든다.

2.
죽음을 어떻게 준비해야 하는가?

인간이 한평생 살아가면서 지속적으로 연구해야 하는 문제는 여한(餘恨)이 없는 죽음을 맞이하기 위해 어떻게 삶을 사느냐 하는 것이다. 삶은 죽음을 전제로 하지 않을 수 없고, 또한 죽음은 삶을 전제로 하지 않을 수 없다. 결국은 후회 없는 삶을 살고 편안하게 죽음을 맞이하는 것이 삶에서 가장 최고의 목표이다. 『몽테뉴 수상록』(몽테뉴, 2015)에서도 "그 날(죽는 날)은 중대한 날이다. 다른 모든 날들을 심판하는 날이다. 그 날은 지나간 나의 모든 세월을 심판해 볼 날이라고 옛 사람은 말한다."고 되어 있다. 죽기 전에는 그 사람을 비판할 때 행복했느니 불행했느니 함부로 말할 것이 아니라, 최후의 죽는 순간까지 보아야 그 사람의 일생을 정확히 판단할 수 있다는 말로 풀이된다. 그 정도로 죽음은 각자 인생에서 가장 중요한 사안이 아닐 수 없다.

인간으로서 자신의 죽음을 냉철히 생각해보아라. 사실 말로 표현할 수 없는 두려움과 공포가 엄습해온다. 남의 죽음에는 많이 직면해보지만, 정녕 자신은 살아 있기에 곧 죽음에 대해 잊고 만다. 그러나 언젠가는 남의 죽음처럼 자신에게도 어김없이 죽음은 엄습해 온다.

반대로 생각해보면, 인간이란 태어나는 순간부터 어떻게 죽음을 맞이할 것인가가 중요한 과제가 아닐 수 없다. 어떤 삶을 살다가 죽음을 맞이할 것인가. 보잘것없는 동물처럼 삶을 살아갈 수가 있는가 하면, 인간으로서 아주 훌륭하게 삶을 살다가 세상을 떠날 수 있기 때문이다.

『장자』(최효선 역해, 1997)를 보면 "인간이 자연과 하나임을 깨닫는다면 인간은 죽음의 공포에 의한 본질적인 부자유를 벗어나고 인간 스스로 자연을 대상화하여 자초한 비극성을 면할 수 있을지 모른다. 생사길흉화복의 변화는 예측할 수 없으며, 꿈과 생시의 구별에 대한 인간의 인식 또한 믿을 만한 것이 못 되니, 세속을 초월하여 자연의 운행과 행로를 같이함이 어떨까?"라고 기술한 내용이 나온다. 하지만 여기서 인간이 자연과 하나임을 깨닫는다는 것은 그렇게 쉬운 일이 아니다.

물론 남의 일이지만, 어느 대학교 동창생인 J씨는 현재 암으로 투병 중이다. 위를 전부 절제하고 항암요법을 받기 위해서 한 달에 두 번씩 서울 ××대학병원에서 치료를 받고 있다. 2018년 12월 24일 K 대학교 지역 동창회에 J씨도 참석했다. 얼굴에 핏기라고는 전혀 없고 몸은 야위어 체중이 감소한 것이 뚜렷하게 외부적으로 나타나 보였다. 동창생들이 모여 술을 먹으며 활기차게 떠들고 웃고 하는 가운데, 그래도 J씨는 자신의 괴로움과 아픔을 보이지 않고 평상시와 다름없이 건강한 사람처럼 대화하면서 회의에 동참하고 있었다. 사실은 자신의 생명의 불꽃이 꺼져가고 있는 진행형인데도. ······동창생이라는 이름은 겉으로 보기에는 친하고 정이 두터워 보이지만, 내심 사실을 알고 보면 꼭 그런 것만도 아니다. 서로가 경쟁, 시기하는 관계가 더 많은 경우도 있다. 물론 특별히 친한 경우는 그들끼리 진실한 친구로서 서로 도우며 살아가는 경우도 있지만, 그런 예는 그렇게 많지 않다. 그들 동창생들 가운데 J씨의 건강을 진심으로 자기 몸처럼 생각하고 마음 아파하는 사람이 과연 몇 명이나 있을까? 한편으로는 누구나 다 서로가 건강하기를 바라겠지만, 어쩔 수 없이 운명에 자신들을 맡기지 않을 수 없는 일이다. 그 자리에 참석한 J씨의 속마음은 과연 어떠했겠는가? 겪어보지 않은 사람은 도저히 알 수 없는 세상에서 가장 슬프고 아픈 마음이 아니었을까 하고 생각해본다.

이부영 교수의 〈인문강단〉(2013. 12. 15. KBS 1 TV. 아침 06:30)을 참고하면, 우리의 태양도 50억 년 이후에는 붕괴해 죽게 될 것이라고 한다. 죽으면서 붕괴할 때 그 에너지를 우주로 환원해야 새로운 별이 탄생된다는 것이다. 만약 태양이 죽으면서 그 에너지를 우주로 환원시키지 않으면 새로운 별은 탄생되지 않는다고 하니, 정말 신기한 노릇이 아닌가? 그리고 별이 죽을 때에는 사람이 마지막 임종 시 숨을 몰아쉬며 호흡하듯이 큰 소리를 낸다고 한다.

은하계(銀河系)도 태어나고 죽으면서 우주로 돌아간다고 하는데, 그때 내는 에너지는 우주에 환원된다고 한다. 은하도 별들도 죽고 탄생하는가 하면, 우리 몸의 대부분을 이루는 수소나 산소 역시 우주로부터 온 산물이라고 생각할 때 우리가 태어나고 죽는 것 또한, 우주의 일부이기에 아주 당연한 일이 아니겠는가 하고 생각해보기도 한다. 그래서 우주에 속한 은하나 별들도 자연적으로 우주로 돌아가듯이, 인간의 죽음 역시 우주의 법칙에 따라 자연으로 돌아가야 하는 것이다. 다만 인간의 죽음을 스스로 준비해 갑작스럽게 죽음을 맞이하지 않도록 하는 것이 인간으로서 충실한 삶을 살아가는 자세라고 생각한다.

삶이란 사실 고달픈 여정이다. 삶이란 자신이 행복해지기 위해 욕심을 채우는 과정이라고 말할 수 있을 것이다. 그러나 행복보다는 우리에게 닥쳐오는 것은 불행이 더 많다. 우리의 삶은 실제적으로 행복하거나 즐거움이 많기보다는 고통, 슬픔이 더 많다고 볼 수 있다.

『자조론/인격론』(새뮤얼 스마일스, 2007)에서 보면 "토머스 브라운은 '죽음은 인간 행복의 필수조건'이라고 주장했다. 그는 매우 완강하고 설득력 있게 자신의 주장을 옳다고 단언했다." 왜 그랬을까? 이분은 아마도 삶 자체는 괴로움이며 고통이라고 생각했을 것이기 때문이다. 이와 같은 입장이 아니더라도, 죽음은 쾌락과 고통이 영원하게 없어진 아주 고요함으로 침잠되는 것으로 본다.

그런가 하면 우리의 생명 역시 자신의 삶을 보전하기 위해 얼마나 많은 무고한 생명들, 유기체(有機體)를 음식으로 먹어왔는가? 인간은 그렇게 해서 삶을 영위해놓고 자신의 생명은 귀하다고만 우겨야 하는가? 자연의 입장에서는 인간의 생명이나 그외 다른 종(種)들의 생명들이나 똑같은 생명일 뿐 차이가 없다. 그렇다면 나의 생명 역시 자연의 섭리에 의해서라도 자신의 생명을 다른 유기체에 돌려주어야 마땅할 것이다.

이 지구상에서 생명의 리듬에 따라 감각을 가지고 느끼며 살아가는 어떤 유기체이든지, 수명이 그렇게 오래 지속할 수는 없는 일이다. 그렇게도 강인한 바위도 세월의 무게를 견디지 못해 균열이 가고 약해져서 무너져 내리고 있는데, 인간의 생명만은 영원하리라는 법칙이 작용할 수 있겠는가? 그것은 아니라고 대답해야 마땅하다.

예를 들어서 자녀들을 완벽하게 성장시켜서 그들 자신이 독립하여 부모보다도 더 완벽한 삶을 살아갈 수 있다고 확신하며, 부모 역시 자기의 삶을 행복하게 살았으며, 또한 자기가 원하는 업적을 이루어 삶을 마무리했고, 자연의 섭리에 따라 노쇠해 이제 죽을 수밖에 없을 경우라면, 그렇게 삶을 후회하고 죽음을 두려워하지 않을 것이다. 그러니 죽음을 두려워하기보다는 신(神)의 의도대로 충실한 삶을 살았느냐고 물어볼 일이다.

등소평은 자기가 죽은 뒤 화장을 해서 태평양(大洋)에 뿌려달라고 유언을 남기고 세상을 떠났다. 그 결과 본인의 소원대로 비행기로 유골을 태평양에 뿌렸다고 한다. 그것은 자기 인생을 다 살고 갔다는 맥락에서 원도 한도 없다는 의미가 아닐까. 누구나 자기 인생을 다 살고 가는 것은 정말 중요한 일이 아닐 수 없다.

죽음은 중단도 휴식도 없이 낮밤을 가리지 않고 덮쳐온다. 『마르쿠스 아우렐리우스의 명상록』(2007)을 보면 죽음에 관해 "우주는 온갖 변화에 의해 유지되며, 그것은 기본적인 원소의 변화뿐만 아니라 원소가 모여 이룬 사물의 변화도 포함한다. 변화는 자연의 속성이다. 이 원리에 만족하고 그것을 신념으로 삼아라. 그리하여 죽음과 맞이해도 괴로워하며 불평하기보다는 즐겁고 가식 없는 마음으로 신(神)에게 감사해야 한다."라고 기술하고 있다. 그렇다면 현재 이렇게 아름다운 세상이 영원히 유지된다는 것은 우리들보다 앞서 살다 간 고귀한 생명들의 순환작용 때문이라고 생각할 수 있을 것이다. 지금 이 시간에도 얼마나 많은 생명들이 죽어가고 있으며, 또다시 태어나고 있는가? 현재를 살아가고 있는 인간을 비롯한 생명들 역시 곧 흙으로 돌아가리라고 생각하고 열심히 살아가야 한다. 그래서 자기가 살았던 공간을 후손에게 비워주고 떠나야 한다. 죽음을 두려워할 것이 아니라, 서둘러 죽음을 준비해야 한다.

콜버그(Lawrence Kohlberg. 1927~1987)의 이론에서도 그의 도덕성 발달 7단계 수준은 우주적 영생(永生, 영원무궁한 생명)을 지향하는 단계에 이른다. 즉 "이와 같은 도덕 문제는 도덕이나 삶 자체가 문제가 아니라, 우주적 질서와의 통합이라고 보는 단계이다. 예수, 간디, 마틴루터 킹, 공자, 소크라테스, 칸트, 본회퍼, 테레사 등은 도덕가이자 종교 지도자이다. 철인(哲人)들의 목표가 곧 우주적인 원리이고, 그들의 사상은 우주적인 원리와 동일하다고 볼 수 있다. 생명의 신성함, 최대 다수를 위한 최선의 원리, 인간 성장을 조성하는 원리 등이 우주적인 원리에 속한다."라는 것이다. 이 말은 인간 죽음 자체는 또 하나의 생명체인 우주에 합일 하는 것이라는 말로 풀이된다.

나는 죽음을 준비하기 위해서, 그리고 연습하기 위해서 삶과 죽음의 중간 과정, 즉 중간 단계가 무엇일까 하고 생각해보았다. 그것은 곧 살아 있으면서 죽음과 비슷한 경지, 즉 참선, 명상, 요가와 같은 것을 통해서 마음이 아주 고요한 상태, 즉 바로 죽음이나 다름없을 정도로 생각이 없는 무아지경의 상태에 진입해보는 일이 아닐까 생각한다. 이런 방법이 죽음의 두려움을 조금이나마 무화(無化) 시킬 수 있을 것이기 때문이다.

우리가 취해야 할 행동은 평소에 수양을 통해 마음을 안정시키고, 죽음을 조심스럽게 준비해야 한다. 누구나 언젠가는 맞이해야 할 죽음에 대한 두려움을 조금이라도 없애도록 노력해야 할 것이다. 선각자들은 영혼이 죽는지 영생하는지 아는 것은 삶 전체에 중대한 문제라고 말한다.

나는 책에서 "삶과 죽음은 하나이며, 죽음은 삶의 한 형태이며 과정이다."라는 내용의 글을 읽은 적이 있다. 그때 나는 의아하게 생각했다. 내가 생각하기에 엄연히 죽음과 삶은 구분되어 있는데, 왜 이렇게 책에 쓰여 있는지 이해가 되지 않았다. 다만 영적으로 밝은 분들은 아마도 그렇게 느끼게 되는가보다 하고 생각할 정도였다.

그런데 『천서』(한당, 2006)라는 책에서 보면, "인간세계의 가치 기준만으로 볼 때는 삶과 죽음이 엄연히 구분되어 있지만, 영혼의 세계에서는 삶과 죽음이 하나로 연결되어 있어 시공(時空)이 따로 존재하지 않는다."라고 기술하고 있다. 물론 이 설명이 일반 사람에게는 도저히 이해되기 힘들다. 그러나 신앙이 깊고 영적으로 밝은 사람은 무언가 그렇게 깨달음이 있었기에 이렇게 밝히고 있는 것이 아닐까? 그래서 선각자들은 죽음을 한 순간의 이동으로 생각한다. 삶에서 죽음으로의 이동이라는 것이다.

『승려와 철학자』(장 프랑수아르벨 & 마티유 리카르, 1999)에서도 보면 "수도자는 어떻게 죽음에서 벗어날 수 있을까라고 자문하는 대신, 어떻게 하면 불안 없이 신뢰와 평정으로 '바르도[29]'의 중간 상태를

---

29) 바르도(Bardo)는 불교 용어로서 죽음을 당한 직후부터 사람으로 환생하기 전까지 머무르는 사후의 중간 상태를 말한다. 자의든 타의든 죽음을 경험한 의식체는 육체를 상실한 직후 49일 동안 바르도에 머무르게 되는데, 이때 세 차례의 바르도를 경험하게 된다고 한다. 첫 번째 단계 : 치카이

지나갈 수 있을까? 하고 생각합니다. 전 생애를 자신을 변화시키는 데 바쳐온 수도자는 아무런 후회 없이 평온하게 죽음에 다가갑니다. 인간이라는 존재, 현상의 견고(堅固)함, 소유에 대한 모든 애착이 사라진 이상 죽음을 두려워할 이유는 없습니다. 죽음은 친구와 같은 존재, 삶의 한 단계, 한순간을 옮겨갈 뿐입니다."라고 죽음에 대한 수도자의 견해를 피력하고 있다.

또한 『살아 있는 것은 다 행복하라』(법정, 2006)에서는 "생명은 우주의 진리이다. 근원적으로 죽음은 존재하지 않는다. 다만 변화하는 세계가 있을 뿐, 이미 죽은 사람들은 어떻게 존재하는가. 그들은 다른 이름으로 어디선가 존재하고 있다. 불멸의 영혼을 어떻게 죽이겠는가?"라며 자신의 뜻을 밝히고 있다. 이 말이 진실이라고 해도 믿기 쉽지 않다. 아마도 이 말은 불교 수도승이기에 하는 말씀처럼 들린다. 일반적인 사람의 입장에서는 사람이 죽으면, 그것으로 끝이라고 생각하지 않을 수 없다. 아무튼 죽음에 대한 우리의 현실은 두렵지 않을 수 없다.

노년기에 죽음을 준비하는 측면에서 자기실현을 위한 과업은 무엇인가? 지금 살아 있는 내가 당장 죽음을 위한 준비를 위해서 무엇을 해야 하는가? 꼭 내가 죽기 전에 이룩해야 할 생의 과업이 있다면 현재 얼마나 추진하고 있는가? 훌륭한 사람들은 어떻게 살다가 죽음을 맞이하게 되었겠는가? 그들은 어떤 모습으로 죽어갔는가? 나는 어떻게 현재까지 살아왔고 앞으로의 여생(餘生)을 어떻게

바르도 Hchikhahi Bardo-죽음 순간의 바르도. 두 번째 단계 : 초에니바르도 Chosnyid Bardo-존재의 근원을 체험한 바르도. 세 번째 단계 : 시드파 바르도 Sridpahi Bardo-환생의 길을 찾는 바르도. 『티벳 사자(死者)의 서(書)』

살다가 생을 마감할 것인가? 이와 같은 질문에 대한 해답을 찾고 현재의 삶을 정리하면서 오늘을 살아야 한다. 신의 의도에 의한 삶과 죽음이라면, 신과 나의 관계는 어떠해야 하는가? 마음을 정리해야 할 부분이 너무도 많이 남아 있다.

우리나라의 한 해 총 사망자 수는 평균 27만 명 정도라고 한다. 하루에 약 700명이 목숨을 잃게 된다는 통계이다. 죽음을 준비하는 과정은 바로 무화(無化)의 과정을 밟아야 할 것으로 생각된다. 마음을 비워야 한다. 원래 인간이 태어나기 이전의 상황으로 되돌아가야 하는 것이다. 지속적으로 인간의 욕심을 버리고, 세상의 모든 삶과 이별하며, 후회와 미련을 떨쳐버리고, 생각을 지우고 또 지워야 할 것이다.

마음에서 삶의 애착을 완전히 비운 상태에 이르러야 한다. 이 과정이 삶에서 가장 힘들고 어려운 작업이 아닐 수 없다. 눈물과 슬픔 없이는 마음을 비울 수 없는 가장 고된 작업이라고 아니할 수 없다. 그냥 마음을 비우는 것이 아니고, 마음을 영원히 무(無)로 정리해야 하는 작업이다.

죽음을 준비하는 데에는 여러 과제들이 있겠지만, 그중에서도 중요한 것은 자신을 잊고 번뇌망상(煩惱妄想)에서 벗어나도록 하는 일이다. 즉 자기라는 아집(我執)에서 벗어나 우주자연에 귀의하는 것이다. 죽음은 자기를 잃는 것이기 때문에 수시로 이런 훈련을 함으로써 죽음과 유사한 경지에 들도록 할 것이다.

『달라이 라마, 물음에 답하다』(최평규, 2012)를 참고하면, 죽음에 대해 명상을 하는 것이 대단히 유익하다고 한다. 왜냐하면 첫째 죽음이나 인생의 덧없음에 대해서 깊이 생각하면, 우리 마음은 자연과 정신적 성취에 흥미를 갖기 시작한다는 것이다. 둘째, 명상을 함으로써 덧없고 무의미한 행위에 마음을 빼앗기는 일이 없어지기 때문이다. 즉 이 순간의 삶이 무엇보다도 중요하다는 것을 알 수 있게 된다는 의미이다. 셋째, 죽음을 항상 의식하고 있으면 죽음이 찾아와도 놀라지 않고 죽음을 수용할 수 있다는 것이다. 즉 죽음을 맞이할 때 마음의 평온을 유지할 수 있다는 의미이다.

중국 송나라 때 주신중(朱新仲)의 인생 오계(五計)와 관련해, 우리나라 조선 중기에 전통 선비층을 중심으로 어떻게 해야 죽음을 두려워하지 않고 편안한 마음으로 맞을 수 있느냐는 사계(死計) 문화가 번지게 되었다고 한다. 이것이 이른바 오멸(五滅)[30]이라는 노후 철학이다. 이렇게 사계(死計) 철학 역시 편안한 죽음을 위해서 도움을 주리라고 본다.

그렇게 하여 나는 영원한 이별에 대한 노래가사를 하나 지어보겠다.

이제 희망으로 가득 찬 연분홍 꽃잎은 지고 지저귀는 새소리도 이미 그쳤다. 가족의 따스한 숨결은 바람과 함께 사라지고 힘찬 목소리와 호탕한 웃음소리, 왕성한 식성(食性)도 소멸한 지 오래다. 강산을 주름잡던 젊음의 발자국은 그림자마저도 거두었고, 아름다운 노래 소리도 들

---

30) 첫째가 멸재(滅財)로서 삶에 미련을 잡아주는 재물(재물의 관념)을 극소화하라. 둘째, 멸원(滅怨)으로서 남과의 원한(怨恨)을 애써 풀어라. 셋째, 멸채(滅債)로서 남에게 빚진 물질적 정신적 부채를 청산하라. 넷째, 멸정(滅情)으로 정든 사람과 정든 물건과 정을 없애라. 다섯째, 멸망(滅亡)으로 죽어서도 죽지 않는다는 관념이다.

리지 않는다. 붉게 떠오른 태양은 이미 서산으로 저버렸으며, 새벽종소리도 이상 들리지 않는다. 오직 있는 것은 고요와 적막이며 영원함이다. 눈물샘이 마르도록 눈물을 흘러야 하고, 가슴이 찢어지도록 울어야 하며, 이편에서 저편으로, 이쪽에서 저쪽으로 완전히 방향을 바꾸어야 한다. 밝은 태양의 빛에서 어두운 암흑의 세계로, 따스한 가족의 품에서 삭막하고 차디차며 황폐한 어둠의 세계로, 주변사람들의 기억에서 까마득한 전설 속으로 잊혀져야 한다. 바다 속 깊은 곳으로 침잠하는 것도 아니고, 끝없이 높은 하늘나라로 비상하는 것도 아니며, 바람결에 날려서 보이지 않는 한편으로 밀려버리는 것도 아닌, 이 지구상에서 흔적도 없이 사라지는 것이다. 아, 영원한 이별이여! 그리고 영원한 침묵이여! 어디에서 태어나 어디로 가는 것인가? 신(神)이여! 이 수많은 의문을 풀 수 있게 해다오! 이 허무함을 대신해 어디에서 무엇으로 찾는단 말인가? 그러나 우리의 삶은 이것으로 끝나는 것은 아니며, 또 다른 세상에서 아주 다른 모습으로 새롭게 태어나는 것이니, 죽음의 한 순간에도 영혼의 날개를 펼쳐야 한다. 새로운 아주 머나먼 세계로…….

한편으로 이 죽음은 나의 일이 아니고 신(神)의 일이 아닐까 하는 생각이 들기도 한다. 죽음이 언제 나를 부를지 모르지만, 부르면 가지 않으면 안 될 상황이 되는 것이다. 누구나 자살을 제외하고는 죽음을 자유자재로 할 수 없다. 『세네카 인생론』(세네카, 2007)에는 다음과 같은 구절이 나온다. "현자(賢者)는 자기는 자기의 것이 아니라는 것을 알고 있기 때문에, ……언제나 반환(返還)하라는 명(命)을 받을 때에는 운명의 여신에게 불평을 하지 않고 다음과 같이 말하지, '나는 지금까지 점유해 가지고 있던 것에 감사드립니다.'"

특히 죽음을 즐겁게 맞이한다는 것은 성인(聖人)이 아니면 드문 일이다. 그러니 우리와 같이 생명이 있는 인간은 언제 죽음이 나에게 찾아오든 갈 수 있는 만반의 준비를 끝내고 기다리는 마음가짐이 황혼기에 접어든 노인의 기본적인 자세가 아닌가 생각한다. 군대 입대하기 위해 군대에서 출두하라는 호출장을 기다리고 있는 대기자(待機者)의 생활 자세와 비슷할 것이다.

『노자』(김홍경, 2003)를 보면 "옛날에 진인(眞人)[31]은 삶을 즐거워하지도 않았고 죽음을 싫어하지도 않았다. 그 태어남을 기뻐하지도 않았고 그 돌아감을 거부하지도 않았다. 거칠 것 없이 가고 거칠 것 없이 왔을 따름이다."라고 표현한다. 이 말은 진인이었기에 그렇게 피력할 수 있을 것이다. 하지만 일반 평민은 삶을 즐거워하고 태어남은 자신의 의지대로 할 수 없으니 어쩔 수 없고, 다만 죽을 때만은 후회 없는 삶을 살다가 행복하게 죽었으면 하는 바람일 것이다.

그렇지만 행복한 죽음이 어디 있을 수 있겠는가? 오직 깊은 믿음과 영성, 사랑 속에서 죽음을 맞는 것이 처절한 죽음은 피할 수 있는 하나의 방법이 아닌가 하고 생각해본다. 그런 의미에서 자신은 어떤 형태와 모습으로 죽어갈 것인가? 반드시 예상해보아야 한다. 보통 사람들에게 찾아오는 실제적인 죽음은 엉뚱한 곳에서 부적절한 시기에 예상치 못한 모습으로 찾아온다고 한다.

자신은 어떤 죽음을 맞게 될 것인가? 의식이 있는 상태일까? 의식

---

31) 도교(道教)의 깊은 진의(眞義)를 닦은 사람이다. '진의'란 어떤 사람이 마음속에 품고 있는 진짜 의도, 흔히 그 의도가 겉으로 나타난 언행으로 얼른 파악하기 어렵거나 상대에게 전달이 잘 안 될 때 쓰는 말.

이 없는 상태일까? 얼마나 고통 속에서 죽음을 맞게 될까? 비참한 죽음은 아닐까? 예고된 죽음일까? 갑작스럽게 맞이한 죽음이 될까? 가족이 지켜보는 가운데 죽음을 맞이할 수 있을까? 홀로 쓸쓸하게 죽어갈까? 이런 것들을 미리 예견해볼 수 있을 것이다.

죽음과 관련해 한 가지 예로서 불교에서는 돌아가신 사람의 영혼을 영가(靈駕)라고 말한다. 영가에서의 '가(駕)'는 영(靈)을 높여서 부르는 말이다. 불교에서 탄생이란 물질계에서의 탄생이 있고 비 물질계에서의 탄생이 있다고 한다. 보통 사람이 죽으면 귀신이 된다고 말한다. 그러나 귀신도 탄생하고 죽는다고 하니, 탄생과 죽음에 관해 우리 인간은 새로운 깨달음이 있어야 할 것 같다. 여기서 한 가지 중요한 점은 비 물질계에서의 탄생이다. 우리의 눈에 보이지 않지만 탄생과 죽음이 존재하고 있는 것으로 풀이된다. 죽음을 준비하는 사람으로서 이점에 주의 하지 않으면 안 될 것이다.

그러면 어떻게 죽음을 준비해야 하는가?

① 가슴에 신(神)을 간직하고 죽음을 맞이해야 한다. 죽음을 맞이하는 사람에게는 이 부분이 대단히 중요한 부분이다. 이 믿음이 없이는 좋은 죽음을 맞이할 수 없다. 이렇게 해야 죽음은 절망이 아닌, 영원한 희망의 세상으로 귀의할 수 있을 것이기 때문이다.

② 세상을 착하고 바르게 살아야 한다. 한 점 남에게 피해를 주지 않고, 한 점 하늘을 향해 부끄러움 없이 살아야 한다. 삶은 물론이지만 죽음 역시 자신의 마음속에 있는 것이다. 무엇보다도 착하고 바르게 살아가는 것이 최대한 죽음을 준비하는 것이다. 아마도

이 방법이 죽음의 두려움을 없앨 수 있는 유일한 방법이 아니겠는
가 생각해본다.

③ 사랑하는 가족과 영원히 헤어져야 하기 때문에 부모로서 모
든 교육과 삶의 기술을 가족에게 전수해야 한다. 자녀들을 성인(成
人)으로 키워 부모 없이도 본인이 부모 역할까지 해야 하며, 힘들고
어려운 이 세상을 스스로 살아갈 수 있도록 그 자질을 전수해야
한다. 깊은 산속에서 살아가는 맹수(猛獸)의 어린 새끼가 자라서, 부
모 맹수가 없어도 우렁찬 모습으로 깊은 계곡을 주름잡고 스스로
살아가듯이 말이다.

④ 사회의 친지들과도 영원한 작별을 고해야 한다. 그런 마음가짐
으로 하루하루의 삶을 청산해나가야 하며, 마음의 빚을 갚아야 한
다. 마음의 고(苦)를 푸는 것이 중요하다. 또한 유품(遺品)을 주고 싶
은 사람은 자기가 쓴 책이라도 주어야 한다. 그래서 좋은 이별을 맞
이하는 것이 현명한 처사일 것이다.

⑤ 삶에 쫓겨 신비스럽고 거룩하며 아름다운 세상을 다 보지 못
했다면, 지금이라도 바로 여행을 떠나야 한다. 검푸른 바다에 출렁
이는 파도, 새파란 하늘에 날갯짓하는 은빛 백로의 모습, 안개 자욱
한 오솔길에 청순하게 피어 있는 들국화, 천년의 향기를 뿜어내며
흘러내리는 맑은 계곡물 등을 마음껏 보고 즐겨야 한다.

또한 뜨거운 사랑이 아직도 남아 있다면, 지금이라도 손에 손을
잡고 가슴으로 부둥켜안아, 몸에서 풍겨나오는 체향(體香)을 마음껏
맡으며 즐겨야 한다. 만약에 이루지 못할 사랑이라면 자신을 더 성
숙시켜, 보다 높은 차원에서 사랑에 대한 열정을 승화(昇華)시켜야
할 것이다.

또한 과거의 추억에서 얼룩지고 구겨진 억압된 마음의 요소들이 미련으로 남아 있다면, 의식으로 떠올려서 자신의 잘못만을 반성하고 고쳐서, 새로운 마음으로 날개를 펼쳐 억압된 사연들은 허공으로 날려보내야 할 것이다. 그런 후 이 세상에 아무런 미련이 남아 있지 않도록 하고, 편히 이 세상을 가볍게 떠나야 할 것이다.

⑥ 그런가 하면 의식주가 해결되고 기본적인 욕구가 어느 정도 충족되었다고 생각되면, 다음으로 자아실현을 이루어야 한다. 자아실현이란 삶에서 최고 단계의 수준 높은 가치를 성취하는 것이고, 또 후세에 남기는 것이 된다.

아무튼 사후의 세계와 관련해 자연이란 현재 우리 삶의 세계와 일치하는 개념이기도 하다. 즉 신의 세계나 죽음의 세계나 현재 살아 있는 삶의 세계나, 전부 통하고 연결되는 것이 아닐까.

우리의 생명은 자연으로부터 왔고, 또 죽음 역시 자연으로 되돌아가는 것이라고 볼 때, 죽음은 진리이며 당연한 귀결점이라고 볼 수 있다. 다만 죽음을 무서워하는 까닭 중에는 삶이 아직 미완성으로 남아 있기 때문이 아니겠는가? 만약에 우리의 삶이 완벽하게 완성되었다면, 죽음에 대해 그렇게 무서워하거나 불안하지는 않을 것이다. 죽음을 논하려 한다면, 반드시 자신의 삶이 완성되었느냐고 묻지 않을 수 없다. 즉 훌륭한 죽음은 자기가 완성된 이후, 자아완성이 이룩된 연후에라야 가능하다고 생각된다. 아무튼 죽음을 준비한다는 것은 삶을 미련도 후회도 없이 훌륭하고 멋지게 살아야 한다는 결론을 얻는다. 이보다 더 좋은 죽음의 준비는 없는 것이다.

그리고 우리는 훌륭한 분들의 삶을 재조명해보고 그들의 발자취를 따르지 않을 수 없으며, 현자나 선각자들의 사상을 추구하지 않을 수 없다. 죽음에 대한 우리의 염원과 자세는 자연으로 돌아가는 것으로서 고요함의 극치를 이루는 것이다. 그리고 불교에서 말하는 해탈(解脫), 완전한 자유로움, 다시 말하면 삶에 대한 괴로움으로부터 영원히 해방되는 것이다. 우리는 이런 경지에 몰입할 수 있는 결연한 자세를 습득해야 할 것이다.

3.
정신적인 삶을 살아야 하는가?

　사람이 살아간다고 하는 것, 인생이라는 의미 속에는 정신 (spirit)[32]이라는 실체가 자리하고 있다. 우리 인간은 생을 다할 때 까지 어떤 일이 있어도 정신만은 건강하게 유지해야 한다. 가장 안 전한 삶을 살아가기 위해서 그렇다.

　육적(肉的)인 삶을 살 것인가? 정신적인 삶을 살 것인가? 독신자 로 살 것인가? 기혼자로 살 것인가? 종교를 가질 것인가? 가지지 않 을 것인가? 하는 것은 개인의 삶에서 중대한 문제이다. 현대는 보편 적인 사람들의 인생관이 우선 즐기며 살자는 관념이 팽배한 세상이 다. 돈을 많이 벌어서 좋은 집에서 잘살고, 은밀한 가운데 감각적인 욕구도 최대한 즐기면서, 사회 속에서 향락(享樂)을 누리고 사는 것 이 현명한 삶으로 간주되고 있다.

　그러다 보니 가장 큰 폐해는 이기심으로 인해 자신이 아닌 타인

---

32)　정신(spirit) : 여기서 정신은 영혼soul과 동일함. 국가마다 대체적으로 정신과 영혼을 같은 개념으 로 사용하기도 하고, 다르게 사용하기도 한다.

에게는 관심이 적어진다는 것이다. 특히 사회 지도층에 속하는 사람들 대부분이 이런 삶의 유형을 추구하다 보니, 너나 할 것 없이 평범한 사람들은 아무런 비판과 반성도 없이 그냥 그대로 추종하는 삶을 살아가고 있다. 사회와 세상 전부가 그렇게 흘러가고 있으니 종교의 관념, 내세의 관념은 시간이 갈수록 퇴색되어가고 있다.

정신적인 삶이 과학적인 혜택보다 더 중요하다는 주장과 철학이 있다. 정신적인 삶을 살다 보면 외부세계에 의존하며 연계해서 찾기보다는, 삶의 핵심을 내부 세계인 자신의 정신적인 면, 사상적인 핵심을 중시하며 살게 된다. 이런 삶은 그저 몽상에 잠겨 세월을 흘려보내는 것이 아니라, 진정한 삶이 무엇인가를 생각하게 하고, 자신의 삶을 스스로 찾아가게 한다. 진정한 삶의 문제는 영적으로 자신을 변화시키는 것이라는 것을 알고 있는 것이다.

정신적인 삶을 살아가는 사람들은 사회적인 유혹에 흔들리지 않고, 자신의 내부적인 고요와 평화 속에서 개인적인 꿈을 실천해 나간다. 그런 사람들은 조금도 자신의 시간을 헛되게 낭비하며 흘려보내지 않는다. 가장 중요하다고 생각하는 일에 시간을 몽땅 투자한다. 이런 사람들에게 삶에서 가장 슬픈 것은 하루하루의 중요한 시간들이 자신이 목적한 일에 사용되지 못하고, 삶이 아무런 의미 없이 흘러가는 일이다. 정신적인 삶을 살아가는 사람들은 어떤 일이 있어도 스스로 설정한 목표를 시야에서 놓치는 일이 없다. 아마도 이런 삶의 자세야말로 정신적인 삶을 추구하며 살아가는 사람들의 자세일 것이다.

여기서 정신의 중요성이라는 말이 나왔으니 하는 말이지만, 이와 관련하여 인문학의 중요성에 대해 조금이나마 언급하고자 한다. 나는 인문학을 연구하고 있는 사람 중의 한 사람이다. 국어사전을 보면 인문(人文), 하면 '인류의 문화' 등으로 그 내용을 설명하고 있다. 이와 관련해 문화(文化)와 문명(文明)의 차이점을 따져보면, 일반적으로 '문화'를 정신적·지적인 것으로, '문명'은 물질적·기술적인 것으로 구분한다.

그러나 '과학 문명'이 지적 노력 없이 이루어질 수 없고, '문화생활'이 물질적 토대 없이 이루어질 수 없다는 점에서 '문명'과 '문화'는 다 함께 삶에 기본을 이루는 '정신'과 '물질'을 바탕으로 이루어져 있다고 할 수 있다. 또한 '문화'가 자연 그대로의 상태에 대립하는 개념이라면, '문명'은 미개(未開)의 상태에 대립하는 개념이라고 할 수 있다. 문명이 중요하냐 문화가 중요하냐는 논할 성질의 것이 아니다. 불가분의 관계에 있기 때문이다.

하지만 내가 강조하고자 하는 것은 현 사회가 지나치리만큼 문명에 치우치고 있다는 점이다. 나는 문화의 중요성을 깨우치려고 인문학을 선택했다고 해도 과언이 아니다. 인간과 문화를 연결하는 인문학은 우리의 삶에서 대단히 중요한 부문을 차지한다고 말하지 않을 수 없다. 문화(文化)의 뜻은 '인간의 공동사회가 이룩하여 그 구성원이 함께 누리는 가치 있는 삶의 양식 및 표현체계로서 언어·예술·종교·지식·도덕·풍속·제도' 등이다. 그 정도로 인간의 삶에서 문화는 중요한 위치에 있다.

시대적으로 현대가 요구하는 학문은 그야말로 인문학이 아닐 수 없다는 결론이 나온다. 이런 때 일수록 더욱더 우리 인간이 정신적인 삶을 살아야 할 것이다. 왜냐하면 정신적인 삶은 유혹이나 혼란, 쾌락과 후회와 같은 부류의 삶과는 멀리 떨어져 있기 때문이다.

정신적인 삶은 이런 삶에서 벗어나게 해준다. 정신적인 삶은 앞의 유혹이나 혼란, 쾌락과 후회와 같은 것을 모조리 가려내어 최소화하는 것을 주 임무로 하는 삶이다. 정신적인 삶이라는 토양은 알콜과 같은 정신이상이나 한탕주의와 같은 쾌락은 물론 자만심, 분노, 교활, 질투, 시기(猜忌), 우울 등도 함께 소멸시키려고 한다. 정신적인 삶은 자기비판, 창의성, 인내심과 더불어 우주 자연의 섭리를 등(the back)에 업고, 맑고 깨끗하고 투명한 창공을 향해 도약하는 삶이다.

정신적(영혼을 바탕으로 함)인 삶을 살아갈 때 이 우주와 자연, 그리고 사회는 풍요로움, 평화는 물론 인류의 공동 번영과 영원히 함께한다. 정신적인 삶은 영원과 순간, 쾌락과 허무(虛無), 삶과 죽음, 순수함과 혼탁함은 물론 선과 악을 분별할 수 있게 해준다. 정신이라는 생명력은 잎새에 나부끼는 바람의 날갯짓에, 계곡을 흐르는 시냇물 소리에, 모였다 흩어지는 구름과, 피었다 시들어지는 꽃잎에서, 그리고 한 줄기 시원한 바람 속에 머물며 생명과 번영의 꿈을 키운다. 언제 무너지고 사라질지 모르는, 그렇게 불안한 생명이 아니다. 100년, 200년의 생명을 가진 그런 이름이 아니다. 몇 억겁의 영원성으로 살아갈 생명력이다.

진실로 정신(영혼)의 위대함은 지난 세기는 물론 더더욱 현 세기가 아니라 겁(劫)이라는 영원과 함께 흘러가도록 묻어버리는 것이다. 묻어버린 정신의 진실은 다시 우주의 신명함 속으로 복귀되어, 언젠가 누군가의 생명으로 잉태되는 순간 새롭게 탄생되어 영혼의 성질을 갖도록 하는 것에 있을 것이다.

니체는 초기 사상에서 "무거운 삶의 짐을 견디고 순순히 생에 봉사할 것을 지향했다. 그러나 다음 사상은 참된 생존 긍정을 보다 가볍고 자유로운 것으로 대체하는 삶이었다. 생의 노예로서 살아 가는 것이 아니라, 생(生)의 주체로 살아가는 것이 중요하며, 의무에 대한 복종자로 살기보다는 오히려 가치정립의 주체로서 살아가는 것이 진정한 삶의 방식이 아닐까?" 하고 자신의 사상을 기록하고 있다. 이것이 곧 자유로운 정신이라고 생각한다. 이런 의미에서 볼 때 누가 이 정신을 부정하고 배척할 수 있단 말인가? 정신적인 삶을 알기 위해서는 육적인 삶을 살아가고 있는 사람들을 보면 알 수 있다. 육적인 삶이란 타락과 저주로 얼룩져 포만한 배를 가진 사람들이 기름진 음식과 진한 알콜 향기에 취해 호탕한 웃음으로 순간을 즐기는 삶이다. 이에 반해 정신적인 삶을 살아가는 것은 한 방울의 순수한 물, 한 모금의 깨끗한 공기, 한 조각의 순수한 마음으로 영원한 공간을 향해 손짓하며 순수한 영혼을 간직하고 살아가는 삶이다. 오직 그들은 진리의 언어로 생명을 이어가며, 가을의 푸른 하늘처럼 살아가는 생명 바로 그 자체이다. 언제 이름 불러도 얏! 금방 소리 낼 수 있는 총명함과 민첩함이 항상 배어 있으며, 한눈에 세상만사의 변화를 읽어낼 수 있는 지혜를 담고 있다. 그런가 하면 한 줄기 불어오는 바람결에도 나그네의 시름(care)을 들을(hear) 수 있다. 아! 너무나 연약해 보이지 않는, 그리고 또 보이지 않는 형태로 존재하지만, 영원히 없어지지 않는 강인한 생명력을 가진 맑고 투명하며 순결함 그 자체이다. 정신적인 삶은 그렇게 많은 친구를 원하지 않고, 물질적인 풍요를 더 많이 누리려 하지 않으며, 지나친 즐거움을 구하지 않는다. 가능하면 홀로 자신을 벗하며 스스로 만족할 줄 알고, 가난함 그 자체로 살아간다. 그러나 소박하고 고요한 가운데 진리라는 참다운 생명의 빛을 발할 수 있으며, 언제 어디서나 자신을 변화시켜 어려운 세상살이에 적응하게 된다. 어려움에 처했을 때는 오래 참고 기회가 올 때까지 기다릴 줄 알며, 희망을 잃지 않고 지나친 탐욕에 이끌려 허둥대지 않으며, 남의 눈치를 보려고 곁눈질하지도 않는다.

그런가 하면 힘 있는 자를 만나도 아부의 눈빛을 보이지 않는다. 언제나 시작과 끝도 알고, 달릴 줄도 알고, 멈추어 설 때도 안다. 정신적인 삶은 때로는 완벽을 보이기도 하고, 때로는 어슴푸레할 때도 있다. 하지만 어떤 일이 있어도 가면을 쓰지 않고 당당한 모습으로 자신의 생명의 등불을 지키며 살아간다. 이렇게 고귀한 생명력을 가진 주체가 곧 정신적인 삶을 살아가는 주인이다. 그렇게 정신적으로 살아가는 사람들은 나이를 먹으면서 현재까지 이 어렵고 험난한 세상을 지켜왔으며, 앞으로 영원히 지켜나갈 것이다.

하지만 정신적인 삶을 살아가기란 쉬운 일이 아니다. 쉬운 일이 아닐 뿐만 아니라, 어려우며 고단하고 험난하기도 하다. 자칫 잘못하면 옆길로 빠질 수 있는 샛길이 여기저기 놓여있기 때문에 자신의 길을 찾아가기가 매우 어렵다. 이쪽으로 오라는 달콤한 손짓의 유혹과 저쪽으로 가면 안 된다는 무서운 위협이 있는가 하면, 그곳에 가만히 움직이지 말고 서 있으라는 화살의 시위가 가늠하고 있기도 한다. 정신적인 삶은 항상 긴장의 끈을 놓으면 안 된다. 그럴수록 더 용기를 내어 자신의 길을 당당히 걸어갈 수 있어야 한다. 때로는 넘어지고, 때로는 쉬었다 가고, 때로는 천천히 걷기도 하고, 때로는 달려가기도 하면서, 정의와 진리로 생명을 지키면서 묵묵히 앞으로 전진하는 것이 자신의 운명임을 누구보다도 먼저 알고 있기 때문이다. 그렇게 자신의 길을 갈 때, 결과는 맑게 갠 저녁 하늘에 붉은 아름다운 노을을 볼 수 있다는 확신감이다. 바로 그것이 정신적인 삶을 살아가게 하는 원동력이 된다.

『불안의 개념』(쇠렌 키르케고르, 2005)에서 보면 "그리스도교의 의도는 정신을 더욱 계발하고자 하는 것이기 때문이다."라고 기술하고 있다. 왜 그리스도교를 비롯한 종교에서는 정신을 더욱 계발하려고 하는가? 이점은 바로 인간이 인간답게 성장하고 살아가기 위해서는, 그리고 인류라는 공동체가 영원히 번영하며 존속하기 위해서는 지혜롭고 무한한 정신의 세계가 필요하기 때문이다. 그것만이 인류가 살아가야 할 영토이기 때문이다.

정신에 대해 한번 생각해보기로 하자.

'정신(精神)'의 사전적 의미는 '사람의 뇌의 활동에 의해 일어나는 고차원적 관념이나 사고의 작용 또는 영역'으로 되어 있다. 한자 '정(精)'의 뜻은 '쓿은 쌀' 정이다. 또한 '밝고 자세하다', '맑다'의 의미이다. '쓿다'라는 의미는 거친 '쌀·조·수수 등을 찧어 섬세하게 하다'이다. 여기에 '신(神)'은 '귀신(鬼神)'신이다. 종합적으로 '정신'의 의미를 풀어보면, 귀신과 같을 정도로 영특(英特)하면서 밝고 맑으며, 자세하고 정교함을 의미하는 것으로 해석된다.

삶에서 정신이 차지하는 비중은 얼마나 크다고 할 수 있겠는가? 육체만 있고 정신이 없다고 생각해보아라. 이것은 살아 있는 것이 아니다. 식물인간이나 정신분열증으로 정신이 온전하지 못한 사람, 정신이 황폐화되고 타락한 사람을 연상해보아라. 얼마나 삶에서 정신이 중요한가에서 생각을 그냥 흘려보내지 말고, 자신을 생각하며 깊이 한 번 더 성찰해보아라. 맑고 지혜로우며 사리(事理)를 잘 분별할 수 있는 정신만 갖추고 있다면, 삶은 순조로울 것이며 성공과 행복 역시 보장되리라고 본다.

그렇다면 육체가 귀중하지 않다는 말인가? 그것은 더더욱 아니다. 다만 정신은 육체를 관장하며, 특히 눈으로는 볼 수 없으나 우주의 실체를 이루는 신명함으로 이루어져 있기 때문이다(이 문제는 여기서 이만 그치기로 한다).

이뿐인가? 서두에서 언급했지만, 정신과 영혼을 같은 맥락에서 보면 정신은 더욱더 가치가 있게 된다. 정신은 보이지 않으면서 영원성을 가지며, 이는 죽음 이후의 세계에까지 그 영역이 존재하는 것으로 믿기 때문이다. 이는 삶에서 대단히 중요한 문제이다.

'정신만복(精神滿腹)'이라는 말이 있다. 정신이 몸에 가득히 충만해 있음을 나타내는 표현이다. 즉 정신이 온전해서 삶에 아무런 이상이 없다는 말이다. 그런데 앞에서 '정(精)'의 뜻이 '쓿다'라는 의미라고 했다. 이 '쓿다'는 밝고 맑은 투명성을 나타내기도 한다. 그 정도로 정신을 온당하게 보유하려면 이물질이나 잡념이 없는 상태가 되어야 함을 말하기도 하는 것이다.

정신은 바로 한 줄기 생명의 빛이나 다름없다. 또한 정신은 '정신만복(精神滿腹)'에서 나타나는 것처럼, 우주로부터 신기(神氣)로운 기운을 받아 전신(全身)이라고 하는 몸, 전체적인 육체를 빌려 발하게 된다. 정신은 평범하게 먹는 밥 한 그릇이나, 주위 사람들로부터 동정의 조언(助言)과 눈빛으로 생성되는 동정의 빛은 더더욱 아니라는 것을 명심해야 한다. 여기에는 반드시 '신기(神氣)'라는 기운의 빛이 몸속에 스며들어 발(發)하게 된다는 것을 결코 있어서는 안 될 것이다.

깨끗하다 보니 정신의 특징이 쉽게 잡념에 더러워지며 오염될 수 있다는 점이 있다. 정신을 오염시키는 주범은 대부분 탐욕(貪慾)에서 온다. 그러므로 인간의 삶에서 더 높은 가치를 추구하기 위해 정신수양을 하게 되는 것이다.

정신수양의 의미는 자기중심주의에서 탈피해 자연의 섭리에 자신의 사고를 일치시키고, 남과 자기 사이에서 일어나는 감정을 하나로 객관적으로 생각하여 조화롭게 함으로써, 자기중심주의에서 비롯되는 부정적인 감정을 감소시켜 한 쪽으로 치우지지 않는 넓고 평온한 의식을 획득하는 일이다. 인내심을 기르는 것이 정신을 수양하는 핵심적인 부분이다. 정신적인 삶을 살다 보면 자기도 모르게 우주 자연의 숨결을 느낄 수 있게 된다. 그러면 생명은 사막에도 산에도 흐르는 강물에도 존재한다는 것을 자연히 알게 되며, 바람과 빗물에도 나름대로 생명이 존재함을 느끼게 된다. 그리고 하늘에는 무순한 별들이 살아서 빤짝이고 있다는 것도 알게 될 것이다. 이런 무수한 생명들은 자신의 마음속에 흐르는 생명과 합쳐져서 세월을 따라 함께 흐르고 있다는 점도 느끼게 된다. 삶에서 이런 진리를 깨닫게 되는 것이 대단히 중요하다고 생각한다. 이런 것이 바로 정신적인 삶의 중요한 부분이 되며, 자신의 삶이 자연과 점차 합일을 이루어가는 과정이 된다. 그러므로 정신적인 삶이 귀중하다는 것이다.

4.
명상(瞑想)이 삶에 필요한 이유?

명상(冥想)이란? 어두울 명(冥)과 생각 상(想)자가 합쳐진 글자이다. 여기서 어두울 명(冥)은 '캄캄하다', '어리석다'는 의미가 아니고, '고요하다', '잡스럽고 산란(散亂)하던 것이 고요해진다'는 의미로 풀이된다. 그래서 명상의 의미는 '생각을 고요하게 하기', 즉 다른 잡스러운 생각들을 차단해놓고 내가 응시하는 대상을 명상함으로써 고요한 마음이 되게 하여 지혜로움에 들게 하는 데 있다.

명상에서 마음을 한 곳으로 모을 때, 그 대상은 외적 대상과 내적 대상 두 종류가 있다. 외적 대상에서는 외부적인 관상(觀想)의 대상을 명상하는 것이고, 내적 대상에서는 마음을 자연스러운 상태에 두고 그 마음을 명상하는 것이다. 외적 대상을 명상하든 내적 대상을 명상하든, 그 대상에 명상을 함으로써 잡념을 없애고 아주 고요한 상태로 마음이 유지되면, 영혼이 맑아져 지혜로움의 영역에 들게 된다.

불교에서 말하는 올바른 명상은 팔정도의 하나인 정정(正定)33)을 말한다. 이것이 명상이다. 명상을 함으로써 우리는 쓸데없는 생각을 없애고 고요함을 유지해야 한다. 그렇게 함으로써 지혜를 얻을 수 있다. 스스로 반성하고, 또 반성하여 끝까지 씨름을 하고 몸부림치면서, 자신을 악으로부터 멀리하고 착함으로 변해야 하는 고요한 절규가 내재해 있어야 하는 것이다. 인생을 살다 보면 바람 잘 날이 한시도 없다. 부모가 되어 슬하에 자녀라도 몇 명 있게 되고 손자라도 태어나 자라게 되면, 어디서 무슨 일이 생겨날 줄 모르며, 항상 불안하고 초조하며 근심과 걱정 속에서 살아가게 된다. 특히 편안한 마음으로 잠을 이룰 수 없는 경우가 많다.

물론 때로는 지나고 보면 그때 그렇게 걱정과 고민을 하지 않아도 되었을 텐데 하고 괜스레 괴로운 시간을 보냈구나, 하는 생각도 들 때가 있다. 그러나 그 순간만은 어쩔 수 없이 아픈 시간을 보내게 되는 것이다. 물론 정신수양이 높으신 분들은 미래를 예측하고 미리 준비를 철저히 해서 우환을 예방할 수도 있겠지만, 평범한 우리로서는 쉽지 않은 일이다. 걱정과 근심보다는 사전에 닥쳐올 불행한 요소를 없게 하는 것이 무엇보다도 중요하다. 조금이라도 이런 대비책으로서 정신무장을 할 수만 있다면, 아마도 이 방법이 최고의 삶의 길이 되지 않을까 생각한다.

여기에 명상요법이 필요하리라 본다. 명상(冥想)은 잡념을 고요하

---

33) 정정(正定)이란? 올바른 명상을 말한다. 여기서 정(定)은 삼마디(sammadhi), 즉 삼매(三昧)의 번역어로서, 요가학파에서처럼 '마음의 작용을 억제하고 소멸하는 것'이 목적이 아니라, 세계 실상에 대한 올바른 통찰, 즉 정견(正見)이 목적이다. 따라서 불교에서의 올바른 명상이란 고요함(선정, 즉 止)과 헤아림(지혜, 즉 觀)이 균등한 상태를 말한다.

게 변화시킬 수 있어야 한다. 한 번 더 말하면, 잡스러운 것을 차단하는 데 에너지를 총동원 시키는 것이다. 명상을 티베트어로 '곰 (gum)'이라고 한다. 그 뜻은 '친해진다'는 의미이기도 하다. 친해진다는 것은 괴로움을 무서워하거나 외면하지 말라는 뜻이기도 하다. 그러므로 명상이란 인간인 우리에게 괴로움이나 어려움 등과 같은 것이 밀려올 때 무조건 외면하거나 두려움을 갖기보다는 이를 차분히 끌어안고 친숙해져야 한다는 의미이다. 이런 많은 괴로움과 어려움 속에서도 내면의 평화를 얻을 수 있게 마음을 고요함으로 변화시키는 것이 명상의 중요한 과제일 것이다.

『달라이 라마, 물음에 답하다』(최평규, 2012)에서는 "짧은 명상을 매일 행하여 산만한 마음을 하나의 내적 대상에 끌어들이는 일이 가능해진다면 이것은 매우 유익합니다. 우리는 일상의 삶을 대체로 좋은 일, 나쁜 일 등 이것저것에 이끌리는 개념의 홍수 속에서 살아갑니다. 명상에 의해서 조금이라도 개념의 과잉에서 벗어나 휴식을 얻을 수 있게 됩니다."라고 말하고 있다.

즉 고요하고 밝은 마음으로 지혜롭게 생각하면 참(truth) 나(I)가 드러나게 된다. 명상은 참 나를 각성하는 비법(秘法)이라고 하겠다. 마음이 하나로 모이고 고요해지면, 그때 참 나를 발견할 수 있게 된다. 내가 원하는 것을 집중적으로 생각하면 지혜로운 생각, 사물을 있는 그대로를 읽어낼 수 있는 통찰력이 생겨나는데, 이것이 명상의 큰 의미이다. 명상은 잡념을 차단하고 참 나를 각성하여 활용하는 비법이라고 할 것이다.

이런 수행법은 그리스도교와 같은 서양 종교보다는 힌두교[34]나 불교, 도교 등의 동양 종교에서 주로 사용되었다. 『인도철학과 불교』(권오민, 2015)를 참고하면 『우파니샤드(Upanisad)』[35]라는 고대인도의 철학 경전이 있다. '우파니샤드'의 어원(語源)은 '가까이(upa)', '아래(ni)', '앉는다(sad)'는 세 단어의 복합어이다. 제자가 가르침을 받기 위해 '스승 가까이 다가가 앉는다'는 뜻이다. 이는 곧 스승으로부터 은밀하게 전수받은 가르침, 비밀스럽고도 심오한 가르침을 의미하기도 했다.

여기서 '비밀스럽고 심오한' 내용은 명상과 관련성이 있다. 즉 무엇이 그렇게 비밀스러운가? 볼 수도 없고, 들을 수도, 생각할 수도 없는 궁극적 실재, 바로 그것이기 때문이다. 브라흐만[36] 혹은 아트만[37]으로 일컬어지는 세계 근원에 관한 지식은 결코 언어로 드러

---

34) 힌두교(Hinduism) : 힌두와 '이즘'의 합성어인 '힌두이즘'의 번역어이다. 힌두교는 문자 그대로는 '인도의 종교'를 뜻하며, 일반적으로는 베다의 권위를 인정하지 않는 불교와 자이나교를 배제한 좁은 의미로 사용된다. 세계에서 가장 오랜 종교의 하나인 힌두교는 특정한 교조나 교리, 중앙집권적 권위나 위계조직이 없으며, 오랜 시간에 걸쳐 다양한 신앙 형태가 융합되었다. 힌두교는 다른 종교에 대해 관용적이며 덜 배타적인 것이 특징이다. 힌두교 안에는 원시적인 물신숭배·애니미즘·정령숭배로부터 주술·제식·다신교·일신교·고행주의·신비주의, 사변적 체계에 이르기까지, 거의 모든 형태의 종교가 발견된다. 힌두교는 하나의 종교일 뿐 아니라, 힌두의 사회·관습·전통 등 모든 것을 포괄하는 것으로서 힌두의 생활 방식이자 힌두 문화의 총체이다.

35) 우파니샤드(Upanishad) : 현재 108가지 정도로 알려져 있는 『우파니샤드』에는 일찍이 BC 1000~600년경에 크게 활약했던 일련의 힌두 스승들과 성현들의 사상들이 기록되어 있다. 『우파니샤드』는 철학적, 신비적 문제에 대한 관심이 많아지고 베다의 신들과 제사의례에 관한 관심이 옅어지면서 브라흐마와 분리되었다.

36) 브라만(brahman) : 고대인도 경전 『우파니샤드(Upanishad)』의 중심 사상. 힌두교에서 우주의 근본 원리를 가리킨다. 개인의 본체인 아트만(atman, 我)과 함께 범아일여(梵我一如) 사상의 주요 개념이다. 브라만은 힌두교에서 우주의 근본적 실재 또는 원리를 가리킨다. 아트만이 진정한 자아를 뜻하는 개별적, 인격적 원리인 반면, 브라만은 우주적, 중성적(中性的) 원리이다.

37) 아트만(atman) : 고대인도의 『우파니샤드(Upanishad)』 철학에서 브라만(brahman, 梵)과 함께 가장 중요한 원리 가운데 하나, 끊임없이 변화하는 '물질적 자아(육체, 생각, 마음)'와 대비해 절대 변치 않는 가장 내밀하고 '초월적인 자아(영혼)'를 말한다.

날 수 없으며, 그것은 다만 명상을 통해 직관 통찰뿐이기 때문이라고 설명하고 있다. 아마도 이런 우주원리나 인간 내면의 영혼에 대한 궁극적 실재를 직관적 통찰로 보기 위해 고대 인도에서는 위대한 철학이나 불교의 정신적 지도자들이 명상을 하게 되었던 것으로 여겨진다.

『두산백과 사전』을 참고하면, 명상은 라틴어로 메디타티오(meditatio)이다. 명상을 요가 입장에서 본다면 여러 단계를 거쳐서 행해지는데, 주로 호흡을 배로 하며 될 수 있는 대로 천천히 들이마시고 내쉬는 것이 중요하다. 이런 외적인 수행을 거치면 내면의 단계에 이르게 된다. 모든 생각과 의식의 기초는 고요한 내면 의식이며, 명상을 통해 순수한 내면 의식으로 자연스럽게 몰입하게 된다는 것이다.

내면의 단계는 모두 3과정으로 나누어지는데, 다라나(dharana, 마음을 한 곳에 모으는 것), 디야나(dhyana, 마음이 고요해지고 맑아지는 것), 사마디(samadhi, 대우주와 합치되는 것)이다. 이 마지막 단계인 사마디(samadhi)는 정신이 최고로 집중되어 자신의 의식은 사라지고 대상만이 빛을 발하는, 대우주와 합치된 상태이다. 불교의 선종에서는 모든 잡념을 떨어버리고 '공(空)', 무심(無心)의 상태인 무념무상(無念無想)을 목표로 삼는다. 오늘날에는 명상이 긴장과 잡념에 시달리는 현실세계로부터 의식을 떼어놓음으로써 밖으로 향했던 마음을 내적인 세계로 향하게 한다. 항상 외부에 집착하고 있는 의식을 안으로 돌려줌으로써 마음을 정화시켜 심리적인 안정을 이루게 하고, 육체적으로도 휴식을 주어 현대인의 피로해진 몸을 돌보게 한다. 이렇게 하여 명상은 인간과 중요한 관계를 맺으며 인간 속에 파고

들었다.

　미국 듀크 대 메디컬 센터에서 노인 4,000명을 대상으로 6년간 실시한 조사 결과는 참으로 놀랍다고 한다. 한 달에 한 번 이상 기도나 명상을 한 노인들이 그렇게 하지 않았던 노인들에 비해 사망률이 50% 낮았던 것이다. 그런가 하면 UCLA 등이 목 부분에 동맥경화가 있는 사람들 60명을 7개월간 관찰한 결과, 하루 2번씩 명상을 한 환자들은 동맥 속의 혈전이 뚜렷하게 줄어들었고, 그렇지 않은 환자들은 동맥경화가 심화됐다는 보고도 있다. 불안은 건강을 잠식한다. 정(淨)한 마음이 몸을 치유한다는 것이다.

　『살아 있는 것은 다 행복하라』(법정, 2006)에서도 "홀로 있지 못하면 삶의 전체적인 리듬을 잃는다. 홀로 조용히 사유하는, 즉 마음을 텅 비우고 무심히 지켜보는 그런 시간이 없다면, 전체적인 삶의 리듬 같은 것이 사라진다. 자기 영혼의 투명성이 고이다가 사라져버린다."라고 말한다. 이 말은 정말 인간이 삶을 살아가는 데 꼭 필요한 명언이라고 생각된다. 이 정도의 정신 수양만 획득하여 갖춘다고 해도, 성인(成人)으로서 삶을 무난히 살아갈 수 있을 것이다. 결국 누구에게나, 아무에게든지 부담을 느끼지 않고 아주 편히 자신의 모습 그대로 침잠하여 고요히 생각하는 것이 명상의 의미라고 생각한다. 정말 중요한 의미를 지닌다고 할 수 있다.

　정신수양의 열쇠는 생각의 정체를 밝히는 것만이 아니라, 혼란스런 감정을 해소하고 소멸시키는 데 있다고 한다. 『승려와 철학자』(장 프랑수아르벨 & 마티유 리카르, 1999)에서는 "……우선 잠시 동안 생각의 흐름을 중단시켜야 한다. 지나간 생각을 간직하거나 미래의 생각을 부르지 말고, 잠시 동안이라도 산만한 생각에서 해방된 현재의 각성 상태에 머무르는 것. 그러면 점차 이런 각성을 연장하고 보존할 수 있게 된다. 그러면 정신이 맑아진다."라고 명상의 방법을 설명한다. 그리고 명상(冥想)과 후 명상(後冥想)에 대해 언급한 글귀가 나온다.

"'명상(冥想)'과 '후 명상(後冥想)'은 엄연히 다르다. 명상은 그저 고요함을 얻기 위해 얼마간 앉아 있는 것이 아니다. 그것은 정신의 기능과 본성을 이해하고 사물의 존재 양식을 파악할 수 있게 해주는 하나의 수단이다. 한편 후 명상이라는 것은 예전과 똑같은 자기의 습관을 되풀이하지 않게 하는 것이다. 그것은 더욱 개방된 정신과 더 많은 선량함과 인내를 획득하기 위하여, 간단히 말해 더 나은 인간이 되기 위하여 명상 중에 얻게 된 깨달음을 일상생활에 적용시키는 것을 뜻한다."

그러니 도(道)의 개념은 의식에서 시기, 질투, 증오, 선망(羨望), 악(惡) 등이 일어나지 않도록 하는 데 의미가 있다. 결국 우리의 마음에 평화를 이루지 못하게 방해하는 것은 불쾌한 생각, 욕망, 거만함, 질투, 두려움 등이라고 말할 수 있다. 결국 이런 감정들은 우리의 마음이 건전하고 평화적으로 되는 것에 장애로 작용하게 되니, 마음속에 처음부터 싹트지 못하도록 사전에 경계하지 않으면 안 된다. 그래서 명상이 필요한 것이다. 명상을 해서 고요하고 밝은 마음으로 지혜롭게 생각하면 참(truth) 나(I)가 드러나게 된다. 명상은 참 나를 각성하는 비법(秘法)이라고 말한다. 마음이 하나로 모이고 고요해지면 이때 참 나를 발견할 수 있다는 것이다.

명상가들은 명상 수행이 없으면 정신의 본성을 볼 수 없다고 말한다. 그러면 참 나란 어떤 나인가? 한 마디로 말한다면 참 나란?

본래 자연으로부터 자신에게 주어진 본성이다. 좀 더 넓고 깊게 생각한다면, 그것은 자신이 타고나면서 본디 생래적으로 갖추게 된 그 본성(本性)이 아닌가 생각한다. 우주에서 흐르는 기(氣)의 흐름이 내 의식으로 유입되어 자기 의식으로서의 욕심, 망념, 악(惡)으로 정신을 빼앗기지 않고, 항상 옳고 참되게 자신을 보존하고 발달시킬 수 있는 나(I), 자기의 정신이 어디에 머물든 항상 마음을 깨끗하고 맑게 정화하여 자유스러운 생명의 빛을 발하고 있는 상태, 즉 밝고 고요하며 순수한 마음을 발견할 수 있는 그런 경지라고 본다.

『노자』(김홍경, 2003)에서는 "네 종류의 여섯 가지 악덕이 가슴속에서 들끓지 않으면(잡념 정리), 곧바르게 된다. 곧바르게 되면 고요해지고, 고요해지면 청명해지고, 청명해지면 텅 비며, 텅 비면 아무것도 하지 않으면서도 하지 못하는 게 없다."라고 기술하고 있다.

그런가 하면 『승려와 철학자』(장 프랑수아르벨 & 마티유 리카르. 1999)에서도 명상의 의미를 차원 높게 기술한 내용이 나온다. "죽음의 순간에 의식은 아주 짧은 시간 동안 '절대 차원의 광명 공간' 속으로 흡수되었다가, 다시 나와 중간 상태인 바르도를 지나게 된다. 우리는 이를 통해 새로운 삶, 즉 환생을 하게 된다. 명상(冥想)은 바로 이 바르도의 다양한 경험들이 다가오기 전에 사물의 궁극적인 본성을 깨달을 수 있도록 절대 상태에 머무는 것을 목적으로 한다."

그렇다면 명상 역시 상당히 깊은 고요 속으로 침잠하여 완전한 무아지경에 몰입하는 것으로 생각된다. 물론 차원이 높은 수도자의 종교적인 수행의 한 방법과 과정을 설명하고 있어 행하기 매우 어려운 부분이지만, 정말 명상의 중요성이 나타나게 되는 대목이다. 또 "불교의 깨달음이란 현상세계의 본질과 정신의 본성을 밝히는 일을 뜻한다. 우리는 무엇인가? 세계는 무엇인가? 결국 그것은 무엇보다도 개념을 넘어선 절대 진리에 대한 직접적인 명상이다. 다시 말해 가장 근본적인 측면에서의 앎을 뜻한다."라고 명상의 의미를 밝히고 있다. 즉 내가 원하는 것에 집중적으로 생각을 모으면, 지혜로운 생각이 사물을 있는 그대로 읽어낼 수 있는 통찰력이 생겨나는데, 이것이 명상의 큰 의미라는 것이다. 그래서 명상은 잡념을 차단하고 참 나를 각성하여 활용하는 비법(秘法)이라고 할 수 있다.

특히 사람이 살아가면서 자기의 정신이 잡념으로 인해 다른 곳에 빼앗기다 보면, 그 생각에 마음은 물론 몸까지도 치우치게 되어, 진실로 자기의 정신이 머물러야 할 곳에 머무르지 못한다. 그리고 그 곳에는 부재(不在) 현상이 나타남으로써 중요한 부분을 잃게 된다. 즉 생각이 있는 곳에만 마음이 쏠리게 됨으로써, 정작 자신이 해야 할 일은 하지 못하게 된다는 의미이다. 이것이 잡념의 무서운 마력(魔力)이라고 아니할 수 없다. 남에게 정(情)을 준다든지, 욕심에 이끌리는 등 정신을 빼앗기면 문제를 일으키게 되고, 자신의 삶에 부정적인 요소로 작용하게 되기 때문에, 피할 것은 피하고 무시할 것은 철두철미하게 무시해야 한다. 곧 쓸데없는 것에서 관심을 끊어야 한다.

명상을 함으로써 인간심에서 잠시 벗어나 우주의 고요함 속으로 침잠하여, 그 속에서 밝은 지혜를 끌어냄으로써 참다운 나를 찾을 수 있을 것이다. 이것이 우리가 살아가는 데 대단히 중요한 부분이다. 세상은 시끄러워서 눈을 뜨고 귀만 열면 온갖 잡스러운 것이 마음에 파고든다. 그래서 때로는 고의적으로 스스로 눈이 멀게 하고 귀가 들리지 않도록 조심해야 한다. 잘못하면 자신이 가야 할 방향을 잃게 되어 귀중한 자신의 삶을 허비하게 되기 때문이다. 삶을 영위하면서 중요한 일은 자신의 마음을 남이나 다른 사물에 빼앗기지 않고 중심을 지키는 일이다. 그것은 다름 아니라 오직 고요함을 유지하는 일일 것이다. 그러니 늘 반성하여 밝고 맑은 마음을 유지하도록 날마다 힘써야 한다.

5.
왜 종교를 가져야 하는가?

모든 인간의 마음속에 하나님만이 채워줄 수 있는 빈 공간이 있다.
－『심리학』중에서

  종교는 우리 인간의 삶에 어떤 영향을 미치는가?

  현재 세계적으로 인간이 믿고 있는 종교의 수는 3대 종교인 불
교, 기독교, 이슬람교를 포함해 1,000종에 이른다고 한다. 종교의
의미를 사전적으로 풀이해보면 '신(神)이나 초자연적 존재, 부처 등
을 인도자로 섬기고 일정한 의식에 따라 예배하며, 그 믿음을 통해
마음의 안식을 얻고 삶의 궁극적인 의미를 깨닫고자 하는 일. 또는
그런 믿음의 체계나 가르침'이라고 되어 있다. 종교(religion)라는 말
의 어원이 '잇는 것(ce qui relie)'이라고 한다면, 종교는 확실히 가장
수준 높은 형이상학적 진리, 어쩌면 인간과 신을 연결하는 것, 그리
고 삶의 궁극적인 의미를 깨닫고자 하는 일이라고 생각한다. 즉 종
교란 그 종교의 교의(敎義)를 통한 가르침을 실천하며 살아가는 것
이다.

  교의의 중요성에 대해서 『달라이 라마, 물음에 답하다』(최평규,
2012)는 잘 설명하고 있다. "교의의 뜻은 어떤 종교에서 진리라고 믿
는 가르침"이다. 종교의 교의는 단순히 지식으로 있는 것이 아니라,

마음의 자질을 높이기 위해 있다. 그러기 위해서는 교의를 생활의 일부로 삼지 않으면 안 된다고 경고하고 있다. 즉 종교의 교의를 건물 안에 집어넣고 수행과 분리시킨다면, 그 참된 가치를 얻을 수 없다고 가르친다. 만약 인간이 종교를 갖지 않고 자기 마음대로 인생을 살아간다면, 삶의 본질 문제를 깊이 있게 파악할 수 없게 되고, 심층적인 생(生)의 철학에 도달하기 어려울 것으로 본다.

『인문학 콘서트 KTV 한국정책방송 인문학 열전 1』(김경동 외, 2010)을 보면 종교를 이해하는 데 도움이 될 만한 글이 나온다. 물론 인문학적 측면에서 보는 관점이다.

> "종교를 인간이 만들었고 신(神)도 인간이 만든 것이나 다름없다. 중요한 사실은 신이나 종교라는 것이 특정한 하나의 모습이 아니라, 다양한 모습으로 존재해왔다. 그 다양한 모습이란 생태학적 조건에 따라, 시대적 조건에 따라 다양한 종교가 형성되었다. 이런 이유 때문에 종교는 인간의 삶을 드러내는 현상이다. 인간의 삶에서 문제에 직면했을 때 종교에 의해서 삶의 의미를 찾게 된다. 그 해답이 여러 사람의 경험과 오랜 세월과, 특정한 문화권 안에서 축적되고 다듬어지면서 하나의 지혜로 정착된 것이 특정한 사람과 연결되고 문화가 생기게 되는데, 이것을 우리는 종교라고 한다."

이와 같이 종교가 다양한 모습으로 존재하듯이 삶의 방법도 여러 갈래가 있을 수 있고, 삶의 의미를 두는 것 역시 그 범주가 넓어 딱 하나로 어떠하다고 말할 수 없다. 『서양철학사』(앤서니 케니, 2004)에서도 신(神)에 대해 언급한 내용이 나온다. "역사가 생긴 이래 가

장 좋은 삶의 방식은 선조들도 계속 신을 믿고 종교를 가져왔다"는
점이다.

의사(醫師)이며 심리학자인 칼 구스타브 융(Carl Gustav Jung)[38]에
의하면 "종교는 인간 내면의 대극(對極)을 합일시켜 삶을 참으로 의
미 있게 만들어주는 심리체험이다. 그것은 곧 자신과의 연합이다.
진정한 의미에서 자신이 되는 것이다. 종교는 내면적인 삶과의 일
치이다. 종교는 무의식의 소리를 인식하고 구분하게 해준다."라고
기술하고 있다. 이와 같이 종교는 자신의 내면으로 침잠하여 자신
의 본성을 알려고 한다. 이것은 곧 신과의 만남을 의미하는 것이
다.

예를 든다면, 넓은 바다 한가운데서 표류하는 배가 어느 쪽으로
가야 가장 가까운 거리로 안전하게 항구에 도달할 수 있을 것인지
분간하고 판단하기 쉽지 않을 때 하늘의 별을 보고 방향을 잡아가
듯이, 우리의 삶에서 종교는 이처럼 하늘의 별과 같이 삶의 방향과
길을 제시해준다고 할 수 있을 것이다. 사람들은 부모의 가르침대
로 살아가기도 하고, 친구와 손을 맞잡고 서로 의지하며 살아가기
도 하며, 앞서 삶을 영위한 선조들의 발자취를 보고 살아가기도 한
다. 아마도 그중에서는 성현의 가르침에 귀 기울이고, 그 가르침의
범위 안에서 안전하게 살아가는 것이 삶의 가장 좋은 방법일 것이
다. 이것이 종교를 믿는 신앙생활이 아니겠는가?

---

38) 칼 구스타브 융(Carl Gustav Jung, 1875~1961)은 스위스의 정신과 의사이자 분석심리학의 창시자
이다. 그는 자기 자신의 무의식과 수많은 사람들의 심리분석 작업을 통해서 얻은 방대한 경험 자
료를 토대로, 인간 심성에는 자아의식과 개인적 특성을 가진 무의식 너머에 인류 보편의 원초적
행동 유형인 많은 원형(原型)들로 이루어진 집단적 무의식 층이 있음을 확인했다.

종교를 갖지 않은 사람들은 어떻게 삶을 살아가는가? 만약에 인간이 신을 믿지 않는다면, 한마디로 말해서 좌충우돌하면서 살아갈 것이다. 종교를 갖지 않았다고 해도 실속을 들여다보면 꼭 그런 것만은 아니다. 다들 조금씩 신(神, 절대자)을 찾기도 한다. 때로는 하나님을 부르기도 하고, 석가모니인 부처를 찾기도 하며, 때로는 조상신을 모시기도 한다. 그때그때 순간적으로 신을 믿기도 하고, 신을 찾으며 그렇게 살아간다. 대체적으로 종교를 갖지 않는 사람들 역시 삶의 가장 좋은 방법을 찾기 위해 성경을 읽기도 하고 불교 경전을 읽기도 하면서, 항상 불안한 마음을 감소시키려고 하며 조심스럽게 살아간다. 그리고 그 사람들 나름대로 삶의 방법을 찾아 자녀에게 안전하게 살아가는 삶의 방법을 전수하며, 자신의 부모들이 살아온 방법을 터득하여 그렇게 살아간다.

왜 믿음을 가져야 하는가? 인간이 살아가는 데 믿음만큼 중요한 것이 없다. 올바른 믿음을 갖기란 쉽지 않다. 즉 믿음은 자신이 찾아가야 하고 만들어가야 하기 때문이다.

인간은 누구나 성공하기를 바란다. 성공하려고 한다면 희망, 노력. 믿음이 중요하다. 그중에서 희망과 노력은 그 윤곽을 손에 붙잡을 수 있다. 즉 마음으로 그림을 그릴 수 있다. 하지만 믿음은 확신할 수도, 눈에 보이지도 않는 너무나도 불확실한 개념이다. 누구나 성공할 것이라는 것을 100% 믿을 수만 있다면 무엇이든지 하려고 할 것이다. 그러나 실패가 두려워 쉽사리 계획을 세우고도 도전하지 못한다. 그것은 성공하리라는 확신, 즉 믿음이 부족하기 때문이다. 믿음이 성공의 요건 중에서 가장 중요한 요소라고 생각된다.

믿음을 누구나 쉽게 가질 수 있는가? 그렇지 않다. 흔히들 믿음을 가지라고 말한다. 그러나 누구나 믿음을 쉽게 가질 수 없다. 어쩌면 그것은 어떤 영감에 의해서 주어지기도 하는 것처럼 말이다. 자신도 모르는 무의식적인 면으로서 의식으로서는 도저히 해답을 구할 수 없는데도 무의식에서는 자연히 그 문제를 풀어서 해답을 얻을 수 있기에, 어느 부분에서는 영감을 통해서 믿음이라는 확신을 얻을 수도 있다. 이것은 자신이 받아들일 수 있다는 가능성의 해답으로, 그 의미 속에는 저력(底力)이라는, 현재까지 자신 속에 내재되어 있는 힘의 발현이 있기도 한 것이다. 저력이라는 자신 속의 힘은 현재까지 자신의 경험에 의한 승화물(昇華物)로서 나타나게 된다고 할 수 있다.

종교에서의 믿음은 삶과 관련해 중요한 가치를 갖는다. 특히 삶에서 내생(來生)이 있다고 믿는다는 것은 의미가 있다. 우리 인간이 영원히 살 수 있다는 믿음, 즉 나는 영원하다는 잠재적인 믿음은 무한한 가능성을 갖게 한다. 이 믿음을 갖느냐 갖지 않느냐는 적극적인 삶과 소극적인 삶으로의 이행(移行)을 구분 짓게 한다고 할 수 있다. 만약 내생이 있다는 믿음이 존재하지 않는다면 절망감 속에서 방황하며, 올바른 삶을 이어가는 데 큰 제약을 받게 될 것이다.

인간이 불안을 극복하고 살아가려면 먼저 믿음이 있어야 한다. 믿음이 없으면 인간의 미래는 불확실한 가운데 올바른 성장이 이루어지기 쉽지 않으며, 미래도 희망도 행복도 기약하기 어렵다. 그래서 잘살아갈 수 있다는 믿음이 있어야 미래가 긍정적으로 열릴 수 있다. 믿음이 중요한 이유가 여기에 있다.

그렇다면 어떻게 올바른 믿음을 가질 수 있겠는가? 올바른 믿음을 가지려고 한다면, 순수한 영혼을 키워야 한다. 순수한 영혼을 키우려고 한다면, 선한 가운데 고요한 마음을 간직해야 하며, 영감을 얻을 수 있어야 한다. 영감 속에서 믿음이 보이며 믿음을 얻을 수 있기 때문이다. 믿음을 가질 수 있을 때 삶에서 가장 가치성 높은 안정감을 얻을 수 있게 된다.

자녀를 기르는 한 가장(家長)이 있다고 하자. 이 사람이 종교를 갖느냐 갖지 않느냐의 차이는 자녀 양육의 문제에서도 큰 차이가 있을 수 있다. 종교를 가진 사람은 그 종교의 가르침대로 살아가는 길이 반드시 옳은 길이라는 것을 믿기 때문에, 그 경전의 가르침대로 자녀를 기르고 살아간다. 종국적으로 삶의 끝에서 뒤돌아보면, 훌륭한 삶의 결실을 맺게 한 원동력으로 믿음이 작용했다는 것을 알게 된다. 세계적으로도, 아니 우리의 이웃을 보더라도, 신앙생활을 하는 가정의 자녀가 훌륭하게 성장하게 된다는 것은 기정 사실로 받아들여진다.

그렇다면 신(神)이 있다고 어떻게 믿을 수 있는가? 가능성과 추측, 애매함 등이 함께 작용하는 가운데, 종합적인 추리에 의해서 유신론자가 되든지 무신론자가 되든지 한다. 종교의 율법을 지키며 안전한 범위 내에서 신(神)을 믿고 선(善)을 행하며 살아가는 것이 가장 행복하고 올바른 삶이라는 것을 알게 된다. 종교를 갖는 것이 인간에게 유리한 이유를 법정 스님은 "종교는 인간이 보다 지혜롭고 자비스럽게 살기 위해 있는 하나의 길이다."라고 말한다.

『불안의 개념』(쇠렌 키르케고르, 2005)에는 "종교적인 것을 어느 정도라도 이해하는 사람은 모두들 종교적인 것은 황금보다도 유연하다는 것을, 그리고 절대적으로 통용 될 수 있다는(kommensurabel, commensurable) 것을 알기 때문이다."라고 기술하고 있다. 그 정도로 종교의 가르침인 진리는 이 세상에서 인간이 살아가는 데 최고의 가치인 지혜가 그 속에 녹아 있다고 하겠다. 그리고 『불안의 개념』에는 또 다른 실존적인 철학의 언어가 있다. 이것은 "어쨌건 나의 종교적 실존은 어떻게 나의 표면상의(외적인) 실존과 관계를 맺는가와 어떻게 그것이 나의 표면상의 실존에서 표출되는가를 설명하는 것, 그것이 바로 과제이다."라고 말한다. 그 다음에 이어지는 문장은 "그러나 우리시대에 도대체 누가 그런 일에 관해서 골치 아프게 생각하려고 하겠는가? 현재의 삶이 지금 그 어느 때보다도 더 쏜살같은, 덧없는 순간으로 펼쳐지고 있는데도 말이다. 사정이 이러한데도 사람들은 이로부터 영원한 것을 붙잡는 법을 배우지는 않고서, 오히려 자기 자신을, 그리고 순간을 죽음으로 내모는 법을 배울 뿐이다. 순간을 추구하면서 말이다."라는 기록이 나온다.

이 내용 속에는 물질문명에 젖어 즐거움을 추구하는 현대인의 한탕주의를 아쉬워하는 면이 엿보인다. 그리고 인간이 제각기 삶을 살아가지만, 못내 종교를 떠나서는 훌륭한 삶을 살아간다는 것이 요원하다는 뜻이 담겨져 있다. 그런 까닭에 인간은 가장 귀중한 삶의 진리인 핵심을 놓치고 살아가는 것을 안타깝게 생각하는 절규가 숨어 있다. 이것은 종교적 교의를 배우면 그 속에 삶의 진수(眞髓)가 녹아 있다는 설명으로 해석된다.

우리 인간이 종교를 가져야 하는 이유로는, 앞에서 언급했지만, 종교 없이는 삶의 시작도 삶의 끝자락도 이성적인 매듭을 지을 수 없다는 내용이다. 왜냐하면 인간에게 누군가가 생명과 이성(理性)을 주었지만, 정작 생명과 이성은 주인인 본인과는 무관하게 한 순간에 생명이 주어져 탄생되었고, 또한 생명과 이성이 주어졌는데도 자신의 의지와 상관없이 생명을 한순간에 잃게 된다. 모든 삶이 미완성 상태에서 시작해 미완성 상태로 끝나게 된다는 것이다. 인간에게 생명과 이성을 주었으면서도 인간에게 자신의 의지대로 살아가지는 못하도록 한계를 만들어놓은 것이다.

생명의 탄생과 종결에 대해 이율배반적인 문제가 발생하게 된다. 이성을 주지 말든지, 아니면 의지를 인정해주든지. 이성을 주어서 만사를 이성에 맞추어 살아가도록 탄생시키고는, 생명을 탄생시킨 이후 본인의 의지와 무관하게 생명의 종결을 짓는 것이다. 그래서 생명의 법칙에 대해 완벽한 시작과 결론을 짓게 하기 위해서는 반드시 종교적인 신에 대한 믿음이 필요하다는 것이다.

이것뿐인가? 우주의 전개와 자연의 형성, 그리고 인간과 만물의 연관성에서 현재의 상태로는 인간이 최고의 절대자는 될 수 없으며, 반드시 절대자인 신의 역할이 존재하고 있어야 한다는 법칙이 성립된다.

만약에 우리의 인간이 살아가고 있는 세상살이에서 신이 없다면, 무엇인가 어딘가 그 신이 있어야 할 자리는 비어 있고 공백으로 남게 되는데, 여기서도 반드시 신의 존재는 있어야 하기 때문이다. 자연은 아무런 질서도 시작도 법칙도 없이 주어지고 만들어진 것은 결코 아니라고 할 수 있다. 하지만 절대로 우리 인간의 이성적인 판단으로서 신의 존재를 직접 볼 수는 없게 되어 있는 것이다. 다만 간접적이고 비현실적으로 신이 존재해야 할 자리를 채우지 못하고, 빈 상태로 삶을 영위하고 있는 것이다.

우리 인간은 자신도 모르게 신이 필요할 때 신을 찾게 되며 부른다. 이렇게 인간이 신을 갈망하지 않으면 안 되는 이유 중의 하나가, 자신도 모르게 신을 찾게 되는 당위성이다. 신을 찾고 있는 현상 자체가 인간 자신의 본능이며, 이 본능 자체는 자연성인 것이다. 결론은, 신이 존재하고 있기 때문에 찾게 된다고 볼 수 있게 된다.

그 외에도 인간의 이성으로 풀 수 없는 여러 가지 신비스러운 문제들이 우리 주변에서 발생하고 있다. 우리의 이성으로 생각해볼 때 현재 주어진 여건으로서는 공평하지도 정의롭지도 않은 상태에서 인간은 세상에 던져진 채로 태어나게 되고, 또한 버려진 상태로 세상을 떠나게 된다. 그런데도 이런 행위들 자체가 어떤 신의 의도가 없다면, 생명이 탄생되는 현상들이 처음부터 있지 말았어야 하는 행위가 아닌가 하고 생각된다. 모든 생명을 탄생시킨 요건들이 그렇게 신이 존재하도록 되어 있다고 생각되기 때문이다.

이상과 같이 앞에서 종교가 인간에게 이로움을 주는 것을 살펴보았다. 문제는 자신이 참된 종교인이 되려고 한다면, 진리를 무엇보다 자신의 내부에서 찾아야 한다는 것이다. 즉 종교의 믿음을 자신의 정신 속에서 만들어내야 하기 때문이다. 아무리 종교가 인간에게 이로움을 주며 주변에 올바른 종교인이 많아 자신에게 좋은 조언을 해준다고 하더라도, 자신이 어떤 영적인 감각에 접하지 못한다면 무슨 영감을 받을 수 있으며 계시를 받겠는가? 오직 자신의 삶의 문제를 내면화함으로써 정신적인 변화와 수용의 자세가 갖추어지고, 외부로부터 종교적인 교리를 인식하게 됨으로써만 종교적인 믿음이 생성되리라고 본다.

6.
기도에 대해

인간이 살아간다는 것을 고요한 가운데 조용히 생각해보면, 아주 미묘하며 섬세한 과정을 밟으며 살아간다고 할 수 있다. 그럼에도 어떻게 보면 매일 그냥 주어지는 삶이고 보니 대수롭지 않게 살아가기도 한다. 인간은 누구나 오늘도 아침에 잠에서 깨어나 일상적인 생활을 영위한다.

각자 지니고 살아가는 마음의 상태를 크게 나누어보면 두 종류로 볼 수 있을 것이다. 하나는 오늘도 세상살이 관습에 따라 자신이 언젠가 죽는다는 것은 잊은 채, 현재로써 괴로움을 잊고 즐거움을 찾아가며 영원할 것으로 살아가는 삶이다. 또 다른 하나는 이 세상은 본원지가 아니며 얼마 지나지 않아 곧 세상을 떠나게 된다는 마음으로 신(神)을 생각하고 신을 공경하며 경건한 마음으로 진지하게 살아가는 삶이다. 이것은 신을 믿느냐 믿지 않느냐 하는 관점에서 분류해본 것이다. 이 두 가지 차원에서 무신론자와 유신론자로 나누어진다고 볼 수 있다.

하지만 이런 부류 중에서 무신론자도 삶에서 신을 갈구하고 있다는 것이다. 인간의 삶에서 정작 필요한 정신적인 지주(支柱)는 신이기 때문이다. 그러다 보니 '기도(祈禱)'라는 의식이 등장하게 된다.

기도에 대한 성경의 가르침을 보면, 민수기 14장 28절에서는 "너희 말이 내 귀에 들린 대로 내가 너희에게 행하리니"라고 말하고 있다. 마가복음 1장 35절에서는 "새벽 오히려 미명(未明)에 예수께서 일어나 나가 한적(閑寂)한 곳으로 가서 거기서 기도하시더니"라고 증거한다. 또 누가복음 5장 16절에는 "예수는 물러가서 한적한 곳에서 기도 하시니라"라고 했다.

이렇게 성경에서 예수님의 '듣는 삶'을 자세히 살펴보면, 그분은 꾸준히 하나님과 시간을 보내셨다는 것이다. 그리고 기도하고 들으셨다고 한다. 이 같은 성경 말씀은 바로 신의 계시(啓示)에 의해 전해지는 말씀이니, 일단은 믿지 않을 수 없다. 그러나 믿지 않는 사람은 영적인 면에서 볼 때 믿는 사람과 차이가 있을 수 있을 것이다.

성경 말씀을 믿는 사람은 기도가 인간의 가장 이성적(理性的)인 활동이라고 말한다. 이성적인 활동이 인간에게 가장 도덕적이고 합리적이며 신이 인간에게 준 최고의 가치라고 생각할 때, 이성적인 활동인 기도야말로 최고의 가치를 실현하는 일이 아니겠는가? 기도는 종교에서 신과 가장 가까이 접근하며 신과의 교감을 이루는 의식으로 보고 있다. 석가모니 붓다의 영(靈)이든 예수그리스도의 영이든 그분들의 영과 기도드리는 인간의 영은 서로 교감이 이루어질 것으로 보기 때문에, 기도는 성립된다고 보아야 할 것이다.

세계적으로 유명한 영성 지도자 리차드 포스터(Richard J.

Foster)³⁹⁾는 1990년 7월 자신이 『기도』라는 책을 집필하면서 어떻게 기도라는 방대한 내용을 책 한 권에 담을 수 있을까 고민하다가, 하나님께 못 하겠다며 기도를 통해 자신의 한계를 인정하는 고백을 했다고 한다. 이때 기도를 통해 하나님을 보았고, 음성을 들었다고 전한다. 이때 리차드는 자신이 본 장면에 대해 이렇게 쓴다. "하나님의 심장이었다. 그 심장은 상처가 많이 났으며 또 열려 있었다." 그리고 하나님이 말씀하기를 "나는 네가 이 사역을 멈추길 원치 않는다. 대신 내 말씀을 전해라. 내 자녀에게 내 심장이 부서져 있다는 걸 말해주겠니? 그들은 너무 번잡한 일에 붙잡혀 있다."라고 하셨다는 것이다.

나는 리차드 포스터가 이렇게 신비한 체험을 한 것에 대해 나름대로 생각을 해보았다. 아마도 이 자연과 세상의 원리가 특별히 별도로 존재하는 것이 아니라 바로 신의 생각이며, 이 세상은 바로 하나님이 직접 보고 있으며 인간이 기도하는 말은 그대로 듣고 있다는 증거이기도 한 것이다. 아마도 육적인 개념이 아닌 영적인 측면에서 본다면, 우주와 자연은 물론 인간의 죽음과 삶 자체도 전부 하나로 연결되어 있는 동일한 실체가 아닌가 하고 느껴지기도 한다.

우리나라의 2012년 통계청 조사에 의하면, 종교 인구가 55%, 비종교 인구(유교 포함)가 45%이다. 왜 종교를 믿느냐고 하는 데 대한

---

39) 리처드 포스터(Richard J. Foster)는 미국 아주사 퍼시픽 대학교, 미시건의 스프링 아버 대학교의 영성신학 교수이며, "레노바레"(Renovare)의 설립자다. 영성 운동의 대중화에 힘쓰고 있으며, 삶에 적용되고 이웃과 사회의 영성을 깊게 하는 크리스천 영성의 영향력을 넓혀나가고 있다. 포스터의 종교는 퀘이커교이다.

답변으로 대다수가 '신을 믿으면 이익을 얻는다'라고 답했다고 한다. 세계적인 모든 종교인의 한 가지 공통점은 '죽음이 끝이 아니다. 이번 삶이 끝이 아니라는 것'이다. 자신이 지은 업보를 받는다. 살아 있는 사람과 죽은 사람의 무게를 측정한 결과 그 차이로 영혼의 무게가 21g이라고 한다. 불교의 백일기도 안내문을 보니 이런 글귀가 나온다. "기도란 참회를 통해 자신을 낮추고 비우며, 발원(發願)을 통해 한(限)없는 자비와 지혜, 원력(願力)과 복덕을 쌓아가는 것이다. 모든 일은 나의 마음에서 출발하며 지극한 기도는 꼭 이루어진다." 아메리카 인디언은 무슨 소리든 만 번만 외우면 소원대로 이루어진다고 믿고 있다고 한다. 나는 어떤 책에서 오래 전 아메리카 인디언 족장이 외부의 침입을 받아서, 자신이 살고 있던 대지(大地)를 침입자들에게 넘겨줄 때 자신들의 소견을 적은 글을 읽은 적이 있다. 그 글을 보면서 그들이 정말 자연을 사랑하고 영적인 삶을 살았다는 생각이 들었다. 그들이 아마도 그렇게 영적인 삶을 살았다면, 무슨 소리든 만 번만 외우면 소원대로 이루어질 것이라고 하는 생각이 거짓이 아닌 것 같았다.

『팡세』(파스칼, 2006)에서도 "신에게 기도(祈禱)를 하는 이유는 시험에 들지 않도록 하기 위해서이다. 사람이 시험에 드는 것은 위험하다. 시험에 드는 것은 그들이 기도하지 않기 때문이다."라고 말한다. 『인도자 지침서 전인성숙을 위한 제자훈련 시리즈』(심수명, 2007)에서도 "하나님께서 주시는 마음은 근심하고 염려하는 마음이 아닙니다. 하나님은 염려와 근심을 내려놓으라고 말씀하십니다. 기도(祈禱)는 즐거운 것이며 소망의 창구입니다. 혹 우리는 기도하면서 마음에 불신을 품고 있지는 않은지 점검해보고 그 염려를 믿음으로 내려놓는 결단을 하도록 합니다. 또한 근심은 인생이 살아가는 생기와 원기를 빼앗아 가며 그로 인해 삶의 의욕을 잃어버리게 합니다. 그러나 선(善)한 말은 근심을 덜고 즐거움을 줄 수 있다."라고 말한다.

앞에서 기술한 내용대로라면 기도의 힘은 무한한 가치를 지닌다고 할 수 있다.

그렇다면 누구나 기도를 올리면 그 효력이 나타날 수 있을까? 여기에 회의적이지 않을 수 없다. 먼저 기도를 드리는 사람으로서 꼭 유념해야 할 것이 있다. 이것은 플라톤이 한 말이다. 즉 "신(神)들도 악인의 선물은 받지 않는다."는 것이다. 『몽테뉴 수상록』(몽테뉴. 2015)에 의하면 "적어도 하나님께 기도드리는 순간에는 심령이 깨끗해서 악덕스런 정열은 버려야 한다. 만약에 밤에 간음을 범하고 기도를 드린다는 것은 있을 수 없는 일이다."라고 기술하고 있다. 이 문제에 대해서 깊이 있게 생각해보면, 인간 개인의 종교적이고 도덕적 의무감은 우주의 원리에서 유래되었다고 할 때, 인간의 가장 바람직한 삶은 우주적 원리나 자연과의 합일을 이루는 삶일 것이다. 이와 같은 삶은 곧 개인이 도덕적 의무를 지키며 사는 일이다.

그렇게 보면 도덕적인 의무감(다르마, dharma)[40]이야말로 삶에서 최고의 가치가 아닐 수 없다. 기도는 인간의 영혼과 신의 신명(神明)

---

[40] 고대 인도인들은 『마누법전』(기원전 2세기 무렵)에 의하면, 삶의 가치를 아르타(artha, 재물 등). 카마(kama, 성적 쾌락 등), 다르마(dharma, 도덕적 의무), 목샤(moksa, 해탈, 자유의 경지)에서 구하고 있는데, 여기서 말하는 다르마(dharma)는 이미 앞서 설명한 것처럼, 중국철학에서의 도(道)에 비견되는 매우 복합적인 개념이다. 하지만 여기서의 의미는 어떤 사회를 유지하기 위한 개인의 종교적·도덕적 의무를 말한다. 학생은 학생으로서의 의무가 있으며, 가장은 가장으로서의, 출가 수행자는 출가 수행자로서의 의무가 있는 것이다.

함이 서로 교감을 하는 작용인데, 진실된 자세와 마음이 아니고는 신과 교감을 이룰 수 없을 것이다. 여기서 진실된 마음은 앞에서 기술한 도덕적인 의무감(다르마)의 수행이 가장 선결 문제라고 생각한다. 다르마의 이행이 없이는 이것은 허위요, 위선이며, 거짓이기 때문이다.

인간으로서 가장 불가지(不可知)의 세계가 신과의 소통 문제이다. 그래서 오직 영적으로 기도를 통해서만 그것은 이루어진다고 할 수 있다. 이와 같이 가장 경건하고 신성한 문제로 접근해야 할 기도가 자신의 마음이 불결한 상태라면 어찌 영감을 얻을 수 있을 것인가?

나는 70평생을 살아오면서 단 3개월을 사찰(寺刹)에서 생활하면서 보낸 적이 있다. 좀 이상한 방향으로 흐른다고 생각할지 모르지만, 그 3개월의 생활 속에서 느낀 점이 하나 있다. 참 이상하게도 사찰에서 자면서 꿈을 꾸고 나면, 그 뒷날 그 꿈과 관련된 일이 꼭 발생하는 것이었다. 물론 처음 2개월 동안에는 이런 현상을 느끼지 못했는데, 3개월째 접어들면서 절에서의 생활이 어느 정도 깊숙해 졌을 때부터 이런 현상이 나타났다. 나는 이 현상을 이렇게 생각했다. 아마도 사찰은 영적(靈的)인 곳으로서, 나의 영혼이 맑아졌기 때문이라고 생각되었다.

인간의 능력은 무한하다. 이 우주는 신명스러운 살아 있는 생명체이다. 정성껏 기도를 드리면 인과법칙에 의해서 이런 일이 일어날 수도 있다고 믿는다. 이 지구상에 살고 있는 수많은 종교인들이 그들만의 기도를 드리는 것은 그냥 하는 행위가 아니고, 기도를 할 때 무언가 그에 대한 반응이 있기 때문으로 생각해본다. 기도에 의해서 되돌아오는 영적 파편들의 작용으로 삶은 더 바르고 정밀하게 인도되는 것이다.

기도의 힘은 그들을 절망시키지 않고 가능성의 길을 열어주게 된다고 생각한다. 나는 현재까지 특별히 종교를 가지지 않았고, 현재까지 기도의 중요성을 인정하지 못했다. 다만 부모님께서 불교에 뜻을 두고 있었을 뿐이다. 그러나 종교에 관련된 서적을 자연히 읽게 되었고, 또 종교에 대해 많은 생각을 하게 되었는데, 그런 가운데 믿음의 필요성을 새삼 느끼게 되었다.

다음은 기도와 믿음에 관련된 내용이다. 지난 월남전쟁(1959. 9. 26~1975. 4. 30) 때 미국의 제럴드 L. 커피 대위의 기적적인 일화가 전해지고 있다. 제럴드 대위는 전투기를 타고 비행하다가 1966년 2월 3일 중국해 상공에서 총격을 받고 추락한다. 다행히 목숨은 건졌지만 그 후 7년간 그는 월맹군 포로가 되어, 여러 곳의 포로수용소를 끌려 다녀야만 했다. 그동안 감옥 속에서 살아갈 수 있었던 것은 기도 덕분이라고 한다. 이 미국 공군대위는 꼭 살아서 고국의 가족 품에 돌아갈 것이라는 믿음으로 매일 기도를 드리고, 감옥 속에서 물구나무를 서는 등 운동을 매일 하며, 옆방에 같은 포로가 있다는 것을 늦게나마 알고 서로가 간수(看守) 모르게 암호로 신호를 보냈다. 그럼으로써 나중에는 은밀히 대화를 통해 서로가 격려한 까닭에, 결국은 석방이라는 기쁨으로 미국의 성조기가 펄럭이는 비행기를 타고 무사히 하노이 비행장을 빠져나가게 되었고, 환호하는 미국 국민의 영접과 따스한 가족의 품안으로 돌아가게 되었다는 내용이다. 여기에는 분명히 기도의 힘이 크게 작용했을 것으로 본다.

또한 종교적인 생활로서 기독교 신자들이 어려움에 닥쳤을 때 진정한 기도를 함으로써, 그 기도하는 기간 동안에 슬픔과 고난의 터널을 지나서 어려움을 무사히 통과하는 예를 보게 된다. 그것을 보더라도 기도의 긍정적인 면을 인정하는 바이다. 신약성경 마가복음 11장 24절을 보면 "그러므로 내가 너희에게 말하노니 무엇이든지 기도하고 구하는 것은 받은 줄로 믿으라. 그리하면 너희에게 그대로 되리라"라고 기록되어 있다. 사람의 이성과 지성을 가지고도 어떻게 할 수 없을 때, 기도가 우리를 도와준다. 기도는 무엇을 요구하는 것이 아니라. 그저 간절한 소망이다. 목소리가 아니라 진실한 마음이 담겨야 한다. 누구나 자기 존재의 근원을 찾고자 하는 사람은 먼저 간절한 마음으로 기도를 해야 한다. 오로지 간절한 마음만 있으면 된다. 순간순간 간절한 소망을 담은 진지한 기도가 당신의 영혼을 다스려줄 것이다. 그리고 기도는 침묵이라는 의미를 그 기저에 깔고 있다. 말은 생각을 일으키고 정신을 흩뜨려 놓는다. 우주의 언어라는 거룩한 침묵은 안과 밖이 하나가 되게 한다. 어느 인도의 스승은 이렇게 말한다. "사람의 몸에 음식이 필요하듯 우리의 영혼에 기도가 필요하다. 수행자는 기도로써 영혼의 양식을 삼는다. 기도는 하루를 여는 아침의 열쇠이고 하루를 마감하는 저녁의 빗장이다."라고 말한다. 아마도 인간은 영적인 동물이기에 영과 영은 통하게 되는 것 아닐까. 믿음을 갖고 미래에 대한 희망을 염원한 결과, 천지신명의 밝음이 자신의 마음과 통하게 할 것이다.

기도에는 반드시 믿음이 함께해야 한다. 자신이 기도하는 그 목적인 원(願)이 반드시 이루어지리라고 믿는 마음을 가져야 한다는 것이다. 그리고 기도의 힘이 없었다면 참고 기다리는 것을 일찍이 포기해야만 할 것이며, 인간은 꿈을 이루는 것이 어려워지게 될 것이다. 아마도 개인적인 입장에서 보더라도 기도란 인간의 영이 자연의 신명함과 가장 잘 통할 수 있는 유일한 통로일 것으로 생각된다. 그렇기 때문에 우리는 간절한 소망을 담아 기도하는 것이다.

7.
참선(參禪)이란?

　선(禪)은 어떠함인가? 사전적인 뜻에서 보면 참선(參禪)이란 '내 마음의 주인에게 맡겨놓고 지켜보는 것이 참선이라고 한다.' 불교에서의 선(禪)이란 "삼문(三門)[41]의 하나로 마음을 가다듬고 정신을 통일해 무아정적(無我靜寂)의 경지에 몰입하는 일"로 되어 있다. 『시공 불교사전』에서 선정(禪定)의 의미를 살펴보면, 산스크리트어 dhyāna, 팔리어 jhāna의 음사인 선(禪)[42]과 그 번역인 정(定)[43]

---

41)　삼문(三門)이란 "절에서 수행하는 목적을 세 가지 해탈에 이르는 문(門)이라는 뜻으로, 세 가지 해탈은 공(空)·무상(無相: 차별과 대립을 넘어선 상태)·무작(無作: 열반)을 가리킨다. 또한 교(敎)·율(律)·선(禪)을 아울러 이르는 말"로 되어 있다.

42)　선(禪)은 산스크리트어 dhyāna, 팔리어 jhāna의 음사. 정(定)·정려(靜慮)·사유수(思惟修)라 번역. ① 마음을 한 곳에 집중해 산란하지 않는 상태. 마음을 고요히 가라앉히고 한 곳에 집중. 마음의 통일. ② 있는 그대로 직관하려는 수행. 자신이 본래 갖추고 있는 부처의 성품을 꿰뚫어보려는 수행. 미혹을 깨뜨려 자신의 본성을 체득하려는 수행. ③ 대립과 차별, 판단과 추리, 분별과 언어의 작용이 끊어진 마음 상태. 마음의 작용을 끊고, 있는 그대로 직관하는 상태. ④ 좌선(坐禪)의 준말. ⑤ 선종(禪宗)의 준말.

43)　정(定)은 ① 산스크리트어, 팔리어 samādhi 삼매(三昧)라고 음사. 마음을 한 곳에 집중해 산란하지 않는 상태. 마음이 들뜨거나 침울하지 않고 한결같이 평온한 상태. 마음을 집중·통일시키는 수행, 또는 그 수행으로 이르게 된 평온한 마음 상태. ② 산스크리트어 dhyāna 마음을 가라앉히고 고요히 생각함.

바위에 앉아 참선하는 모습

의 합성어로, 마음을 한 곳에 집중해 산란하지 않는 상태. 즉 마음을 고요히 가라앉히고 한 곳에 집중하는 마음의 통일을 말한다. 일반적으로 속세(俗世)에 사는 사람들이 한번이라도 진정 선의 경지에 몰입해보지도 않고, 그렇게도 엄중하기도 하고 두렵기도 한 선에 대해 함부로 언급하는 일은 진실하게 행해지는 선방(禪房)을 우롱하는 처사가 아닌가 하고 생각한다. 그러면서도 외람되게 나 개인적인 차원에서 선(禪)에 대한 견해를 논해보고자 한다. 감히 참선(參禪)이란 단어를 붙이기가 나로서는 외람 된다고 생각하면서, 참선 대신에 고요함이라고 하는 것이 오히려 맞을 것으로 생각해보기도 한다.

나는 불교의 승려도 아니고 또 진실되게 참선을 한 번도 수행해 본 적이 없는 사람이다. 다만 책을 읽고 사전을 찾아보기도 하고 깊이 생각하기도 하면서, 참선의 의미를 되새겨보았을 뿐이다. 그러나 참선이 불교에서 차지하는 비중이 바로 그 자체, 즉 전부가 아닌가 하고 결론 내려 본다. 그 정도로 불교는 참선을 통해서 깨닫는 곳이라고 생각한다.

왜 선(禪)을 수행하는가? 불교인이 아닌 우리가 생각하기에는 선(禪)을 행하게 됨으로써 정신이 자신의 육체에 고요하게 머물면서도 우주의 신명(神明)함과 통하게 하고, 그럼으로써 지혜와 깨달음을 얻으려고 하기 위함일 것이다. 이렇게 함으로써 자신의 마음이 고요한 경지에 이르게 되어 정신이 맑고 깨끗하게 유지된다. 그리하여 사물을 왜곡하지 않고 사실 그대로 감지할 수 있다고 생각한다. 자신의 마음이 고요함으로 유지되면 될수록 내면의 심적(心的) 상태를 정화할 수 있어, 착함의 상태에서 자신을 바라보게 되어 육적인 욕망심(慾望心)을 없앨 수 있어 번뇌에서 자유로워질 수 있을 것으로 본다. 물론 승려들은 깨달음을 얻기 위해 선(禪)을 행하겠지만, 일반 사람들은 본성을 찾아 마음의 청정을 유지해서 한 번뿐인 지상생활의 삶을 보다 참답게 살아가는 데 그 의미가 있을 것이다.

　명상과 좌선은 어떤 차이가 있겠는가? 두 가지 방법 모두가 잡념을 차단하고 고요함을 유지하며, 그렇게 함으로써 지혜를 얻게 되고 통찰력을 증대하는 차원에서는 같다고 하겠다. 예를 들어보면, 명상 중에서 대상을 호흡에 두는 호흡 명상법은, 자신은 명상을 하는 도중 호흡만 생각하고 호흡에만 정신을 집중하여 다른 잡념을 차단하게 한다. 그러나 좌선에서는 하나하나 생각을 없애며 무념무상의 경지로 진입한다는 점에서 방법 면에서는 명상법과 차이가 있을 수 있을 것이다. 아마도 명상이나 선을 행함으로써 사전에 액운을 예방하려는 목적도 있을 것이다.

　『만두모형의 교육관 한국의 전통교육』(정재걸, 한국교육신문사. 대구교대 교재)에 나오는 간화선(看話禪)의 전래와 그 교육적 메커니즘을 보면 다음과 같다.

　"우리나라의 불교는 선종(禪宗)[44]이다. 그중에서도 간화선(看話

---

44)　선종(禪宗): 불교의 한 종파. 좌선(坐禪)을 통해 불도를 터득하려는 종파로서, 6세기 초 달마 대사

禪)[45]을 위주로 하는 선종이다. 선종이 우리나라에 들어오기 시작한 것은 신라 중기부터라고 전한다. 최초로 전해진 선(禪)[46]은 제 4조인 도신(道信; 580~651)의 동산종(東山宗)이다. 아무튼 간화선(看話禪)은 오늘날에도 우리나라 승려들의 그 전통이 계승되고 참선수행에 있어서 주된 실천 방법이 되고 있다. 간화선은 화두(話頭)라는 교육적 메커니즘을 만들어놓고 그 속에 제자를 밀어넣는 교육 방법이다. 화두라는 말 자체가 '말(話)', '이전(頭)'을 의미하듯이 화두는 논리적으로 따져서 이해할 수 있는 것이 아니며, 말이나 글로 설명해주는 것도 아니다. 그러나 모든 화두는 궁극적으로 한 가지 문제, 즉 '나의 참자기는 무엇이며 어디에 있는가?'라는 의문으로 모아지도록 설계되어 있다고 한다. 깨달음이란 결국 이런 화두를 '깨뜨려버리는'것으로, 간화선은 결국 자신의 전 존재를 건 의심과 이 의심의 타파라고 하는 두 개의 단계로 수행의 단계를 단순화했던 것이다. 물론 참선(參禪)은 화두(話頭)라는 의문을 가지고 고요함 속으로 들어가서 그 의문을 해결하는 것이다."

　앞에서 설명했듯이 좀 더 세밀하게 접근해보면, 불교에서 말하는 참선이란 마음을 수행하는 것이다. 한마디로 말한다면 내가 내 마음을 깨닫는 공부라고 생각하면 된다. '내가 누구인가?'를 깨닫는

가 중국에 전함.

45)　간화선(看話禪) : 불교에서의 선(禪) 수행 방법 중 화두(話頭)를 들고 수행하는 참선법, 우리나라 불교 역사에서 가장 큰 영향력을 끼친 선(禪) 수행법이다. 중국의 선종은 달마로부터 시작되어 혜능(慧能)의 남종(南宗)과 신수(神秀)의 북종(北宗)으로 갈라진 뒤, 남종南宗)의 남돈선(南頓禪)이 크게 성했다.

46)　선(禪) : 불교에서 삼문(三門)의 하나, 정신을 가다듬어 번뇌를 버리고 진리를 깊이 생각하며 무아(無我)의 경지로 드는 일. 삼문(三門) : 불교에서 교(敎), 율(律), 선(禪)을 말함.

공부이다.

불교에서 해제(解制)라는 것이 있다. 해제(解制, 안거〔安居〕를 마치는 것. 재계〔齋戒〕를 풀다. 라는 뜻도 있다)는 내 마음에 맺어진 한(恨), 억울한 것을 풀어버리는 것을 말한다. 감정이 하는 대로 끌려다니게 되면 해제(解制, 마음 푸는 것)를 못 한다. 마음에서 감정을 풀어서 화두(話頭)로 돌리는 것이 완전한 해제이다.

그러면 화두란 무엇인가? 불교에서 참선하는 이에게 도(道)를 깨치게 하기 위해 부여하는 과제(1,700가지가 있다고 함. 公案)이다. 그러면 화두에는 어떤 것이 있는가? 예를 든다면 '나는 누구인가? 부처님은 왜 꽃을 들었는가?'와 같이 이런 의문의 과제이다. 참선이란? 이런 의문을 풀기 위해 모르는 문제를 붙잡고 가만히 앉아서 '이것이 무엇인가? 이것이 무엇인가?' 의문의 과제를 풀어가는 과정이라고 할 수 있다.

그런데 이 과정에서 자꾸만 아는 것(잡념)이 일어나게 된다. 이렇게 알고 있는 어떤 생각들인 잡념이 무아(無我)의 경지로 가는 마음을 방해한다. 즉 의식이라는 바탕을 하얀 백지로 못 만들게 한다. 잡념과 같이 생각나는 것을 의문의 '화두'라는 용광로에 집어넣고, 그 화두(모르는 과제)를 벗 삼아서 풀어나가는 시간을 함께 하면 아뢰아식(8식)이 담담하게 터진다는 것이다. 즉 아뢰아식이 깨어진다는 것이다. 다른 말로 표현하면 업장(業報)이 깨어진다고 말할 수 있다. 그래서 참선이란 아뢰아식(8식)을 마음백지(무아의 경지)로 만든다는 것을 말한다. 번뇌 망상에서 벗어나는 것이다. 그렇게 함으로써 끝에 가서는 윤회에서 벗어나게 된다는 것이다. 이렇게 화두를 풀기 위해 무아의 경지에 들게 하는 과정이 참선이라고 불교에서는 말한다.

그런데 여기서 한 가지 알아야 할 점은 하나의 화두를 깨닫게 되면 앞에서 말한 1,700개의 화두(話頭, 公案) 전부를 깨닫게 되는 것이나 다름없다는 것이다. 그렇게 되면 참 나(내 영혼, 나의 부처)는 무언가?라는 의문을 풀게 된다는 뜻이다. 일반 사람으로서는 너무나 어려운 문제가 아닐 수 없다. 참선하는 동안 아무리 정신이 맑아도 생각이 남아 있는 동안만은 화두를 붙잡고 있어야 한다는 것이다.

그리고 불교에서 말하는 나무아미타불의 뜻을 풀이해보면, 아미타불이란 내 마음속에 있는 무량한 광명, 무한한 희망, 무량한 수명이라는 뜻이다. 우주는 광명이며, 내 몸 안에도 광명이 있고 인격이 있다 함을 전제로 한다. 나무라는 뜻은 '의지한다', '귀의한다'라는 뜻이다. 그래서 나무아미타불이라는 뜻은 감정에 따라가지 않고 내 몸 안의 인격, 무량한 광명, 무량한 수명에 의지한다는 말이다. 이렇게 하여 참 나(내 영혼, 나의 부처)를 발견하여 깨닫게 되면, 이번 세상뿐만 아니라 다음 세상, 그 다음 세상, 영원히 참 나(내 영혼, 나의 부처)는 존재한다는 것이다.

종교에는 세 종류가 있다고 한다. ① 육신으로 하는 종교, 즉 이 종교는 육신의 범위 내에서 하는 종교이다. ② 영혼까지 가서 닿게 하는 종교이다. 영혼의 세계에까지 접근하는 것이다. ③ 부처의 경지에까지 가는 종교이다.

그런데 세계의 많은 종교들이 대부분 영혼까지 가는 종교라고 한다. 유독 불교 중에서도 참선법에서만 부처의 경지에까지 간다고 한다. 그 정도로 참선법이 깊게 들어가는 종교라는 것이다. 또한 불교에서는 자신이 현재 이 세상에서 알고 있는 것은 저승에서는 안통한다고 한다. 즉 산수에 있어서 구구법(단), 영어 등 이 세상의 지식은 저승에서는 통하지 않는다는 것이다. 참선은 모르는 것을 벗으로 한다. 모르는 것을 붙잡는 것이다. 이 모르는 것이 화두이다.

즉 나는 누구인가? 부처님은 왜 꽃을 들고 있는가? 알고 있는 것은 아뢰아식인 저장 창고에 기록되지만, 모르는 것은 저장이 안 된다는 것이다. 염라대왕은 이 아뢰아식에 저장된 업보를 가지고 판결을 해서 윤회에 들게 하는데, 이 팔식(八識)을 백지로 만들게 되면 염라대왕은 자료가 없어 판결을 할 수 없게 되어 윤회에 들지 않게 된다는 것이다. 이렇게 참선은 아뢰아식을 부수는 과정이다.

참선할 때 자세는 양쪽 무릎과 항문이 땅에 반듯하게 닿도록 하고, 코와 배꼽이 반듯하게 한다. 그리고 양쪽 귀와 어깨가 반듯하게 한다. 배꼽이 양쪽 무릎과 항문이라는 삼각형 한가운데 가도록 한다. 기운이 가장 많이 빠져나가는 곳이 입천장이니, 그래서 혀를 말아서 위 천장 안으로 잡아당기게 한다. 이것이 참선의 바른 자세이다. 지속적으로 내 한평생 아뢰아식에 하얀 보자기(백지 상태)를 만드는 것이 참선이다.

하지만 승려가 아닌 우리 평민은 화두를 가지고 그 의문을 푸는 것보다는, 참선과 비슷한 방법이지만 그냥 고요함을 유지함으로써 번뇌와 망상을 버리고, 그럼으로써 정신이 맑아지도록 하여 자기의 정신이 몸 밖으로 나가는 것을 막고, 자기 몸속에 편히 존재하도록 함으로써 영육(靈肉)이 일치되어 혈액순환이 순조롭게 되고, 그리하여 건강한 무병체(無病體)를 얻고 맑은 정신을 보존함으로써 일상생활에서 현명한 판단력을 내리도록 삶의 질을 향상시키게 하는 데 그 목적이 있을 것으로 본다. 그리고 마음과 정신을 고요히 함으로써 우주와 내가 하나가 되는 가운데 우주의 기운을 얻게 하여 지혜를 얻도록 함에 그 목적이 있을 것으로 생각한다.

『무소유(無所有)』(법정 스님)에서 보면 "참선(參禪)을 하는 선원(禪院)에서는 선실(禪室) 안 밖에 '묵언(黙言)'이라고 쓴 표지가 붙어 있다고 한다. 말을 말자는 것, 말을 하게 되면 서로가 정진(精進)에 방해가 되기 때문이다. 집단생활을 하다 보면 때때로 시(是)와 비(非)를 가려야 하는 일이 있다. 시비를 따지다 보면 집중을 할 수 없다. 선은 순수한 집중인 동시에 철저한 자기 응시인 것이다. 모든 시비(是非)·분별(分別)·망상(妄想)을 떠나서만 삼매(三昧)[47]의 경지에 들게 된다."고 말하고 있다.

아무튼 불교에서 말하는 참선까지는 못 이루더라도, 고요함을 유지해 정신을 맑게 하고 마음에 평화를 얻는 것만도 일반인에게는 중요한 것이 사실이다. 이와 같은 내용들이 정신적인 삶을 살다 간 선조들의 삶의 흔적으로 남아, 동서양을 막론하고 많은 글귀들이 전해지고 있다.

예를 든다면 『삼국유사』(일연, 2003)에서도 "밤이 되자 부득은 마음을 맑게 하고 몸가짐을 가다듬고 반벽(半壁)에 희미한 등불을 켜고 고요히 염불을 했다."라고 전한다. 또 여기에서 보면 "선계산 불사의암에 머물면서 몸과 마음과 뜻(三業)을 닦아 망신참법으로 계(戒)를 얻었다."라는 구절(句節)이 있다. 그런가 하면 또한 『삼국사기』

---

47) 삼매(三昧) : 불교에서 잡념을 버리고 한 가지 일에만 정신을 집중하는 일. 염불삼매.

(김부식, 2009)에서도 "김유신은 전쟁에 나가라는 임금님의 명을 받고는 현고잠(懸鼓岑)의 산사(山寺)에 이르러 목욕재계한 다음, 영실(靈室)로 나아가 문을 닫고 홀로 앉아 향을 피웠다. 이처럼 여러 날 밤을 지샌 뒤에 밖으로 나와 혼자서 기뻐하며 '나는 이번 거사(巨事)에 죽지 않는다.'"라고 했다. 아마도 이것은 참선을 함으로써 전쟁에서 이기는 길을 모색했던 것이 아닌가 생각해본다.

『행복의 조건』(조지 베일런트, 2010)에서도 "내적 평화를 얻는 것이 인생에서 가장 중요한 과업 중 하나라고 생각하게 되었다. 그는 사람들의 육체만큼이나, 아니 그 이상으로 정신을 세심하게 살펴보았다."라는 구절이 나온다. 그것을 보더라도 고요함을 유지해서 자신을 성찰하는 것이 얼마나 삶에서 귀중한 일인가를 보여주는 단면이기도 한 것이다.

그렇다면 대중들이 어떤 방법으로 자신의 생활터전에서 마음을 청정하게 하여 고요한 지경에 이를 수 있도록 하겠는가? 이것은 쉽지 않은 문제이다. 물론 참선이나 명상을 잘할 수만 있다면 얼마나 좋으련만, 만약에 그런 경지에까지 못 미친다고 하더라도, 이와 비슷하게 고요함에 이르는 방법을 생각해보면, 정좌(正坐)하여 바르게 앉은 후 양손을 배꼽아래 단전에 모으고 복식호흡을 하면서 정신을 집중하되, 자기 머리에 어떤 생각들이 떠오르는지 감시를 자신이 스스로 하는 일이다. 하지만 생각을 하지 않을 수는 없는 일이니, 자연히 생각이 자꾸만 떠오르게 되어 있다. 그러니 어떤 생각이 머리에 떠오르는지를 감시하면서 자꾸 생각을 버리도록 한다.

이 과정에서 자기의 생각에 대해 무엇을 잘못 생각했는지, 자기 잘못만 뉘우치고 고치는 쪽으로 반성하면서 그 생각을 버리고 잊도록 하는 것이다. 그렇게 함으로써 마음을 자꾸만 고요 속으로 침잠해 들어간다. 문제는 자기반성으로 자기 잘못만 회개(悔改)하면서 고요함을 유지하도록 해야 한다. 이렇게 하여 하루에 한 번 아니면 두 번 정도로 아침에, 그리고 잠들기 전에 고요함을 30분~1시간 정도씩 유지하도록 한다. 그럼으로써 마음의 평화와 안정을 찾고, 새로운 활력을 얻으며, 더 밝고 청명하게 깨어 있는 자신의 정신력을 발견하게 될 것이다.

또 한 가지 잊어서는 안 되는 것이 있다. 『화두 혜능과 세익스피어』(도올 김용옥. 1998)를 보면, 선(禪)에 대한 핵심적인 한마디가 있는데, 선종(禪宗) 제3대조인 감지승찬(鑑智僧璨)의 『信心銘』[48]이라는 산문을 전제로 이루어진다. 즉 "이 내용은 증오하거나 사랑하거나 하는 감정의 간택 상태가 없어지게 되면 통연(洞然)하게 텅 빈 것처럼 모든 것이 명백해진다"는 것이다. 이런 가르침을 음미해볼 때 인간의 마음속에 일어나는 욕심은 말할 것도 없겠지만 미워하고 사랑함, 두려움, 불안, 쾌락, 분노, 고통 등의 마음을 몰아내기만 한다면, 선은 그렇게 멀리 있는 것이 아니라고 생각되기도 한다. 특히 이 『信心銘』에서 간택(揀擇)은 특히 인간 감정의 호오(好惡)와 관련되어 있으며, 불교의 근본을 이루는 멸(滅)·집(執)과 관련되어 있다고 하니, 즉 간택(揀擇), 분간해 선택한다는 것은 중요한 뜻을 지니고 있다고 하겠다. 그러고 보면 앞 장에서 사랑에 관해 언급했지만, 함부로 성

---

48) 중국 선종(禪宗)의 3조(祖)이신 감지승찬(鑑智僧璨, ?~606) 스님은 1조 달마대사(達磨大師), 2조 혜가대사(慧可大師), 이어 3조 감지승찬(鑑智僧璨)으로 이어진다. 감지승찬의 저서 『신심명(信心銘)』의 산문 내용이다. "至道無難(지도무난), 唯嫌揀擇(유혐간택), 但莫憎愛(단막증애), 洞然明白(통연명백)." "지극한 도는 어렵지 않다. 오직 간택을 싫어할 뿐이다. 단지 미움도 없고 사랑도 없으면 모든 것이 뻥 뚫리면서 명백하게 된다."라는 내용이다.

적(性的) 사랑을 해서도 안 된다는 뜻이 여기에서도 기술되고 있는 것이다.

인간이 살아가면서 일반인들도 참선(參禪)을 하는 이유를 앞에서 잠시 언급했지만, 한 번 더 정리해보고자 한다.

① 우주 자연과 나를 합일(合一)시킴으로써 나의 육적인 인간심에서 벗어나 마음을 비우고, 그럼으로써 나의 몸에 천지자연의 기운을 받아들여 고요함을 느껴봄으로써 인간의 삶을 재조명할 수 있을 것이다. 잠시라도 번뇌 망상에서 벗어나 정신이 집중되고 맑아지면 영성과 가까이하게 되어, 평상시 우리의 생각으로 떠올릴 수 없는 심오한 계시적 영감을 얻을 수 있을 것으로 본다. 이것은 삶에서 너무도 값어치 있는 정신적인 가치를 우리에게 제공해준다고 할 수 있다.

오직 무아지경에 몰입함으로써 영적인 감화를 받을 수 있다면 참다운 삶의 의미를 깨닫게 될 것이며, 깊이깊이 삶의 문제에 접근함으로써 유형(有形)의 경지에서 벗어나 무형(無形)의 경지에 접어들게 되어, 자연의 신비로움을 체득할 수 있을 것이다.

② 죽음에도 더 가까이 접근할 수 있을 것으로 본다. 참선과 같이 마음이 고요하고 평화로우면, 죽음과 같은 무아지경의 상태를 그와 같은 의미로 받아들일 수 있을 것이며, 두려운 마음에서 벗어날 수도 있을 것이다. 그래서 죽음과 같은 유사한 세계에서 삶을 재조명해보고 삶과 죽음을 다시 한 번 생각해봄으로써 이것들에 대한 참된 의미를 느껴볼 수 있을 것이다.

생명이 있는 것과 생명이 없는 것은 하늘과 땅과의 차이보다도 더 극(極)과 극인데도 삶은 죽음과 본질 면에서 다르지 않다는 귀결점에 이르게 될 것이다. 아마도 이것은 자연의 실체, 즉 자연의 본성과 일치하게 될 때 가능할 것이다. 즉 죽음, 삶, 그리고 자연의 본성이 하나가 되는 경지에 있게 된다. 이것이 삶의 참뜻이라는 점을 발견하는 순간이 될 것이다.

③ 참선과 같은 고요함에 들게 되면, 육적인 본능의 세계에서 벗어나 정신세계에 들게 되어 인간의 밝은 마음(心)과 천지자연의 밝은 신비로움(神)이 통해서 무형의 정신세계에 더 깊게 접근하고, 천지자연의 본체와 생명의 본질을 다시 새롭게 찾고 정리하게 됨으로써 삶의 방향과 목적을 다시 생각해보고, 여기에 맞추어 살아가는 것이 영적인 삶이라고 말 할 수 있을 것이다.

④ 또한 참선과 같은 고요함이 주는 의미는 스트레스를 없애주고, 신체의 리듬과 감각을 되살아나게 해줌으로써 혈액순환이 좋아져 건강에 활력을 줄 것이다. 그리고 잡념을 정리하고 나면 자연히 자신을 성찰하고 되돌아보는 반성의 시간을 제공하여 삶의 새로운 길을 모색하게 되는 계기가 된다고 생각한다. 이런 마음의 성찰을 위해 참선을 하게 될 것으로 본다.

5 장

마음을
어떻게 다스려야 하는가?

1.
마음을 어떻게 관리할 것인가?

　인간의 마음을 성리학[49]은 유불선의 측면에서 우주 삼라만상의 기(氣)의 응집에 의해 형성된다고 정의하고 있다. 문제는 이런 기에는 그 정밀성이나 순도에 있어 차이가 있다는 것이다. 맑고 밝으며 깨끗한 기가 있는 반면, 상대적으로 탁하고, 어두운 기가 있는데, 중요한 것은 인간 마음을 구성하고 있는 기는 동물이나 식물, 무생물에 비해 상대적으로 밝고 맑으며 가볍고 깨끗한 기로 구성되어 있다는 것이다.

　성리학에서는 인간의 마음속에 우주 삼라만상에 관한 모든 진리가 다 들어 있다고 주장한다. 조선조 성리학의 기초를 마련한 양촌 권근(陽村 權近)은 그의 주저(主著)이자 이후 성리학의 입문서가 된 『입학도설(入學圖說)』이라는 책에서 마음을 다음과 같이 정의하고 있다.

---

49) 성리학(性理學) : 중국 송(宋)., 명(明)나라 때 학자들에 의해 성립한 학설. 형이상학적 유학의 한 계통으로, 훈고학에 만족하지 않고 우주의 본체와 인성(人性)을 논함.

"마음이라고 하는 것은 인간이 하늘로부터 부여받은 것으로서 몸의 주인이 된다. 마음은 리(理)와 기(氣)가 신묘하게 결합되어 있어, 비어 있는 듯하면서 영묘한 작용을 하며 어느 것이나 꿰고 들어가기 때문에 신명(神明)의 집이 된다. 또한 마음은 성(性)과 정(情)을 통괄하고 있기 때문에 밝은 덕(明德)이라고 일컬으며, 수많은 이치를 그 속에 구비하고 있기 때문에 모든 일에 다 감응하는 것이다." 라고 정의한다. 이 정의는 그 속에 '리(理)', '신명(神明)', '성(性)', '정(情)', '밝은 덕(德)' 등과 같은 개념으로 이루어져 있다.

성리학뿐만 아니라 불교에서도 인간의 마음속에는 우주의 궁극적인 진리가 들어 있다고 간주한다. 또한 만물은 자신의 존재를 보존하기 위해 노력한다고 스피노자는 가르친다. 실로 자기 보존을 향한 충동이 만물의 본질이다. 이런 의식된 경향을 '욕구'라고 말한다. 그래서 고통, 쾌락, 욕구 등이 인간 행동을 일으키는 인간의 마음 깊숙이 자리하고 있는 감정들이다. 이런 감정들을 잘 관리하는 것이 곧 마음을 잘 다스리는 법이다.

마음이 왜 중요한가 하면, 마음은 생명의 근본이며 삶 그 자체이기 때문이다. 사람의 생명은 마음에 의해 좌우된다. 즉 마음먹기에 따라 삶은 다르게 전개된다. 마음을 다스리는 법은 어릴 적에 배워야 한다. 어머니 품안에서 제일 먼저 자신의 마음을 다스리는 법을 배워야 하는 법이다. 자신의 마음을 잘 기르고 보존, 관리하여 몸을 안전하게 행동하게 하는 것이 수양의 목적인 것이다.

모든 수양의 목표는 자신의 마음에 의지력을 향상시켜 몸의 욕구로부터 자제력을 길러 몸이 영원히 안전하도록 하는 것이다. 그러니 수양의 목표는 몸을 마음의 지배하에 두는 것이다. 몸은 자신의 욕구를 충족하기 위해 성적 만족과 식욕의 만족, 명예의 만족 등을 지속적으로 추구한다. 이 추구에 탐닉하는 것은 인간이 추구해야 할 선(善)과 진리와 정의로움에 일치하지 않는 것이다. 그러므로 지속적으로 마음을 옳게 하여 자신의 몸을 자제해야만 하는 것이 수양이다. 언제나 현인(賢人)은 금욕적인 생활을 한다. 금욕적인 생활은 영적인 삶을 살아가는데 필수요건이기도 하다.

인간에게 마음이 왜 중요하냐 하면, 한 순간의 마음이 흐트러져 잘못 마음을 먹게 되면 악(惡)을 행하게 된다. 인간의 마음이란 항상 선과 악 사이를 왕래한다. 순간적인 욕망을 충족하기 위해 조금만 마음이 흐트러지게 되면 나쁜 행동으로 이어진다. 설마 하는 나쁜 행동은 남이 알게 되고, 현재까지 쌓아놓은 자기 신뢰가 한 순간에 무너지게 된다.

누구나 이 정도의 행동은 아무렇지도 않겠지? 남을 모르게 하는 행동이니까? 하고 저지르게 된 행동을 차츰 남이 알게 되며, 무슨 일이든지 예상 밖의 일, 돌발적인 일이 일어난다. 이렇게 해서 잘못된 부분을 덮고 막으려고 한 것이 더 상황을 악화시킨다. 무엇이든지 처음에는 괜찮겠지 하고 한 일이 나중에 감당할 수 없게 되는 것이다. 무엇이든지 예상 밖의 일, 즉 돌발적인 일을 생각하지 않을 수 없다. 이 일이 중요하니 절대로 조그마한 행동이라도 나쁜 짓을 해서는 안 되는 이유이다.

인간이 삶을 살아가면서 가장 중요한 것, 즉 삶을 바꾸는 행위는 마음바탕에 직접적인 영향을 주는 생각을 바꾸는 일이다. 생각을 바꾸면 인생이 달라진다는 사실을 잊으면 안 된다. 인생이 달라지도록 하기 위해 우리는 어떻게 생각을 바꾸어야 하는가? 이 문제는 실로 삶에서 중대한 문제가 아닐 수 없다.

이기적인 자기 마음의 틀을 부수고 우주 자연의 측면에서 변화를 수용할 줄 알아야 한다. 무한한 공간과 시간의 영원성에 대한 우주 철학을 자기화하도록 마음을 다시 재편성하고 재구성해서 자신의 인생관으로 새롭게 피어나도록 해야 할 것이다. 우주 자연의 모든 사물은 변화한다는 기본 철칙을 재인식하고 이 변화에 자신도 순응하며 함께 흘러가야 한다.

더더욱 명심해야 할 것은, 이 세상을 마감할 때는 홀로 빈손으로 간다는 것을 잊지 말고, 지나친 세속의 욕망에 집착하지 않도록 해야 할 것이다. 그러면서도 자신이 죽으면 모든 것은 끝이라는 허무적이고 절망적이며 폐해적(弊害的)인 사상에서 벗어나, 모든 세상 원리는 이치에 맞게 새롭게 더 나은 방향으로 다시 형성되고 있다는 철칙도 굳게 간직하며 생(生)을 열어가야 한다. 어떤 일이 있어도 인간이라는 존엄성을 외면하지 말고 주어진 사명감과 책임의식을 다해야 한다.

나(I)라는 하나의 생명은 자신의 것인 동시에 우주 자연에 속한 것임을 인식하고, 남도 자신의 몸과 동등하게 대하며 공존해야 할 것이다. 이 세상에서 보이는 것만이 존재하는 것이 아니고, 오히려 형이상학적인 면, 즉 보이지 않는 무형의 세계가 본래의 세상이라는 것을 재인식해야 한다. 이 세상의 귀중한 단 한 번의 삶이 헛되지 않게 살아야 하겠지만, 그렇다고 지나친 기대와 허황된 꿈속에서 벗어나야 한다.

지나치게 세속의 욕망에 사로잡혀 남을 음해(陰害)하고 약자의 인격을 짓밟는 행위와 남이 잘되는 것을 보지 못하고 시기와 질투로 삶을 살아간다면, 올바른 삶이라고 볼 수 없다. 스스로 어려움과 역경을 맞게 되더라도 세상을 슬프게만 보지 말고, 묵묵히 자중하며 살아가는 정신자세를 견지해야 할 것이다. 이와 같이 생각을 바꾸고 마음을 바꾸어야 행동이 변화하게 되고, 삶이 긍정적으로 펼쳐질 수 있을 것이다.

마음의 관리란 자기 내면에서 지속적으로 발생하는 나쁜 생각, 그리고 물질의 풍요로움을 추구하려는 의욕을 윤리와 도덕이라는 잣대로 제도(制度)해야 한다. 우리 인간의 내면에는 지속적으로 물질에 대한 욕망이 솟구쳐 오르는가 하면, 한쪽에서는 인간의 예의와 정의를 추구하는 윤리 의식이 고개를 든다. 이 두 개의 얼굴이 대립하게 된다. 이럴 때 마다 윤리 의식이 고개를 들어 자신의 위치를 지켜나갈 때, 우리의 마음은 제대로 관리된다고 할 수 있을 것이다.

문제는 윤리와 지나친 물질 사이의 갈등에서 윤리가 승리할 수 있도록 자신을 이끌어가야 한다는 것이다. 그렇게 하려면 어디에 더 높은 가치관을 두어야 할까. 자신의 삶에서 물질을 추구하는 삶이 중요한가? 아니면 지혜와 진리를 중요시하는 삶이 더 중요한가? 에 달려 있다고 하겠다.

언제나 마음속에 촛불을 밝히고 자신의 주인이 되어 자신을 사랑하며, 아름다운 영혼을 간직하고 자신의 길을 가야 한다. 생명의 불이 꺼지지 않도록 건강하고 안전하게 살아가는 것이 최우선이고, 그 다음에 욕심을 구하되 자신을 제어하면서 조심스럽게 살아가야 한다. 마음속에 진심으로 감사한 마음이 지속적으로 떠오르면, 그 사람은 차츰 수양이 되고 성숙의 길로 걷게 된다.

자기 삶의 한계를 인정해야 한다. 허황된 욕심에 사로잡혀 남과 경쟁의식을 갖게 된다면, 불행한 삶을 초래할 수 있다. 주어진 여건과 환경, 능력을 인정하고 주어진 운명도 수용할 줄 알아야 하며, 작은 결실에도 보람과 만족을 얻으며 검소하고 소박하게 살아가야 할 것이다. 남들의 출세와 부귀, 영광은 그대들의 몫이라는 것을 인정하고, 그 사람은 그 사람대로의 운명이 있다는 마음가짐을 수용해야 한다. 나를 미워하고 짓밟는 사람도 내가 원수로 삼고 보복할 수 없는 일이다. 자신이 자신을 자제하면서 살아가야 한다. 그 사람들의 운명은 내가 관리하는 것이 아니고 신이 관리하기 때문이다. 자신에게 한 조각의 생명의 불씨라도 남아 있으면, 그 삶의 불씨를 부둥켜안고 지키려고 최선의 노력을 다해, 조심하며 끝까지 신을 공경하며 살아가야 한다. 인간의 삶은 여러 갈래이다.

『인도철학과 불교』(권오민, 2015)에 의하면 아미달마불교의 분파(分派)인 대중부 계통에서는 "마음 그 자체는 본래 청정한 것(心性本淨)이며, 번뇌는 거기에 덧씌워진 것일 뿐 본래적인 것이 아님(煩惱客塵)을 주장하고 있다." 또한 마음의 속성은, 하나의 마음이 생겼다면 이것과 관련해 또 다른 생각이 반드시 연관되어 함께 일어난다는 것이다. 이런 마음의 작용을 상응법(相應法)이라고 한다.

마음이라는 것은 아무것도 없는 눈에 보이지 않는 공(空)이다. 이 점은 아무도 부인할 수 없다. 육체는 분명히 자연에서 왔다. 흙에서 와서 흙으로 돌아간다. 그러면 마음은 어디에서 와서 어디로 돌아갈 것인가? 이 점을 유추해볼 때 자연(크게는 우주를 말함)에도 눈에 보이지 않는, 우리 인간 같으면 마음에 해당하는 신명(神明)함이 존재한다는 점이다. 인간의 눈으로 볼 수 없지만, 자연의 변화와 섭리에서 이 신명함은 능동적으로 작용한다는 그 실체를 유추해볼 수 있는 것이다. 즉 마음의 유래는 우주의 법칙에 따라 그 신명함이 그대로 우리의 육체로 옮아와 마음으로 작용한다고 볼 수 있다. 그 결과로 말미암아 우리의 마음은 우주의 신명함에서 와서 우주의 신명함으로 돌아갈 것이다.

우리 인간의 지각(知覺)으로 이해할 수 없는 것이, 인간이 부모의 몸속에서 잉태되면서 육체에 영혼이 어떻게 깃들게 되는 것인가 하는 문제이다. 쉽게 말하면, 인간의 유전자 작용도 관여할 것이라고 할 수 있겠지만, 육체는 육체이고 영혼은 영혼이기 때문이다. 육체는 물질이고 영혼은 비물질(非物質)이라는 점에 있다. 비물질이라는 이 실체가 어떻게 육체에서 싹트게 되는 것이냐 하는 문제이다. 여기에서 살아 있는 유전자가 작용하려고 하면, 물과 공기가 촉매 작용을 함으로써 영혼이라는 비물질이 육체에 깃들게 될 것으로 본다. 더 깊게 생각하면 이 물과 공기의 작용 속에 우리 눈으로 볼(이해할) 수 없는 신비스러움이라는 영적 행위가 작용되리라고 추측할 뿐이다. 이점이 인간으로서 지각할 수 없는 신비스러움(神秘)의 영역으로 남게 된다.

그런데 『교육은 치료다』(루돌프 슈타이너, 2001)에서 보면 "수태(受胎)와 탄생 사이의 관계와 작용에 관해서 신체의 배후에 존재하는 또 하나의 영혼의 작용에 대해 설명하고 있다. 그것은 영계(靈界)로부터 내려오는 것으로, 지상(地上)의 의식으로는 그것을 볼 수 없다. 이 영혼은 영계로부터 내려와 선조 대대로 유전의 힘에 의해 만들어지는 신체에 작용한다."고 되어 있다. 어쩌면 영혼이 육체에 깃드는 과정은 유전자의 작용에 의해서 부모로부터 어떤 형질이 자녀에게 전해지듯이, 또 다른 형태의 순환 과정이라는 우주의 법칙이 존재함으로써 영혼이 우리의 몸에 유입되는 것이 아닌가 생각해보기도 한다.

마음과 관련해 한번 더 『정신현상학 1』(G.W.F. 헤겔, 2005)을 참고해보자.

"의식(意識)은 보편적으로 타당한 법칙이 그대로 자기 안에 깃들어 있음을 인식하는바. 이 법칙은 의식이 바로 자기 것으로 갖추고 있음을 자각하고 있다는 의미에서 '마음의 법칙'이라고 불린다. 이 마음의 법칙은 자기 의식으로서 실현해 나가야만 할 목적, 즉 목표로서의 인류의 왕국과 도덕성의 함양을 통한 개별자로서의 자기 완성이라는 이중성 문제와 관련이 된다"는 것이다.

이때 실현의 과정이 목적의 개념에 합치되는 것인지, 그리고 이 실현의 과정에서 의식이 법칙을 본질로서 경험하는지의 여부를 놓고 따져봐야만 한다는 것이다. 결국 마음의 법칙에는 모순되는 필연적인 현실을 극복하고, 또 이 현실로부터 닥쳐오는 고통을 제거하는 일이 마음의 법칙을 지닌 개인의 지향점이라는 것이다. 따라서 개인은 더 이상 자기만의 쾌락을 추구하는 경박함을 탈피하고, 진지한 자세로 고매(高邁)한 목적을 향한 자기의 탁월한 뜻을 발휘함으로써 인류의 복지를 구현함으로써 쾌락을 추구해야 할 것이다. 이렇게 되면 개인이 실현하는 것 자체가 곧 법칙이고, 그의 쾌락은 동시에 만인의 가슴에 와닿는 공동의 쾌락이 된다는 것이다.

이와 같이 마음의 법칙은 개인이 자기만의 욕망과 쾌락을 추구하면서도 인류 복지를 위한 만인의 쾌락과 합치할 때 올바른 마음의 법칙이라는 것이다. 그러니 마음이란 곧 자신의 마음인 동시에 만인의 마음과 통한다고 할 수 있을 것이다.

마음의 작용에는 크게 두 가지 성질이 적용되고 있다고 하겠다. 즉 대조(對照)를 이루는 이성과 감정에 의해서 지배를 받고 있다는 것이다. 이성의 지배를 받게 되면 올바르고 참되게 행동하는 것은 되지만, 이에 비례해 낭만(浪漫, 사랑과 정겨움)이 줄어들게 되며, 감정의 지배를 받게 되면 낭만은 있으나 올바르고 참되게 행동하는 것으로부터는 멀어질 수 있다는 점이다. 이성과 감정이 조화롭게 마음을 움직이게 하는 것이 중요하다.

마음이 이성과 감정이 잘 조절되도록 하기 위해서는 의지의 힘이 작용하게 된다. 이성이나 감정이 마음에 작용하는 과정에서 한 쪽으로 극단에 치우치게 되면 마음의 기능이 약해지기 때문에, 이점을 조화롭게 하는 것이 곧 우주의 섭리에 순응하며 살아가는 방법과 동일한 삶을 유지하는 것이다.

그러면 마음이 삶에 미치는 영향은 어떤가? '내 마음이 어떤 것인가?'를 안다는 것은 삶에서 가장 중요한 일이다. 자신의 마음 실체를 파악한다는 것은 알고 보면 전 생애를 모두 바쳐도 불가능한 일이다. 즉 무궁무진(無窮無盡)하다. 어쩌면 이 문제는 우주 전체를 아는 것이나 마찬가지이다. 우리들의 삶은 곧 마음이며, 나는 내 마음으로 이루어져 있으며, 곧 나의 마음은 나의 생명이기 때문이기도 하다.

또한 모든 것이 마음에 달려 있기도 하다. 깊게 나아가, 육체가 아닌 이 마음을 깨닫는 것은 무형(無形)으로 보았을 때 생명의 영원함을 인정하는 것이기도 하다. 자신의 마음을 안다는 것보다 이 세상에서 더 중요한 가치를 지닌 것은 없을 것이다.

우리 인간은 눈에 보이는 것에 보통 생각이 한정되는 경우가 많다. 한 사람을 보게 되면 눈에 나타난 외모를 보고 그 사람을 평가하곤 한다. 중요한 것은 그 육체를 관리하는 마음을 보고 관찰하지 않으면 안 된다는 점이다. 마음이 곧 육체를 관리하고 주관하는 주인이기 때문이다.

이 우주 현상에서 일어나는 중요한 부분들이 표면상에 나타나기보다는 감추어져 있듯이, 인간의 삶에서 중요한 부분들은 겉으로 나타나기보다는 숨겨져 있는 부분이 훨씬 많다. 이와 같이 숨겨져 있는 현상들을 다루는 것이 우리에게 주어진 삶의 본질을 파악하는 것이 아닌가 생각되기도 한다. 『성덕명심도덕경』을 참고하면 '불자해즉심(佛字解卽心) 만물해즉심(萬物解卽心)'이라는 법문이 있다. 이 의미는 부처불자도 풀어본즉 마음이요, 만물도 풀어본즉 마음이더라는 뜻이다. 뿐만 아니라 부처님의 법문(法門)이 싣고(sculpture) 있는 <팔만대장경>도 알고 보면 인간의 몸 안에 있는 망상, 잡념, 번뇌, 욕망 등을 다스리는 법이다. 그러니 마음을 관리하는 법이 중요하지 않을 수 없다. 모든 것에 의미를 부여하는 것은 마음먹기에 따라 달라진다.

『한영 현대인의 성경』의 잠언 4장 23절을 보면 "무릇 지킬만한 것보다 더욱 네 마음을 지켜라. 생명의 근원이 이에서 남이니라."라고 말씀하셨다. 우리의 마음속에서 미래의 흥망성쇠를 좌우하는 생명의 근원이 나온다는 말이다. 이렇게 보면 자신의 마음을 온당하게 먹고 자신의 내부 자원을 창조적으로 개척하는 일이 앞으로의 삶을 좌우하게 된다고 할 수 있다. 사람이 자신의 마음을 잘 관리한다는 것은 자신의 마음이 평안하도록 유지하는 것이다. 어떻게 하면 자신의 마음이 평온하고 고요함을 유지할 수 있겠는가? 우리는 살아가면서 지속적으로 외부와의 접촉을 피할 수는 없다. 혼자서는 살아갈 수가 없듯이 사회적인 경제 활동을 통해서 살아가야 하기 때문이다. 여기에는 반드시 경쟁이 있게 되며, 또한 끝없는 노력이 있어야 한다. 노력한다는 것은 육체와 정신을 소모하는 것이다. 어려움과 고통이 반드시 수반되지 않으면 자신의 의지대로 뜻을 이룰 수 없게 되는 것이다.

이와 관련해 한편으로 생각해보면, 노력하는 이유가 자신의 욕망을 이루기 위한 과정이며, 이 과정에는 부차적으로 몸과 마음을 피로하게 하는 초조, 불안, 의심, 두려움, 죄책감, 긴장, 고뇌, 잡념, 분투심 등이 엄습해온다. 이런 감정들은 몸을 고단하게 하면서 마음을 압박하게 된다. 이것을 현재 사람들이 흔히 말하는 스트레스를 받는다고 표현한다. 만약 이런 처지에 자신을 계속 노출하다 보면 병이 생기게 마련이다. 이때 필요한 것이 자신의 내부에서 온화한 감정을 생산하여 외부에서 흘러들어오는 차가운 기류를 녹일 수 있어야 한다는 것이다. 이 따뜻한 온기를 어떻게 자신의 내부에서 만들어내느냐 하는 것이다.

이때 외부에서는 인간적인 욕망에 기초한 부정적인 감정들이 자신에게 압박을 가하게 되는데, 이와는 반대로 자신의 내부, 즉 마음에서는 자연의 순리를 쫓는 도(道)를 구하지 않으면 안 된다. 도를 구하는 과정에서 고요, 평화, 인순(因循), 순리(順理), 선(善), 진리(眞理), 퇴양(退讓) 등과 더불어 어려운 삶을 개척하고 대응하며 적응해 나가야 하는 것이다.

마음이라는 이 실체의 속성을 알아보기 위해 『달라이 라마, 물음에 답하다』(최평규, 2012. 도서출판 모시는 사람들)을 참고하면 "명상을 계속해 가면, 마음은 단지 빛과 앎이라는 존재로 파악되고 느껴집니다. 이런 마음은 어떤 것도 비춰낼 수 있으며, 또 거꾸로 조건이 갖춰지면 마음이라는 자신이 어떤 이미지라도 나타낼 수 있습니다. 마음은 개념이라는 바깥쪽의 환경과 만나지 않는 한, 투명한 물과 같이 아무것도 없는 빈 것(空)그대로입니다."라고 설명한다.

즉 바꾸어 말하면 마음은 빛과 앎이라는 것으로 투명하다는 것이다. 물론 마음은 투명하기 때문에 언제나 한결같이 순수하다고 할 수 있지만, 일반적인 사람의 생각으로는 마음을 늘 새롭게 갖지 않으면 때(dirt)가 끼이게 된다. 모든 탐욕은 순식간에 깨끗하고 순수한 마음을 삼켜버리게 된다. 마음은 변덕스럽고 추잡하며 간사(奸邪)하기도 한 것이다. 마음은 연쇄 반응을 일으켜 나쁜 생각이 배가(倍加)되기도 한다. 온갖 범죄를 저지르기도 하고 온갖 나쁜 생각들을 하기도 한다. 수많은 잡념에 이끌려 어두워진다. 한시도 육체에 머물러 가만히 있지 못하고, 외부로 방황하며 배회한다. 쉽게 동요되어 웃기도 하고 울기도 한다. 잘살기도 하고 못 살게 되는 것도 마음에 달려 있다. 최후에는 그 마음에 의해서 병들기도 하고 죽기까지도 한다.

마음이 자신에게 차지하는 중요성은 어떤가?
마음은 육체의 주인이다. 마음이 항상 맑게 깨어 있어야 자기의 육체를 잘 관리하고 지킬 수 있다. 그렇다면 마음이 있어야 할 정위치(正位置)는 어디인가? 아마도 자신의 몸에 위치한 하단전(下丹田)이라고 생각한다. 여기에서 마음이 고요한 상태에 머무는 것이 가장 건강에 좋은 위치일 것이다. 그리하여 마음이 한없이 맑고 고요하고 바르고 둥근 마음의 상태로 안정되게 머물러 있어야 한다. 그러니 하루에도 몇 번씩 자기의 마음을 살펴서 나쁜 마음은 옳게 고쳐먹고, 육체를 떠나 밖으로 배회하는 마음을 몸 안으로 불러서 정심(正心)이 되도록 마음을 유지하는 것이 중요한 일이다. 가장 중요한 삶의 방법이 마음을 잘 다스리는 것이기 때문이다.

앞에서 기술한 내용을 종합해볼 때, 마음을 잘 관리하기 위해서는 최대한 생각과 욕심을 비우고 말을 적게 해서 마음을 비우도록 해야 한다. 이렇게 하면 마음이 편안하고 고요해져 우주 자연과 일치하게 된다. 또한 밖으로 배회하는 마음을 안으로 붙들어서 외부의 자극에 의해서 마음이 흔들리지 않도록 하며, 부정적인 마음을 긍정적으로 바꾸어야 한다. 선한 마음은 마음을 살리게 하는 것이며, 악한 마음은 마음을 죽이게 하는 것이다.

2.
말과 침묵의 의미

언어는 미래를 창조하는 씨앗이다. 당신이 말하면
산(山)이 움직이고 우주가 움직인다.
작은 꽃잎 하나가 떨어져도 우주는 전율한다.
- 『비전과 리더십』에서

말의 사전적 의미는 "사람의 생각이나 느낌을 목소리로 나타내는 일, 또는 그 소리나 의미"로 되어 있다. 사람이 살아가면서 자신에게는 물론이거니와 남에게도 많은 영향을 미치는 것이 말이다. 그 중에서 말은 자신의 감정을 상대방에게 전하는 매개체로서 작용한다. 즉 자신의 내부에서 일어나는 생각에 기인되는 감정, 혹은 마음이나 기분의 상태 등을 말을 통해 타인에게 전달한다. 이렇게 종합적으로 말의 내용을 이루는 각각의 사연들은 헤아릴 수 없을 만큼 복잡하기도 하고 다양하기도 하며 여러 가지 방법이 사용될 수 있다.

『네 안에 잠든 거인을 깨워라』(앤서니 라빈스, 2002)에서 저자는 "자신의 삶을 바꾸고 더 나아가 운명을 개척하고자 한다면, 사용하는 말을 신중하게 선택해야 하며, 사용할 수 있는 어휘의 폭을 넓히려고 끊임없이 노력해야 한다."라고 말한다. 또한 여기에서는 "우리가 선택하는 구체적인 단어와 질문에서 사용하는 말의 순서가 어떤 일들은 이미 주어진 것처럼 받아들이게 하고, 또 어떤 것들은 생각조차 못 하게 할 수 있다."라고 말한다. 이것이 바로 가정의 효과 (The power of presupposition)라고 알려져 있다.

즉 말을 하고 나면 그 의미가 머리(뇌)에 저장되어 무의식중에 계속 말의 의미가 남아, 자기도 모르게 말대로 되기 때문이다. 우리의 뇌는 우리가 묻는 것과 말한 것에 따라 답하도록 되어 있기 때문이다. 이 말을 다른 사람이 한 말로 바꾸어 표현하면 "말을 하면 생각을 하게 되고, 생각하는 곳에 기(氣)가 생기고, 기가 생기면 생화학적 물질이 변화 된다."는 뜻과 일맥상통한다. 그 정도로 말은 우리의 삶에서 무서운 위력을 갖고 있는 것이다. 우리가 일상생활에서 말만 조심스럽게 사용해도 대부분의 근심은 예방할 수 있을 것이다.

이와 관련해 한번 더 말의 속성을 살펴보면, 종합적으로 말의 내용을 이루는 각각의 생각의 사연들은 말을 통해 전달하게 되는데, 사람과 사람 사이에서 오고 가는 말의 내용물들이 좋은 생각들과 나쁜 생각들, 미묘하면서 잡다한 상념(想念)들이 많아 남에게 애매모호하게 영향을 미치게 되는 경우가 많다. 여기에서 말의 화근(禍根)이 발생한다.

즉 인간 자신을 움직이게 하는 마음의 상태가 자기 혼자 있을 때나 남들 사이에 있을 때나, 욕심 없이 고요하고 착하며 평화롭고 중용을 지키며 조화를 이루기 쉽지 않다. 왜냐하면 인간은 육체를 가진 생명체이기에, 자신의 생명을 유지하고 지속적으로 육체를 유지 보존하기 위해서는 기본적으로 끝없이 물질을 요구하게 되기 때문이다. 수많은 사람들 사이에서 자신의 개체를 안전하게 유지하고 보존하기 위해서, 경쟁에서 이기기 위해 명예와 권력과 돈을 추구하지 않으면 안 된다. 그런가 하면 인간의 특성은 어떤 측면에서 보면 참으로 간사하기도 하고, 간사한 일이 벌어지게 하기도 한다. 본능의 욕망을 자제하며 살아야 하는 인간이라고 보기 이전에 또한 본능적인 기본 욕구를 우선으로 충족시켜야 하는 동물이기 때문이다. 여기서 중요한 점은 동물적인 인간에서 이성적인 인간으로 변화된 사람이 곧 지성인(知性人)이며 인격자(人格者)라는 것이다. 그렇게 하기 위해서는 자기 욕심이나 감정을 억제하는 자제력을 길러야 하는데, 이것이 삶에서 최고의 가치를 지니게 되는 것이다. 고대(古代)를 통해 역사적으로 볼 때 이것은 지속적인 자신의 변신(變身), 훈련을 통해서 이루게 되는데, 이것을 이루는 사람이 이성적인 인간이 되는 것이다. 만약에 이런 사람이 되지 못할 때 그 사람의 입에서 흘러나오는 말은 부정적인 언어가 많으며, 인간사회를 악으로 전염시키는 원인으로 작용하게 된다. 볼테르가 말했듯이 "다른 사람들의 말에 따라 불합리한 것을 믿어버리는 사람은 그 말에 따라 잔혹한 행위도 저지를 수 있다."고 한다. 어쩌면 나쁜 말의 습성은 곧 나쁜 행동으로 옮아가는 경우가 많다는 이유가 여기에 있다고 하겠다.

말 속에는 말의 무게와 진실성, 아름다움, 시기(時機)와 공간성, 객관성이 담겨져 있다.

① 말의 무게는 무엇을 의미하는가? 그 말의 양적 수량이 적으면서도 중요한 뜻이 담겨져 있어야 무게 있는 말이 되는 것이다. 간단하면서 핵심적인 내용이 있어, 이것이 상대에게 전달되어야 한다. 같은 양의 부피를 나타내지만 금(金)과 아연(亞鉛)의 무게가 다른 것과 같다.

② 말의 진실성이다. 말 속에 허위와 가식(假飾)으로 포장된 찬사나 칭찬은 진실적인 면에서 따진다면 사기(詐欺)나 다름없다고 하겠다. 야스퍼스는 언어의 기본 현상을 '존재의 밝힘(Das Offenbarwerden des Seins)'이라고 했다. 이것은 곧 말하는 사람의 본심이 말속에 들어 있다는 뜻이 될 것이다.

요즘 세속에는 사랑을 주고받는 것처럼 거짓 사랑과 말이 많이 오간다. 이 거짓 사랑을 남으로부터 받으면 또한 남에게 그것을 주게 되듯이, 진실성의 측면에서 본다면 생명이나 혼(魂)이 없는 말들, 그리고 입에서만 흘러나오는 미세한 먼지나 가벼운 깃털 같은 말들, 냄새를 맡으면 바로 토해내고 싶은 더러운 말들이 얼마나 많이 남용되고 있는지 우리는 알고 있다. 이것은 모두 진실성이 결여된 생명 없는 말들이다. 이 말을 듣는 사람은 성인이라면 직감적으로 거짓이라는 것을 알 수 있고 느낄 수 있다. 말은 마음 깊숙한 곳에서 우러나오는 진실한 말이어야 한다.

③ 말의 아름다움이다. 말씨가 부드럽고 고와야 한다. 이것이 아름다운 말이다. 똑같은 말이라도 어감(語感)인 강약과 속도에 따라, 그리고 음색(音色), 즉 소리의 특질에 따라 아름다움이 다르다. 말의 아름다움이 있어야 훌륭한 말로서 손색이 없는 것이다. 영국 최초의 목사 중의 한 사람인 윌리암 그래드스톤(William Gradstone)은 "정신노동자 100 중 90명은 목소리의 훈련을 완전히 무시하거나 경시하고 있다. 그 때문에 영원히 앞서지 못한다는 점을 전연 모른 채……;"라고 말했다. 그 정도로 목소리의 아름다움, 즉 음색이나 속도, 강약 등이 그 사람의 인간성을 잘 나타내고 있다는 증거이기도 하다.

④ 말의 시기와 공간성이다. 말은 시기와 장소에 따라서 달리해야 한다. 시기와 장소에 맞게 하는 말이 적절성이나 효율성을 중대시킨다. 그러니 시기를 잃지 않고 장소를 가려가며 말을 해야 한다.

⑤ 말은 객관성을 유지해야 한다. 객관성을 갖추지 못한 말은 산에서 울려퍼지는 메아리처럼 아무런 의미 없이 일방적으로 흘러가는 것이나 다름없다. 말은 상대에게 전해서 효력이 발생해야 하며, 누구나 그 말에 의해서 공감대를 형성해야 하는데, 객관성을 갖추지 못하면 말로서 아무런 의미가 없다.

『노자』(김홍경, 2003)를 보면 말의 중요성을 의미하는 대목이 나온다. 『회남자』〈도응훈〉에서의 이 문장은 공자와 백공의 대화와 함께 소개된다. 백공은 초나라 태자 건(建)의 아들로 아버지가 참신(讒臣) 비무기(費無忌)의 참소(讒訴)로 억울함을 당하자 그 원수를 갚으려고 했다. 그는 공자에게 비밀스러운 말을 주고받을 수 있는지 물었고, 공자는 밀약(密約)을 위한 비밀스러운 말은 오래갈 수 없음을 비유를 통해 알려주었다. 백공이 말했다. "그렇다면 다른 사람과는 정말로 비밀스러운 말을 나눌 수 없다는 말입니까?" 하고 물으니 공자가 말했다. "어찌 불가하겠습니까. 그렇지만 오직 말을 아는 (aware) 사람을 두고 하는 말일 뿐입니다."라고 말하면서, "무릇 말을 안다는 것은 말로써 말을 하는 것이 아니라고 했다. 고기를 잡으려는 사람은 옷이 젖고, 짐승을 쫓는 사람은 달려가야 하니, 그것이 재미있어서 그런 것이 아니다. 그러므로 지극한 말은 말을 없애고, 지극한 행동은 행동을 없앤다. 대개 천박하게 아는 사람이 다투는 것은 말단(末端)의 일일 뿐이로다! 그래서 감옥에서 죽었다."라고 말했다.

그러므로 노자가 말하기를 "말에는 근본이 있고 일에는 중심이 있으니 저들이 모를 뿐이다. 이 때문에 나를 알지 못하는 것이다." 라고 했다. 백공을 두고 한 말이다. 또한 『장자』<제물론>에 의하면 "도(道)가 밝게 드러나면 도가 아니고 말에 분변(分辨)하는 것이 있으면 미치지 못하는 바가 있는 것이다."라고 충고하고 있다. 그러니 이 뜻은 어느 정도에서 말은 잘잘못을 덮어두고라도, 어느 선(線)에서 그치고(stop) 없애는 것이 중요하다고 하겠다. 사람이 살아가면서 가장 중요한 것이 말을 조심하는 것이 아닌가 생각한다. 죽음으로 가는 길과 삶으로 향하는 길은 실(thread)의 한 홀 차이와 같다. 언어생활의 조심성은 이 실의 한 홀에 해당한다. 조심성 없이 흘러나오는 말이 자신의 생명을 위협한다.

말은 사람들 가슴에 남아 어떤 일을 성취할 수 있는 힘을 제공하기도 하고, 자신의 미래를 긍정적으로 볼 수 있는 비전을 키워주기도 한다. 그러니 생각을 바꾸고 지속적으로 마음을 변화시켜야만 말을 올바르게 사용할 수 있다. 말을 부드럽고 진실된 말을 정중히 한다면, 그 사람의 인격을 나타낸다고 하겠다.

물론 인격에는 여러 요소가 복합적으로 작용해 한 사람의 인격을 나타내겠지만, 보통 지혜(智慧. 여기에는 지식까지를 포함함), 인(仁, 어짐), 용(勇, 용감함), 겸(謙, 겸손함)을 갖추었다면, 이미 이 사람은 평범함을 벗어난 사람으로 보아야 할 것이다. 여기다 침묵을 지켜야 할 때 침묵할 수 있고 말을 해야 할 때 진실한 말을 할 수 있다면, 그야말로 인격자라고 해도 손색이 없을 것이다.

낮고 부드러운 말씨, 말의 알맞은 속도, 소리의 특질이나 소리의 맵시라고 하는 음색(音色)에 따라서 말의 모양새는 달라진다. 이 모양새로 말을 듣고 있는 상대방은 말하는 사람의 마음씨를 알 수 있다. 즐거운지, 괴로운지, 슬픈지, 놀랐는지를 알 수 있다. 더 나아가서 말하는 상대방이 악한 사람인지, 착한 사람인지도 분별해낼 수 있다. 그 말씨 속에는 기운이 있어 악함과 선함이 묻어나오기 때문이다. 말한 내용이 진실해야 한다. 진실이든 거짓이든 시간이 지나면 다 드러나게 되어 있다. 또한 말의 소문만큼 빠르게 퍼져나가는 것이 없다.

『한국의 전통교육 만두모형의 교육관』(정재걸, 2001)에서 보면 율곡(栗谷)은 그의 아동용 교재인 『격몽요결(擊蒙要訣)』에서 "정좌수렴차심(靜坐收斂此心), 즉 정좌하고 앉아 마음을 수렴(收斂 : 생각이나 주장 따위가 한 군데로 모아짐)해서 고요하고 고요해 어지럽게 일어나는 잡념을 없게 하며 밝고 밝아 혼매한 실수가 없게 하는 것이 가할 것이니, 이른바 경(經)으로써 마음속을 바르게 한다는 것이 이와 같은 것이다."라고 했다.

또한 같은 장(章)에서는 "말을 많이 하고 생각을 많이 하는 것이 가장 마음에 해로우니, 일이 없으면 마땅히 정좌해 마음을 보존하고(靜坐存心), 사람을 접하면 마땅히 말을 가려서 간략히 하고 신중히 하여 때에 맞은 뒤에 말하면 말이 간략하지 않을 수 없는 것이니, 말이 간략한 자가 도(道)에 가깝다."라고 말한다.

전문가들은 말의 기능을 전달의 구실과 형성의 구실 두 가지로 보고 있다. 일반적인 사람들은 대부분 말의 기능 중에서 전달의 구실만 생각하게 되고 형성(形成)의 구실은 생각지도 않는다. 어떻게 보면 전달의 구실보다도 형성의 구실이 더 중요한 말의 기능이라고 할 수 있을 것이다. 전달의 구실은 외부적으로 남과의 관계에서 말을 잘못 전달해서 우환의 원인이 되는 경우를 대비하여 조심해야 하지만, 형성의 구실은 자신의 말은 자신의 인격이나 정신 상태의 성질을 변화시켜 새로운 사상을 만들게 한다.

인격이나 정신 상태의 틀을 만든다는 것은 자신이 한 말에 대해 규제를 받게 되기 때문이다. 형성의 구실은 자신의 삶에서 철학적인 인생관 문제에 지대한 영향을 미치게 되기 때문에 중요하지 않을 수 없다. 문제는 각 개인이 얼마나 아름답고 의미 있는 말을 평소에 하는가, 어떻게 자신의 인격은 물론 질적인 삶의 면에서 가치를 높일 수 있도록 아름답고 의미 있는 말을 선택하고 사용하도록 해야 하는가에 달려 있다고 하겠다.

또한 말하는 기술에 있어서 조심할 사항은 훗날 불행의 씨앗을 만들지 말아야 한다는 점이다. 말의 폐해(弊害)로서 다음과 같은 내용이 전해지고 있다.

『육도삼략』(태공망 지음, 2009)에서 보면 "술은 사람의 마음을 어지럽히는 것이다. 말(言語)은 마음에서 나온다."로 표현하고 있다. 여기에서는 취중(醉中)에 한 한마디 말로 죽음을 당한 석우로(昔于老)[50]의 이야기가 전해지고 있다. 그때 신라에서는 벌써 왜국(倭國)과의 통래가 있었고 가끔 왜적과의 충돌도 있었으나, 석우로는 번번이 이를 물리쳤다. 그러는 동안 왜국 사신이 들어와서 머물게 되었다. 그때 국가에서는 석우로로 하여금 그를 응대하게 했다.

---

50) 석우로는 신라 제11대 조분왕(助賁王) 때의 명장(名將)으로, 많은 무공을 세워 신라의 국력을 크게 떨쳤다. 마음이 어질어 병사들의 노고를 손수 위로해주는 온후한 장수였다.

하루는 석우로가 왜국 사신과 술자리를 같이하고 있는데, 왜국 사신이 술에 취하자 자기 나라 자랑을 늘어놓았다. 석우로도 거나하게 술에 취했는지라 그게 아니꼬워서 왜국을 얕잡아 말하고, 왜왕과 왕비를 잡아 천한 종(奴婢)을 만들 터이니 두고보라고 호언장담했다. 왜국 사신은 본국으로 돌아가서 석우로가 한 말을 왜왕에게 고해 바쳤다. 크게 노한 왜왕은 군사를 일으켜 신라를 침범하고 석우로를 잡으라고 했다. 석우로는 왜병들한테 잡혀 숯불에 살해되었다고 한다.

취중에 한 말 한마디가 이토록 한이 될 줄은 그도 미처 몰랐던 것이다. 그 후에 석우로의 부인과 아들이 왜병을 크게 무찔러 석우로의 원한을 깨끗이 씻었다고 한다. 하지만 애달픈 일이 아닐 수 없다.

이와 같이 말은 화(禍)를 부르고 인생을 실패자로 만들며 생명을 죽인다. 그래서 구시화문(口是禍門)이라는 고사성어가 있다. 즉 말은 의사소통의 구실을 하지만, 때로는 불필요한 잡음의 역기능도 동시에 한다는 말이다. 구시화문이라는 말에서 '입을 가리켜 재앙의 문'이라고 한 것도 그 역기능을 지적한 것이다.

침묵의 의미는 어떤가? 『이성과 기능, The Function of Reason』(화이트헤드, 역안자 도올 김용옥, 1998)에서 보면 "침묵의 비율이 커질수록 언어는 효율화된다."고 한다. 그래서 말을 해서 악영향이 초래될 것 같으면 침묵해야만 한다. 꼭 말을 하려면 침묵 이상의 가치 있는 말을 해야 한다는 것이다.

『자조론/인격론』(새뮤얼 스마일스, 2006)에서도 보면 침묵에 관한 내용이 나온다. "나소 가(家)의 용감한 왕자들은 모두 자제력과 의지력이 뛰어났다. 윌리엄이 그들을 '사일런트(silent)'라 불렀던 이유는 말이 없었기 때문이 아니다. 사실 그는 설득력 있는 연설가였다. 침묵을 지키는 것이 현명하다고 판단될 때는 입을 굳게 다물었고, 비밀이 폭로되어 조국의 안위가 위태로워질 위험이 있을 때는 신중히 비밀을 지켰기 때문이다." 침묵을 지키는 것만큼 그 다음에 하는 말의 영향력은 배로 커진다는 것이다.

『불안의 개념』(쇠렌 키에르키고르, 2005)을 보면 "불안은 절규(絶叫)에 의해서는 물론이고 침묵에 의해서도 그에 못지않게 자신을 표현할 수 있기 때문이다."라고 기술하고 있다. 이 말은 침묵의 함축적인 의미를 뜻하고 있다. 침묵은 우선 자신을 지킨다. 침묵은 자신의 생명을 안전하게 보존하고 생명력을 키운다. 그리고 2차적으로는 방어 기능을 하기도 한다. 침묵한다는 것은 주어진 상황에 대해 더 깊게 더 넓게 생각함으로써 진실한 의미를 스스로 부여해주며, 주변에서 일어날 수 있는 부작용을 최대한 무력화시키려는 의도에서 시작된다. 자기 자신의 일방적인 편견을 떠나 상대방이나 제3자의 입장에서 객관적이고 공평하며 중용의 의미를 도출해내기 위한 숙고의 과정이나 다름없다.

침묵은 그 자체가 하나의 중요한 언어 구실을 하기도 하며, 심오한 뜻이 함축되어 있기도 하다. 그런가 하면 어떤 방향으로든 가능성과 의향이 개진될 수 있는 여분을 가지고 있기도 한 것이다. 인격자이고 지성인이면 무언의 언어를 사용할 줄 알아야 하고, 소리 없는 언어를 들을 줄 알아야 한다.

『세네카의 인생론』(세네카, 2007)에도 침묵에 관한 내용이 나온다.

"피타고라스에게 배우는 제자들은 5년 동안 침묵하지 않으면 안 되었다. 피타고라스 문하(門下)에서 배우는 제자는 얼굴과 체격을 보고 성격과 자질을 심사하고 거기에 합격하면 일정 기간 침묵하도록 명령했다."고 한다. 자신의 내면을 성찰하고 인내와 극기로 자신을 초월해야만 외부세계와 올바른 교감이 이루어질 수 있다는 의미에서 침묵하도록 한 것이 아니겠는가 하고 생각해본다. 더 넓게는 침묵 속에 자신의 얼(靈魂)이 성장하기도 하고, 이것은 또한 자체적으로 무한한 힘을 가지게 된다. 루시 말로리에 의하면 "조화로운 성장은 자연 속에서와 마찬가지로 인간 속에서도 침묵과 정적 속에서 이루어진다."는 것이다. 그와 아울러 상대방에게 사색할 수 있는 여유를 제공하기도 한다.

영적인 면에서 살펴본다면, 침묵은 우주의 신비함을 갖춘 신묘함과 합일할 수 있게 하며, 수많은 내용을 함축한 뜻을 내포한 정확하고 진실한 언어를 구사할 수 있는 가능성을 얻게 한다. 그외에도 침묵은 육(肉)의 영역이 아닌 영(靈)의 영역에 속하지 않을까 생각한다. 말(言語)이 육의 영역이라면, 침묵은 영(靈)을 좇는 자가 지키고 행해야 할 영역에 속해 있기 때문에 그 의미가 실로 크다고 하지 않을 수 없다. 영적으로 성장하고 싶은 사람은 말을 하는 대신 침묵해야 하는 이유가 여기에 있을 것이다.

침묵의 영역에서 이루어지는 것은 자기반성이며, 내면의 통찰이다. 침묵으로 영을 따르게 함으로써 신에게 한 발짝 다가가는 것이며, 신의 뜻에 따르는 것이 된다. 신을 따르게 되려면 이기적인 자기 위주의 생활에서 벗어나 마음을 선하게 가져야 하고, 그럼으로써 영성의 세계에 가까이 갈 수 있을 것이다. 침묵이 더 중요한 이유는, 말을 하지 않고 침묵하며 살아가면, 지혜로운 삶으로 살아갈 수 있을 것이기 때문이다. 침묵은 우리에게 더없이 소중하다. 어떤 선승(禪僧)들은 3년이고 10년이고 계속해서 묵언(默言)을 지킨다고 한다. 수도자들이 이렇게 침묵하는 것은 침묵 그 자체에 의미가 있어서라기보다는, 침묵이라는 여과 과정을 거쳐 오로지 참말만을 하기 위한 것이라고 생각된다.

불기 2552년 봉축 소책자 『하루를 시작하는 이야기』(주경 스님. 2008)를 보면 "지혜는 고요함에서 생기며, ……침묵의 수행을 통해 지혜를 성취할 수 있다."고 한다. 수행자에게는 지혜와 자비를 수행하는 두 가지 일이 가장 중요함을 뜻한다. 그래서 지혜로운 사람은 침묵의 힘을 잘 알아야 할 것이다.

3.
음주에 관해

다(茶)를 가까이 하는 민족은 흥하게 될 것이고,
술을 가까이 하는 민족은 망하게 될 것이다.
　　　　　　　　　　　　　　　　- 정약용

　인간의 생명이라는 것은 정말 연약한 존재라고 아니할 수 없다. 인간의 삶은 연습 기간이 주어지지 않는다. 바로 실전(實戰)에 던져지는 것이다. 얼마나 많은 사람들이 자신도 모르게 한 번의 실수에 의해 귀중한 생명을 주어진 명대로 살지 못하고 잃었겠는가? 이것은 우리에게 무엇을 암시하는가? 앞으로도 많은 인간이 한 순간의 실수로 귀중한 생명을 잃게 될 수도 있을 것이라는 점이다. 이점을 누가 아니라고 부정할 수 있겠는가? 그 정도로 술을 먹는 것은 삶에서 자제하지 않으면 안 되는 중대하고 심각한 문제이다.

　특히 젊은이들이 아직도 자신의 마음을 자제하지 못하는 상태에서 술을 먹고 뒷일을 감당하지 못하는 상황이라면, 언제든지 심각한 사고 발생 위험을 안고 있다고 하겠다. 『행복의 조건』(조지 베일런트, 2010)에서 등장하는 스톤 교수는 "좀처럼 화(火)내는 일이 없으며, 자기 감정을 내면화할 줄 알았다"라고 되어 있다. 그러나 스톤 씨는 화를 속으로 삭이는 사람들에게 흔히 생기는 심신(心身) 상관(相關) 증세(症勢)를 겪어본 적도 없었다. 요즘에는 와인을 파티에 참석할 때 한 잔, 주말 저녁에 집에서 한 잔씩 마신다고 한다. 스톤 교수처럼 자기 감정을 내면화하면서도, 마음에 병을 일으키지도 않는 상태가 그야말로 수양인이며 인격자라고 생각한다. 이 정도의 인품을 갖춘 사람이라면 파티에서 와인 한 잔 정도, 주말 저녁에 가정에서 한 잔 정도 마시는 것을 누가 부정하겠는가?

『인도철학과 불교』(권오민, 2015)에서 보면, 인도의 전통·철학에 있어서 『베다(veda)』의 여러 신들 중에 '소마'라는 신이 있다. 이 신은 자주 찬미되는 신으로 희랍의 주신(酒神) 디오니소스(Dionysos), 로마 신화에서는 '바코스(Bacchos)'에 비견되는 신인데, 고대 인도인들이 제사(祭祀)를 지낼 때 사용한 '식물 소마(蘇摩) 즙에서 유래된 주신(酒神)이다.'

여기서 보면 다음과 같은 내용이 나온다.

"신(神)이라는 술(酒)의 힘은 무엇인가? 술은 취하게 한다. 술은 파멸을 낳는다. 그것은 자연의 다른 어떤 것보다 직접적이고도 강력한 힘을 갖는다." 사실 술의 속성은 한두 잔 하면서 절제하기가 힘들다는 것이다. 오히려 아예 술을 전혀 마시지 않는 것은 힘들지 않다. 술을 절제하기 위한 과정에서 아예 술을 끊는 것은 있을 수 있다. 만약 술을 먹고 횡설수설한다든지 먹어서는 안 될 사람 같으면, 아예 술을 먹지 않고 금주하는 편이 좋은 방법이기도 하다.

술을 먹는 사람이 지켜야 할 자세는 다음과 같다. ① 음주는 남에게 먹으라고 강요해서는 안 된다. ②음주는 자기 건강이 좋지 않고 자기 마음을 자제할 수 없다면 먹어서는 안 된다. 이점이 술을 대하는 사람에게 있어서 꼭 지켜야 할 덕목이라고 말한다.

흔히 사회에서 저 사람은 술을 먹어서 안 될 사람이라고 말하는 경우가 있다. 술을 먹으면 갑자기 성격이 난폭해진다든지 기분이 좋아진다든지 하며 감정에 기복이 생기고 감정에 휩쓸리는 경우이다. 또 어떤 사람은 술이 입에 들어가면 참지 못하고 계속 술을 마시기도 하며, 또 어떤 사람은 주기적으로 술을 마시지 않으면 안 되기도 한다. 그런 사람을 보고 술버릇을 잘못 배웠느니 술 매너(manner)가 없다느니 말을 하기도 한다. 그럴 수도 있을 것이다.

그런데 사실은 내가 생각해볼 때 그 사람의 버릇이나 매너 이전에, 그 사람의 타고난 성격 자체의 문제로 인해 술을 먹으면 자제하기 힘들어지는 게 아닌가 싶다. 이는 유전자 발현에 따른 문제에 가까우며, 술의 알콜 성분과 사람의 감성을 맡은 신경 부분이 민감하게 작용하면서 일으키는 기제(機制)라고 생각된다. 그런 분은 특히 평소에 술을 조심하지 않으면 안 될 것이다.

술에 대해 다시 한 번 생각해보기로 하자.

① 술을 좋아하는 유전인자를 가진 사람은 그것을 심각하게 받아들여야 한다. 자신이 어느 정도 성인이 되었을 때는 유전적인 소질에 의해 다른 질병이 나타날 수 있는지 확인하는 것과 같이, 자신의 가계(家系)를 살펴서 분석해보고 알콜 친화성 유전인자를 보유하고 있는지 살펴보는 것도 중요하다. 아무리 어린 시절 부유한 가정과 훌륭한 부모 슬하에서 유복하게 성장하며 좋은 교육을 받으며 자랐다 하더라도, 조상으로부터 술의 친화성 유전인자를 물려받았다면, 생의 중반기를 지나갈수록 더욱더 술을 좋아하게 된다. 그리고 그와 비례해서 몸은 늙고 쇠해져 술을 감당할 수 없게 된다. 그렇게 되면, 그때부터 알콜 중독성이 심화되면서 자신의 건강은 물

론 삶의 목표 달성도 멀어진다. 이것이 술에 대한 타고난 유전인자의 심각성일 것이다.

유전적인 소질로 인한 알콜 친화력이 있다면, 술을 먹지 않기가 쉽지 않다. 이런 습관성은 남들이 보기에 이해하기 힘든 일이다. 다른 사람 같으면 쉽게 술을 중단할 수 있지만, 유전성은 중단하기 힘들다. 술이 얼마나 무서운 것인지는 다음 예에서 알 수 있다.

어느 고전(古典)에서 보면 술에 중독된 사람이 30년 이상 술을 끊고 깊은 산속에서 생활해오다가, 마을에 내려와 다시 술을 한 잔만 마시게 되면 또 다시 계속 먹어야 한다고 한다. 술이 얼마나 무서운 물질인지 알 수 있게 하는 대목이다.

② 인생이란 어차피 자가와의 싸움인데, 술에 패하게 되면 인생도 패하게 된다. 인생에서 가장 소중한 것이 자신의 정신세계이다. 그런데 알콜로 인해 정신이 흐리게 되면 자신의 몸을 포기하는 것이나 다름없는 것이다. 그렇게 되면 자신의 생애(生涯)에 목적한바 뜻을 펼칠 수 없게 되고, 생을 실패로 마감하게 된다. 어찌 인생이란 단 한 번의 삶을 술로 인해 망치게 된단 말인가? 하지만 이 세상을 살다 간 사람 중에는 술로 인해 삶이 끝나버린 사람이 너무도 많다. 그만큼 술은 심각하게 삶에 영향력을 미친다. 술 먹는 사람이 마음에서 술과의 관계가 정리되지 않으면, 인생이 실패할 가능성이 언제나 잠재해 있다고 할 수 있다. 그러므로 가능한 한 술을 멀리하는 것이 앞으로 자신의 삶에서 갑작스런 낭패를 당하지 않게 하는 하나의 방법이 아닌가 생각한다.

자신을 지키는 것은 물론이고 다른 사람을 진실로 도와줄 수 있는 사람들은 술을 가까이하지 않는 사람들이다. 술을 가까이하는 사람들이 실제적으로 도움을 주는 경우는 많지 않다. 바꾸어 말하면, 자신이 술을 먹지 않고 신의를 지키며 살아갈 때 남으로부터 도움을 받을 수 있고 또한 남을 도울 수 있는 가능성이 많다는 의미이다.

③ 정신적인 측면에서 음주가 정신에 미치는 영향을 앞에서도 설명했지만, 우선 술이 몸에 들어오면 이성을 혼란하게 하고 흐리게 한다. 이성의 기능을 알콜이 대신 관장함으로써 맑고 밝은 정신을 손상시키고 육적(肉的)인 욕망의 늪으로 추락시켜, 본능의 요구에 따라 행동하도록 한다. 특히 술의 폐해로서 가장 문제가 되는 것은 정신을 잃게 된다는 것이다. 뿐만 아니라 술주정은 인간을 가장 가치 없는 사람으로 전락시킨다. 특히 육적인 본능은 인간으로서 지켜야 할 도리를 외면하고 끝없이 타락의 나락으로 내몰리게 한다.

사회적인 측면에서 볼 때, 인간은 하루라도 사회적인 활동을 하지 않을 수 없다. 사회가 정상적으로 기능을 다하기 위해서는 인간처럼 복잡하면서도 정교하게 살아서 움직이게 된다. 이는 유기체, 즉 인간의 두뇌와 비슷한 역할을 수행하게 되는 것이나 마찬가지이다.

④ 또한 알콜은 말을 함부로 하는 것과 같은 실수를 하게 해서 나쁜 영향을 미친다. 『세네카의 인생론』을 보면 로마의 네로 황제(54.10.13~68.6.9)에 관해 언급한 내용이 나온다. 네로 황제의 말과 관련하여 "남편(네로 황제가)이 술에 몹시 취했을 때 내뱉은 한마디가 있는데 '지금은 아내의 죄를 참지만, 장차 아내를 벌해야 한다'는 말이 나온다. 이 말을 네로의 부인이 들었기 때문에 그녀는 남편의 살해를 서두르지 않으면 안 되었다."라는 내용이다. 여기서 남편이 술

에 의해 취중에 한 말 한마디가 자기의 생명을 빼앗기는 원인이 된 것이다. 그러니 어찌 술을 조심하지 않을 수 있겠는가? 술을 먹고 자기의 비밀을 감출 수 없다면, 생명을 빼앗기는 어리석은 일을 만들게 되는 원인이 된다. 그러니 술을 먹고 가장 조심해야 할 부분이 함부로 자기 마음을 노출 시켜서는 안 된다는 점이다.

⑤ 알콜 중독에 의한 친화성은 다음과 같은 도식으로 설명할 수 있을 것이다. 알콜 중독의 친화성=정신적인 문제인 성격(유전성)+육체적인 체질+생활습관+지식 등 수양 정도의 영향을 받는 다고 생각된다. 이런 술의 폐해 때문에 수도원이나 기도처에서는 술을 일절 금하게 한다. 이런 결과를 종합해볼 때, 우리가 주변에서 가장 쉽게 접촉할 수 있는 음주는 가장 무섭고 경계해야 할 문제인 것이다.

4.
화는 참아낼 수 있어야 한다

화(火)는 우는 아기와 똑같아……, 품에 안고 호흡을 반복하라.
- 명상 저술가 틱낫한

화(火, anger)에 대해서 논해보고자 한다.

인간은 누구나 자기의 몸속에 화의 뿌리를 지니고 다닌다고 할 수 있다. 화는 언제 어디에서든 마음속에서 분출하여 자신을 위태롭게 만든다. 화를 잘 다스릴 수 있는 사람이라면 이제 더 이상 자신을 위험에 빠뜨리지는 않을 것이다. 이 정도로 화는 자신을 불행의 늪으로 인도하는 무서운 화염이다.

『인도철학과 불교』(권오민, 2015)에서 보면, 8세기 불교 논사 샨티데바는 그의 『보리행경(菩提行經)』에서 "화내는 것보다 더한 죄악은 없다. 미움은 미움으로 사라지지 않는다. 미움은 오직 참음으로써, 자비로써 극복되는 것이니, 이것이 영원한 진리이다."라고 말했다.

화(火, anger)의 실체(實體, substance)는 무엇인가? 화란 자신이 바라는 바에 역행할 때, 또는 자신의 뜻에 반할 때 인간의 칠정(七情) 가운데 하나인 노(怒)가 발동하는 것이다. 화의 사전적인 뜻은 '못마땅하거나 언짢아서 나는 성(노여운 감정)'이다. 화는 자신의 뜻에 반할 때 일어나는 노여운 감정이라고 할 수 있다. 여기서는 이 노여운 감정 중에서도 그 강도가 강해서, 불유쾌한 충동으로 왈칵 치밀어 뒤집히는 노여운 감정을 말하고자 한다. 이런 '화'란 화를 일으키는 본인의 성격과 화를 일으키는 상대방에 따라서, 그리고 주변 여건에 의해서 그 강약이 다르게 발동한다.

그중에서도 화를 내게 되는 원인으로서 본인의 성격 문제를 우리는 중요하게 다루지 않으면 안 된다. 왜냐하면 화를 일으키도록 원인 제공을 하는 상대방이나 주변 여건은 자신의 의도대로 바꾸기 힘들기 때문이다. 자신의 성격은 자신의 문제로서 화를 약화시킬 수 있을 것으로 본다. 하지만 이 문제 역시 쉬운 일이 아니다. 급한 성격의 소유자가 분노를 일으키는 상황에 직면하게 되면, 이것이 그대로 화로 이어진다.

화를 내는 본인이 생각을 잘못하고 있는 것은 화의 상태가 영구적이라고 믿는 데 있다는 것이다. 누구도 그것을 다만 스쳐지나가는 일시적 감정이라고 여기지 않는다는 데 문제가 있게 된다. 실제적으로 사회에서나 직장에서 생활하다 보면 화를 참는다는 것은 성현이 아니고서는 너무도 힘든 일이다. 아무튼 급한 성격을 완화하는 것이 화를 다스리는 지름길이라고 생각한다. 화는 언제나 급한 성격을 등(The Back)에 업고 치밀어오른다.

아비달마불교51)에서 화(憤怒)를 내는 경우는 어리석음(癡)과 관계해서 일어나는 의식 작용이라고 한다. 즉 화를 내는 사람은 현명하지 못하고 어리석은 사람의 부류에 속한다는 뜻이다. 어리석음을

---

51) 아비달마불교 : 불타(석가모니) 입멸 후 남은 제자(聲聞이라고 한다)들이 스승이 남긴 교법(敎法)을 정리, 해석하고 연구하여, '아비달마(阿毗達磨, abhidharma)'로 일컬어지는 방대한 논서를 작성했는데, 이 논서(論書)를 아미달마라고 한다. 그로 인해 이 시기의 불교를 아비달마불교라고 한다.

넘어서야 화를 정복하게 된다. 즉 지혜로운 사람은 화를 내지 않는다. 화를 낸다는 것은 어리석은 행위이기 때문이다. 화를 냄으로써 이차적으로 발생하게 되는 또 다른 환란을 부르지 않기 위해서이다. 분노가 일어나는 조건을 분석 관찰함으로써 그 같은 분노의 세계는 유위제법(有爲諸法)[52]에 의해 조작된 세계로서 항구적이지 않고, 실체적인 것도 아니며, 진실로 나의 분노가 아니라는 판단(慧)을 이끌어낼 수도 있다는 것이다.

화를 내는 것을 성격적인 불구라고 말하기도 한다. 평범한 사람이 치밀어오르는 화를 억누르기란 그렇게 쉬운 일이 아니다. 오죽하면 세상에서 가장 어려운 것이 성격을 고치는 것이라고까지 말하지 않는가? 경우에 따라서는 화를 낼 수도 있는 문제가 아닌가 하고 생각하기도 한다.

보통 화를 낸다는 것은 화를 내게 하는 상대방이나 또한 주변에 어떤 언짢은 일이 발생했을 때이다. 화를 낸 원인이 상대가 잘못했든지 아니면 내가 잘못했든지, 그중에 한쪽이 잘못을 저질렀을 경우에 일어난다. 그러나 인격을 갖춘 사람은 화를 내지 않는다. 왜냐하면 화를 낸다는 것은 화를 내게 만든 사람이 인격적으로 비속

---

52) 유위제법(有爲諸法) : 유위법은 팔리어로 Samskrita dharma라고 하고, 무위법은 Asamskrita dharma라고 한다. 유위(有爲)란 위작(爲作), 조작(造作)의 뜻으로 '만들어진 것'이라는 의미이고, 바로 '연기(緣起)된 것'을 의미한다. 그리고 이 우주의 일체 존재는 모두가 연기(緣起)된 것들이다. 이와 같이 갖가지 인연에 의한 결과로 말미암아 이루어지는 모든 현상을 유위(有爲)라 일컫는다. 즉 어떤 목적을 달성하기 위해 인위적으로 이루어진 것, 어떤 힘에 의해 이루어진 것은 모두가 유위법이다. 우리의 몸을 위시해서 언어, 교육, 창작, 학문, 정치, 경제 등 인위적인 활동과 그에 의해 이루어지는 것, 그리고 4계절의 변화 등의 자연현상까지도 유위법이다. 우리가 만들고 표현하는 것, 현실적으로 보고 들으며, 느끼고 아는 것 등 사람이 하는 것이나 자연이 하는 변화는 모두 유위(有爲)란 말이다. 결국 이 세상의 눈에 보이는 모든 것이 유위법이다.

(卑俗)하기 때문이든지 아니면 오해에 기인된 것이라고 보기 때문이다. 또한 화를 낸다고 그 사람이 달라지거나 오해가 풀릴 수 있을지라도 마음을 달리 먹고 화를 자제해야 한다. 즉 화를 다스리기 위해서는 무엇보다도 자기 조절과 자기 극복 능력을 갖추어야 한다는 것이다. 그 정도로 분노는 자신의 몸에서 일으키면 안 되는 금기 사항이다.

자신의 건강을 위해서 때로는 화를 참는 것보다 화를 조심스럽게 내는 것이 좋고, 화를 그냥 터뜨리는 것보다 화를 제대로 바르게 드러내는 것이 좋다고 한다. 왜냐하면 화를 과도하게 억누르다 보면 결국 과도하게 폭발할 수 있으니, 화가 날 때마다 조금씩 화를 쪼개 분산하여 표출함으로써 화의 원인을 약화시키는 것이 좋다는 의미이다.

화가 났을 경우에 지나치게 분노나 적의를 표출하지 않고 가슴에 억누르게 되면, 마음에 병이 생기기도 한다. 시간적인 여유를 갖고 화가 난 원인을 가만히 생각해보라고 권유하기도 한다. 그리고 자신의 화가 어느 정도 규모인지, 그것을 어떻게 표현하며 어떻게 행동할 것인지를 확실하게 정확히 결정하라고 한다. 그 다음에 어떤 일이 있어도 이성에 맞게 정중하고 품위 있게 행동을 통제해야 하며, 그 대신에 계획된 말과 행동은 그 문제를 해결하기 위해 자신의 의견과 계획을 명확하게 전달하도록 권유한다. 여기서 꼭 지켜야 할 점은 상대를 존중해야 함은 물론 침착성을 유지하는 것이다.

『서양철학사』(앤서니 케니, 2004)를 보면 불교의 심리학적 도식에서 분노(忿怒), 욕정(慾情), 무지(無知)를 가장 비난의 대상으로 본다. 성냄이나 질투, 시기(猜忌), 탐욕과 같이 세속적인 번뇌는 정신적 평화와 행복을 추구하는 데 가장 장애가 되는 요소이기 때문에, 마음의 평화를 원한다면 반드시 제거해야 할 요소라는 것이다.

또한 그리스 신화에 등장하는 제우스[53]도 욕정이나 분노와 같은 저속한 감정에 동요되어서는 안 된다고 경고한다. 이성(理性)과 진리를 추구해야 하는 인성(人性)을 가진 인간이 성욕(性慾)이나 충동적으로 일어나는 욕심에 이끌려 수성(獸性)으로 추락하는 사례와 마찬가지로, 분노(忿怒)에 사로잡혀 저속한 감정으로 내몰린다는 것은 본능에 이끌려 육체적인 쾌락의 추구로 인륜을 지키지 못하는 것과 하나도 다를 바 없다. 그렇기 때문에 우리는 어떤 일이 있어도 분노와 같은 저속한 감정에 휘말려서는 안 된다.

화에 대해 가르침을 제공하는 스승으로서 세계의 영적 지도자로 추앙받는 종교인인 틱낫 한은 화를 다스리기 위해 이렇게 행하라고 말한다.

---

53) 제우스라는 이름은 어원적으로 천공(天空)을 의미하며, 로마 신화에서는 같은 어원인 유피테르와 동일시되었다. 제우스의 기원은 그리스 땅 북방으로부터 침입한 그리스 민족의 주신(主神)으로, 은혜로운 비를 내리게 하는 천공을 신격화한 것이었다. 이것이 크레타 섬을 중심으로 한 이 지역의 주신과 동일한 신으로 간주되고, 마침내 헤시오도스나 호메로스의 2대 서사시 〈일리아스〉, 〈오디세이아〉 등을 통해 여러 가지 신화의 전설이 되어 오늘날까지 전해지고 있다.
제우스는 천공을 지배하는 신으로 천둥과 번개를 뜻대로 구사한다고 생각되어 호메로스의 서사시에서는 '구름을 모으는 자', '번개 불을 던지는 자' 등으로 묘사되어 있다. 그러나 제우스는 단순히 천공을 지배하는 신만이 아니었다. 하늘을 지배하는 자인 동시에 전 세계를 통치하는 자이기도 하다. 즉 '신들과 인간의 아버지'로서 모든 권력을 주거나 빼앗는 자이며, 범죄자를 벌하고 사회 질서를 유지하며, 국가의 재앙을 막는 위력을 가지고 있는 신이었다. 또한 제우스는 개인의 소유지나 재산을 보호하고, 아내인 헤라와 함께 결혼을 주관했다. 따라서 혈족이나 동향자(同鄕者), 같은 지역·단체·직업에 있는 자도 모두 그의 보호 하에 놓였다. 그리고 인간의 운명에 떨어지는 행(幸)과 불행(不幸)이 모두 공평무사한 제우스에 의해 할당된다고 생각되었다.

"화를 품에 끌어안은 채 의식적으로 숨을 들이쉬고 내쉬기만 해도 화는 이내 편안함을 느낀다. 화내는 것도 습관이며 연결고리를 끊어라. 화를 감추거나 피해서는 안 된다. 화가 나서 몹시 고통스러워한다는 사실을 차분하고 침착하게 알려야 한다. 화가 일어나면 그것을 말해주어야 한다. 화가 마음속에 있음을 인정하고 끌어안아야 한다."

『세네카 인생론』(세네카, 2007)에는 다음의 내용이 나온다.

　　"분노를 참아내는 것은 자신에게 닥쳐오는 재앙(災殃)을 감(減)해주는 것이나 다름 없다."고 한다.

그리고 화를 잘 참아낸 위인들을 보면 다음과 같다.

　　소크라테스의 경우에 분노의 조짐은 소리가 낮아지는 것, 말수가 적어지는 것이었다. 그때 그가 자신에게 항거하고 있음을 주변 사람들은 엿볼 수 있었다고 한다. 아리스토텔레스는 화가 났을 때 "지금은 화를 낼 수 있는 적절한 시간인가? 적절한 상대인가? 적절한 방법인가를 먼저 생각을 한다."라고 말했다. 또 어떤 사람은 자신이 화가 나면 "첫째, 자신의 건강과 바꾸어도 되는가? 둘째, 정당한 분노인가? 셋째, 정당한 해결 방안인가?"를 생각한다고 한다.

　　그리스의 스토아파 철학자인 디오게네스는 자신이 크게 다투고 있는데 부끄러움을 모르는 젊은이가 침을 뱉었다. 이것을 디오게네스는 온화하고 현명하게 참았다. 그때 디오게네스는 "나(디오게네스)는 전혀 화를 내지 않았다. 화를 내어야 할지 어쩔지 아직 마음을 정하지 않았다."라고 말했다고 한다.

그뿐인가 우리가 알고 있는 고대 로마 공화국 마르쿠스 카토는 또 얼마나 능숙했던가, 그가 변호하고 있는데, 우리들의 조상의 기억으로는 감당할 수 없는 인간으로 방약무인(傍若無人)한 렌투루스가 입에 가득히 모은 진한 침을 그의 이마 한가운데를 향해 내뱉었다. 카토는 얼굴을 닦고 나서 말했다. "렌투루스, 모두의 증인이 되었네. 자네에게 입이 없다고 주장하는 패는 틀리지 않았는가?"라고 말했다고 한다.

또 다른 한 예로서 고대 로마의 장군 파비우스(Quintus Maximus Rullianus Fabius)는 제2 포에니(Poeni) 전쟁 때 트라시메노(Trasimeno) 호반의 대패(大敗, BC 217)의 뒤를 이어서 로마군의 사령관이 되었다. 이때 그는 카르타고 군과의 충돌을 극력 피하고 한니발(Hannibal, BC 237~BC 183. 카르타고의 장군)로 하여금 분명(奔命)에 피로하도록 하는 계책54)을 써서 로마군이 승리하도록 이끌었다고 전해진다. 이렇게 로마 장군 파비우스가 자기의 분노를 잘 다스려 약세인 군대를 회복시키고, 상대방 카르타고 군의 장군인 한니발을 화나게 유도하여 무력화시킴으로써 승리로 이끌게 되었다는 것이다.

---

54) 그 계책은 민중의 반감을 샀지만, 뒤의 스키피오(scipio)의 승리의 원인은 이때 이루어졌다. 즉 파비우스가 로마의 약체화된 세력을 회복시킨 것은 전쟁에서 상대방을 초조하게 하고 시일을 늦추어 시간을 벌도록 한 것 때문이었다. 그것이 승리로 이끈 원인이 된 것이다. 만일 당시 위급한 상황에 있던 로마가 만일 파비우스가 분노가 치미는 대로 강경 일변도로 나갔다면, 멸망하고 말았을 것이다. 그러나 그는 나라의 명운(命運)을 고려해, 이제 일부라도 무너지는 날이면 모든 것이 궤멸(潰滅)할 수밖에 없던 국력의 현상을 참작해서 슬픔과 복수심을 감수하고 오직 유효성과 좋은 기회를 노리기로 했다. 그는 카르타고 군의 장군인 한니발보다 분노를 이겼던 것이다. 이렇게 해서 로마를 구하게 만들었던 파비우스가 한니발보다 분노를 잘 다스렸기 때문에 승리했던 것이다. 그러니 화를 이길 수 있는 유일한 방법은 자신을 다스리는 마음, 즉 인내이다. 그러므로 평소에 지성을 키우고 인격을 높이는 방법밖에 없다고 생각한다.

화를 도식(圖式)을 통해 풀어보면 다음과 같다.

화=불만 1)×외부적 여건 2)×성격적 기운 3)
 1) 불만 = 미충족/욕구
 2) 외부적 여건은 여러 가지 상황에 따른 역기능적 상황이 작용함
 3) 성격적으로 사나운 성질이 일어남

위와 같은 도식을 그려놓고 화를 정의해보면, 욕구의 미충족으로 불만이 존재하게 되고, 여기에 여러 가지 상황에 따른 역기능적 여건이 작용하며, 이에 따른 사나운 성질이 일어나는 과정이라고 생각된다. 그래서 화를 최소화하고 종식시키기 위해서는 욕구를 최소화하든지, 변화시키고 역기능적 여건에서 벗어나는가 하면, 자신의 성격을 고쳐야 한다.

화를 줄이기 위해서 어떻게 해야 하는가를 살펴보기로 하자.

① 불만(不滿)은 그전에 자신이 바라는 욕망이 있게 마련이다. 이 욕망을 충족시키려고 하는데 어떤 장애 요소가 발생해 욕구 충족이 이루어지지 않거나 바라는 대로 충족되지 않는 현상으로서, 마음에 일어나는 하나의 불평심이다. 이 불만을 최소화하는 방법은 무엇인가? 바로 욕구를 줄이는 것이 좋지만, 그것이 불가능하다면 욕구를 다른 가치적 요소로 바꿀 수도 있다. 아니면 욕구를 다른 요소로 승화시키는 방법도 있을 것이다. 아무튼 인격적 힘을 부여하여 욕구를 억제하며 시간을 끌어 미루어야 한다.

② 외부적인 여건으로 주변에서 작용하는 역기능을 최소화하든지 순기능으로 대체해야 한다. 즉 화를 내게 하는 데 직접적인 장애 요인은 아니지만, 불만을 자극한다든지 영향을 미치게 한다든지 하는 요소들을 가만히 분석해보고, 이들로부터 거리를 둔다든지, 아니면 조용히 자중하여 이 역기능에 대응해야 한다.

③ 성격적으로 사나운 기운이 일어나지 않도록 미연에 방지하는 일이다. 문제는 인격이라는 마음의 바다를 깊고 넓게 만들어야 한다. 분노의 반대가 온유이고, 분노는 화난 욕정이다. 온유한 사람의 마음에 하나님이 와서 머문다는 것을 알아야 한다. 온유하기 위해서는 먼저 상대방을 사랑해야 한다. 사랑은 상대방에게 넓은 마음을 갖게 하는 것이다. 이렇게 생각하라. 죄인도 죄를 저지르게 된 이유가 존재한다.

반대 앞에 굳건히 하여 악(惡)에 견디며 유혹이 지나가도록 기다린다. 자기 자신도 상대방에게 분노를 자극한 원인이 존재한다는 사실을 인식한다. 자신이 분노 앞에 약하고 부족하지 않도록 한다. 인내해야 한다.

그래서 화가 높은 인격에 매몰되어 힘을 사용하지 못하도록 하는 것이다. 위와 같은 방법으로 화를 종식시키거나 최소화하기 위해 도식을 그려놓고 해법을 찾아보았다.

그리고 화를 내는 기제(機制)를 분석해보면, 화를 일으키는 마음을 평소에는 이성의 두뇌에서 관리하는데, 갑작스럽게 화가 날 경우 이성의 두뇌는 감정의 두뇌에게 자리를 양보하게 되고, 감정의 두뇌는 이성의 두뇌가 조절하는 감정 억제를 받지 않고 바로 화를 내게 된다는 것이다. 그러니 아무리 성격을 조절하고 자제하더라도, 갑작스런 원인에 의해 마음이 동요되면 어쩔 수 없이 자기 본래의 성격대로 화를 내게 된다는 것이다. 어쩌면 화는 일종의 자연적인 현상으로 보는 것이 당연하다고 하겠다.

하지만 인격이 높고 수양이 잘된 사람은 화를 내지 않고 내면으로 소화시킨다. 그런 사람은 화 이상의 정신적인 가치와 신념으로 화를 조용히 없앨 수 있다. 하지만 범인(凡人)들이 그와 같은 경지에 이르기는 쉽지 않다. 또한 세상살이 어려움을 많이 겪은 나이 많은 사람들은 화낼 일이 있어도 다음에 오는 불이익을 생각하고 체념이나 포기로써 화를 참아내는 경우가 많다. 우리는 이 같은 방법을 택해야 하지 않을까 생각한다. 이 방법은 뼈를 깎고 고통을 참아야 하는 수련 과정이 있어야 하며, 무척 긴 세월을 필요로 할 것이다.

또한 화는 성격과도 밀접한 관계가 있는데 타고난 성격이 원만한 사람은 좀처럼 화내지 않고 웃으면서 화를 우회적으로 돌리는 경우가 있다. 이런 성격은 참 좋은 성품이지만, 실제로 성격이 급한 사람은 그렇게 참지 못하고 화를 내게 된다. 이렇게 하지 않으려고 본인은 노력하지만, 그게 그렇게 쉬운 일이 아니다. 그리고 화는 또 화(禍)를 불러와, 화를 낸 사람이 피해를 본다.

전문가들은 화를 제대로 다스리기 위해서는 우선 화를 제대로 이해해야 한다고 한다. 화를 내게 한 원인은 무엇인지, 자신에게 내재되어 있는 화의 크기가 어느 정도인지, 또 화는 어떤 성질을 지니고 있는지를 알고 있으면 해결하는 방법을 쉽게 찾을 수 있기 때문이다.

그리고 화를 적절히 방출해야 한다고 한다. 그중에서도 심호흡으로 코로 숨을 천천히 깊게 들이마시고 멈추었다가, 입으로 천천히 깊게 내쉬라고 권한다. 특히 조심해야 할 것은 상대방의 잘못을 참고 묻어놓고 있다가 한 번에 폭발하지 않도록, 그때 그때 잘게 부수어서 상대의 감정을 거스르지 않도록 하여, 미워함이 없이 자신의 마음을 진솔하게 말하라고 조언한다.

만약 화를 다스리지 못하고 폭발했다면, 화를 내는 그 순간부터 자신의 인격은 조각나며, 자신의 영역을 벗어나 걷잡을 수 없게 된다. 그렇게 되면 화를 내게 한 원인은 아주 작은 씨앗에 불과한데, 화의 폭발로 인해 나타나는 부수적인 위력이 자신을 붕괴시킨다. 그래서 내면은 존재하지 않으며, 폐허로 인해 나타난 그 결과는 상처와 아픔의 잔해만 남게 된다. 그러니 본인이 무지(無知)하냐? 아니면 지성인(知性人)이냐?에 따라 운명은 달라진다.

화는 결국 자신이 남에게 내지만, 그 화는 다시 자신에게 되돌아오게 된다. 화는 보복성이 있어서 반드시 그 화살이 자신을 겨누게 되는 것이다. 설혹 전적으로 잘못이 상대에게 있다고 할지라도, 화는 모욕감을 동반하기 때문에 전적으로 내가 옳고 상대가 잘못되었다고는 할 수 없는 일이다. 어떤 일이 있어도 화를 내는 일 그 자체는 피해야 한다.

5.
우환(憂患)을 어떻게 예방해야 하는가?

    인간은 누구나 한 치 앞을 내다볼 수 없는, 미래가 불확실한 삶을 살아가고 있다. 인간이 행복하게 살아갈 수 있는 방법을 역으로 생각해보면, 불행하지 않도록 삶을 영위하는 것이다. 즉 한평생 살아가면서 우환만은 만나지 않아야 한다. 하지만 우리가 살아가고 있는 이 세상 지천(地天)에는 삶을 파괴할 수 있는 사물들로 꽉 채워져 있으며, 우리의 인체에는 우환의 불씨를 보유하고 태어난다. 인간의 마음은 우환을 항상 소유하고 있는 저장고나 마찬가지이다. 우환을 없애려고 한다면 무엇보다도 성냄을 없애야 할 것이다.

    『달라이라마, 물음에 답하다』(최평규 2012)를 참고하면 "성내는 기분이 얼마나 유해하고 부정적인 것인가를 아는 일입니다. 성냄은 항상 불행이나 문제를 생기게 한다는 것을 이해하지 않으면 안 됩니다. 당신 속에서 성내는 기분이 머리를 처드는 것을 느끼면, '아아, 성내면 도움될 것도 없으며 성내도 별로 의미가 없다'라고 생각하십시오."라고 기술하고 있다. 이와 같이 우환을 없애려면 사람이 살아가고 있는 것과 같이 사전에 준비와 예방이 중요하다. 사전에 우리의 삶을 파괴하고 소멸시킬 수 있는 원인을 최대한 제거함으로써 어느 정도의 불행을 감소시킬 수 있을 것으로 본다.

『주역』,『노자』를 보면 모두 길흉화복에 대한 관심에서 출발하여 복(福)을 얻고 화(禍)를 피하려는 삶의 방법(처세)을 연구했다. 그것들은 모두 길흉화복(吉凶禍福)을 행위의 결과로 보았으며, 운명처럼 작용하는 어떤 보편법칙(命)을 파악하여, 몸을 안전하게 하기 위해 그에 합당하게 행동함으로써 최대한 재앙을 피하려고 했다. 복을 적극적으로 원하기보다 화를 피함으로써 복을 구하는 것도 두 책의 공통적 특징이다.

또한 이런 보편법칙(命)은 인간의 능력으로 완전히 포착되지 않으므로 최대한 근신하고 조심하는 태도가 바람직하다는 권고도 같이 발견된다. 인간이란 무엇보다도 인간끼리의 관계에서 우환이 발생할 확률이 높다. 현인들은 만남보다 헤어짐을 더 어렵게 여겼다. 언제나 헤어질 때는 상대에게 분노의 감정이 없도록 하여 인간관계의 마무리를 잘하고 헤어지는 것이 우환을 없애는 하나의 방법이었다. 이와 같이 불행에 대한 현실적 염려와 우환 의식을 바탕으로 안전을 확보하는 삶의 기술을 고안해냈다는 점에서 두 책은 일치한다.

『장자편(莊子篇)』(최효선 역해, 1997)에서도 "장자는 사람들이 생활하는 가운데 이해(利害)와 득실(得失) 때문에 우환을 당하고 심신이 고달프게 된다면 생활은 온통 끊임없는 고통의 연속이 될 뿐이다."라고 말했다. 즉 인간은 욕심 때문에 탐(貪)하다가 우환을 당한다는 뜻이다. 물질뿐만이 아니다. 명예, 권력, 성욕 등을 탐하다 보면 경쟁심과 시기, 질투 등이 따르게 되고, 여기에 감정이 얽히고 나면 우환의 불씨가 싹트게 된다는 뜻이다.

인간이 살아가면서 악한 사람을 만나 자신이 피해를 보지 않으려면, 상대의 마음을 잘 파악하고 심리를 분석할 수 있는 사람이 되어야 한다. 그렇게 해서 그 악함의 행위를 미연에 방지할 수 있도록 사전에 대비를 잘해야 할 것이다. 인간은 아무렇게 살아가는 것이 아니다. 인간이 살아가는 방법에는 무수히 많은 길들이 앞에 놓이게 된다. 그중에서 가장 안전한 삶의 길을 택해 살아가는 것이 무엇보다도 중요하다.

이와 관련해 우환에 관한 글귀를 살펴보면, 스님들이 공부하는 선실 기둥마다 '조고각하(照顧脚下)'라는 글귀가 붙어 있다고 한다. 머리 숙여 자신의 발밑을 살피라는 뜻으로 풀이된다. 또 송광사의 보조 스님 비문에는 '우행호시(牛行虎視)'라는 법어가 적혀 있다고 한다. 소의 걸음과 호랑이의 눈이라는 표현으로, 매사를 신중하고 조심조심하라는 뜻으로 풀이된다. 재앙은 복에서도 생겨날 수 있는 것이다.

이렇게 안전한 방법을 선택하는 과정에서 나타나는 삶의 자세나 태도 등 마음가짐은 바로 수양(修養)을 통해서 그 기술을 획득하게 된다. 수양은 '몸과 마음을 단련하여 품성이나 지혜, 도덕을 닦는 것'으로 되어 있다. 곧 의지력을 강화하는 것이다. 다르게 표현하면, 인간 탐욕으로부터 생겨나는 사악한 행위를 외부로 나타나기 전, 마음 가운데 있을 때 자신의 의지력으로 스스로를 통제해서 없도록 하는 것이 수양이라고 생각한다.

문제는 마음을 다스리는 일이다. 자신이 감당할 수 없는 일은 조용히 물러나야 한다. 즉 경솔한 말은 자제할 수 있어야 하고, 언제 어디에서나 자유스럽게 물러설 수 있도록 처세해야 한다. 또 자신의 능력 이상으로 광범위하게 나아가는 일이 없도록 해야 한다. 또한 그만두고 싶을 때는 언제든지 그만둘 수 있도록 평소에 주변을 잘 관리하고 준비해야 한다.

또 『노자』(김홍경, 2003)에서 보면 "몸이 있기 때문에 근심이 있다는 말은 참으로 옳다. 보통은 자기 몸을 자기 마음대로 할 수 있으리라 생각하지만, 몸이 마음대로 될 수 있다면 그것은 신(神)이다. 모든 수양의 목표는 몸을 마음의 지배하에 두는 것이다."라고 말하고 있다.

수양을 하지 않은 마음은 길들지 않은 망아지처럼 언젠가는 인간과 사회와 자연을 어지럽히며 질서를 방해해, 종국에는 남에게 해를 입히고 자신의 몸이 상하게 된다. 인간과 사회와 자연을 해치지 않으며, 특히 자신의 몸을 온전히 보전하기 위해서 수양을 한다. 즉 수양이란 삶에서 자신의 몸이 위험한 상황에 처하지 않도록 사전에 경계하는 행위이다.

삶의 기술이란 살아가면서 생명의 위협으로부터 자신의 몸을 안전하게 대피시키는 일이다. 그렇게 하려면 먼저 자신의 내면을 살펴서 삶을 해칠 수 있는 위험 요소인 비양심적, 비윤리적, 오만, 불손, 이기심, 탐욕심 등을 없애고 인격적으로 높은 수준을 갖추도록 해야 한다.

인간이 삶을 살아가는 데 있어서 가장 어렵고 힘든 과정이 인간관계이다. 인간의 마음만큼 복잡하고 미묘한 것은 없을 것이다. 너가 살고 내가 살아야 하는 상생(相生)의 관계, 상부상조(相扶相助)의 관계가 인간관계의 기초가 되어야 한다.

인간관계에서 가장 삼가해야 할 것은 자신의 강한 이기심으로 인해 남에게 피해를 입히는 행위이다. 잘못된 인간관계에서 빚어지는 문제는 우리의 삶에 치명적인 우환을 불러일으킨다. 우환은 자기 자신의 성격 속에 깃들어 있다고 하겠다. 오직 나타나지 않았을 뿐이다. 자신의 마음을 고치지 않는 한 그 불씨는 여전히 남아, 언제 발화(發火)하여 스스로를 파괴할지 모른다. 내부에서 초래되는 우환은 호시탐탐(虎視耽耽) 좋은 기회를 엿보고 있는 것이다. 어떤 상태의 좋은 대상이나 사물을 만나든지, 또한 알맞은 시간대를 노려보는가 하면, 그 외에도 복잡하고 다양하며 사악한 환경이 주어지면 급류의 흙탕물과 같이 자신의 몸과 마음을 일순간에 삼켜버린다.

옛날 말에 복은 겹쳐서 오지 않고, 화(禍)는 홀로 오지 않는다고 했다. 그 정도로 화는 복잡한 가운데 자신의 성격과 외부 환경이 얽혀서 오기 때문에 단 한번으로 끝나지 않는다는 의미이기도 하다. 자기 자신의 내부에 도사리고 있는 우환의 원인으로 제공되는 마음의 조각들을 전부 캐어내고 가려내어 하나하나 없애는 작업을 매일 실시해야 한다. 즉 자신이 잘났다고 생각하는 거만하고 불손한 태도, 자신이 많이 가지고 많이 배웠다는 자만심, 남을 미워하는 증오심(憎惡心), 남에게 일으키는 분노심(忿怒심心). 조급하면서도 강직한 성격, 남이 잘되는 것을 시기하고 질투하는 마음, 사사로이 올라오는 사랑에서 오는 격한 성적 욕망, 자신만을 생각하는 극단적인 이기심, 과다한 물질적 탐욕, 절제할 수 없는 과다한 음주(飲酒), 화려하면서도 도를 넘는 사치, 무절제한 낭비, 조심하지 않고 함부로 내뱉는 말, 자신을 통제할 수 없는 마음, 출세해서 이름을 날리려고 하는 과다한 명예욕, 자신의 몸과 마음을 생각하지 않고 분수에 넘치는 남과의 과도한 경쟁심 등이라고 생각한다. 이런 것들이 어떤 좋지 못한 환경과 어울리고 부딪히면 우환의 원인으로 작용한다. 우리 인간들은 자나 깨나 이런 우환의 원인으로 작용되는, 자기 자신의 마음에서 생겨나는 요소들을 없애는 데 최선을 다하지 않으면 안 된다. 우환이 일어날 수 있는 알맞은 시간대와 장소, 대상이 함께 어울리지 못하도록 자신을 잘 조절하며 조심해야 한다. 어떤 마음이 옳고 참된 도리(道理)인지를 살펴서 항상 그 마음을 유지하도록 해야 할 것이다. 이것이 삶의 기술이며 방법이다.

인간의 생활은 사물의 인식에서부터 시작된다. 나 자신과 외부와의 교감(交感)은 눈을 통해 바깥세상과 접촉이 이루어지게 되고, 그 작용으로 인해 마음이 동(動)하게 되며 생각이 이루어진다. 그 생각은 말과 행동을 매개로 하여 다른 사람에게 자신의 뜻이 전달된다. 이것이 의사소통의 과정이라고 생각되는데, 대체적으로 이런 경로를 통해 스며든다.

무엇보다도 우환을 예방할 수 있는 길은, 이렇게 화(禍)가 들어오는 과정인 통로를 차단하는 일이다. 잠언 21장 23절에서는 "입과 혀를 지키는 자는 그 영혼을 환란에서 보전하느니라."라고 가르치고 있다. 환란이 들어오는 주요한 문은 입이 아닌가 생각한다. 그 정도로 입과 혀를 조심하며 살아야 할 것이다.

또 세상을 보는 감각 작용으로 눈을 생각해보기로 하자. 눈의 기능은 색깔을 감식하는 것이다. 이 과정에서 마음에 큰 동요를 일으킨다. 눈이 빛깔을 감식하는 가운데 아름답고 보기 좋은 색을 만나게 되면, 마음은 현혹된다. 현혹의 의미는 '사람의 마음을 홀리거나 정신을 빼앗아 제대로 판단하지 못하게 만드는 것'이다.

문제는 눈의 기능을 마비시키는 화(禍)는 현혹됨에서 연유된다는 것이다. 눈은 마음을 홀리게 하고 정신을 빼앗아서 제대로 판단하지 못하게 만드는 작용을 한다. 그것이 얼마나 우리 인간들의 삶에서 심각한 문제를 일으키는지를 간과해서는 안 될 일이다. 이점이 바로 우환을 일으키는 원인이기 때문이다.

그렇다고 눈의 기능을 나쁘다고만 생각해서도 안 된다. 만약에 눈의 이런 기능이 없으면 복 또한 전혀 느낄 수 없기 때문이다. 이와 같은 견지에서 생각해볼 때 어쩌면 화와 복은 동전의 양면처럼 항상 함께 존재한다고 볼 수 있다. 아무튼 눈(目)과 색(色)의 관계를 우리 인간은 어떻게 선택해 받아들여야 하는지가 화와 복의 갈림길이 된다는 것을 명심하지 않으면 안 된다.

비근한 예로서 매력적인 남자와 아름다운 여인도 눈과 색의 관계에서 시작된다. 여기까지는 괜찮은데, 만약에 욕정(欲情)이라는 탐욕스런 마음이 발동하게 되면, 더 화에 가까이 접근하게 되어, 색(色)은 현혹을 일으키게 되고 마음을 홀려 정신을 빼앗아서 제대로 판단하지 못하게 만들면, 화의 실체인 우환의 원인으로 작용하게 되는 것이다. 그래서 눈은 우환의 원인이 되니, 색을 조심하지 않으면 안 된다.

우환의 특징적인 모습은 변장(變裝)의 모습을 하고 자신을 위장(僞裝)하고 있다는 점이다. 우환은 가장 아름다운 모습 속에 위장되어 숨어 있다고 할 수 있다. 아름다움 자체는 우환이 아니다. 하지만 우환은 언제나 아름다움을 경계하지 못하는 데서 생겨난다. 우환은 자기를 가장 높은 수준으로 머물게 하는 교만함 속에도, 또한 우환은 최고의 쾌락을 향유하고자 하는 애정과 사랑 속에도 머물러 있으며, 우환은 누구나 탐내고 얻고자 하는 황금 속에도 파고

들어 숨어 있기도 하고, 우환은 남을 지배하고자 힘을 갖추고 있는 권력 속에도, 자신을 훌륭한 사람으로 인식시키는 명예 속에도, 남을 이기려고 하는 경쟁 속에도 우환은 파고들어 자리하고 있는 것이다. 또한 우환은 자기가 잘났다고 뽐내고 으스대고자 하는 자존감 속에도, 자신의 괴팍하고 경솔하며 급하고 강직한 성격 속에도, 함부로 말하는 언어 속에도, 달콤한 향기와 매혹적인 알콜 속에도 파고들어 존재하고 있다. 그러니 결국 우환은 사람들이 좋아하고 탐내며 욕심을 부리는 그런 대상 속에 위장한 모습으로 자리 잡고 있게 된다.

우환을 예방하고 피하려면, 자연의 순리대로 살아가면서 자제와 절제로써 순박하고 소박하며 순수하게 살아야 한다. 그럴 때 우환으로부터 멀어지게 할 수 있다. 특히 금욕적인 생활을 하면서 맑고 깨끗한 정신으로 분별력을 갖추지 않으면 우환을 물리치기 어렵다는 것을 알고 이성(理性)의 눈으로 세상을 바라보아야 한다.

우환을 예방하려면 다음과 같이 조심하며 경계하지 않으면 안 될 것이다.

첫째, 신(神)을 공경할 줄 알아야 한다. 물론 현대의 과학 문명 앞에 신을 공경하라는 말이 이상하게 들릴 것이다. 하지만 인간으로서 최선의 삶을 살아야 한다는 차원에서 깊이 생각해보면, 훌륭한 삶이란 이렇게 신을 공경하는 마음으로부터 시작하지 않으면 안 된다.

『주역 강의』(서대원, 2009)에서 보면 '비룡재천(飛龍在天) 이견대인(利

見大人)55)'이란 말이 있다. 여기서 강조하는 것은 신(神)과의 교감 작용이다. 중요한 것은 인생살이 역시 형이상학적 관점에서 볼 때, 보이지 않는 세계에 따른 자신의 준비 기간, 인간으로서 자신의 의무를 수행하기 위한 최선의 방법으로서 최상위의 단계에까지 심혈을 기울여 사리(事理)를 다한다(do one's duty)는 의미로 풀이된다. 바로 이런 자신의 내부를 관조한 세계에서 완벽을 상징하는 의미로 신의 영역에 접근하고 싶은 심정에서 신을 공경하라고 말하는 바이다.

인간이 생을 영위함에 있어서 비록 자신의 삶이라고 생각하지만, 자신의 의도대로만 삶이 이루어지는 것은 아니다. 아무리 조심하고 세심한 계획을 세우고 모든 정신을 투자하더라도, 마음대로 통제하고 조절할 수 없는 것이 또한 생의 영역이다. 그 영역은 신의 영역으로 삼는 것이 인간의 자세가 아닌가 생각해본다. 즉 신이나 자연의 경계(道)를 넘어서서 인간이 교만하지 않도록 이런 부분을 생각하고 신을 공경하라는 의미가 주어진다. 인간이 만들어낸 물질과 기술의 혜택만을 맹신하고 자연의 섭리를 거슬러 무한한 욕망만을 쫓지 말라는 경고이기도 하다. 만약 그런 삶을 계속 이어간다면 반드시 후회할 일이 생길 것으로 판단되는 대목이다. 그리고 모든 것은 때(time)가 있으니 억지로 행하려고 하지 말아야 한다.

또 『주역 강의』에서 보면 건(乾)56)은 이처럼 모든 사람들에게 꼭

---

55) 비룡재천(飛龍在天) 이견대인(利見大人) : 비룡은 하늘을 나는 용(龍)이니 최고의 기회를 만나 최고의 성공을 거두는 시기이자, 그런 때를 만난 사람의 상징이다. 하늘을 난다(Fly) 함은 신과의 교감도 이미 이루어졌음을 암시한다. 이 단계에 이르기 위해서는 하늘이 허락하는 시간적 기회와 땅이 허락하는 환경적 토대가 필요하고 다른 사람의 도움도 필요하다.

56) 건(乾) : 건(乾)은 크게는 천지 창조에서 멸(滅)의 시기에 이르기까지, 작게는 한 생명의 잉태, 성장, 활동, 죽음의 단계에 이르기까지 모든 시간에 관계되어 있다. 그 때를 잘 알고 움직여야 한다. 우

필요한 성공의 3대 요건(시간, 공간, 사람)을 인생의 각 단계에 빗대어 총체적으로 설명한다. 문제는 우리가 삶을 영위하면서 일상생활을 한다는 것에서부터 큰 꿈을 펼치기 위해서 사업을 시작하든지, 아니면 어떤 목적을 해결하기 위해 필요한 사람을 만난다든지, 사랑하는 사람과 결혼을 한다든지 등 모든 행동에 있어서는 가장 적당한 때(timing)가 있기 때문에, 그 때에 맞게 행동하는 것이 정말 중요하다는 의미로 풀이된다. 또 공간을 점유할 때도 조심해야 한다. 그중에서도 장소와 장소로 이동하는 것에 특별히 주의하지 않으면 안 된다. 물론 공간에는 지표(地表)를 점유하는 공간도 있으며, 지상에서 떨어져 있는 공중(空中)도 있을 것이지만, 여기서는 지표를 점유하는 공간을 주로 말한다. 이와 같은 공간들을 인간은 자신들만 살아가는 공간으로 착각하고 있지만, 그것은 전혀 그렇지 않다. 이 공간들의 주인은 자연에 소속된 곤(坤)[57]인 것이다.

이와 같은 생각을 옛날 호랑이 담배피우는 시절과 같은 케케묵은 소리라고 할지 모르나, 예나 지금이나 최대한 조심하며 살아야 하기 때문에 형이상학적인 차원에서 하는 말이다. 그러니 이 공간을 소중히 사용하고 세상을 떠날 때는 흔적도 없이 떠나야 한다. 인간을 비롯한 각기 다른 종류의 동물과 하등의 곤충들, 그리고 미물(微物)들, 박테리아까지도 같은 공간에서 생을 함께 유지하고 있다. 그런가 하면 원래 하늘이나 땅은 어느 정도는 공(空)의 상태로 비워

선 너무 일찍 뜻을 펼쳐서는 안 된다. 한편 시간이 지나 때를 넘긴 용(龍)은 후회함이 있는 법이다. 그러므로 인간은 어떤 상황에서든 자기 분수에서 벗어나지 말아야 한다는 내용이다.

57) 곤(坤) : 즉 하늘 신과도 같은 땅의 신의 것이라고 할 수 있다. 어떻게 보면 우리 인간은 잠시 땅에 존재하는 신의 영역과 하나님의 공간에 머물다가 죽음이라는 영원의 세계로 떠나야 하는 존재이다.

져 있어야 하는 것이 본래 자연의 모습을 유지하는 것이다. 그렇기 때문에 최대한 공(空)의 상태로 보존함을 원칙으로 해야 하며, 함께 공유하는 차원에서 서로가 양보하며 살아가야만 한다.

그것뿐인가? 식물도 마찬가지이며 생명이 없는 사물(事物) 등의 현상들까지도 하나님이 지으신 귀중한 존재들이다. 그러니 공간을 함부로 훼손하고 인위적으로 가공하는 등, 그런 형태의 변화는 인간에게 재난과 우환의 원인이 될 수도 있으니 신중을 기해야 할 일이다. 이 공간에 존재하고 점유하는 만물에게는 인간이 가장 위협적인 존재이며, 또한 이들도 인간의 생명을 위협하는 존재라는 것을 알아야 한다. 사람은 안전한 곳을 찾아서 생존을 유지해야 하며, 인간을 포함한 만물들이 서로가 조화를 이루고 질서를 유지하며 공존해야 하는 상대성의 원리에 따라야 한다. 이 상대성의 원리가 깨어질 때 인간에게 재난과 우환이 돌아오게 된다고 생각된다. 그러니 조심스럽게 살아가지 않으면 안 된다.

둘째, 인간들과의 관계를 살펴보기로 하자.

특히 인간이 인간을 대상으로 하는 관계, 즉 인간관계를 조심하지 않으면 안 된다. 인간들은 누구나 개인적인 욕구를 충족하며 생을 유지한다. 특별히 이 세상은 인간이 살아가는 데 충분한 자원을 제공하지 못하고 있다. 인간들은 스스로 자기들끼리 자원을 많이 차지하기 위해 밤이나 낮이나 서로가 투쟁하게 된다. 인간들은 자칫 잘못하면 상대방의 인권을 짓밟아 자신의 욕망을 채우는 수 (a way)가 흔히 발생하게 된다. 만물의 영장인 인간, 이 세상에서 최고의 가치를 지닌 존귀한 인간, 신과도 같이 교활하며 예리한 지혜와 지성을 갖춘 인간이 저마다 자신의 욕망을 추구하며 벌이는 경쟁은 서로의 생명을 위협한다. 특히 자원을 두고 벌이는 각축전(角逐戰)이 나라는 나라끼리 인간은 인간끼리 치열하게 전개 된다.

이처럼 인간끼리 벌이는 경쟁의 과정에서 반드시 따르는 것이 재난과 우환이다. 이런 재난과 우환을 피하는 삶을 전제로 하는 가장 좋은 인간관계는 상생(相生)과 화목(和睦)이다. 상생과 화목을 이루면 서로가 생(生)할 수 있고, 알력(軋轢)과 반목(反目)의 상태는 서로가 멸(滅)하게 되어 있다.

셋째, 마음(여기서는 정신과 동일한 상태에서 생각함) 작용이다. 인간의 모든 삶은 마음먹기에 달려 있다. 다른 장(章)에서도 언급이 있었지만, 마음도 화(禍)와 복(福)을 생성하는 작용을 하는데, 부부에 있어서 바르지 못한 마음을 이몽동상(異夢同床)이나 이몽동체(異夢同體)라고 말한다. 즉 마음먹기에 따라 화가 될 수도 있고 복이 될 수도 있기 때문이다. 이 마음(心)에 탐욕이 작용하게 되는데 가벼운 욕심이면 복이 될 수도 있지만, 심(深)한 욕심이면 화가 될 수도 있다. 탐욕심에 이끌린 마음, 사랑에 빠진 마음, 비수(匕首)를 감춘 복수의 마음 등은 바르고 착한 마음이 아니다.

『행복의 조건』(조지 베일런트. 2010)에서 보면 "찰스 디킨스(Charles Dickens)의 〈크리스마스 캐럴(Chrismas Carol)〉에 나오는 스크루지 영감의 말을 기억하라. 인간의 삶에는 저마다 독특한 결말이 기다리고 있다. 그 예정된 길을 꾸준히 따라가다 보면, 반드시 그 결말에 도달할 것이다. 그러나 그 길에서 이탈하면 생의 결말도 바뀔 것이다."라고 기술하고 있다.

인간은 독특한 자신의 삶의 방법에 따라 운명이 지어진다. 인간이라는 종(種)이 다른 동물과 다른 면을 보유한 측면을 말할 때 이것을 '의식적인 특수성'이라고 한다면, 이 뜻은 자신이나 남을 비판할 수 있고 새로운 길을 모색할 수 있는 창의성이 있다는 의미이다. 특히 삶에서 미래를 예견하는 일은 중요하지 않을 수 없다. 미래는 현재의 삶의 형태에 따라 완전히 다르게 열릴 수 있다. 곧 현재의 결과물이다.

『인문학 콘서트』(김경도 외, 2010)에서는 "인간이 환경에 대해 체계적이고 조직적으로 대응한다 함은, 세계에 대한 포괄적 지식을 근거로 하여 행동하는 능력이 있음을 의미하며, 자신이 한 행위가 어떤 결과를 낳을 수 있는가를 알 수 있음을 의미한다."라고 말한다. 그 정도로 인간의 삶에서 자신과 주변 환경, 즉 여기서는 인간관계를 맺으며 사람들과 함께 살아갈 때 자신의 내면적인 성찰이 자신의 삶에 지대한 영향을 미친다고 말하지 않을 수 없다.

넷째, 탐욕심을 경계하지 않으면 안 된다.

그중에서는 인간으로서 갖추어야 할 인격적인 면과 인간이 살아가면서 가장 필요로 하는 물질적인 면인 돈과의 관계 정립이 필요하다. 아무리 돈이 중요하다고 해도 인간이면 꼭 갖추어야 할 인간의 존엄성을 잃게 해서는 안 될 것이기 때문이다. 신의 의도에 의해서 태어나게 되고, 우주의 신명함이 깃든 인간이라는 신적 존재로서의 생명의 고귀함이 돈에 의해서 훼손될 수는 없는 일이다.

다섯째, 또한 환란을 예방하고 조심하기 위해서는 사랑하는 것과 사랑받는 것을 경계해야 한다. 남자에게나 여자에게 모두 사랑싸움만큼 치열한 것은 없다. 왜냐하면 자연의 극치라고 일컫는 성적 쾌감의 욕구를 채우기 위해서는 생명도 마다하지 않기 때문이다. 이런 사랑의 욕망 충족의 이면에는 신의 노여움이 숨어 있기도 한 것처럼, 인간에게 가장 무서운 환란이 찾아오는 법이다. 사랑의 욕망을 충족하기 위해, 즉 사랑하는 사람을 자신의 것으로 만들기 위해 어떤 수단과 방법을 총동원해서라도 목적을 실현시키려고 하기 때문에, 자신도 모르게 남으로부터 비난을 받게 되며 죄를 저지르고 치욕(恥辱)을 당하게 되는 것이다.

아무튼 화가 날 때는 먼저 자신이 마음을 진정한 후 시간과 장소, 주위 분위기를 파악한 후 감정에 휘말리지 말고 이성적으로 상대방에게 사실대로 낮은 목소리로 말해야 되겠다. 여기서 특히 조심할 것은, 마음을 상하지 않도록 애정을 갖고 미워하지 말고 말해야 한다. 오직 이기심을 벗어나 신의 입장에서나 상대방의 입장도 헤아려보고 객관적이고 균형적이며 평등한 입장에서 간략하게 말해야 한다. 어느 선 이상으로 기대가 이루어지지 않는다면, 나머지 부분은 그 이상 불가능한 일이라고 생각해야 할 것이다.

6.
운명, 그리고 숙명을 다스려야 한다

　우리가 운명(運命)이며 숙명(宿命)이라고 하는 것에 대해 살펴본다면, 이는 과학적인 차원과는 다소 거리가 있는 용어인 것 같다. 불교의 글(側面)에서 보면 운명이니 숙명이니 하는 것은 인과(因果)·업보(業報)론에 기초하고 있다.

　한 사람이 태어나서 어느 정도의 부(富)를 축적하고 살 것인지? 어느 정도의 학벌과 능력으로 성공할 것인지? 어디에서 어떤 일을 하며 얼마 정도 행복을 누리다가 언제쯤 세상을 떠나게 될 것인지에 대해서는 누구나 어느 정도 정해진 업력(業力)을 받고 태어난다는 것이다. 우리가 흔히들 말할 때는 이것을 운명이니 숙명이니 하고 말한다.

　이와 관련하여 『명상록』(마르쿠스 아우렐리우스 Marcus Aulerius, 2007)[58])에서도 운명에 대해 언급한 내용이 나온다. 여기서 보면 "클

---

58)　마르쿠스 아우렐리우스(AD 121-AD 180)은 로마 제국의 '오현제(五賢帝) 중 마지막 황제로 AD 161년부터 AD 180년까지 로마 황제를 지냈다. 그는 어진 황제였을 뿐 아니라 스토아 철인(견인주의)이기도 했다. 그의 통치 기간 중 다시 격렬해진 동쪽의 페르시아와의 전쟁에서 승리했고, 게르

로토(clothe)⁵⁹⁾ 여신에게 흔쾌히 운명을 맡겨라. 여신이 마음대로 당신의 운명을 잣도록 두라."는 글귀이다. 즉 여기서 '운명'이라는 말의 뜻은 삶이 자신의 의지대로 어떻게 할 수 없는 것으로 표현되고 있다. 이는 에피쿠로스, 루크레티우스 철학에서 주장하는 것과 같이, 법칙적 인과관계를 부인하고 세계의 발생, 발전, 질서는 궁극적으로 모두 우연에 의해 지배되는 인과율에 의해 일어난다는 이론과 일맥상통한다.

『창의학』(전경원, 2000)에서도 '운명(destiny)'이라는 용어가 나온다. 여기서도 "우연적인 운(Fortuitous luck)으로서, 이는 뜻하지 않게 일어나는 운으로 인과율에 의해 일어나는 알 수 없는 운과 같이 인간의 의지대로 어떻게 할 수 없는 운"으로 설명하고 있다. 아무튼 인과응보이든, 운명이든, 혹은 숙명이든 비슷한 뜻으로 해석된다.

비록 운명에 있어서도 인간의 삶에서는 나쁜 운은 피하고, 좋은 운을 붙잡도록 해야 할 것이다. 그러면 행운과 비슷한 찬스(chance)에 대해 살펴보기로 하겠다. 찬스의 뜻은 '어떤 일을 하는 데에 있어서 좋은 기회'이다. 찬스에는 앞마디 털만 있고 뒷마디 털은 없다고 한다. 그 정도로 빨리 스쳐지나간다는 뜻이다. 행운도 삶을 살

만 족 등의 준동을 성공적으로 분쇄했다. 황제가 쓴 유명한 『명상록』은 170년과 180년 사이에 전장에서 쓰인 것이다. 이 『명상록』은 지금까지 철인이 가르쳐주는 인생의 지침서로 지금도 널리 읽히고 있다. 그리스어로 쓰인 이 책에서 황제는 자연을 인생의 길잡이로 하여 마음의 갈등에서 해방되는 방법을 제시한다.

59) 클로토(clothe) : 그리스 신화에서는 '모라라이(Moirai)'로, 로마 신화에서는 '파르카이(Parcae)'로 불린다. 이 글자들은 '세 자매'라는 뜻이다. 이 세 자매는 인간의 운명을 결정하는 여신들이다. 클로토(clothe)는 그리스 신화에서 모라라이(Moirai)로 불리는 세 자매라는 뜻의 이름에서 그중 하나의 여신이다. 여기서 클로토는 인간의 삶의 실을 잣고, 라케시스는 운명을 결정해 나누어주며, 아트로포스는 인간이 죽어야 할 때 실을 끊는다고 한다.

아가는 인간에게는 매우 귀한 존재이다.

물론 찬스도 마찬가지이다. 찬스는 백 번에 한 번 올까말까 한다고 한다. 즉 먼 곳에서 왔다가 타이밍을 맞추어 붙잡지 않으면 빠르게 도망가 버린다는 뜻이다. 그러니 예감이 들면 즉시 붙잡아야 한다. 그렇지 않으면 도망을 가버리기 때문에 영원히 놓치고 마는 것이 찬스이다.

행운 역시 마찬가지다. 행운을 붙잡을 수 있는 기회는 백 번에 한 번 올까 말까 하는 것이기에, 모든 잠재의식과 예감을 총동원해서 결정적인 순간이다 싶으면 곧 붙잡아야 한다. 영감은 혼자 있을 때 얻기 쉽다고 한다. 그러니 항상 행운을 붙잡을 준비를 하고 있어야 한다는 것이다. 찬스이든 행운이든 이것이 중요한 일이다.

행운의 얼굴은 아주 험상궂은 모습을 하고 있을 수도 있기에 분별력이 뛰어나야 하고, 인간의 삶이란 새옹지마(塞翁之馬)라고 하듯이, 나쁜 일만 계속되지 않으며 불운만 반복되는 것도 아니다. 때로는 행운이 지나가고 나면 곧바로 행운이 찾아오는 수도 있다. 정신을 차리고 긴장해야 하는 순간이기도 한 것이다. 삶이란 본래 이렇게 흘러가는 것이다.

그렇다면 지금부터 이 장에서 언급하고자 하는 운명이나 숙명에 대해 살펴보기로 하겠다. 우리 인간은 삶에서 운명을 어떻게 수용하고 살아가야 하는지 하는 것이 중요하지 않을 수 없다. 소나무를 예로 들어보기로 하자. 만약에 한 알의 소나무 씨앗이 바위의 절벽에 떨어져 그 사이에서 싹이 났다면, 그 소나무의 운명은 환경의 영향을 받지 않을 수 없이 왜소하게 자라야 할 것이다. 또 다른 하나의 소나무 씨앗이 산비탈의 기름진 토양 위에 떨어졌다면, 이것은 환경의 영향으로 아름드리나무로 성장할 수 있을 것이다. 불교의 입장에서 보면 그 소나무 씨앗이 바위틈에 떨어지든지, 아니면 기름진 토양 위에 떨어지든지 하는 것은 과거 그 소나무의 업보(業報)에 의한 것으로 본다. 하지만 그 소나무들은 자신에게 주어진 환경에서 최선을 다해 자라야 하며, 삶의 좋은 결실을 얻어내야 하는 것은 틀림없는 삶의 철칙이다. 바위틈에 태어났다고 한탄할 것도 아니고, 기름진 토양에 태어났다고 뽐낼 것도 아니다.

어디에 태어나느냐는 자신이 상관할 바 아니라 절대자에게 맡겨야 하는 것이고, 어떻게 살아가느냐가 자신에게 남겨진 과제인 것이다. 즉 자신은 자신의 위치에서 최선을 다해 살아야만 한다. 바위틈에서 태어나 왜소하게 자랐지만 위대하고 훌륭한 분재감이 될 수 있다면, 그것으로 만족해야 하고, 기름진 땅에서 태어나 좋은 목재감이 되었다면, 그것으로 만족해야 할 따름이다. 이것이 우리의 삶에서 배워야 할 삶의 자세가 아닌가 하고 생각한다.

여기서 중요한 것은 주어진 환경에서 얼마나 어려움을 견디며 자신의 역량을 펼치는가가 바로 우리의 삶에서도 중요한 과제이다. 자신에게 주어진 환경을 탓하기보다는 자신의 운명을 그대로 받아들일 때, 인간은 참된 자기를 찾을 수 있다. 한 인간이 태어날 때 어느 정도 운명이 정해지는 것 같기도 하다. 우선 부모를 잘 만나는 것도 운명이다. 아무래도 운명이 불우하면 삶이 고달프고 불행해진다. 만약에 이 불우한 운명을 딛고 일어서면 인생이 성공적으로 변화될 가능성은 높다. 하지만 쉬운 일이 아니다. 대다수가 불우한 운명에 놓이게 되면, 불행으로 끝날 확률이 높다.

'운명(運命)'의 사전적인 뜻은 '1 앞으로의 존망이나 생사에 관한 처지. 2 인간을 포함한 우주의 일체를 지배한다고 생각되는 필연적이고도 초인간적인 힘'으로 되어 있다. 사전적인 뜻은 그렇지만, 이 운명이라는 것을 철학적으로 살펴볼 때는 '일체의 일은 미리 정해진 필연적인 법칙에 따라 일어난다'는 뜻으로 해석되기도 한다. 여기에는 '앞으로'라는 미래를 가늠하는 성질이 짙다고 할 수 있다.

운명과 유사한 말로 숙명(宿命)이라는 말이 있다. 이 낱말의 뜻은 '태어날 때부터 정해진 운명'이다. 보통 숙명적이라고 할 때 그 의미는 이미 결정된 것이며 체념을 수반하기도 한다. 철학적으로 볼 때 운명과 숙명은 같은 뜻으로 사용되기도 한다. 굳이 그 차이를 논하자면, 운명은 '어떤 직업을 갖고 누구와 결혼하고 어떻게 살 것인가?' 하는 것처럼, 자신에게 있어서 앞으로의 삶의 과정이 정해져 있어서 그대로 진행된다는 의미가 함축되어 있다. 숙명은 '자신의 생일이 정해진 것처럼, 그리고 어떤 부모로부터 태어난 것처럼' 이미 정해져 있기 때문에, 주로 과거의 정해진 성질을 띠고 있다고 하겠다.

다만 숙명이란 자신의 의사와 상관없이 바꿀 수 없는 것이라고 생각된다. 이에 대하여 운명은 앞으로 어떻게 될 것이 정해져 있기에 그대로 진행된다는 뜻이지만, 자신의 의지에 의해서 변경이 어느 정도는 가능할 수 있다는 개연성이 있다. 하지만 숙명은 일체 개인의 의지적인 면이 작용되지 않는, 의지적인 면을 벗어난 것을 말한다고 할 수 있다. 그래서 삶의 진행 과정을 제한한다는 측면에서 운명은 숙명보다 강도 면에서 약한 느낌을 주고, 숙명은 운명에 비해 더 강력하고 깊은 요지부동의 의미로 사용되는 것이다. 즉 피할 수 없는 무언가에 대해 더 강한 인상을 주는 단어가 숙명이라고 할 수 있다.

다른 뜻으로 표현하면, 운(運)은 돌고 돌 수 있지만, 숙(淑)은 머무르는 것을 의미하고 고정된 것을 의미한다. 숙명은 자신의 운명을 바꾸려고 해도 이미 정해져 있기에 피할 수 없이 꼭 만나야 할 운명으로 보아야 한다. 이에 반해 운명은 자신의 의지에 의해 변경이 어느 정도는 가능하다고 본다. 왜냐하면 앞으로의 진행 과정이기 때문이다.

숙명과 운명의 차이점을 굳이 논한다면, 비록 노래 가사이지만 나훈아의 노래 〈내 삶을 눈물로 채워도〉에서 잘 드러난다. 이런 구절이 나온다. "운명이라는 만남도 있지만 숙명이라는 이별도 있지." 그래서 운명이라는 것은 자신의 의지나 노력에 의해 미래를 어느 정도 열어갈 수 있는 문제이지만, 숙명이라는 것은 이미 정해진 것이라서 피할 수 없다는 논리가 적용된다.

『선방일기(禪房日記)』(지허 스님, 2011)에도 숙명과 운명에 대해 언급한 내용이 나온다.

"선객(禪客)은 숙명의 소산이 아니라 운명의 소조(所造)이다. 숙명은 자기 이전에 던져진 의지와 주어진 질서서 생래적으로 어쩔 수 없는 선천적인 사실이지만, 운명은 자기 자신의 의지와 자유로이 선택한 후천적인 현실이다." 숙명은 필연적이지만 운명은 당위이고, 숙명은 불변이지만 운명은 가변이라는 것이다. 숙명이니 운명이니 하는 이 용어를 뜻을 굳이 따진다면 앞에서 설명한 것처럼 풀이할 수 있겠지만, 일반적으로 유사한 용어로 사용되고 있다고 하겠다.

다만 여기서부터는 운명과 숙명을 구분하여 설명해 보겠다. 먼저 운(運)에 대해 그 뜻을 풀이해보고자 한다. 운은 '돌다. 회전하다'의 뜻을 내포하고 있다. 운이라는 것은 어떻게 보면 자연적으로 돌고 돌면서 찾아오는 운이기 때문에, 인위적이라기보다는 자연성이 더 짙다고 볼 수 있다. 인위적으로 좋은 운을 만들려고 해도 쉽게 운을 만나지 못한다. 좋지 못한 운을 피하기도 쉽게 이루어지지 않는다. 그 정도로 운은 인간의 힘으로 바꾸기 힘든 위력을 가지고 있다고 할 수 있다.

그래서 '운(運)'자만 놓고 볼 때, 돌고 도는 운은 나 자신도 모르게 주위를 그냥 맴돌고 있다고도 할 수 있다. 여기서의 운은 좋은 운이든 나쁜 운이든 상관없이 운이면 그렇다고 생각한다. 그러면서도 아이러니컬하게도, 어떻게 보면 나쁜 운이나 좋은 운이나 내가 짓고 내가 받는다는 것과 연관성을 지을 수 있다고도 할 수 있다.

『달라이 라마, 물음에 답하다』(최평규, 2012)에서 〈질문 : 크나큰 공포에 가장 효과적으로 대처하려면 어떻게 하면 좋을까요?〉를 보면 "보통 우리는 운이 좋고 나쁘다는 것 이상의 일은 생각하지 않습니다. 불교에서는 운을 결정하는 원인은 과거의 카르마(Karma, 業), 과거의 행위라고 말합니다. 즉 과거의 선하거나 악한 행위로 말미암아 미래에 받게 되는 응보(應報)라는 것입니다. 큰 공포에 대처하는 하나의 방법은, 두려움이란 과거의 자기 자신의 행위의 결과로서 나타난 것임을 이해하는 것입니다."라고 말한다. 이와 같이 이해한다면 좋은 운을 만들려면, 자비의 마음으로 덕을 쌓아야 한다고 생각하지 않을 수 없다. 이것은 한편으로 불교적 측면에서 그런 당위성을 설명하고 있는 것이다.

하지만 운명 역시 사람에 따라서 수양을 잘해 앞으로 자신에게 닥쳐올 운을 미리 알고 바꿀 수 있는 사람이 있는가 하면, 대부분의 사람들은 앞으로 닥쳐올 운을 숙명처럼 바꿀 수 없는 경우가 많다. 이것이 바로 운명의 속성이라고 생각한다.

인생에서 운명이 바뀌는 것은 늘 한 순간에 결정된다. 물론 모든 사람이 다 그런 것은 아니지만, 어떤 경우의 사람에게는 태어나기 이전부터 자신의 운명은 숙명처럼 정해져 있는 것이나 다름없이 진행된다고 할 수 있다. 우리가 한 번 더 생각해보아야 할 중요한 사항은, 한 사람에게 그 운명이 정해지기 전에, 즉 앞으로의 운명이 바뀌지 않으면 안 될 불행의 요소가 이미 자신의 과거에서부터 싹트고 있었다는 점이다(이것이 유전적인 요소라고 하더라도).

비관적인 태도는 자기 예언대로 성취되는 경향이 있다고 한다. 이 말을 다시 한 번 풀이해보면, 자신은 잘 모르지만 비관적인 태도가 습관이 되어 앞으로 다가오는 운을 나쁘게 인도할 수 있다는 의미일 것이다. 그래서 이 불행의 요소를 제거하는 것이 좋지 못한 운명을 바꾸게 되는 것이다.

이번에는 숙명은 어떠한 뜻을 지니고 있는가?

『사기열전』(사마천, 2009)에서 보면 "염경(冉耕)은 자(字)가 백우(伯牛)이다. 공자는 그의 덕행을 칭찬했다."라는 구절이 나온다. 그리고 백우가 문둥병에 걸렸을 때 공자는 문병을 갔다가 창문을 사이에 두고 손을 잡으며 탄식했다. "하늘의 운명이구나! 이 사람이 이런 몹쓸 병에 걸리다니, 운명이구나!"라고 한탄한다. 여기서의 운명은 숙명의 뜻이 더 짙게 깔려 있다고 생각된다.

앞에서도 언급했지만, 숙명은 태어날 때부터 이미 정해진 것이라서 피할 수 없다는 논리가 적용된다. 아무리 인간으로서 노력을 다한다고 하더라도, 정해진 운명이기 때문에 하는 수 없이 자신의 처지를 수용해야 한다. 즉 숙명이란 아무리 피하려고 해도 피할 수 없는 것을 의미한다. 아무리 조심한다고 해도 자신에게 닥쳐올 것은 반드시 오고, 오지 아니할 것은 아무리 오라고 해도 안 온다는 뜻이다. 이 불운인 숙명을 수용하고, 이 처지에서 다시 개척하며 살아야 하는 것이 도리에 맞는 삶의 철칙인 것이다. 삶은 항상 괴로움과 함께한다는 논리가 있게 된다.

인간의 삶이란 자신에게 주어진 숙명을 개척하지 않으면 안 된다. 예를 들면 어떤 사람이 태어나면서부터 장애자로 태어났다면, 불교의 측면에서 그것은 전생(前生)의 업(業)에서 찾고 풀려고 할 것이다. 그렇지 않으면 아무리 생각해도 달리 도리가 없기 때문이다. 때로는 흘러가는 인생의 강물을 저지하는 것이 불가능할 때도 있는 것이다. 하지만 살아야만 하기 때문에, 이때는 불가피하게 자신의 숙명을 수용하고 새롭게 삶을 개척하지 않으면 안 된다는 결론에 이른다. 이것이 자신의 숙명을 개척하는 것이다.

숙명은 이미 정해져 있는 운명이기에 그 사람에게 어떤 형태와 방법으로 나타나느냐 하면, 자신의 힘으로 통제하고 조절할 수 없는 상황으로 전개된다는 것을 알아야 한다. 한 가지 예를 더 든다면, 어떤 배가 한 치 앞을 내다볼 수 없는 어둡고 허허망망(虛虛茫茫)한 대해(大海)를 항해해야 하는 피할 수 없는 숙명에 놓이게 된다면, 우리는 어떤 방법을 사용해서라도 안전한 뭍에 이르도록 그 바다를 건너야 한다. 그런 과제가 자신에게 주어지는 것이다.

여기서 배가 어둡고 허허망망한 대해에 던져진 것은 숙명이고, 안전한 뭍에 이르도록 그 바다를 건너야 하는 것은 개척을 의미하는 것이다. 이것을 우리는 숙명의 개척이라고 할 수 있다.

앞에서는 운명과 숙명의 차이점을 살펴보았는데 또다시 여기서는 성질 면에서 운명에 관여하게 되는 요인들을 공식을 통하여 살펴보기로 하겠다. 운명=대상(사물이나 인간을 포함)×성격×시기(時期)×깨달음 정도×기타 불식적(不識的) 원인 등에 의해 발생하는 것으로 생각된다. 여기서 대상은 사람일 수도 있고 사물일 수도 있으며, 성격은 운명에게 영향을 주는 본인의 특질이나 결함이며, 시간은 그 운명이 일어나는 시기를 뜻한다. 깨달음 정도는 운명을 당하는 본인의 수양 정도이다. 불식적 원인은 운명이 일어나는 원인을 알 수 없는 묘한 현상이다. 이와 같이 운명을 결정하는 원인은 많은 요인이 작용해 복잡한 가운데 일어날 수 있는 것이다.

이와 같은 운명을 사전에 좋은 방향으로 바꾸기 위해서는 다음과 같은 요인들을 변화시켜야 할 것으로 본다.

첫째, 위험의 대상인 인간이나 사물을 피해야만 한다. 예를 든다면 자신에게 피해를 줄 수 있는 사람이든지, 아니면 자신에게 위험을 안겨다줄 수 있는 사물이라면 피해야만 자신이 안전할 수 있게 된다. 사람을 만나는 것이든, 사물을 접하든 것이든, 분별력을 갖추고 근신하고 조심하지 않으면 안 된다.

둘째, 성격이다. 『정신현상학 1』(G.W.F 헤겔, 2005)을 보면 "운명이라는 것은 특정한 개인이 애초에 내면적인 근원적 성격으로 지니고 있던 것이 겉으로 드러난 것에 지나지 않기 때문이다."라고 설명하고 있다. 이와 관련해서 생각해볼 때 운명은 본래 자신에게 내재해 있는 성격이 외부로 발현되는 과정에서 일어나게 되니, 평소에 자신의 좋지 못한 성격을 고치는 것이 자신의 운명을 변화시키는 길이다.

셋째, 시기(時期)에 대해서도 생각해보아야 할 것이다. 이것은 애매모호한 삶의 문제가 아닐 수 없다. 여기서 시기라는 것이 우연성인지 아니면 고의성(故意性)인지 모르지만, 어떤 사건이 발생하는 데 가장 적합한 시각(the time)이 주어져서 운명을 형성하게 하는 동기가 된다. 여기서의 때(시간)와 사건 발생의 동일성은 우리가 인지할 수 없는 인연설(因緣說)에 의한 것일 수도 있겠지만, 또한 기후에 속한 바람처럼 아주 우연적인, 즉 자연의 흐름에서 오는 것일 수도 있으며, 인간의 조작에 의해서 만들어진 인위적인 것일 수도 있을 것이다. 결론적으로 말하면, 이 시운(時運)이 관여되어 예기치 못한 불상사(不祥事)가 일어날 수도 있다. 이와 같은 인연은 어떻게 보면 습관화된 습성(習性)에 의해 만나게 되는 경우도 있는데, 여기에 자연적인 흐름(시기)이 관여해 운명을 형성하는 예가 여기에 속하지 않을까 생각해본다. 예를 들어 우연히 길을 가다가 집을 짓는 공사장에서 간판이 떨어져 생명을 잃는 경우를 떠올려볼 수 있을 것이다.

넷째, 깨달음 정도이다. 여기에는 무지(無知), 부주의와 사회악, 과욕 등도 포함되리라 생각한다. 사람이 살아가면서 배우지 못해 지식(knowledge)이 부족하다든지, 지혜(wisdom)가 모자라면 옳은 삶의 길이 있고 방법이 있는데도 그 길과 방법을 찾지 못해 미궁(迷宮)을 헤매게 되며 잘못된 길을 걷게 되는 경우가 있다. 이런 경우가 앞에서 거론한 부주의에 의한 것이든지, 어떤 좋지 못한 환경적인 요소로 사회악으로부터 피해를 입는다든지, 지나친 과욕에 의해 분수를 지키지 못하고 몸을 다치게 된다든지 하는 것 등은 깨달음 정도에 따라 차이가 있을 것으로 본다. 이 얼마나 불행하고 슬픈 일이겠는가?

우리는 삶에서 이런 오류를 밟는 경우가 흔히 있다. 하나의 예를 든다면, 어떤 질병에 걸렸을 때 그 증상을 보면 확실한 병명이 나타나는데도, 의학적 지식이 없어서 그 병과 연관성을 찾지 못한 채 늦게 병원에 가서 귀중한 생명을 잃는 경우를 들 수 있을 것이다. 그러니 열심히 배워서 많이 알아야 한다. 자신의 삶에 대해 지혜롭게 대처하고 지식을 넓게 형성해 가지 않으면 안 된다.

다섯째, 불식적 원인이다. 불식적 원인은 유전성은 제외하고라도, 인간으로서 여간 주의하고 살피더라도 알 수 없는 원인에 의해서 일어나는 피하기 어려운 요소를 말한다. 어쩔 수 없이 당해야 하는 일들로 풀이할 수 있을 것이다.

앞의 부분들을 요약한다면, 앞에서 기술한 운명을 짓게 하는 기본 공식을 사전에 인식하고, 인간을 포함한 대상과 성격 등의 요인을 파악해서, 사전에 위험을 피할 수 있는 예방 방법을 강구해야 한다. 이것이 좋지 못한 운명을 변화시킬 수 있는 방법이 아닌가 하고 생각한다. 하지만 운명에 대해서도 나쁜 불운을 모두 피할 수는 없다고 할 수 있겠지만, 좋지 못한 운명을 바꾸어 불행한 길을 예방한 예는 많이 있다고 본다.

앞의 운명과 관련하여 이번에는 숙명에 대한 성질을 살펴보고 삶의 방향을 논해보기로 하자. 숙명은 앞의 운명과는 성질 면에서 다르기 때문에 피할 수 없는 것다. 운명과 다른 숙명에 처한 사람은 현재 주어진 처지를 자신의 역량으로는 도저히 숙명이 오기 전 모습으로 좋게 되돌릴 수 없다. 하지만 숙명적인 경우라고 하더라도 사람과 정도에 따라서는 그 숙명을 수용하고, 그 처지에서 삶을 새롭게 개척한 예는 얼마든지 있다. 즉 수양을 통해서 마음을 바꾸고 태도를 바꾸어 자기에게 닥친 숙명을 받아들이고, 이 시점에서 삶을 새롭게 개척하며 살아가게 되는 것이다. 그러나 이것과는 반대로 세상에는 많은 사람들이 자기의 숙명을 개척하지 못하고 불행한 인생으로 끝나는 경우도 많다.

문제는 숙명을 어떻게 개척할 것인가? 실로 이 문제는 중요하지 않을 수 없다. 앞에서도 언급했지만, 숙명이란 피할 수 없는 것이고 보면 반드시 자신이 받아야 한다. 그리고 새롭게 출발해야 한다. 성경의 입장에서처럼 부활(復活)을 의미한다. 숙명은 피할 수 없는 것으로 본인이 받아야 하기 때문에, 새롭게 출발하기 위한 부활을 시도하지 않으면 안 된다.

일단은 현재 숙명이라고 할 수 있는 장애적인 요소의 흐름을 차단해야 한다. 즉 그 장애 요소로 작용하는 고통이라는 의식의 흐름을 끊어야 한다. 장애 요소의 원인을 분석하고 대책을 논하기 이전에, 고통이라는 의식의 흐름을 완전히 끊어야 하는데, 이점이 쉬운 일이 아니다. 다만 오래 참고 견디며 새로운 삶을 모색해야 한다. 오랜 기간 참고 참으며 새로운 삶을 시도하면 새로운 삶의 길이 싹트게 될 것이다. 이것이 즉 부활이라고 보며, 숙명을 개척하는 길이다.

이때 새로운 길이란 숙명의 괴로운 상태에서 벗어나 완전히 새로운 세상을 맞이하도록 오랜 기간의 과도기라고 하는 슬픔의 계절을 지나야 한다. 그렇게 함으로써 새로운 삶의 길이라고 하는 창의적인 의식이 잉태되는 것이다. 이 잉태 기간이 충분히 유지될 수 있도록 시간을 확보하는 것이 중요하다. 즉 이런 시간들을 일회성으로 끝나는 것이 아니고 수차례 오랫동안 지속함으로써, 적응할 것은 적응하게 되고 망각할 것은 망각하게 되며, 분명하고 뚜렷한 새로운 길이 열리게 되는 것이다. 이 새로운 길이란 자기에게 주어진 억울한 우환을 광명으로, 슬픔을 행운으로 변화시키게 하는 것이며, 자신 안에 잠들어 있는 우주적인 영혼을 깨우는 것이다.

대체적으로 일반 사람들은 한때 운이 안 좋아서 좋지 않은 일이 발생했다고 이야기들을 한다. 하지만 알고 보면 정작 어떤 모순과 갈등을 일으킨 외부적인 조건이 발생한 데다가, 그 와중에 자신의 내부적인 무모함과 정제(整齊)되지 못한 성격적인 씨앗이 행위를 일으키게 되면, 그 시기가 우연적으로 마주쳐 좋지 못한 운명을 만나게 될 수도 있을 것으로 본다. 사람이 살아가면서 정작 중요한 것은 항상 자기 마음을 평정히 해야 한다는 것이다. 또한 부모의 운(destiny)이 자식에게도, 자식의 운이 부모에게도, 남편의 운이 아내에게도 이전(transfer)될 수도 있다.

또 인상(impression)을 바꾸어 긍정적이고 밝게 살아가야 한다. 적의감(敵意感)을 없애고, 자신의 마음 상태를 선(善)으로 유지하며, 덕을 쌓아 도(道)를 행하며 살아가야 할 것이다. 하지만 평범한 범인들이 이런 예지력(叡智力)이나 영적인 계시를 얻기란 쉽지 않다. 그래서 수행자는 모름지기 기도, 정진(精進)하면서 하루를 살아간다.

분수(one's lot)를 알라고 하는 것은 현재의 조건과 상황을 보라는 것이다. 즉 기쁨, 감사, 중용(中庸)으로 매일매일 이렇게 행하면서, 습관적으로 밀려오는 부정적인 생각을 없애는 것. 이것이 바로 우리가 날마다 행해야 할 자세가 아닌가 생각한다. 쉬지 않고 기도하고, 범사에 감사하고 찬양하는 것. 이런 서원(誓願)으로 가슴 깊이

묵상(墨床)하여 과거의 온갖 어두움으로부터 저 찬란한 빛으로 나아가야 한다.

6장

왜
지성적·인격적인 삶을 살아야
하는가?

1.
이성적인 인간으로 살아야 한다

　우리가 흔히 말하기를 인간은 이성(理性)을 가진 동물이라고 지칭하면서 사람을 일반 동물과 구분한다. 이성이란 인간의 의식 작용에서 싹트기 시작한다. 의식 작용은 1차적으로 우주의 이법(理法)에서 유래되었다고 볼 수 있다. 이성은 자율의 바탕 위에서 생존해야 한다. 이성의 힘으로 이치를 깨달을 수 있으며, 이것은 곧 궁극적으로 올바른 삶의 과정이 된다. 이성은 옳게 판단하고 진위(眞僞), 선악(善惡), 미추(美醜)를 식별한다. 이와 같이 이성적인 작용의 행위인가를 가지고 인간을 동물과 구분하게 되는 것이다. 인간은 살아가면서 이성의 판단에 의해서 자율적으로 살아가기 때문에, 또한 이것만큼 중요한 것도 없다. 그래서 인간이라면 이성을 떠나서 살아갈 수가 없다.

　『몽테뉴 수상록』(몽테뉴, 2015)에서 보면 "이성은 오로지 우리의 만족만을 목표로 한다. 성서에서 말한 바와 같이, 이성의 노력은 결국 우리에게 편안히 살게 하는 길을 찾아주는 일이라야 한다."라고 기록하고 있다. 여기서 말하는 이성은 개인은 말할 것도 없거니와, 인류와 우주 전체에도 적용할 수 있는 말이다.

인간에게 이성이라는 지각이 열려 있지 않다면 자연과 만물은 파괴되고 모든 인류가 참다운 삶을 살아갈 수 없을 것이다. 이 정도로 인간에게 이성의 중요성은 크다고 하겠다.

이성(理性)은 본래 'Logs'라는 고대 그리스 철학이나 신학 용어에서 그 유래를 찾아볼 수 있다. Logs는 사물의 존재를 한정하는 보편적인 법칙, 행위가 따라야 하는 준칙, 이 법칙과 준칙을 인식하고 이를 따르는 분별과 이성(理性)을 뜻한다. 즉 철학적으로 말할 때는 "우주만물의 변화·유전(流轉)하는 동안에 존재하는 조화·질서의 근본 원리로서의 이법(理法)'이다. 여기서 이법은 원리와 법칙을 말한다. 즉 우주의 존재와 기능에 따른 조화·질서의 근본 법칙을 말하는 것이다. 이때 여기서 나오는 이성(理性)을 사전적인 뜻으로 볼 때 '사물의 이치를 논리적으로 생각하고 판단하는 능력'이다. 이 정도로 이성은 인간적인 삶에 중요한 의미를 부여한다. 다만 철학적으로 우주를 인간에 비유한다면, 생명의 근본 원리에 따른 자율적 의지라고 말할 수 있을 것이다.

칸트는 이성에 관해서 언급하면서 정언의무(定言義務)로서 자율, 도덕, 이성(理性)을 강조한다. "내 의지(Will)가 자율적으로 결정될 때만, 내 의지가 내가 나에게 부여한 법칙에 지배될 때에만 나는 자유롭다. 그러면 우리의 행동을 지배하는 법칙은 어디에서 오는가? 이성(理性)이다."라고 그 뜻을 정리한다. 우리의 행동에는 반드시 도덕적인 가치가 부여되지 않으면 동물과 다른 점이 없게 된다. 인간이라면 가장 중요한 가치 관념으로서 자율, 도덕, 이성을 논하지 않을 수 없다. 참다운 '선의지(善意志)'를 가진 인간이라면 자유, 도덕,

이성을 가장 귀한 가치 관념으로 정하고 따라야 한다는 것이다. 이 것은 칸트의 정언의무의 측면으로서도 마땅히 지켜야 하는 도리로 본다. 그러므로 반드시 인간이라면 이성에 따르면서, 즉 이성의 지 배하에 자신의 마음을 통제해야 한다는 것이 또한 칸트의 정언의무 (定言義務)이다.

이성으로 무엇을 통제할 것인가? 육체에서 오는 본능적 욕망을 억제하는 것이다. 왜냐하면 욕망을 억제하지 못하면 일반적으로 말하는 동물로(이성적인 인간과 구분해) 추락하기 때문이다. 물론 인 간도 동물의 범주에 포함되기 때문에 동물적 욕망을 완전히 없앨 수 없다. 도덕이 거론되면서 도덕적인 범위 내에서 본능적 욕망을 충족하도록 하는 것을 전제로 하지 않으면 안 된다. 인간이라면 얼 마나 이성적인 행동을 하느냐가 성숙의 척도를 가늠하는 것으로 규정하고 있다.

하지만 여기서 문제가 되는 것은 이성이 본능적 욕망을 완전히 제어하여 자신의 행동을 통제하게 되면, 인간이 그렇게도 열망하 는 즐거움의 충족과는 거리가 다소 멀어지게 되지 않을까 염려되는 부분이기도 하다. 인간은 이성적인 동물인 동시에 본능적인 욕망을 충족하며 살아가야 하는 육체를 지닌 인간이라는 점에서 그렇다. 신은 인간에게 이런 이율배반적인 과제를 부여해놓고, 인간 스스로 가 이 문제를 민감하게, 그리고 아주 섬세하게 경계를 유지하며 취 사 선택하도록 자율을 부여해놓았다. 여기에서 인간은 삶의 이중 적인 문제라는 어려움에 봉착한다. 이 어려움을 풀어나가기 위해서 양심이니 도덕이니 지성이니 지혜니 인격이 필요하게 되는 것이다. 그리고 마지막에는 이성이 존재하도록 신은 인간을 창조했다.

이와 관련하여 인간은 이성을 가졌다고 하면서도, 이에 반하는 행동을 하는 것은 무엇 때문인가? 인간의 가치는 일반 동물과 달리 사물을 올바르게 판단할 수 있는 능력을 갖추었다고 할 수 있는데도, 이에 반해 이성을 올바르게 사용하지 않고 있다는 점이다. 이점은 언젠가는 신으로부터 외면당하게 되고, 끝내 인간이 스스로 이성을 올바르게 사용하지 않는다면 자연으로부터 오는 재앙을 면치 못하게 될 것이다.

나는 한시라도 이점에 대해 잊어본 적이 없다. 무엇이냐 하면 나름대로 지성을 갖추고 인격자라고 자칭하는 사람들조차도 언제나 원칙을 무시하고 비원칙을 내세우고 있다는 점이다. 아니, 따르며 추종하는 것이 아니고, 선두에 나서서 선동한다는 것이다. 현재 이 국가나 사회를 보면 마땅히 주요한 부서에서 막중한 책임을 갖고 업무를 추진하는 사람들이 원칙을 배제하고 비원칙을 내세워 패거리를 만들고, 원칙적이며 바르게 생각하고 행동하는 사람을 매도(罵倒)하는가 하면, 자신들의 무리나 그룹에서 추축하려는 움직임이 사회 전반에서 일어나고 있는 실정이다. 오히려 착한 사람을 고지식하다느니 병신 취급하는 사회가 오늘날 우리가 살고 있는 사회인 것이다. 그런 일이 이 땅에서 버젓이 활개를 치며 뿌리 내리고 있다는 점이다. 이것이 바로 오늘날 우리 사회의 병폐이다.

이 병폐를 누가 바르게 이끌어줄 것인가? 이것은 이성을 가졌다고 하는 인간 스스로가 올바른 이성에 눈을 뜨고 병적현상을 물리쳐야 할 것이다. 아니면 인간은 이성적인 동물이라고 말할 수 없다. 이와 관련해 한 가지 예를 들어보기로 하겠다.

이성이라는 것은 결국은 자연의 섭리, 즉 도(道)와 무관하지 않다. 자연의 섭리란 봄, 여름, 가을, 겨울로 계절이 바뀌는 것이다. 그런데 원칙이 아닌 비원칙대로 한다면, 가을, 여름, 봄, 겨울이 와도 된다는 뜻이 된다. 즉 자연의 섭리인 계절의 순번이 바뀔 수 있다는 것을 말한다. 이렇게 하고는 자신이 이성을 가진 거룩한 인간이라고 우겨야 할 것인지 반문하지 않을 수 없다. 만약에 꼭 비원칙을 내세운다면 앞으로의 이 나라 이 사회는 그래도 정상적으로 전진하며 창진적으로 발전하게 될 수 있을 것인지 의문이 간다.

이것뿐인가? 인간의 사치와 허영은 어떤가? 한 남성과 어떤 한 여성을 보라. 주머니에 주워담은 조그마한 지성 위에 사치(奢侈)로써 완벽한 외모로 치장하고 스스로 최고의 멋을 내고는, 자신보다 못하다고 판단되는 사람들 앞에 온갖 오만과 불손으로 교태를 부리는 장면을 연상해보아라. 오직 어쩌다가 부모의 유산으로 임대사업을 하면서 남보다 좋은 운을 차지하고는, 이것이 전부인 양 껍데기에 불과한 아름다움을 생명처럼 무장한 그 사나이와 아리따운 여인 앞에 누가 그들을 우러러보며 존숭의 눈초리를 보낼 것인가? 여기에 굴복하는 사람을 진정한 이성을 가진 인간이라고 말할 수 있겠는가?

겉으로 보기에는 제법 몸매도 날씬하고 얼굴의 주요 부위도 균형을 이루어 스스로도 잘났다고 인정하는 50대 후반의 남자. 눈썹은 쌍꺼풀을 하고 살그머니 내리까는 눈웃음을 짓고는 다리를 약간 비틀면서 손가락을 살뿐이 움직이며 멋을 내고는, 흔들며 걷는 모습을 나는 보아왔다. 옆에는 나름대로 최고의 아름다움으로 치장을 하고는 제법 아름다운 목소리로 지성인인 양 애교를 부리며 상냥한 미소를 보내는 여인을 대동한 한 남자를 말이다. 그분들을 속속들이 잘 모르는 낯선 사람이라면 대단히 고매한 지성과 인격을 소유한 사람으로 우러러보겠지만, 사실을 알고 보면 속이 비어 있는, 허영과 욕망으로 얼룩진 평범하지도 못한 허울뿐인 사람이라는 것을 발견하게 된다.

만약에 이 사회가 이런 인간들로 모두 채워져 있다면 어떻게 될 것인가? 온 세상이 사치와 허영으로 위장된 채 살아가는 사람으로 구성되어 있다면 말이다. 이분들의 실체를 보면 떳떳하게 자신의 피나는 노력의 결과로 얻은 직업이 아닌, 남의 힘을 빌려 행운을 얻고는 한평생을 아주 무임승차해 가볍고 쉽게 살아가면서 자신만이 특권을 누리면서 잘난 체 멋을 부리며 살아가고 있다는 점이다. 이들이 갖는 심각한 문제는 성실성의 결여, 진실한 노동의 대가를 외면한 채 안일하게 살아가고 있다는 점이다. 만약에 이런 사람들처럼 살아간다면 누가 더운 여름철에 구슬땀을 흘리며, 추운 겨울철에 코 눈물을 훔치며 노동 현장에서 어렵게 살아가겠는가?

달리 생각하면 그들은 그들 나름대로 행운을 누릴 전생의 업보로 어떤 자격을 부여 받고 태어났다고 할 수 있을 것이다. 그러나 세상의 공평성에 의문을 제기하지 않으면 안 될 문제이기도 하다. 여기서 이성을 한 개인이 자신의 삶을 유용하게 사용하는 데 사용되는 것이라고 한정한다면 말할 것조차 없다. 하지만 더 크게 보았을 때, 우주적 이성은 만인의 행복과 인류의 번영을 위해서 사용해야 할 것으로 본다.

여기에서 강조하고 싶은 것은 앞에서 기술한 사람들의 추태를 지적하고 싶어서 그런 것만도 아니다. 진정 이 사회가 이성을 갖춘 인간들의 생활 터전이라고 한다면, 이 땅 위에 한탕주의라든지 성적 쾌락의 남용과 같은 비인격적인 행위가 활개를 쳐서는 절대로 안 된다는 점을 강조하기 위해서이다.

이와 같은 내용과 관련해 생각해보면 『톨스토이 인생론』(톨스토, 2010)에서 "그는 인간이 동물적 본능을 포기하고 이성적인 삶을 발견하면 새로운 삶이 탄생된다."고 표현하기도 한다. 또한 『이성과 기능 The Function of Reason』(화이트헤드, 1998)에서 보면 "이성(理性)은 한마디로 규정한다면, 역사 속의 창진적(創進的) 요소의 자기 규율이라고 말할 수 있을 것이다. 이런 이성의 작용을 떠나서는 이런 창진적 요소는 무정부적 혼돈으로 떨어지게 될 뿐이다."라고 기술하고 있다.

그렇다면 인간의 이성이 우주의 원리를 그대로 반영한 것이라고 할 때, 만약 이성이 기능하지 않는다면 인간 자신의 자기규율이 없게 될 것이고, 인간 사회는 바르게 형성되지 못하고 그야말로 혼돈 상태에 빠질 것이며, 발전도 기할 수 없을 것이다.

이성(reason), 정신(spirit), 의식(consciousness)은 어떻게 구분해야 하는가? 그 사전적인 의미는 어떤가? 이성은 앞에서 설명했듯이 "사물의 이치를 논리적으로 생각하고 판단하는 능력"이니 쉽게 구분된다. 정신은 어떤 의미를 지니는가? 정신의 뜻은 "사람의 뇌의 활동에 의해 일어나는 고차원적 관념이나 사고의 작용 또는 영역"으로 되어 있다. 의식은 어떤가? "(어떤 일, 현상, 대상 등에) 생각이 미치어 대상으로서 알거나 깨닫거나 느끼는 것"으로 되어 있다. 의식은 '사람이 깨어 있을 때 알고 있는, 자각하고 있는 상태'를 의미한다. 정신은 사람이 의식이 있는 상태에서 더 나아가 고차원적인 생각을 할 수 있는 상태를 의미하는 것으로 생각된다.

인간 생활은 이성적인 의식이 생겼을 때부터 시작되는 것이기 때문에, 의식이 있는 상태에서 이성의 지배를 받을 때 가능하다. 이성은 선과 악, 옳고 그름을 주로 판단 내릴 때 사용되지만, 정신은 물론 모든 것을 관장한다고 볼 수 있을 것이다. 정신이 자신의 기능을 잘 수행할 수 있다는 것은 유리알처럼 투명한 상태를 유지하는 것을 의미하기도 한다. 정신이 그렇게 작용하면 이성은 정신의 바탕 위에서 더 한 발 짝 나아가 참다운 눈으로 더 멀리 똑바르게 사물을 관찰하여 선과 악 등을 구별해볼 수 있게 한다.

어떻게 보면 정신과 이성은 동류의 개념으로 볼 수 있지만 인간의 양심, 즉 도덕적인 선과 악의 개념에서 보면 이성이 가장 가치적인 면에서 우위를 차지해야 한다고 볼 수 있을 것이다. 하지만 이성은 정신의 힘을 얻어야 되고 정신은 의식의 바탕 위에서만 그 기능이 가능하다. 의식, 정신, 이성은 같은 영역 안에 같이 존재한다고 볼 수 있다. 다만 의식이 본바탕을 이루고, 그 바탕 위에 정신과 이성은 각자 존재할 수도 있으나, 어떻게 생각해보면 이성은 또 정신을 바탕으로 자신의 기능을 더 잘 수행할 수 있다고 본다. 여기서 의식은 인간은 누구나 정상적으로 태어나면 자연에서 그저 주어진다고 할 수 있으나, 이성과 정신은 의식의 바탕 위에서 내용과 방향이 같을 수도 있고 또 다르게 작용할 수 도 있을 것으로 본다.

그러나 이성과 정신은 인간의 의지로 갈고 닦으며 연마를 하는 형식으로 한층 더 고차원적인 의식의 세계를 깊숙하고도 멀리 같은 방향으로든, 평행하게든, 다른 방향으로든 더 나아가야만 자신들의 지점과 영역에 도달할 수 있을 것이다. 그런 의미에서 인간의 삶에서 중요한 점은 의식의 바탕 위에서 정신과 이성이 더 발전적으로 기능을 수행해야 한다는 점이다. 그렇게 하기 위해서는 우리의 의지로 이들을 연마(研磨)하지 않으면 안 되며, 더욱이 이성이 제대로 기능하기 위해서는 고도의 정신적인 힘을 빌리지 않으면 안될 것이다.

앞에서 기술한 내용은 선험적(先驗的)이고 형이상학적이며 초경험적인 대상에 대해 주관적인 나의 생각을 기술하고 있다는 데 독자들은 이해해 주기 바란다. 이성은 그 자체만으로 더러움이나 악에 물들지 않는다. 다만 지성의 획득 정도에 따라 그 순도(純度)에 차이가 있을 수 있다. 이성의 개념인 그 자체만은 불순물이 들어 있지 않은 순수함을 유지한다. 영혼이라는 그릇에 의식이 담겨져 있고, 의식의 바탕 위에 정신과 이성은 함께 존재하는데, 이성의 빛이 맑고 밝게 빛을 발하려면 정신의 힘을 이용해야 할 것이다. 이성의 빛이 약하면 선, 즉 도덕 실현이 미미하게 작용할 것으로 생각된다. 이성이 빛을 강하게 발하기 위해서는 또한 영혼과 정신(여기서 영혼과 정신은 같은 개념일 수 있다)이 맑게 유지되어야 한다. 이성의 빛이 강하고 맑아야 그 기능을 다할 수 있을 것이다.

이성을 성리학 측면에 보면 '이(理)'와 가까운 기능을 한다고 생각하며, 정신은 '기(氣)'와 가까운 기능을 수행한다고 생각된다. 정신은 선과 악함을 행하는 데 어느 곳에서나 사용하지 않으면 안 되지만, 이성은 오직 선을 행하기 위해만 사용할 수 있는 것이 이성의 본 기능이라고 할 수 있다. 그리고 육체가 자기의 욕심을 키우게 되면 이성은 그 기능을 수행하기 힘들어지고, 육체가 자신의 욕심을 줄이게 되면 이성은 그 기능을 수행하기 용이해질 것이다.

이성은 영과 육이 합덕(合德)될 때 가장 그 기능을 높일 수 있다고 생각한다. 왜냐하면 마음이 고요하면서 정신이 맑게 유지되기 때문이다. 이성은 언제나 쾌락, 탐욕, 화(anger) 등 악과 경쟁을 벌여서 맞서게 된다. 우리가 정신 수양을 하는 의미는 수없이 혼란한 감정들로부터 정신의 산만함을 줄이기 위해서이며, 나쁜 생각의 정체를 밝히는 것보다는 혼란스러운 감정을 해소하고 소멸시키는 데 있다. 그렇게 하기 위해 가능한 한 생각의 흐름을 중단시킴으로써 이 기능이 가능해진다고 볼 수 있다. 그 결과 생각의 흐름을 통제하고 조절하며 의도적으로 중단할 힘만 있다면, 양심적이고 선한 사람이 되어서 이성적인 참다운 인간이 될 수 있을 것으로 생각한다. 만약 혼란스러운 감정을 소멸시키지 못하고 혼돈 속으로 빨려들어갈 경우, 정신 수양은 점점 멀어져 영혼을 맑히는 데 실패할 것이다. 인간이 죽으면 이성은 성리학에서 말하는 이(理)의 세계로, 정신은 기(氣)의 세계로, 육체는 흙으로 돌아갈 것으로 생각된다.

한 번 더 이성의 특질을 살펴보면, 이성은 우리 인간에게 삶의 행위 중에서 가장 가치 있는 기능을 제공해준다. 『이성과 기능 The Function of Reason』(화이트 헤드, 역안자 도올 김용옥, 1998)에 의하면 "이성(Reason)은 인간과 우주를 포함한 상향(上向)의 힘이다. 상향이란 반드시 새로움을 동반한다. 이성이란 새로움을 강조하는 조직이요 기관이요 힘이다. 그것은 추상적 목적의 실현을 가능케 하는 판단을 제공하며, 궁극적으로 그것을 현실로 실현시키는 데까지 나아가게 되는 것이다."라고 기술하고 있다. 어쩌면 이성이야말로 인간이 살아가는 데 있어서 인간으로서의 생명의 기본적인 개념인 영혼을 성장시키는 것이나 다름없는 것이다. 그런가 하면 이성이 맡아서 하는 행위로서는 도덕적 행위를 비롯한 창조력, 비판력, 자신을 언제나 깨어 있도록 하는 각성(覺醒)과 영원히 자신을 발전하며 존재할 수 있도록 하는 향상성(向上性)까지 갖추어야 할 것이다. 이와 같은 특질은 우주 자체가 지닌 신비함과 일맥상통하는 점이다. 우주 자체 역시 하나의 생명체로서 자신을 영원히 발전적으로 존재시키기 위해서 가장 차원 높은 창조력을 가진다. 우주 자체의 생명력 역시 초시간적·초공간적인 특성을 갖고 있다고 볼 수 있으며, 인간에게 부여된 이성 역시 알고 보면 비록 우리 인간의 육체 속에서 한시적으로 머물지만, 육체가 일회성으로 끝난다고 해서 소멸하기보다는 영혼과 같이 존재하며, 또 결국은 우주 속으로 복귀되는 것으로 믿는다.

그렇다면 인간의 이성은 결국 우주의 생명력에서 온, 우주의 생명 현상 그 자체이기도 한 것이다. 우주 자체의 생명 현상이나 인간 내부에 존재하는 이성적 판단은 눈에 보이는 물체가 아닌, 보이지 않는 실체이다. 이와 같이 눈에 보이지 않는 생명 현상만큼 신비스러우면서 영원성을 가지며 무한한 가치성을 지닌 것은 없을 것이다.

데카르트

데카르트는 "모든 사람들이 태어날 때부터 평등하게 갖고 있는 이성 능력을 '양식(良識)' 또는 '자연의 빛'"이라는 말로 표현하고 있다. 즉 이성은 우주의 모든 현상을 비례적, 상대적, 조화적 관점에서 관조(觀照)할 수 있기 때문이다. 이성의 밝음으로 우주 현상을 능히 파악할 수 있다는 뜻이다. 그래서 인간의 이성과 우주의 생명 현상과는 실체적인 면에서 서로 동일성을 보이게 되며, 이성은 우주의 생명 현상에서 비롯된 것으로 볼 수 있다. 이 같은 생명 현상의 흐름을 헤겔에서도 찾아 볼 수 있다. 즉 아낙사고라스(Anaxagoras)의 누스(動因說)설도 그와 같은 맥락인데, 헤겔은 '세계정신'으로 표현하고 있다. 이 말은 "역사는 세계정신의 자기실현 과정으로서, 거기에는 어떤 이성적 원리가 일관되게 흐르고 있다."는 설이다. 이것이 17·18세기 유럽의 지적(知的) 운동으로서, 계몽주의(啓蒙主義) 사상에서 비롯된 것이다. 이 사상은 신·인간·이성·우주 자연 등의 개념을 하나의 세계관으로 통합한 운동이다. 계몽주의 사상의 핵심은 이성 중심이며, 이성의 힘에 의해 인간은 우주를 이해하고 자신의 상황을 개선할 수 있다고 본다. 우리 인간의 위대한 삶은 이성적 인간이 되는 것을 목표로 한다. 왜냐하면 진리에 이르는 길은 인간을 이성적 동물이라는 관점에서 보기 때문이다.

이성(理性)과 관련하여 『성덕도 명심도덕경』에 "天性人也 人性氣也 천성인야 인성기야"라는 말이 있다. 이 말을 풀어보면, 하늘의 성품은 사람이요 사람의 성품은 기운(氣運)이라는 뜻이다. 즉 하나님이 인간에게 동물과 다른 이성을 주면서 만물을 관리하도록 한 것으로 판단된다. 여기서 기운은 이성의 본질을 보유한 정신력이라고 생각된다. 오직 인간이 이성을 가지고 옳게 판단하여 이 세상을 관리해 하나님의 뜻에 따라 살아가도록 한 것 아니겠는가? 이성으로써 인간의 품위와 자존심을 지키게 하고, 동물적인 성질로 전락하는 것을 막아주며, 우주 원리의 뜻에 따르도록 한 것이라고 생각되기 때문이다. 그래서 이성이야말로 우주적인 차원이나 인간의 삶에서 가장 높은 수준의 가치개념으로 보아야 할 것이다.

인간이 살아가야 할 길은 이성적 판단에 의해서만 가능하다. 『톨스토이 인생론』에 의하면, 동물적 이성(理性)이라는 말이 나온다. 인간은 순수이성만으로는 완전히 삶을 행복하게 살아가는 데 모순이 있게 마련이다. 인간은 동물적인 특성을 보유하되, 이성을 갖고 삶을 살아가야 한다는 의미이다. 번식을 위한 성적 행위를 하는 그 순간만은 이성은 자연의 본능에 자리를 양보하지만, 그 외에는 모든 것을 이성의 지시에 따르도록 되어 있다는 것이다.

이성의 근원은 우주에서 유래되었다고 본다. 이성은 우주의 원리나 다름없다. 이성을 인간이 갖추었다는 것은 우리 몸이 우주의 축소판이기 때문이다. 우주상에서의 밝은 신비로움이 인간의 의식에 작용하여 이성으로 작용하게 된 것이다. 이성의 판단은 우주의 관념이며, 이성과 반대되는 개념이 동물적 본능인 욕망이다. 이성은 우주에서 유래되었고, 욕망은 육체에서 온 것이다. 욕망을 멀리하고 이성에 가까이 갈수록 우주 자연의 신명(神明)함과 함께하는 삶으로 풀이된다.

인간이 바라는 이상(理想)은 언제나 이성적 판단이지만, 현실은 욕망에 집착하기 쉽다. 그 양자 사이에 우리 인간의 마음은 존재한다. 이성과 욕망의 경계점이 중요한 의미를 갖는다. 이성과 욕망의 경계선을 잘 지키며 유지해야 하는 것이 인간의 삶에서 주요한 도덕적 기준이 된다. 의식은 생명이 있으면 마땅히 그 생명 속에 주어진다고 하더라도, 그 의식 속에 존재하는 이성에는 우주 자연의 정신이면서 발전적으로 변할 수 있는 창조력이 존재한다는 것이 우주와 인간이 동일한 원리로 작용한다는 것을 의미한다. 우주원리와 같은 작용을 하면서 우주를 대변하도록 우주의 밝은 신명(神明)께서 인간에게 부여한 유일한 창의적인 정신이 이성이기 때문이다.

인간의 정신에 있는 이성은 우주의 신명함이라는 실체와 동일한 작용을 하게 된다. 이와 같은 의미가 없다면 우주와 인간은 무질서와 혼돈에서 벗어날 수 없을 것이다. 우주의 신명함은 인간에게 우주에서 유래된 이성을 주었고, 우리 인간은 또한 이 우주에서 온 이성의 지시와 판단 아래 자신의 행위를 하게 된다. 그러므로 인간은 우주적인 신명함을 경건히 받들고 따라야 하는 것이다.

우주의 원리와 우주에서 유래된 인간의 이성은 우주를 운행하고 인간을 존속시켜온 근본이다. 우주의 신명함과 함께 인간을 이끌어온 이성은 근본적으로 동일한 관계에 있다고 하겠다. 인간이 죽어서 안전하게 우주에 복귀되어 안착하기 위해서는 자기의 이성을 삶의 생명으로 받들어 기능해야 가능하다고 본다.

이성이 존재토록 하고 있는 영혼을 잘 가꾸어야 한다는 의미도 도출할 수 있다. 이성은 영혼의 중심에 있으며 언제나 탐욕을 경계한다. 이점이 바로 탐욕이 가장 두려워하는 부분이며, 이성의 칼날이라고 볼 수 있다. 인간의 마지막 보루가 도덕정신인데, 이것이 이성의 본질이나 다름없는 것이다. 인간 사회에서 재판장인 판사의 판결은 이성적 판단일 경우 가장 옳은 판단이 될 수 있다고 본다. 또한 이성과 공존할 수 없는 것이 감정이다. 감정 역시 동물적인 개념이다. 동물이 본능의 지배를 받아 행동하는 동안 육체적인 생리에 이끌리고 환경에 영향을 받으면, 감정이 생겨나게 된다고 할 수 있다.

이성과 성적 개념은 어떤 상관관계가 있는가? 이성이 성적 욕망 앞에 한 걸음 양보할 때가 있다. 성적 욕망이 번식을 목적을 한 경우에 살며시 못 본 체 눈을 감는다. 다만 비도덕적으로 육체적인 성적 쾌락을 목적으로 할 때는 무서운 칼날을 내민다. 육체적인 반인륜적 성적 쾌락은 이성이 인정할 수 없다는 의미로 간주된다. 즉 육체적인 쾌락은 이성의 입장에서 수치(羞恥)와 불안이라는 관념을 가지고 있다고 할 수 있다.

왜 수치요 불안이라는 관념이 무질서한 쾌락을 인정할 수 없는가? 그것은 이성의 감시를 받기 때문이다. 이성은 영적이며 도덕적이기 때문이다. 다만 대(代)를 이어가고 도(道)에 반하지 않기 위해서는, 이성 역시 어쩔 수 없이 성적 욕망을 받아들여야 한다는 결론에 이른다. 그래서 이성이 우주만물을 지배한다는 것이다. 이성은 인류와 우주가 동일한 목적에서 운행하기 위한 신의 의지와도 같다.

그렇다면 이성(理性)의 소임(所任)은 무엇인가?

첫째, 인간의 도리를 벗어나는 욕망에 이끌릴 때 이성의 힘으로 제어해야 한다. 이성은 양심과 도덕심으로서 인간의 도리(道理)를 지킨다. 죄를 짓는 것을 이성이 맡아서 관리해야 할 것이다. 어떻게 행한 것을 죄라고 하는가? 죄의 사전적 의미는 '도리에 벗어난 악행(惡行)이나 악사(惡事)'를 의미한다. 이런 죄에 해당하지 않도록 사전에 예방하고 방지하는 일을 이성(理性)이 감당해야 한다. 이성이 이 일을 감당하지 못할 때 인간으로서 행하면 안 될 죄라는 행위를 하게 되는 것이다.

이것은 천지자연(天地自然)의 신명께서 인간에게 이성으로 하여금 맡아서 죄를 범하지 않도록 한 명령이나 다름없다. 즉 천지신명께서 자신의 뜻을 인간에게 부여함으로써 인간이 만물의 영장인 구실로 소임을 다하도록 이성을 부여한 것이기 때문이다. 그래서 우주 자연의 신명께서 죄를 짓지 못하도록 하는 것은 이 땅에서 만물이 번성하며 공평하게 살아가기를 의도하는 바인데, 이것을 역행(逆行)하지 못하도록 하기 위해 인간에게 이성을 준 것이다. 이는 우주의 신명함을 인간의 이성으로 대행(代行)하게 하는 과정이라고 생각한다.

그런데 그 이성의 작용을 소홀히 한다는 것은 신의 명령을 거역하고 인간의 도리를 포기하도록 하여, 인간으로서의 자격을 상실하게 함으로써 동물의 경지(境地)로 추락시키는 계기가 되는 것이다. 그러니 결국 인간이 죄에 해당하는 악행과 악사를 행하지 않도록 예방하기 위해 우주 자연의 신명함이 인간에서 이성으로 하여금 다스리게 한 것이다.

둘째, 이성의 또 다른 소임(所任)은 우주 자연의 신명함과 같이, 인간을 비롯한 만물을 스스로 영원히 발전하고 번성하도록 하는 긍정적이고 적극적인 창조 행위를 하도록 제도(制度)하고 있다는 것이다. 인간은 살생(殺生)하지 말고, 만물을 잘 길러서 번성하도록 하며, 자연의 환경을 그대로 보존하여 훼손해서는 안 된다는 의미를 부여한다. 자연을 보호하고 만물을 번성하게 하여 날로 발전시키는 창조 행위는 이성이 맡아서 행할 일이다. 여기에는 조화, 사랑, 선행, 덕행, 화합, 평화, 자유, 진리, 정의와 같은 개념들이 이성의 기능으로 작용하게 되는 것이다.

이성에 따르고자 하는 자는 위와 같은 구성 개념을 삶의 철학으로 받들고 행해야 한다. 이것이 곧 인간의 도리(道理)인 것이다. 아울러 이성은 이에 역행하는 모든 행위를 저지하여 없애는 역할도 동시에 행하게 된다. 그러니 우주 자연을 포함한 인간에게 이성의 역할이 얼마나 중요한가를 느끼게 된다.

셋째, 이성은 신비함을 간직하고 있다. 이성의 신비함은 우주 자연의 신명함에서 왔다. 이 신비함의 특징은 우주 자연을 포함한 인간, 그리고 만물의 내부를 자유자재로 드나들며 볼 수 있다는 점이다. 이렇게 밝은 이성이 없다면 우주 자연과 인간 내부, 또 다른 생명체를 하나로 연결하는 실체는 없을 것이다. 우주 자연의 신명함과 인간의 심명(心明)함은 하나로 연결되어 통한다는 원리가 성립한다.

그렇다면 어떻게 이성을 관리해야 하는가? 이성은 지혜의 도움을 필요로 한다. 즉 명철한 두뇌를 요구한다. 이성은 자유롭게 자신을 평가한다. 이성의 정확한 판단을 방해하는 요소로는 탐욕(貪慾)과 정욕(情慾) 등 악행(惡行)이나 악사(惡事) 등이라고 생각한다. 이성은 한없이 맑고 바르고 고요함 속에서 최대의 가치를 발휘할 수 있다. 이성은 밝은 의식 속에서 안주하며 생활한다. 이성을 어둡게 하지 않고 지속적으로 마음을 맑히고 밝혀서, 하늘의 별처럼 빛나게 하여 밝은 빛을 발하도록 해야 한다.

그렇다면 이성을 어둡게 가리는 것은 무엇인가? 앞에서 악행이나 악사 등이라고 했는데, 좀 더 상세히 설명하면 색욕(色慾), 물욕(物慾), 명예욕(名譽慾), 승부욕(勝負慾), 미래의 걱정 등과 같은 관념이라고 생각한다. 이성은 우주 자연이 자기의 밝으신 신명함의 일부를 이성이라는 이름으로 만물의 영장인 인간에게 부여해준 신의 뜻이기 때문이다. 이 신의 뜻, 신명함의 일부를 소유하면서 만물을 거느리고 관리하며 신의 뜻을 수행하도록 한 실체가 곧 인간의 이성이기 때문이다. 만약에 이성이 퇴색되고 어두워지면, 우주 자연의 신명함이 주신 그 위대한 뜻은 사라지고, 인간은 동물과 같이 본능의 나락으로 떨어질 것이다.

인간이 이성의 존재를 무시하고 본능 쪽으로 추락하면, 만물의 영장인 인간의 자격을 상실하게 된다. 항상 인간은 이성과 본능의 영역을 오가는데, 인간의 마음속을 이성이 주도하면 인간으로서 자질을 보유하는 것이고, 본능의 지배를 받으면 인간으로서의 자격을 잃게 된다. 이와 같은 선택의 기준이 이성의 특질인 밝음의 정도로 측정 가능하다고 생각한다.

『승려와 철학자』(장 프랑수아르벨 & 마티유 리카르. 1999)에서 보면, 제임스 진즈 경(Sir James Jeans)은 『레드의 강연(Rede's Lectures)』이라는 저서에서 "우주는 커다란 기계보다 위대한 사유와 더욱 유사해지기 시작한다."라고 말하기까지 했다. 이와는 반대로 오늘날 우리 문화의 저변에 자리하고 있는 자아도취의 증거를 보여주는 것으로서 감정적인 피상성(皮相性)과 친밀함에 대한 두려움, 거짓된 자기통찰, 왜곡된 성(性), 노령과 죽음에 대한 공포 등은 충분히 우주의 신비함과 인간의 이성에 반하는 일이다. 이런 생각들은 이성의 보다 깊은 성찰을 필요로 하는 부분이 아닌가 생각한다.

2.
시간은 생명이다

시간의 개념은 언제부터 시작되었는가?

우주의 태동을 보면, 19세기 이전의 우주론은 우주는 영원히 변하지 않는다는 정적(靜的) 우주론이 지배적이었다. 이런 견해는 20세기에 들어 점차 그 입지를 잃었는데, 그 결정적인 배경으로는 아인슈타인의 상대성 이론과 허블의 외부 은하 관측을 꼽을 수 있을 것이다.

상대성 이론 혹은 상대론(relativity)은 아인슈타인이 제창한 시간과 공간에 대한 물리 이론으로, 1905년 발표된 특수상대성 이론(special theory of relativity)과 1916년에 발표된 일반상대성 이론(general theory of relativity)으로 나눌 수 있다. 아인슈타인의 상대론은 시공(時空), 즉 우주에 대한 인류의 사고에 큰 변혁을 가져왔다. 특히 일반상대성 이론은 현대 우주론에 많은 영향을 끼쳤다고 한다.

하지만 여기서는 물리론의 측면에서 본 우주의 태동과 관련하여, 시공간의 개념을 떠나서 인문학적으로 시공간의 개념으로 접근해 본다. 태초에 우주가 생겨나고, 수많은 세월이 흘러 당시 인류가 탄생된 이후에 시간이란 개념이 인간으로부터 싹트게 되었을 것이다. 인간의 의식 작용에 의해서 주변 상황과 자신의 관념 사이에서 변화가 있게 됨을 흐름으로 환산하여 결과를 찾고 남기려고 한 것이 시간이라는 개념으로 싹트지 않았을까 하고 생각해본다.

주변의 상황은 일(日)·월(月)의 움직임에 의한 낮과 밤의 변화와 밀물·썰물의 반복성, 그리고 봄, 여름, 가을, 겨울의 계절 변화 등일 것이며, 자신의 관념이란 환경의 변화와 관련하여 자신이 나이 들고 늙어가는 과정에서 이들의 상관과 변화의 과정을 어떤 흐름의 길이로 인식하기 위해 시간의 개념이 생겨나게 되었을 것으로 본다. 처음부터 시간이란 개념이 우주 밖에서 인간 사회로 갑자기 유입되어 온 것이 아니라, 인간과 자연의 변화에 의한 연관성의 고찰로 보아야 할 것이다.

이외에도 철학적 고찰에 따른 시간 개념에 관한 논의의 결과는 칸트 『순수이성비판(해제), 2004, 서울대학교 철학사상연구소』에서 잘 나타난다. 여기에서 보면 "'공간'에 관한 논의에서처럼 '시간 표상'에 관한 논의의 결과를 칸트는 다음과 같이 정리한다.

첫째로 '공간'과 마찬가지로 '시간'은 사물 자체에 속한 어떤 것이거나 혹은 우리 '감성(Sinnlichkeit)' 바깥에 따로 존재할 수 있는 그 어떤 것일 수 없다. 즉 '시간'은 칸트에 의하면 "자기 자신만으로 있는 것이 아니요, 사물의 객관적 특성으로서 사물에 속해 있는 것도 아니다. 따라서 사물을 직관하는 모든 주관적 조건(직관 형식)을 무시할 때도 남아 있는 것이 아니다. 왜냐하면 시간이 자기 자신만으로 있는 경우에는, 그것은 현실의 대상이 없음에도 불구하고 실재(實在)하는 것이 되겠기에 말이다.

둘째로 '시간'은 '외적 현상(äuβere Erscheinung)'에 속한 '규정 (Bestimmung)'이 아니라 '현상의 형식'이며, 그것도 '내감의 형식 (Form des ineren Sinnes)', 즉 우리의 내적 상태를 직관하는 형식이 다.

셋째로 '시간'은 내감에 주어지는 현상들뿐 아니라 모든 현상들을 포괄한다는 점에서 '현상 일반의 선험적 형식의 조건(die formale Bedingung a priori aller Erscheinung überhaupt)'이다."라고 설명하고 있다. 물론 철학적인 입장에서 본 시간이라는 개념의 탄생은 위에서 설명한 칸트의 시간 개념처럼 생각하고 정립할 수 있는 것이다.

암에 걸려서 시한부 인생을 살아가는 사람들은 시간의 중요성을 실감나게 느낄 수 있다고 한다. 이들은 1분 1초가 너무 귀중하다는 것을 깨닫게 된다고 한다. 시간의 중요성에 대한 언급을 『세네카 인생론』(세네카, 2007)에서 찾아본다면, "위대한 인물, 즉 인간이 저지르는 온갖 과실을 초절(超絶)한 인물은 자기의 시간에서 무엇 하나도 잃는 것을 허락하지 않는다. 그러므로 이 삶은 매우 길다. 그 때문에 어떤 시간도 하는 일 없이 안일하게 보내는 일이 없고, 남의 자유에 맡기는 법도 없다. 그는 시간의 가장 인색한 보호자로서, 자기의 귀중한 시간과 교환할 만한 가치가 있는 것은 아무것도 발견할 수 없기 때문이다."라고 자신의 주관을 밝히고 있다. 이 얼마나 중요하고 의미심장한 말인가? 그리고 또 여기에서 보면 "내가 늘 이상하게 생각하며 보는 것이 있는데, 누군가가 시간을 내달라고 하면, 부탁받은 사람은 아주 쉽게 거기에 응하는 것이다. 무엇보다도 중요한 것은 시간이 농락당하는 셈이다."라고 시간의 중요성을 한 번 더 기술하고 있다.

또한 시간의 중요성에 대한 교훈으로 다음과 같은 구절이 있다. "시간을 소중히 하라. 시간은 소멸하는 것이다. 그리고 그 책임은 전적으로 우리에게 있다." 옥스퍼드의 올 솔스 칼리지의 해시계에 새겨진 이 엄숙한 말만큼, 젊은이들에 대한 훈계의 말에 어울리는 것도 없을 것이다. 영원한 이 세상의 진리 중에서, 최소한 시간만큼은 우리의 자유재량에 맡겨져 있다. 인생과 마찬가지로 시간도 한 번 지나가버리면 다시는 되돌릴 수 없다. 그런가 하면 엑세터 대성당의 잭슨 주교는 이렇게 말했다. "과거에 아무리 방탕한 생활을 했어도 앞으로 착실하게 살려고 노력하면, 탕진한 재산을 메울 수도 있다. 그러나 '오늘 낭비한 시간을 내일의 시간을 빌려 메우면 된다.'고 말할 수 있는 자가 과연 누가 있을까?"

『기업적인 차원에서 짐 콜린스의 경영전략』(짐 콜린스·윌리엄 레지어, 2004)을 보면 "기업에서 바로 한정적인 자원은 바로 시간이다. 시간은 더 이상 얻거나 제조할 수 없다. 주기적으로 시간을 추적하고 어디에 시간이 쓰이는지를 분석하라. 제일 중요한 일에 시간을 보내고 있는가? 아니면 중요하지 않은 일에 시간을 보내고 있는가? 비전을 제시하거나 전략 수립을 우선하고 있는가?" 이와 같은 내용으로 귀중한 시간의 활용에 대해 언급하고 있다.

우리는 인생에서 남은 세월을 어떻게 쪼개고 또 쪼개서 정말 의미 있게 쓸 수 있을까 하고 깊이 생각하지 않을 수 없다. 이러나저러나 인생에서는 시간이 가장 중요하다. 그대는 바쁘고, 삶은 쏜살같이 지나간다. 이윽고 죽음이 다가올 것이다. 그리고 좋든 싫든 간에 드디어 죽음을 맞이하게 된다.

어느 시인은 말한다.[60] 우리 인간의 삶에서 시인이 설명하고 형용한 이것보다 더 처절하고 안타까운 모습은 없을 것이다. 시간은 바로 생명이기 때문일 것이다.

나는 시간의 개념과 나이에 관해서 새로운 관념을 도입하는 것이 어떨까 제의해본다. 탄생을 기준으로 한 생년월일의 개념을, 60세가 지나면서부터 죽음을 기준으로 한 사년월일(死年月日)을 가상(假象)으로 80세로 정해놓고 인생의 나이를 거꾸로 차감해가는 것이다. 현재 우리가 통용하고 있는 태어난 해에서부터 1세 2세로 더해가며 누적되어가는 나이 계산법이 아니라, 세상을 떠날 가상의 사년월일을 정해놓고 역으로 나이를 차감해가는 계산 방식을 채택하는 일이다. 자신의 죽음의 나이를 80세로 간주하고 현재 태어난 생년월일의 나이가 60세라면, 80세에서 60세를 차감한 새로운 사년월일의 나이를 20세로 하여, 한 해가 지나면 19세로, 다음 해에는 18

---

60) 너는 어째서 머뭇거리는가? 왜 꾸물꾸물하고 있는가? 시간은 붙잡지 않으면 도망치고 말 것이다. 설사 붙잡는다 해도 결국 달아날 것이다. 그러므로 시간의 빠름과 경주하기 위해서는 시간의 속도를 사용하지 않으면 안 된다. 그리고 급하게 흐른 데다 항상 흐르는 것만은 아닌, 이른바 분류(奔流)의 물을 서둘러 퍼올리도록 해야 한다. 요컨대 그들이 얼마나 짧은 동안밖에 살지 못하는가를 알고 싶지 않은가? 그들로서 얼마나 오래 살기를 바라고 있는가를 보면 안다. 늙어빠진 노인들은 매우 얼마 안 남은 세월이라도 더 살기를 바라 마지 않는다. ……그런데 결국은 죽어야 되는 인간의 취약성을 깨닫게 되면서, 그들은 얼마나 두려움에 떨면서 죽어가는 것인가? 그것은 삶에서 떠나는 모습이 아니고, 삶에서 끌려가는 모습이다. ……삶의 종말에 이르러서야 아무것도 이룬 것이 없이 오랫동안 바쁘게 지냈다는 것을 깨닫게 되지만, 가엾게도 때는 이미 늦은 것이다. ……대부분 하지 않아도 되는 일을 하는 동안에, 누군가 알고 있다면 가르쳐줬으면 좋겠군. 누가 시간의 그만한 가치를 인식하고 있을까? 누가 날마다의 가치를 평가하고 있을까? 자신이 하루하루 죽어가고 있다는 것을 누가 이해하고 있을까? 실제로 우리의 착각은 우리가 죽음을 멀리 보고 있는 것에 있네. ……한 시간이라도 헛되이 보내지 않는 것이라네, 내일에 의지하는 것을 줄이기 위해서는 오늘을 확실하게 확보해두어야 하네. ……모든 것은 남의 것이지만, 시간만은 내 것이라네.

세, 또 17세로 차감해가는 계산법이다. 그러면 나이를 생각할 때마다 죽음의 날이 머리에 떠올라 살아 있을 수 있는 나이가 선명하게 각인될 것이다.

그렇게 할 때 무엇이 다르냐 하면, 삶에 따른 한정된 시간이 줄어가는 것을 알게 되어 삶의 경각심이 더하게 되고, 앞으로 살아남아 있을 수 있는 시간의 중요성이 더욱 뚜렷하게 느껴져, 살아 있을 동안 해야 할 일들이 더욱 명확하게 나타나며 삶에 대한 시간의 중요성이 증대될 것으로 본다. 또한 남은 인생의 하루하루가 그 어떤 것보다도 귀중하게 느껴져 삶의 중요성에 대해 잊어버리는 일을 줄일 수 있을 것이기 때문이다.

그렇다면 나의 생년월일이 1949년 3월 9일로서 현재 70세(2019년)이기 때문에, 사년월일이 80세인 2029년 3월 9일로 정해지면 올해 내 나이는 10세이다. 내년이면 9세가 되며, 그 다음 해에는 8세가 되는 것이다. 이렇게 나이가 내려가게 되면 물론 슬퍼지기도 하겠지만, 더 현명하게 대처할 것으로 믿는다. 이 사년월일의 나이는 60세를 지나면서부터 적용해야 한다. 그렇게 적용하게 되면 중국 남송시대의 철학자였던 주신중(朱新仲)이 쓴『인생의 5계(五計)』인 생계(生計), 신계(身計), 가계(家計), 노계(老計), 사계(死計)에서 생계, 신계, 가계는 생년월일의 나이로 계획을 세워 60세까지 추진하되, 나머지 노계와 사계는 사년월일의 나이로 계획을 세워 추진하는 것이 훨씬 훌륭하게 남은 인생을 보람차게 살아가는 방법이 아닌가 생각해본다. 그렇게 되면 인생 후반기의 중요한 삶에서 가장 놓치기 쉬운 노계와 사계를 보다 충실히 이행하며 생을 마감할 수 있지 않을까 생각한다.

그 이후 80세를 지난 후부터는 새롭게 남의 나이로 관주하여 1세, 2세로 올라가면서 덤(addition)으로 생을 살아가는 신년월일(新年月日)로 정해서 사용함이 어떨까 하고 생각해본다. 그리고 앞으로 장기 10년, 단기 1년 계획을 세워보고, 꼭 해야겠다는 것과 꼭 하고 싶은 것을 나열해서 이성이 용납하지 않는 것을 제외하고는, 인간다운 본성에 따라 순수하고 자연스럽게 욕망을 추구하며 남은 인생을 살아가야 할 것으로 생각한다.

미국 미시간 대(University) 로널드 잉글하트(Ronald F. Inglehart(1934~, 미국 미시간 대학 정치학자) 교수[61]의 GPI(Genuine Progress Indicator)[62] 개념이 등장하고부터 행복이란 것이 중요한 화두가 되었다. 그러고 보니 이제 중요한 것이 물질과 에너지만이 아니라, 시간이라는 자각(自覺)이다.

이와 같은 맥락에서 제러미 리프킨(Jeremy Rifkin(1945~, 미국의 세계적인 경제학자이자 문명비평가)도 사람들의 재산 소유에 대한 관념이 영구 소유가 아니라 일시적으로 빌리는 형태, 즉 시산(時産)이라는 개념으로 옮겨가고 있다고 주장한다. 실제적으로 시간은 하루

---

[61] 로널드 잉글하트(Ronald F. Inglehart(1934~) 교수는 미국의 미시간 대학 정치학자. 세계 85% 인구를 대표하는 80여 국가 사회의 인구를 대상으로 조사를 실시하는 전 세계 사회학자들의 네트워크인 세계가치조사 기관장이다. 그는 삶의 질을 중시하는 가치관의 변화 과정을 '조용한 혁명(silent revolution)'이라고 불렀다. 즉 물질적 소비와 안전에 대한 압도적인 강조로부터 생활의 질에 대한 관심의 증대로의 이행을 가리킨 것으로, 최소한의 경제적·육체적 안전이 존재하는 경우에는 사랑·존경에의 욕구가 점차로 뚜렷해지고, 그 다음에는 지적·심미적 만족이 중심적인 중요성을 띠게 된다고 한다.

[62] GPI(Genuine Progress Index)는 국민 총생산(GNP)이나 국내총생산(GDP) 개념에 시장가치로 나타낼 수 없는 경제활동을 덧붙여 만든 경제지표. 시장가치로 나타낼 수 없는 가사노동, 육아 등의 경제활동 가치와 범죄, 환경오염, 자원고갈 등의 비용 등 모두 26개 요소의 비용과 편익을 포괄하는 개념이다.

의 단 몇 분만이라도 매일 유용하게 쓰면 큰일을 이룰 수 있다고 한다. 결국 중요한 것이 물질이 아니라, 시간이라는 것이다. 그래서 어떻게 하면 시간을 잘 활용해 자아실현이나 삶의 질을 더 향상시킬 수 있느냐가 인생에서 중요한 과제가 아닐 수 없다. 즉 실제로 물질적 풍요가 진실한 삶을 가져다주지 않는다는 결론에 도달한 셈이다. 그래서 물질보다는 인간의 삶에서 그 가치를 증대하는 쪽으로 무게 중심이 이동하고 있는데, 여기서 등장한 것이 시간이라는 자각이다.

신이 인간에게 공평하게 주어지게 한 것은 오직 시간과 죽음뿐이다. 누구나 생명이 있는 한 시간은 주어진다. 인생에서 가장 귀중한 것이 생명과 함께 시간이다. 시간은 생명이나 다름없다. 시간은 생명처럼 아껴 쓰지 않으면 안 된다. 시간의 사용이 삶의 성공과 실패를 좌우한다. 시간은 천지신명께서 인간에게 준 공평한 자원이다. 식사 시간, 잠자는 시간 등을 제외하면 우리가 진실로 삶에 사용할 시간은 많지 않다. 인간의 한평생은 장자(莊子) 사상(思想)에서도 나오듯이, 순간적인 꿈이나 다름없기 때문이다. 인간이 세상에 한번 태어나기가 그렇게 쉬운 일인가? 자신도 모르게 이 태어나게 된 것이지, 본인이 태어나려고 노력해서 태어난 것은 아니지 않은가? 여기에 우리 인간이 풀 수 없는 삶의 숙명적인 문제가 주어지게 되는 것이다.

우리에게 주어진 이 삶은 신(神)의 명령과도 같이 받아들이지 않을 수 없으며, 주어진 삶을 아름답게 꽃피우기 위해서는 시간 활용이라는 중요한 과제가 우리 앞에 놓이게 된다. 신은 우리 인간에게 공평하게 시간을 주었다. 자신에게 주어진 시간을 어떻게 활용해야 하는가가 인생의 성공과 실패를 좌우한다. 시간은 모든 삶에 연관되어 흘러가고 있다. 짧은 시간, 조각난 시간까지도 소중히 여기지 않는다면, 인생은 성공하기 힘들 것이다.

신이 동물보다 인간에게 많은 수명과 시간을 배당한 것도 그냥 지나칠 무의미한 일은 아니다. 과거에 지나간 시간에 비추어 앞으로의 남은 시간들을 상상해보아라. 생명이 길지 않다는 것을 느끼게 된다. 시간이 흐르게 되면 남는 것은 무엇이 있겠는가? 희미한 추억들, 살아오면서 열심히 일한 실적, 그리고 후손이다. 다음은 죽음이 닥쳐올 것이다. 지나간 시간은 되돌릴 수 없으며, 인생에는 연습 기간이 없다. 한번 흘러가면 영원히 놓치고 마는 것이 시간이며 인생이다. 그러니 시간을 헛되이 보내서는 안 된다. 천금보다 귀중한 인생이 시간과 함께 흘려간다는 것을 잊지 말아야 한다. 곁눈질하지 말고 자기 일을 열심히 하라. 그것이 참된 삶을 사는 것이다. 남이 나를 욕하더라도 참견하지 않도록 하라. 자기 길을 열심히 가라. 그 방법이 자기를 위해 최선의 길이다. 가능한 한 혼자 있는 시간을 많이 가져라. 시간을 절약하고 시간의 생산성을 높여라. 고요한 시간을 가져라. 두뇌를 맑게 하면 시간의 효율성은 증대될 것이다.

시간의 속성은 인간이 고의적으로 연기할 수 없고, 보류할 수 없으며, 삶이 늙어가듯이 시간은 흘러간다. 현명한 사람은 시간을 아낄 줄 아는 사람이다. 조용히 홀로 앉아 시간이 흘러가는 시계소리를 들어보아라. 우리를 그렇게 슬프게 하는 것은 없을 것이다. 시간은 천지신명이 인간에게 누구에게나 공평하게 부여해준 자원으로서 아끼고 잘 사용하여 뜻있게 살아가라고 한 것이다. 시간을 아껴 쓰면 인생은 아름답게 피어나고, 좋은 결실을 맺게 될 것이다. 만약에 시간을 낭비하게 된다면, 인생은 아무런 쓸모없이 헛되고 무의미한 종말을 맞이하게 될 것이다.

건강하게 오래 살면서 시간을 유용하게 보내도록 해야 한다. 즉 인생의 황혼기인 80세 이상을 살아보아야 참된 인생의 의미를 알게 될 것이다. 하지만 선조들 중에는 어떤 사람은 오래 살면서도 꿈을 펼치지 못하고 삶을 허비한 사람도 있고, 어떤 사람은 짧은 생애를 살면서도 인류에게 좋은 유산을 남긴 훌륭한 사람도 있다. 후자(後者)는 비록 얼마 되지 않은 짧은 인생이라고 할지라도, 시간을 잘 다루어서 귀중하게 삶을 살다 간 사람들이다. 마음씨 착하고 남들과 좋은 인간관계를 맺으며 세속사람들로부터 좋은 평판을 받고 살았다고 할지라도, 시간의 결실을 얻지 못했다면 그 사람은 인생의 성공자라고 할 수 없을 것이다. 죽음의 문턱에서 자신의 삶을 되돌아본다면 그때는 자신이 이 세상을 살아오면서 무엇을 남기고 가는가가 주요한 인생의 업적이 될 것이다. 좋은 업적을 이 세상에 남기고 간 자만이 인생의 성공자가 아니겠는가 하고 생각해본다. 이렇게 성공한 사람은 시간을 잘 활용한 사람이다.

어쩌면 인생이란 시간과의 싸움이다. 시간을 잘 활용한 사람이 인생의 승리자가 된다는 것은 진리이다. 진정 인생의 승리자는 임종(臨終)을 맞이하는 순간에 평가받게 된다. 만약에 시간을 허비해 실패한 사람에게는 그 이상 구원할 길은 없다. 사람들은 돈을 벌기 위해 수없이 많은 시간을 투자하면서도 귀중한 삶을 위해서 시간을 아끼려고 하지 않는다면, 올바른 삶의 자세가 아닌 것이다.

시간은 우리 인간에게 주어지는 것이라기보다는, 스치고 지나가는 것으로 보는 것이 맞을 것이다. 우리에게 왔다 싶으면 이미 우리를 스쳐 가버리기 때문이다. 그러니 시간이 우리 인간에게 무한히 많다고 생각하기 전에, 인간이 배를 타고 서둘러 목적지로 항해해야 하듯이, 한정된 시간 안에 원하는 목적지에 도달해야 한다. 시간 속에 묻혀 우리의 정신을 자아실현에 투자하고 모든 것을 잊은 채 목표를 항해 매진해야 한다. 우리가 무엇에 열중해서 언제 시간이 그렇게 흘러갔나 하고 생각하게 될 때, 우리는 시간을 알뜰하게 사용하게 된 것이다. 그렇지 않으면 우리는 시간을 잡은 것이 아니고 이미 놓쳤으며, 시간이 우리를 스쳐 지나가버린 것이다. 100살까지 살아온 사람이 돌아갈 때 한 말이 "사람 한평생 이제 보니 언제 가버리고 없더라."는 것이다. 100년을 살았는데도 지나고 보면 100년이 하루같이 느껴지는 것이 시간이기도 한 것이다.

또 한 가지 시간이라는 것의 속성은 시기성(時機性)을 가지고 있다. 그때의 시간에 함께 주어지는 모든 환경과 기회를 놓치고 나면, 다시 그때 그 순간의 기회를 만회하지 못한다. 흘러가는 물에 두 번 다시 발을 담을 수 없다는 것은 진리이다. 시간은 행운, 희망, 운명, 기회 등과 함께 지나간다. 그 순간의 시간이 흘러가게 되어 그때 그 시간의 순간을 잡지 못하고 잃게 되면, 그 나이에 이루어야 할 과업을 이루지 못하게 되고, 그것이 원인이 되어 앞으로의 삶의 좋은 기회를 얻을 수 있는 시간들을 영원히 잃게 되는 것이다.

이 일은 조그마한 일이나 큰일에 대해서도 동등하게 적용된다. 바로 이것이 자라나는 우리 자녀들이 그 나이인 그 학년에서 실력을 쌓지 못하면, 기초가 모자라서 높은 학년이 되어 학업하기가 더 곤란하게 되는 예와 같지 않을까. 즉 젊은 시절 열심히 살면서 저축하지 못하면 늙어서는 영원히 저축할 수 없다는 결론과 일맥상통한다. 그 시기에 집을 산다든지, 논밭을 산다든지 하는 행운을 놓치게 되면 그 기회가 좀처럼 오지 않는 것과도 같은 맥락이 적용되는 것이다.

또 시간의 속성 중의 하나가, 시간은 모든 삶과 관련된 연관성을 가지고 있어서 행복하게 살든지 불행하게 살든지, 즐겁게 살든지 괴롭게 살든지, 무슨 일을 잘해내든지 잘못해내든지 하는 것은 시간과 함께하고 있다는 것이다. 그러니 시간을 유용하게 활용하느냐에 따라서 삶의 질이 다르게 나타난다.

행복도 마찬가지다. 부부가 오랜만에 해외에 여행을 갔다고 하자. 얼마나 좋은 시기에 얼마나 즐거운 시간을 보내느냐에 따라서 여행의 즐거움은 달라질 수 있다. 시간은 모든 삶에 영향을 미친다. 시간의 개념을 알고 잘 활용할 때 시간의 효율성은 증대된다. 그런데도 일반적으로 사람들은 시간에 대한 관념이 허술하다. 시간의 효율성에 따라서 삶의 질과 양이 달라지는데도 말이다.

삶은 시간을 소비하면서 실적을 얻는다는 것은 경제논리와 하나도 다를 바 없다. 종국에 가면 인간의 삶 역시 90평생 동안 무엇을 이룩해놓았느냐라는 업적을 따지는 데 불과하다. 한 사람의 성공과 실패는 그 업적을 놓고 평가하게 된다. 문제는 얼마나 가치 있는 일을 많이 했느냐이다. 죽음을 앞두고 그 사람을 평가할 때, 그 업적이 성공적이면 삶은 성공적인 것으로서 죽음을 아무런 후회나 회한이 없이 맞이할 수 있다. 그러나 업적이 없다면, 그 사람의 삶은 허무하게 끝나게 되는 것이다. 바로 그것은 시간이라는 삶의 자원을 얼마나 유용하게 사용했느냐에 달려 있기 때문이다.

그런데 사람들은 시간은 무한정 주어지는 것이며 지천(地天)에 깔려 있는 것으로 착각하고 시간의 중요성을 잊고 살아가고 있다. 그렇다고 반대로 허둥지둥 살아가라는 뜻은 아니다. 때로는 시간의 효율성을 더 중대시키기 위해 한 발짝 물러설 수도 있고, 일 년을 휴식하면서도 미래의 도약을 다지기도 할 수도 있다. 우리 주변 사람들을 돌아보면 시간에 비해 돈을 아주 귀중하게 생각하는 사람도 있고, 직장에서의 지위를 아주 귀중하게 생각하는 사람도 있으며, 남의 요구를 중요하게 생각하며 거절하지 못하는 사람도 많다. 그런가 하면 특별히 직장을 나가지 않는 사람은 오늘 하루를 어떻게 보낼까 하고 궁리하며 걱정하는 사람도 있다. 그래서 은퇴자들 사이에 오고가는 주요 인사말이 "요즘 무엇을 하며 소일(消日)하고 계십니까?" 하는 것이다. 이 말을 풀이해보면 '요즘 어떻게 지내시며 귀중한 인생을 허비하고 계십니까'와 같은 뜻이 된다. 그렇게 말하는 사람들은 자기 자신도 모르게 시간은 공기처럼 무한한 것이며 아무런 가치가 없는 것으로 생각하고 있는 것이다. 이 부분은 참으로 안타까운 실정이 아닐 수 없다.

물론 삶에 젖어 오랫동안 생활하다 보면 자연히 시간관념이 해이해지는 경우도 있겠지만, 그렇다고 자신의 삶을 아무런 계획이나 목적 없이 흘려보내서는 안 된다. 자기의 시간은 자신의 생명이나 다름이 없는데도, 그렇게 시간의 귀중함을 모르고들 살아간다. 보통 사람들은 돈이 없으면 돈이 없다고 아우성을 치고 세상이 떠나가듯이 안달을 하면서, 자기에게 주어진 이 시간을 활용해 인생의 승리자로 다시 태어나려고 하지 않는다. 이런 시간이라는 삶의 자원을 아끼며 귀중하게 사용할 생각이 없는 것을 보면, 이것은 아주 잘못되게 살아가고 있다는 것을 알 수 있다.

우리에게 날마다 귀중한 돈이 매일 자고 나면 통장에 들어오지는 않지만, 누구에게나 자고 나면 86,400초라는 시간이 우리 앞에 주어지지 않는가? 이것이 얼마나 귀중하고 소중한 자신의 자원이라는 것을 잊어서는 안 될 것이다. 만약에 이점을 모른다면 이 세상에 살아갈 자격을 얻지 못한 사람이라고 생각하지 않을 수 없다.

요한 볼프강 괴테(Johann Wolfgang von Goethe)는 "시간을 바르게 이용하기만 하면 우리에게 시간은 충분하다."고 말한다. 조용한 집에서 잠념이 없이 새벽부터 어떤 일에 열중해보아라. 그러면 그때는 시간을 알차게 보내게 되고 제법 쓸 만한 시간이 있게 될 것이다. 하지만 이것은 철두철미하게 시간 관리를 하는 사람만이 느낄 수 있는 일이다. 사형 집행 전날의 시간을 상상해보아라. 마지막 세상을 보는 그 짧은 시간의 의미를……, 그리고 질병으로 인해 사망 선고를 받고 시한부 인생을 살아가고 있는 삶을 상상해보아라. 얼마나 그 시간들이 귀중한지를 알게 될 것이다.

자연에 피어나는 한 송이의 꽃잎도 그 생명에 주어진 순간이 지나면 시들어버린다. 왜 태양은 아침이면 붉게 타오르고, 저녁이면 서쪽으로 뉘엿뉘엿 지게 되는가? 삶과 연관해 생각해보지 않을 수 없다. 현명한 사람은 시간의 생산성을 높이는 사람이다. 많은 업적을 창출해내는 사람은 시간을 생명처럼 다룰 줄 안다. 『세네카 인생론』(세네카, 2007)에는 이런 구절이 나온다.

"……또 자연(自然)이 인간에게 이용하도록 해준 시간의 사용 방법을 그르친다든가 하겠지. 어떤 사람은 시간을 아껴 쓰지만, 어떤 사람은 낭비하지. 어떤 사람은 명분이 있게 쓰지만, 다른 사람은-

이 이상은 부끄러운 일이 없지만-탕진해 무엇 하나 유산을 남겨주지 않는다고, 고령이 된 노인이, 오랫동안 살았다는 것을 증명하는 증거로서 나이를 많이 먹었다는 것 말고는 아무것도 가진 것이 없는 사례가 때때로 있어." 이 뜻은 시간의 중요성을 모르고 시간을 헛되게 보낸 결과로 남는 것은 나이뿐이라는 것이다. 그러니 한 가지 중요한 일에 전념하여 그 일을 꾸준히 개척하라. 시기를 일실하지 말라. 1분의 차이로 비행기의 탑승 시간을 놓치고 만다. 그리고 인생의 행운을 잃을 수 있다. 한 번 더 말하지만, 자신의 삶을 성공적으로 이끌려면 조각난 시간, 순간순간 여분의 시간을 잘 활용할 줄 알아야 한다. 하루를 보내면서 조그마한 여분들의 시간들을 잘 활용하면, 인생이라는 세월의 측면에서 보면 그 시간은 무엇과도 바꿀 수 없는 귀중한 자원이다. 그 여분의 시간을 잘 활용한 사람이 인생에서 승리자가 된다는 것을 잊어서는 안 된다.

그렇다면 인생을 다 살지 못하고 젊은 나이에 세상을 떠난 사람을 한번 생각해보기로 하자. 사랑스런 아름답고 젊은 부인과 5~6세 이하의 귀여운 어린 자녀를 남겨두고 불의(不意)의 사고로 세상을 떠난 사람의 참혹한 심정은 어떠했겠는가? 한 가장(家長)의 죽음은 자신은 물론이거니와 가족 전체의 불행이며 절망이다. 죽은 자로서의 슬픔은 자신의 인생에서 주어진 생명을 다 활용하지 못하고 떠나게 된다는 점이다. 앞으로 남은 그 귀중한 삶의 시간들을 말이다. 이 세상에서 아름답고 행복하게 살 수 있는 가장 귀중한 시간을 잃었다는 점이 망자(亡者)로서 큰 슬픔이 아닐 수 없다.

더더욱 안타까운 것은 시간도 시간이지만, 사랑하는 부인과 귀여운 자녀를 보살펴주지 못한 그 한과 서러움이 아니겠는가? 만약에 망자(亡者)가 이 세상에 다시 태어난다면 그의 각오는 어떻게 달라지겠는가? 한 번쯤 생각해보아라. 이 세상 사람이라면 누구나 앞으로 자기가 해야 할 일들이 산처럼 쌓여 있을 것이다. 그렇게 솟아오르는 젊음의 힘을 어떻게 시간과 함께 소진하며 살아가야 하겠는가? 자기 부인과 자녀를 책임지고 행복하게 살아가도록 해야 할 의무감, 직업에 대한 사명감, 남은 인생을 즐거움과 보람으로 살아가야 할 순수한 자신의 개인적 인생과업 등을 잘 수행하려고 몸부림칠 것이다. 그리고 이 귀중한 시간을 함부로 허비하며 허송세월을 보내며 살아가지는 않을 것이다. 만약에 이 세상을 살아가는 사람들이 생명과 함께 시간의 중요성을 모른다면, 그리고 인생을 아름답고 행복하게 살아갈 줄 모른다면 이 세상을 살아갈 자격이 없는 사람일 것이기 때문이다.

자연 속의 생물들은 주어진 짧은 시간에 꽃피우고 결실을 맺는 데 사력(死力)을 다한다. 여름철 기나긴 하루가 그렇게 길다고 느껴지는가? 그 시간 내에 성장시키고 결실을 맺어야 하는 긴박한 시간의 흐름이 존재하고 있다는 것을 잊어서는 안 된다.

3.
학문, 지식의 중요성

　학문(學問)이 무엇이길래 그토록 인간은 그것을 추구하기 위해 모든 힘을 여기에 쏟게 되는가? 미국의 글래디스 클래피슨이라는 사람은 박사 학위를 따기 위해 82세의 나이에도 불구하고 아이오와 대학의 기숙사에 들어갔다고 한다. 또한 에드 스티트라는 사람은 87세의 나이에 뉴저지에 있는 교양대학에서 학사 과정을 밟았다고 한다. 이 사실들은 우리를 놀랍게 한다.

　사람이 산다(live)는 것은 평생을 통해서 배우며 살아야 한다는 것을 전제로 하는 것일까? 물론 체험을 통해서 직접 느끼는 일이 삶을 살아가는 방법 면에서 더 중요하지만, 체험하는 데는 한계가 있기 때문에 어차피 지식을 얻기 위해서는 학교에서 학습을 하는 등 독서에 매달리게 되는 것이다. 학문의 양은 끝이 없어서, 아무리 쉬지 않고 열심히 배운다고 해도 학문을 다 할 수는 없는 일이다. 독서를 한다고 해도 책을 읽어 섭렵(涉獵)할 것이 아니라, 적은 양이라도 자신에게 필요한 살아 있는 지식을 체계적으로 갖추는 것이 중요하다.

혹간 주변의 사람들을 보면 청춘을, 아니 인생을 학문하는 데 소비했지만, 어떤 지식은 정돈되지도 활용되지도 못하고 사장(死藏)된 채 방치하는 사례가 흔히 있다. 이런 학문은 한번쯤 다시 생각해보아야 할 문제이다. 지식은 체계화되지 않으면 후손들은 재활용할 수 없으니, 정확한 사실의 규명이 무엇보다 중요하다고 하겠다. 인격적인 측면에서도 학문을 통해 우주 자연현상을 이해하고 인류 문명의 발전사를 알게 된다. 그중에서도 인류의 번영과 개인의 행복, 인간관계 기술이라는 측면에서도 자연히 자신의 삶을 새롭게 발전시키기 위해 학문이 필요한 것이다.

학문이란 무엇을 의미하는가? 학문이란 지식(知識)을 체계적으로 배워서 익히는 일. 또는 사물을 탐구하여 이론적으로 체계화된 지식을 쌓는 일이라고 할 수 있다. 지식의 의미는 무엇인가? 어떤 대상을 연구하거나 배우거나 또는 실천을 통해 얻은 명확한 인식이나 이해를 말한다. 자기의 지식을 쌓으려면 반드시 정확한 인식(認識)이나 이해(理解)가 따라야 하는데, 거기에는 반드시 배워야 할 대상이 먼저 정해져야 하고, 그 다음에 그 대상을 인식하거나 이해하는 과정이 따라야 한다.

학문은 배워야 할 과제, 그 분야를 목표로 정해 이론적이고 체계적으로 연구하여 알게 하는 것이다. 먼저 학문에 있어서는 한 분야가 정해지면 심화 과정이 따르게 되는데, 깊게 들어갈수록 전문화되는 성질을 갖게 된다. 전문적이라는 뜻은 오로지 한 갈래의 지식을 쌓기 위해 어떤 원리를 근원적이고 체계적으로 쌓는 과정이다. 학문이란 이론(理論)이 뒷받침되면서도 실제 삶에 유용해야 한다. 이론이란 낱낱의 여러 현상을 하나로 꿰어 설명할 수 있도록 논리적으로 체계화된 지식이다. 학문의 체계화란 일정한 원리에 의해 각기 다른 것을 계통적으로 통일의 조직화로 만드는 것이다.

『세네카 인생론』(세네카, 2007)을 참고하면 "학문은 몸에 뿌리일 뿐만 아니라, 영혼이 그 속에 잠길 수 있도록 충분히 있어야 하네."라는 구절이 있다. 세네카는 "현세의 즐거움과 배움과는 양립될 수 없음"을 분명히 한다. 그 정도로 학문이란 일반적인 즐거움과는 다른 양상을 띤 하나의 고통임을 암시하고 있다.

학문의 속성은 오로지 이론으로 끝날 가능성을 내포하고 있다. 이론의 문제점은 삶에 필요한 지식을 현실에 적용하기가 쉽지 않다는 것이다. 이론의 속성은 생생한 현실과 동떨어진, 관념적이고 순수한 논리적 지식에 치우칠 확률이 높아 실제와 다르다는 데에 있다. 그러니 항상 학문을 하는 가운데는 실제 이용할 것을 전제로 연구를 통한 학문이 이루어져야 하는 이유가 여기에 있다.

또한 학문에 대해 『정신현상학 1』(G.W.F. 헤겔, 2005)에서 보면 "학문이란 정신 그 스스로가 현실성을 띤 가운데 자기의 고유한 터전 위에 쌓아올린 정신의 왕국이다."라며, 학문은 정신적인 산물이라고 표현한다. 이 정신의 개념을 여기서는 "정신은 본래 그 자체로 있는 본질이며, 갖가지 관계를 자아내는 가운데 스스로의 위치도 명확히 드러내는 외타적이면서 동시에 독자적인 존재로서, 결국은 자기를 벗어나 있는 상태에서 자기 본연의 모습을 명확히 하고 자기를 놓치는 일이 없는 절대적이고 완전무결한 존재이다."라고 정립한다. 여기서 완전무결한 것이라면 당연히 정신에게도 자각되어야 하는데, 여기에 정신적인 것의 지(知)와 자기가 정신이라는 것을 아는

지(知)가 나타나야만 한다는 것이다.

다시 말하면 정신적인 것이 정신 자신에게 대상으로 나타나야 하고, 그것도 더욱이 직접 나타나 보이는 대로의 모습과 반성적으로 내면화한 모습을 함께 지닌 이중의 대상으로 나타나야만 한다는 것이다. 그야말로 정신에 의해서 정신적 내용이 산출된다고 할진대, 정신이 이렇듯 자기와 관계하는 모습은 우리만 알아볼 수 있는 것이라고 설명한다.

그러면 인문학적 측면에서 학문의 속성을 알아보기로 하자.

- 학문은 진리를 생명으로 다루어야 한다.
- 학문은 인류의 발전을 전제로 해야 한다.
- 학문은 근원적인 정수(精髓)를 찾는 심화 과정이다.
- 학문은 영구불변성을 추구함을 목적으로 한다.
- 학문의 추구는 오랜 장구(長久)의 시간과 역사를 필요로 한다.
- 학문의 추구에는 난해성(難解性)이 뒤따른다.
- 학문의 추구는 맑고 깨끗하며 순수한 정신력을 필요로 한다.
- 학문은 목표를 정하고 그 달성을 목적으로 하지만, 항상 그 과정이 중요하며 그곳에 머물게 된다.

학문을 하게 됨으로써 인간은 야성(野性)에서 지성(知性)으로 변화하게 된다. 학문을 추구함으로써 자신의 제2의 탄생이 시작된다. 인간은 탄생 시 학문을 할 수 있는 친화성과 가능성을 가지고 태어나지만, 본래의 모습 그대로 둔다면 인간의 성품은 지닐 수 있어도 일반 동물의 본능에 가까운 야성화(野性化)의 위치에 머물게 될 것이다. 이렇게 야성화 상태에 있는 것을 학문을 통해 지성으로 변화시키게 되는 것이다.

학문의 단계는 그 심화 과정에서 심도(深度)의 분포 과정이 크고 깊다고 하겠다. 기본적인 학문의 과정은 기존의 지식을 암기하고 이해하며 자신의 것을 체화(體化)해가는 과정이다. 인간은 한시라도 정신을 갈고 닦으며 학문을 하지 않으면 타성(惰性)에 젖어 곧 나태해지며, 정신은 굳어 쓸모없이 될 가능성도 있는 것이다.

그 외에도 학문의 중요성을 보면, 학문을 통해 우주현상을 비롯한 사회와 삶을 이해하고 그 내용을 인식할 수 있으며, 고대로부터 현재에 이르기까지 선조들이 쌓아온 지식을 습득해 더 나은 삶을 열어갈 수 있게 된다.

『정신현상학 1』(G.W.F. 헤겔, 2005)에서는 학문을 추구하는 궁극적인 가치성에 대해 언급한 면이 나온다. 여기에서 보면 "학문이라는 것은 주장하는 독단주의 대신 단언하는 독단주의나 자기 확신의 독단주의를 관념적으로 떠벌리는 그런 것이 아니라. 내용이 자기 내면으로 복귀하는 데 초점을 맞추어 내용 속으로 침잠하여, 거기에 내재하는 자기의 본체를 파악하면서 동시에 자체 내로 복귀하는 순으로 타자 존재 속에서 순수한 자기 일체화를 이루어내지 않으면 안 된다. 이런 점에서 학문은 교활한 면이 있다고도 하겠다. 즉 겉으로는 활동을 자제하는 듯하면서, 실은 사태를 예의 주시해 자기보존이나 특수한 이해추구에 전념하는 듯한, 존재가 정작 구체적인 생명 활동을 벌일 때면, 본래 마음먹었던 것과는 반대로 자기를 해체하여 전체 속에 맞물려 들어가서 거기에 제자리를 차지하는 행위의 실상을 한결같이 지켜보고 있는 것이다."라고 표현한다. 이런 관점에서 학문을 이해한다면, 학문이란 가장 먼저 그 내용을 자신 속으로 내면화시켜 인식과 아울러 자신을 파악하고 동시에 그 자체인 학문으로 복귀하면서, 또 타자 속으로 들어가 객관적인 차원에서 자신과 일체화를 이루면서, 타자 속에서 자기보존을 위한 위치를 확고히 확장하고 자신이 살아가기 위한 생명 활동을 벌인다는 차원에서 보면 참으로 무서울 정도로 예리하면서 위협적이라고 하지 않을 수 없다.

사실 학문의 길로 입문한다는 것은 보통 사람에게는 정말 힘든 일이다. 우선 먼저 생각나는 것은 학문의 길에 들어서게 되면 시간은 물론 정신을 학문에 쏟아야 한다. 정신적인 노동은 육체적인 노동보다 어쩌면 더 여유 없는 비좁은 영역에서 집중적으로, 그리고 세밀한 부분까지 파고들어야 하기 때문에 참아내기 어려운 고달픈 작업이 아닐 수 없다. 그렇다고 1, 2년에 끝나는 작업이 아니라 30, 40년, 한평생을 오직 외길로 그 길을 걸어야 하는 긴 인고(忍苦)의 여정이다. 먼 미래에 대한 확실한 보장을 받지도 못하면서 모든 현실을 학문에 투자해야 하는 그 참담함은 참으로 때로는 비참하기까지 하다. 왜냐하면 지금 당장 주어진 기본적인 욕구 충족을 거부해야 하는 것은 물론, 자신의 외면과 내면에서 접하게 되는 감각적인 즐거움과 자유 등을 기약도 없이 먼 훗날로 미루어 떨쳐버려야 하기 때문이다.

학문을 하려면 깊은 계곡과도 같은 큰 협곡(峽谷)을 만들기 위해 자신의 정신적인 영역으로 파고들어 그 속에 학문이라는 물줄기를 마르지 않게 흘려보내며 퍼올려야 하는 무척 힘든 작업을 지속적으로 계속해야 한다. 특히 학문에 입문하는 단계에서, 그리고 처음으로 시작하는 학문의 단계에서는, 그 학문의 강(江)을 만드는 기초 작업이 더욱더 힘들다. 특히 한참 학문에 전념해야 할 시기인 청소년에게는 주위에서 밀려오는 달콤한 유혹을 떨쳐버리기가 자신의 인내력으로는 한계가 있어, 이 높고 험준한 산맥을 뛰어넘는 과정에서 거의 대부분이 중도 이탈하는 비참함을 겪게 된다. 특히 정신적으로 뼈를 깎고 살을 도려내는 아픈 작업을 극복한 후에야 긴 터널을 뚫고 통과하여 새로운 세상을 보게 되는 것이 학문의 길이다.

학문을 해야 하는 필연성에 대해, 『예기(禮記)』(권오돈 역해, 1993)에서 잘 설명하고 있다.

"스스로 배우지 않고서도 사려(思慮)가 드러나고 도리에 맞는 경우도 있다. 또한 선량한 사(士)를 가까이 하여 구할 수도 있는데, 이는 작은 명예는 얻을 수 있겠지만 뭇사람을 감동시키기에는 부족한 점이 있다. 또 어진 이를 쫓고 광원(廣遠)한 재능이 있는 사람과 친히 사귀어 자기의 지덕(智德)을 연마하는 자는 뭇사람을 감동시키기에 족하지만, 백성을 감화하기에는 부족한 점이 있다. 그래서 반드시 학문을 해야 한다."

또한 『노자』(김홍경, 2003)에서도 양계초[63]는 청대 고증학의 맹주

---

63) 양계초(梁啓超)는 사상가로서 1873년 중국 광동성(廣東省) 신회현(新會縣) 남단에 있는 섬에서 태어났다. 줄곧 농사를 짓던 집안이었으나 양계초의 조부 대에 비로소 수재(秀才)가 되었으며, 아버지는 향신(鄕紳)이 되었다. 양계초는 6세에 할아버지와 어머니 슬하에서 사서(四書)와 『시경(詩經)』을 배웠으며, 8살 전에 오경을 독파했다. 12세에 수재(秀才) 시험에 합격했고, 17세에는 거인(擧人)이 되었으니, 신동이라 불릴 만큼 명민한 소년이었다. 양계초는 중국의 사상가. 강유위(康有爲)로부터 배우고, 그의 입헌제 주장 및 대동설(大同說)에 공감해 적극적인 협조자가 되었다. '무술신정'(戊戌新政, 1898) 때는 그의 참모가 되었다. 1896년 중국인에 의한 최초의 잡지인 『시무보(時務報)』를 간행했고, 위의 '무술정변' 실패 후에는 일본으로 망명해 『청의보(淸議報)』, 『신민총보

라고 하는 대진(戴震)의 학문에 대해 인정했다. 그는 다음과 같이 말했다. "남으로 자신을 가리지 않고, 자신으로 스스로를 가리지 않는 것"이 학문하는 진정한 자세라고 했다. 다른 사람의 권위 있는 학설이나 자신의 선입견으로 진실을 덮지 않고, 오직 실사구시(實事求是)에만 정진하는 것이 올바른 학문의 길이라는 뜻이다. 학문을 이루어낸 사람들을 보면 어릴 때부터 착실하게 배움에 참여해서 학문의 참맛을 차츰 알게 되고, 그 가치를 높이 평가하여 학문의 길을 성실히 수행하여 뜻을 이룬 사람도 있으며, 어떤 사람은 타고난 적성이 학문에 적합해서 학문하는 것을 취미와 즐거움으로 보람을 얻게 되어 학문의 길을 걷게 된 사람도 있다. 또한 어떤 사람은 한결같이 어렸을 때 가난 속에서 뼈아픈 삶의 어려움을 겪고 수많은 고통과 함께 눈물로 인생을 보낸 사람들이 힘들게 고난을 이겨내고 학문을 해서 학자의 반열에 오른 사람도 있다.

하지만 누구나 학문에 쉽게 접근할 수 있는 것만도 아니며, 또한 학문의 길이 그렇게 평탄하고 순조로운 것만도 아니다. 이것은 역으로 생각하면 많은 사람들, 특히 젊은이들이 학문의 길에 입문했으나 낙오한 사람이 또한 많다는 것을 암시하기도 한다. 또한 학문의 길에 들어선 사람들 중에는 삶을 살아오는 동안 꼭 인생에 한 가지 과업을 이룩하겠다는 굳은 결심을 하고 삶의 다른 길을 포기하고 오직 한 가지 목표를 향해서 긴 세월 속에서 몸과 마음을 바쳐 심혈을 기울인 덕분에, 늦게나마 학문에 성공의 결실을 맞이한

(新民叢報)』, 문학지인 『신소설(新小說)』을 간행했다. 또 일본어의 어휘·문체를 도입한 독특한 문체로 청 말의 청년들에게 커다란 영향을 끼치는 등 활발한 언론 활동을 했다.

사람도 있다. 평범한 사람들의 경우는 어느 정도 학문을 이룩하고 직업을 갖고 결혼생활을 하게 되면 안정된 삶을 지탱하지만, 자아 실현이라는 높은 뜻은 이루기 힘들다. 앞에서 말한 학문에 성공한 사람은 평범한 학문의 업적을 이루고 학문의 길에서 멀어진 사람을 말하는 것이 아니라, 학문을 통해서 인생을 완전히 바꾸어 자아실현을 이룬 사람을 두고 이르는 말이다.

그렇다면 학문의 추구로 지식(知·智)을 획득한다면 그 무형의 가치는 어떠하겠는가? 인간은 학문을 하게 되면서부터 인간으로서 참답고 올바른 길을 걷게 되기 시작한다. 무지(無知)의 세계에서 지성의 세계로, 그리고 인격자로 탈바꿈되는 과정이 바로 학문을 통해 지식을 획득하게 됨으로써 이루어지게 된다. 이때 지식은 곧 그 사람을 새로운 세계로 인도함은 물론 자신의 체질을 이성적인 인간으로 순화시키기도 한다.

이성적인 인간이 되려면 반드시 학문의 길(工夫)이 아니라도 다소는 가능하겠지만, 완전하고 완벽한 경지에 이르기 위해서는 광의(廣義)[64]의 측면에서 학문에 입문하지 않고는 불가능한 일이 아니겠는가? 즉 학문이 아니면 그 무엇으로도 이성적인 인간으로 변화시킬 수 없을 것이다.

물론 세밀히 분류한다면 지식을 획득하는 과정과 지혜를 획득하는 과정은 차이가 있을 것이다. 다시 말하면 지식의 획득 과정은 정

---

64) 광의의 학문 : 단순히 지식을 획득하기 위해 어떤 과제를 이론적으로만 암기하거나 이해하는 것만이 아니고, 더 넓고 깊은 의미에서 정신이 자신의 내부에 침잠해 정신세계를 새롭게 다듬게 되어 새로운 지혜(智慧)를 창조해 내기 위해 모든 사물을 깨닫게 하는, 흔히 선방(禪房)에서 도(道)라고 하는 개념까지 접근하는 것을 말하고자 한다. 즉 여기서 학문이란 지식은 물론 지혜로움을 얻는 과정도 포함한다는 의미이다.

신을 이용해서 외부로부터 우리의 두뇌에 쌓이게 하는 지식과 기능(技能)을 배우는 학습이다. 또 다른 지혜의 획득은 행실·학문·기예(技藝) 등을 획득하는 것을 목적으로 하는 수행(修行)이나, 또 다른 의미에서는 불도의 가르침을 배우고 실천하는 일이다. 즉 불도(佛道)에서 말하는 생리적인 욕구를 금하고 정신 및 육체를 훈련함으로써 정신의 정화(靜化)나 신적 존재와의 합일(合一)을 얻으려고 하는 종교적 행위인 지혜와 견식(見識)을 갖춘, 선지식(善知識)[65]을 배우기 위한 지식의 공부라고 할 수 있을 것이다.

프랜시스 호너는 정신을 개발시키는 원칙으로서, 무엇이든 한 가지를 철저하게 숙달할 목적으로 집중해서 전념하는 습관을 매우 중요하게 생각했다. 이런 목적으로 그는 몇 권의 책만 중점적으로 읽었으며, 아무 책이나 마구 읽는 습관이 붙지 않도록 굉장히 조심했다. 지식의 가치는 분량(分量)에 있는 것이 아니라 그 쓰임새에 달려 있다. 그러므로 사소한 지식이라도 정확하고 완전하게 아는 것이 겉핥기식 지식보다 실용 면에서 더 가치가 있다는 것이다.

그러면 진실한 지식은 어떤 것인가? 독서를 통한 학문은 말할 것도 없으며, 그 이상의 인내와 근면을 통해 얻은 경험, 그리고 더 높은 훈련이나 직접 실제 생활에서 얻은 체험이 보태져야 할 것이다. 즉 실제 생활에서 직접 체험해서 얻은 슬기로움이 학문과 어울려져 보다 나은 참답고 올바른 지식이 된다는 점이다.

『자조론/인격론』(새뮤얼 스마일스, 2007)에서도 나타나듯이 "중요한 것을 얼마나 많이 알고 있는가가 아니라 그것을 알고 있는 목적이

---

65) 선지식(善知識): [불교] 사람을 불도로 교화·선도하는 덕이 높은 승려. =지식(智識)

무엇인가 하는 것이다. 다만 인문학적 측면에서 지식의 목적은 지혜를 성숙하게 하고 인격을 높여 우리를 더 훌륭하고 행복한 사람, 그리고 유용한 사람으로 만드는 데 있으며, 한 걸음 더 나아가 더욱 자비롭고 정력적이고, 모든 일상사를 처리해가는 더욱더 유능한 사람이 되는 데 있는 것이다."라고 말한다. 물론 인생의 성공은 결국 지식과 함께 근면과 작은 일에도 주의를 기울이는 습관에 달려 있다고 하겠다.

그런가 하면 지식에 대해 정의를 잘 내린 베이컨의 입장은 앞의 이론과는 조금 다르다. "지식은 물건을 팔아 이익을 올리는 상점이 아니라, 하나님의 영광과 인간 정신의 구원을 위해 풍성한 창고다."라고 기술하고 있다.

돈(money)은 일반적으로 육체적인 욕구를 충족시키기 위해서나 정신을 순화시키기 위해서나, 양자 모두를 위해 필요하다. 돈은 목적 자체를 이루기 위한 과정이나 수단의 사용에 불과할 뿐이며, 목적 자체는 아니다. 그렇기 때문에 돈은 지식(知·智識)을 획득하기 위한 과정에 불과하며, 돈 그 자체를 지식과 비교할 수 없는 일이다.

그 정도로 학문의 길로서 획득한 지식(知·智識)은 인간을 다시 재탄생시키는 것이기에, 이것은 곧바로 인간의 새로운 제2의 탄생을 의미한다. 그러므로 어떻게 돈과 비교될 수 있겠는가? 그 자체만으로 존재해야 하는 인간(human)을 위한 지식은 바로 무형의 가치이며, 돈으로 환산하기는 어려운 일이 아니겠는가?

우리가 인간으로서 마땅히 추구해야 할 최고의 가치관은 바로 이 지고(至高)의 선(善)이라고 하는 가치관이다. 즉 인간 생활에 있어서 최고의 목적과 이상이며 행위의 근본 기준이 되는 것이 바로 선이기 때문이다. 이 지고의 선, 즉 고대 철학에서는 어떤 형태의 지식이나 행복 등과 같이, 지고의 선이라고 불리는 것에 접근하는 법-다시 말하자면 타인의 미덕과 자신의 행복이 일체가 되면서 완벽한 균형에 도달하는 것-은 과학적 지식으로부터, 좀 더 정확히 말하면 고대인들이 과학적 지식이라고 생각했던 것으로부터 나온다고 여겼다. 그런 의미에서 생각해볼 때 지식의 추구가 최고의 인간을 만든다고 판단한다면, 지식을 추구하는 학문이야말로 인간이 꼭 높이 평가해야 할 가치관이 아닌가 생각한다.

4.
왜 인간은 지성과 인격을
갖추어야 하는가?

인간이란 '동물이면서 이성적인 존재'라는 것에서 그 의미를 찾아야 할 것으로 본다. 인간이 동물로서 존재하고 그렇게 살아가려면 지성과 인격을 갖추지 않아도 될 것이다. 동물의 범위를 벗어나 이성적인 인간으로 살아가려면 반드시 지성과 인격을 추구하며 살아가지 않으면 안 된다.

육체를 성장시킬 수 있는 것은 음식이다. 인간의 본질로서의 이성을 성장하게 하는 것은 지식과 인격이라고 생각한다. 뿐만 아니라 인간은 동물이고 동물로서의 욕구를 충족하며 살아가야 하지만, 그것만으로는 충분하지 못하기 때문에 무언가 그 이상을 추구하게 된다. 즉 생물학적인 욕구인 먹고 싶은 것을 먹고 성적인 욕구를 충족하는 것 이상의 가치를 추구하지 않으면 안 된다. 이점이 바로 동물과 다른 인간이 추구해야 할 지성과 인격인 것이다. 인간이 지성과 인격을 쌓아야만 하는 이유로는 정신적이고 도덕적인 삶을 살고자 하는 것이며, 신이 인간에게 부여한 의무감을 성실히 이행하는 것이기도 하다. 또한 영원한 인류의 번영을 기하기 위한 것이다.

이와 관련해 『명상록』(마르쿠스 아우렐리우스, 2007)에서 보면 "더 훌륭한 인간이 되고자 노력을 기울이는 이런 사람이야말로 신의 사제(師弟)요, 신의 종(servant)이다. 그는 내면에 깃들어 있는 신성(神性)에 귀 기울임으로써 쾌락에 의해 더럽혀지지 않고, 어떤 고통에도 상처받지 않으며, 어떤 모욕(侮辱)에도 해(害) 입는 법이 없다."라고 기술하고 있다.

인격(personality)의 성장은 일면에 있어서는 고통과 비례한다. 이 말은 그 정도로 자신에 대한 깊은 성찰을 위해 주관적인 자신을 떠나 객관성에 눈을 뜨려고 하는 아픔이 존재한다는 의미일 것이다. 자신의 아픔을 승화시키고 자신의 감정을 통제하는 것은 성숙으로 가는 지름길이기도 하다. 성숙된 인간은 인격이 높은 사람이기 때문이다. 인격은 단순한 언어의 기교로는 표현할 수 없는 자질인 진실과 정직, 선을 갖추어야 그 핵심을 이루게 된다.

『시간 관리와 자아실현』(유승은, 1998)에서도 보면 "인격은 그 자체가 감화하는 힘을 가지고 있다. 얼굴 모습만 바라보아도 감동을 느끼게 하는 사람들이 있다. 그들은 인간에 대해 깊은 통찰과 이해를 할 수 있는 능력을 가졌기 때문에 마음을 편하게 해주며, 상대방이 몇 마디 표현하지 않아도 의사소통은 잘 이루어지게 된다."라고 말하고 있다. 우리는 사회생활을 하는 동안 많은 사람들을 접하게 된다. 인간은 개별적으로 생긴 모양이 다르듯이, 생각하는 마음의 상태도 제각기 다르다. 그렇게 많은 사람들 중에서도 어떤 사람을 만나보면 몸에서 배어나오는 향기가 선(善)으로 충만된 느낌을 주는 때가 있는가 하면, 어떤 사람은 서로가 마주쳐 대화를 하자마자 화합보다는 반목적(反目的)인 자세를 취한다. 그리고 마음에서 품어져

나오는 인상이 무언가 적대감을 비롯해 삐뚤어지고 모난 성품을 느끼게 하는 경우가 있다. 이런 관계에 직면하고 보면 항상 느끼게 되는 것은 우리의 몸에서 착함이 배어나오도록 인격적인 수양이 필요하다는 것을 알게 된다.

『나누리』(심수명, 2008)에서는 "진심으로 자기를 존중하고 내면의 인격적(人格的) 존엄(尊嚴)을 만들어가며, 자신의 외모를 다듬어야 매력적이다."라고 말한다. 이것은 상대방이 아닌 자신의 차원에서 외모에 앞서 인격을 높여 가야 하며, 외모를 인격의 힘에 의해 다듬어진 결과로 보는 것이다. 항상 내면의 인격을 중요시하는 것이 곧 자신의 이미지를 잘 가꾸는 것이라고 생각된다. 사람이 인격을 함양한다는 것은 생각만큼 쉬운 일이 아니다. 특히 치열한 경쟁 사회에서 살아남기 위해 최대한으로 자신의 꾀와 수단(手段)을 발휘하며 살아간다. 자신을 보호하기 위한 지나친 꾀와 교묘한 수단이 자칫 잘못하면 남에게 상처를 입히게 된다. 그러나 정작 자신은 아무런 죄책감이 없이 당연한 것으로 생각하며 살아가는 사람이 있다. 이것은 오직 자신의 양심의 기준에 따르기 때문에, 사람마다 마음속에 존재하고 있는 양심을 측정하기란 쉽지 않다.

이와 같은 문제를 다스리기 위해서는 오직 지성과 인격을 높여야 한다. 특히 인간이 만물의 영장이 되려면 화목(和睦)과 화평심(和平心)을 이루어야 한다. 화목은 남과 나의 관계에서 이루어지며, 화평심은 나의 내면(內面)에서 이루어지는 것이다. 화목은 "나와 남과의 사이에서 서로 뜻이 맞아 정다운 것"이다. 화평심은 "자기의 마음이 평안한 것, 즉 마음이 굴곡이 없이 수평을 이루어 안정되는 것"이다. 인간이 만물의 영장이 되기 위해 왜 엉뚱하게도 인간끼리 화목하고 스스로 화평해야 하는지? 좀 이해가 가지 않는 부분이 있을 수 있다. 그런데 이것은 오직 인간으로서의 자신의 도리와 본분을 지키려고 하면 남과의 화목은 말할 것도 없지만, 본인 스스로의 내면이 안정되고 충일해야만 만물을 능히 지배하고 관리할 수 있다는 의미인 것으로 받아들여진다.

초목(草木), 금수(禽獸), 인간(人間)이 각각 다르며 각자가 살아가는 법(法) 또한 다르다고 할 수 있다. 즉 생명이 부여된 것에는 크게 초목과 금수와 인간이 있다. 이 세 종류는 어떻게 다른가? 인간과 사물이 본성적으로 차이가 있느냐 없느냐 하는 '인물성동이론(人物性同異論)' 문제는 조선 성리학적 논변의 3대 주제 가운데 하나라고 볼 수 있다.

그 핵심 내용을 인용해보면, "본성에는 세 가지 등급이 있다. 초목의 본성에는 생명이 있으나 지각(覺)이 없다. 금수의 본성에는 생명이 있는 위에 또한 지각이 있다. 우리 인간의 본성에는 생명과 지각이 있으면서 다시 영묘함(靈)이 있고 선함(善)이 있다"(정약용, 『중용강의보(中庸講義補)』).

이 문제는 매우 중요한 의미를 갖는다. 왜냐하면 본성의 정의에 따라 삶의 법칙이 달라지기 때문이다. 그중에서 우리 인간과 다른 동물과의 차이점은 영묘함과 선함인데, 그것은 이성이라고 하는 지성과 인격을 보유함으로써 더 가까이 접근할 수 있다고 본다.

여기서 지성과 인격에 관해 한번 살펴보기로 하자.

먼저 지성(知性)의 사전적 의미는 '교양과 지식을 풍부하게 갖추고 있는 상태이다.'로 되어 있다.

이와 관련하여 지식과 관련된 창조 행위에는 기능 분포의 최상단에 위치한 고도로 교육받은 창조적 기능이 요구된다는 것이다. 또한 지식이 전개되기 위해서는 광범위한 고품질의 기능과 기능 분포의 중하위권에 대한 교육이 요구된다. 나는 이렇게 생각한다. 아마도 지성(知性)을 갖추었다는 조건은 지각(知覺)된 것을 정리·통일하여 새로운 인식을 낳는 데 어려움이 없는 정신적 기능이라고 생각한다. 하지만 평범한 우리들이 생각할 때 지식인이 된다는 것은 자기를 보호하기 위해서이고, 또한 지식을 획득하는 목적은 사고(思考)의 폭을 넓히는 데 있고, 노력의 목적은 신분 상승과 자신을 한층 더 고매하게 하기 위함에 있을 것이다.

그런가 하면 『서양철학사』(앤서니 케니, 2004)에서는 "우리가 지성의 능력을 발휘한다면 우리는 자유로운 상태에 있는 것이다."라고 말한다. 이 글귀에서 자유로운 상태라면 지성으로 삶의 장애를 극복하여, 보다 능동적이고 적극적이며 원활하게 살아가는 데 있어서 어떤 구속, 속박, 지배에서 벗어나는 것을 의미할 것이다. 얼마나 가치 있는 정신적 힘인가?

또한 지적인 힘을 갖추었다고 하면 어떤 대상이나 사물에 부딪쳤을 때 받아들이는 명확한 인식이나 이해심, 통찰력이 있어야 하고 사회규범이나 예절을 지켜야 할 것이다. 더구나 지식을 함양해야 하는 더 중요한 이유는, 단순히 지식을 축적해 생활에 활용하는 것만이 아니라, 그 이상으로 인간이라는 개인적인 존재를 진정으로 고양시킬 수 있어야 한다는 것이다. 즉 지식을 축적하는 이유는 지식을 통한 자기 자신이라는 존재의 성숙된 변화 및 변신(變身)에 있는 것이다. 그렇게 함으로써 그 행위에서 우러나오는 품위와 인간미에 우리는 마음속으로 절로 감탄하지 않을 수 없게 된다.

그런데 지성의 힘이란 정말 무섭도록 남에게는 위협적이면서 교활하기까지 한 것이다. 지성의 힘을 갖춘 사람이 갖추지 못한 사람에 대해 미치는 직·간접적인 영향은 실로 크다. 지성의 힘이란 내부적으로는 선과 악을 포함해 모든 것을 확실하게 알고 있으면서, 겉으로는 악을 배제하고 선을 행사하게 되는 것이다. 왜냐하면 남으로부터 외부적으로 악이 자신에게 가해지면, 악을 방어하기 위해서 자신의 악에 대한 판단적 기준을 생각해보고 외부에서 침입해 오는 악을 막아야 하기 때문이다. 그래서 악을 알아야 한다. 여기에 지성의 위력적인 힘이 발휘되는 것이 아닌가 생각한다.

지성을 갖춘 사람이 유념해야 할 것은, 차원 높은 지성을 추구하기 위한다면 지성을 도덕과 양심 위에 쌓아야 한다. 그렇지 않고 지성이 비도덕과 비양심 위에 쌓이게 된다면, 악한 자가 될 수 있다는 점이다. 다른 일정 부분을 포기하지 않으면 안 된다. 비양심적인 욕망의 추구를 어느 정도 포기하지 않으면 훌륭한 지성을 쌓기는 힘들다. 왜냐하면 그 정도로 지성은 그것을 쌓기 위해 에너지를 소비해야 하는 제약성이 있기 때문이다. 지성으로 가는 길이 험하다고 할 수 있을 것이다.

다음은 인격(人格)[66]에 대해 살펴보고자 한다.

올포트에 의하면, 개념적 정의를 내릴 때 "인격이란 단어는 전통적으로 각 개인의 행동이 평가되는 도덕적 기준이나 하나의 가치체

---

66) 인격의 의미는 사전적 풀이에 의하면 '사람이 사람으로서의 가치를 지니는 데에 필요한 정신적 자격, 또한 도덕적 행위 주체로서의 개인' 등으로 규정된다.

계를 의미한다."로 되어 있다. 이것은 실제로 윤리적인 개념으로, 개인적 자질이 사회적으로나 윤리적으로 바람직한가를 판단하는 것을 말한다. 그런가 하면 인격의 자리는 마음이며, 인격은 지성과 감정과 의지로 구성되며, 성격(性格)[67]은 넓은 의미의 인격을 구성하는 중요한 요소이다. 성격은 가치중립적 개념이고 ,인격은 도덕적인 가치를 함축하고 있는 개념이다. 인격은 도덕적 가치평가를 함축한 것으로 보아 비난의 대상이 될 수 있으나, 성격은 가치중립적이어서 도덕적 비난의 대상이 될 수 없는 것이다.

일반적인 동물과 다른 만물의 영장인 인간으로서 갖추어야 할 도덕적 행위의 주체로서 옳음과 나쁨, 착함과 악함을 판단하게 할 수 있는 것이 인격적 작용이다. 이런 행위는 자율적 의지를 가진 존재로서의 인간의 품격이니, 이 또한 얼마나 존귀한 무형의 정신적 가치인가? 인격은 오직 이성을 가진 인간만이 갖출 수 있는 것으로서, 신의 특별한 사랑과 관심이 있었기 때문이라고 생각한다.

하지만 인격적인 사람이 되기란 여간 힘들지 않다. 인격 역시 타고나는 것이나 다름없듯이, 아주 오랜 기간 갈고 닦아야 습득할 수 있고, 아니면 어릴 때부터 습관으로 몸에 배어 있어야 가능하다. 인격을 뒷받침하는 최고의 버팀목은 습관이라고 한다. 습관을 형성하려면 오랜 기간 동안 정신수양과 단련이 필요하다. 정신적 단련은 자기 존중과 습관에 대한 의지, 의무에 대한 책임감이 있어야 한다. 또한 인격과 비슷한 말은 품위이다. 품위 역시 그렇지만 인격

---

67) 성격의 의미는 사전에 의하면 '언행이나 사고방식 또는 몸가짐 등 사람의 정신생활의 모든 면에서 나타나는 각 개인에게 특유하면서도 어느 정도 지속적인 감정, 의지, 행동 따위의 경향'을 뜻한다.

또한 그렇다. 여기에는 시간과 돈, 지성, 습관이 요구되기 때문에 어려운 것이다.

인격의 특징 가운데 하나는 남을 대하는 자신의 태도에 있다. 어른, 동료, 이웃, 선배, 아랫사람들에게 보여주는 품격 높은 처신이다. 이것은 상대방에 대한 존경심이기 때문에 남을 공경해야 하고 자신의 품위도 유지해야 한다. 상대방에게 관대하면서도 친절한 인상은 무엇과도 바꿀 수 없는 자신을 대신하는 보증수표나 다름없다. 친절한 말과 행동으로 자신을 나타내야 한다. 이런 말이 있다. 친절과 교양은 어느 자리에서든 높은 직위와 그 밖의 여러 분야에서 활동하는 사람의 성공에 꼭 필요한 것인데, 그것이 없으면 많은 근면과 성실함, 그리고 정직한 인격의 성과가 대부분 퇴색한다고 한다. 문제는 인격을 높인다는 것은 시간과 돈, 교양이라는 여유가 함께 있을 때 몸에서 풍겨나오는 향기와 같은 것이다.

이와 관련하여 미국의 사회심리학자인 레온 페스팅거(Leon Festinger)의 "인지부조화 이론(theory of cognitive dissonance)[68]이 있는데, 이 이론은 인간은 이성적인 존재일 수도 있지만 합리적인 존재일수도 있다."라고 설명한다. 여기서 이성적인 존재가 아닌 합리적인 존재가 될 때 인간은 비인격적인 존재가 될 수 있다는 것이다.

---

68) 인지부조화(認知不調和)란 1950년대에 미국의 사회심리학자 레온 페스팅거가 주장한 이론으로, 사람은 자신의 믿음이 틀린 것으로 밝혀졌을 때 잘못된 믿음을 인정하기보다는, 현실을 자신에게 유리하게끔 왜곡한다는 이론이다. 잘못된 믿음을 인정하는 데 심리적인 고통이 너무 크기 때문에, 오히려 현실을 왜곡해서 자신을 잘못된 것이 없다고 자기합리화를 한다는 것이다. 레온 페스팅거의 인지부조화 이론인 자기 합리화는 병든 인격이 사용하는 사회적 방어 기제이다. 하지만 부조화가 생긴다 하더라도 누구나 다 자기 합리화를 하는 것은 아니다. 자신의 신념이 잘못되었다는 것을 받아들임으로써 새로운 지식으로 축적하는 사람도 있기 때문이다.

여기에서 자신이 꼭 이성적인 존재를 고집해야 하느냐, 아니면 자기에게 편리하고 유리한 방향으로 변해서 자신을 합리화하느냐는, 오직 자신의 의지에 달려 있다고 하겠다.

그리고 인격에 대한 윤리적인 의미를 살펴본다면 "도덕적 행위의 주체로서 진위(眞僞), 선악을 판단할 수 있는 능력과 자율적 의지 등을 가진 존재"로 되어 있다. 여기서 '자율적 의지'가 중요한 의미를 갖는다. 자율적 의지라는 것은 '스스로 판단해 책임을 지며 자신의 행동을 통제(統制)하고 제어(制御)하는 힘'이라고 할 수 있다. 이 자율적 의지 속에는 '자신의 행동을 통제하고 제어하는 힘과 스스로 법규를 지키고 양심에 입각하여 도덕적 규율을 지켜야 함이 함축되어 있다'고 할 수 있다.

『한국 전통 철학사상』(김종문·장윤수, 1995)에서도 보면 퇴계와 칸트는 모두 도덕법 그 자체가 인간에게 의식되는 형식이 명령어의 형식을 가진다고 보았다.

"퇴계의 '이(理)'는 우주의 본체로서 존재자의 근원성이 되는 본질인 동시에 인간에게 선천적으로 주어진 순수 지선(至善)한 성(性)이며, 또한 인(仁)다. ……이에 대해 칸트는 인간에게 선천적으로 주어진 도덕법은 신성(神性)하다고 보며, 자연인과율에 독립해서 도덕법에 스스로 복종할 수 있는 인간 존재의 능력을 인격성이라고 말한다."

곧 퇴계의 경우 인격이란 우주 자체가 존재하는 데 근원성이 되는 본질인 동시에, 칸트의 경우는 도덕법은 신성하고 자연인과율을 초월한 스스로 복종해야 하는 의무감이다. 그래서 도덕법을 준수해야 하는 당위성인 것으로도 표현할 수 있는 것이다. 이것이 인격과 관련해서 아주 중요한 내용이다. 오직 만물의 영장인 인간, 즉 이성적 존재에게만 부여된 참답고 올바르게 살아갈 수 있는 정신적 힘이 '자율적 의지'라고 아니할 수 없다. 그러면 인격의 주류를 이루고 있는 '도덕적 행위의 주체로서 진위(眞僞), 선악을 판단할 수 있는 능력과 자율적 의지'는 곧 지성과 양심이 아니면 감당하기 어려운 윤리적 의무감이 아닌가 생각한다.

왜 인격자가 되기 위해서 지성(知性)을 갖추어야 하는가? 교육을 많이 받은 사람은 사회규범이나 예절 등 사회생활 전반에 필요한 폭넓은 지식이나 정보를 갖추고 있다. 그들은 독서를 통해 스스로 많이 배우고 익히며, 옳은 지성을 갖추게 되고 지각(知覺)을 얻어 삶에 대한 원리를 깨달아서, 사물의 이치나 도리를 분별하는 능력을 키운 사람들이다. 학문을 하고 연구하거나 자신이 체험하여 우주 자연현상을 알게 될 때, 우리는 우리가 살고 있는 세상의 원리와 현상을 아는 힘을 갖추게 된다. 그래서 우리 인간들의 행복은 남에게 덕을 베푸는 데서 오며, 덕(德)은 착함을 행하는 것으로 가능하다고 할 수 있다.

인격은 남을 위해서만 필요한 것이 아니다. 오히려 자신의 삶을 완성하기 위해서도 반드시 함양해야 하는 필수 요건이다. 오직 자신의 내면으로부터 인내와 고통을 참아가며 눈물로써 성장한 경우가 아니라면, 참다운 인격을 함양하기가 그렇게 쉬운 것은 아닐 것이다.

사람은 누구나 태어날 때 무지(無知)와 가공되지 않은 성격으로 태어난다. 이 같은 성격을 유순하게 다듬고 손질하는 데는 자신의 뼈를 깎는 아픔이 수반되지 않으면 안 된다. 그렇지 않으면 획득하기 어려운 자질이 아니겠는가? 나이를 먹어 늙어가면서 자신의 수양이 미흡해 인격을 갖추지 못했다고 한다면, 짐승과 무엇이 다르겠는가? 진실한 삶은 나의 소유인 동시에 남과의 관계에서 이루어지는 것이다. 사회생활을 하며 활동을 많이 하는 것도 중요하지만, 자신의 내면을 충실히 가꾸고 인생의 열매를 맺도록 성숙하는 것이 더 중요할 것이다.

5.
정체성이 삶에 미치는 영향

삶이란 무엇인가? 무슨 의미를 부여할 수 있는가? 우리는 왜 이렇게 태어나서 고생하다가 세상을 떠나야 하는가? 깊이 생각해보지 않을 수 없는 문제이다.

2011년 3월 11일 일본 후쿠시마 원전사고 당시 방사능 누출을 막기 위해 원자력 발전소에 근무했던 전문 인력들은 가정과 생명을 포기하고 국가와 민족을 위해 자신들의 맡은 바 업무를 수행해야만 했다. 본인은 방사능 피해를 입을 것을 각오하고, 원전 방사능 누출을 방지하기 위해 그곳에 투입되었다. 오직 국가를 위해 마땅히 행해야 할 사명감에 의해서 행해진 것이다.

우리나라는 어떠했는가? 서해 앞바다에서 천안함을 타고 국방의 임무를 수행하다가 삶을 마감한 젊은 군인들의 죽음을 어떻게 바라보아야 하는가? 자신의 주어진 임무를 수행하기 위한 사명감의 발로가 아니었을까.

삶이 이와 같다면 우리는 생의 의미를 어떻게 받아들이고 인생을 살아가야 하는가? 삶에서 무엇을 실현해야 하며, 삶의 목적과 삶의 방향을 어디에 두어야 하는가? 저마다 삶의 목적을 이루기 위해서 어떻게 살아가야 할 것인가? 세상을 떠나기 전에 무슨 업적을 쌓아서 남길 것인가? 정신적인 가치를 소중히 하겠는가? 물질적인 풍요로움을 원하는가? 신(神)은 존재한다고 생각하는가? 왜 그렇게 생각하게 되었는가? 무슨 종교를 갖고 싶은가? 이 같은 물음에 확고하게 답할 수 있는 마음가짐이 되어 있다면, 당신은 정체성이 확립되었다고 볼 수 있을 것이다.

인간은 특성상 20년 이상의 성장 기간이 필요하다. 인간은 교육받고 자신이 체험해 느낀 것만큼 깨닫게 되고, 그 정도로 성장할 수 있다. 어떤 사람은 80년간 살아도 생의 의미를 모르고 살다가 죽는 사람도 있고, 어떤 사람은 40년간 짧게 살아도 생의 의미를 알고 불후의 작품을 남기고 세상을 떠난 사람도 있다. 개인마다 생의 의미를 받아들이는 정도가 다르기 때문이다. 이는 곧 정체성과도 관련이 있다고 하겠다.

정체성 형성에 크게 영향을 미치는 것은 신에 대한 믿음이다. 신이 존재하던 존재하지 않던 우리의 삶에서 믿음이 있고 없고는 삶에 지대한 영향을 미치게 된다. 아무튼 삶이 진행되는 과정에서 신에 대한 믿음의 차이는 적극적이고 긍정적인 삶을 살아가느냐, 아니면 소극적이고 부정적인 삶을 살아가느냐의 차이를 만들어낸다고 본다. 이와 같은 삶의 자세에 따라 정체성 형성의 문제는 다르게 나타난다고 할 수 있을 것이다.

정체성이란 무엇인가? 우리 인간이 세상에 태어날 때 가지고 온 의식의 바탕을 자성(自性), 혹은 본성이라고 한다. 자성은 자연으로부터 유래된 도야(陶冶)되지 않은 순수한 원형(原形)일 것으로 본다.

그러나 인간이 차츰 성장하게 됨으로써 유전적인 능력과 개체에 따른 기능이 발휘된다. 삶을 살아가기 위한 제2의 자아(自我)가 형성된다.

이와 같이 오랜 기간을 통해 새롭게 형성된 자아는 쉽게 변하지 않으며, 삶을 살아가는 데 있어서 자신의 철학이 되고, 삶의 자세와 상상적인 구조적인 틀을 만들게 된다. 이것이 자아를 이루게 되는 정체성으로 나타난다. 달리 말하면 자아 정체성이, '나는 누구인가'에 대한 답변과 같이 '나 자신에 대한 통합된 관념이며, 또한 개인 안에 지속적인 동일성이 존재하는 것'이라고 말할 수 있을 것이다.

본인의 정체성은 개인의 견해, 생에서 바라는바 이상(理想), 행동기준, 그리고 사회적 역할에서 드러난다. 여러 학자들이 말하는 정체성 형성의 구성 체계를 보면, 이성적 바탕, 개인의 신체적 특성. 주변 환경, 현재까지 살아온 경험, 미래에 대한 목표, 그리고 성취 가능성, 노력을 위한 의지 등이 어우러져 새롭게 태어난 자기라고 말하고 있다. 정체성은 자기가 어떻게 살아갈 것인가 하는 독특한 삶의 방식인 정신력이 된다. 이 정신력은 일회성이 아니고, 죽을 때까지 쉽게 변하지 않는 생명력 바로 그 자체인 것이다.

정체성(Identity)의 사전적인 의미를 살펴보면, '상당 기간 동안 비교적 일관되게 유지되는 고유한 실체로서 자기에 대한 경험을 나타낸다'라고 기록되어 있다. 즉 정체감은 주관적 경험으로서, 자신이 세상 안에서 다른 사람들과 함께 한 개인으로서 존재한다는 자각으로부터 연유된다. 『대상관계의 이해와 적용』(유근준, 2008)을 참고하면 "자아 정체성(ego identity)은 내면화 과정이 조직되는 가장 수준 높은 단계이다. 그는 켐베르그(Kemberg, 1976)를 인용해 자아 정체성을 "자아의 종합 기능 아래 동일시와 내사가 전체적으로 조직화된 것"이라고 정의했다. 켐베르그(Kemberg, 1976)는 "성격의 구조화란 계속되는 대상관계의 내면화를 통해 이루어지는 것이며, 이 내면화된 대상관계의 묶음들이 통합되고 공고화되는 과정이 자기가 발달되는 과정이라고 보았다. 그리고 이 구조화와 통합 과정에서 생기는 장애가 곧 병리를 초래한다."고 설명했다.

정체성이란 어쩌면 주체성, 개성과 유사한 뜻으로 볼 수도 있을 것이다. 좀 더 부연설명한다면, 어린이가 부모나 가족으로부터 차별화되고 사회에서 취득하는 과정을 발전시키게 되는 자아로 볼 수 있다. 즉 정체라는 개념은 주체라는 개념으로 환원되기도 하는데, 그것은 정태적(情態的, 本性)이라기보다 동태적(動態的)인 개념이다. 즉 자아(ego)와 타자(the other) 간의 분류 근거이기도 하다. 따라서 항상 비교 대상이 있다는 전제하에 이루어진다. 예를 들어 '나의 정체성'이라고 할 때 '다른 사람과 나를 구분 지어주는 것', 이것이 곧 나의 정체성이다.

그런가 하면 어떤 문헌에 의하면 정체성이라는 말은 라틴어 Identitas에서 유래한 것으로서 '동일한 것이다', '그 사람에 틀림없는 본인이다', '그것의 자기 자신', '정체' 등의 의미를 지니고 있다. 즉 정체성이란 자기의 연속성, 단일성, 또는 독자성, 불변성이고, 또 이와 같은 개인의 동일성에 대한 의식적(Conscious sense of individual identity)인 것이다.

정체성 형성의 시기는 언제인가? 물론 유아기·유년기 때부터 시작된다고 하겠지만, 아무래도 청소년기인 사춘기가 가장 크게 작용하는 시기라고 생각한다. 에릭슨은 정체성 형성에 청소년 시기가 중요하다고 말한다. 즉 "청소년기가 갖는 발달적 측면, 사회적 변화를 개인이 어떻게 수용 극복하느냐에 따라서 자아 정체감이 다르게 형성되고, 이때 형성된 것은 변화가 어렵다"는 것이다. 정체성은 아마도 제2의 자아가 탄생되는 시기, 다시 말하면 세상을 혼자 살아갈 수 있는 나이, 즉 자립심이 길러지면서 자신을 알게 되고 사회를 알게 되며 삶을 알게 되는 시기인 사춘기 전후의 시기에 가장 많이 형성되리라고 본다.

정체성 형성에 영향을 미치게 되는 요인들을 살펴보면, 가정환경으로서 부모의 사회적인 지위, 가정의 경제력, 교육수준. 자신의 타고난 성격이나 외모, 출생 순서, 그 외에도 부모나 가족 등의 이별, 살아가면서 자신이 겪게 되는 신체적인 손상, 성장 중의 고생과 경험, 훌륭한 스승이나 친구의 만남, 도시에서 살았느냐 농촌에서 살았느냐의 차이, 사랑을 주고받을 수 있는 능력, 현재까지의 실패와 성공 정도, 남들로부터 받아 형성된 자화상(自畵像), 인간관계 수준, 그리고 자기가 태어난 시대성 등이 총체적으로 합산된 공약수에 의한 것으로 본다.

이와 관련하여 정체성 형성과 비슷한 예를 들어보면, 산속 계곡의 물에서부터 흘러내려온 돌이 바닷가에 왔을 때 몽돌이 되었다면, 이 몽돌의 모양은 본래 돌 자체의 단단함의 정도와 물에 밀려오면서 계곡의 파인 형태의 부딪힘에 따라 달라질 수 있다고 하겠다. 어떤 돌은 정원형, 어떤 돌은 타원형 등으로 몽돌이 되었을 것이다. 이와 같이 인간의 정체성이란 이 돌에 비유한다면, 돌은 형태에서 나타나지만 인간에게는 정신력으로 나타날 것이다. 그래서 그 몽돌을 수석으로 사용하거나 건축 재료에 사용할 때, 단단함의 정도와 모양에 따라 사용처가 달라질 수 있듯이, 사람에게도 정체성 형성에 따라 사회적으로 삶을 살아갈 때 저마다 개별성을 보이게 될 것이다.

그렇다면 어떤 환경에서 성장할 때 가장 바람직한 정체성 형성이 이루어질 수 있을까가 중요하지 않을 수 없다. 단정적으로 말할 수 없지만, 대략 이런 조건과 원인을 생각 할 수도 있을 것이다.

첫째, 타고난 훌륭한 유전적인 요인과 원만한 성격, 건강한 신체적 조건 등이 영향을 미치게 될 것으로 본다. 훌륭한 유전적인 요인은 자신의 지적 재능이나 소질 등이 될 것이고, 원만한 성격은 급하다든지 모나지 않은 성격 등을 말할 것이며, 건강한 신체적 조건등은 활발하게 자신의 삶을 유지 할 수 있는 힘일 것이다.

둘째, 부모를 잘 만나고 가정환경이 좋아야 할 것이다. 자신의 정체성 형성에 부모의 사회적인 수준은 그렇게 중요하지 않다고 한다. 어쩌면 오히려 부모의 사회적인 높은 지위가 나쁘게 작용할 수도 있다. 경제력은 무조건 부유하다고 좋지는 않겠지만, 반드시 최소한은 확보해두어야 할 것이다. 교육수준은 높을수록 좋을 것으로 본다.

다만 정체성이란 오직 좋은 조건, 자극이 없는 조건에서만 바람직한 방향으로 형성되는 것이 아니고, 반드시 부정적인(negative) 조건이 함께하면서 비교하고 아픔을 견디면서, 그 상호작용에 의해 순수한 정체성의 알맹이가 축적되고 굳어진다. 때에 따라서는 오히려 삶의 부정적인 조건들이 모여서 억압되고 위축된 상태가 반사적이고 보상적으로 더 좋은 정체성을 형성시킬 수 있다고 본다.

셋째, 신체적 조건을 들 수 있을 것이다. 어떤 사람은 건강하면서 아름다운 외모를 갖추고 성격도 양호한 사람이 있는가 하면, 어떤 사람은 신체적인 조건이 불구의 몸이라든가 남에게 혐오감을 주면서 성격도 모가 나는 사람이 있을 것이다. 그러나 후자의 사람이 어려운 환경 속에서 불굴의 의지가 형성되어 유명해지는 경우는 역사적으로 많이 볼 수 있는 사례이다. 그리고 보면, 정체성이란 꼭 자신의 신체적 조건이 좋다고 해서 좋게 형성된다고만은 할 수 없다. 이런 점은 성격 형성과는 다소 다르다고 할 수 있을 것이다. 그러나 이런 사례는 특수한 사례이고, 보편적인 사회생활 속에서 인생을 무사히 살아가려고 한다면, 신체적인 조건이 양호한 사람이 보다 건전하고 좋은 정체성 형성이 이루어지리라 본다.

넷째, 성장 과정이 중요하다고 할 수 있을 것이다. 어린이 집에서부터 유치원, 초·중등학교의 과정까지, 또래 아이들 속에서 주고받는 관계와 선생님으로부터 받는 사랑은 물론 외면(外面)이나 무시(無視)에 이르기까지, 특히 자신의 학업 성적은 자신의 정체성 형성에 지대한 영향력을 준다. 무조건 성적이 좋고 사랑을 많이 받았다고 좋은 정체성이 형성되는 것은 아니다. 사랑과 미움, 성공과 좌절이라는 경험 속에서 자신의 성장에 도움이 될 수 있는 영양소를 흡수하게 된다면, 정체성 형성에는 문제가 없을 것으로 본다.

다섯째, 부모의 갑작스런 죽음이나 가족 간의 이별도 마찬가지이다. 지나치게 어린 시절 부모를 잃었다면 올바른 성장과 함께 정체성 형성에 문제가 발생할 수 있지만, 어떤 사람은 편모 가정에서 자라거나 외할아버지의 도움으로 더 훌륭하게 정체성이 형성되어 훌륭하게 성장한 예도 없지는 않다.

하지만 정체성은 특성상 어떤 유형이 바람직한 정체성이다, 아니면 좋지 못한 정체성이라고 딱 잘라 말할 수 있는 성질의 것이 아니다. 정체성 형성이란 아주 높고 맑은 골짜기에서 난 향기가 진할 수도 있는 환경이 조성될 수도 있지만, 아주 더러운 시궁창에서도 정화(淨化)를 잘 이루면 아름다운 연꽃이 피어날 수 있는 환경이 조성될 수도 있기 때문이다.

문제는 복잡하고 얽히고설킨 환경 속에서 자신의 마음을 얼마나 잘 정화시켰느냐 하는 것이 정체성 형성에 중요하게 작용하지 않을 수 없다고 생각한다. 그러니 연꽃이 아름답게 필 수 있도록 시궁창의 오염 물질이 잘 정화되는 것처럼, 인간도 인생의 좋을 결실을 맺을 수 있는 성질, 즉 정체성이 형성될 수 있도록 자신의 마음을 잘 정리하여 결정체를 형성하는 것이 중요하다. 그러나 정체성이란 본디 그 본질의 문제가 그 자체성에서 나타나기 때문에, 좋은 정체성이니 나쁜 정체성이니 하는 그 결과보다는 형성 과정이 제대로만 형성되면, 그것으로서 정체성 형성의 의무는 끝난다고 할 수 있다고 본다.

이런 조건과 원인으로 인해 자신의 정체성이 형성되는 과정을 보면 다음과 같이 기술할 수 있을 것이다.

첫째, 객관화된 자아의 모습을 통해서 형성된다고 본다. 정체성 형성에 크게 영향을 미치는 것은 남과 비교함과 동시에 자신을 재음미함으로써 객관화된 자기 모습을 통해서 정체성이 형성되리라 본다. 미국의 사회심리학자 페스팅거(Leon Fstinger)는 실험적 기법에 의한 사회 현상의 기초 과정을 분석했는데, 그중에서 자기의 능력을 객관적으로 평가하기 위한 사회적 비교라는 이론69)을 제시했다. 또한 그는 자기를 연구한 학자로서, 자기의식이 본질적으로 반사적(反射的)이고 반영적(反映的)이라는 점을 강조했다. 그래서 이와 관련해 쿨리의 경영 이론(鏡映理論, looking glass theory)70)을 적용했다.

이렇게 자신의 정체성 형성에 크게 영향을 주는 것은 타자와 자기를 비교함으로써 객관화된 자신을 발견할 때, 자신의 부족하고 잘못된 부분을 보완 교정함으로써 올바른 정체성을 형성하며 성장하게 된다는 것이다.

둘째, 사회문화적 측면을 통해서이다. 우리가 성장하고 정체성을 형성하는 데는 그 시대의 사회적인 배경, 즉 문화적 측면이 영향을 미치게 된다는 것이다. 이와 관련된 이론으로 마커스와 멀랄리(P. R. Mullally)의 협동 연구에서는 사회문화적 맥락과 자기형성 과정의 관련성을 '셀프웨이즈(selfways)'와 '셀빙(selving)71)의 용어로 설명하고 있다.

셋째, 독서 또한 정체성 형성에 크게 영향을 줄 것으로 본다. 특

---

69) 사회적 비교 이론은 '의견과 능력'의 두 가지 개념을 비교개념으로 했다. 즉 "집단 내에서 자신의 의견이 여러 사람의 의견과 어긋나면 불안을 느끼게 되는데, 이때에 '제일성(第一聲)'에의 압력이 작동하게 된다고 생각하며, 능력의 비교에 있어서는 잘한다, 잘못한다는 차이가 판명되는데, 이때에는 '향상성(向上性)'에의 압력'이 작용한다."는 이론이다.

70) 쿨리의 경영이론(鏡映理論, looking glass theory)은 '자기라는 생각은 언제나 타자를 전제로 한다. 우리가 거울에 비친 자신의 얼굴, 모양 옷을 보고 자기의 상태를 알듯이, 우리는 다른 사람이라는 거울에 비친 자신을 보고 자기를 감지(感知)하게 된다.'는 것이다.

71) '셀프웨이즈(selfways)'는 개인의 성장은 자기를 형성하도록 제시하는 공동체의 가치관, 관습, 제도 등에 의해서 자신이 형성된다는 이론이다. 하지만 자기형성 과정이 셀프웨이즈에 의해서만 형성되는 것이 아니고, '셀빙'에 의해서도 형성된다는 것이다. 즉 '셀빙'의 이론은 개인이 갖는 특질에 의한 적성, 능력, 기질 등은 자신만이 갖는 독자성으로 스스로 성장, 발전하려는 노력에 의해서 자기를 형성해 나간다는 이론이다.

히 사춘기에 접어든 청소년이 나쁜 친구들의 영향으로 좋지 못한 음란소설을 읽는다고 한다면 어떻게 되겠는가? 아마도 그 청소년은 호기심에서 나쁜 친구들과 음란행위를 책에서 읽은 대로 하려고 하지 않겠는가? 반대로 가정형편이 넉넉하지는 못해도 도덕적으로 살아가는 부모 슬하에서 한 권의 경서(經書)와 같은 훌륭한 책을 발견하고 그 책을 읽게 된다면, 길을 잃은 철새가 산맥과 바다. 달과 별들의 위치를 파악해 이정표로 삼아 자신의 길을 찾아가듯이, 그 책 속에서 참되게 살아가는 지혜를 얻어 인생관이 변화될 수 있을 것이다. 그러니 자라나는 청소년에게 한 권의 양서(良書)는 미래의 운명을 결정할 수 있는 계기를 마련해줄 수 있다.

사실 자신을 긍정적으로 인도하는 책은 많은 책이 아니라 한두 권의 책으로도 충분하다고 한다. 그래서 자기의 수준에 맞고 자기가 필요로 하며 자기가 살아가려는 목적의식에 도움이 될 수 있는 책이라면, 인생에서 훌륭한 스승을 만난 것이나 다름없는 것이기 때문이다.

넷째, 자율을 통해서이다. 『정신역동상담』(심수명, 2010)에서 보면 "자녀들의 성장에 있어서 자율성은 정체성 형성에 지대한 영향을 미친다. 자녀가 성장하는 이 시기에 지나친 통제는 좌절감을 가져오고, 지나친 자유는 자녀에게 불안정감과 사랑받지 못할 것이라는 느낌을 갖게 만든다. 지나친 통제를 받거나 지나친 방임 속에 자란 아이는 자신의 개인적 정체성에 대한 확신을 갖지 못하게 되어, 그 결과 지나친 자기억제나 공격성을 드러낸다."는 것이다. 또한 자신이 사랑스럽지 않거나 가치 없다고 느끼며 사회에 저항하게 된다는 것이다. 왜냐하면 성장하는 자녀들은 아직 스스로 판단력이 부족하고 뚜렷한 주관성이 없어, 오직 부모의 말씀이 자신의 법이기 때문에, 오직 부모의 말에 자신의 전부를 맡기게 된다는 것이다. 하지만 어느 정도 스스로 선악과 시비를 구분할 수 있는 시기가 되면, 자녀에게 실수할 수 있는 자율성을 부여하는 것이 필요하다고 하겠다. 자녀는 자율(自律)을 통해서 스스로의 경험을 쌓게 되고, 자신의 실수나 잘못을 판단해 스스로 올바른 길을 찾아갈 수 있는, 즉 그 판단력과 주관성이 있게 되어, 이것이 정체성 형성으로 연결된다고 할 수 있을 것이다.

또한 성숙에 관한 심리 전문가인 칼 로저스는 인간이 성숙하는 과정으로서 선천적 성질의 하나로 실현 경향(actualizing tendency)을 들었다. 이 실현 경향이란 경험의 유기체-그것은 장차 자기로 발전하는 것이지만-를 실현하고 보존하고 높이려는 기본적인 생득적 경향이라고 설명한다. 칼 로저스에 의하면 "실현 경향과 함께 애써 노력하는 성질을 충분히 발휘하여 제대로 작용할 수 있도록 유기체적 가치부여 과정(organismic valuing process)을 밟는 것이 필요하며, 그렇게 하는 동안 사람은 자유의지를 갖고 행동을 선택하는 능력을 갖게 된다."고 한다.

이 중에서 애써 노력하는 성질에는 고통과 어려움이라는 성장 환경이 정체성 형성에 크게 기여하리라 본다. 왜냐하면 어려움과 고통이 심리적인 압박으로 작용하게 되면, 자신의 내면으로 돌아와 심리적인 고통에 대응하기 위한 변화를 시도하며, 그 시기에 따른 자신의 성장과 발전을 위한 창조적인 사고가 형성되고, 이는 자신의 정체성 형성에 크게 영향을 미칠 것으로 본다.

다섯째, 주변에 존경하거나 자신이 좋아하는 사람이 있어 그 사람을 닮고 싶을 때, 정체성 형성에 영향을 미치게 된다. 이것이 동일성의 개념이다. 자라나는 청소년에게 자신의 부모님 외에도 주변에 존경하는 스승이나 성직자, 또는 이웃집 어른이라고 해도 좋으니, 진심으로 자신이 그 사람의 삶을 배우고 그 사람의 지위나 직업, 그와 같은 모습을 모방해 살아가고 싶을 때, 자연히 자신도 모르게 그 사람의 생활철학을 익히게 되어 정체성 형성에 영향력을 끼치게 될 것으로 본다.

왜 한 개인에게 정체성이 삶에 지대한 영향을 미치게 되는가? 그것은 바로 한 번 정체성이 형성되고 나면 그 정체성이 변화되기 힘들기 때문이다. 물론 서서히 변화되기도 하겠지만, 그 사람의 내면 구조를 이루게 되는 정신적인 사상(思想), 주체성, 개성의 핵심인 삶의 철학이 굳어지기 때문이다. 정체성이 형성되고 나면 그 정체성의 열매라고 생각되는 어떤 사상, 즉 그 사람의 삶을 어떤 한 형태로 고정하고 발전시키려고 하는 정신이 생성되기 때문이다.

정체성이 형성된 그 이후에는 그 사람을 남이 볼 때, 아! 그 사람은 '어떤 사람이야'라고 한 단어로 표현이 가능하게 된다. 즉 그 사람은 착한 사람이야. 아니면 그 사람은 법이 없어도 살아갈 사람이야. 그 사람은 환갑이 되어도 사람 되기 틀렸어. 아니면 고지식한 사람으로 변화하지 않을 사람이야 등, 이 같은 내용의 말이 붙게 된다. 그 정도로 정체성 형성은 한 사람이 살아가는 데 가치관을 형성하게 하여 그 사람의 삶의 스타일이 되고 인생철학이 되는 것이다.

그렇다면 정체성 형성과 반대의 개념이 있을 수 있다고 본다. 어떤 것이 정체성 형성을 무의미하게 하는가에 대해 철학자 조스케

(W. D. Joske)는 다음의 네 가지로 요약[72] 정리했다. 이런 경우는 자신이 정체성이 형성되었더라도 정체성의 가치를 발휘할 수 없는 경우가 될 것으로 본다. 그리고 조스케의 의미 기준을 살펴볼 때, 의미는 가치와 중요성, 목적과 결과물이라는 네 요소로 구성되며, 네 성분의 조합 비율은 '의미=가치>목적>중요성>결과'의 순서라고 한다. 그래서 정체성은 건강하며 긍정적이고 실용적인 면을 갖추어 바람직한 방향으로 형성되어야 할 것으로 본다.

정체성 형성에 기여하는 것을 앞에서도 기술했지만, 특히 교육의 이수 정도와 자신의 체험이 크게 작용할 것이다. 자신의 개인적인 특성과 그 시대의 특수성과 잘 조화를 이루어 정체성이 형성되어야 훌륭한 사람으로 성장하게 될 것으로 생각한다. 이와 같은 의미에서 정체성 형성의 5대 요소로서 교육의 이수 정도, 종교적인 믿음, 신체조건, 삶의 체험, 시대성(時代性)이라고 정리해본다.

---

72) 조스케(W. D. Joske)는 다음의 네 가지로 요약한다.
1. 본질적 가치가 결여된 무가치한 경우(worthless) 2. 지향하는 목적과 초점이 없는 경우(pointless) 3. 목적이 있지만 정당화하기에는 너무나 중요성이 없어서 사소한 경우(trivial) 4. 세상의 존재 방식이 목적하는 결과를 달성하지 못하도록 소용없는 경우(futile)

6.
자아실현이란?

인간이 삶을 영위할 때 가장 고귀한 가치의 실현이 바로 자아실현(self-Realization, 自我實現)이 아닌가 생각된다. 자아실현이란? '하나의 가능성으로 잠재되어 있던 자아의 본질을 완전히 실행하는 일'로 표현한다. 아리스토텔레스는 "자아실현은 인간 교육이 궁극적으로 지향하는 것이며, 윤리의 핵심 요소이기도 하다. 인간의 삶이 자아실현을 위한 자아의 잠재적 가능성의 실현 과정이라는 것"을 그가 처음으로 언급했다. 그는 인간의 본질을 합리성으로 보고, 그것을 최대한으로 발휘함으로써 궁극적인 목적인 행복에 이를 수 있다고 했다.

또 다른 학자인 A. 매슬로우는 "자아실현은 성장 동기가 계속적으로 충족되는 것이다."라고 했으며, E. 프롬은 "인간이 잠재적 가능성을 창조적으로 발휘하고 실현하는 것을 생산성이다."라고 표현했다. 여기서 생산성이란 창조성이라는 말과 같은 의미를 지닌다. 프롬은 '생산성은 인간의 특유한 잠재적 가능성을 인간이 실현하는 것, 곧 그의 힘의 사용'이라고 정의했다. 이와 같이 자아실현이란 자아의 잠재적 가능성을 자신이 살아가는 가운데 실현하여 그 결과물을 도출해내는 과정이라고 말할 수 있다. 단 그 결과물은 자신의 인생 과업에서 성공과 행복에 기여해야 하고, 더 나아가서 사회와 인류에 공헌함을 전제로 한다.

유한성을 갖는 인간은 자신의 흔적을 이 땅에 좀 더 오래, 좀 더 많이 남기고 싶어 한다. 자신의 후손을 이 땅에 남기는 것도 이와 같은 맥락이 아니겠는가? 자아실현 역시 자기 개인의 사상과 뜻을 이 땅에 살아가고 있는 인류에게 남겨서, 후손들의 삶이 더 풍요로워지게 하고 발전시킬 수 있기를 바라는 것인지도 모른다. 이런 차원에서 자아실현의 의미는 정신력, 즉 사상을 이 땅에 남긴다는 데에 있다.

어쩌면 개인마다 자아실현은 신이 자신에게 준 사명을 실현시키는 일이라고도 생각할 수 있을 것이다. 내가 만약에 자아실현을 이루게 된다면, 조상들이 이루지 못한 원(願)을 이루게 된다는 개념으로도 풀이할 수 있다. 그리고 후손들도 자기의 부모가 세상을 살아가면서 이렇게 훌륭한 유업을 창조해 남기고 떠난 것을 평생 동안 자랑으로 여기며 살아가게 될 것이다. 그런 모범적인 생활을 자녀들도 본받게 됨으로써 후손들도 더 훌륭한 길로 나아가게 되는 계기가 되지 않을까?

자아실현에는 두 가지 뜻이 담겨져 있다고 생각한다. 하나는 자아실현을 이루는 개인의 뜻이 실현되는 것이고, 다른 하나는 국가적인 차원에서도 문화가 발전하고 인류가 더 행복한 삶으로 이어지게 되는 것이다. 개인적인 차원의 자아실현은 원대한 자신의 포부가 실현됨으로써 인생의 과업을 실현시키게도 되지만, 국가적으로

도 나라가 발전하는 데 기여할 수 있다. 이렇게 국가적인 차원에서 볼 때도 국민 모두가 자아실현의 꿈을 이루게 된다면, 그 이상의 발전은 없을 것이다.

자아실현에 앞서 우리가 깊게 생각해야 할 것은, 자아 정체성이 확고하게 형성된 이후에 비로소 자아실현을 위해 자신의 정력을 쏟아야 한다는 것이다. 자아실현이란 자기 생명 속에 깃든 영혼(靈魂)으로 하여금, 또 다른 목표를 이루기 위한 혼(魂)을 잉태해서 출산시키는 과정이라고 생각할 수 있다. 인간이 자신의 몸을 부모로부터 전수받아서 새로운 생명을 잉태하여 자녀를 출생시키듯이, 그와 똑같은 동질의 개념이라고 생각된다. 자아실현이란 오직 자신으로부터 창조 된 영혼에 의한 노력의 결실로 성취된 것일 때, 그 의미가 최고의 가치를 지니게 될 것이다.

또한 자아실현이 현재까지 이 사회에 없었던 최고의 목표와 가치를 실현시킬 수 있다고 한다면, 아마도 이 과업은 가치적인 차원에서 실질적인 진가(眞價)를 발휘한다고 할 수 있을 것이다. 이렇게 되려면 영혼의 세계에서 순수함으로 일관되는 정신적인 수행(修行)으로까지 내 영혼을 끌어올려야 한다는 의미이다. 그 정도로 자아실현이란 힘든 여정을 통해 높은 정신력으로 자신의 꿈을 실현시키는 것이기도 하다.

또한 자아실현을 이룩하는 되는 운명적 조건이 부여될 때도 있다. 현실세계에서 어떤 경우에도 삶을 만족할 수 있는 조건이 주어지지 않아 지속적으로 노력한 끝에, 자아실현으로 연결되는 운명적인 길이 어떤 사람에게는 주어지기도 한다.

또 다른 차원인 신의 입장에서 자아실현을 생각해본다면, 신이 인간에게 태어나도록 생명을 부여하고 죽음을 통해 그 생명을 불러들일 때는 그만한 가치와 의미를 바라고 있을 것으로 생각되기도 한다. 그러나 그런 의미를 발견하지 못하고 무의미하게 인생을 살다가 세상을 떠나는 사람이 대부분이다. 일부 사람들에 한해서는 그런 신의 뜻을 영감을 통해 인지하게 되고, 그것을 관철시키기 위해 자아실현을 이루게 되며, 그 결과 남에게 삶의 도움이 되게 함으로써 자신의 원(願)을 이룬 후 세상을 떠나는 사람들도 있다. 그런 의미에서 볼 때 아마도 개인에 있어서 그 사람의 인생의 모든 정력을 바쳐서 하나하나의 시간과 정성을 투자하는 단계가 자아실현의 과정일 것이다. 자아실현을 이루기 위해서는 개인적으로 볼 때 생명과 같은 귀중한 시간과 정신을 전부 투자해야 한다. 단 자아실현에는 선결 문제가 있는데, 그것은 자신이 건강한 조건에서 그 뜻을 이루어야 한다는 것이다.

『선방일기(禪房日記)』(지허 스님, 2011) 기록에 의하면 "훌륭한 선객(禪客)일수록 훌륭한 보건자(保健者)이다. 견성(見性)은 절대로 단시일에 가능하지 않고 견성을 시기하는 것이 바로 병마(病魔)라는 걸 잘 알기 때문에 섭생(攝生)에 철저하다. 견성이 생의 초월(超越)에서 이루어지는 것이 아니고 생의 조화(調和)에서 가능하기 때문이다."라고 말한다.

이 말의 의미를 다시 한 번 음미해보면, 참선(參禪)하는 스님일수록 건강이 중요하다는 뜻이다. 참선을 행해 견성(見性)을 하려면 건강해야 가능하다는 말이다. 견성을 이루는 것은 생을 초월해서 이루어지는 것이 아니라, 생과 조화(調和)를 잘 이룸으로써 가능하다는 말이다. 깊이 새겨두어야 할 가르침이다. 자아실현 역시 이와 하나도 다름없다. 건강한 가운데 자아실현이 이루어지는 것이지, 건강을 잃었는데 자아실현이 이루어질 수는 없는 일이다.

『시경(詩經)』(홍성욱 역해, 1997)에서도 보면 "여기서 서술되고 있는 중씨는 일을 믿고 맡길 만하고 온화하면서 은혜로우며 제 몸을 잘 간수하는 사람이다."라는 구절이 나온다. 그런가 하면 『육도삼략』 (이상옥 역해, 2009)에서도 "어리석은 자는 그 죽음을 돌아보지 못한다는 데 있다."로 표현하고 있다. 위의 표현을 빌리지 않더라도, 모든 주요한 일을 하려면 자기의 건강이 우선이라는 것을 늘 명심하고 자아실현으로 옮겨야 한다. 건강을 유지하기 위해서, 즉 자신의 생명을 다 살 수 있게 하기 위해서는 근신하고 조심하면서 긍정적인 생각을 필히 가져야 한다. 어떤 일이 있어도 건강을 지키면서 뜻을 이루어야 하기 때문이다.

자아실현이 이루어지는 과정을 보면 언제 어디서도 마음이 흔들려서 다른 길로 빠져들어서는 안 되고, 오직 외길 인생을 살아야 할 것이다. 한 사람에게 주어지는 힘이 한정 되어 있어 무한하게 힘이 발휘되는 것이 아니므로 가치성이 없는 일은 포기하고, 오직 자아실현을 위한 계획에 전 힘을 투자해야 겨우 이룰 수 있는 과업이다. 이것만은 꼭 하고 싶다, 꼭 이루고 싶다, 나의 인생이 끝나기 전에 이 일을 이루고 세상을 떠나야 하겠다는 결심이 서게 된다면, 목표를 세우고 결연한 자세로 이를 추진해야 한다. 그 뜻은 시간과 함께 변함없이 한 걸음 한 걸음 나아가야 할 것이다. 틈틈이 시간을 내어 그 목표를 향해 실천에 옮겨야 한다. 식사시간에도, 화장실에서도, 잠들기 전에도, 산책하는 시간에도 좋은 생각이 떠오르면, 그 생각이 창의력으로 이어져 생산화될 수 있도록 모든 마음을 집중해서 매진해야 한다. 부지런히 공부하고 연구함으로써 허송세월을 보내지 않도록 노력해야 할 것이다. 세월이 흘러 임종(臨終)의 날에는 그것만은 내가 이루고 세상을 떠난다고 할 수 있어야 할 것이 아닌가?

자아실현을 이루기 위해서는 반드시 새벽 형 인간이 되어야 한다. 새벽의 한 시간은 낮이나 밤의 시간들보다 2~3배의 가치를 지닌다. 성실한 사람은 물론 건강하게 사는 사람도, 그리고 창조적인 업무에 종사하는 사람들도 전부가 새벽 형 인간들이다. 새벽에 일어나서 업무를 추진해보아라. 열심히 일을 해보아라. 건강을 위해서 운동을 해보아라. 독서를 해보아라. 확실히 능률적이라는 것을 느끼게 될 것이다. 평소에 잊고 지내던 일들도 새롭게 생각이 떠올라 일을 정확하고 바르게 처리할 수 있다. 그 정도로 새벽의 활동은 우리의 삶을 배가시킴에 틀림없는 사실이다.

그것보다도 더 중요한 이유는, 만상만물이 잠든 고요한 새벽 시간은 인간이 영감을 얻기 위한 최대의 좋은 조건이 주어지기 때문이다. 이 시간에 우리는 기도와 아울러 영감을 얻는 기회로 삼아야 할 것이다. 불기 2552년 봉축 소책자 『하루를 시작하는 이야기』(주경 스님, 2008)를 읽어보면, "자기를 사랑할 줄 안다면, 그리고 지혜로운 사람은 밤의 세 때 중 한 번쯤은 깨어 있어야 한다."라는 『법구경』의 구절이 나온다. 그처럼 우리의 삶에서 자아실현을 위해서는 새벽이 중요한 시간과 공간을 제공한다.

인간은 반드시 죽음에 직면하게 되는데, 이때 얼마나 자신이 자신의 인생을 잘살아왔는가를 평가하게 된다. 이 평가에서 하나는 그래도 자신의 삶이 크게 성공할 수 없었지만, 자기 자신에게 주어진 환경에서 자아실현의 꿈을 이루게 되었노라고 생각하며 감사한 마음으로 죽음을 맞이할 수 있을 것이다. 다른 하나는 절망과 좌절 감 속에서 인생이 실패로 끝나 자신이 황폐화되듯이 버려진 상태로 죽음을 맞게 되는 경우일 것이다. 이점을 유의하면서 오늘의 삶을 충실히 살아가지 않으면 안 된다.

자아실현과 관련하여 각 개인의 개성과 주변 환경을 살펴보면 각자 천차만별이라고 할 수 있다. 만상만물의 모양과 의미가 다르듯이 얼굴의 생김새가 다르다. 그러고 보면 우리의 삶 역시 결국은 혼자 와서 혼자 삶을 마감해야 할 운명을 지니고 태어나는 것이다. 이런 삶을 영위하는 과정에는 저마다 닥쳐오는 운명 앞에 몸부림치며 끌려가듯 살아가기도 하고, 손님을 맞이하듯이 가슴을 활짝 열고 반갑게 맞이하듯 살아가기도 하며, 또한 먼 미래의 꿈을 이루기 위해 기도하는 자세로 조심스럽게 살아가는 사람들도 있을 것이다. 이렇게 각양각색의 삶을 영위하는 가운데 누구나 가장 최고의 가치를 추구하며 뜻을 이루고자 노력하며 살아간다. 이렇게 인생을 살아가는 동안 사람마다 개인적인 삶 속에는 자신도 모르게 피동적으로 발생되는 반사작용이 있게 마련이다. 즉 삶에는 반드시 그 흔적을 남기게 되듯이, 세상을 살아가는 동안 자신이 이제까지 살아온 삶에 대한 과정이 좋지 못한 상처로 남게 될 수도 있다. 그래서 여기에서 파생적으로 생기게 되는 삶의 응어리를 승화시키기 위해 새롭게 영글어 피어나게 하는 과정으로서 부득이 자아실현의 길로 걷게 되는 경우도 있을 것이다.

삶에서 가장 어려움을 만나 벼랑 끝에 다다른 사람이 마지막 희망을 걸게 되는 인생의 새로운 목표가 자아실현이 아닌가 하고 생각하기도 한다. 그래서 자아실현은 가장 가치 있고 소중한 것이다. 그 목표와 방향에는 그 사람으로서는 그 길을 가지 않으면, 삶이라는 생명의 본질을 상실할 것 같은 절박함의 의미가 함축되어 있기도 한 것이다. 자신의 성격과 주어진 환경이 사회구조와 그 흐름에 맞물리게 될 때 자아실현이라는 길을 택하지 않으면 안 될 운명에 놓이게 된다. 이런 운명을 만나 자신의 욕망을 이루지 못하면, 자신의 삶은 실패로 끝나게 되기 때문에, 어쩔 수 없이 자신의 뜻을 관철하고자 하는 것이 자아실현이라는 과업으로 연결되는 것이다.

행복과 자아실현과의 연관성을 보면, 이 두 가지 가치관은 종국에 가서는 서로가 합일할 수 있는 가치관이면서도, 추진 과정에서는 서로가 융합할 수 없고 수용할 수 없는 배타적인 관계에 놓이게 된다. 이 말을 다르게 표현하면, 전부는 아니지만 우선 대부분 행복을 추구한다면 자아실현을 이루기 힘들게 되고, 자아실현을 꿈꾼다면 당장은 행복해지기가 힘들다는 의미로 풀이된다. 하지만 결과적으로는 자아실현이 이루어지고 나면 그 결과의 만족감은 일반적인 행복과 차원이 다른, 또 다른 기쁨으로 스며들게 된다. 그것이 자아실현의 특징이기도 하다.

그래서 행복과 자아실현의 길은 처음부터 다른 길을 걸어야 한다. 출발점에서는 우선 평범한 행복을 얻을 수 없는 운명적인 사람들이 최후의 선택으로 어려움과 고통의 길을 극복하려고 한 것이 자아실현의 길로 이어지게 되고, 결국은 자아실현의 꿈이 이루어지게 되면 행복과 합일을 이루게 되는 것이다. 그런 까닭에 어떤 사람의 경우에는 자아실현의 길을 피할 수 없이 운명적으로 수용해야 하는 사람들도 있다. 이 자아실현의 길은 단기간에 이룰 수 없으며, 오직 눈물과 땀을 희생물로 한평생을 바치지 않으면 이룰 수 없는 결과물이기도 한 것이다.

자아실현이라는 삶에서 최고의 가치를 실현시키기 위한 한 가지 목표가 정해지면, 모든 정력과 시간들을 여기에 투자하지 않으면 안 된다. 남들처럼 평범하게 세속에 따라 살아가면서 여론과 평판에 신경을 쓰고 남으로부터 칭찬과 찬사를 받기를 원한다면, 자아실현을 이루기 어렵게 될 것이다. 그리고 원만한 인간관계를 맺으며 둥글게 살아가려고 한다면, 정력과 돈과 시간을 여론과 평판에 투자하게 되는 것이 현재의 사회구조이다. 그렇게 된다면 자기의 삶을 여기에 맞추어야 되고, 자신이 이루고자 하는 자아실현의 꿈은 실현되기 힘들어질 것으로 판단된다.

자아실현의 꿈을 이루기 원하는 사람은 되도록이면 40대에 자녀의 양육과 경제적인 자립을 이루어야 하고, 그 이후에는 오직 외길 인생, 즉 자아실현의 길을 이루기 위해 모든 정력을 이에 투자해야 한다. 그렇게 되기 위해서 애쓰는 사람들은 대부분 남과의 직접적인 경쟁을 피하고, 자신의 뜻을 성취하기 위해 예술이나 문학, 과학적인 탐구 등의 창조정신으로 그 분야의 연구에 매진하여 꽃을 피우는 사람들이다.

역사적으로 보면 가난한 사람들보다는 유복하게 태어난 사람이 자아실현의 꿈을 이루기 쉽다고 한다. 왜냐하면 모든 환경적인 요소가 자아실현의 꿈을 이루기에 적합하기 때문이다. 그러나 보통 선하게 살아가며 죄 없는 사람이 어떤 누명으로 인해 자신의 꿈을 펼치지 못한 경우라든지, 아니면 처음부터 불구의 몸으로 운명적인 삶을 살아야 하는 경우, 또 아니면 교활한 사람들에 의해서 선의(善

憙)의 피해를 당한 경우에, 그 억울함이 원인이 되어 자존심을 회복하기 위해 자아실현의 꿈을 이룬 사람들도 있다. 자아실현의 꿈을 이룬 사람들을 보면 한결같이 피나는 노력을 다한다. 이런 사람들은 가고 싶은 곳에도, 어울리고 싶은 사람들과도, 즐거워해야 할 순간들이 있어도 모든 것을 뒤로 미루고, 오직 자아실현의 꿈을 이루기 위해 눈물과 함께하는 삶을 살아오면서 꿈을 키워온 사람들이다. 꿈을 이루기 위해 노력하는 과정 속에는 수많은 사람들로부터 따돌림과 야유(揶揄), 시기와 질투는 물론 중상과 모함까지도 있게 된다. 그것을 감내하며 마지막 승리자가 되기 위해 피와 눈물로 살아온 사람들이다.

때로는 분투 중에 자신의 꿈을 이루지 못하고 중도에서 삶을 마감한 사람도 얼마나 많은지, 역사를 통해 알 수 있다. 하지만 그 길을 선택하지 않으면 안 되는 운명이 자신 앞에 놓이기 때문에 모든 것을 감내하고 그 길을 택하게 된다. 자아실현의 꿈을 이루기 위해 그렇게 목표를 정한 사람들의 대부분을 보면, 꼭 성공할 것이라는 확신을 가지지 못하는 사람도 있고, 꿈을 이루지 못할 것을 때로는 자신이 알고 있으면서도, 그것을 아랑곳하지 않고 그 길을 택하게 되며, 노력하는 과정에서 쓰러지는 것을 조금도 두려워하지 않는다. 오히려 그런 삶이 참된 삶이며 올바른 삶이라고 생각하며, 다시 태어나도 또 다시 그 길을 걷겠노라고 뜻을 굽히지 않는 사람이다.

자아실현을 위한 조건으로는 첫째, 몸과 마음이 건강할 것. 둘째, 충동과 욕망을 좀 더 큰 목적을 위해서 합리적으로 절제할 것. 셋째, 창의적 사고를 지닐 것. 넷째, 자아실현을 위한 최소한 경제적인 안정이 되어 있어야 할 것. 다섯째, 기본적인 욕구가 먼저 충족될 것. 여섯째, 자신의 적성과 목표가 일치할 것. 일곱째, 자아실현을 통해 자신의 성공과 행복에 기여할 것. 여덟째, 지구촌 공동체 의식을 바탕으로 한 인류평화에 기여하려는 정신을 가질 것. 아홉째, 자신의 생명과 바꿀 수 있는 소중한 과업일 것 등을 들 수 있을 것이다.

이렇게 위대한 자아실현을 이루기 위해서는 많은 장애물들이 앞을 가로막는다. 이 장애물들은 온갖 수많은 얼굴로 다가온다. 아름답고 달콤한 유혹의 얼굴로도 오게 되고, 때로는 공포와 두려움, 불안의 얼굴로 자신을 위협하며 오기도 하며, 아주 교묘한 얼굴을 하고 교활하고 간사한 방법으로 삼자(三者)를 통해 우회하며 접근해오기도 한다. 그래서 이런 장애물을 극복하기 위해서는 정신적인 삶과 금욕적인 삶을 살아야 하고, 단순하고 소박하며 고독하고 외로운 외길 인생의 길을 걸어야 한다. 어쩌면 온갖 사회의 유혹을 외면하고 자신에게 주어진 길을 가지 않으면 신의 명령을 거역하게 된다는 그런 의미까지도 폭넓게 생각하지 않으면 안 될 경우도 있다. 주변사람들의 따돌림과 외면, 질타와 무시, 굴욕과 수모를 다 수용하고, 묵묵히 목표를 향하는 의지(意志)가 있어야 한다. 이와 같이 자신의 생명과도 바꿀 수 있는 각오가 없으면 이룰 수 없는 선택이며 과정이라고 생각한다.

매슬로우에 의하면, 자아실현을 이루지 못하는 이유로는 "① 잠재력에 대한 존재와 자신의 잠재력을 인식하지 못한다. ② 자신이 능력을 의심하고 두려워하는 경향으로 인해 자아를 실현할 수 있는 기회를 놓친다. ③ 사회적 환경이 생존적 경향의 욕구 충족에 위험 요소로 작용하여 자아실현의 욕구 표출을 억제한다. ④ 안전에 대한 욕구에 안주하는 경향으로 인해 자아실현 욕구를 충족시키려는 동기가 유발되지 않는다."이다.

그러면 자아실현이란 어느 정도의 범위와 결과를 얻어야 그 꿈이 이루어졌다고 할 수 있는가?

자아실현이란 개인에 따라 그 결과물에서는 차이가 있을 수 있다고 본다. 어떤 사람은 남달리 많은 정도의 물질적인 풍요로움을 얻음으로써 자아실현을 이루었다고 볼 수도 있을 것이다. 또 어떤 사람은 지성과 인격을 특별한 수준 이상으로 갖추게 됨으로써 자아실현을 이루었다고 할 수 있을 것이며, 또 다른 어떤 사람은 자신이 이룬 예술 작품이 유명해짐으로써 자아실현을 이루었다고 할 수 있을 것이다.

일반적인 보통 사람들이 개인적으로 자아실현을 이루었다고 생각하는 범위는 물론 그 보편적인 가치 관념에 따라 차이가 있을 수 있겠다. 하지만 여기에서 중요한 점은, 우리가 보통 자아실현을 이루었다고 한다면 어느 정도 가치성의 측면에서 특별한 경지에 도달해야 할 것이라는 점이다.

미국의 심리학자 칼 로저스는 자아를 실현하는 과정을 자기 유지와 자기 향상을 거쳐 최종적으로 자아실현에 도달하는 점진적인 과정으로 인식했다. 첫 단계 자기 유지는 자신의 자아상을 훼손시키지 않고 최소한 현재 상태를 유지하려는 욕구이다. 다음 단계의 자기 향상은 자기의 자아상을 현재보다 긍정적인 이미지로 변화시키려는 욕구이다. 마지막 단계 자아실현은 자기의 목적을 달성하여 원하는 자아상을 실현하는 것이라고 기술한다. 이런 인생의 여정에서 긴 세월동안 피눈물 나는 고통을 참아내며 이루어낸 자아실현의 결과는 신의 산물이라고 할 정도로 세상에서 최고 가치의 부류에 진입할 수 있는 결과물이라고 할 수 있을 것이다. 이것은 오직 우주에 산재해 있는 맑을 기운과 순수한 영혼들의 합일에 의해서 이루어진 응축물이다. 이것을 이루어낸 자신은 이제 인생의 중요한 가치를 실현하고 편안히 죽음을 맞을 수 있는 책임과 의무를 완수했다고도 할 수 있을 것이다.

7 장

인간관계와
사회생활을
어떻게 유지해야 하는가?

1.
인생에서 친구의 의미는?

진정한 친구는 두 개의 육체에 깃든 하나의 영혼이란 말이 있다.

- 법정

친구라는 말은 어쩐지 순수하고 따뜻하며 포근한 느낌을 들게 한다. 우리의 삶에서 이런 다정한 친구가 없다고 한다면 얼마나 삭막할까? 친구라는 단어 속에는 넓고도 많은 함축적 의미들이 내재되어 있다. 그중 하나는 진실한 친구인가, 아니면 그냥 알고 지내는 친구인가 하는 것이다. 사실 알고 보면 친구라고 부르는 허울 좋은 이름 아래에는 그야말로 친구가 아닌 좋지 않은 사이가 많이 존재하고 있다. 다음과 같은 사람은 진실한 친구로 사귀기에는 고려해 보아야 되지 않을까 하고 생각해본다.

평범한 선을 넘어서는 이기주의자로서 자신만을 생각하고 타인의 입장에 서서 상대방의 고충이나 배려하는 마음을 갖지 않는 경우, 개방된 마음으로 남들과 소통하며 화목을 행하기보다는, 폐쇄되고 편협한 마음으로 자신만 생각하고 본인의 이익을 위해서만 살아가고는 있는 경우, 언제나 자기 본위로 손해를 보지 않으려고 하면서 남을 이용해 피해를 주고, 자신의 실익을 챙기며 얍삽하게 행동하는 경우, 남을 치켜세우고 칭찬하며 항상 듣기 좋은 소리를 하며 웃는 모습으로 상대방의 비위를 맞추는가 하면 ,인기 영합을 위하며 권력자들의 앞잡이가 되어 반대급부적으로 이익을 바라면서 겉으로 신망 있는 사람인 양 행동하는 경우, 시시때때로 말과 낯빛을 바꾸면서 변명하고 인정과 동정심이 많은 듯 양심적인 사람으로 행세하면서 어떤 목적을 이루기 위해 자기만을 위한 좋은 기회를 만들어가는 경우, 나름대로 잘생겼다고 자랑하며 외모에만 신경 쓰고 멋을 부리고 뽐내면서, 실속이 없는데도 그럴듯하게 포장하여 지성인이며 인격자로 행세하는 경우 등이다.

훌륭한 친구와의 사귐은 삶에서 성장과 성숙에 대단히 큰 영향을 끼친다. 친구의 사전적 의미를 살펴보면 '오랫동안 가깝게 사귀어온 사람'이다. 이 말의 의미를 깊이 되새겨보면, 오랫동안 가깝게 사귀어왔다는 것은 긴 세월 동안 함께 살아오면서 서로가 상대를 잘 알게 되었고, 한결같이 마음이 변하지 않고 오랫동안 좋은 관계로 유지되어왔다는 뜻으로 풀이된다. 그러니 오랜 기간 동안 서로 사귀어 즐겁고 괴로운 일을 함께 겪어왔기에 정(情)이 쌓여서 사이가 좋다는 말이다. 뜻깊은 친구가 성립되려면 최근 짧은 기간 동안의 만남보다는, 지난 과거에 긴 세월을 함께 살아와 따뜻한 정(情)이 깊게 쌓여 있어야 한다고 할 수 있다. 또한 친구를 다른 뜻으로 표현한다면, 마음으로 적어도 대등하게 사귈 수 있는 사이이며, 서로가 편안하게 자신을 드러낼 수 있고, 상대방의 의견을 순수한 마음으로 수용할 수 있는 처지에 있음을 말한다.

그런데 친구라는 의미가 좋은 뜻이기 때문에 그 개념의 범위가 넓게 사용되다 보니, 본래의 뜻이 그 속에 묻혀서 진실함을 구분하기가 쉽지 않게 되었다. 우리가 현재 일반적으로 흔히 사용하고 있는 친구의 의미는 본래의 뜻과는 다소 다르게 사용되고 있다. 친구의 사이가 깊은 뜻이 오고 가서 마음속에 정이 오랫동안 쌓여 있는 관계가 아니고, 겉으로만 오고 가며 얼굴을 알고 인사를 나누어 살아온 관계로 동배(同輩)의 지인(知人)을 친구라고 말하는 것이 사회에서 일반적으로 사용하고 있는 통념이다. 이런 관계는 실제적으로 따지고 보면 아마도 친구라고 부르기보다는 동배나 동무, 지인(知人)이라고 부르는 것이 더 알맞은 표현이 아닌가 하고 생각한다. 이것은 대부분 그 둘의 관계가 속으로는 좋지 않은데도 겉으로는 좋은 척 보이기 때문이다. 문제는 두 사람 사이의 관계에서 깊은 정이 오랜 기간 동안 오고갔느냐에 따라 의미가 달라지는데, 그 내용을 명확하게 구별하기는 쉽지 않다. 이런 경우 본인 스스로 그 관계를 정확히 인식하고 마음으로 잘 정리를 해야 하는 상황에 놓이게 된다. 특히 성장하는 청소년의 경우 친구 사이가 서로가 미워하며 시기하고 질투하는 관계에 있으며, 그렇게 형성되어 있는 실정이 많다.

사실 진실한 친구 관계는 심리적으로 공감대를 형성해야 한다. 그런 경우가 가장 순수한 친구관계가 아닌가하고 생각해본다. 불교에서 말하는 인연설(因緣說)에 의한 운명적인 만남과 같은 경우가 될 것이다. 이 만남은 우연에 의해서 이루어지게 되지만, 어떻게 보면 운명적인 것처럼 보이기도 한다. 이런 관계는 아무런 사회적인 이해득실이 개입되지 않은 순수성, 그 자체만으로 맺어지기 때문이다. 이들의 육체는 각기 다르지만 영혼은 같은 화음(和音)을 낸다. 이런 친구는 쉽게 맺어지지도 않고 깨지지도 않는 자연의 순수함 그 자체이기에 영원성을 간직한다.

텅 빈 우주의 공간을 영원히 자유스럽게 비행하면서도 언제나 영혼을 함께하는 느낌으로 서로가 서로를 이해한다. 언제나 자유를 만끽하며 걸림 없이 서로의 마음 영역을 드나들며 항해하다가, 때가 되면 자신의 항구로 되돌아간다. 하지만 상대방의 마음에 불쾌한 흔적은 한 점도 남기지 않는다. 하늘을 나는 비행기가 지나고 나면 흔적도 없이 다시 맑은 하늘이 펼쳐지는 것과 같은 현상이 지속되는 것이다. 이른 새벽 잎새에 이슬이 맺히면 그대로 영롱하게 비추어지며, 밝은 해가 떠오르면 이슬은 수증기가 되어 증발되고, 밤이면 또 다시 이슬이 내리는 것처럼, 친구 사이에서 오고가는 마음이 자연 그대로 이루어진다. 이런 친구가 진실한 친구라고 생각한다.

『몽테뉴 수상록』(몽테뉴, 2015)을 통해 일반적으로 우정이라고 하는 것에 대해 살펴보자.

"왜냐하면 대개 탐락이나 이익, 공적으로나 사적인 필요성으로 가꾸는 모든 우정은 그 때문에 우정 자체보다도 다른 원인이나 목적과 보상을 우정에 혼합하기 때문에, 그만큼 아름답지도 너그럽지도 않으며, 그만큼 우정답지도 못하다."라고 기록하고 있다. 그래서 진실한 우정이 성립되는 조건으로는 불순물이 끼어들지 않도록 하여, 어떤 일이 있어도 순수한 영혼만이 서로 주고받으며 교류하고 있어야 한다는 것이다. 만약 우정에 돈이나 권력, 에로스적인 사랑이나 세간의 명예, 사사(私私)로운 인정이나 동정심, 또한 아부성의 마음이나 손익을 전제로 한 이기심 등이 개입되어 있으면, 순수성이 혼탁해져 그 순도가 떨어지는 것은 틀림없는 사실이다.

여기서 순수한 우정이라고 할 수 있는 영혼은 비록 인간의 육체 속에 머물지만, 우주에서 유래된 영심(靈心)이다. 순도 면에서 이보다 더 순수한 것은 있을 수 없다. 이 순도는 없어지거나 변하거나 부패하지 않으며 영원성을 생명으로 한다. 누구나 자신이 성장하는 청소년기에는 감수성이 예민한 데다, 지성과 인격을 갖추지 못하고 방황하게 되면서 쉽게 남들과 호흡을 같이하여 만나고 헤어짐이 있게 된다. 그중에 가장 많이 만나게 되는 사람이 또래이다. 또래는 동류의 성질을 갖는 동배(일반적으로 말하는)이다.

그런데 그렇게 만나는 동배들 가운데는 대다수가 올바르고 순수하며 진실한 친구가 아닌, 일반적으로 그냥 알고 있는 관계의 수준에 머물고 있는 정도가 많다. 이들 가운데는 서로가 치열한 경쟁자의 관계도 있으며, 또한 자신은 한 치의 손해도 보지 않으면서 남을 항상 시기하고 질투하며 힘을 과시하고 위에 군림함으로써 지속적으로 괴로움을 주는 자도 있다. 이는 겉으로 보기에 친구처럼 보이지만, 실상은 친구가 아니라 좋지 못한 관계이다.

그런가 하면 상대가 숨기고 감추려고 하는 그 사람의 흠(a scar)이나 흠결(shortage)을 찾아내어 온 세상 천하에 떠벌리고 다니는 사람도 있다. 또한 무지(無知)와 불건전한 성격으로 인해 무서운 줄도 모르고 여러 가지 탈선된 행동을 보이며, 자신은 물론 타인마저도 위험으로 내몰아 서로가 몰락(ruin)하는 경우마저 있다.

그뿐인가? 좋지 못한 친구관계의 예를 들어보기로 하자.

성인(成人)들의 경우에도 자라나는 청소년과 마찬가지로 겉으로는 서로가 친한 척하지만, 마음속으로는 미워하고 원망하며 시기와 질투로 짓밟아버리겠다는 의도가 숨겨져 있는 경우도 있다. 돈을 뜯어내려고 하는 경우도 있고, 상대가 잘되는 것을 못 마땅히 여겨 시기해서 뒤에서 욕설을 하는 경우가 있으며, 이중성을 가지고 겉으로 좋아하는 척하면서 속으로는 뒤에서 흠을 잡아 잘못되도록 하는 경우도 있다.

또한 어떤 경우에는 나쁜 마음으로 친구로 과장하여 호의(好意)를 베풀면서, 배후에 그물을 쳐놓고 걸려들기만 하라고 벼르고 있는 사람도 있다. 또한 악의를 품고 배후에서 자신은 드러나지 않도록 하면서 남을 이용하여 조정하고 상대를 나쁜 흙탕물 속으로 처박는 경우도 있다. 때로는 상대를 언젠가 한 번 일회용으로 나쁘게 이용하고는 언제 보았느냐는 식으로 외면하는 경우도 있다. 또한 자신 편이 아니고 이득(利得)이 되지 않으면 짓밟아 뭉개버리려고 하는 악한들도 있는 것이다. 이런 사람들은 정신과 육체적인 양면에서 대체적으로 힘을 갖춘 사람으로서, 자신만을 생각하고 남은 안중에도 없는 사람이기 때문에, 상대되는 사람은 항상 조심하고 경계하지 않으면 피해를 보게 된다. 만약에 주변에 이런 사람이 있으면 어떤 경우에도 그 사람을 비난하지 말고, 모욕적인 소리를 들어도 반응을 해서는 안 된다. 지속적으로 나를 괴롭히고 음해하는 사람이 있으면 되도록 그 사람과는 상대하지 않는 것이 좋다, 상대가 보복적으로 나오지 않도록 나쁜 원인(감정)을 제공하지 않는 범위에서 거리를 두어야 한다.

소크라테스는 말하기를 "자기방어란 발각되지 않을 사악한 행위를 삼가도록 하기 위해 어떤 동기도 제공하지 않는 것이다."라고 말한다. 오만하면서 잘났다고 상대를 무시하며 뽐내는 사람이 있으면 그런가 보다 하고 그렇게 인정하고, 자신은 묵묵히 자기 길을 열심히 가야 한다. 어떤 사람은 자신의 나쁜 마음을 숨기고 상대방의 마음을 알아내기 위해 위선(僞善)으로 과장하는 경우가 있으니, 함부로 속마음을 보이지 말고 함구(緘口)하며 평범하게 행동해야 한다.

본인의 이익을 위해서 상대가 자신이 원하는 행동을 하지 않는다고 뒤에서 욕하고 비난하는 경우에도 흔들리지 말고, 약간의 비난을 듣더라도 조심하며 자신의 길을 가야 한다. 또한 어떤 사람은 자신은 힘이 없으니 힘이 있고 권모술수에 능한 사람을 의지해서 그 사람을 추종하며, 그 편에 서서 상대를 비난하며 짓밟는 경우도 있다. 그 사람도 똑같이 나쁜 사람으로 인정하고 조심해야 한다. 이런 사람은 상대가 눈앞에서 사라지면 제삼자에게 지속적으로 피해를 주는 사람이다.

『좋은 인연 맺는 법』(남산 스님, 1999)을 보면, 불교에서 처음 절에 들어오는 사람들을 위해 만든 책 중에『초발심자경문』이 있는데, 거기엔 "나쁜 친구는 원수같이 멀리하라."는 말이 있다. 이 말은 사람들 중에는 아무리 손을 써봐도 바르게 인도될 수 없는 사람이 있다는 경계의 말이다. 그러니 올바른 사람이 아니면 자신도 피해를 보지 않고 상대에게도 피해를 주지 않는 범위에서 경계하여 거리를 두는 것이 상책이라고 생각한다.

그런가 하면『정신현상학 1』(G. W. F. 헤겔, 2005)을 보면 "헤겔의 생애에 결정적인 영향을 끼친 두 가지 귀중한 경험을 들 수가 있는데, 하나는 횔덜린(F. Hoelderlin), 셸링(F. Schelling)과의 교우관계이며, 다른 하나는 프랑스혁명의 발발(勃發)이었다."고 한다. 교우관계인 친구, 즉 자기에게 도움이 되고 올바른 친구를 만나서 사귀는 것은 성장하는 젊은이에게는 인생에서 최고의 가치를 얻게 되는 일이다. 이것은 바람직하게 성장할 수 있는 방향의 길로 갈 수 있는 계기를 마련해준다. 이점은 특히 성장하는 사람에게 대단히 중요하다.

훌륭한 친구를 잘 만나게 된다는 것은 자기의 운명이며, 자신의 인생 문제와 깊은 관계가 있게 되는 것이다. 사실은 친구를 잘 만나면 자신의 숙명(宿命)마저 개척하게 되고, 생명을 구하게 되며, 인생이 확연히 달라진다. 진실한 친구는 그 사람 역시 자신의 삶을 개척하려고 무진 노력하는 사람이기에, 앞으로 무한히 발전할 수 있는 자기만의 삶의 진수(眞髓)를 가지고 있다고 하겠다. 이런 보배롭고 귀중한 지혜를 갖춘 사람과 친구로 사귀게 되면, 삶에서 큰 행운을 얻게 된 것이나 다름없는 것이다.

좋은 친구가 되려면 어떤 생각(thought)과 관념(notion), 그리고 인생철학의 소유자라야 하는가? 물론 여러 가지 수준에서 개연성을 열어놓고 볼 수 있겠지만, 그중에서도 가장 중요한 점은 양심적이고 도덕성이 있으며 책임감이 확립된 사람이어야 한다. 이런 사람은 언제 어디에서나 누구와 만나더라도 자신의 삶에 대한 가치관에서 변함이 없다. 그래서 훌륭한 친구를 사귀기 위해서는 먼저 자신이 훌륭한 사람이 되어야 하고, 친구에게 유익한 존재가 되어야 한다. 즉 친구가 되기 위해서는 내 마음의 바탕 위에 상대의 영혼이 머무를 수 있도록 안식처를 제공해주어야 한다. 그리고 상대를 인정해주고 수용해주어야 한다. 만약에 자신이 남으로부터 인정을 받지 못하고 수용되지 못한다면 어떻게 되겠는가? 남으로부터 무시와 따돌림을 받고 남으로부터 거절당한다고 생각할 때, 삶은 가장 비참한 상황을 맞게 될 것이기 때문이다.

콜버그(Lawrence Kohlberg, 1927~1987)의 이론을 참고하면, 그의 도덕성 발달 단계에서 6단계 수준은 "보편적인 윤리적 원리를 지향하는 것이다. 즉 옳은 행동은 자신이 선택한 윤리적 원리와 일치하는 양심(conscience)에 의해서 결정된다. 이 원리는 구체적인 규율이 아닌 인간의 존엄성, 정의, 사랑, 공정성에 근거를 둔 추상적이며 보편적인 행동지침이다. 이 단계의 도덕성은 극히 개인적인 것이므로 때로는 대다수가 수용하는 사회적 질서와 다르고 갈등을 일으킬 수 있다. 그러나 이 단계에 도달한 사람들은 자신의 양심이 가(加)하는 처벌을 사회가 가(加)하는 처벌보다 더욱 고통스럽게 생각한다."라고 설명한다. 이런 수준에 이른(reach) 사람들은 친구로서의 자격에 아무런 손색이 없는 사람이 될 것이다. 도덕성 문제는 물론이거니와 자제력, 인내심, 절제심 등 어떤 것을 싫어하고 좋아하는 가치성의 선택의 문제에서조차도 아무런 하자(瑕疵)가 없을 뿐만 아니라, 사회생활을 하는 데도 발전적으로 살아가려는 생물학적 항상성과 어려움의 대응 능력에도 적응을 잘하는 창조성까지 구비한 사람이라고 판단된다.

그리스의 목가(牧歌) 시인(詩人)으로 유명한 데오크리토스(theocritos : 기원전 300~250년)는 "진실로 위대한 은총(恩寵)은 작은 재능으로부터 온다. 그리고 진정 귀한 것들은 친구들로부터 온다."라고 했다.

그렇다면 우리는 친구를 통해서 무엇을 배우고 얻게 되는가? 가까운 친구로 있던 두 사람이 몇 년을 멀리 떨어져 살다가 다시 만나게 되었다고 하자. 그때는 서로가 어떻게 변했는지 탐색하고, 누가 더 올바르게 성장했느냐를 비교해서 좋은 점을 배워 자신을 새롭게 변모시키는 계기로 삼을 것이다.

특히 훌륭한 친구 관계에서는 친구와의 상호작용을 통해서 얻게 되는 그 무엇은 바로 서로가 보다 좋은 방향에서 발전한 그 결과를 나누어 갖게 되는 셈이다. 이 노력의 결과물은 자신의 영혼이라는 그릇을 계속 넓히고 확장해가며 깊이를 더해간다. 그래서 친구라는 한 사람의 인간 내부에 존재하고 있는 인간성(人性)을 가장 가까이에서 볼 수 있으며, 친구라는 한 개인에게 존재하는 내면적인 생각과 정신이 외부로 표출되는 과정에서 인간관계에 적용되는 사회성까지 모두 파악하게 된다. 친구에게 존재하고 있는 삶의 본질적인 문제까지 깊이 접근하여 송두리째 자신의 것으로 소화할 수 있게 되는 것이다. 결국은 친구를 통해 얻게 되는 양식은 균형 있는 시각을 통한 객관화된 자기의 모습일 것이다.

『짜라투스트라는 이렇게 말했다』(Friedrich Wilhelm Nietzsche, 1884~1900)를 보면 "그대는 친구를 위해 맑은 공기와 고독, 그리고 빵과 약(藥)이 될 수 있는가?"라고 반문한다. 그러기 위해서는 자신이 먼저 정신적인 양질의 지혜를 쌓으면서 항상 발전적으로 노력해야 한다. 친구와의 만남을 위해서 상대에게 줄 수 있는 정신적인 그 무엇, 즉 지식과 양심은 물론 인격을 끝없이 가꾸고 다스려야 한다. 좋은 친구를 만나고 유지하기 위해서는 나 자신이 먼저 좋은 친구감이 되어야 하기 때문이다.

『월든』(헨리 데이빗 소로우, 2010)에서도 보면 "대체로 사람들의 사교는 값이 너무 싸다. 너무 자주 만나기 때문에 각자 새로운 가치를 획득할 시간적 여유가 없다. ……우리는 우체국에서 만나는가 하면, 친목회에서 만나며, 매일 밤 난롯가에서 또 만난다. ……그 결과 우리는 서로에 대한 존경심을 잃어버렸다. 조금 더 간격을 두고 만나더라도 중요하고 흉금을 터놓는 의사소통에는 전혀 지장이 없을 터인데도 말이다."라고 기술하고 있다.

친구는 서로가 정신적인 도움을 주어야 하는데, 자주 만나게 되면 그동안 각자 정신적인 성장이 이루어지지 않는다. 그러니 오랫동안 거리를 두고 한동안 만나지 않고 있다가 각자가 정신적인 가치가 될 만한 자질과 성숙이 이루어지면 다시 만나서 서로에게 도움이 되었으면 하는 것이 바람직한 친교가 아닌가 하고 생각해본다.

좋은 친구를 사귀기 위해서는 평소에 훌륭한 사람을 가까이하도록 노력해야 한다. 항상 진실하고 순수하며 소박한 사람을 존경하며, 본인도 역시 순수하고 진실한 마음을 간직하고 있어야 한다. 그리고 행복하게 살아가는 사람을 상상하며 삶을 모방하며 살아가야 한다. 이런 분들은 무언가 삶에 대한 풍부한 지식과 지혜로움으로 삶을 살아가기 때문에 우리에게 좋은 스승이 될 수 있을 것이다. 그런 분들의 삶을 배우게 되고 자신도 모르게 자신에게 유익함이 되돌아올 것이기 때문이다.

또한 자신의 정신적인 가치를 높일 수 있는 것이 도덕성과 지혜로움, 진실성과 순수성, 감성과 인내력, 삶에 대한 폭넓은 이해력이다. 그러면서도 사물에 대한 양면성(兩面性)과 인간이라는 이중성의 원초적인 모순도 함께 수용할 수 있는 자질을 획득해야 할 것이다.

그러면 진실로 사랑하는 친구 관계로서 서로가 어떻게 대해야 하는가?

첫째, 친함은 구름이 흘러가면서 서로가 합해졌다가 때로는 쉽게 나누어지기도 한다. 아무런 구속(拘束)이나 제약을 주지 않고, 만났다가 헤어지는 것이 아주 자연스럽다. 비록 헤어지더라도 원망이나 미워하지 않는다. 이것이 지속되다 보면 친구의 우정은 두터워지기 시작한다.

둘째, 신뢰와 공감, 화음(和音)을 서로가 같이한다. 같이 웃고 함께 울며 동일한 가치관과 식견(識見)으로 세상과 사물을 바라보고 서로가 친숙한 관계를 맺으며 연대감(連帶感)을 형성해가야 한다.

셋째, 진실한 영혼과 영혼의 만남으로 이루어질 때 가면적(假面的)이 아닌, 순수한 마음의 교류가 있게 된다.

넷째, 친구라는 개념 속에는 자기들의 개인적 생각으로 인해 순간순간, 그리고 성장 시기별로 가까워졌다가 멀어질 수도 있다. 환경이 다르고 본인의 마음 상태가 변하게 되면 과거의 우정은 퇴색될 수 있다. 하지만 과거에 쌓아둔 돈독한 정이 그런 상황을 초월할 수 있는 힘을 가지게 됨으로써 친구의 우정이 오래 지속되는 것이다.

다섯째, 우정은 이성(異性)과의 만남과는 본질적으로 다르다. 이성은 육체적인 교류로 발전될 수 있지만, 우정은 영혼의 공감으로 정분(情分)이 이루어진다. 또한 이성의 만남은 항상 육체적인 교류를 같이 하기를 희망하지만, 우정은 육체적인 교류 없이 평행선을 유지한다. 이성은 서로가 하나로 결실을 맺게 되지만, 우정은 서로의 공감 속에서 진실을 추종하게 된다. 그래서 우정은 정신적인 영상(映像)이 있을 뿐 형상은 보이지 않는다. 그러나 이성의 육체적인 만남은 형체를 만들어낸다. 그래서 인생에서 친한 친구는 동반자로서 역할하며 삶을 같이하게 되는 것이다.

2.
인간관계를 어떻게 맺어야 하는가?

　인간관계에 앞서 인간의 특질을 이해하고 동물과 다른 점을 알아보기로 한다.

　첫째, 인간은 영적(靈的)인 면을 갖고 있다. 인간은 종교적인 행위가 가능하며, 영원성을 추구하고 안정된 삶을 영위하기 위해 신을 의지한다.

　둘째, 인간은 이성적(理性的)인 동물이다. 어떤 명제로부터 논리 규칙에 따라 결론을 이끌어내는 연역적(演繹的)인 면과 개개의 특수한 사실을 종합하여 거기에서 일반적인 원리를 이끌어내는 귀납적(歸納的)인 면을 사용한다. 그리고 맑은 정신으로 충동적인 감정에 좌우되지 않고 사리를 올바로 분별한다.

　셋째, 사회적인 동물이다. 인간은 감정적인 동물이면서도 양심과 도덕을 삶의 가치에 높은 비중으로 두는가 하면, 사단(四端)의 마음과 칠정(七情)의 감정을 느끼고 자연과 교감하며 인간관계를 이루어 간다.

　넷째, 인간은 경제적인 동물이다. 인간은 자기의 욕구를 충족시

커야 하기 때문에 이해타산에 민감하게 반응하며 자신의 이익을 추구한다. 이 같은 인간의 특성은 서로 협동하여 삶을 영위하도록 한다.

특별히 신은 인간으로 하여금 삼라만상을 지배하고 관리하도록 인간에게 영특한 지혜와 신적인 정신력을 부여했다. 인간은 신의 대리자로서의 역할을 다함으로써 우주와 자연, 그리고 인류를 발전시키며 유지하도록 한다. 이와 같은 역할은 혼자의 힘으로 이루어지는 것이 아니고, 인간들이 공동으로 생활하는 가운데 그 역할을 분담 협력함으로써 그 기능을 제대로 달성할 수 있게 된다. 그래서 곧 인간관계가 이루어지게 된다.

인간관계에는 일반적으로 말할 때 대인관계(inter personal relationships)와 역할관계(interrole relationships)로 구분할 수 있다. 역할관계라 함은 직업상으로 만난 사람들 사이에서 자신에게 주어진 직장 속에서의 의무를 완수하기 위해 맺어진 관계라고 생각하면 될 것이다. 대인관계는 인간적인 측면에서 사랑을 바탕으로 깊은 관심과 존중감, 양심과 도덕성은 물론 현재나 미래의 성장이 관계 형성에 주요한 요인으로 차지하게 된다. 대부분 인간관계라고 할 때 역할관계도 포함된 대인관계를 의미한다.

하지만 세분한다면, 역할관계는 대인관계와 그 내용면에서 다소 다르다. 대부분 역할관계란 사랑이라는 깊은 관계가 아닌, 의무적으로 일을 수행하기 위해 형성되는 관계이기에 손해와 이익을 따지는 관계라고도 할 수 있다. 대인관계도 사랑과 인격을 위주로 하는 관계이지만, 깊게 따지고 보면 이해와 득실을 따지지 않을 수 없다. 그렇게 생각해보면 대인관계나 역할 관계나 본질적인 면에서는 거의 같다고 하겠다.

『독서와 작문의 길잡이』(이상태·김종록, 1999)에서 대인간의 상호 기대, 관계와 동조의 단계를 보면 "옳은 것이란 선한 역할을 하는 것, 타인과 그들의 감정을 염려하고, 동료 간의 성실과 신의를 가지고, 규칙과 기대에 따르고자 하는 마음을 갖는 것이다."라고 정의한다. 또한 "좋은 사람이 되는 것은 중요한 일이고, 이는 좋은 동기를 갖고 타인에게 관심을 보이는 것이다. 그것은 또한 신의, 성실, 존경과 감사의 마음 등의 대인적 상호관계를 유지한다는 것을 의미한다."라고 말하고 있다.

인간관계에서 가장 고려해야 할 중요한 사항은 높은 인격을 소유하는 것이다. 높은 인격자는 확실한 가치관을 소유함으로써 나를 배척하고 모욕하는 사람에게도 자신이 상대로부터 받은 모욕감이나 배척감, 증오심 등을 받은 사람에게 그대로 보복하지 않으며, 자신이 수용한다. 그런가 하면 실망하지 않고 순간순간 스스로 인내하며 겸손과 사랑으로 맞서며 관대함을 보이게 된다. 즉 원만한 인간관계를 위해서 인격을 변화시켜 한 차원 높은 삶을 살아야 하기에, 자신에게 주어진 아픔을 이겨낼 수 있도록 길고 긴 고통의 기간을 참아내야 한다는 것을 본인이 먼저 깨달아 알고 있기 때문이다.

세상 사람들의 대체적인 속성은 자기만 생각한다는 점이다. 즉 남을 생각해주고 남의 입장에서 이해하기는 실제적으로 쉽지 않다. 그러니 인간관계를 잘한다는 것은 남이 생각하고 있는 것이 무엇인지를 파악하는 일이다. 그것이 무엇보다 중요하다. 상대가 원하는 것이 무엇인지를 알고 거기에 합당한 행동을 해야 한다. 이것이 바로 아름다운 인간관계의 기본인 것이다.

　보통 원만한 인간관계란 사랑과 존경심을 근본으로 한다. 일반적인 인간관계란 인사와 예의를 중심으로 이루어지며, 특별한 인간관계란 신뢰와 진실, 성실로 이루어진다. 로저스(Rogers)는 인간관계에서도 심리치료의 기본 요소와 마찬가지로 무조건적 존중, 진실성, 공감적 이해를 말하고 있다. 무조건적 존중은 상대를 있는 그대로 받아들이고 사랑하는 것을 말한다. 진실성은 상대방과의 관계에서 언행이 일치하며, 성실하게 약속을 지키고, 겉과 속이 일치하는 관계를 갖는 것이라고 한다. 공감적 이해는 자기중심적인 경향에서 벗어나서 상대방을 좋은 방향으로 이해함으로써 공통된 생각을 갖게 하는 것이다. 이 세 가지를 인간관계의 기본 요소라고 그는 말한다.

　인간관계의 중요성에 대해 하나의 예를 들어보자.

　중국의 지도자 등소평은 모택동과의 관계에서 주은래(主恩來)가 없었더라면 중국의 제일인자로 성장할 수 없었을 것이다. 오직 주은래와 프랑스 유학 시절에 맺은 인맥을 통해 문화혁명의 소용돌이 속에서도 자신을 지키고 관리함으로써 새롭게 등장하여 중국의 제일인자가 되었다. 여기에는 모택동과 등소평과의 관계에서 주은래의 가교(架橋)적인 역할이 없었다면 불가능한 일이었다.

　인간은 자신의 삶을 살아가지만, 또한 남을 위해 살아간다고 할 수 있다. 즉 남을 위하는 길이 자신을 위하는 길이 되기 때문이다. 진실한 자신의 삶을 위하는 길은 남을 위해서 살아갈 때, 여기서 되돌아오는 덕성이라는 영양을 섭취하게 된다. 그럼으로써 그것을 가지고 자신의 삶에 에너지로 사용하게 되는 것이다.

타인과의 인간관계를 할 때 상대방의 좋은 점만 보아야 한다고 다른 사람들로부터 말을 많이 들어왔다. 이 말을 아무런 의미 없이 듣는다면, 그냥 상대방을 좋게 보라는 뜻으로만 이해할 수 있다. 하지만 그 의미를 되새겨보면, 상당히 깊은 함의(含意)가 있다는 것을 느끼게 된다. 남의 좋은 점만 보게 되면 그 사람을 좋게 보는 것은 물론이지만, 나에게도 그 사람의 좋은 점을 배워서 좋은 점이 쌓이게 된다는 점이다. 또 성격 자체도 건강해지고 사회생활도 밝아지며 남과의 관계에서 좋은 인간관계를 맺게 되어 자신의 삶을 변화시킬 수 있게 된다. 남으로부터 좋은 점을 배운다는 것 이상으로 삶에서 의미 있는 일은 없을 것이다.

『마시멜로 이야기』(호아킴 데포사다·엘런 싱어, 2005)에서 보면 성공하기 위해서 다른 사람으로부터 도움을 얻어내는 방법으로 "1. 원리 원칙과 법률을 내세운다. 2. 대가(代價)를 지불한다. 3. 인맥과 학맥, 그리고 권위(權威)를 행사한다. 4. 그 사람의 감정에 호소한다. 5. 아름다움으로 유혹한다. 6. 감동을 통해 설득한다" 등을 이야기 하고 있다. 이런 것들 역시 인간관계의 한 장면이라고 생각한다.

그중에서 앞에서도 언급이 있었지만 특히 역할관계는 인간끼리의 관계만큼 미묘하고 복잡하면서 개인의 이익과 맞물려 공동체의 목적의식이 달성되기도 한다. 그리고 질서가 유지되고 관계가 형성되며 사회가 발전한다. 이런 기능이 수행되기 위해서는 수많은 개인과 개인끼리의 역할들이 서로 관계를 이루며 적재적소에서 자신의 책임과 의무를 수행해야 한다. 이와 같은 역할관계에는 뭐니뭐니 해도 개인의 욕구 충족과 공동의 이익이라는 두 가지 목표가 성립하는 것이다.

인간관계는 친밀함과 신뢰를 바탕으로 하지만, 그 내면에는 자신의 욕구를 충족하기 위한 개인적인 이기심이 존재한다. 서로가 생존경쟁에서 살아남기 위해 치열하고 음흉하기까지 한 목적의식이 마음속 가장 깊은 곳에 내재되어 있다. 이기적인 욕망심을 충족하기 위한 개인들끼리의 관계가 형성되는데, 그 관계의 형성은 서로의 이익을 목적으로 한 협조라는 관계로 이루어진다. 이런 가운데 여기에서 파생되는 반대 급부적인 부작용과, 또한 각 개인이 함께 수용해야 하는 어려운 면도 함께 내재하게 된다. 이런 문제들은 누구나 공통적으로 가슴에 품고 있는 삶의 생물학적인 요소이기에 겉으로는 이성적인 존재로 행세하지만, 안으로는 누구나 이해하고 인정하는 생명의 법칙이 함께 존재하는 자연현상이기도 한 것이다. 그래서 사람마다 개인적인 가식과 부조리, 기본적인 욕망을 마음 깊숙이 감추게 된다. 그리고 그 표면에는 정당성으로 포장된 정의와 진리, 선(善)의 얼굴을 하고 있게 된다. 이 같은 현실세계에서 진실한 인간관계를 맺기란 쉽지 않다.

좋은 인간관계를 맺기 위해서는 인격을 비롯한 양심으로 상대방을 대해야 하는데, 우선 자신이 먼저 자신의 마음을 살펴서 나름대로 바른 심주(心柱)가 굳게 서 있어야 한다. 흔들리지 않는, 그리고 자신의 뚜렷한 철학을 가지고 삶을 바르게 살아갈 때, 상대방도 진실한 마음의 문이 열릴 것이다.

이 사회는 동물적인 욕구를 갈망하는 사람들이 가면을 쓰고 착한 사람처럼 살아가는 사회이기도 하다. 예를 들어보면 육체적 쾌락을 추구하는 사람들의 치정(癡情) 관계에 얽힌 사연들, 자본주의 사회에서 물질만능주의에 젖어 돈을 얻기 위해 일어나는 사기성(詐

欺性), 정적(政敵)을 이기기 위한 권모술수 등의 계책(計策), 자신의 욕망 충족에 거슬리며 방해되는 사람들을 그냥 가만히 두지 못하는 증오의 눈초리, 한때 자신을 짓밟으려고 했던 사람을 대하는 칼날의 복수심, 가까운 사람끼리 어울리며 살아가면서도 자신보다 앞서고 부유해지는 것을 보지 못하는 질투와 시기심 등이 있다. 가식으로 포장된 사람은 언젠가는 상대방을 이용하고, 필요 없을 때는 사정없이 버릴 수 있는 이중적인 인격을 소유한 인간이기 때문이다.

인간의 삶이란 결과적으로 자신을 지키고 보호하기 위해 언제나 마음속에 안전망을 준비해놓고, 주변을 경계하고 방어하며 살아가지 않으면 안 된다. 그리고 자신이 더 안전하게 살아가기 위해서 남에게 조금도 원한(怨恨)의 원인을 만들지 않기 위해서 마음가짐을 각별히 조심해야 한다.

조심해야 할 마음가짐으로는 자신의 욕망을 함부로 노출하지 말고, 남과 부딪히게 되는 욕망의 칼날을 피해야 한다. 남에게 질투와 시기의 대상이 되지 않도록 자신이 추구하는 목표와 흔적을 조정하고 완화하도록 해야 할 것이다. 또한 남의 자존심을 상하지 않도록 미워하지 말며 경멸하지 않도록 조심해야 한다. 남을 함부로 사랑하지 말며, 또한 쉽게 믿어서도 안 된다.

『주역 강의』에서도 "믿음을 아무데나 흘리고 다녀서는 안 된다."라고 가르치고 있다. 그러니 믿음 또한 경계하라는 말이다. 즉 조심해서 남을 믿으라는 말이다. 믿음이 가능한 것과 믿음이 불가능한 것을 구분하라고 조언한다. 무조건 믿었다가 낭패를 본다는 뜻으로 해석된다. 그래서 잘 길들여진 훈련견(狗)이 발달된 후각으로 마약인 히로뽕을 찾아내듯이, 진실할 사람을 찾아내어 함께 살아가는 것이 가장 중요한 인간관계의 기술이 아닌가 생각해본다.

즉 인간관계의 기술이란 자신도 인간이라는 속성을 벗어나거나 초인적인 행동을 하지 않으면서, 지나치게 혐오스러운 수단과 방법을 사용하지 않고, 객관적인 측면에서 공동의 이익과 사회적인 발전으로 서로가 함께 살아갈 수 있는 상생의 행동을 보일 때, 그 사람의 인간관계 기술은 남보다 선하면서 바른 관계를 형성한다고 본다. 이것이 인격이요 인간관계의 기술이라고 하지 않을 수 없다.

우리 인간이 삶을 영위할 때 소위 말하는 역할관계가 절실히 필요할 때는 다름 아닌 직장생활에서이다. 우리가 보통 직장생활을 할 때는 회사의 이익을 위해서, 자기 회사의 물품을 판매한다든지 중요한 고객을 확보하기 위해서, 그리고 개인적으로는 세속적으로 출세하기 위해서 인맥이 필요하다. 그래서 인간관계 형성이 중요한 구실을 하게 된다.

말하자면 인간관계는 서로의 이해관계를 목적으로 한다는 뜻이 내포되어 있다. 겉으로는 순수한 정(情)의 나눔으로 관계를 맺는다고 하지만, 실질적인 관계에서 종국적인 의미는 이해관계로 얽혀 서로 주고받는 관계가 성립하는 것이다.

그런 의미에서 볼 때 직장생활에서 특별한 역할관계의 유형에 속하는 현실과 속뜻은 가장 힘이 있는 사람을 주축으로 주변에 거물망이 형성된다. 여기에는 권력이라는 힘이 그 중심에 작용하게 된다. 즉 실세이자 장래가 촉망되는 사람, 차기 권력의 자리로 이동할 유력한 후보자가 그중에 핵심적으로 존재하며, 그 배후를 중심으로 로비가 이루어지기도 한다. 서로가 밀어주고 당겨주는 관계가 성립되기도 하고, 소위 인간관계로 맺어진 상대자의 출세가 곧 자신의 삶에 지대한 영향을 미치기 때문에, 생명과 재산을 투자하면서 자기 사람이 성공하기를 바라게 된다. 그것이 현대 사회의 현실이다. 겉으로는 공정성과 객관성을 천명하지만, 안으로는 사적으로 자기 사람을 천거(薦擧)하는 것이 또한 삶의 현장이다.

아마도 대인관계의 목적이라면, 타인을 통해서 자신의 삶을 완성하겠다는 의도로 풀이된다. 그러므로 인간관계에 있어서 상대방의 심리 탐색은 아주 마음 깊숙한 곳의 심층적인 면까지 분석해야 한다. 그 사람은 무엇을 구하고 있는지? 무엇 때문에 불안해하고 있는지? 그 사람 마음의 거울에 비추어진 나의 모습은 어떤 인상을 만들어내고 있는지? 그 사람 주변에는 어떤 사람들이 관계하고 있으며, 내 인격의 구조가 그 사람의 인격에 어떻게 맞추어져 그 사람의 삶과 인격에 영향을 줄 수 있을 것인지? 그런 의미에서 멀리서 차츰 가깝게 접근해가야 한다. 그 사람 역시 부족한 가운데 자신이 무엇인가 찾고 있기에, 그 사람의 빈자리에 내가 스며들어가야 할 것이기 때문이다.

법정 스님

『살아 있는 것은 다 행복하라』(법정, 2006)에서는 "반드시 어떤 의미의 만남에서 인간이 성장하고 또 형성된다. 그것이 사람이든 책이든 혹은 사상이든 만남에 의해서 거듭 거듭 형성해간다. 만난다는 것은 곧 눈뜸을 의미한다."라고 가르치고 있다. 이런 의미에서 볼 때 인간관계라는 것은 서로가 만나서 무엇인가 목적하는바 성장하고 형성하는 것이다. 그러니 서로가 상생(相生)한다는 의미에서 서로의 뜻을 존중하며 함께 살아가는 것을 목적으로 해야 한다.

어쩌면 사람이 살아간다는 것은 다른 사람과 인연을 맺는 것이라고 생각된다. 인연을 맺는다는 것은 인간관계가 성립되는 것이다. 그 정도로 인연을 맺어 서로 사랑하고 함께 의지하며 살아간다는 것이 중요한 일이다.

인간관계를 원만히 잘 맺기 위해 필수적으로 갖추어야 할 사항은 다음과 같다.

첫째, 자신 내면의 부정적인 시각은 물론 내면에 존재하고 있는 피해의식 같은 상처를 우선적으로 치유해야 한다. 현실적인 그대로의 자신을 수용하고 사랑할 수 있는 마음이 우선적으로 되어 있어야 한다. 이것이 가장 바람직한 인간관계를 맺는 기본적인 요소를 갖추게 되는 것이다. 만약에 이런 부정적인 자아상을 치유하지 않으면 만사를 삐뚤어지게 대하고, 모든 관점이 왜곡되어 있어 합리적인 인간관계가 이루어지기 쉽지 않다. 즉 내가 먼저 원만한 인격과 지성을 겸비해야 타인도 나를 인격적인 사람으로 대해준다는 의미이다.

둘째, 비전이라고 생각되는 훌륭한 미래에 대한 목표의식이다. 인간관계를 맺는다는 것은 결국 그 사람과 사귀어서 자신이 이득을 본다는 의미도 있으며, 또한 상대가 올바르고 훌륭할 경우에는 지원도해줄 수도 있다는 관계의 설정이다. 만약에 상대가 미래가 없는 사람이면 결코 인간관계를 맺을 이유가 없다. 좋은 인간관계를 형성하기 위해서는 상대방의 됨됨이가 미래에 훌륭한 사람으로서 성장할 수 있는 기본이 갖추어져 있는 사람이어야 한다. 상대방의 인생이 성공적으로 현재 발전하고 있다는 인상이 풍겨져 나와야 한다.

또한 자신의 삶이 여유롭고 평화를 누리고 있을 때 남을 올바르게 이해할 수 있고 수용할 수 있다는 점도 원만한 인간관계를 맺을 수 있는 지름길이 된다. 그리고 상대방의 부족한 부분을 자신이 보충해줄 수 있는 힘을 갖추고 있어야 한다. 자신이 남과의 경쟁에서 뒤떨어지지 않으며, 이 세상을 떳떳이 살아갈 수 있는 지식과 역량을 갖추고 남 앞에 자신의 마음을 먼저 열어놓을 수 있을 때 원만한 인간관계가 이루어질 수 있는 것이다.

셋째, 상대방이 욕구하는 바를 충족시킬 수 있도록 자신이 노력하며, 상대방에게 좋은 호감을 갖고 그 사람을 지지하는 모습을 보여야 한다. 인간관계에서 중요한 점은 타인의 개성을 인정하고 그대로를 존중해주는 것이기 때문이다.

또한 인간관계에서 외모와 예(禮)를 중히 여겨야 한다. 외모를 갖추는 것이 곧 예의를 갖추는 것이고, 예의를 갖추는 것이 곧 외모를 갖추는 것이다. 외모와 예의는 항상 같은 통속(通俗)이라고 생각한다. 자신이 남으로부터 존경과 사랑을 받고자 한다면, 무엇보다도 외모를 아름답고 예의 바르게 갖출 수 있어야 한다.

넷째, 상대방이 나를 신뢰할 수 있도록 해야 한다. 신뢰성을 갖추었다는 것은 서로 주고받을 수 있는 관계가 성립한다는 것이고, 또한 비밀을 보장받을 수 있기에 마음의 문을 열 수 있다는 것이다. 인간관계에서 이 신뢰성의 확보야말로 기본적인 관계가 성립되었다는 것을 의미한다. 인간관계에서 가장 필수적인 사항은 상대방의 인격을 존경하며 정직하게 대하는 것이다.

다섯째, 진실한 사람을 분별하여 선택하는 일이다. 진실하고 성실하며 도덕적인 철학을 갖춘 사람이어야 한다. 즉 내면의 구조적인 사람의 됨됨이를 파악하라는 의미이다. 본질적으로 기본이 되어 있지 않은 사람은 인간관계의 대상에서 배제되어야 한다. 모든 삶이란 선택의 연속이다. 사람을 사귀며 인간관계를 맺는 것 역시 선택이다.

『좋은 인연 맺는 법』(남산 스님, 1999)에서 『초발심 자경문』에 "좋은 인연을 맺으려고 하면 천한 사람을 가까이해서는 안 된다."라고 말한다. 짐승은 사랑을 주고 정성껏 보살펴주면 반드시 주인에게 충성을 다한다. 천한 사람을 제도(濟度)한다는 것은 힘든 일이다. 예수님도 천한 가룟 유다를 제자로 두었지만 배신당하고 말았다. 부처님도 인연 없는 중생은 제도할 수 없다고 했다. 이같이 옛 성인들도 천한 사람들과는 상종하지 않았다.

또한 여기에서 보면 "좋은 인연 맺는 법은 나와 헤어지는 사람들과 좋은 추억, 좋은 느낌, 좋은 감정을 남기기 위하여 내가 가야 할 자리, 나서야 할 자리, 사귀어야 할 자리, 물러서야 할 자리를 정확히 판단할 수 있는 지혜를 일컫는다."라고 했다.

3.
남의 비판을 어떻게 받아들여야 하는가?

　인간이 삶을 영위한다는 것은 사회생활을 하면서 남과의 관계 속에서 자신의 역할을 수행한다는 것이다. 이런 삶의 과정에 있어서 직면하게 되는 선악(善惡)과 시비(是非), 정의와 부정의에 관한 문제점 등이 발생하게 됨으로써 사람들은 서로가 칭찬하기도 하고 원망하기도 하며 비판하기도 한다. 비판에는 옳은 비판도 있고 옳지 못한 비판도 있다. 비판을 잘 수용하기도 하고 무시하기도 하면서 인간은 삶을 영위해간다. 이런 비판을 어떻게 수용하고 처리하며 인생을 살아가야 하는가는 개인의 삶에서 어려운 문제가 아닐 수 없다.

　현재 사회적으로 통용되고 있는 비판은 어떤 의미를 지니고 있는가? '비판'의 사전적 의미는 '사물의 옳고 그름이나 잘되고 못됨에 대해 검토하여 평가·판정하는 일, 또는 잘못된 점이나 부정적인 면을 드러내어 좋지 않다고 평가하거나 판단하는 것'으로 되어 있다. 비판은 반드시 있게 되며, 사람이 성장하기 위해서는 비판을 잘 수용하며 소화할 수 있어야 한다. 비판을 자기 자신의 성장을 위해서 잘 수용할 경우에는 더 없이 중요하고 자신을 좋게 발전시킬 수 있다. 또한 남에게 가해지는 비판일지라도 건전할 경우에는 바람직한 방향으로 유도될 수 있는 계기가 된다. 만약에 나쁘고 그릇된 방향으로 남을 비판할 경우에는 종국에 가서는 그 비판이 무서운 무기로 돌변하게 되는 수도 있다. 그러니 남을 향해 비판하는 경우에는 신중을 기해야 할 것이다.

일반적으로 사회에서 통용되는 비판의 경우에는 여러 부류가 있겠지만, 보통 자신과 비교되는 사람 중에 자신보다 앞서가는 것을 시기하여 비하(卑下)시키기 위해서 사용하는 경우가 많다. 가장 비판을 많이 하는 경우가 직장에서일 것이다. 자기와 경쟁관계에 있는 사람에게 좋지 않은 평판을 씌워, 자신이 우위에 위치하도록 하기 위해서 비판을 가한다. 또한 같은 지역에 살면서 나이를 비롯한 학벌, 경제력 등이 대등하여 서로 경쟁관계에 있을 때, 자신이 경쟁자보다 우위에 있다는 것을 우회적으로 나타내기 위해서, 상대방을 인격적으로 좋지 못한 사람으로 여론을 조성해갈 때 비판을 하게 된다.

특히 비판은 음해(陰害)의 형식을 띠고 조성해 나가기 때문에 대부분 비밀리에 이루어진다. 비판을 당하는 사람의 입장에서는 치명적인 손실을 입게 되는 경우가 있다. 비판으로 모욕을 당한 본인의 입장에서 볼 때 누구의 소행이라는 것을 대체적으로 알 수 있게 되지만, 비판은 보통 본인이 없는 가운데 이루어지기 때문에 확실히 알기가 힘들며 당장 대응하기가 쉽지 않다. 이런 경우의 비판은 흔히 남을 비난(非難)하는 식으로 이루어진다.

당하는 사람의 입장에서 무례한 행동을 할 수 없는 경우에는 당하고 있지 않으면 안 된다. 특히 간사하고 교활한 사람은 본성적으로 타고 나기 때문에, 아주 교묘한 방법으로 남을 비난하게 된다. 비난 받는 사람의 입장에서는 한 마디로 말한다면 늘 조심스럽게 경계해야만 한다.

비판받는 사람은 언제나 조심하여 비판하는 사람의 말이 맞지 않도록 확연히 다른 행동을 취해야 할 때가 있다. 물론 오랜 세월이 흘러가면 그때의 비판이 옳지 않다는 것이 자연히 드러날 수 있지만, 이때는 이미 모든 효력이 발생된 이후이기 때문에 어쩔 수 없이 피해를 본 이후가 되는 것이다. 비판을 받는 사람은 굳게 마음을 먹고 자신을 계발해 나가지 않으면 안 된다. 오직 자신은 그 비판을 묵묵히 수용하고 노력에 의해서 자신의 목표를 이루어내야 하기 때문이다.

여기서 중요한 것은 만약 남들이 자신에게 가하는 비판이 옳은 것이라면, 그 비판을 수용하고 참담하고 진지한 마음자세로 자신의 잘못을 고쳐야 할 것이다. 만약에 남들이 자신에게 가하는 비판이 옳은데도 자신의 그릇된 마음으로 그 비판을 수용하지 않고 거부한다면, 문제는 더욱더 심각하게 된다. 즉 자신의 잘못된 습관을 고치지 못하고 더 잘못된 방향으로 성장하게 될 수도 있다.

특히 인간이란 자신의 과오는 간과하고, 남의 잘못은 확연하게 자신의 눈에 띄게 된다. 자신의 잘못은 고치려 하지 않고 남을 쉽게 비판하게 되는 것이다. 진지하게 남을 이해하게 된다면, 그리고 그 사람의 처지를 알고 나면, 그렇게 하게 된 상대방의 행위를 충분히 인정할 수 있을 텐데도, 남의 처지를 이해하지 않고 또 상대방을 비판하게 되는 것이다. 이점 유의하지 않으면 안 된다. 그래서 현명하고 착한 사람은 이런 상황을 잘 알고 있기 때문에 항상 자신의 그림자를 되돌아보며 살필 줄 알고, 쉽게 남을 비판하지 않는다.

자기 자신에게 가해지는 비판과 스스로의 성장을 위해서는 어떤 태도를 취해야 하는가?『노자』(김홍경, 2003)『여씨춘추』〈효행람·필기(必己)〉에 이런 고사(故事)가 나온다.

"군자가 스스로 행동할 때는 남을 공경하면서도 반드시 공경을 받지는(받고자 하지는) 않으며, 남을 사랑하면서도 반드시 사랑을 받지는(받고자 하지는) 않는다. 남을 공경하고 남을 사랑하는 것은 자신에게 달려 있고, 공경을 받고 사랑을 받는 것은 남에게 달려 있다. 군자는 자신에게 있는 것만을 꼭 실천할 따름이며, 남에게 있는 것을 반드시 기대하지는 않는다. 자신에게 있는 것을 꼭 실천한다면 불우함이 없을 것이다."라고 가르친다.

또한 여기의 『여씨춘추』〈신대람·순세(順說)〉에 나오는 공자 제자 중에 자로라는 분이 있었다. '자로는 감히 하는 데 용감한'사람이었다. 그는 호용(好勇)이 과인(過人)해서 항상 선생의 걱정을 샀고, 선생으로부터 '옳게 죽지 못할 것'이라는 꾸중인지 염려인지도 들었다. 공자가 염려한 대로 그는 위나라 공리(孔悝)의 난(亂)에 얽혀서 분사(焚死)하게 된다. 지금 『노자』의 경고도 이런 역사적 체험에서 나온 것이다. 어쨌든 『노자』에는 "노회(老獪)함을 보면 강직한 사람이 수없이 죽어갔던 시대의 혼란이 저절로 생각이 난다."라는 구절이 있다. 아무튼 노자는 과격과 용감함을 경고한다.

자신에 대한 성찰을 해서 먼저 본인이 자신의 생각이나 행동에 어떤 올바르지 못한 문제가 있는지 살펴보아야 한다. 생각 자체가 바르지 못하면, 아무리 그 생각을 감추려고 해도 외부의 인상이나 행동으로 나타나게 마련이다. 산사(山寺)의 스님들이 도(道)를 얻은 경우에는 아무리 그 모습을 감추려고 해도, 일반 대중이 보면 그 경지(境地)를 알 수 있듯이, 침묵이나 눈빛 속에 그 정신적인 혼(魂)의 모습이 드러난다.

그러니 자신의 과오를 고쳐 비판을 줄이기 위해서는 첫째, 본인 스스로가 마음을 바르게 갖도록 노력해야 하고 잘못된 부분은 고쳐야 한다. 여기서 잘못된 마음이란 상대를 원망하는 것, 질투나 시기하는 것, 미워하는 것, 지나치게 욕심을 갖는 것, 거짓이나 속이려고 하는 것, 상대를 짓밟으려고 모의하는 것, 자기의 주장이나 이익만 내세우는 것 등을 말한다.

둘째, 자신의 태도에서 외부로 나타나는 도덕성의 문제를 꼼꼼히 따져보아야 한다. 만약에 인간으로서 지켜야 할 도덕성에 흠이 있다면, 다른 사람들의 지탄(指彈)을 면하기 어렵다. 여기에는 재물을 부당한 방법으로 취하려고 하는 경우, 화투나 카드놀이 등 도박(賭博)을 즐기는 경우, 색(色)된 마음을 갖고 부정적인 성적 행위를 하려는 경우, 가정적으로 인륜에 반하는 행동을 하는 경우, 지나치게 게을러서 주변사람으로부터 빈축을 사는 경우, 사치와 낭비는 물론 교만한 태도를 갖는 경우 등을 들 수 있을 것이다.

그러니 남의 비판을 받으며 끌려가지 않도록 일반적인 사람들로부터 용서받을 수 없는 행위는 절대로 해서는 안 된다. 그러므로 스스로 조심해야 한다. 삶을 살아가면서 괜스레 필요 없는 경쟁에 젊음을 낭비하지 말고, 하찮은 일로, 술과 담배로 몸을 훼손시키지 말아야 한다. 인생은 부질없이 지나가고 보면 남는 것은 한탄과 후회뿐이니 귀중한 몸을 소진시키지 말고, 시간을 아껴서 삶의 최고의 가치를 실현할 수 있도록 최선을 다해야 한다.

　인간관계에서 비롯되는 여론은 한낱 깃털과 같이 가볍게 날려 지나갈 뿐이다. 조그마한 세속의 비판에 흔들리지 말고, 꿋꿋하게 자신을 지키며 열심히 살아가는 것이 중요하다고 하겠다. 자신이 아닌 타인에게 영향력을 행사하려고 하기보다는 자신의 가정이나 자신의 내부를 단속해야 할 것이다.

　역사적으로 볼 때 다른 나라와의 전쟁에서 이기고도 내부적인 내란이나 분열, 부패 등으로 인해 나라가 멸망한 경우는 많다. 국가와 국가 사이에서 전쟁으로 인해 국력이 소모되는 것과 같이, 인간과 인간 사이에서도 남에게 영향력을 행사하려면 자신의 에너지를 먼저 소모시켜야 한다. 국가 차원에서도 차라리 자기 나라의 성(城)을 군건히 하는 것이 옳은 일이듯이, 개인 차원에서도 자신의 가정이나 자기 자신의 힘을 기르는 것이 옳은 삶일 것이다. 남에게 자신의 영향력을 행사하느니, 차라리 자신을 되돌아보고 자신만의 시간을 만들어서, 가정의 번영과 자신의 성장에 힘쓰는 것이 바람직하다. 일일이 남들의 일에 신경을 쓰고 대응하다 보면 진작 자신이 이루어야 할 과업을 놓치는 수가 있으니 정말 큰 손실이 아닐 수 없다.

　남을 비판하고 제압하기 위해서는 많은 시간과 노력이 소모된다. 그렇게 하기 위해서는 지속적으로 남과의 인간관계를 맺으며 자신의 입장을 설명하여 신뢰감을 쌓아야 하고, 또한 자신이 남을 비판하여 상대를 낮추려고 하면, 그 사람에게 어떤 나쁜 이유를 그럴듯하게 꾸며서 나쁜 사람으로 매도해야 하는데, 그것이 그렇게 쉽지는 않다. 차라리 자기 자신의 길을 묵묵히 가는 것이 올바른 행동일 것이다.

인생의 성공이란 짧은 토막시간들을 잘 이용함으로써 이루어낸 성과이기 때문에, 한시도 곁눈을 팔지 말고 자신의 목표를 향해 노력하지 않으면 안 된다. 그렇게 해서 70평생이 지나고 나면 자신의 꿈은 무지개처럼 피어날 것이기 때문이다.

뭐니뭐니 해도 먼저 해야 할 일은 자신의 힘을 키우는 것이다. 사회생활을 하지 않는 사람은 없다. 기도처에서 수도(修道)하는 사람이나 사찰의 스님도 누구나 다 사회생활을 한다. 아니, 물론 우선은 혼자서 수도생활을 하지만, 종국적으로 생각해볼 때 보다 발전적으로 사회에 헌신하기 위한 사전 준비 기간이라고 생각된다.

사회생활을 하는 사람이면 일반적으로 두 마리 토끼를 잡지 않으면 안 된다. 하나는 외부적으로 사회에 맞는 삶의 윤리에 따라 사회 관습에 적합하도록 노력해야 하는 것이다. 다른 하나는 내부적으로 자신이 설정한 규율을 지키며 힘을 키우는 일이다. 사회 관습에 어긋나지 않게 행동한다는 것은 남의 비판으로부터 자유로워지기 위한 방법인데, 그래서 도덕적인 삶을 사는 것과 어느 정도 주변 사람들과 보조를 맞추어가며 조화롭고 상호 협조적으로 살아가는 것을 의미한다. 따라서 개인적인 욕심을 제어하고 타인에게 관심과 배려, 존경하는 마음을 보내야 할 것이다. 이것은 자신의 단점보다는 장점이 많도록 확대해나가는 문제이며, 자신을 꾸준히 개선하고 고쳐나가야 하는 문제이다.

다음은 내부적으로 자신의 힘을 키워야 하는 문제는 체력(體力)·지력(知力)·기술력(技術力)은 물론이거니와 재력(財力)도 축적하여 삶의 목표를 이루기 위한 성공으로 한 걸음, 한 걸음 나아가야 한다.

여기에는 자녀양육 문제와 가족의 행복도 포함된다고 할 수 있다. 그리고 인격적인 문제도 따라야 하기 때문에 수양(修養)을 게을리해서는 안 된다. 수양의 문제는 지력(智力)·지력(知力)과도 연관성이 있으며 자신의 내면을 계발(啓發)하는 문제이니 중요하지 않을 수 없다. 수양의 목적이 위기에 대처하기 위한 사전(事前)의 경계(警戒)의 마음이니, 평소에 힘을 길러두어야 할 것이다.

마음이 가볍고 중심이 없는 사람은 타인에 의해서 자신의 마음이 쉽게 동요되는 경우가 많다. 즉 외모가 아름다우면서 부유하고 인격적인 사람에게 쉽게 자신을 빼앗기게 되고 선망(羨望)하게 된다. 그러나 그 사람이 자신을 살려주는 것은 결코 아니다. 그 사람에게 마음을 빼앗기고 계속 그 사람을 사모(思慕)하게 되는 것은 자신에게는 되돌릴 수 없는 과오를 범하고 있는 것이다. 왜냐하면 자신의 할 일을 제대로 하지 못하고 쓸데없는 곳에 정력과 신경을 소모하기 때문이다. 결국 자신에게 돌아오는 것은 헛수고와 후회뿐이다. 자신을 살릴 수 있고 높은 수준의 인격자로 업그레이드(upgrade)할 수 있는 것은 자기밖에 없다는 사실을 명심하기 바란다.

자기 자신은 자기내부에서 찾고 계발(啓發)해야 한다. 자신을 빼앗기고 흔들리는 자세는 자아 강도와 연관성이 있다. 이는 자아 정체성이 불건전한 사람한테서 나타나는 현상이라고 할 수 있다. 즉 자아 강도가 낮은 사람은 자기 정체성이 완벽한 수준에 있다고 말할 수 없다. 이런 사람들은 자아 존중감이 낮은 사람이다. 자아 정체성이 확실하게 이루어진 사람은 자신을 잘 알고 있으며, 자신이 어떤 방향으로 성장해야 한다는 것이 뚜렷하기 때문에 곁눈질할 시간이 없다. 자신이 가야 할 길이 바쁘며, 자기 길을 가면 확실히 성공자가 될 수 있다는 확신감에 젖어 있는 사람이다.

정신분석적 심리치료를 연구한 미국 뉴저지 주립대학의 낸시 맥윌리엄스(Nancy Mcwilliams)에 따르면 "자아 강도란 역경에 유연하게 대처할 수 있는 능력"이라고 한다. 자아 정체성은 자신이 누구이며, 무엇을 믿고, 무엇을 원하는지에 대해 확실히 아는 것이다. 자기 통합성의 결여 상태에서 역경에 유연하게 대처하기란 어려운 일임이 분명하다.

또 다른 차원인 사회적인 측면에서 여론의 형성과 그 속성에 대해 살펴보고자 한다.

일반적으로 사회적인 모임이나 어떤 술자리에 자신이 불참할 경우, 동료들이 모인 자리라면 며칠 후면 자신에 대한 비판이 흘러나오는 경우가 있다. 대체적으로 좋은 점보다는 나쁜 점에 대해 말이 있게 된다. 참석한 사람들의 인격에 따라 비판이 흘러나오지 않을 때도 있다. 남을 비판한다는 것은 바람직한 행동이 아니라는 점을 알고 있기 때문에, 그리고 말에는 책임성이 따르기 때문에, 그 책임이 두려워 피하는 경우도 있다. 왜냐하면 오히려 자신의 인격적인 문제이기에 남에게 비판을 하지 않기 때문이다. 이런 사람은 남을 비판한다는 것은 자신의 삶에서 바람직한 행동이 아니라는 것을 알고 있는 사람이며, 조금이라도 남에게 피해를 주지 않기 위해서 노력하는 사람이다.

그러나 누구나 나름대로는 속으로 상대를 평가한다. 나 역시 남을 비판할 때도 있고, 조심하는 차원에서 비판을 유보하지만 그 사람의 수준을 마음속으로 저울질해보기도 한다. 결론적으로, 남들이 자기에게 하는 비판에 대해 신경을 안 쓸 수도 없고, 또 그렇다고 지나치게 쓸 필요도 없다. 지나치게 남에게 신경을 쓰다 보면 자신의 실속을 챙길 수도 없으며, 또한 묵묵히 자기 길을 갈 수가 없게 된다. 그렇다고 신경을 쓰지 않으면 자신을 자꾸만 잘못하고 나쁜 쪽으로 여론이 형성되어 부정적인 이미지로 고정화될 수도 있기 때문에 신경이 쓰인다. 그렇게 되면 자신에 대한 사회적인 등급이 하향 조정된다.

만약에 자신에 대한 좋지 못한 평가를 변명하든지, 아니면 그 평가에 대응하려고 하다 보면, 사람들이 모인 장소에 참석해서 자신의 입장보다는 상대편의 비위를 어느 정도 맞추어주는 방향으로 자신의 태도를 바꾸어야 한다. 즉 상대편 사람이 생각하는 관점이 있는가 하면, 또 자신이 참여하고 있는 기관이나 단체가 지향하는 목표가 있기 때문에, 가급적 상대방의 관점이나 기관이나 단체가 지향하는 목표에 합당한 행동이 되도록 자신을 변화시켜야 한다. 그래서 평범한 사람들의 견해는, 공동생활에서는 될 수 있는 대로 자신의 뜻을 관철하기보다는 조용히 따르려고 한다. 그러다 보면 결국에는 공동체가 지향하는 방향점이 때로는 공동의 목적의식에 합당하지 않고 엉뚱하게 흘러가는 경우도 있게 된다.

그렇다고 조용히 침묵만 지키는 것이 옳은 행위도 아니고, 그렇다고 지나치게 모나게(angularness) 자신의 생각을 주장하는 것도 바람직하지 않기 때문에, 그냥 소극적인 자세를 취하며 대세(大勢)에 따르는 경우가 많다. 만약에 꼭 자신의 뜻을 관철하려고 하면 절차와 방법, 시기 등에서 신경을 쓰지 않으면 안 될 것이다. 이런 분위기에 젖어 대체적으로 저속한 사람들의 태도는 닭의 습성처럼 한 사람을 평가할 때 남들이 좋아하면 따라 좋아하게 되고, 남들이 싫어하면 따라서 그 사람을 싫어하는 태도를 보이는 경우도 있다. 그리고 자신이 명확한 답을 구하지 못하고 있는 경우에는 그중의 한 사람의 행동을 모방하고 따르는 경우가 많다.

잘못된 점으로는 좋지 못한 습관과 관습은 전염성이 있고 부정적인 방향으로 흘러간다. 그러니 항상 자신의 입장을 밝힐 때에도 예리한 눈으로 비판정신을 갖고, 옳은 방향으로 판단을 내리도록 애써야 한다.

사람이 사는 이 세상의 모든 논리는 힘(power)에 의해서 움직인다. 즉 힘 있는 사람이 힘이 약한 사람을 누르게 된다. 설혹 힘센 사람의 이치와 논리가 적합성과 타당성 면에서 다소 어긋나는 경우에도, 그 힘의 논리에 밀려 약한 자는 자신의 의견을 충분히 개진할 수 없게 된다. 이것이 사람이 사는 세상에서 살아가는 일반적인 논리이기도 한 것이다.

사회에서 자신의 영향력을 행사하기 위해서는 힘을 키워야 한다는 결론에 이르게 된다. 인간은 사회적인 동물이다. 혼자서 살아갈 수는 없다. 인간은 사회생활을 통해 자신의 역량을 발휘하며 입지(立志)를 구축하고 참여함으로써 남과 교류하게 되며 객관화된 자신을 바라볼 수 있게 된다. 사회에 참여한다는 것은 직장이나 동창회, 친족회, 종교단체, 봉사단체 등 자기가 살고 있는 지역의 각종 모임 등을 통해 일정한 관계를 맺는 것이다.

사회생활을 하게 되는 직장이나 각종 단체에는 그 기관이 갖는 성격이나 특성이 있다. 이 성격과 특성이 내 개인의 주관적인 생각보다 항상 우위를 점하게 되기 때문에, 나 자신을 그 조직의 법과 도덕성에 맞추어 참여해 나가는 것이 관례이다. 사회생활을 통해 참여하게 되는 기관인 직장이나 단체는 그들이 추구하는 목적과 질서 등 그들만의 문화가 존재한다. 한 개인의 주관적인 태도는 사회적인 성격을 갖는 단체에 소속되어 그들 문화에 융화·, 동화되는데, 그 과정에서 한 개인이 추구하는 생각이나 행동이 조화를 일으키든 부조화를 일으키든, 항상 교류되는 과정에서 여론이 형성된다. 그런데 여론이 형성되기까지는 크게 보아서 사회에 참여하는 그 기관이 추구하는 목적이 있으며 오랫동안 존속해오면서 그 기관이 갖는 독특한 성격, 즉 문화가 있게 된다. 여기에 참여하는 구성원들은 개별적인 개성을 가진 인격체이다. 좋은 여론이 형성되려면 자기가 살고 있는 사회나 어떤 단체, 그리고 어떤 기관이 추구하는 가치성에 각 개인의 행동이나 생각이 합당하고 일치할수록 그 사람의 개인적인 여론은 좋아진다. 만약 불일치를 이루고 반(反)하게 될 경우 여론은 나쁘게 형성된다고 할 수 있다.

이런 점을 고려하여 현명한 사람은 여론을 액면 그대로 받아들이지 않고, 항상 객관성에 의문을 제기하면서 자신의 눈을 공정한 저울에 두고 다시 한 번 관망하는 자세를 취한다. 왜냐하면 자기가 살아온 삶의 경험에서 항상 여론의 빗나감을 알고 있기 때문이다. 그러나 우리가 여론이라는 이 문제에 접하게 될 때는 대체적으로 여론이 좋은 사람의 특징이 있다. 그 특징을 보면 ① 신체적으로 어떤 혐오감이 없이 인상이 좋은 사람 ② 개인적인 이익에 민감하지 않은 비이기주의적인 사람 ③ 사고(思考)나 행동 면에서 규모(scale)가 커서 항상 여유로움을 갖추고 있는 사람 ④ 부모님의 유산을 물려받아 물질적으로 넉넉해서 삶이 풍요로운 사람 ⑤ 평소에 사회적인 활동을 많이 하고 봉사하는 사람 ⑥ 언제나 여론에 민감해서 주변사람에게 물심양면으로 베풀고 봉사하는 사람 등이다.

여론이 좋지 않은 사람의 특징을 보면 ① 신체적인 면에서 결함이 있어 호감을 받지 못하는 사람 ② 자기만을 생각하고 항상 손익을 계산하여 자기의 이익에 민감한 이기주의적인 사람 ③ 평소에 마음이 좁고 규모가 작으며 쉽게 동요되는 사람 ④ 단체 등 사회활동력이 적어 다른 사람들로부터 지적(指摘)을 받고 있는 사람 등이라고 할 수 있다.

여기서 우리가 재점검해보아야 할 사항이 있다. 여론이 좋은 사람은 그 좋은 여론을 지속적으로 유지하기 위해 사회적인 활동을 더 하고 헌신, 봉사한다. 이렇게 하다 보면 결국 자신이 손실을 많이 입게 되는 경우가 많다. 물질은 물질이지만 정신적으로 가족이나 자녀, 개인적으로 추진하는 목표를 등한시하는 수가 있다. 그러므로 사회적인 활동도 중요하지만, 개인적이고 내적인 생활에 더 많이 신경을 써야 하지 않을까 하는 생각이 든다.

이에 반해 여론이 좋지 않다고 느껴지는 사람은 앞으로는 더 좋은 여론을 형성하도록 노력해야 하겠지만, 자신의 모든 형편이 그렇게 쉽게 좋은 여론을 형성하도록 선회하기는 쉽지 않을 것이다. 그러니 한번 더 자신의 주위와 처지를 되돌아보고, 우선 정신적으로나 물질적으로 남과 단체에 봉사할 수 있는 여력이 있는지를 살펴야 한다. 그래서 무턱대고 여론에 민감하게 움직일 것이 아니라, 사회생활에서 특별히 잘못되고 부족한 점이 발견된다면, 생각과 태도를 고치고 보완, 개선해 나가야 하겠다. 개인적인 내면생활이 그것으로 인해 피해를 보지 않도록 실속을 차려야 할 것이다.

4.
친족과의 관계를 어떻게
유지해야 하는가?

친족(親族)과의 관계를 어떻게 형성하며 살아가야 하는가? 원만한 친족과의 관계는 우리의 삶에서 실로 중요하지 않을 수 없다. '친족'의 사전적 의미는 '촌수가 가까운 일가(一家). 법적 해석으로는 배우자·혈족·인척에 대한 총칭. 8촌 이내의 혈족, 4촌 이내의 인척, 배우자가 이에 해당함'으로 되어 있다.

친족이란 혈족과 배우자, 인연으로 맺어진 인척(姻戚)이 합해져서 형성된 용어이다. 특히 인척이 형성됨으로써 친척의 개념이 복잡해진다. 여기서 촌수란 아버지의 혈족은 물론 어머니의 혈족까지 포함한다. 친족이라면 피를 나누었다는 뜻으로서, 정해진 운명으로 형성된 관계이다. 이것은 불가분의 관계여서 마음대로 인간이 자신의 의도대로 할 수 있는 것이 아니고, 운명적으로 주어진다.

그런데 한편으로 생각하면 이 친족이라는 것은 아버지 직계 편에서 보면 남이 되는 어머니 편의 계열이 합해진 것이고, 어머니 편에서 보면 남이 되는 아버지 편의 계열이 합해져서 이루어진 것이다. 이것은 남이 반씩 섞여서 혈족을 이루고, 거기서 4종(四從)이 생기게 된다. 우리가 살아가는 측면에서 친족 관계는 그 의미가 매우 깊다고 생각된다.

그러나 친족의 내부 사정은 아무리 형제로서 피를 나누었다고 하지만, 서로의 형편은 복잡하게 얽히게 된다. 형제 가운데 한 사람이 결혼을 해서 부인(婦人)을 맞게 되면, 부부간에는 피를 섞어서 자녀를 낳게 되며 분가(分家)를 하게 되고, 제각기 자기 자녀를 양육하다 보면 자연히 삶은 별개로 나누어지게 된다. 『몽테뉴 수상록』(몽테뉴, 2015)에서는 이렇게 이야기한다.

"형제라는 이름은 자애에 찬 아름다운 이름이다. 하지만 재산의 혼합과 분배, 그리고 하나가 부유하려면 하나는 빈한하게 된다는 사정은 형제간의 맺음을 놀라울 만큼 약화시키고 풀어지게 한다. 형제들은 한 길과 한 줄을 타서 앞길을 개척해나가야 하기 때문에, 서로 밀어젖히고 충돌하지 않을 수 없다. 그리고 부친과 아들은 기질이 심하게 다를 수 있으며, 형제간 역시 그렇다. 이 자(者)는 내 아들, 이 자(者)는 내 친척이다. 그러나 그는 사귀기 힘든 자이거나 악한이거나 등신이다. 그리고 이들 사이의 관계는 자연의 법칙과 의무가 명령하는 우정인 정도로, 우리의 선택이나 자유의사의 요소가 더 희박해진다."

앞에서 기술한 내용과 같이 형제간도 같은 부모 아래 한 이불 속에서 성장할 때 형제간이지, 결혼해서 자신의 부인(婦人)과 남편이 생기고 각 개별로 자식이 생기게 되면, 그때는 상황이 사뭇 달라진다. 왜냐하면 처자식이 형제보다 더 중요하기 때문에, 재산이 풍족하지 못하면 말할 것도 없지만, 풍족하더라도 환경이 다르고 정체성이 다르며 가치관이 또 다르다 보면, 화합이 그렇게 쉽게 유지되기란 쉽지 않다.

특히 부인인 남이 들어와서 자식을 낳으면, 사촌이라는 친족이 생기게 된다. 특히 형제는 같은 환경이라는 동일선상에서 출발하기 때문에 남들도 그들을 같은 위치에서 서로 비교하게 된다. 또한 이들 사촌들은 자기 어머니로부터 전해지는 진한(thick, strong) 피의 개별성과 자신이 열등하지 않다는 자존심이 함께 작용해서, 도(度)를 넘어 치열한 경쟁 의식이 싹트게 된다. 그러다 보니 겉으로는 친척이고 형제이지만 안으로는 남들보다도 못한 경우가 많다.

그래서 삶 자체가 원래 그러하듯이, 자신의 욕망을 먼저 이루어야 한다는 이기심이 작용하다 보면, 서로 돕고 화합하기가 점점 어려워진다. 인간이 추구하는 욕망은 끝이 없고, 일단 자신의 욕망과 충족이 우선이기 때문에 이들에게 삶의 여정은 힘들고 복잡하게 된다. 특히 물질적으로 한정된 자원 분배의 문제와 각 개인의 정체성으로 인한 가치관의 차이에서 오는 인생관의 문제는 각 개인마다, 가정마다 독자성을 만들어간다. 특히 친족이 형성되는 과정에는 아버지 형제간들의 가족이 있게 되고 어머니 형제간들의 가족이 있게 되어, 각각 그 가족들이 배후에 존재하게 됨으로써 상반되는 불협화음이 조성될 수도 있다.

친족관계를 원만하게 유지하는 데 가장 장애요소로 대두되는 것이 경제적인 자립 문제와 자존심을 지키려는 문제이다.

첫째, 경제적인 문제는 직접 실존에 영향을 주기 때문에 민감한 문제이며, 미래를 준비해야 하는 차원에서 보면 만족한 상태에 이르기가 쉽지 않다. 또한 형제간에도 잘사는 가정이 혈족인 어려운 가정을 도와주고 싶어도, 어머니의 입장에서는 친정에도 신경을 써야 한다. 그렇기 때문에 경제적인 여유가 있더라도 시댁 가족만을 돕기는 쉽지 않다. 그런가 하면 아버지 입장에서도 자신의 친형제를 생각해서 부인 형제간에게 신경 쓰기도 쉽지 않은 문제이다. 그러다 보면 자신들의 자녀는 물론 직계인 손자 손녀도 자라게 됨으로써 자연히 친족 개념은 소원해진다. 그런 것이 친족 간의 속성이 아닌가하고 생각해본다.

둘째, 자존심의 문제는 어떤가? 동일한 할아버지, 아버지 밑에서 분가하여 유사한 유전적인 영향을 받으며 동일한 조건에서 성장하게 되었는데, 누구는 사회적인 출세로 승승장구해서 명예와 영광을 누리며 살아가고, 누구는 삶이 어려워 허둥지둥 무시와 천대를 받으며 살아가고 있다면, 자연히 형제간에도 거리가 멀어지게 되는 것이다. 이런 문제는 어쩔 수 없다. 그러므로 서로가 자신의 처지를 수용하고 자신의 환경에 맞추어 살아가지 않으면 안 된다. 이런 관계로 대부분 친족들 사이에서 실질적으로 속사정은 멀어지게 되며, 원만하지 못한 관계가 유지되는 것이다. 그러나 친족의 내부사정은 그렇지만, 외부(사회)적인 차원에서 생각해보면, 언제나 친족은 친족으로서 관계를 형성해야 하며, 남들보다는 내부적인 결속력이 있어야 한다. 외부에서 남들이 볼 때 친족끼리 사이가 좋지 않아서 확연히 표면화되어 지역사회에 알려지면, 친족 모두에게 치명적인 좋지 못한 악영향이 미치게 된다. 그러니 묵묵히 인륜의 뜻에 따라 서로가 자중(自重)하면서 친족 관계를 원만히 유지해야 할 의무감이 따르게 된다.

또한 아주 어려운 일이 발생할 때는 아무래도 친족의 도움이 절실히 요구되기도 한다. 그런데도 과학이 발달되고 사회가 복잡해짐에 따라 개인주의와 물질 중심의 자본주의 사회에서 친족 개념이 소원해지고, 더 나아가 관계가 악화되는 현상마저 나타나 두려움이 앞서기도 한다. 성경에서 보면 "형제가 네게 죄를 범하면 일흔 번씩 일곱 번이라도 용서하라"고 말씀하셨다. 하지만 범부인 우리들로서는 그렇게 마음먹기가 쉽지 않다. 사회의 세속적인 차원에서 보면 일반적인 친족의 의미는 세월이 흐름에 따라 자꾸만 퇴색되어간다. 아무리 세월이 흘러도 변하지 않아야 할 것이 친족 개념일 것이다.

친족 사이의 내부적인 갈등을 보면 사실은 그렇지 않은데 오해로 인해 사정이 멀어지는 경우도 있고, 드물게는 상대를 깔보거나 무시하는 경우도 있으며, 또 물질의 이해관계가 작용하기도 한다. 친족 중에서도 잘사는 가정의 입장에서 보면 '얼마나 이(tooth)를 악물고 살아왔는데, 얼마나 뼈아픈 삶을 살아서 여기까지 왔는데, 그리고 '자기가 못 살면 못 사는 것이 자랑이던가. 어디 열심히 살지 않고 게으르게 살면서 쓸데없는 소리를 말라.'고 중얼거리기도 한다.

못 사는 사람 입장에서는 그러면 어떤가? '한번 두고보자 얼마나 잘사는지?' 등등의 소리가 나오기도 한다. 못 산다는 것은 요즘 세상에서는 능력 부족으로 인정할 수밖에 없다. 누구를 탓할 수도 없고, 운명이라면 수용해야 할 것이다.

인간이라면 태어나고 성장하며 세상을 떠날 때까지 가정생활을 영위한다. 그러면서 가장 친숙하면서도 함축성이 많고, 또한 쉽게 풀리지 않으며 매듭(knot)으로 얼룩져 있는 관계가 '친족'의 개념인 가족관계가 아닌가 싶다. '효(孝)가 만행(萬行)의 근본'이듯이 친족 관계가 원만하면 인간사(人間事)의 모든 것이 잘 풀리게 되어 있다. 어느 종교단체에서 자기가 지은 죄를 반성하면 사죄해준다고 하면서 교단(敎壇)에 나와 반성하라고 했더니, 참석한 사람 대부분이 마음에 상처를 받아 병이 되어 있는 원인이 친족 간의 불화와 갈등이 90퍼센트를 차지하더라는 말씀이 있었다. 왜 이런 현상이 있게 되는 것인가? 서로가 가장 위하고 의지하며 도와야 할 친족 사이에 왜 이렇게 고(苦)가 맺히고 응어리가 지며 서로가 원망하게 되는가? 아마도 그 원인을 찾아보면 친족이 아닌 남에게 뒤지는 것은 허락되지만, 친족 사이에서 자신이 뒤진다는 것은 허용할 수 없다는 논리가 스며 있지 않을까 하는 생각이 들기도 한다. 문제는 친척들 사이에서는 뒤지기(be defeated)가 싫다는 것이다. 또한 너에게는 고개 숙이지 않겠다는 의미가 팽배해 있기 때문이다.

그것뿐인가? 같은 지역에서 살면서 매일 만나듯이 하면서 살아야 하는데, 서로가 눈을 마주치지 않고, 또 눈을 마주치게 되면, 바르게 보지 않고 흘기게 된다. 우리의 인생을 100년으로 볼 때 일(日)로 따지면 36,500일인데, 사실 살다 보면 잠시 왔다가 가는 인생이 아니겠는가? 그런데 뭐 그렇게 이해득실을 따지며 살아야 하는지, 나 자신부터가 안타깝게 생각하지 않을 수 없는 것이다. 누군가가 잘 살면 얼마나 잘살게 되겠는가? 알고 보면 한때 누가 잘살게 되면, 다음엔 또 다른 누군가가 잘살게 되는 것이 인생살이가 아니겠는가? 이런 문제들로 어떤 경우에는 친척 사이가 남보다 못하며 원수처럼 형성되어 있다. 정말 안타까운 심정이 아닐 수 없다. 이런 현상은 자신이 먼저 살아야 한다는 절박감에서 빚어지는 현상으로도 보인다. 그 정도로 인간의 삶에서 친족과의 관계는 생각만큼 화평하지 못하다. 관계가 복잡하게 얽혀 있어서 대체적으로 사이가 탐탁하지만은 않다.

인간은 동물적 본능과 신적인 이성 그 양의성(兩儀性) 속에서 살아가야 하기 때문에, 오직 이성으로만 해결하려고 생각해서는 안 된다. 항상 정신과 물질이라는 양면성이 작용한다. 친족이라는 정신적이고 무형(無形)의 가치로만 생각하면, 서로간에 완벽한 이해는 부족한 상태로 남아 있게 된다. 그러니 중요한 것은 각 개인마다 물질적인 문제가 따르게 되니, 친족으로부터 정신적으로 100퍼센트 만족을 얻으려고 하는 생각에서 벗어나야 한다는 점이다. 물질적으로 베푸는 것이 친척을 원만하게 유지하는 데 중요한 구실을 한다는 것을 잊지 말아야 한다. 물질의 가치 속에는 마음이 내재되어 있기 때문이다. 자본주의 사회에서 살아가려면, 친족 관계에서도, 품위 유지를 위해서도 결국 돈의 가치를 활용하지 않으면 안 된다.

또한 친족 관계에는 상대성이 있기 때문에 많은 영역에 있어서 서로 양보하고 이해, 협력하며 살아가야 한다는 의무감이 중요하다. 일방적으로 자기의 이기심(ego)에서, 자기중심적으로만 생각하면서 친척을 원망하는 것은 옳은 도리가 아니다. 또한 평소에 자신도 모르게 '친족(親族)'이라는 관계를 인식을 하지 못해서 간과하고 지나칠 수 있지만, 같은 지역에 살면서 친족이 아닌 남(other people)의 눈으로 보면, 언제나 그들의 관계가 친족이라는 그 사실로 말미암아 같은 숲(forest)을 형성하여 그늘을 만들고 울타리를 치고 있는 셈이 된다. 물론 지역적으로 멀리 떨어져 사는 경우도 있고 평소 특별한 왕래가 없을지라도, 친족 중에 훌륭하고 뛰어난 사람이 있다면, 그분의 영향력은 친족이라는 그 울타리 내에서 항상 빛을 발하고 있게 된다.

이런 의미에서 친족이라는 관계성을 현대사회의 측면에서 그 현실적인 면을 분석해보면, 외부적인 환경의 변화와 내부적인 심적 변화가 작용하게 된다. 외부적인 환경의 변화는 첫째, 현대사회는 유교적인 사상이 점점 약화되어가고 있는 현실 속에서 친족의 관념이 더욱더 소원해지고 있다. 더불어 종교적인 믿음도 점차 줄어가고, 정신적인 삶 자체가 지속적으로 그 의미를 상실하고 있는 상황이다.

둘째, 과학의 발달, 세계화 위주의 지식 정보사회로서, 현대사회는 선조들이 살아왔던 과거시대와는 달리 삶의 방향과 방법이 명확하고 뚜렷하게 제시되기 때문에, 친척의 도움이나 관계성이 소원해지는 반면, 삶의 형태가 개인적이고 가족주의적인 삶을 살아가도록 변화되고 있다.

다음으로 내부적인 심적 변화로는 첫째, 친척이라는 개념이 혈연적·혼인적인 관계로 형성되어 무형의 성질을 간직하고 있지만, 실질적인 삶은 자본주의 사회에서 경제적인 면에 치우쳐 물질 추구, 자신의 쾌락적인 욕구 충족 등으로 인해 삶의 중심점이 이동하여 더욱더 가족주의 형태로 흘러가며, 개인적인 실익(實益)과 이해타산이 앞서게 된다. 이런 형태의 변화는 더욱더 개인의 지식수준, 신분 격차, 소득 수준 등 환경의 격차를 심화시켜서, 친족의 관계성을 약화시키는 원인으로 작용한다.

둘째, 혼인으로 말미암아 타인이 들어오면서부터 친정, 외가, 동서(同壻) 등으로 실질적인 인연적인 관계성의 인척이 새롭게 형성되어, 인척이 혈족보다 더 우선시되고 중요해져서 혈족 개념이 약화되기도 한다. 현대사회는 여권이 우세하다 보니 더욱더 개인주의와 자기 중심적인 삶을 살게 됨으로써 대의적으로 인류 문제가 소홀해지게 된다.

더욱이 핵가족화의 단순화, 개별화 등도 친족 관계의 소원함을 증대시키고 있다. 또 대다수의 사람들이 친척에 대한 기대감에 불만을 나타내고 있어, 친족이라는 개념만 존재하고 실질적인 도움과 협조라는 관계는 점차 소멸해가는 추세이다. 또 그 이상의 기대를 걸 수가 없는 것이 현실적인 상황이기도 한 것이다. 세상의 흐름이 그렇게 긴박하게 흘러가고 있으니 우선 자기 발등에 불을 꺼야 하고, 본인 가족의 삶의 무게가 무거워 지탱하기 힘든 판국이라 친척에게 관심을 줄 수 있는 형편이 점차 어려워지고 있다. 자신의 자녀, 손자·손녀가 태어남으로써 직계존속의 보존 문제만 해도 끝이 보이지 않는 터널을 지나야 하기 때문이다. 친족과의 관계가 전통사회에서처럼 좀 더 지속적으로 관계가 원만하게 유지되었으면 하는 마음이 없는 것은 아니지만, 현실은 어려울 뿐이다.

하지만 아무리 시대가 변해도 혈연은 변하지 않으며, 인간으로서 인류는 지켜야 한다. 그런데도 현실은 물질적인 가치에 밀려 사회를 건전하게 지탱해주는 기본적인 단위인 가정마저 무너져가고 있는 실정이다. 정말 심각한 사회문제가 아닐 수 없다. 이에 친족의 개념이 더 소원해지는 실정이다. 그러니 한 번 더 친족의 관계성에 있어서 혈족과 인척이라는 인연의 중요성을 인식해야 할 것이다.

또 비록 친족이라고 할지라도 기본적으로 어느 정도 거리를 유지해야 하고, 지나친 관계나 기대는 하지 않는 것이 바람직하지 않을까 생각해보기도 한다. 시대가 변화함에 따라 우리의 친족 개념도 변화되어가고 있는데, 과거와 같은 기대에만 머물며 살아야 하는지 의구심이 갈 정도이다. 그러나 아무리 세월이 흐르고 사회가 변한다 할지라도 친척은 친척인 것이다.

　여기서 우리가 꼭 유념해야 할 것은, 대체적으로 친척이다 보니 의례히 이해해줄 것으로 믿고 모든 일에서 소홀히 하는 경우가 있게 된다. 이점 서로가 조심해야 할 문제이다. 왜냐하면 친척은 한 번 만나고 만나지 않는 것이 아니라, 지속적으로 만나게 된다. 그런데 친척이기 때문에 신경을 쓰지 않고 편안하게 대하다 보니 그것이 쌓여 오히려 원망심이 생기게 된다. 형제를 포함한 친척이라는 지반(地盤)의 경계에는 쉽게 건너기에 두렵기도 하고 어렵기도 한 강이 흐르고 있다는 것을 알아야 한다. 그 푸르고 무섭게 흐르는 강물을 평화스럽게 건너기 위해서는, 그 수면 아래에는 용서와 포용, 상생의 도리를 지키라는 의미가 함축되어 있다. 그러니 친척일수록 원만한 관계를 유지하기 위해 수면 아래 존재하고 있는 엄격한 도의적이고 양심적인 규정을 적용해서 실천하는 데 소홀함이 없도록 해야 한다. 이런 관계는 어쩔 수 없는 운명적인 관계이니, 마음을 새롭게 고쳐먹고 친족이라는 관계를 원만히 유지하려는 노력이 또한 절실히 필요하다.

　친척이라는 혈연과 인척이라는 인연의 만남 역시 삶이라는 짧은 한정된 시간 속에 서로가 함께 녹아서 흘러가며, 눈 깜박하는 사이에 우리의 인생은 끝나게 된다. 종교적인 측면이 아니더라도 내세(來世)가 있든 없든 현세(現世)의 삶을 완전하고 참되게 살아가는 것이 옳은 죽음을 맞이하게 되는 것이다. 그렇기에 우리가 맺고 있는 친척이라는 관계가 원만하게 이루어질 때 삶을 보다 훌륭하게 살아갈 수 있기 때문이다. 그리고 이것이 우리 인간의 의무이고 보면, 인류을 중요시하며 살아가는 것 이상 삶에서 중요한 것은 없다고 생각된다. 우리가 삶을 영위하면서 순간적인 만족과 즐거움을 다소 감소시킬지라도 말이다. 친척에게 서운한 행동을 하면 생사를 초월하고라도 영원히 없앨 수 없는 삶의 나쁜 흔적을 남기게 될 것이다.

『열하일기(下)』(박지원, 2008)를 보면 다음 구절이 나온다.

> "세상의 몽환(夢幻)이 본래 이와 같으니, 거울 속에서 보여준 염량세태(炎凉世態)와 다를 것이 없다. 인간세상에서 벌어지는 오만 가지 일들, 즉 아침에 무성했다가 저녁에 시들고 어제의 부자가 오늘은 가난해지고 잠깐 젊었다가 갑자기 늙는 따위의 일들이 마치 '꿈속의 꿈'을 이야기를 하는 것이나 다름이 없다."

이렇게 자신의 심정을 토로하고 있다. 세상은 화살처럼 지나가고 있으니 삶의 현장에서 잠시 고개를 들어 하늘에서 구름이 흘러가는 현상을 보고, 우리의 인생을 한번 더 돌이켜보면서, 모든 삼라만상이 하나의 원리에 근거를 두고 있다는 것을 한 번 더 깨달아야 할 것이다.

이런 의미에서 친족의 개념을 다시 정립하고 관계형성을 새롭게 만들기 위해서 다음과 같은 마음의 자세가 필요하리라 본다.

첫째, 무형으로 형성된 운명적인 만남의 인연을 저버리지 않으며, 아무리 세상이 물질적인 사회로 변화되더라도 혈연과 인척이라는 관계의 중요성을 한 번 더 인식하도록 해야 한다. 둘째, 잘못된 오해관계나 작은 이해타산을 떠나 언제나 상대의 좋은 면을 볼 수 있도록 자신부터 마음을 바꾸어야 한다. 셋째, 친척관계에 있어서는 언제나 상대의 잘못된 점을 용서할 수 있는 관대함을 갖추었으면 한다. 넷째, 친척이지만 내면적인 자신의 마음을 굳게 하여 절대로 피해를 주는 일은 없도록 각별히 조심해야 한다.

이 같은 측면에서 우리는 언제나 피를 나눈 혈족이라는 개념을 잊어서는 안 된다. 그리고 언제나 혈족은 혈족이기에 그 인연은 운명적인 만남이라고 생각하고 조심스럽게 관계를 유지해야 할 것이다.

그런가 하면 경제적으로 돕지는 못하지만 정신적으로도 도우려는 마음가짐을 유지해야 한다. 그렇지 않고 잘사는 사람이 못 사는 사람을 멸시하며 교만하게 대하게 된다면 친척관계의 유지는 그 이상 어려울 것으로 생각된다. 한 번 더 말하지만 우리 삶의 가치관에 있어서 정신적인 것을 우위로 삼고 영적인 삶을 살아가면 친족관계는 원만하게 유지될 수 있을 것이다. 하지만 만약에 물질적인 가치를 우위에 두고 육적인 삶을 살아가게 되면, 친족관계는 원만하게 유지될 수 없다는 것을 명심하기 바란다.

겉으로 친족관계를 원만히 유지하기 위해서는 다음 두 가지 문제를 직시해야 할 것으로 본다.

첫째는, 친척관계라는 것에 있어서 보이지 않는 경계, 즉 거리를 두고 이 거리를 잘 이해야 한다는 것이다. 아무리 친척이라고 하지만, 다른 가정이기 때문에 넘을 수 없는 벽이 가로놓여 있다고 볼 수 있다. 각 가정은 그들만의 문화가 있고, 그들만의 인생이 있다. 그들만의 운명이 있고, 그들만의 미래가 있으며, 그들만의 특별한 비밀도 있는 것이다. 그러므로 친척이라는 이유만으로 상대를 내 입장에서 내 눈으로만 보아서는 절대로 안 되는 것이다. 그들의 삶은 그들의 소유물이라는 것을 인정하고 그들의 입장에서 이해해주어야 한다.

둘째는, 친척관계는 경계가 존재하기 때문에 선을 그어 벽을 설정해놓고, 거리를 두고 접근하지 않으면 오해와 불화, 갈등이 야기될 수 있다는 것이다. 이점에 있어서 반드시 도덕적인 삶을 우선으로 하지 않으면 오해와 불화, 갈등의 불씨는 영원히 사라지지 않을 것이다. 그러므로 저마다 양심과 도덕으로 이 불씨를 제거해야 한다는 각오가 있어야 한다. 이 두 가지 점을 명심하고 지켜나가지 않으면 안 될 것이다.

5.
원만한 처세는 어떤 것인가?

　인간이 태어나서 세상을 살아간다는 것, 그리고 '세상(世上)'이라는 단어의 함축적인 의미는 어떤 것인가? '세상'의 사전적인 의미를 보면 '모든 사람이 살고 있는 사회의 통칭'으로 되어 있다. 세간(世間), 세속(世俗)이라고 말하기도 하고, 세상 사람들의 인심(人心)이라고도 표현한다. 아마도 여기서 표현하고자 하는 원만한 처세와 관련이 되는 것은 '세상 사람들의 인심을 읽고 잘 대처해 나가고자 하는 것이다.'

　세상이라는 '세간, 세속, 인심'이라는 함축된 의미에는 생존이라는 절박함이 내재하는가 하면, 은미(隱微)하면서도 개인의 이익과 욕망이 미묘한 관계를 이루며 각축장을 벌이는 장을 연상케 한다. 그러면서도 겉으로 처세란 '평온한 가운데 세상 사람들과 교제하며 원만하게 살아가는 것'을 말한다. 원만한 처세라고 하면 특별하지도 모나지도 않고, 주위사람들에게 적의감이나 원망의 초점에서 벗어나 함께 어울려 살아가는 중심에 놓임으로써, 언제나 안정감을 갖는 가운데 속으로는 자신의 권익을 챙겨 실속을 얻어야만 하는 행동을 의미하기도 한다.

우선 처세(處世)와 인간관계를 구분해보자.

처세는 인간관계보다 위선적이고, 한계가 분명하지 않고 넓으면서 개방적인 개념이 더 짙다고 볼 수 있다. 처세는 개인 대 개인의 관계를 부드럽게 유지하면서도 깊은 관계에 빠져들지 않고, 그 범위를 초월하면서 생존을 위해 처신해 나가는 대중적이며 사회적인 대응 논리의 하나라고 생각된다.

처세라는 용어가 탄생하게 된 배경은, 아마도 목적의식이 다른 많은 사람들이 얽혀서 살아가는 가운데, 그래도 자신의 존재성을 원만하게 보존하기 위한 방편을 목적으로 하는 삶의 개인적인 철학이 실현되는 과정이라고 생각된다.

셰익스피어의 『햄릿』에 나오는 순응자, 처세가의 삶이라는 글에 의하면 "'인간은 겉과 속이 달라 믿을 것이 못된다.'라는 그 사실을 보통 인간들은 그대로 받아들이고 거기에 맞추어 세상을 살아가려 한다. 그것이 처세술이다."라고 말한다.

이 세상을 온당하게 살아가려면 삶의 배후에 깔려 있는 세상인심을 잘 헤아릴 수 있는 혜안이 필요하다. 우리가 살아가는 이 세상을 주도하는 주체는 사람이다. 이 사람의 인심은 각자의 마음에서 연유한다. 이 세상을 살아가려면 주변 사람들의 마음을 잘 읽어야 한다. 이것은 독심술이다. 인간의 마음을 주도하는 속마음을 파악하는 것이 처세를 잘할 수 있는 요인들이라고 생각된다.

인간의 마음을 움직이게 하는 요소들은 어떤 것이 있는가? 바로 인간의 욕망(慾望)이다. 모든 사람들은 생리적으로 자신의 욕망을 충족하기 위해 오늘도 하루를 살아가고 있다. '욕망 충족'이라는 목적 달성을 전제로 오늘도 인간들은 바쁘게 행동하는 것이다.

처세술에서는 '정의(正義)'에 관한 '그레샴 법칙[73]'이 내용면에서는 달라도 거꾸로 적용되는 것과 비슷하다고 하겠다. 이 법칙은 앞에는 덕의 간판을 내걸고 뒤로는 부정의를 내거는 것(호박씨 까는 것)이 상수(上手)이다. 이것이 대부분이라고 할 수 있다.

사마천

플라톤의 『국가론』에 등장하는 글라우콘과 아데이만토스[74]의 말을 보면, 부정의를 행하면서 다른 사람에게 정의롭게 보이는 것이 최선의 방책이다. 글라우콘과 아데이만토스 형제는 대부분의 사람

---

73) 그레샴 법칙(Gresham's law)은 영국의 경제학자인 그레샴의 "악화가 양화를 구축한다."라는 말에서 유래했다. 쉽게 말해 소재 가치가 서로 다른 화폐가 동일한 명목의 가치를 지닌 화폐로 통용되는 경우에, 소재 가치가 높은 화폐는 유통시장에서 사라지고, 소재 가치가 낮은 화폐만이 시장에 유통되는 현상을 말한다. 예를 들면 내용면에서 다소 차이가 있지만, 천 원짜리 화폐를 두 장 가지고

74) 플라톤의 『국가론』에서 『국가 또는 정체(政體, 그리스어 : πολιτεία 폴리테이아)』(영문명 : the republic)는 플라톤의 철학과 정치이론에서 광범위한 영향력을 가지며, 플라톤의 저작 중 잘 알려진 책이기도 하다. 플라톤의 허구적 대화에서 주인공 소크라테스를 비롯한 다양한 아테네인과 외국인들은 올바름(正義)의 정의에 대해서 논하고, 철인(哲人) 왕과 수호자들이 다스리는 이상 사회를 그리며, 정의로운 사람이 불의한 사람보다 더 행복한지를 따진다.

또 이 저서는 철학자의 역할, 이데아론, 시가(詩歌)의 위상, 영혼의 불멸성에 대해 다루기도 한다. 이 책은 '올바름(정의)'이란 무엇인지를 물으며 시작된다. 폴레마르코스는 선한 자를 이롭게 하고 악한 자를 해롭게 하는 것이 올바름이라고 답한다. 그러자 소크라테스는 묻는다. 누군가를 해롭게 하는 것은 과연 올바른 일인가? 대상이 악한이라 하더라도 사람이 다른 사람에게 해를 입히는 것은 과연 그를 올바름에서 더욱 멀어지게 하지는 않는가? 이런 질문을 하게 된다.

또한 이 책에서 글라우콘이 트라시마코스의 주장을 이어서, '올바름(正義)'이란 사회계약의 결과일 뿐이라고 주장한다. 만인에 대한 전쟁 상태에 놓이게 되면 "서로 간에 올바르지 못한 짓을 저지르거나 당하지 않도록 약정을 하는 것이 이익이 되겠다는 생각을 하게" 되기 때문이다. 한편 클라우콘의 형제인 아데이만토스는 부와 명예를 가져다주는 '올바르지 못함'이 별다른 효용이 없는 '올바름'보다 더 좋은 것이라고 주장한다. 이는 '올바름'이나 '올바르지 못함'의 결과에 의한 것임을 지적하고, 소크라테스에게 "그 각각이 그것을 지니고 있는 당사자에게 그 자체로서, 즉 신들이나 남들에게 발각되건, 또는 그렇게 되지 않건 간에, 무슨 작용을 하기에, 한쪽은 좋은 것이지만 다른 쪽은 나쁜 것인지"도 밝혀줄 것을 요청한다. 이에 소크라테스는 '올바름'에 대해 제대로 생각해보기 위해, 국가에서의 올바름을 밝힌 다음 개인의 올바름을 따져보기로 한다.

들이 따르는 '행복의 길'은 부정의의 실제와 정의의 외양을 결합한 것으로 본다.

이와는 별도로 사마천75)은 백이, 숙제76)의 비참한 최후와 관련해서 자신의 생각을 이렇게 기록하고 있다.

"예부터 지금까지 무고하게 죽음을 당한 정직하고 선량한 사람들이 얼마나 많은가. 법이 없어도 살 수 있을 만큼 순(順)한 사람들이 전혀

---

75) 사마천은 『사기(史記)』의 저자로서, 자(字)는 자장(子長)이며 중국의 섬서성(陝西省) 용문(龍門 : 현재 한성현(韓城縣)시 하양(夏陽)에서 출생했다. 부친은 사마담(司馬談)으로서, 사마천이 7세 때 천문 역법과 도서를 관장하는 태사령(太史令)이 된 이후 무릉(武陵)에 거주했다. 사마담은 아들 사마천에게 어린 시절부터 고전 문헌을 구해 읽도록 가르쳤다. 사마천이 약 20세가 되던 해 낭중(郎中 : 황제의 시종)이 되어 무제를 수행하여 강남(江南), 산동(山東), 허난(河南) 등의 지방을 여행했다. BC 111년에는 파촉(巴蜀)에 파견되었고, BC 110년에는 아버지가 사망했다. 그후 2년이 지나 무제의 태사령이 되었고, 태산 봉선(封禪 : 흙을 쌓아 제단을 만들고 제사 지내는 의식) 의식에 수행하여 장성 일대와 하북·요서 지방을 여행했다. 이 여행에서 크게 견문을 넓혔고, 『사기』를 저술하는 데 필요한 귀중한 자료를 수집했다. 기원전 110년 아버지 사마담이 죽으면서 자신이 시작한 『사기』의 완성을 부탁했는데, 그 유지를 받들어 BC 108년 태사령이 되면서 황실 도서에서 자료 수집을 시작했다. BC 104년(무제 태초 원년) 천문역법의 전문가로서 태초력(太初曆)의 제정에 참여한 직후 『사기』 저술에 본격적으로 착수했다. 그러나 그는 흉노의 포위 속에서 부득이하게 투항하지 않을 수 없었던 이릉(李陵) 장군을 변호하다가, 황제인 무제의 노여움을 사서, BC 99년 48세 되던 해에 남자로서 가장 치욕스러운 궁형(宮刑 : 생식기를 제거하는 형벌)을 받았다. 사마천은 옥중에서도 저술을 계속했으며, BC 95년 황제의 신임을 회복해 환관의 최고 직인 중서령(中書令)이 되었다. 중서령은 황제의 곁에서 문서를 다루는 직책이었다. 하지만 그는 환관(宦官) 신분으로 일부 사대부들의 멸시를 받았으며, 운신의 폭도 자유롭지 못했다. 이런 어려움 속에서도 사마천은 마침내 『사기』를 완성했다. 『사기』 완성의 정확한 연대를 확인하기는 어렵지만, 기원전 91년 사마천이 친구인 임안이 옥(獄)에 갇혔다는 소식을 듣고 보낸 서한을 통해 추정해볼 수 있다. 서한에서 사마천은 자신이 옥에 갇히고 궁형에 처한 경위와 그에 더욱 분발해서 『사기』를 저술하는 데 혼신의 힘을 쏟은 심정을 고백했다. 이 편지 〈보임안서(報任安書)〉의 내용으로 보아 사기는 이 시기(기원전 91년)에 거의 완성된 것으로 보인다. 『사기』의 규모는 본기(本紀) 12권, 연표(年表) 10권, 서(書) 8권, 세가(世家) 30권, 열전(列傳) 70권, 모두 130권 52만 6천 5백자에 이른다. 사마천은 『사기』가 완성된 2년 후에 사망했다. 사마천은 자신의 저서를 『태사공서(太史公書)』라고 불렀지만, 후한시대에 들어와 『사기』라고 불리게 되었다.

76) 백이(伯夷) 숙제(叔齊) : 중국 고대 은나라와 주나라 시대에 살았던 전설적인 성인(聖人). 고죽국의 왕자였으나 서로 왕위를 사양하고 나라를 떠났다. 무왕이 주왕을 토벌하자, 무왕의 행위가 인의를 배반한 것이라며, 주나라에서 나는 곡식을 먹지 않았다. 수양산에 은둔해 고사리를 캐먹고 지내다가 결국 굶어죽었다. 절개와 의리를 지키는 선비의 상징으로 알려져 있다.

생각지도 못했던 갖가지 재난에 얼마나 고통을 겪는가? 반면에 온갖 나쁜 짓을 저지르는 악인들은 법망을 제멋대로 드나들면서 영화와 부귀를 누리고 대대(代代)로 사치와 안락을 향유한다. 역사를 보면 선악의 보응(報應)이 거꾸로 된 사례가 참으로 많다."

이러고 보면 세상은 사실 무서운 현장이 아닐 수 없고, 인간은 사실 포악한 존재가 아닌가 하는 의구심마저 든다. 그래서 병법(兵法)이 생겨나게 되고, 처세술이 발달하는가 보다 생각하게 된다. 병법의 핵심은 궤계(詭計), 즉 거짓 정보를 상대에게 흘리는 것이라고 하지만, 처세술의 핵심은 위장술(僞裝術)이 아닌가 생각될 정도이다.

『장자』(최효선 역해, 1997)에서는 처세에 대한 공자의 주관성이 나온다. 여기서는 "자기의 마음을 무심(無心)의 경지에 노닐게 하여 중도(中道)를 걸어야 하며, 어쩔 수 없는 세상의 필연에 몸을 맡기고 자기 내부의 본성을 길러나가는 것이 최상의 처세법"

거백옥

이라고 결론짓는다. 또한 『장자』에서는 자신을 다치지 않고 살아가는 법을 가르치고 있다. 위(衛)나라 태자의 스승으로 임명된 안합(顔闔)이 거백옥(蘧伯玉)[77]이라는 사람을 찾아가 천품이 각박한 태자를 이끄는 방법에 대해 조언을 구하는데, 이에 응해 거백옥은 여러 가지 우화를 들어 타인과의 관계에서 자신을 다치지 않고 대응하는

---

77) 거백옥: 거원(蘧瑗). 춘추 시대 위(衛)나라 사람. 자가 백옥이다. 영공(靈公) 때 대부(大夫)를 지냈다. 겉은 관대하지만 속은 강직한 성품으로, 자신은 바르게 했지만 남을 바르게 하지는 못했다. 전하는 말로 나이 50살에 49년 동안의 잘못을 알았다고 한다. 잘못을 고치는 데 늑장을 부리지 않았다. 오(吳)나라의 계찰(季札)이 위나라 찬허(贊許)를 지나가면서 군자(君子)라 여겼다. 공자(孔子)가 그의 행실을 칭찬해 위나라에 이르렀을 때 그의 집에 머물렀다.

방법을 설하면서 이렇게 답변[78]했다. 한 번 더 거백옥의 대답을 살펴보면 이러하다. "경계하고 조심하십시오. 그리고 몸을 올바로 가지십시오. 태도는 순순히 따르는 것이 좋고 마음은 온화하게 가집니다. 이 두 가지를 함에도 조심해야 할 것이 있습니다. 순순히 따르되 그에게 끌려가지 않아야 하며, 온순함을 드러내서는 안 됩니다. 온순히 따르는 태도로 남에게 끌려가다 보면, 결국 낭패를 당하고 맙니다. 반대로 상대방이 아이와 같다면 그와 더불어 아이같이 행동하십시오. 상대방이 분수없는 사람이라면 그와 함께 분수없이 행동하십시오. 상대방이 도무지 종잡을 수 없는 사람이라면, 당신 역시 종잡을 수 없도록 행동해야 합니다. 이것을 잘해낼 수 있다면 어떤 사람을 만나도 문제가 없을 것입니다."

의사소통을 할 때 '상대의 눈높이'에 맞추라는 건 단지 지식 수준만 맞추라는 것이 아니다. 그와 함께 '소통의 스타일'도 맞춰야 한다는 의미이다. 상대가 하는 사고의 스타일과 말하는 방법까지 정

---

78) 거백옥의 답변 : 그가 구사(驅使)하고 있는 비유(比喩)들로써, 우선 그의 이야기를 요약해보면 첫째 자신의 용모(容貌)와 태도(態度)를 바르게 하고, 둘째 표면적으로는 상대를 따르면서도 내심은 조화롭게 자연을 따르도록 할 것. 즉 상대의 기분을 맞추어가면서 무리 없이 상대를 감화시킬 것이며(어려운 내용임), 셋째 상대의 성격에 순응하면서도 자신의 주체성을 잃지 말되, 그것을 밖으로 드러내지 말 것, 이른바 노장의 '은폐(隱蔽)'의 도를 설하고 있으며, 넷째 자기 능력의 한계를 알아서 자만하지 말 것. 다섯째 노(怒)하지 않도록 상대의 본성(本性)을 헤아려라. 호랑이를 기르는 사람처럼 상대의 성질을 잘 파악해 그에 순응하지 않으면 안 된다. 호랑이 사육자는 호랑이의 배고픈 상태를 잘 헤아려 적절히 먹이를 안배해 나가면서 그 광포한 노기가 격발하지 않도록 그 본성을 조절해 간다. 호랑이의 본성을 권력자의 자의(恣意: 제멋대로의 생각. 방자한 마음)와 비유하고 나아가 대인관계에까지 미루어 고찰해 봄으로써 사심 없이 무심하게 자신을 비우고 상대와의 자연스러운 조화를 이루는 것이 긴요한 일임을 설득하고 있다. 장자는 거백옥의 말을 빌어서 그의 무심(無心)수순(隨順)의 철학을 말하고 있는데, 여기서 주의할 점은 그의 무심과 수순의 참 뜻, 말하자면 장자의 무위자연 사상의 근본적 성격이 보다 명확하고 구체적으로 밝혀져 있다는 것이다. 여섯째 매사에 신중한 태도로 임하는 것이 무엇보다도 중요한 일임을 설명하고 있다. 특히 말(言語)을 삼가야 한다.

교하게 추측하고, 그 결과에 따라 소통해야 한다는 뜻이다. 때로는 비슷한 어투를 사용하는 것도 좋다. 어느 누구와도 소통을 잘하는 사람이란 자신의 스타일마저도 카멜레온처럼 상대방에게 맞출 수 있음을 뜻한다. 『한비자(韓非子)』의 〈세난편(說難篇)〉에 나오는 '역린 (逆鱗)의 비유'를 상기해보는 것도 『장자』 이해에 도움 될 수 있을 것이다.

인간이란 다른 사람으로부터 사랑받고 싶어 하는 마음, 다른 사람으로부터 인격적인 대우를 받고 싶어 하는 심정, 다른 사람을 지배하고자 하는 욕망 등을 갖고 있다. 양파 껍질을 한 꺼풀씩 걷어내며 속으로 들어갈수록, 순수하면서도 원형 그대로인 하얗고 부드러우며 연약한 속부분이 있듯이, 인간의 욕망 또한 마음 깊숙이 내면으로 들어갈수록 양파처럼 순수한 욕망이 은밀히 감추어져 있다. 가장 내면에 감추어진 이 욕망들을 충족시키기 위해 인간은 가면을 쓰고 흉한 모습을 감춘 채, 인격이라는 아름다운 이름으로 포장해서 겉으로 훌륭한 모습을 보이며 살아가고 있다.

처세(處世)란 종국적으로는 자신의 큰 욕망을 충족시키는 것을 목적으로 하면서, 타인의 작은 욕망을 충족시켜주기 위한 아주 섬세한 행동이라고 하지 않을 수 없다. 그러면서도 인류는 오늘날까지 물질과 문명을 향상시키며 날로 발전해오고 있는 것이다. 상부상조와 화목을 앞세우기도 하고, 때로는 자신의 이득을 챙기기 위해 남을 공격하다가 자신이 상처입기도 한다. 이런 가운데 행동은 되풀이되고 순환되며 처세술 또한 발달된다. 이런 삶의 와중에 누구나 인간이면 남으로부터 인격적인 대우를 받고 싶어 한다. 인간이기에 세상을 살아가면서 남으로부터 인간다운 대우를 받지 못하는 것만큼 회의(懷疑)를 느끼며 굴욕적이고 괴로운 삶은 없을 것이다.

인간관계와 처세술에서 동질의 개념과 차이점을 비교해보면, 인간관계나 처세술이나 모두 타인을 상대로 하면서 자신을 이익을 위해 살아가는 점에서는 같다고 볼 수 있다. 양쪽 둘 다 타인에게 자신의 좋은 모습을 보이려고 하는 데 같은 목적이 있다고 할 수 있을 것이다.

차이점은 어떤가? 인간관계가 가능한 한 자신의 감정과 마음을 노출시켜 나를 열어주면서, 타인과 대화를 통해 상대의 개인적인 문제에 관계를 형성하며, 또한 나 자신의 삶과 관련된 문제를 개방하여 개인과 개인적인 문제에서 인격적인 신뢰관계를 형성해가며 서로가 이득을 얻는 데 목적이 있다. 이에 대해 처세술은 사회생활을 하는 가운데 타인과의 관계에서 깊은 신뢰성을 갖기보다는, 적대적 관계나 진실한 관계를 떠나 오직 자신이 피해를 보지 않도록 방어적이면서 겉으로 좋게 보이기 위한 수단의 개념이 함축되어 있다고 본다. 즉 인간관계는 개인 대 개인의 관계성이 짙은 반면, 처세는 개인 대 개인 관계가 표면적이면서 보편성을 띠는 가운데 포장과 위장술이 더 많이 개입하면서 더 가면적이라고 할 수 있다.

인간관계는 진실하게 마음의 문을 열고 상대도 그렇게 되기를 바라면서 오랫동안 개별적인 관계를 형성, 유지해간다. 하지만 처세술은 상대방과 관계는 맺는다고 해도, 깊이 있고 진실한 관계보다는 표면적인 관계로서, 마음을 열지 않으면서 대체적으로 이중성을 보인다고 할 수 있다. 처세술은 진실한 자신의 마음을 감추고 겉으로는 좋게 보이도록 하면서, 상대에게 호의를 베풀어 자신에게 돌아올지도 모르는 보복의 심리를 사전에 차단하는 데 그 목적이 주어진다. 즉 민감한 부분은 은밀히 숨기고 들추어 내지 않는다. 전혀 자신은 그 일에 관심을 두지 않는 듯 무심하게 흘려보내기도 한다.

하나의 예로서 『열하일기 하』(박지원, 2008)를 보면 "중국 청나라 제6대 건륭황제(1711. 9. 25~1799. 2. 7) 시대에 살던 사람들 중에 명나라에서 유민(流民) 온 사람들은 청나라에서 살아가는 것이 항상 불안하여, 그 사람들의 글을 보면 비록 그것이 심상한 두어 줄 편지라 해도, 반드시 청나라 역대 황제들의 공덕을 늘어놓는 한편, 당세의 은택에 감격한다는 말을 덧붙인다."라고 기록하고 있다. 이는 모두 한인(漢人)들의 글이라는 것이다. 스스로 명나라의 유민(流民)으로서 늘 두려움을 품고 있으면서, 혹시나 의심받지 않을까 하는 경계심 때문에 입만 열면 칭송하고 붓만 들면 아첨하는 것으로 본다. 이로써 보건대 명나라에서 유민 온 사람인 한인(漢人)들의 마음 또한 괴롭다는 것을 알 수 있다. 이런 것들 모두가 처세를 위한 한 방편이라고 생각한다. 인간이란 기본적인 욕구를 충족하며 살아가야 하는 동물이기에 항상 자신의 명예욕을 충족시키고자 한다. 자신이 권력을 잡게 되면 자신을 칭찬하며 따르는 사람을 누가 미워하며 배제하겠는가? 이것이 세상 인심(世上人心)이며, 결국은 처세와 관계되는 행위인 것이다.

앞에서 인용했던, 순응자(順應者)로서 처세가의 삶을 잘 표현한 〈햄릿〉에서 처세가 폴로니우스의 아들인 레어티즈는 친구 오필리어에게 진실한 사랑이 무엇인가를 가르쳐주는 게 아니라, 다만 겉만 보고 거짓 사랑에 빠지지 말라고 다음과 같이 충고한다. "봄철 어린 꽃의 봉오리조차 트기도 전에 자벌레(a loop-er, inchw-orm)

는 쑤시고 들어가고, 인생의 청춘은 이슬어린 아침나절에 가장 심하게 독기를 타는 법이다."라고 말이다. 레어티즈는 아름다운 꽃밭에 자벌레가 돌아다니고, 이슬어린 아침에 실제로 독기가 제일 많다는 생의 배움, 그 모순을 알고 있다. 하지만 그런 생(生)에 대해 비판하거나 혹은 그것을 고쳐보려고 고뇌하지도 않는다. 오직 '경계하라'는 것이 그의 결론이다. 처세가인 레어티즈의 세계란 회의(懷疑)는 있어도 비판과 거역은 없는 세계다. 이것이 예술가와 다른 처세가의 세계인 것이다.

처세가로서 간신(奸臣) 급에 속하는 폴로니우스의 행동은 세상일을 너무나 잘 알고 있기 때문에, 그런 어릿광대짓을 하고 다니는 것이지, 결코 속이 없어서가 아니다. 폴로니우스의 아들 레어티즈가 덴마크를 떠날 때 폴로니우스는 훌륭한 충고를 한다. "마음속을 함부로 입 밖에 나타내지 말 것이며, 섣부른 생각은 행동에 옮기지 말라……로 시작하여, 요컨대 무엇보다도 나 자신에 충실할 것"으로 끝나는 폴로니우스의 말은 산전수전 다 겪은 노회(老獪)한 체험자가 아니면 하지 못할 말들이다. 오히려 마음을 감추고 생각을 행동으로 옮기지 않는 것이 이 세상을 살아가는 데 귀중한 처세술이 되는 것이다. 왜냐하면 인생이란 그렇게 되어 있으니까……,

동양식으로 말한다면 폴로니우스는 관대하고 덕이 있으며 달관한 수양가라고 말할 수 있다. "이 가슴이 터져도 입은 다물어야 한다."는 처세가의 세계는 거꾸로 자기 자신을 위장하고 가식함으로써 철저하게 겉과 속을 괴리시키는 세계이다. 이 작품에서 나오는 폴로니우스의 세계야말로 전형적인 처세가의 세계라고 말할 수 있을 것이다.

『노자』에 등장하는 후왕 역시 언제나 존귀한 존재이지만 『노자』는 그 존귀함을 지키기 위해서 "백성 위에 서려고 할 때는 반드시 그 말을 낮추고(겸손하게 존대어를 사용하는), 백성 앞에 서려고 할 때는 반드시 그 몸을 뒤로(한 발로 물러설 줄 안다) 하는" 절묘한 전략을 이야기할 뿐, 노골적으로 존귀함을 잃지 말라고 충고하지는 않는다.

또한 『노자』에서는 "현묘한 어울림이란 가까이할 수도 없고, 또 멀리할 수도 없으며, 이롭게 할 수도 없고 해롭게 할 수도 없고, 귀하게 할 수도 없고 천하게 할 수도 없는 그런 상태를 말한다. 말하자면 철저하게 자신을 드러내지 않음으로써 위험에 노출되지 않고, 영광에도 노출되지도 않는 그런 상태를 유지하는 것이 현묘한 어울림이다."라고 설명한다. 이런 것들은 모두가 처세의 한 일면이 아닐까 하고 생각해본다.

처세가는 정신의 초점을 항상 정면이 아닌 측면이나 후면, 수면 아래 감추어진 배후를 생각하고 점검하면서 상대방이나 그 모임의 분위기를 읽어낸다. 그리고 언제 어디서나 고착된 마음 상태가 아니라 유동적인, 즉 자유자재로 움직임을 기본으로 한다. 즉 결혼식장에 가게 된다면 희망과 축복의 마음을 지니는가 하면, 장례식장에 참석하게 될 때는 슬퍼하는 마음과 고인의 명복을 떠올리고, 친구를 만나면 반가움과 다정한 모습으로 대한다. 그리고 만약에 강도(强盜)를 만나게 된다면, 아주 상대를 인자하면서 신사적이고 동정심이 많은 사람으로 생각하는 것처럼 행동할 것이다. 또 사기꾼을 만나게 될 때는, 오히려 이런 사람들이 믿음직하고 양심적인 사람이라고 생각하는 것같이 대할 것이다. 이와 같이 언제 어디서나 시기와 장소에 따라서 카멜레온(chameleon)처럼 주위 환경, 광선, 온도에 따라 자유로이 몸빛을 바꾸게 될 것이다.

항상 속으로는 긴장하면서 겉으로는 느슨하게 하며 언제나 자유스러워야 한다. 즉 자유로운 정신을 가져야 한다. 끊임없이 화를 내며, 언제나 무엇을 두려워하고, 끊임없이 정욕(情欲)에 사로잡히는 사람은 자유로운 정신을 가질 수 없다.

그러면 원만한 처세를 위해 어떤 자세를 견지해야 하는가? 오직 처세라는 측면에서 자기의 중심은 안으로 깊숙이 감추고, 겉으로 남으로부터 피해를 입지 않도록 철저히 이중 삼중 성격을 소유하면서 쇼맨십(showmqanship)을 보여야 할 것이다. 배려와 공덕을 앞세워 남에게 베풀어야 하며, 항상 자신의 배후에 있게 되는 여론을 민감하게 받아들여서 순하면서도 어리석은 척 살아가는 것이다. 자신의 욕망을 생각하면서 타인의 욕망을 읽어내어 그것을 충족시키도록 항상 행동하고, 주변사람들의 감정, 분위기, 정서를 파악하고 함께 울고 웃을 수 있는 자신을 만들어나가야 한다. 남으로부터 자신에게 돌아오는 비난의 목소리는 무조건 조용히 수용하면서도 조금도 남을 공격하지 않고, 그러면서도 남에게 칭찬을 아끼지 않는 사람이 되어야 한다.

처세에서 가장 경계해야 할 사항이 과시(誇示), 자만(自慢), 교만(驕慢), 분노(忿怒), 증오(憎惡), 모욕(侮辱)과 같은 것이라고 생각한다. 즉 상대방의 욕망을 충족시키는 데 최선을 다해야 할 것이다. ('처세'라는 제목이라서 감히 용기를 내어 나름대로 처세에 어울리게 내용을 기술해보았다. 넓은 이해를 바라는 바이다.)

6.
올바른 국가관을 갖자

　현시대 우리의 삶은 누구나 그 어느 때보다 바쁘게 살아가고 있다. 좀 더 과장해서 말한다면, 일년이 하루같이 흘러간다. 그 정도로 우리는 옆과 뒤를 돌아볼 여유를 갖지 못하고 앞만 보고 살고 있다. 대부분의 사람들의 생각이 비싼 자동차와 좋은 집을 사야 하고 잘 먹고 잘살아야 한다는 생각은 물론, 돈을 벌어서 자녀를 위해 사교육비라도 장만해야 한다는 관념이 팽배하다. 그중에서도 좀 잘산다고 하는 계층의 사람들은 죽기 전에 최대한 즐기며 살자는 생각으로 유행을 따르고 해외여행을 하며 최선을 다해 갖가지 쾌락을 추구한다. 그러다 보니 매스컴에서 가장 중요하게 다루는 톱뉴스가 경제와 교육 문제이다.

　세계는 물론 우리나라도 예외는 아니다. 우리나라의 사정은 세계의 어느 나라와도 다른 특수한 조건에 놓여 있다. 즉 조국이 남북으로 분단되어 아직도 서로가 같은 민족을 향해 총부리를 겨누고 대립하고 있다는 점이다. 문제는 자국의 안보를 남의 나라에 의존하고 있는가 하면, 조국의 안보를 남의 나라 일처럼 먼 산 바라보고 있는 실정이라 심히 안타깝게 느껴진다.

물론 2018년에 들어와서 북한이 핵을 포기할 것이라는 희망을 가져보기도 한다. 하지만 이 문제는 현실적으로 멀기만 하다. 이런 형국에 국가의 안보는 남이 책임져야 하고, 자신은 개인적인 사리 사욕만 챙기면서 쾌락을 추구하면 된다는 생각이 만연해 있지 않은가 생각해본다.

이는 실로 대단히 비극적인 문제가 아닐 수 없다. 조국이 망하고 있는데도 자신만은 행복하기를 바란다는 것은 정말 아이로니컬 (ironical)한 일이 아닐 수 없다. 이것도 당연한 것이, 현재까지 그렇게 살아왔으니 뭐가 다를 게 있느냐는 것이다. 즉 이것도 일상화되어 있으며 타성에 젖어 있는 것이다. 쉽게 말하면 이웃나라조차 우리나라 국민을 보면 아마도 이렇게 생각하고 있을 것이다. '한국 국민은 아직도 정신을 차리지 못하고 있다'라고 말이다. 나라가 큰 재앙을 겪어 국민의 다수가 목숨을 잃고 국토가 잿더미로 변해야 하는 아픔을 또 다시 겪어야 정신을 차릴 수 있을 것인지 하는 의문이 가는 대목이다.

외국인이 그렇게 생각하는데도 자국민은 이를 외면하고 있으니 더더욱 큰 문제가 아닐 수 없다. 정치 하는 사람은 진정 이 나라 이 민족을 걱정하는 것이 아니라, 인기를 얻어 권력을 잡고 개인의 영광을 누려보자는 식이다. 내가 권력을 잡았을 때 인심을 얻으면 그뿐이지, 다음 권력자는 어떻게 되든지 상관없다는 형국이다. 그런가 하면 권력의 앞잡이는 현 권력자에게 아부를 하여 자신의 사적인 이익만 챙기면 그만이라는 마음이다. 정말 어디에선가 벌을 받아야 할 대목이다.

누구나 가정마다 후손들이 태어나고 자라고 있는데도 조국의 앞날을 걱정하는 이는 적으니, 실로 심각한 문제가 아닐 수 없다. 잘난 사람, 똑똑한 사람, 돈이 많은 사람일수록 나라를 걱정하는 사람이 적은 것 같다. 특히 돈이 많고 권력자일수록 재산을 해외로 은닉하려고 하는가 하면, 자기 자식을 다른 나라에 살게 하고 있다. 그리고 자신의 아들은 군대에 보내지 않으려고 애쓴다. 그렇다면 누가 이 나라를 지킬 것인가? 나라는 다른 사람이 지키고 자신은 즐겁게 살기만 하면 되는 것인가? 정말 미래가 참담하지 않을 수 없다.

세상은 물론 개인과 국가마저도 행운은 그저 주어지지 않는다. 하나도 공짜는 있을 수 없다는 것이 자연의 법칙이다. 우리의 삶은 누군가의 공덕(功德)에 의해서 현재가 존재하고 있다는 진리를 잊어서는 안 된다. 한 번 더 우리가 상기해야 할 문제는 순국선열의 귀중한 생명이 희생된 결과에 의해서 우리가 이렇게 잘살고 있다는 것이다. 그런데도 우리 국민의 일부는 어떤가? 북한 김정은은 핵무장으로 우리를 위협하고 있는데도 우리는 부정과 부패, 사치와 낭비, 오만과 불손으로 자신의 욕심이 채워지지 않는다고 불만투성이다. 자고 나면 새로운 사건 뉴스로서 모텔을 중심으로 남녀간 치정 문제로 인한 살인 사건이 일어나며, 도로에서는 자신의 길을 막는다고 보복 운전이 기승을 부리고 있다. 식품업체는 인체에 해로운 유해식품을 생산해 버젓이 유통하고 있으며, 국회에서는 연일 필리버스터 정국이 펼쳐지고 있다. 기업 노조는 오늘도 집단 목표를 관철하기 위해 거리에 나서고 있으며, 어린이집에서는 물론 집에서조차 자신의 부모에 의해 아동학대가 이루어지고 있으니, 인류마저 무너져가고 있는 실정이 아닌가 하고 의문이 생길 정도이다.

자녀가 부모를 잘 만난다는 것은 본인으로 보아서는 최고의 영광이요 보배이며 행운이 아닐 수 없다. 이것보다 더 큰 복은 없는 것이다. 자신이 부모를 잘 만나려고 해서 잘 만나지는 것이 아니다. 우연히 태어나고 보니 좋은 부모로부터 자연적으로 태어나게 된 것이다. 그러다 보니 좋은 환경에서 최고의 양질의 교육을 받게 되고 훌륭하게 자라게 되며 미래가 열리게 된다.

그러면 자기의 조국은 어떤가? 좋은 부모를 만나게 되듯이 자연적으로 태어나고 보니 훌륭한 나라를 만나게 된 것이다. 한 번 더 생각해보아라. 만약에 어쩌다가 같은 민족이지만 남한이 아니고 북한에 우리가 태어나서 북한에 살게 되었다면 어떻게 되겠는가? 아무리 혼자서 잘살려고 발버둥 쳐보아도 조국의 영향을 받지 않을 수 없다. 우리의 삶의 목표도 행복도 자아실현도 전부 조국의 실정 아래 놓이게 되는 것이다. 우리는 어쩌다가 다행히도 대한민국이라는 자유 민주국가에 태어나고 살게 되어 이 정도라도 자신의 꿈을 이루며 행복하게 살아가고 있다. 얼마나 복된 일인가? 그런데도 조국이라는 고마움을 모른다면, 이 나라 국민으로서의 자격을 의심해보지 않을 수 없다.

이 문제는 실로 중요한 문제이다. 조금만 잘못 생각하면 이 나라는 물과 공기가 그저 주어지듯이 원래 그렇게 주어지는 것으로 착각할 수 있게 된다. 하지만 우리는 절대로 이런 과오를 범하지 않도록 정신을 차려야 할 것이다.

세상일에는 정말 묘한 일들이 많다. 부모를 만나는 것도 인연이며 조국을 만나는 것도 그러고 보니 인연이다. 인연이라는 것은 어느 사물에 관계되는 연줄로서, 여기에는 우연(偶然)이 있는가 하면 필연(必然)도 있다. 부모를 만나고 조국을 만나는 것은 우연이겠지만, 이 우연 속에는 필연이 자리한다. 무엇이 필연인가 하면, 부모의 공덕은 필(必)히 자식에게 연해진다. 또한 부모의 악덕 또한 자식에게 연해진다. 즉 부모의 업(應報)을 자식이 받게 된다는 것이다.

마찬가지로 조국(나라)에 있어서도 선조들의 업(應報)이 후손에 이어져 그 응보를 필히 받게 되는 것이다. 이것이야말로 오늘을 살아가는 부모들이 책임져야 할 중대한 과제가 아닐 수 없다. 이 말은 오늘을 살아가는 우리가 나라를 잘 가꾸고 보존해야 후손이 이 나라에서 행복하게 살아갈 수 있다는 말이다. 그러니 오늘날 우리가 잘살고 있다는 것은 선조들이 그래도 조국을 잘 가꾸고 보존해온 덕분이며, 그중에서도 순국선열의 귀중한 생명의 희생이 있었기 때문이다.

이와 같이 현재 우리가 이 나라를 지켜야 우리의 후손들이 앞으로 이 나라에서 잘살게 될 것이라는 점이다. 이 점을 우리는 가슴 깊이 뼈저리게 간직하고 있어야 한다. 조상의 실수와 무책임은 고스란히 후손에게 넘겨진다는 사실을 우리는 이미 알고 있다. 그런데도 현재 우리가 노력하지 않고 훌륭한 나라를 후손에게 물려줄 수 있겠는가? 현대를 살아가는 기성세대가 국가관이 부족하여 나라를 잃게 될 수 있는 원인을 만들어서, 우리의 후손들이 핵의 소용돌이에 빠지는 것을 바랄 사람은 아무도 없을 것이다. 하지만 우리 대(代)에서 내부적으로 국력이 분열되고 정치싸움만 하다 보면 이런 지경에 놓이지 않을 것이라고 누가 장담할 수 있겠는가?

세계의 과거사(過去事)를 보면 하나같이 전쟁의 역사이며, 가장 두려운 존재는 인간이었다. 한편으로 생각해보면 인간만큼 요사(妖邪)하고 간사(奸詐)하며 사악(邪惡)하고 잔인한 동물도 없을 것이다. 전쟁의 참상은 죽느냐 죽이느냐 갈림길뿐이다.

우리가 한 가지 더 명심해야 할 것은 전쟁은 정의로운 것이 아니라는 것이다. 즉 전쟁에서 승리하면 사리에 어긋나도 괜찮다는 특권이 존재하는 것이 전쟁의 속성이다. 전쟁에서 적국이 악랄하다는 용어는 통하지 않는다. 주변 강대국을 한 번 더 보아라. 그러면 분단된 우리 조국의 현실을 알게 될 것이다. 이런 현실은 누구의 책임인가? 그렇다고 지금에 와서 책임을 논하기 이전에, 이것마저도 다행한 일이 아닐 수 없으며 감사하게 생각해야 할 것이다.

그래서 우리가 할 일은 분단된 조국을 통일시켜야 한다는 점이다. 그렇게 하기 위해서는 나라를 잘 보존하며 조국을 지켜 국민이 단합되고 경제가 발전되어야 할 것이다. 이렇게 하려면 첫째, 나라가 바로서서 정의로운 사회가 구현되어야 한다. 법질서가 엄중하고 공평하게 집행되어야 한다. 현재 우리나라는 원칙이 서 있지 않고 주객(主客)이 전도된 상태가 아닌가 의구심이 생긴다. 국가의 법이 바로 서 있는지 의문스럽기도 하다. 이에 따라 우리 사회는 바른 것이 바르지 못한 것처럼 되어 있고, 바르지 못한 것이 바른 것처럼 되어 있다. 도의적으로 바르게 살아가는 사람이 병신 취급받는 사회가 아닌가? 민주주의도 자유주의도 좋지만, 자신이 법을 지키는 범위 안에서 허락되어야 한다. 만약에 사법제도가 지나치게 관대한 입장을 취하면 바르게 살아가는 국민이 선의의 피해를 보게 되는데, 이런 일은 결코 용납되어서는 안 될 것이다.

둘째, 국민 각자가 자신의 사명감이 무엇인지를 발견하고 책임과 의무를 다해야 한다. 한 예로서 2014년 4월 16일 오전 08시 50분경 전라남도 진도군 조도면 부근에서 침몰한 여객선 세월호 사건을 상기해보자. 탑승 인원 총 476명 중 구조 172명, 사망 295명, 실종 9명으로 알려져 있다. 단원고 학생들이 배 안에서 죽어가면서 살아남기 위해 마지막까지 손톱이 빠지도록 출입문을 긁었다는 증언이 있다. 이 사건 발생 직후 아이러니컬하게도 제일 먼저 배에서 탈출해서 구출된 사람은 세월호 선장이다. 이 선장이 죽어가는 승객을 내팽개치고 선원들과 함께 팬티만 걸치고 비밀 통로를 통해 탈출하는 모습이 텔레비전에 방영되었으니, 참으로 부끄러운 일이 아닐 수 없다. 이 이상 더 슬픈 사연이 어디 있겠는가? 가슴 무너지는 아픔이 아닐 수 없다.

이 사건과 비교하여 유명한 타이타닉 호(號)의 사례를 들어보자. 이 배는 영국 사우스햄프턴 항에서 미국 뉴욕으로 꿈을 싣고 항해하는 호화 여객선이다. 1912년 4월 10일 출항해서 4일째 되는 날 대서양에서 거대한 빙산에 부딪혀 침몰한다. 그 당시 세계의 부자들이 타이타닉 호에 몸을 실었다고 전해진다. 100여 년 전 1912년 4월 14일 타이타닉 호에 탑승한 승객은 2,200명, 구명정(救命艇)은 20대, 생존자 705명, 침몰시간은 02시 40분이다. 즉 영국에서 출발해 대서양을 횡단하는 가운데 2/3 지점에서 침몰했다.

타이타닉 호의 선장 에드워드 존 스미스 씨는 그 당시 60세가 넘었다. 이 선장은 비싼 호화 여객선만 운행해온 백만장자 선장이었다. 하지만 사건 발생 당시 물이 차오르기 시작함에도 불구하고 승객들을 구조하고, 마치 영화처럼 물이 차오르는 선장실에서도 끝까지 방향키를 잡다가 결국 물에 쓸려 사망했다고 생존자 로버트 윌리암스는 증언했다.

또한 그 당시 배의 악사(樂士)였던 하틀라는 승객들에게 안정감을 주기 위해 죽기 전까지 배에서 마지막까지 남아 찬송가 <내 주를 가까이!>라는 제목의 바이올린을 켰다고 전해진다. 그런가 하면 배가 침몰하는 와중에서도 그들은 어린이와 젊은이부터 구명정에 몸을 싣도록 했고, 뉴욕에서 백화점을 경영하는 억만장자 노부부는 자신의 젊은 하인을 구명정에 타도록 조치하고 자신들은 서로 부둥켜안고 차가운 바닷물 속으로 잠기며 조용히 죽음을 맞이했다고 기록에 전해지고 있다.

우리나라 세월호 선장과는 대조를 이루는 형국이다. 비록 하나만을 비교해서 우리나라 국민을 폄하하는 것은 바람직스러운 일이 아니라고 생각한다. 하지만 우리가 여기서 지적하고 넘어가야 할 문제는, 세월호 선장뿐만 아니라 해운업을 관리 감독해야 하는 공무원 및 관련 관계자들은 이때까지 무엇을 했느냐이다. 이것이 우리나라의 현실이라는 점을 뼈아프게 반성하고, 정신을 새롭게 재무장하지 않으면 안 될 것이다.

셋째, 보이지 않는 사회의 부정부패를 하루 속히 근절해야 한다. 사회의 부정부패가 없었다면 세월호 사건으로 꽃처럼 피어나는 단원고 어린 새싹들이 차가운 바닷물 속에서 귀중한 생명을 잃는 일은 없었을 것이 아닌가 생각해본다. 물론 이는 국민 모두의 책임이지만, 특히 공직자는 나라의 꽃이다. 공직자가 앞장서서 이 사회의 부정부패를 청산해야 할 것이다.

외국 사례를 보더라도 귀족은 신분상의 특성상 예외는 아니라는 점을 우리는 알고 있다. 그들은 오히려 귀족이라는 신분을 지키기 위해서 도덕심과 의무감을 생명으로 삼는다. 물론 사회질서는 어리석은 무리가 현자에 의존함으로써 확립되는 것이 아니라, 세력의 균형에 의해 유지된다고 한다. 그렇더라도 적어도 국가라고 하는 토대와 울타리 안에는 국민의 최상위층에 속한 엘리트층이 존재하고 있는데, 이들 중 몇 퍼센트는 최고의 지성을 갖추고 국가 통치의 임무에 필요한 진정한 지식을 보유한 사람들이 포진해서 국가의 미래와 국민의 안위를 위해 목숨까지도 포기할 수 있는 책임과 의무감을 갖추고 있어야 한다. 비록 대부분의 국민들이 충동적인 행동을 하고 무분별한 욕망에 따라 행동한다고 해도, 이런 지도자들의 사명감에 힘입어 그 국가는 존속되는 것이다.

2017년 4월 17일 저녁 9시 뉴스에 의하면, 일본 아베 총리의 발언에 우리 한국인들은 긴장하지 않을 수 없었다. 북한은 김일성 105주년 생일을 맞이하여 신형 미사일을 주축으로 대규모 열병식을 갖는가 하면, 연일 미사일 발사와 핵실험으로 중대한 도발을 감행했다. 그럼으로써 남한에 대한 무력시위를 증대하고 있어, 한반도 전쟁 위험이 그 어느 때보다도 고조되고 있는 실정이었다. 이런 가운데 미국 마이크 펜스 부통령이 한국을 순방해서 한미 공조를 재확인하고 있다. 그런데 이 시기에 나온 일본 아베 총리의 발언이 문제시되고 있다. 이 발언의 내용을 보면 "한반도의 유사시에 난민이 대량 일본으로 유입할 것으로 예상되는데, 무조건 일본은 난민을 수용할 것이 아니라 선별적으로 수용할 것이며, 한국에 있는 일본 국민을 안전하게 본국으로 수송할 준비가 되어 있으며, 이는 일본 정부의 중요한 책무"라고 말한 것이다.

이 말의 저의와 배경을 분석하기 이전에, 한국을 어떻게 바라보고 있기에 이런 발언을 하게 되었는지? 물론 일본 총리는 자국민을 위한 차원에서 한 발언이었으며, 그 나름대로의 이유는 있을 것이다. 하지만 한국 국민의 한 사람으로서 가슴이 무너지는 아픔을 느끼게 된다. 사실 한국에 전쟁이 일어나서 난민이 대량 발생했다고 하더라도, 인도적인 차원에서 귀중한 생명을 두고, 이렇게 외부적으로 천명해 발언을 하지 않을 것인데, 마치 한국에 전쟁이 일어나 무고한 생명이 희생될 것이라고 예상하는 것이 너무나도 안타깝다. 어쩌면 일본의 차원에서 그렇게 보일 수도 있겠지만, 너무나 지나친 말이 아닌가 생각된다.

과거 6·25 전쟁을 계기로 이웃나라 일본이 부강해졌다는 사실을 모르는 한국인은 한 사람도 없을 것이다. 또 이런 기회를 노리고 있는 듯이 보이는 일본의 침략 야욕을 한국인은 어떻게 받아들여야 할지, 참담한 심정이 아닐 수 없다. 아울러 현재 우리나라의 기성세대인 성인들은 그렇다 하더라도, 우리의 후손인 손자손녀들의 입장에서 이 문제를 바라볼 때는 어떠하겠는가? 조국과 민족을 떠나서 한 개인의 삶이 안위(安位)할 수 있을 것이라고 생각할 수 있을 것인가? 억측이 무너지는 슬픔이 아닐 수 없다. 이것뿐인가? 더 나아가서 지하에 잠든 순국선열들의 넋을 어떻게 위로할 수 있겠는가?

그런데 현재 한국 국내의 분위기는 어떤가? 사드 배치를 두고 연일 중국에서는 수용할 수 없다는 부정적인 입장을 표명하고 있는 가운데, 한국에 대한 무역 보복은 연일 계속되고 있는 실정이다. 그런 와중에 우리나라 일부 국회의원들은 국내의 사드 설치 배경을 두고 정당 간 대립으로 중국을 방문해서 이 문제를 중국과 협의하며 거론하고 있는 듯하여, 심히 우려되고 있는 대목이다. 다만 나름대로 이유와 목적이 있고 이분들의 속내는 확실히 알 수 없겠지만, 겉으로 보이는 모양새는 어쩐지 어색한 점을 넘어 안타까운 심정이다. 몇몇 정치인들의 이기심으로 인해 국민 분열은 물론 나라가 흔들리는 지경에 놓이게 되는 일은 없어야 할 것이다. 자신의 당이 권력을 잡지 못하면 나라가 어떻게 되든 상관할 바 아니라는 식으로 겉으로 비추어지는 대목이기도 하다.

그리고 한창 국내에서는 대통령 선거전이 치열하게 벌어지고 있다. 다만 한 가지 우려하는 대목은 정당한 정책을 내걸고 승부를 겨루어야 할 시점에 허위와 가식으로 포장해서 위선으로 얼룩질까 봐 두려움이 앞서기도 한다. 그렇다면 우리나라의 지식층에 속하는 사람들은 각자 조국을 위해 무엇을 했는가? 국방의 의무 완수, 정의로운 사회 구현, 국민 앞에 지도자라는 책임은 물론 자기 자신의 본분을 지키고 조국의 번영을 위해 긍정적인 자세로 살아왔는가? 또한 일반 백성들은 이 나라 국민으로서 자중(自重)하고 대한민국 국민으로서 도리를 다했는지 생각해보아야 한다.

우리는 조국을 위해 조그마한 일부터 시작해야 한다. 휴지조각을 줍고, 무궁화나무를 손질하며, 국기 게양을 바르게 하고, 애국가를 정확히 부르는가 하면, 한글을 바르게 사용하고, 오염원을 제거해서 하천과 바다를 살리도록 하며, 한국의 전통문화를 계승 발전시켜야 한다. 또한 자기 자신이 이웃과 사회에 누(累)를 끼치고 있지는 않은지? 자신의 가정이 바로 서 있는지? 자신의 생각이 건전한지? 도덕과 양심에 따라 성실히 살아가고 있는지? 시정 방침(施政方針)을 가슴에 외우고 있는지? 자신은 이 나라의 주인이라고 생각하고 있는지? 한 번 더 깊이 되새겨보아야 할 문제이다. 이런 의미에서 나 개인적으로 바람이 있다면, 우리나라에 또 다시 훌륭하고 강력한 지도자가 탄생해서 이 나라를 확 다르게 변모시켰으면 하는 것이다. 박정희 대통령이 1960년대에 새마을운동을 일으켜 국가를 부강하게 만들었듯이, 이번에는 더 강력한 지도자가 탄생하여 남북이 통일로 이어지는 대변혁이 이루어질 수 있도록 하면 얼마나 좋을까 하고 기대해본다.

옛말에 "나라에 훌륭한 사람이 한 사람만 있어도 그 나라가 멸망하지 않는다."고 했다. 무릇 망한 나라라고 하더라도 사람이 없는 것이 아니다. 그 망할 때에 어진 사람이 등용되지 못했기 때문이라고 한다. 아무튼 우리나라에도 위대한 지도자가 나타나서, 이 나라 이 겨레를 위해 정의의 칼을 휘두를 수 있었으면 얼마나 좋을까? 언젠가는 이런 날들이 오기를 기다리며 우리 국민 모두는 오늘도 조용히 맡은바 업무를 묵묵히 수행하며, 자신의 의무를 완수하도록 최선을 다해 노력해야 할 것이다.

7.

인간은 왜 도덕을 준수하며
살아야 하는가?

만일 도덕에 절도를 잃으면 현자(賢者)는 몰상식한 사람으로
정의자도 불의자로 불릴 만하다.

- 호라티우스

　도덕 규범이 생겨나게 된 것은 우주가 열리고 인류가 탄생된 때부터이며, 도덕 규범은 앞으로 인류와 함께 영원히 존속하게 될 것이다. 도덕의 존재성과 그 가치는 인류의 공존이라는 목표와 사명 의식의 구현에 있다고 본다. 도덕의 사전적인 의미는 "도덕은 어떤 사회에서 사람들이 그것에 의하여 선과 악, 옳고 그름을 판단하여 올바르게 행동하기 위한 규범의 총체"로 되어 있다. 도(道)와 덕(德)을 개별 개념으로 생각할 때 그 뜻을 풀이하려고 하면, 주로 '도와 덕'을 설파하는 노자(老子)의 가르침을 생각하지 않을 수 없다.

　먼저 도와 덕을 분리하여 노자사상의 도와 덕의 입장에서 접근해보고자 한다. 도덕의 기원은 원래 우주와 자연심에서 인간이 이끌어내었으리라 본다. 도덕은 우주적 질서와의 통합이라는 차원에서 접근해야 한다. 노자사상에서의 도는 형이상학적 근원이라는 의미를 지니고 있다. 여기서 도는 무형(無形), 무명(無名)으로 풀이된다. 하나의 일례로서 중국 철학자 풍우란(馮友蘭, 1947)은 "도(道)는 만물이 태어나는 원리이므로 천지만물과 같은 사물과 다르다."는 것이

다. 여기서 이름을 붙일 수 있는 사물을 '유(有)'라고 한다면, 도는 사물이 아니므로 단지 '무(無)'라고 할 뿐이다. 그렇지만 도는 천지만 물을 낳으므로 '유(有)'라고 할 수 있다는 것이다. 따라서 도는 유와 무를 겸해서 하는 말이라고 한다. 노자는 유에서 무가 나오고 무에서 유가 탄생한다고 하면서도 무를 더 강조했다. 그래서 노자사상을 '무의 철학'이라고 말한다. 그렇다고 볼 때 도덕 역시 무에 더 가깝다는 결론에 도달한다.

학자들도 노자의 도(道)가 무엇인지 정확히 말하기는 참으로 어렵다고 말한다. 『노자』는 중국의 전국 말기에서 진대(秦代)에 걸쳐 탄생했다. 한마디로 말한다면 『노자』의 도는 '하나님' 같은 것이라고 생각해도 좋고, '부처님' 같은 것이라고 해도 좋다. 『노자』에서는 도가 천(天)을 대신하여 최고 개념으로 등장한다. 아무튼 『노자』의 도(道)는 이전 전통에서의 '하늘(天)'을 대신하는 개념으로 풀이한다. 『노자』는 기존 세계의 중심인 하늘(天)을 새로운 관념으로 대체하려고 했다. 그것이 도다. 『노자』의 도를 쉽게 풀이한다면 '자연(하늘)의 뜻'이라고 할 수 있을 것이다.

자연의 뜻은 무엇인가? 자연이란 '우주 또는 세상에 스스로 존재하거나 저절로 이루어지는 모든 사물이나 현상, 또는, 인간 세계와 독립하여 존재하는 우주의 질서와 현상'이다. 인간의 측면에서 어떻게 보면 자연은 신적인 개념으로 간주된다. 도를 따른다는 것은 우주의 질서에 귀의하고 통합하는 것이다.

덕(德)은 어떤 것인가? 『노자』(김홍경, 2003)를 보면 이런 예가 나온다. "적(敵)을 잘 이기는 자는 남과 다투지 않고, 남을 잘 부리는 사람은 아래로 처한다. 이것을 싸우지 않는 덕(德)이라고 한다(왕필)."

덕(德)을 어떻게 얻을 수 있는가? "도(道)를 따름으로써 얻을 수 있다. 큰 덕(德)의 모습은 오직 도(道)를 따른다(해로)."로 되어 있다. 즉 큰 덕의 모습이 도를 따르는 것이라고 할 때, "도(道)를 따른다는 것은 구체적으로 말하면 자연을 따르는 것(因順自然)"이라고 말할 수 있다. 이것을 바꾸어 말하면 자기 개인을 위해서 욕심 부리지 않고 어질고 옳은 일을 하는 것이다.

물론 덕을 함양한다는 것이 오직 자신의 이익만을 생각해서 되돌려받기 위함은 아닐 것이다. 하지만 도를 따르고 자연을 따르는 삶이 더불어 모두가 함께하는 삶을 따르는 방식이기 때문에, 자신에게 오히려 이득이 오는 삶이 되므로 덕행(德行)을 행하는 것이다. 인간이라면 모름지기 도를 알고 덕을 행해야 한다.

아무튼 도덕의 기원은 우주와 자연심에서 유래되었다고 본다. 도덕심은 신이 인간에게 부여한 명령이기도 하며, 또한 인간이 신에 대해 지켜야 할 의무이기도 한 것이다.

한편 도덕의 기원을 중국 철학 노자사상에서도 찾아볼 수 있지만, 인도 철학[79]에서도 찾아볼 수 있다. 도덕을 준수하며 살아간다

---

79) 『인도 철학과 불교』(권오민, 2015)를 참고하면 '질서'를 신격화해 리타(rta)에서 그 의미를 찾아볼 수 있다. 여기서 보면 희랍 신화에서처럼 인도의 〈베다〉에 나오는 신들 사이에서도 이들 제신(諸神)들 사이에 암투가 일어나지 않았다는 점이다. 수많은 남녀 제신이 등장한다는 점에서 〈베다〉는 다신교(多神敎)이지만, 그들 사이에 우열(優劣) 고하(高下)는 존재하지 않는다. 어떤 신이라도 찬양의 대상이 되었을 때에는 최상급의 찬사를 받는다. 따라서 제장(祭場)에서 자유로이 교체될 수도 있었다.
〈베다〉의 신관은 단일신교(單一神敎)적이고, 교체신교(交替神敎)적이다. 수많은 남녀 제신들 사이에는 모종의 질서가 유지되고 있었다. 그리고 〈베다〉에서는 또다시 이런 '질서'를 신격화하여 리타(rta)라고 했는데, 이는 앞서 언급한 여러 신들에 선행하는 보다 근원적 존재이다. '가다'는 뜻의 어근 √r에서 파생된 리타는 원래 해와 달과 별의 운행에서 나타나는 규칙성, 밤과 낮, 그리고 사계의 주기적 순환을 의미했다. 그것이 점차 인간이 따라야 할 길, 신들조차 지켜야 하는 법칙, 즉 천칙(天則)으로 규정되기에 이르렀다. 그것은 우주의 질서이자 제사의 원리이며, 인간 행위의

는 것은 우리 인생에서 마음에 안정을 부여하고 순수하고도 정다운 맛을 주는 수단이 되니, 그것 없이는 다른 모든 쾌락이 소멸된다고 할 수 있다. 도덕은 그 자체로서 만족한다고 안티스테네스[80]는 말했다. 도덕은 규율도 언어도 행위도 필요로 하지 않는다고 말이다. 도덕이 인간에게 주는 평온한 안정감은 최고의 덕목이며 가치라고 하지 않을 수 없다. 그보다도 도덕을 준수하며 살아가는 삶이 중요한 이유는 바로 자연에 순응하는, 즉 자연과 합일을 이루는 삶이기 때문이다.

도덕을 이행한다는 것은 인격적인 사람의 양심인 동시에 도덕은 온 인류를 살아남게 하고 번창하게 한다. 특히 심약한 사람이 의지할 곳은 도덕적 무장밖에 없다. 그와 동시에 남을 위한 최소한의 예의와 배려 역시 도덕이다. 도덕은 언제나 선(善)과 함께 하고, 모든 만물을 생(生)하게 한다. 또한 도덕심은 가장 큰 즐거움인 동시에 최고의 아름다움이다.

만약에 인간이 자기의 명(命)대로 살려고 한다면 도덕을 따르는 것이 마땅하다고 본다. 왜냐하면 도덕은 순리를 추구하기 때문이다. 인간이 마음속에 지닐 수 있는 보물은 도덕심이며, 이 도덕심은

도덕적 질서로서, 율법의 신 바르나가 수호하고자 한 것도 바로 리타였다. 그것으로 인해 비가 오고, 바람이 불며, 하늘이 하늘일 수 있고, 땅이 땅일 수 있었다. 리타는 중국 철학에서의 도(道)에 비견되는 개념으로, 불변의 법칙이자 만유의 근원이다. 이는 바로 인도 철학의 맹아(萌芽)가 되었으며, 후세 '다르마(개인의 종교적, 도덕적 의무)'라는 개념으로 발전하게 되었다.

80) 안티스테네스(고대 그리스어 : Ἀντισθένης; c. 기원전 445년-기원전 365년경)는 고대 그리스의 철학자로 소크라테스의 제자 중 하나이다. 아테네에서 트라키아인 어머니에게서 태어난 것으로 전해지고 있다. 안티스테네스는 소크라테스의 열렬한 문하생이 되기 전에는 고르기아스로부터 처음 수사학을 배웠다. 소크라테스 가르침의 윤리적인 측면을 받아들여 발전시켰으며, 덕에 충실한 삶을 사는 금욕주의적인 삶을 강조했다. 후대 학자들에 의해 키니코스 학파의 창설자로 간주되고 있다.

자신을 바르게 살아가게 하고 미래를 밝게 열어준다. 더 나아가서 인간적 이기심을 떠나 도덕을 지키며 살아가는 사람이 누릴 수 있는 기쁨은 남을 해치지 않음으로써 마음의 평안을 느껴, 장수하면서 아름다운 세상을 마음껏 보고 즐기며 행복한 삶을 살아가는 것이다. 학문 이전에 지혜가 중요하듯이, 어린이에게 도덕을 가르치는 일은 글을 가르치는 것보다도 더 중요한 문제이다.

『왜 도덕인가?』(마이클 샌델, 2010)에서의 결론은 "도덕적 가치가 논의되는 사회가 정의로운 사회이다. 공동선(共同善)-인류 공동체를 위해 모든 사람이 함께 추구해야 할 도덕적 가치-을 추구하기 위한 해법은 서로 다른 윤리적, 도덕적 가치가 경쟁할 수 있는 사회, 의견 불일치를 받아들일 수 있는 사회를 만드는 것이 해법이며 정의로운 사회"라고 주장한다. 자기 자신의 가치관과 수준에서만 상대방을 이해하고자 하지만, '상대방이 어떤 선택을 할 수밖에 없었던 환경과 이유'에 대해서도 진지하게 고민해보아야 한다는 것이다.

결국 정의로운 사회의 구현은 도덕의 실천이다. 도덕의 실천은 공동선에 기여한다. 한 발 더 나아가 성현들이 말하는 도덕의 문제는 도덕이나 삶 자체가 문제가 아니라, 우주적 질서와의 통합이라고 말한다. 이렇게 볼 때 도덕은 인간이 가장 두려워하고 무서워하는 죽음을 이해하는 데도 도움을 줄 수 있다고 본다. 왜냐하면 죽음이 바로 우주적 질서와의 통합이기 때문이다. 죽음을 극복하기 위해서는 도덕심을 키우라고 말한다. 유능한 사람이라면 인(仁)으로 자신을 무장하고, 의(義)로써 행하며, 예(禮)로써 질서를 지키고, 지(智)로써 사리를 판단한다. 여기에서도 이들의 중심에는 도덕심이 바탕이 된다. 인의예지(仁義禮智)뿐만 아니라 『중용(中庸)』에서도 깊이 따지고 보면 도덕을 중심으로 한 사상(思想)이 내재하고 있다.

이 중용사상은 "희로애락의 미발(未發)을 중(中)이라 하고, 발(發)하여 중절(中節)된 것을 화(和)"라고 한다. 여기서 중이란 희로애락 등의 감정이 아직 발하지 않는 상태의 내면적 마음을 의미하며, 화는 이미 촉발된 정(情)이 중에 의해 조절된 상태를 의미한다. 이 말의 뜻은 대단히 중요하다. 이런 중화(中和)의 상태에 도달하려는 수양 방법으로 신독(愼獨, 홀로 있을 때도 도덕에 어긋남이 없도록 언행을 삼가함)을 제시했다. 이런 자세가 지성인이요 인격자이며 성숙인 것이다. 인의예지 사상이나 중용의 사상 모두가 도덕을 근본으로 한다. 도덕, 하면 먼저 자신의 내면에서부터 선과 악, 옳고 그름을 살펴서 규정하고, 외부적으로 이를 지켜나가야 한다.

주역사상(周易思想)의 시중설(時中說)에서도 그 중심에는 도덕이 자리하고 있다. 이 시중설에서 "시중(時中)은 변화하는 상황 속에서 그에 대한 처신이 부합됨을 의미하는 것으로, 시중설은 본래적인 모습을 지키면서도 상황에 따라 가변적으로 대처해야 함을 강조한다." 도덕도 언제나 변화하는 가운데에서도 선과 악, 옳고 그름을 따지면서 상황에 적용해야 한다는 점에서 시중설과 일치한다. 사람이 살아가는 데 있어서 언어와 행동의 가운데에는 언제나 도덕이 자리하고 있는 것이다. 그 정도로 도덕은 삶에서 행동을 규정하고, 원만한 사회생활을 하는 데 있어서 자신이 지켜야 할 내부적인 지침이 아닐 수 없다.

이런 의미에서 본다면 학문하는 우리는 옛 성현의 말씀에 따라 "도(道)를 아는 사람은 마땅히 겸손해야 하고 고요함을 지켜야 한다. 비록 한 아름 되는 벽옥(璧玉)을 앞세우고 네 필 말이 끄는 수레로 빙문(聘問)하는 일이 있다고 하더라도, 가만히 앉아 이 도(道)에 나아가는 것보다 못하다"고 하는 말을 되새겨본다. 아무튼 도덕은 인간의 삶에서 최고의 가치로 여겨진다. 인간이 가장 두려워하는 공포의 대상인 죽음을 도덕은 경멸한다. 즉 도덕적으로 살아온 사람은 결코 마지막 인생에서 죽음을 기꺼이 받아들일 수 있음을 의미하는 것이다. 왜냐하면 도덕은 바로 신이 인간에게 바라는 뜻이기 때문이다.

하지만 우리 인간이 살아가는 데 있어서 도덕만으로 해결하기 어려운 경우가 있다. 그런 점이 어떤 점이냐 하면, 도덕의 범위와 수준만으로 복잡하고 미묘하게 얽힌 현실사회 속에서 실존을 위해 권모술수에 대응하는 데는 도덕의 무장만으로는 한계가 있다는 점이다. 도덕의 속성이 무력 앞에 허약하다는 사실을 우리는 인정하지 않으면 안 된다. 도덕은 일률적으로 평범하게 누구에게나 똑같은 수준으로 사용하거나 적용되어야 하지만, 사람 개개인의 가치관과 환경적 차이로 말미암아 도덕의 수준과 성질은 천차만별로 행동에 옮겨지는 것이다.

도덕은 자신의 내면에서 지켜야 할 규범으로서, 어떤 일이 있어도 상대하는 사람에게 그 규범의 성질과 내용이 일률적으로 지켜져야 하는 것이 도덕의 생명이다. 하지만 살아남기 위해 남들과 경쟁해야만 하는 현실사회 속에서 자신의 내면적인 도덕을 지킨다는 것은 평범한 사람으로서 무척이나 힘든 일이 아닐 수 없다. 실존주의자들이 갖는 의문은 인간이 정직하고 순수한 삶을 살 수 있느냐의 여부이다. 한편으로 생각해보면, 이 정도로 인간이 실존을 위해서 도덕을 지키는 것이 어렵다는 의미이기도 하다. 이것은 오직 도덕을 지키려는 의지에 의해서만 가능하리라 본다. 도덕의 속성이 인간과 영원함에 있지만 나약하기에, 무력이나 사랑, 유행처럼 한 순간에 발동하는 무모함에는 그냥 양팔을 들고 무릎을 꿇고 만다. 이것이 도덕의 속성인 동시에 약점이라고 할 수 있다.

한 예를 들어보자. 아주 간교하고 간사하며 권모술수에 능하고 교사(狡詐)와 교사(敎唆)를 사용할 수 있는 수준 높은 사람이 있는가 하면, 이와는 반대로 도덕적이며 지성인이고 인격자이면서 선을 행하는 사람도 있다. 그런가 하면 평범하면서 우둔하여 옳고 그름을 잘 분별하기 어려운 사람도 있다. 이들 사이에서 적용할 도덕률(道德律)은 시기와 장소 그리고 대상에 따라서 자유자재로 변하지 않으면 현실사회에서 처신하기 쉽지 않다는 결론에 이른다. 정말 간교(奸巧)하고 교사(敎唆)하는 사람을 만나면, 평범한 일상적인 도덕 수준으로는 그 사람을 방어할 수 없다.

우리가 알아야 할 점은, 정말 나쁜 사람은 본인 혼자만 상대에게 중상모략(中傷謀略)으로 피해를 입히는 것이 아니라, 타인을 이용하여 하수인(下手人)이 하는 것처럼 배후에서 조정한다는 것이다. 그러면서 자신은 도덕을 지키는 사람 이상으로 행동한다. 고사성어에 함사사영(含沙射影)이란 말이 있다. 즉 모래를 머금고 그림자를 쏜다는 의미이다. 즉 남을 몰래 공격하거나 비방하여 해치는 사람의 형태를 비유한 말이다. 착실하고 평범한 사람 가운데 불과 0.001퍼센트 미만의 경우에만 교활한 사람이 있을 수 있기 때문에, 이런 사람을 만날 경우를 대비하기 위에서 도를 인위적으로 적용시켜본 것이다.

도덕적인 사람이 간교한 사람처럼 나쁜 악당들을 상대하려면, 자신이 피해를 입지 않도록 방어를 해야 한다. 방어해야 할 때는 이런 사람에게 악한 사람이니 미워하고 싫어하며 상대하지 않고, 그 행위를 두부 자르듯이 피하며 싫어하는 행동을 보여서는 안 된다. 절대로 이중성을 보이지 말아야 하며, 무엇보다도 본인의 마음이 선하고 깨끗해야 한다. 그리고 상대를 진심으로 존경하는 사람처럼 대하는 것이 상책이다. 언제나 그 사람을 순수성을 띤 평범한 사람처럼 상대하되, 때로는 평소 친한 사람을 대하듯 평범하게 나쁜 표정을 보이지 않고, 좋아하는 듯한 느낌도 보이면서, 아주 정의롭고 선한 사람으로 대면해야 한다.

하지만 내면으로는 그들을 상대할 때 기본적으로 행하는 일반적인 도덕수준의 마음보다도 훨씬 깊숙이 파고들어, 그 나쁜 사람들의 마음과 심리를 파악하여, 그 상황의 흐름에 따라 도덕의 성질과 격식을 적용시켜 자신의 도덕률을 변화시켜야 할 것이다.

인간이면 누구나 원위불성(願爲不成) 원망지심(怨望之心)의 마음이 있다. 즉 자신이 원하는 것이 이루어지지 않으면 상대방을 원망하는 마음이 생기게 된다는 뜻이다. 그러니 이렇게 되지 않도록 하면서 주관을 잃어서는 안 된다. 그렇기 때문에 한 번 나쁜 사람의 그물에 걸려들고 나면 빠져나오기 힘들다. 이런 사람들은 그물망을 쳐놓고 누구나 걸리도록 하는 것이 아니라, 지속적으로 자기의 사람들을 만들어가며 협조자를 확보하면서, 주변 사람들한테는 최선을 다해 덕(德)과 사랑을 베풀며 선한 행동을 한다. 그러다가 자신의 경쟁자를 무너뜨려야 할 기회라고 생각하면, 그때는 자신의 술(術)을 펼친다. 이런 사람을 상대할 경우를 대비하여 자신의 도를 쌓아야 한다는 결론이다. 물론 순수하고 진실한 자신 내면에 자리하고 있는 도덕의 기본마저 변화시키라는 말은 아니다. 그러나 삶에서 이 행동은 상대방에 따라 도덕수준 이상으로 다르게 행동하지 않으면 안 된다.

그 한 예로서 세상민심을 읽으면서 반대편 사람들의 사상을 수용하고 자신의 뜻을 관철한 『열하일기 상편(上編)』(박지원, 2009)을 참고해보자.

> "……연암이 보기에 이건 참으로 공허하기 짝이 없는 일이다. 무엇보다 청나라 문명의 실상을 제대로 보지 못하게 한다는 점에서 그렇다. 그렇다고 정식으로 청나라 연호를 써버리면 꼴통 같은 사대부들이 '오랑캐의 연호'를 썼다며 난리를 칠 게 뻔했다. 자, 그럼 어떻게 할 것인가? 결국 연암은 그 '사이에서' 교묘하게 줄타기를 시도한다. 후삼경자 (연암이 중국으로 가는 해가 바로 경자년이다)라는 표현은 실로 교묘하기 짝이 없다. 여기서 핵심은 '후(後)'라는 표현이다. '숭정 이후'라는 말을 연상시킴으로써 북벌론자들의 예봉을 피하면서, 다른 한편 '숭정'을 과감히 생략해 버림으로써 청 문명에 대한 자신의 입장을 충분히 담아내고 있는 까닭이다."

이 정도의 도와 슬기를 갖추게 된다면, 아마도 간교하고 간사한 사람들로부터 피해를 당하지 않고, 자신의 길을 갈 수 있는 도와 덕를 갖추었으리라 보인다.

여기서 중요한 점은 목적의식이 뚜렷하면서 진실한 사람들이 나아가야 할 길은 자신의 길을 잃는다든지 빼앗기든지 포기해서는 안 된다는 점이다. 그 악당들인 자신의 적(敵)들보다도 더 가치 있는 삶의 목표를 추구하며 반드시 이루어내야 하기 때문이다.

역사를 돌이켜보면 위인들은 필히 간교한 사람들보다 훌륭한 업적을 남기고 세상을 떠났다. 훌륭하게 살다 간 사람들의 발자취를 보면, 이 세상에서 최고의 가치가 무엇인가를 찾아서 추구하기 위하여 일시적인 현재의 명예에 만족하지 않고, 더 먼 길을 택해 자신의 삶에서 최고의 가치를 실현했다. 그러면서도 도덕을 지키며 도덕을 실행한 사람이다. 훌륭한 사람들 대부분은 나쁜 악당들을 수용하며 살아갈 수 있는 역량을 갖추었기 때문이다.

『세네카』에서도 보면 "도덕은 투쟁 속에서 크게 성장한다."고 한다. 이와 같이 현실 사회를 살아가다 보면 도덕과 권모술수를 무조건 분리할 수만도 없는 실정이다. 도덕도 그 수준이 있고 분류되어 나누어질 수 있다. 흔히 말하는 도덕수준의 기본 단계는 자신이 도덕을 지키며 남에게 피해를 주지 않는 단계이다. 그것은 평범한 사람들 사이에 적용할 수 있는 도덕률이다.

권모술수를 사용하는 악당들도 한평생 악한들의 세계에서 살면서 자신도 피해를 당한 사람 중의 한 사람이다. 이런 사람들 역시 또 다른 사람으로부터 피해를 당하고, 또 다른 사람에게 피해를 입히는 사람들일 수 있다. 또한 전문적으로 권모술수를 사용할 줄 아는 사람은 천성적으로 그렇게 타고나며, 자신이 그 세계에 살아남기 위해서 그런 술수(術數)를 쓴다. 그런데 누구에게나 함부로 사용하지는 않는다. 왜냐하면 그 사람 역시 도덕과 양심을 자신의 최고 가치로 인정하기 때문에, 때로는 자신의 양심과 도덕정신으로 불쌍한 사람을 도우며 살아간다. 친구들과 어울리며 희로애락을 나누고, 자신이 판단하여 남에게 정신과 물질을 베풀며, 자신의 삶을 위한 그물망을 치면서 주변 사람들에게 선과 덕을 베풀며 살아가기 때문이다. 하지만 자신의 눈에 이 사람이 경쟁자라고 생각이 든다든지, 아니면 이 사람이 자신의 뜻에 반한다고 생각될 때, 그들만이 갖추어놓은 술법(術法)을 사용하게 된다.

삶이 그러할진대 어찌 도덕을 지키며 행하기가 쉽다고 할 수 있겠는가? 자연에서나 신(神)조차도 간교한 사람들의 술법을 허용하고 있기에, 보호 색깔을 사용하는 곤충을 비롯한 동물들도 존재하게 되는 것이다. 간교한 사람들의 이런 행위 역시 무섭고 어려운 세상에서 자신도 살아남기 위한 하나의 수단과 방법이기 때문이다.

이와 같은 상황 속에서 만약에 도덕적으로 살아가는 본인도 그렇게 위장할 줄 모르면, 진실로 지식인이며 인격자요, 성인(成人)이라고 할 수 없지 않겠는가? 성인의 경지 역시 방법은 다르겠지만, 자신을 위장할 수 있는 역량을 지녀야 한다. 그럴수록 도덕이 생존해야 할 토양은 정직과 양심을 가슴에 안고 가면(假面), 위장, 간교, 간사(奸詐), 권모술수, 비법(祕法) 등과 함께 동거 동락하면서, 그들보다 높은 수준의 도덕률을 갖추고 있어야 하는 것이다. 이것이 도덕의 생명이다.

도덕은 그런 악한 것도 수용하면서 자신이 도덕률을 지킬 때 옳은 도덕심을 갖추게 된다. 도덕 수준이 높은 단계에 진입할수록 어떤 종류의 사람도 어떤 장소나 시기를 막론하고 그들과 어울리면서 때와 장소, 그리고 상대에 맞는 도덕률을 펼칠 수 있는 수준과 단계에 이르러야 한다. 그래서 선과 악도 깊숙이 파고들면 구분해 가려내기 힘들다. 선과 악이 동전의 양면이 아니라, 동전의 한 면에 자리하고 있는 것이 아니겠는가?

근본적으로 인간을 신 창조할 때 그렇게 유동적이며 항시 변화하는 존재가 되도록 한 것이기에, 계속 선을 유지하거나 지속적으로 악을 행사하는 사람은 없을 것이다. 선과 악의 경계는 신조차도 분류하고 구분하기 힘들 것으로 본다. 그래서 노자 등의 성현들도 "세미하고 묘하며 가물하고 통한다."로 도(道)를 표현하고 있다.

도덕의 단계는 높을수록 사람들의 정신세계가 깊은 곳으로 잠입하여, 그 속에서 악의 세계와 함께 성장하고 살아간다. 그것이 높은 단계의 도덕 수준이 아닐까 생각해본다.

이런 것을 볼 때 도덕이 우주와 자연의 원리이며 우주의 뜻이라고 할 때, 한편으로는 악을 수용하지 않으면 운용 자체가 불가능하다. 그렇기에 우주의 법칙 역시 도의 법칙과 같이 악을 수용하면서, 변화하며 움직이고 있는 것이다. 인간 역시 선과 악을 하나의 마음에 간직한 채 살아가고 있는 것이나 같은 원리가 아니겠는가.

8 장

훌륭한 삶은
어떻게 살아가는 것인가?

1.
아름다움이 삶에 미치는 영향

아름다움이 무엇이기에 인간은 그렇게도 그것을 추구하는가? 아름다움에 대한 개념은 그 의미가 심오하여 한정해서 말하기 쉽지 않다. 인간의 정신적인 유산으로 예술성을 들 수 있을 것이다. 예술의 목적이 심미(審美)라고 할 때, 미(美)의 의미는 인간의 삶에서 그 존재성이 대단히 크고 넓다고 하겠다.

여기서 우리는 꼭 예술과 관련시키지 않더라도, 아름다움에 대한 가치를 삶에 적용하지 않을 수 없다. 인간은 홀로 살아갈 수 없으며, 남과의 관계를 통해서 자신이라는 개별성과 주관성을 나타낸다. 이때 비추어지는 자신의 이미지가 좋아야 남에게 잘 수용될 수 있기 때문에, 누구나 아름다움을 추구하는 것이 아닐까 생각해본다. 자신이 남으로부터 사랑을 쉽게 받을 수 있다는 뜻이다. 이는 겉으로 나타난 외모가 아무런 혐오감 없이 인간이 추구하는 욕망의 가치를 구비하고 있을 때 가능하다. 아름답다는 것을 바꾸어 말하면, 사람의 마음을 끌 수 있는 매력을 지니고 있다는 의미이기도 하다.

『불안의 개념』(쇠렌 키르케고르, 2005)에서는 "아름다움은 영(靈)과 육(肉)의 통일이라고 한다." 참다운 아름다움은 외모만으로 이루어지는 것이 아니라, 영적인 성숙이 있어야 이루어질 수 있다는 내용이다. 여기에는 반드시 정신적인 성숙이 함께해야 한다는 의미이다. 『시경(詩經)』(홍성욱 역해, 1997)에서도 "사람의 외모란 내면의 덕이 표출된 것이다."라고 표현한다. 여기에서도 아름다움은 외면과 내면을 분리하여 생각하지 않는다. 그런가 하면 『장자(莊子)』(최효선 역해, 1997)에서는 "아름다움의 본질이란 자연이 건네주는 담백한 진실이다."라고 기술하고 있다. 여기서 담백한 진실이라는 것에 주목해야 한다. 무소유(법정 스님)에서는 "아름다움의 한 갈래를 떨림이요 기쁨으로" 표현하기도 한다. 어떻든 겉으로라도 아름답게 태어난다는 것은 그 사실만으로 큰 행운이요 영광이 아닐 수 없다.

진실한 아름다움은 영(靈)과 육(肉)이 통일되어 맑고 투명한 얼(soul)이 안에서 밖으로 표출되어야 한다. '얼굴'이라는 말의 근원이 얼의 꼴에서 나왔다고 한다면, 한 사람의 얼굴 모습은 곧 그 사람의 영(靈)을 대변하는 것이다.

'아름답다'의 사전적 의미를 살펴보면 ① (모습이) 균형과 조화를 이루어 눈으로 보기에 즐거움을 주는 상태에 있는 것이다. ② (음향이나 목소리 등이) 귀로 듣기에 상쾌함을 주는 상태에 있다. 아름다움은 그 범위와 영역이 넓어 눈으로만 감지되는 것이 아니라, 눈과 똑같이 귀에서도 아름다움을 인식한다. 자연에서도 아름다운 소리가 있는가 하면, 혐오스런 소리도 있다. ③ (어떤 대상이) 훌륭하거나 갸륵해서 기쁨을 주는 상태로 되어 있음을 의미한다. 이것은 눈과 귀 외에도 마음으로도 아름다움을 감지하게 된다는 말이다.

본래 '아름다움'의 의미는 자연에서 온 일부이며, 자연에서부터 유래되었다고 본다. 다만 외적인 아름다움의 속성이 인간에게 적용될 경우에, 그 영향력에 의해 내용면에서 내면이 결여될 수 있다는 결점이 주어지기도 한다. 아름다움을 완벽하게 하기 위해서는 자연적인 아름다움에 후천적으로 인위적인 지성미(知性美)가 보태져야 한다는 결론에 이른다.

『정신현상학 1』(G.W.F. 헤겔, 2005)에도 미(美)와 관련된 내용이 나온다.

> "심리적인 차원에서 외면의 전체를 이루는 것은 근원적인 존재인 타고난 육체만으로 그치지 않고, 내면의 활동에서 비롯된 후천적인 육체의 형태도 여기에 가미된다. 육체는 생래적(生來的)인 면과 후천적인 존재로서 개체의 독자성이 삼투된 현실 존재이다. 육체는 생래적으로 형태화된 고정적인 부분과 행위에 의해서 비로소 생겨난 특징을 함께 내포하여, 그의 전체가 구성되어 있는데, 바로 이 존재가 의식과 운동이 지배하는 개인의 내면을 표현한다. 이 내면은 더 이상 내용과 내실을 앞에서와 같이 외부 상황에서 취득해오는 형식적이고 무(無)내용적인 모호한 자기 활동이 아니라, 그것 자체가 일정한 근원적 성격을 지니면서 이것이 활동적인 모습을 하고 나타난 것이다. 이제 이 양면사이의 관계가 어떻게 규정되고 어떻게 내면이 외면으로 표출되는가를 밝혀내야만 하겠다.[81] 외면은 기관(器官)으로 자리매김 되어 내면을 들여다

---

81) 내면에서의 반성이 외면적인 표정, 즉 외화(外化) 된 형태와 결부된다는 사실을 지적한 것.

보이게 함으로써 타자에 대한 존재가 되도록 한다."

일반적인 인간의 형태, 즉 체형(eine allgemeine menschliche Gestalt)은 칸트 미학[82](해석에 따라서 다소 차이가 있을 수 있으며, 주석 83번의 마지막 부분 내용인 헤겔 철학을 참고하기 바람)에서와 마찬가지로 헤겔 미학[83]에서도 중요한 개념으로 등장한다. 이것은 특히 자신

---

[82] 칸트의 미학은 근대미학의 핵심을 긋는다. 그의 미학은 객관적이고 보편타당한 자연적인 미를 인정하면서도 다른 미적판단양식의 하나로서 미의 인상을 결정하는 것이 취미라고 보는 입장인데 어떤 대상을 아름답다거나 미적으로 쾌감을 준다고 할 때 아름답다고 단정하는 것이다. 그러니 하나는 객관적인, 즉 누구나 보편 타당적으로 아름답다고 인정하는 것과 다른 하나는 개인적 감성에 의해 주관적으로 아름답게 보는 것도 아름다움에 포함시킨다는 개념이 칸트의 미학이다. 여기서 칸트는 미적 판단은 다음과 같은 이율 배반성을 갖는다고 본다. 정명제(正命題)는 미적취미판단(주관적 취미)은 개념에 근거하지 않는다. 반명제(反命題)는 미적취미판단(보편타당성)은 개념에 근거한다. 이런 이율배반의 문제는, '미적인 것은 정의 될 수 있는 확정적인 개념들과는 통일시 될 수 없기 때문에 취미판단의 개념성은 불확정적'이라는 명제로 해결된다. 왜냐하면 칸트는 논리적 인식과 미적인식을 다르다고 보았기 때문이다. 미적관념과 이성 관념은 어느 한쪽의 언어로 번역될 수 없다고 보았고, 고로 논리적, 보편적 사고로 미를 이해하는 것은 불가능하다고 보았다. 이는 우리가 예술의 대상으로서 인식하는 사물들은 주관적 사고에 의한 것이며, 이것은 대상을 단지 자신의 대상으로서만 즉, 현상으로서만 인식할 뿐, '물자체'로는 인식될 수 없기 때문에 제한적이고, 고로 인간의 능력으로서는 대상의 본질적인 미는 인식할 수 없다고 보았다. 이것은 칸트미학의 방향을 설정해주고 기준점이 되는 것이다. 비록 인간의 인식 능력으로서는 자연과 그 물자체에 관한 보편적인 미는 인식할 수 없지만, 어쨌든 그 보편적인 미는 우리 인식 바깥에 있는 자연에는 포함된 것이므로 칸트는 자연미를 중시했다. 그렇다면 우리에게 받아들여지는 것은 무엇인가? 칸트는 우리에게 받아들여지는 미 개념은 우리의 취미판단(미적 판단)에 의해 성립된 것으로 보았다. 즉 선천적으로 주관이 지닌 보편적이며 필연적인 취미(감정을 통해 미를 판단하는 능력)의 원리를 밝혀내고, 그 원리의 보편타당성에 대해서 정당화시키는 것이다. 다시 말해 우리가 미라고 인식하는 대상 자체는 보편타당한 미가 아니지만, 그것을 판단하게끔 하는 틀인 취미는 보편적인 것으로 보았고, 그 원리를 밝히고자 한 것이 칸트미학의 핵심인 것이다.

[83] 헤겔에 의하면, 미란 "감각적인 것과 현실적인 것 속에서 실현된 이념"으로 파악된다. 헤겔은 '예술미'를 '이념상'이라고 부른다. 그것은 단지 '감각적 질료의 추상적 통일'인 '자연미'의 추상적 형식과는 달리 예술미는 "미에 적합한 현실성이며 예술의 특수한 감각적인 객체 가운데 감각적인 표상과 직관을 위해 현상화된 이념"이다. 결국 예술은 총체적이다. 왜냐하면 예술은 주관과 객관의 과정적인, 변증법적인 운동의 표현 양식이기 때문이다.
예술 속에서 드러나는 이념은 주관정신과 객관정신이라는 주관과 객관의 통일성이라는 의미에서 총체적일 수밖에 없다. 예술은 감각적인 가상을 매개로 하는 인식 또는 지식으로 규정한다. 이랬을 때 헤겔은 주관과 객관의 변증법으로서 현실성이라 부르는 예술의 '내용'은 사회적 실천이며, 역사적 과정이며 '우리들 현존의 총체적 내용'이다. 보편적 세계 상태이론, 상황이론, 행위이론 등을

을 남에게 나타내 보이는 표시로서, 내면을 반영한 표면적인 모습이라는 데 그 의미가 주어진다. 여기서 표면적인 모습은 처음에는 육체적(외모적, 자연적)인 미(美)를 떠올리게 되지만, 결국은 심리적인 미(내면적, 善)가 반영된 통합적인 인간의 형태, 체형이라는 점이다.

여기에서 칸트의 미(美)나 헤겔의 미를 생각해볼 때도, 현실 세계를 떠나서 아름다움이 그림의 떡처럼 존재하는 것이 아니라, 현실 세계와 이상 세계의 만남이며, 또한 아름다움이란 객관적인 보편성과 주관적인 개체성 사이에서 합일점을 이룬 상태라는 것을 의미한다. 이런 점을 감안해볼 때, 결국은 자연적인 아름다움에 인위적인 아름다움, 여기서는 건강 미(美), 심리적인 미(美), 지성미(知性美) 등이 조화를 이루고, 더 나아가 형이상학적인 선(善)을 기초하여 아름다움이 성립되어야 함을 의미하고 있다. 그래서 칸트 미학에서와

통해서 제기되는 헤겔의 미학은 인간 중심적 성격을 띠고 있다. '진정한 미와 예술의 내용과 중심점으로서 인간적인 것'이 바로 그것이다.

인간적인 것은 헛된 추상물이 아니라 행위의 주체로서 충만한 개체성이며, 자기 완결된 주체이다. 그것은 〈로미오와 줄리엣〉의 분석을 통해 알 수 있듯이, 인간적 개체성 속에 사회적 성격이 풍부하게 드러나게 됨을 의미한다. 이런 점에서 예술과 사회의 관계는 미적 세계와 경험적 세계의 관계로서 나타난다. 미적 세계 내부에서 현실적으로 조직된 내용은 실제적인 사회 과정으로부터 창출된다. 미적 세계와 경험적 세계 사이에 유사성의 관계가 성립하는데, 이것은 작품으로 드러난다. 작품 세계는 경험적 사회가 실천 속에서 이루어놓은 형태들 속에 등장하는 실재적 세계를 감각적이며 직관적 구체화의 상태로 옮겨놓은 세계이다. 헤겔에 있어 결정적으로 중요한 것은 자연 자체, 즉 감각적인 실재성이 아니라 정신이었다. 직접적인 것의 세계가 정신 속으로 합입되고, 정신이 이런 세계 속에서 자신을 탐지할 때, 그리고 이런 세계가 예술 속에서 가상으로 될 때, 비로소 이중적 기만은 지양되고 내적-외적 자연의 사물들이 그들의 진정한 현존에 도달하게 된다. 이것이야말로 헤겔 철학의 가장 중요한 요소인 변증법적 사유의 특성을 잘 보여준다.

헤겔의 변증법은 대립과 통일로서의 정신과 자연, 자유와 필연, 보편자와 특수자, 본질과 현상 사이의 심원한 분열을 극복-화해시키려는 추구이다. 예술은 그 가상적 성격으로 인해 철학적인 취급의 가치를 갖게 된다. 자연과 정신은 자신을 넘어서 타자를 단지 소원한 것으로 파악하는 것이 아니라, 자신의 타자로서 그 자신의 소외로 파악하고 타자 속에서 자신을 재인식해서 소외 혹은 소원함을 극복해야 한다. 헤겔의 칸트 철학에 대한 비판은 이성과 현실, 주관과 객관의 대립에서의 통일이 헤겔 자신에 있어서는 결국 현실 자체의 원칙으로서 주장되었음에 반해, 칸트는 그것을 현실성의 본질로서가 아니라 이성의 본질로 요청했다는 점에 있다.

마찬가지로 헤겔 미학에서도 중요한 개념은 외형적인 아름다움, 자연적인 미라고 하는 인간의 형태, 체형인 외모에 심리적인 아름다움(知性, 善)이 더해져서, 이들 두 가지 체형과 내용이 조화와 균형을 이루어 통합적이고 완벽한 아름다움으로 형상화한다는 것이다.

자연적인 아름다움이란 처음 나타났을 때 그 순간의 가치성이 극치에 이른다. 하지만 그 가치성은 시간이 지남으로 인해 감소하게 된다. 이 자연적인 아름다움만 지속적으로 믿고 따르게 되면, 인간의 삶에서 귀중한 가치를 놓치는 지경에 이를 수 있다. 이것이 자연적인 아름다움의 모순이며 아이러니(irony)라고 말할 수 있을 것이다. 자연적인 아름다움이 처음 나타나는 그 순간의 힘(fascination)은 대단하여 이 세상에서 최고의 가치를 향유한다. 그래서 대부분의 아름다운 사람들은 그 아름다움에 의지하면서 일생을 소모하며 살아가기도 한다.

또한 이 아름다움을 가꾸는 것은 게으른 사람은 도저히 추구할 수 없는 상상(想像)의 나라와도 같을 수 있다. 아름다움을 가꾸고 유지하기 위해서는 자신의 모든 인생을 다 바쳐도 모자란다. 아름다움보다 그 이상의 가치를 발현할 수 있는 것이 없기에 그것으로 자신의 목적을 이룬 셈이다. 하지만 결국에는 외모적인 아름다움만 추구하다 보면 자신이 비어 있다는 것을 알게 되고, 그러고 나면 후회와 상실감에 젖을 수 있다. 그런 나머지 그때는 새롭게 내면으로 눈을 돌리게 되어 정신과 마음에 의지하게 된다.

건축 양식의 측면에서 보면, 유명한 건축물이 건축설계사의 두뇌에서 나오듯이……, 진실한 아름다움은 마음, 그리고 정신에서 나온 것이라야 자신의 가치를 충분히 발휘할 수 있다. 진(眞)·선(善)·미는 각각의 얼굴은 다르지만 그 뿌리를 보면 아름다움(동양적인 아름다움, 즉 진선(眞善))을 바탕으로 하여 유래되는 것이나 다름없을 것이다. 그래서 앞에서의 칸트 미학에서와 마찬가지로 헤겔 미학에서 주장한 내용과 같이 『불안의 개념』(쇠렌 키르케고르, 2005)에서도 "아름다움은 바로 영(靈)과 육(肉)의 통일이라는 점"을 분명히 하고 있다. 아름다움이 제 구실을 하고 100퍼센트의 효력을 발휘하기 위해서는 육체의 아름다움에 지성적인 정신이 통합되어야 하는 이유가 여기에 있는 것이다.

　그러면 아름다움을 어떻게 받아들여야 하는가? 아름다움이란 모양이 조화를 이루고 보기에 좋은 것을 말하는 것이라고 앞에서 설명하고 있다. 아름다운 사람은 태어날 때 자연히 얼굴이 조화를 이루어 보기에 좋은 사람이다. 이 아름다움을 꾸미고 가꾸기 위해서는 많은 시간과 지나칠 정도의 신경을 쓰지 않으면 안 된다.

　아름다움을 간직한 본인은 타인으로부터 아름답기 때문에 받게 되는 호감의 눈초리로 인해, 정작 스스로 자기가 해야 할 중요한 가치를 지닌 정신적 과업을 소홀할 수 있다. 또 다른 면에서 삶에 대해 노력하지 않고 보잘것없는 삶을 살아갈 수 있는 원인이 될 수도 있다. 그와 반대로 아름답지 못한 사람은 자신의 가치를 높이기 위해, 그리고 남으로부터 외면당하지 않도록 하기 위해 노력한다. 하지만 아름다움을 가꾸는 일이 그렇게 쉽지 않다는 것을 깨닫게 된다. 어떤 경우에는 아예 아름다움에 자신도 없고, 아름다움에 신경도 쓰지 않으며, 그 대신 다른 분야에 열심히 노력해서 무엇인가를 성취함으로써 본인의 아름답지 못함을 보상받으려고 한다. 정신적으로 노력하여 더 큰 과업을 이룩함으로써 인생을 성공적으로 열어가는 사람도 있다.

　성경에서는 인간이 태어나면서부터 원죄(原罪)를 지니고 태어났다고 한다. 이와 관련이 없더라도 인간은 자신의 삶의 무게를 견딜 수 없어 반드시 사랑을 주고받게 되며, 그 산물로 자식을 낳고 기르게 되어 있다. 이런 죄성(罪性)과 인간심을 극복하기 위해 인간은 지성(知性)을 기르고 인격을 쌓으며 수양의 길을 걷게 된다. 이것이 도를 획득하는 계기로 작용하게 되는 것이다. 단 삶의 무게를 견디기 위해서 사랑이 있어야 하는데, 여기서 중요한 점은 사랑하고 받기 위한 방법과 수단으로 반드시 아름다움이 적용되기 때문에, 아름다움의 가치성이 높게 평가 받게 된다고 할 수 있다.

　비록 소설이지만 『연금술사』(파울로 코엘로, 2006)에서도 "사람의 마음을 가장 강하게 끌어당기는 것은 바로 아름다움이거든요."라고 기술하고 있다. 일단 아름다우면 상대방의 마음을 끄는 것은 틀림없다. 자신의 아름다움이 남에게 인정받는 과정에서 그 가치성이 적용되는데, 다만 문제는 지성미가 부족한 외모의 아름다움 속에는 부족함이 내재되어 있다고 본다. 그 외모는 알맹이가 없으며, 껍질에 불과하다. 삶의 진수(眞髓)는 내면의 정신 작용에서 도출되어야 하기 때문이다. 그래서 아름다움에 접하게 될 때에는 자연스럽게 눈을 크게 뜨고 보아야 하는 운명을 지니게 된다.

　우리가 흔히 사회생활을 하는 가운데 관공서를 방문하든지, 아니면 대학교의 교수를 만난다든지, 또는 기업의 중요 부서를 방문하여 만나게 되는 사람들을 보면, 큰일을 이루기 위해 노력하는 사람들은 한결같이 외모에 그렇게 관심을 갖지 않고, 외모를 그렇게 가꾸지도 않는다는 것을 알게 된다. 아주 평범하게 자연 그대로 살아간다. 하지만 이들은 자신이 할 수 있는 일은 최대한 열심히 노력해서 좋은 실적을 올리는 사람들이다. 그것은 왜 그런가? 아름다움의 가치는 보는 것으로 만족하지만, 우리가 살아가기 위해 진실하게 필요한 핵심적인 부분은 아니기 때문이다. 즉 아름다움이 아니라 노력으로 이루어낸 삶의 성과이기 때문이다.

아름답지도 못하고 성실함도 없어 아무것도 이루지 못하고 저속하게 살아가는 사람도 있다. 어떤 경우에는 아름다운 사람이 자신의 아름다움에 안주하지 않고, 정신적인 가치를 추구하기 위해 열심히 노력함으로써 어떤 중요한 과업을 성취하는 경우도 있다. 그렇게만 된다면 정신적인 과업의 실천과 자연적인 아름다움이 합해져서 더 높은 가치를 확보한 삶이 될 것이다. 이와 반대로, 아름답지도 않아 남으로부터 호감을 받지도 못하면서, 게을러서 다른 업적도 이루지 못하면, 이것도 저것도 놓치는 결과를 초래하게 된다. 아무튼 형식보다는 내용이 중요할 수도 있지만, 내용보다는 형식이 먼저요, 형식이 우선시되는 경우가 많다. 그러므로 외모도 꾸미고 멋도 내서 먼저 형식을 갖추는 일이 중요하다고 하겠다. 형식을 갖추지 못하면서 내용이 꽉 차 있는 경우도 있긴 하지만, 대체적으로 우선 형식을 중요시하면서 내용을 채우도록 노력해야 할 것이다.

어쨌든 사람의 마음을 가장 강하게 끌어당기는 것은 아름다움이기에, 그것은 이 세상에서 최고의 가치를 지니며 극치를 이룬다. 눈을 크게 뜨고 보면 외면의 아름다움이 내면의 아름다움과 직결된다는 것을 알 수 있다. 왜냐하면 앞에서도 언급했듯이, 외부적인 아름다움의 속성은 내면이 결여될 수 있는 소지가 있기에 알맹이를 채워야 자신의 가치를 더 중대할 수 있는데, 만약에 그렇지 못하면 빈껍데기로 남게 될 수 있기 때문이다. 빈껍데기로 남게 되면 종국에 가서는 내면적인 알맹이가 없는 상실감에 빠져들게 되어, 자신의 기대에 비해 외부에서 보이는 반응은 무시와 냉대로 일관되고 실망과 좌절로 이어지게 될 수 있다. 이것이 외면적인 아름다움의 처절함이라고 할 수 있을 것이다. 이것을 보완하기 위해서라도 아름다운 사람이 반드시 갖추어야 할 것이 내면적인 지성이다.

『노자와 21세기』(김용옥, 1999)에서는 "노자에 있어서는 미(美)의 문제는 선(善)의 문제와 분리될 수 없다."라고 말하고 있다. 즉 아름다움에 대해 서양은 외모를 두고 하는 말이지만, 동양은 착함이라든지 다른 훌륭한 모든 것을 다 포함한다. ……노자는 미(美)의 상대어는 오(미워할 惡)라고 했다. 악(惡)은 악이 아니라 오인 것이다. 오(惡)라는 것은 '싫음'이요 '추함'이다. 다시 말해 악은 독립적으로 존재하지 않는다.

왕필은 "미(美)라는 것은 사람의 마음이 나아가 즐기는 바의 것이요, 악(惡)이라는 것은 사람의 마음이 싫어하고 미워하는 바의 것이다. 그래서 미(美)의 반대말이 오(惡)이고, 선(善)의 반대말이 불선(不善)이다. 선(善)이란 무엇인가? 노자는 선을 먼저 말하지 않았다. 미(美)를 말했을 뿐이다. 노자에 있어서 선(善)이란 미(美)의 연장적 개념"이라는 것이다.

중종조에 나온 「훈몽자회(訓蒙字會)」에서도 "선(善)은 좋은 선이라 훈을 달았다. 악(惡)은 모질 악이라고 했다. 즉 싫음이다. 미(美)는 곧 호(好)요 곧 선(善)이다. 악은 모짐이요 싫음이요 곧 불선이다. 선은 미로 환원할 수 있는 인간의 가치에 불과한 것이다."라고 기술하고 있다. 진·선·미의 관계는 어떤가? 넓게 볼 때 아름다움(美)에 꼭 포함되어야 할 개념들이 진(眞), 선(善), 덕(德), 지식(知識), 지혜(知慧), 기예(技藝) 등이라고 생각한다.

이런 아름다움이 인간의 삶에서 사랑의 매체로 작용할 때 극치점에 도달할 수 있게 된다. 그래서 가치를 추구하는 나머지 외부의 아름다움만으로는 언제나 결핍성이 따르게 되고, 이어서 내면을 채울 그 무엇인가가 필요하게 된다. 아무튼 서양적인 관점에서 아름다움이 최고의 가치를 발하기 위하여 꼭 함께 지녀야 할 덕목은 앞에서 말한 것들 중에서도 특히 선(善)과 슬기로움이다.

그런 의미에서 우리의 수준에서 이해하기가 좀 어렵겠지만, 아름다움의 진가를 발휘하기 위해서는 『정신현상학 1』(G.W.F. 헤겔, 2005)에서 말하고 있는 내용을 살펴볼 필요가 있다.

"아름다움으로 자신의 이미지가 확장되어져 남의 정신력에 침투해 자기화하는 데 힘을 발휘함에 있다. 즉 외면(外面)이란 그 자체만으로 보면 존재의 터전 위에 온갖 모습을 하고 분포되어 있는 생명의 체계화된 형태이면서, 동시에 그 본질상 외계(外界)에 대한 유기체의 존재, 즉 자기 독자성을 간직한 채 타자(他者)와 맞서는 존재이다. 그런가 하면 독자적 존재가 어느 정도의 자유로움을 지니는 가운데 주변의 온갖 것과 어울려 있는 다양한 관계 속에서 자기를 어느 정도까지 보존할 수 있느냐에 달려 있다. 관계의 외연(外延)은 넓히지 않은 채 안으로만 집중되는 것은 내용 없는 추상에 지나지 않으며, 반대로 폭넓은 외연을 지닌 것이야말로 내포되어 있는 강도를 형태화한 것이다."

그래서 헤겔은 앞에서 설명한 내용처럼 아름다움의 가치성이 여기에 함축되어 있다고 보았다.

이런 내용은 앞에서 주석83) 헤겔의 미학에서처럼 이 아름다움에는 "헤겔에 있어 결정적으로 중요한 것은 자연 자체, 즉 감각적인 실재성이 아니라 정신이었다. 직접적인 것의 세계가 정신 속으로 함입되고 정신이 이런 세계 속에서 자신을 탐지할 때, 그리고 이런 세계가 예술 속에서 가상으로 될 때 비로소 이중적 기만은 지양되고 내적-외적 자연의 사물들이 그들의 진정한 현존에 도달하게 된다."라고 표현하고 있다. 여기서 아름다움은 지성을 포함한 자신의 외면으로 관계성이라는 외연을 넓혀나갈 때 그 가치를 발휘한다는 것이다.

그래서 우리 인간에겐 외적인 아름다움이 외연을 확장해나가려면, 반드시 내면적인 지성미와 선(善)을 갖추고 있을 때 가능하며 아름다움의 진가를 발휘할 수 있다고 할 수 있을 것이다. 다만 효용과 목적 면에서 미(美)의 가치는 다소 차이가 있을 수 있지만, 종합적인 차원에서 볼 때 미의 본질은 앞에서 기술했듯이 자연적인 아름다움에 내면적인 진과 선은 물론 지성과 지혜, 덕, 기예(技藝) 등을 모두 포함한 개념으로 생각되어, 아름다움은 종합적인 예술이라는 것이다.

2.
삶에서 칩거 생활이 갖는 의미

우주, 은하계, 태양, 그리고 지구의 존재는 무엇을 의미하는가? 자연에는 사계절이 존재하며, 엄연히 주어진 법칙에 따라 운행되고 있다. 태양이 비추어지고 공기와 물이 존재하게 되어, 사람이 살아가는 데 하나도 불편함이 없는 환경이 주어진다. 인간은 어떻게 삶을 살아야 후회 없이 죽음을 맞이할 수 있을 것인가?

우리 인간들에게는 한평생이라는 삶의 과정들이 펼쳐지는데, 그 과정들 속에는 중요한 시기에 이루어야 할 과업이 있게 된다. 그뿐인가 우리는 삶을 영위하는 동안 수많은 사람들을 만나며 살아간다. 이런 만남들이 어떻게 하면 좋게 만나게 되고, 또 헤어질 수 있게 되는가?

『불안의 개념』(쇠렌 키에르키고르, 2005)에서 보면, "불안의 개념을 둘러싸고 있는 그 엄청난 정도의 반성은 독자들에게 '불안이란 무엇인가?'에 대한 점점 더 심오해지고 다차원화되는 깨달음을 성취하는 데 필요한 모든 함축들을 하나하나 치밀하게 음미(吟味)하라고 요구하고 있다. 그것이 바로 자기 앎으로의 접근을 가능하게 하는 반성이며, 그것이 바로 키에르키고르 변증법의 특징이다."라고 기술한다. 여기에서 '음미의 과정들', 즉 이런 과제를 원만히 해결하며 살아가기 위해서, 우리에게는 심사숙고 과정이 필요한데, 이런 과정이 칩거 생활을 해야 할 필요성으로 대두된다. 우리를 불안하게 하는 내부적 요인들은 어떻게 보면 자신의 잘못이라는 범주에서 생겨나기 때문에, 지속적인 반성이 수반되어야 할 것으로 풀이된다.

칩거 생활(蟄居生活)을 왜 하는가? 인간의 삶에서 성공적인 삶을 위해서 무조건 일률적이고 획일적으로 살아가야 하는 것은 아니다. 때로는 주어진 삶에서 어려운 난세(亂世)를 피하고, 보다 나은 시간적인 선택을 해서 최선의 삶을 찾아가야 한다. 전진(前進)을 위해서 일보 후퇴하는 경우도 있게 된다. 어떤 경우에는 미래를 현재보다 더 발전적인 삶을 위해 더 많이 연구하고 공부해야 하며, 또한 올바른 가치관을 가지고 선택적인 삶을 살아가야 한다.

우리 인간이 삶을 살아가는 데 있어서 가장 필요한 것이 삶의 지혜를 획득하는 일이다. 즉 지혜를 이끌어낼 수 있어야 하기 때문에 칩거하는 것이다.

지혜(智慧)의 사전적 의미는 '삶의 경험이 풍부하거나 세상 이치나 도리를 잘 알아 일을 바르고 옳게 처리하는 마음이나 두뇌의 능력'을 말한다. 영국 출신으로서 미국 하버드 대학의 철학교수를 역임한 화이트 헤드가 말하는 지혜는 "실천이성(實踐理性)은 물론 사변이성(思辨理性)까지도 작동(作動)을 요구한다."라는 것이다. 이 말은 지혜를 획득하기 위해 삶의 현장에서 만나게 되는 어려운 일들을 해결하기 위해서 혼자 묵묵히 생각하며 실천하는 마음공부는 물론 단순히 지식을 얻기 위한 공부도 포함된다는 것을 의미한다. 그래서 이 '지혜'야말로 인간이 삶을 살아가는 가운데 어려움을 당했을 경우, 어려움을 극복하기 위해서 필요한 기술이기 때문이다.

지혜를 획득하기 위한 가장 좋은 방법은 정신적으로 도(道)에 입문하는 것이다. 정신적인 도의 목적은 의식의 흐름으로부터 거만함, 질투, 증오, 탐욕 따위의 흔적을 모두 지워버리는 데 있다고 한다. 즉 두뇌는 물론 마음속 깊이 풀어야 할 과제를 새겨두면서도 참선이나 명상을 통해(그 외의 어떤 고요를 찾는 주문 등을 외우면서) 지속적으로 잡념을 버리고, 머리가 맑고 마음이 고요 속으로 침잠하게 되면, 자신이 찾는 과제의 해답이 자신도 모르게 지각(地殼)이 열려 떠오르게 된다는 것이다. 이렇게 알게 된 것, 이것이 삶의 기술이나 지식이 되는데, 이것을 우리는 조심스럽게 '지혜'라고 말할 수 있을 것이다. 그래서 지혜는 자신이 알고 있는 지식과 경험이 전부 동원되겠지만, 종국에 가서는 순수한 마음공부를 통해서 얻게 되는 깨달음인 것이다.

『승려와 철학자』(장 프랑수아르 벨 & 마티유 리카르, 1999)에서 보면 "상처 입은 사슴이 상처를 치유하기 위해 인적(人跡) 없고 조용한 곳을 찾는 것과 마찬가지로 정신수양 역시 세상에서 한 걸음 물러나는 것에서부터 시작한다."라고 말한다. 여기에서는 이런 말이 나온다. "현자인 티베트의 키엔체는 젊은 시절에 가끔씩 자신의 정신적 스승들을 방문한 것을 제외하고는 거의 17년을 혼자 은거하면서 보내셨다. 그러다가 마침내 35세가 되셨을 때 스승으로부터 '이제 네가 배운 지식과 경험을 다른 사람에게 전달할 때가 왔다.'라는 말씀을 듣고, 그 이후로 일반 사람들이 겪는 삶의 어려움을 해결하기 위한 정신적인 지도를 했다"고 전한다. 그런가 하면 예수 그리스도는

"33년 중 30년은 세상에 나타나지 않은 채 산다. 3년 후에는 사기꾼으로 간주된다. 제사장과 장로들은 그를 거부하고, 그의 친구들과 가장 가까운 사람들은 그를 업신여긴다. 끝내 한 제자에게 배반당하고, 또 한 사람에게 부인당하며 모두에게 버림받아 죽게 된다." 그런가 하면 『팡세』(파스칼, 2006)에서는 "예언은 그것이 이루어진 다음에야 비로소 이해된다. 그러므로 은신(隱身), 근신(勤愼), 침묵 등의 증거를 통해 이것들을 알고 믿는 사람들에게만 입증된다."라고 말한다. 이 말의 뜻은 예언이 이루어지기까지는 긴 세월이 흘러가야 하고, 그동안은 은신이나 침묵의 기간으로 인내하면서 미래를 대비하며 지혜를 얻어야 한다는 의미이다.

이와 같이 삶에서 정확한 해답을 얻기 위해 준비하는 과정은 어떤 목적 달성을 위해 꼭 필요한 것이다. 먹고 배설하고 잠자는 것 외에는 이 목적 실현을 위해 전력투구해야 하는 외롭고 힘든 삶의 과정을 겪고 지나야 한다. 이 같은 생활이 칩거 생활이다. 칩거 생활은 대체로 몇 년씩 이어지는 불확실한 삶이기도 하다. 즉 승려들이 동하계(冬夏季) 기간에 방구석에 박혀서 교리를 탐구하고 경전을 공부하는 것처럼, 아니면 수도승이 20년, 30년 깊은 산속 암자에서 정진해서 진리를 깨닫기 위해 참선을 수행하는 것과 같은 것이다. 오직 하나의 과업을 이루기 위한 그 목적이 칩거에 있다고 하겠다. 만약에 칩거하기 위한 마음의 자세와 이에 대한 준비가 없다면, 어떤 목적과 과업의 실현은 잘 이루어지지 않을 것으로 본다.

칩거의 목적이 삶에 따른 정신적인 준비라고 볼 때, 현재 사회에서 일어나고 있는, 성장 과정에 있는 자녀들이 경쟁 장소로 불리는 학교에 적응하지 못하고 은둔 형 외톨이가 되어 5~10년씩 집안에 숨어 지내다가 사회의 낙오자로 전락하게 되는 것과는 사뭇 다르다. 즉 은둔은 삶의 낙오자가 세상을 등지고 숨는다는 뜻이 있지만, 칩거는 세상을 등지고 숨는 것이 아니라, 어떤 목적을 실현하기 위해 연구와 준비를 위한 거처(居處)라는 뜻의 의미로 풀이된다.

이런 칩거 생활에는 많은 유형이 있을 것으로 본다. 하나의 예를 든다면, 공직에서 은퇴한 후 생전에 이루고 싶은 목표를 정해 자신의 길을 묵묵히 가기 위해 사회 출입을 금하면서, 자기 집에서 조용히 시간을 갖고 열심히 노력하는 것은 칩거의 한 형태일 것이다. 즉 칩거란 개인적으로 귀중한 꿈을 실현시키기 위한 인고(忍苦)의 생활이다. 이런 사람들은 대체적으로 칩거하는 목적이 자신의 삶이 빠르게 지나간다는 것을 인식하고, 마지막 자신의 삶을 실현시키기 위해서 최선을 다해 노력하는 것이다. 즉 내면을 성숙시키면서 꿈을 이루는 데 목적이 있다고 하겠다.

『세네카 인생론』(세네카, 2007)에서 세네카 본인은 스토아주의와 금욕주의자로서, 철학자이지만 친구 루킬레우스에게 보내는 편지에서 보면 "자네가 무엇을 피해야 하나. 그것은 군중이다."라고 말한다. 또한 그는 다수(多數)를 피하라. 소수(少數)를 피하라. 단 한 사람도 피하라고 하며, 오직 가능한 한 자신 속에 침잠하라고 권한다. 그리고 자신의 마음을 사로잡는 것이 자네에게 있는가? 자네에게 삶에서 소중한 목표가 있다면, 자네 자신의 내부로 향하라."라고 조언한다. 왜 그런가? 꼭 이루고 싶은 욕망이 있다면, 이것을 이루기 위해서 자신 속으로 침잠하라고 말한 것이다. 왜냐하면 유해한 사람과 만나면 악덕에 물들게 되기 때문이라는 의미도 있으며, 훌륭한 자신의 신념이 해이해질 수도 있다는 염려도 포함된 것으로 본다.

인내심이란 수신(修身)의 과정에서 으뜸으로 꼽아야 하는 과업이라고 생각한다. 수신에 관해『목민심서』(정약용, 2008)에서도 "성현의 가르침에는 원래 두 가지 길이 있으니, 하나는 사도(司徒)를 두어서 만백성을 가르치고 각기 수신(修身)하게 하는 것이다. 다른 하나는 대학에서 국자(國子)를 가르치고 각기 수신하여 백성을 다스리도록 하는 것이다. 따라서 군자의 학문이란 반은 수신(修身)하는 것이고, 나머지 반은 목민(牧民)하는 것이다."라고 기록하고 있다. 그 정도로 지도자가 되려면 수신이 최우선인바, 예나 지금이나 다름없을 것이다.

그러니 사회에 나아가 중요한 직책을 맡게 되면, 언제나 수신을 잊어서는 안 된다. 수신을 하는 데는 첫째가 인내하는 것이다. 모든 일을 참고 견디면서 자신을 자제할 수 있는 자세가 중요하다. 인내의 목적은 잘못된 생각이나 행동을 스스로 심사숙고하여 바르게 고치는 데 그 의미가 있다. 그래서 칩거하는 동안 옛 성현들의 글을 많이 읽고 자신을 반성해야 한다.

또 다른 한 가지 예로서, 칩거로서 인내와 관련하여 보리(a barley)라는 작물을 보면, 그것을 재배할 때 춘화 처리(春化處理)라는 과정이 있다. 이 춘화 처리는 농작물의 싹이나 씨앗을 일정한 기간 동안 고온 또는 저온으로 처리함으로써 발육에 변화를 주어, 꽃이 피고 열매 맺는 것을 빠르게 하는 방법이다. 보리와 같은 경우에는 어린 새싹의 시기에 일정 기간 땅속의 저온에서 겨울을 나지 않으면 꽃이 피지 않으며 열매를 맺지 못한다. 인위적으로 몇 도 이하의 온도에서 며칠간 저온 처리하는 것을 춘화 처리라고 말한다. 생리적으로 이런 과정, 즉 춘화 처리가 필요한 것은 자연현상이라고 할 수 있지만, 가장 중요한 성숙에 이르는 진행 과정에서, 성장기에서 성숙기로 변화하는 과도기에 수면(睡眠)으로 유도한 후 잠에서 깨어나게 함으로써 성장점에 자극을 주어, 꽃눈으로 분화시키기 위함이라고 할 수 있다.

식물이 저온에 의해서 수면을 하는 춘화 처리 기간을 사람 같으면 칩거 생활에 비유해볼 수 있을 것이다. 왜냐하면 저온에 수면하는 춘화 처리 과정이나 사람의 칩거 생활에서 어려움을 견디는 인내의 기간은 서로 그 의미가 유사한 과정이기 때문이다. 즉 식물의 춘화 처리라고 하는 과도기에 잎의 성장을 꽃눈으로 변화시키기 위한 촉매 작용으로서, 잎이 성장하는 환경이 계속되면 꽃눈으로 변화(분화)가 어렵다. 이 때문에 생리적인 측면에서 작물에게 생명의 위협이 되도록 외부에서 자극을 주어, 생명의 극한점에 이르게 되는 한계선상까지 고통을 주는 것이다. 그럼으로써 작물 스스로 위협을 느끼도록 하여, 자신의 생명이 한계점에 도달했다는 것(죽음에 직면했다는 것)을 인식하게 하고, 자신이라는 종(種)이 생식하지 않으면 안 된다는 각성을 주는 작용이다. 이렇게 하여 자연히 꽃눈이 분화되게 유도한다. 어쩌면 이것은 신(神)의 섭리 작용이라고 할 수 있다.

이런 춘화 처리와 같은 작용이 인간에게는 고통을 이겨내고 미래를 준비하기 위한 인내의 시간, 즉 칩거가 아닌가 하고 생각도 해본다. 춘화 처리는 외부 자극에 의해 작물 스스로 자신과의 내적인 화해(和解)를 하도록 유도하는 작용이 되는 셈이다. 이 화해는 어쩌면 형이상학적인 측면에서 보면, 작물과 신(神)과의 소통을 의미하기도 한다고 생각할 수 있다.

이와 관련하여 비록 소설이지만 『연금술사(파울로 코엘료, 2006)』에서 기록하고 있는 내용을 또 하나의 예를 들어보기로 하겠다. 여기에서 보면 "예언자 마호메트께서는 코란을 주시면서 죽는 날까지 우리가 지켜야 할 다섯 가지 계율을 부과(賦課)하셨지, 그중 가장 중요한 건 신(神)은 오직 한 분뿐이라는 거야. 나머지 계율은 하루에 다섯 번 기도하라는 것, 라마단 기간엔 금식하라는 것, 가난한 이들에게 자비를 베풀라는 것이네. 다섯 번째는 여행이라는 것"이다.

여기서 예언자 마호메트가 제시하고 있는 내용의 흐름은 대부분 자신과 신과의 맹세와 관계된다고 할 수 있을 것이다. 그러나 어쩌면 자신과 신과의 맹세는 삶에 대한 자신과의 내면적인 화해를 의미하기도 하는 것이다. 즉 자신의 삶에서 정리요, 확약이며, 곧 맹세인 것이다. 이것은 신에게 맹세하는 것이지만, 또한 자신에게 스스로 맹세하는 것이나 다름없다. 인간이 칩거하는 동안 이 같은 삶에 대한 확고한 신념을 만들어내는 순화 과정이 곧 앞에서 예언자 마호메트가 제시하고 있는 신과의 맹세 과정에서 내면적인 화해를 이끄는 것과 유사한 행위라고 생각한다.

3.
건전한 자신의 꿈을 설정하라

인간이 태어나 삶을 살아간다는 것은 존귀하고 존귀한 일이 아닐 수 없다. 이 세상에 태어난 이상 어떻게 하면 잘살아갈 수 있을 것인가 하는 문제는 세상이 열리고 인간이 처음 탄생되면서부터 현재까지 대대로 가장 중요한 삶의 문제로 이어지고 있는 것이다. 어떻게 생각해보면 본의 아니게 태어나서 어린 시절을 거치는 동안 삶에 대한 아무런 준비도, 특별한 사전 지식도 없이 현재까지 살아오게 된 것이 너무나 모험적이며 우연한 순간들의 연속 자체가 아닌가 생각한다. 물론 현재까지 나름대로 살아오게 된 것은 조상의 음덕(陰德)과 나를 가르쳐주신 스승과 주변에 있는 훌륭한 사람들 덕분이기도 하지만 말이다.

또 다른 측면에서 본다면, 얼마나 많은 사람들이 성장 과정에서 일순간의 실수로 인해 귀중한 목숨을 잃게 되었는지도 생각해보지 않을 수 없다. 그렇고 보면 삶을 참답게 사는 일은 생에서 가장 중요한 문제가 아닐 수 없다.

『세네카 인생론』(세네카, 2007)에서도 삶의 자세에 관한 언급이 나온다. "많은 대위인(大偉人)은 일체의 장애물을 물리치고, 재산도 공직도 쾌락도 버린 다음, 어떻게 살 것인가를 알려고 하는, 이것을 삶의 최후까지 유일한 목적으로 삼았다. 그럼에도 그들의 많은 사람이, 아직 그것을 모른다고 실토하며 삶을 마감한 것이다."라는 내용이다. 이 말을 음미해보아라. 진정 참다운 삶은 어떤 것인가를 알아내고 그렇게 살아야 하는데, 그게 쉽지 않다는 의미인 것이다.

『자조론/인격론』(새뮤얼 스마일스, 2006)에서도 "몇 년을 살았느냐?로 삶의 길이를 재는(measure) 것은 올바른 잣대가 아니다. 인간의 삶은 '그가 무엇을 했고 무엇을 느꼈느냐'로 재야 한다. 유익한 일을 더 많이 하고 삶의 깨달음을 다양하게 얻은 사람은 진정한 의미에서 더 오래 살았다고 할 것이다. 게으르고 무익하게 사는 사람은 아무리 오래 산다 해도 식물처럼 단조롭게 살 뿐이다."라고 자신의 뜻을 기술하고 있다.

이런 삶은 노자의 장생구시(長生久視)라든지, 장자의 양생주(養生主) 사상과는 다소 다르다. 하지만 삶의 질(質)을 따지고 본다면, 이렇게도 생각할 수 있을 것이다.

내가 학교를 졸업하고 점차 사회생활을 하게 되었을 때 느끼게 된 점은, 사회는 학교에서 배우고 생각한 것과는 도덕과 양심적인 측면에서 상당한 부분에서 차이가 있다는 점이었다. 특히 학교에서 배운 지식은 아주 기본적이고 순수한 학문이어서, 실제로 사회에 나가 남과의 경쟁해야 할 때는 자신을 보호하고 방어할 수 있는 수단과 방법 면에서 부족하다. 오히려 사회에서 필요한 지식은 그때부터 새롭게 체험과 독서를 통해 스스로 획득해야 한다는 것을 알게 되었다. 그러다가 우연히 서점에서 보고 싶은 책 한 권을 골라 읽어보았다. 그랬더니 사회에서 내가 진실로 필요한 지식과 기술들을 그 책 속에서 발견할 수 있었다. 나는 사회생활을 하게 됨으로써 이점을 새롭게 느끼게 되었다. 내가 오늘 이렇게 책을 쓰고 있는 내용들은 과거 내가 사회생활을 할 때 삶에서 꼭 필요로 한 지식과 기술들이라고 생각해본다.

살아가다 보면 자기 개인이 진실로 추구해야 할 삶의 목표를 정하고 그것을 추진하며 살아가는 것이 아니라, 흔히 주변 사람들과 함께 사회적인 관습과 흐름에 맞추어 살아가게 된다. 그러다 보면 직장 등 생활 전선에서 많은 사람들과 관계를 맺게 된다. 이들은 저마다 처해 있는 사회적인 위치, 개인적인 심정이나 인격, 악과 선에 대한 판단 기준, 성장해온 과정과 환경에 따라, 또한 그들의 욕망 등 개인적인 관념의 차이로 말미암아, 서로 신뢰성이 구축되지 않는 사람들과의 만남을 갖게 된다. 즉 상관과 부하 관계에서는 부하 입장에서 보면, 자신도 모르게 잘못을 저지르게 될 경우, 상관으로부터 용서받지 못하고 대단히 큰 낭패를 당하는 경우도 있다. 그런가 하면 상관 입장에서도 본의 아니게 부하에게 실수하게 될 때가 있는데, 그럴 때도 마찬가지 현상이 초래되기도 한다. 특히 직장이라는 곳은 겉으로는 의리와 명분을 앞세우지만, 안으로는 경쟁으로 승부를 추구하는 곳이라고 볼 수 있다.

정치적인 차원에서 보면 사상과 이념의 차이로 보수와 진보로 나누어지듯이, 직장에서도 인맥의 계열성으로 인해 자기편 사람들이 있는가 하면 반대편 세력도 있게 된다. 이때 상관의 입장에서 부하가 자기편이 아니라고 생각되면, 가차 없이 제거하거나 도태시키려는 시도를 하게 되는 경우도 있다. 그래서 상사는 물론 부하 측면에서도 어쩔 수 없이 인격적인 면에서나 사회적인 차원에서 때로는 자신의 명성을 잃는 수가 있게 된다.

특히 상하관계에서 상대방에 따라 선과 악에 대한 관념의 차이는 크다고 하지 않을 수 없다. 상관에 따라 어떤 사람은 상대방이 어떤 잘못을 저질러도 인간적인 면에서 이해하고 자기 자신도 그런 잘못을 저지를 수도 있다고 생각하면서 용서해주는가 하면, 어떤 상관은 상대방의 잘못을 덮어주기는커녕 전체 직원이 모인 조례 석상에서 공개적으로 잘못된 부분만 꼬집어내어 들추면서,확실한 죄를 씌워 직장에서는 제거를, 사회에서는 매장을 시켜버리는 경우가 발생하기도 한다. 만약 자신이 후자의 사람을 만나 피해를 본 경우라면, 본인은 장기적으로 더 큰 계획을 세우고 새롭게 출발해야하며, 자신의 뜻을 이루기 위해 최선의 노력을 다시 하지 않으면 안된다.

직장 등 사회생활에서 피할 수 없는 부분이 경쟁자와의 관계이다. 경쟁자란 직장동료, 학교 동창생, 친구, 친척, 동일한 업종 종사자 등이 포함된다. 비근한 예로서는 정적(政敵, 이하 여기에서는 직장에서의 경쟁자)을 꼽을 수도 있을 것이다. 경쟁자 관계는 일반적으로 질투나 시기를 떠나 모함, 음해에까지 이르며, 심하면 교사(敎唆)를 시도하기도 한다. 선의의 경쟁으로 서로가 발전의 계기로 삼을 수도 있지만, 악의적인 경쟁으로 이어지면 체력 소모를 동반하는 것은 물론 삶을 파멸(破滅)로 이끌게 된다. 문제는 경쟁의 방법인데, 자기보다 조금 상대가 앞서게 되면 수단과 방법을 가리지 않고 어떻게 해서든지 짓밟아버리려고 하기 때문에, 그 상황을 모면하기가 여간 쉽지 않으며, 급기야는 돌이킬 수 없는 마지막 단계에까지 이르게 될 수도 있다.

사람마다 삶의 과정에서 어느 정도는 갈등 관계를 면할 수 없지만, 경우에 따라서 혹은 개인에 따라서 피할 수 없이 운명적으로 자신에게 피해를 주는 사람을 만나게 되는 수가 있다. 이와 같은 경우에는 순간적이고 지나가는 삶의 과정이라고 생각하기에는 너무나 험한 길을 걷게 된다. 이런 갈등이 처음에는 마음과 마음에서 눈빛과 목소리로, 그 다음에는 알력과 반목으로 변해서, 폭언·폭력과 선동(煽動), 음해(陰害)와 교사(敎唆)로 이어진다. 이런 관계를 어떻게 대처해야 현명한 행동으로 이어질지 정말 어렵고 난감한 문제가 아닐 수 없다.

물론 경쟁관계에 놓였을 경우에는 자신이 승복한다든지 보이지 않는 곳으로 멀리 사라져버리면 해결될 것이다. 그러나 진정 악한을 만나게 되면 피할 수 없는 처지에 놓일 수도 있게 된다.

여기서는 극한적인 경쟁관계가 아니라 보편적인 경쟁관계에서 일어나는 갈등을 어떻게 피할 수 있는가를 생각해보기로 하자. 가능하면 경쟁적인 관계에서 대립과 갈등을 피할 수만 있다면 그 이상 좋은 방법은 없을 것이다. 만약에 경쟁적인 관계가 불가피한 경우에는 두 가지 형태가 주어질 것이다. 하나는 자신이 힘이 세서 상대를 무력화시켜 이길 수 있는 경우이고, 또 하나는 자신이 패하는 경우이다. 만약 자신이 승리자가 되어 상대를 제압하는 경우에는, 가능하다면 아주 자연스럽게 흔적과 상처가 없도록 패배자의 입장을 생각하고 범위를 최소화해서, 상대방도 자신의 강점을 살려 발전적인 삶을 살아갈 수 있도록 협력자가 되어주었으면 하는 바람(desire)이다.

또 하나의 방법으로 자신이 패하는 경우이다. 이때는 현재 상태로는 자신이 상대를 이길 수 있는 힘이 부족하다고 느껴지면, 자연스럽게 승복하고 피해를 최소화하는 방향을 모색해야 한다. 인간의 삶은 힘의 논리에 의해 좌우된다. 보통 일반적인 경우를 보면 경쟁자인 상대방이 권력자에게 아부해서 그 사람의 힘을 이용하여 승리자가 되고, 본인이 패하는 경우가 많다. 하지만 승리자의 경우에는 그럴듯한 명분을 내세우게 되고 실패자의 무능력을 제시할 것이기 때문에 실패자로서는 조용히 이 문제를 수용하지 않으면 안 된다. 실패한 자신은 장기적인 새로운 다른 계획을 세우고 이 계획에 도전해야 할 것이다.

사람이 살아가는 길은 여러 갈래다. 어떻게 보면 하나의 길뿐인 것 같지만, 진정 자신이 가치 있게 살아가는 길은 또 있을 수 있다. 사람마다 능력에는 개별적인 차이가 있다. 어떤 사람은 노래를 잘하고 어떤 사람은 달리기를 잘하듯이, 어떤 사람은 계책(計策)을 잘 세워 간사하면서도 간교한 술책을 잘 사용하는 사람이 있다. 하지만 이들도 그 계책이 그의 귀중한 재능이라는 점을 높게 평가하지 않으면 안 된다. 이런 사람들은 주위 사람들에게는 너무도 잘해주고 경쟁자만 죽이는 방법을 택한다. 남들(others)은 그 사람만큼 좋은 사람이 없다고 아우성치게 만들면서, 경쟁자에게는 마지막 행동을 하는 수가 있다. 특히 그 사람 자신의 부인까지 권모술수에 능한 사람이면, 당사자 입장에서는 특출한 인물로 탄생할 수 있는 좋은 조건을 갖추게 되는 것이다. 그들은 여론을 조성해서 자신이 유리한 고지에 오를 수 있고 법망을 피할 수만 있다면, 또 윗사람에게 인정을 받아 자신이 등용되면 최대한 영광을 누리게 되는 셈이다. 세상은 대체적으로 이렇게 흘러간다.

제3자는 승리하며 출세하는 자를 능력이 있다고 평가하기 때문에 그 사람은 사회적으로 명성을 얻게 된다. 패배자 입장에서는 자기가 지향하는 목표는 상대에게 빼앗기게 되고 자신은 또 다른 새로운 목표를 정해 도전해야 한다. 그래서 미래는 험하고 힘들면서 어렵기도 하며, 절박한 사정에 놓이게 된다. 승리하는 사람의 입장에서도 그 승리는 보통 사회적으로 출세라고 부르는 명예, 권력, 부(富)에 해당하기 때문에 오래가지 못하여, 그 명성이 곧 사라지는 경우가 많다. 내일은 무슨 일이 어떻게 전개될지 아무도 알 수 없다. 인위적으로 열심히 살아간다 하더라도 완벽할 수 없으니 행운이 따라주어야 하기 때문이다. 어떻게 생각해보면 영원한 승리자는 있을 수 없는 것이 아닌가 생각해보기도 한다.

말을 바꾸어서 여기서 다른 한가지 예를 든다면 『열하일기 하(下)』(박지원, 2008)에서 옛 중국 고대사(古代史)를 보면 이런 내용들이 나온다.

"진(秦)·한(漢)이래로 천하를 다스린 자들은 모두 이단(異端)[84]이었습니다. 진(秦)은 형법으로 천하를 하나로 병합(倂合)했고, 한(漢)은 노장(老莊)의 도(道)로 백성을 족(足)히 풍요롭게 했습니다. 성인(聖人)은 이

---

84) 이단(異端) : 1 [개][기] 정통 크리스트교에서 자신의 교리에서 벗어난 교리를 주장하는 교파를 배척하여 이르는 말. 2 유교에서는 유교가 아닌 다른 사상 곧 제자백가를 이르는 말. 3 [불] 불교에서는 불교 이외의 외도(外道)를 일컫는다. 여기서는 2의 중국의 유교와 다른 사상, 곧 제자백가를 이르는 말로 풀이되지만, 또한 3의 불교 이외의 외도(外道), 즉 황교(黃敎)라고도 할 수 있다.

단(異端)이 인의(仁義, 도덕을 달리 이르는 말)를 가로막을까 근심하지만, 지금 법왕[여기서는 황교(黃敎)[85]라는 교(敎)에서 교리(敎理)의 법(法)을 펼치는 사람]이 말하는 환생(幻生)의 술법(術法)으로 천하를 다스린다 해도 인의에 크게 어긋나지 않고 올바른 질서를 세울 수도 있을 것입니다."

　우리가 학교에서 배운 지식은 인의, 즉 도덕 수준의 지식이었으며, 지금 현재 사회에서 은밀히 자신을 보호하며 상대를 이길 수 있는 방법은 이단(異端)의 지식이나 마찬가지가 아닌가 생각해볼 수도 있다. 물론 여기에는 성인(聖人)이 염려하는 인의를 가로막을까봐 걱정하지만, 이단의 지식 역시 인의를 크게 어긋나지 않고 올바른 지식을 세울 수 있다는 점에서 그 의미가 있는 것이다. 어쩌면 사회생활이나 직장에서의 근무 역시 이런 맥락에서 보면 이단을 활용할 수 있는 자리가 아닌가 하는 엉뚱한 생각이 들기도 한다.

　우리가 여기서 한번 생각해봐야 할 것은, 이단(異端)이든 이단이 아니든 종교라는 것 자체가 지나치게 공론(空論)에 치우쳐 갑론을박(甲論乙駁)하기보다는, 실용적인 실사구시(實事求是)[86]의 종교가 되어서 인간이 살아가는 데 실존적 측면에서 도움이 되어야 한다는 데에는 이론이 없다는 점이다. 그러니 또한 종교의 교리가 선(善)을 기본으로 이루어져 있다는 데는 이론이 없을 것이다.

---

85)　황교(黃敎) : 황교는 라마교의 한 종파로, 14세기에 총카파가 일으킨 티베트 불교의 중심 종파이다. 노란색 옷과 모자를 착용해서 황교라고 한다. 몽고 등지에서 이 교(敎)를 받들었다. 아마도 여기서 황교의 사상이 환생(幻生)의 술법이 내재되어 있는 사상이다.
86)　실사구시(實事求是)란 심기(心氣)를 평정(平靜)하게 갖고 널리 배우고 독실히 실천하면서 '사실에 의거해 진리를 찾는다.'는 뜻임.

진지한 삶과 관련하여 앞부분에서 언급한 것과 같이, 천하를 다스리는 나라의 정사(政事)에서도 하물며 이단(異端)의 형태를 취했다는 예도 있었다. 그 나라의 중심 사상인 정교(正敎)가 엄연히 존재함에도, 왜 어느 시기에나 이단 사상을 국민에게 적용하면서도 천하를 통합하고 백성을 풍요롭게 할 수 있었느냐 하는 것이다. 그 나라의 제도(制度)는 그렇다고 하고, 개인의 삶은 어떤 형태를 취해야 자신의 삶을 꽃 피울 수 있단 말인가? 여기에 초점을 두지 않으면 안 된다.

인간 삶의 기본과 원칙은 누구에게나 보편적이어서 크게 다르지 않다. 즉 도덕을 바탕으로 하면서 즐거움을 찾고 자신의 목표를 이루는 것이 삶의 보편적인 형태와 모습이 아닐까. 그 시대에 맞는 문화가 있고 유행이 있다. 그런가 하면 국가가 원하며 사회가 원하는 시대적인 요구도 있을 것이다. 이런 유형의 형태들이 개인의 삶을 어느 정도는 구속할 수도 있을 것이다. 또한 그 시대, 각 나라에 따라서 추구해야 할 삶의 가치관도 다를 수 있을 것이다.

그러나 개인의 삶에서 가장 중요한 것은 개인에 따라 독특한 삶이 전개되어야 한다는 것이다. 이점이 대단히 중요하다고 생각한다. 여기서 왜 독특한 삶을 강조하느냐 하면, 인간 저마다의 모습과 개성이 다르고, 자신이 처해 있는 환경 역시 다르며, 추구하는 가치관 역시 다르기 때문에, 자신에게 맞는 최상의 삶을 선택해서 살아가지 않으면, 자신에게 맞는 가장 훌륭한 삶의 형태라고 말할 수 없을 것이기 때문이다.

물결이 바람의 형태에 따라 모습이 달라지듯이, 자연에서 살아가고 있는 식물들이 유전적인 품종의 특성에 따라, 기후와 토양의 영향에 따라 성장 시기가 각기 다르듯이, 인간에게도 저마다의 독특한 체형과 개성에 따라 자신에게도 최적의 삶의 방식이 주어져야 한다는 것이다. 이렇게 볼 때 누구에게나 자신에게 맞는 삶의 형태와 방식이 있고, 이런 형태와 방식이 자기에게 가장 적합하고 바람직한 형태의 삶이 되기 때문이다.

어느 누구에게도 방해받지 않고 자신에게 맞는 삶의 방식을 택해야 한다. 각자의 웃는 모습, 얼굴 생김새, 성격의 결(grain, texture or disposition)이 다른 것처럼, 거기에 가장 맞고 어울리는 각자의 삶의 방식이 취해져야 한다는 의미이다. 그것은 오직 각 개인의 몫으로서 삶의 방식이 주어지는 것이다. 그러니 저마다 천성에 따라 고유한 인간이 되기 위해 각자의 인생 목표를 정하고 각기 다른 삶을 사는 것이 중요하다. 그러니 우리가 직장에서 근무하면서 자신의 꿈을 실현시킨다는 것은 쉽지 않은 일이라고 생각한다.

오히려 처음부터 건전한 자신의 꿈을 설정하는 일이 중요하다. 경쟁에서 남을 이기고 자신이 승리해서 꿈을 이루려면 대단히 조심스러워야 한다. 오직 자신의 꿈은 외부가 아닌 내부에서 찾아야 할 것이다. 만인이 다 승리할 수 있는 꿈, 즉 자아실현의 꿈을 말한다. 여기에는 물질적인 추구보다는 정신적인 가치를 추구함을 일컫는다.

현대를 살아가는 젊은이들의 마음자세는 어떠해야 하는가?

첫째, 세월의 흐름과 세상의 변화를 수용할 줄 알아야 한다. 오늘 하루가 지나고 내일이 다가오는가 하면, 이 일이 마무리되고 나면 또 새로운 일이 밀려오고, 하나의 당면과제를 해결하고 나면 또 없던 일이 다시 생겨난다. 이렇게 삶은 변화하는 속에서 하루를 견디며 살아간다. 삶이란 이런 일련의 변화를 겪으며 닥쳐오는 파고를 넘는 것이나 다름없다. 그럴 때마다 새로운 각오와 다짐으로 어려움과 고통을 수용하고 새로운 삶의 날개를 펴서 미래를 향해 날아올라야 한다.

둘째, 자기에게 좋은 기회가 올 때까지 기다릴 줄 알아야 한다. 좋은 기회를 포착한다는 것은 쉬운 일이 아니다. 자신의 모든 지혜를 동원하여 적절한 시기를 선택하는 것이다. 우주 자연의 원리가 인간에게 보여주고 있는 것과 같이 저마다 성장의 좋은 기회가 주어지기 마련이기 때문이다. 다만 한번의 기회를 잡기 위해서 한평생을 준비하지 않으면 안 되듯이, 최선을 다해 노력하면서 기회를 기다려야 한다.

셋째, 새벽 형 인간이 되어야 한다. 성공한 사람들은 거의 모두가 새벽 형 인간이다. 새벽 시간은 창조성에서 배가(倍加)의 가치를 창출할 수 있다. 낮에 부지런히 일하고 일찍 잠자리에 들고 새벽에 일어나, 가벼운 몸과 맑은 마음으로 일에 임하다 보면, 중요한 일이 무엇이며 어떻게 처리하는 것이 옳은 방법인지, 언제 하는 것이 가장 효율성이 있는지 자연적으로 머리에 떠오르게 된다. 이미 하루의 일을 새벽에 절반을 처리하게 되어 아주 효율적으로 일을 처리할 수 있고 시행착오도 적게 된다. 아침에 일찍 일어나는 습관을 들여서 하루 이틀이 아닌 긴 세월을 살다 보면, 삶의 실적에서 큰 차이가 있게 된다. 자신의 인생을 성공으로 이끌려면 반드시 새벽 형 인간이 되어야 한다는 것을 명심하기 바란다.

넷째, 언제나 최악의 상태를 생각하고 자신의 힘을 키워야 한다. 여기에는 또 다른 삶의 방향도 생각해야 한다. 인간이 살아가면서 꼭 추구해야 할 삶의 가치는 권력 말고도 수없이 많으니, 꼭 그 길을 택해야 하는지는 사람에 따라 다를 것이다. 역사적으로 볼 때 위인들이 권력에서 밀려난 후 유배지에서 얼마나 많은 불후의 작품을 저술했는지 누구나 잘 알고 있다.

다섯째, 자신에게 충실해야 한다. 자신을 잘 관리하지 못하면 인생에서 성공은 없다. 영혼을 성숙시켜야 한다. 자신의 영혼을 성숙시키기 위해서는 먼저 정신과 마음을 맑고 깨끗하게 보존해야 할 것이다. 정신이 맑으면 위태로움을 면하게 된다. 참다운 삶의 자세를 논한다는 것은 정말 어려운 문제다. 삶이란 이 세상 사람들과 어울려 살아가지만, 실제로는 자신이 혼자라는 것을 알아야 하고, 스스로 홀로 설 수 있게 힘을 길러야 한다.

여섯째, 건전한 자신의 꿈이란 자신만이 이룰 수 있는 유일한 인생 목표를 설정하는 것이 무엇보다도 중요할 것으로 본다. 일반 사람이 누구나 가질수 있는 목표는 바람직스럽지 않다고 할 수 있을 것이다.

4.
'오늘' 하루를 어떻게 살아야 하는가?

　하루는 86,400초이다. 인간 누구에게나 공평하게 86,400초라는 오늘 하루가 주어진다. 빛의 속도는 얼마인가? 시속으로 환산하면 약 10억 780만 ㎞, 1년 동안 9조 2,000억 ㎞를 진행한다고 한다. 빛은 뉴욕에서 도쿄까지 가는 데 1/10초도 걸리지 않으며, 지구에서 달까지 가는 데 1.3초도 걸리지 않는다.

　빛의 속도가 특별한 이유는 무엇인가? 진공 속에서 빛보다 빠르게 움직이는 것은 없다. 지구가 태양을 돌면서(공전) 달리는 거리는 하루에 258만 ㎞이다. 한 시간에 107,600㎞, 1초에 약 30㎞ 달린다고 한다. 우리 인간은 지금 초속 30㎞로 달리는 지구에 올라타 있는 것이다. 속도를 놓고 볼 때 빛과 지구는 빠르게 이동한다. 빛과 지구의 이동 속도를 보면 우주와 천체(天體) 역시 변화함을 전제로 존재한다는 것을 알 수 있다.

　인간에게도 하루 사이에 많은 변화가 일어난다. 오늘 하루 속에는 전 인생이 함축되어 있다. 하루 속에는 많은 변화가 있을 수 있다. 인간의 감정인 희로애락은 수시로 교차되어 일어난다. 아침에 슬프고 괴로운 일이 일어나는가 하면, 뜻밖에 친구로부터 전화가 와서 만나게 되고, 저녁에 한없는 즐거움이 쌓이기도 한다. 반대 현상도 일어난다. 하루 사이에도 자신의 인생에서 가장 중요한 일이 일어날 수도 있다. 위기에 처할 수도 있고 조심하여 화(禍)를 피할 수도 있다. 새벽부터 중요한 계획을 세워서 하루를 보람 있게 보낼 수도 있으며, 허무하게 하루를 낭비할 수도 있다. 하루의 시간은 짧기도 하지만, 길기도 하다. 수많은 사람의 생명이 탄생되기도 하고, 사람의 생명이 죽어가기도 한다. 수행자는 하루 사이에 깨달음을 얻을 수도 있다. 아침에 천둥번개를 동반한 강풍이 세차게 불다가 오후에 찬란한 태양이 비추어지기도 한다. 하루는 이렇게 지나간다.

'오늘'이라는 하루(日)는 인간의 삶 속에서 무슨 의미를 부여하는가? 도대체 '오늘'이라는 날(日)의 의미는 무엇이란 말인가? 조용히 삶을 깊이 생각해보면 자신의 전체 생명이 오늘 속에 묻혀서 지나가고 있다는 것을 느끼게 된다. 이것이 우리의 삶에 오늘이 부여하는 의미의 전부이다. 적어도 이것만은 잊어서는 안 될 중요한 삶의 과제인 것이다.

일본의 어느 80대 할머니가 암을 다섯 번째 앓고 있다고 하는데, 그분의 말씀을 빌린다면 오늘이 전부라는 것이다. 결국 내일은 기약할 수 없다는 말이다. 『몽테뉴 수상록』(몽테뉴, 2015)에 의하면 "사물의 진행은 모두가 동일한 본성에 의해서 굴러간다. 현재의 상태에 관해서 유능하게 판단하는 자는 확실히 미래와 과거의 전체를 결론지을 수 있을 것이다."라는 기록이 있다. 이와 같은 예(例)가 아니더라도 각자 나름대로 오늘을 살아간다.

어떻게 보면 오늘이라는 날(日)은 지천에 깔려 있으며, 오늘의 삶은 일상적인 삶이라고 할 수 있을 것이다. 그러나 어떻게 보면 오늘이라는 날(日) 속에는 현재까지 살아온 인류 역사가 그 속에 살아 숨 쉬고 있다고 할 수 있다. 오늘이라는 하루에는 과거의 역사가 고스란히 녹아서 이어져오고 있으며, 앞으로 또 이어져갈 원형(原形)을 간직하고 있다고 할 수 있다.

오늘이라는 삶은 생애 단 한 번밖에 없는 유일한 날이며 삶이다. 오늘이 지나면 오늘이라는 날은 영원히 없어, 자신에게서 없어진다. 이런 점이 오늘을 살아가는 인간에게 특별한 의미를 부여하는 것이다. 생명을 부여 받은 인간으로서 현자(賢者)가 살아가는 오늘의 삶과 우인(愚人)이 살아가는 오늘의 삶은 차이가 있다. 하루하루를 맞이하는 삶의 실존에서 각자 개인의 삶은 하늘과 땅만큼이나 돌이킬 수 없는 변화와 차이를 만들어낸다. 오늘이라는 하루의 삶이 이어져 인생이라는 결실을 얻게 된다는 것을 상기할 때, 오늘 하루의 삶은 중요하지 않을 수 없다.

오늘 하루를 어떻게 살아야 후회 없는 삶을 살았다고 할 수 있을 것인가? 우리는 이 문제를 심각하게 받아들이지 않으면 안 된다. 오늘 하루라는 날 속에 우주가 처음 열리고부터 현재까지 그 속에서 살아온 온(all) 생명들의 영혼이 그 속에 녹아 살아 숨 쉬고 있다고 할 수 있다. 우리가 살아 숨 쉬고 있는 이 공기 속에는 먼저 살다 간 모든 선조들이 마시고 토해낸 '그 생명의 기운'이 있다. 그것을 오늘 우리는 또 다시 반복하여 마시며 토해내고 있는 것이다.

중요한 것은 '그들 생명의 영(靈)'이라고 하는 것에 그 의미가 주어진다. 즉 형이상학적인 측면에서 눈에 보이지 않지만 먼저 살다 간 영혼들이 우리의 생명 속으로 다시 되살아나 살아 숨 쉬고 있다는 것에 주목하지 않으면 안 된다. 우리에게 주어진 이 대기권의 공기를 그냥 주어지는 것으로만 여기며 사는 것은 의미가 없다. 어떻게 보면 이 대기권의 공기는 그 영혼들이 '화(化)한' 살아 있는 생명체이기 때문이다.

그 개개인의 영혼들은 어떤 영혼들이었을까? 이들 영혼들 각자는 항상 양심과 도덕심으로 살며, 인간으로서 도리(道理)를 다하고, 언제나 자신의 욕구를 억제하며 금욕적(禁慾的)인 자세로만 살다가 세상을 떠난 선량하고 순수한 영혼들도 있을 것이다. 또 세속적 욕망인 권력과 돈을 추구하며 남들에게 힘을 과시하고 무구한 가축의 생명들을 희생해서 얻은 육(肉)고기와 짙은 향기가 뿜어져나오는 과일 술을 매일 먹고 마시며 육체적인 향락(享樂)에 실컷 취해 살다가 세상을 떠난 탐욕적인 영혼도 있을 것이다. 또한 겉으로는 의리와 명분을 내세우지만 안으로는 천박한 꾀와 수단으로 남을 속이면서 권력자에게 붙어 그들의 비위를 맞추면서 자신의 욕망을 성사시켜 한평생 안락하게 살아간 영혼도 있을 것이다.

그것뿐인가. 건강하게 태어나 건강한 몸을 유지하며 사랑하는 이성(異性)과 결혼해서 많은 자식을 낳아 기르고 오랫동안 살다가, 수명을 다하고 세상을 떠난 다복한 영혼도 있을 것이다. 그런가 하면 비운(悲運)을 만나 최선의 삶을 살았지만 한 순간의 실수로 끝내 꿈을 펼치지 못하고 한창 살아야 할 젊은 나이에 사랑스런 어린 자녀와 아내를 남겨두고 안타깝게 생을 마감한 슬픈 영혼도 있을 것이다.

선조들의 그런 삶과 같이 흘러온 시간들이 이렇게 이어져 오늘이 우리에게 주어졌다. 우리 또한 각자 오늘이라는 세월을 살아가고 있다. 이처럼 먼저 살다가 세상을 떠난 수없이 많은 영혼들은 무엇인가를 추구하며 세월 속에서 그렇게 노력하며 살다가 이 세상을 떠났을 것이다.

이처럼 '되풀이되는 오늘'이라는 역사 속에서 당신은 무엇을 선택하며 어떻게 살아야 가장 보람 있는 생을 살다가 이 세상을 떠날 수 있다고 생각하는가? 그것은 오직 당신 삶에서 당신만이 선택해야 할 개인의 몫으로 남게 된다. 다만 여기서 말하고 싶은 것은 우리 한 사람 한사람 개인은 오늘이라는 시간 속에서 좋은 인연을 맺으며 깨끗한 영혼으로 살다가 후회 없는 죽음을 맞이해야 할 것이라는 점이다.

다시 한 번 삶의 의미를 되새겨본다면, 인간이라는 유기체가 생명을 유지하며 오늘을 살아가고 있다는 것은 과거로부터 자신의 생명과 삶을 현재에도 그대로 이어가고 있다는 말이다. 즉 생명을 보존하며 현재를 인식하고 희로애락을 외부 세계와 교감하며 꿈을 이어가고 있음을 의미한다. 오늘은 그렇게 하여 그 의미가 우리 인간에게 주어진다.

우리 인간은 또한 생명의 연약함도 함께 인식하게 된다. 인간에게 생명이 주어졌다는 것 자체는 막중한 책임과 의무를 수행해야 하는 것이나 다름없는 말이다. 한편으로 어떻게 생각해보면 이렇게 태어나 생명을 얻은 시기부터 자신이라는 생명체는 외부와 접촉하는 가운데 상처받기 시작한다고 할 수 있다. 이곳에 부딪혀 깨어지고 저기에 부딪혀 망가지며, 그러는 와중에 살아남기 위해 몸부림치며, 자신에게 주어진 운명에 따라 쫓기듯이 세월 속에 매몰되어 죽음으로 빨려들어간다고 할 수 있을 것이다. 그런 삶 속에서 보람을 찾고 행복을 구해서 삶의 흔적이나마 남기고 이 세상을 떠나는 것이 인생이 아닌가 생각해본다.

그러면 오늘을 살아가는 우리의 자세는 어떠해야 하는가? 첫째, 세월 속에서 오늘이라는 시점을 재발견해야 한다. 둘째, 우리는 생명이라는 촛불을 부둥켜안고 자연과 순리적으로 살면서 수(壽)를 누리도록 수신(修身)해야 한다. 셋째, 저마다 자기 자신의 꿈을 이루기 위해서 목표점에 한 발짝 접근하고자 노력해야 한다. 넷째, 종교, 문화, 예술 등을 자신의 삶에 적용해서 보다 아름답고 멋진 삶을 위해 새롭게 재탄생해야한다. 다섯째, 오늘이라는 하루 속에서 사랑과 행복도 누려야 한다. 여섯째, 하루살이처럼 지상생활의 오늘이 삶의 처음이며 마지막이라고 생각하고 전 인생을 축약(縮約)하여 삶을 소중히 살아야 할 것이다.

그렇게 해서 오늘이라는 날 속에서 나 자신을 발견하고 자신을 사랑하고 가꾸어 나아가야 한다. 이 세상은 무한히 크고 위대하지만, 그것은 내가 있음으로써 가능한 일이다. 삶은 그저 주어지는 것이 아니다. 신(神)의 의도성과 누군가의 공덕에 의해 '나'라는 생명을 부여받은 것이다. 자신은 물론 가족 전체적으로 볼 때 신체적, 정신적, 물질적, 인격적으로 오늘의 삶에서 어떤 훼손이나 손실, 오점을 남기지 않도록 오늘을 조심스럽게 살아가야 한다.

사람이 제 기능을 다하며 오래도록 자신의 수(壽)를 누리고 살아가려면, 무엇보다도 자신을 잘 관리해야 할 것이다. 자신에게 주어진 수명은 천수(天壽)이다. 주어진 시간 속에서만 잠시 머물며 살다가 떠나야 하는 세상인 것이다. 『서양철학사』(앤서니 케니, 2004)에 의

하면 "질서의 원리는 내재하는 가치의 원리이다. 따라서 어떤 것이 더 좋거나 더 가치가 있을수록 그것은 위계질서 상 더 높은 위치에 있다"고 한다. 우리는 일상적인 생활에서 더 높고 중요한 가치의 선택으로 분별 있는 삶을 살아가지 않으면 안 된다. 그래서 오늘도 인간은 학문을 추구하며 지성을 쌓는 데 최선을 다하는 것이다.

신은 인간을 각자가 이렇게 살아가도록 아주 미묘하고 섬세하게 창조하셨다. 진실하고 아름다운 행복은 자신의 마음 깊은 곳에서 얼마든지 창조해낼 수 있는 것이다. 뿐만 아니라 뚜렷한 목표의식을 갖고 이것을 추구하면서 살아가야 한다. 아무런 목표 없이 삶을 허비하며 살아간다면 삶의 실적은 없을 것이다. 그러니 각자가 삶의 목표를 정하고 하루하루를 충실히 살아가야 할 것이다.

오늘 흘러가는 순간순간을 정말 소중한 눈으로 보지 않으면, 번번이 소중한 삶을 놓쳐버리고 만다. 오늘 하루가 아무것도 아닌 것 같지만, 오늘 하루를 잘못 살면 전체의 삶이 무너지게 되고, 오늘의 삶을 잘살게 되면 전체의 삶이 훌륭한 삶으로 이어진다. 오늘의 발자국을 잘 찍어야 좋은 발자국으로 영원히 남게 된다. 이점이 중요하다. 오늘의 좋은 발자국이 남겨져 훌륭한 삶으로 연결되어야 한다.

오늘 하루가 흘러가면 이 우주에서 다시는 지나간 오늘을 맞이할 수 없다. 내일 맞이하는 오늘은 어제 지나간 오늘과는 다른 오늘이다. 오늘 하루에도 우주의 역사가 축약되어 있고, 신명함이 살아 숨 쉬고 있으며, 엄격한 자연의 변화가 이루어지고 있다는 점을 우리는 결코 잊어서는 안 된다. 우주의 신비함과 신(神)의 의도에 감사하며 자연의 섭리에 따라 순리적으로 살아가야 한다.

5.
나는 어떻게 변화해야 하는가?

　인간이 삶을 유지하는 것은 항상성(恒常性)과 관계되지 않을까 생각해본다. 항상성만으로는 안 되며, 시의(時宜)에 따라 새로운 변화를 맞아 함께 흘러가야 할 것이다. 항상성과 함께하면서도 변화를 수용하고 스스로 변화해가야 할 것이다.

　이 세상을 살아가면서 성장·발전하려면 가장 필요한 것이 변화하는 자세이다. 변화의 목적은 새로운 것을 받아들이고, 자신을 변신시키는 것이다. 불교 용어로 제형무상(諸形無常)[87]이라는 용어가 있다. 또한 불교에서 유애(有涯)[88]란 용어가 있다. 우리의 삶과 관련하여 주변에서 일어나는 온갖 미움과 원망, 불안, 고통, 모함(謀陷), 분노 등의 감정도 우리 곁을 지나갈 뿐, 영원히 우리와 함께 존재하지 않는다. 행복도 마찬가지이며, 사랑도 마찬가지이고, 우리의 생명도 마찬가지이다. 그러면서도 자신의 삶에 변화를 기한다는 것이 또한

---

87) 제형무상(諸形無常)이란 모든 형체가 있는 것은 생멸변전(生滅變轉)하여 상주(常住)함이 없다는 말이다.
88) 유애(有涯)란 끊임없이 변해 그대로 머물지 않는 세계를 말한다. 곧 이승이다.

쉬운 일이 아니다.

변화에는 항상 위험성이 따른다. 그러나 아이러니컬하게도 인간은 변화하지 않으면 발전이 없게 된다. 변화하지 않으면 현상 그대로를 유지할 수 있느냐 하면, 사실 그렇지 않다. 즉 변화하지 않으면 현재 상태를 보존할 수 없이 퇴보된다는 점에 문제가 대두된다. 인간은 시대에 따라 자신을 변화시켜 시류(時流)에 적응해야 하는 긴박한 상황에 놓이게 되는 것이다. 여기에 변화의 절박함이 있는 이유이다.

자연의 속성 또한 생명을 성장시키지 않으면 안 되게 되어 있다. 성장은 반드시 변화를 추구하지 않으면 안 된다. 『인문학 콘서트』(김경동 외, 2010)에서 보면, 인공생명[89]의 개척자 크리스토퍼 랭턴(Christopher G. Langton)은 "생명은 변화에 대한 요청과 안정의 유지 사이에 균형을 맞추며 살아간다."라고 말한다. 현재에 머뭇거리며 정체된 상황을 성장과 발전으로 바꾸는 것은 오직 변화 없이는 불

---

89) 인공생명(人工生命, Artificial life)은 생명을 이해하려는 학문이다. 인공생명은 생명 현상(유전, 돌연변이, 교배 등)을 재창조 또는 모방하며, 로봇, 컴퓨터모델, 생화학을 통해 시뮬레이션을 하고 있다. 생명 현상의 특징인 유전 알고리즘을 응용해 만들었다. 인공생명이라는 용어는 이 분야의 산파로 불리는 크리스토퍼 랭턴(Christopher G. Langton, 1948~)에 의해 1986년에 만들어졌다. 인공생명은 주요 3가지로 분류되는데 이들 이름은 인공생명에 대한 접근방법(soft는 software에서 hard는 hardware, wet는 생화학)에서 따왔다.
　　인공생명(人工生命, Artificial life)은 부분적으로라도 생명체의 특징을 갖는 인공체를 창조하기 위한 학문이다. 이를 위해 생명체의 구조와 분석을 통해 추적된 연구결과를 체계화해서, 인공적인 매체(하드웨어, 소프트웨어, 인공적인 유기체 등)로 하여금 생명의 탄생, 성장, 진화 등과 같은 특징이나 기능을 재현 혹은 창출하도록 하기 위해 노력한다. 이 분야의 연구자들은 물과 탄소를 바탕으로 한 DNA 유기체만이 생명인 것은 아니라고 주장하며, 탄소를 기초로 하는 생명 형태 이후의 생명 형태를 연구한다.
　　이렇게 탄생, 성장, 진화가 가능한 인공생명은 유전자 알고리즘에 근본을 두고 있다. 유전자 알고리즘은 생명의 DNA를 디지털로 모사해서 진화 과정을 모방한 뒤, 이에 따라 스스로 해답을 찾아나감으로써 진화해간다는 개념이다.

가능하다. 변화 역시 쉬운 일이 아니다. 변화하려면 고정의 틀을 부수고 새로운 틀로 이동하는 고되고 아픈 혁신(革新)의 과정을 겪어야 하기 때문이다. 이 고정의 틀을 부수는 데는 새로운 각오와 고통이 따르고 모험이 동반된다. 이와 같은 변화는 끝없는 노력이 함께 수반되지 않으면 불가능하다. 바꾸어 말하면 변화한다는 것은 살아가기 위한 몸부림이다. 평소에 생활해오던 방식대로 쉽고 안일하게 익숙한 대로 삶을 살아가는 것이 아니라, 낯선 길을 찾아 헤매게 되는 것으로, 미지의 세계를 개척하는 일이다.

이런 말이 있지 않은가? "영웅이란 또한 변화해야 할 때 기꺼이 변화할 줄 아는 사람이다." 우리는 흔히 이런 말을 많이 듣는다. '오랜만에 그 사람 만나보았더니 많이 변했더라', '옛날 그 사람이 아니더라'고 하는 소리를 많이 들어왔다. 그 사람 역시 급변하는 세상에 살아남기 위해서는 변하지 않으면 안 되기 때문에, 뼈를 깎고 살을 찢는 아픔을 겪으면서 술과 담배를 끊고, 친구도 잘 만나지 않으며, 저축을 하고, 낮에는 열심히 일하고, 밤에는 책을 읽으며 경쟁력을 키워가고 있다는 뜻이다. 그야말로 치열한 생존경쟁 속에 살아남기 위해서 세상 따라 변해야 했던 것이다.

봄, 여름, 가을, 겨울의 사계절은 어김없이 운행되고 있다. 그에 따라 우리의 시간도 한 치의 오차도 없이 흐르고 있다. 주변의 산과 바다는 그대로인 듯이 보이지만, 그때의 그 시간은 이미 지나갔고, 지금은 또 다른 시간의 흐름 속에서 산과 바다를 지켜보게 되는 것이다. 이 지구상의 온 만물은 시간의 흐름과 함께 다르게 변화하고 있다는 것을 한시도 잊어서는 안 된다.

알프레드 아들러(Alfred Alder, 1870-1937)의 인간관에서 보면 "인간은 끊임없이 변화하고 발전한다. 인간은 스스로 창조해간다. 인간은 끊임없이 완전을 추구해간다. 인간은 사회의 건강을 염원한다."라고 기술하고 있다. 그래서 우리도 세월과 함께 변화해가고 있는 것이다. 지구상의 모든 생물은 자연의 흐름 속에서 각기 살아남기 위해 제각기 변화하면서 적응해가고 있지 않은가? 세계 속에서도 종교적인 이념(理念)의 갈등 문제와 그와 관련된 문화권의 충돌, 각 나라마다 자국의 권익을 챙기기 위해 오늘도 분쟁은 끊임없이 일어나고 있다. 이런 세계의 재편성(再編成) 속에서 그들 나름대로 우위를 차지하며 살아남기 위해서 오늘도 몸부림치며 변해가고 있는 것이다.

이에 따라 과학기술의 최첨단을 걷기 위해 치열한 정보전쟁도 불가피한 것이 오늘날의 현실이다. 즉 세계의 정치, 문화, 경제의 흐름 속에 힘을 키워 살아남기 위해서, 국가는 물론 국민들도 그들 나름대로 변화해가며 새로운 환경에 적응하고 있는 것이다.

사람이 살아가는 길은 여러 갈래이다. 그중에서 가장 자신에게 알맞은 길을 선택하는 것은 중요한 삶이 아닐 수 없다. 현재까지 자신이 잘살아왔더라도, 더 잘살기 위해 가능한 점을 찾아서 변신해야 한다. 인간의 삶은 선택의 연속이다. 하나를 선택하는 것은 하나를 포기하는 것을 의미한다. 포기하기를 망설여서는 안 된다. 자녀의 꿈을 실현시키기 위해서 아버지는 자신의 꿈을 포기할 수도 있다. 자신의 삶에서 안전을 유지하며 어떤 가치관을 가지고 꿈을 키우며 미래를 열어갈 것인가 하는 점이 중요 혁신 과제이다.

『부부 치료』(심수명, 2008)를 보면 다음과 같은 구절이 나온다. "자기가 자기를 돌보며 사랑과 행복의 공간을 스스로 만들어갈 수 있게 되었다. 미래에 대한 방향도 찾아볼 수 있는 놀라운 통찰도 있게 되었다. 나에게도 아름다운 삶의 자원들이 너무나 많이 존재하고 있음을 확인하는 시간들이었다. 진정한 부유함과 행복이 내 안에 있음을 보면서 나는 이 가을에 하나님이 주신 풍성한 인생에 감사한다." 이와 같이 우리는 우리의 인생을 더 발전되게 살아가기 위해 두 가지 형태로 변신해야 한다. 하나는 자신의 내면에서 꿈과 행복을 위해 관념을 재편성하는 일이다. 다른 하나는 미래와 외부를 향해서 자신의 꿈을 실행에 옮기는 일이다.

그래서 자신을 변화시키기 위해서 참답게 인생을 살아가려면 자신의 내부에서 해답을 구해야 한다. 『노자』(김홍경, 2003)에서 보면 공자를 사숙(私淑)한 맹자도 이런 진리관을 보여준다. 그는 "행함에 있어 제대로 되지 않는 게 있거든 돌아와 자기 자신에게 구하라."고 했다. "도(道)는 가까운 데 있는데 사람들은 먼 곳에서 구하고, 일은 쉬운 곳에 있는데 어려운 데서 구한다."라고 했다. 이런 진리관은 "만물이 모두 나에게 갖추어져 있다."는 인식 위에 서 있는 것이다.

또한 『노자』에서는 "자신의 몸으로 남의 몸을 알고 자신의 집안으로 남의 집안을 아는 것을 통해 삶은 실현된다. 세상의 이치는 모두 같고, 그 이치가 나에게도 구현되어 있기 때문에 나를 살피면 세상의 모든 것을 알 수 있다"는 말이다. 즉 모든 것을 자신의 내부에서 이끌어내라는 말이다. 행복도 외부에서 찾을 게 아니라 내부에서 이끌어내야 하며, 성인(聖人) 역시 삶에서 가장 가치성이 높다고 생각하는 지혜를 내부에서 끌어냈듯이, 사람이 살면서 꼭 지켜야 할 도(道)와 덕(德)도 내부에서 찾아야 한다.

자신의 몸은 우주의 진리는 물론 하늘과 땅에 대한 구성 원리(原

理)마저 내포하고 있으니, 자신의 내면으로 침잠해서 삶을 관조해야 한다. 변화하기 위해서는 내부로 더욱더 침잠해 들어가야 할 것이다. 한 단계, 두 단계, 세 단계씩 자신의 깊은 곳으로 나아가야 한다. 내면으로 깊숙이 파고들어 자신을 찾아야 한다. 무엇을 찾을 것인가? 진리와 정의를 찾아야 하고, 이 세상에서 가장 가치 있는 것이 무엇이며, 가장 선한 것이 무엇인지를 찾아야 한다. 매 순간마다 부정적인 마음을 긍정적인 마음으로 바꾸어야 하고, 침체되는 마음을 발전적으로 변화시켜야 한다.

그렇게 하려면 목표를 정해 오직 그 일에 매진해야 한다. 많은 독서를 통해 지성을 쌓고, 진실과 정의와 착함을 바탕으로 인격을 도야하며, 빛나는 업적을 이루기 위해 매진해야 할 것이다. 즉 우물을 파고 들어가는 과정이나 땅굴을 파고드는 과정과 같이 진리의 세계로 정진하는 것을 말한다.

지성인의 기준을 어디에 두어야 하는가? 지성을 갖춘다는 것은 'Need', 'necessity'와 같은 단어를 연상케 한다. 즉 인간의 삶에서 정신이든 물질이든 필요, 소용, 욕구를 충족시킬 수 있는 양식(良識)을 말한다. 지성인이라면 철학자, 예언가, 수학자, 과학자를 연상케 하지만, 이들 모두의 공통점은 학문의 궁극에 도달함으로써 삶에서 미래를 예측할 수 있는 지경(地境)에 가까이 가는 것을 목표로 하고 있다.

여기에 또 지성인이면 필히 갖추어야 할 것이 무엇인가? 내면적으로 윤리, 도덕을 완성하고, 어떤 상황에서도 인간으로서의 도리를 지킬 수 있는 수양심을 갖추고 있어야 한다. 수양심을 갖추었다는 것은 한편으로 생각해보면, 어떤 상황에서라도 자유롭게 변할 수 있는 능숙함을 갖춘 자유인이 되었다는 것을 의미하기도 한다. 결국 지성인에게 주어지는 과제는 인류가 안전하게 삶의 문제를 풀며 살아갈 수 있도록 지도해야 하는 의무감이다. 여기에서 지성인에게 항상 덧붙여지는 것이 있다면 진리, 정의, 선(善), 미(美)를 추구하며 삶을 살아가야 한다는 것이다.

누군가가 한 말이 생각난다. 인생이란 창문 틈 사이로 백마가 지나가는 것처럼 빨리 지나간다는 것이다. 사실을 알고 보면 이 말이 과장된 말이 아닌 것 같다. 몇 영겁의 세월 속에서 볼 때 이 말은 사실이다. 그렇다고 본다면 우리는 인생을 어떻게 살아야 하는가? 문틈 사이로 지나가는 세월을 붙잡고 그 순간에 인생을 다 살아야 한다. 그 문틈 사이로 세상을 보아야 하고, 느껴야 하고, 감각적으로 맛을 보아야 한다. 그리고 그 순간의 형상을 그림으로 남겨야 하지 않겠는가? 그점이 바로 오늘이라는 것이다. 오늘을 어떻게 살아야 하는가? 앞에서 기술한 그 상황을 인식하고, 해답은 독자적으로 자신 스스로가 찾고 구해야 한다.

우리는 성숙하기 위해서도 스스로 변화해가야 한다. 성숙은 삶에서 성장의 마지막 단계이다. 인간의 삶은 반드시 성숙이라는 마지막 단계에 이를 때까지 삶을 이어가지 않으면 안 된다. 왜냐하면 성숙은 신(神)이 인간에게 부여한 마지막 가치의 실현이라고 보기 때문이다. 『성격심리학』(Larry A. Hjelle, Daniel J. Ziegler. 1983)에서도 보면 "결과적으로 성숙하기 위해서는 개인은 새로운 사상을 구성하거나, 오래된 사건을 재구성할 수 있을 뿐만 아니라, 변화 그 자체를 구성할 수 있는 능력이 있어야 한다."로 되어 있다. 즉 성숙되려면 좀 더 창의적이고 적극적인 자세로 조지 켈리(George Kelly)가 말하는 개인적 구성개념 이론90)으로 문제를 재구성하여, 보다 나은 성장과 발달을 추구하며 변화해 나아가야 한다. 이점은 자신을 변화시키기 위해서 대단히 중요한 점이다.

---

90) 조지 켈리(George Kelly)가 말하는 개인적 구성개념 이론 : 성장과 발달, 변화와 성숙을 위해서 우리는 임상심리학자요 성격학자인 조지 켈리(George Kelly)가 말하는, 성격의 가장 두드러진 특성으로 인간 존재의 인지적·지적 측면, 즉 그의 이론적 체계인 개인적 구성개념 심리학을 이해하지 않으면 안 된다.

과학의 목적은 사상을 예상하고 수정하고 이해하는 것이다. 결과적으로 성숙하기 위해서 개인은 새로운 사상을 구성하거나 오래된 사건을 재구성할 수 있을 뿐만 아니라, 변화 그 자체를 구성할 수 있는 능력이 있어야 한다. 이것은 즉 사람이 성숙하게 된다는 것을 의미한다. 그래서 개인적 구성 이론(personal construct theory)은 켈리에 의해 발전된 이론으로서, 세계를 이해하는 범주를 개인들이 구성, 재구성하는 방법에 관한 것이다. 또한 그것은 행동을 결정하는 요인으로서 간주된 범주에 관한 이론이다.

이 이론에 따르면, 사람들이 사용하는 일련의 범주들은 개인적이며, 시간과 상황에 따라 변화한다. 이것은 미래를 지향하고, 사건의 예측을 지향하며, 개인은 개인적 구성물을 사용해 과거에 경험한 것과 유사한 것으로서 미래 사건들을 구성한다. 그러므로 현재의 개인적인 구성물들은 그들의 역사가 아니라, 미래에 대한 그들의 지향성에 의해 이해될 수 있으며, 변화는 사건들의 예측을 향상시키기 위한 시도이다.

기초적인 전제는 '구성적 선택주의(constructive alternativism)'의 철학으로 요약될 수 있다. 우주에 대한 우리의 모든 해석은 사건들을 예측하는 데 더욱 유용한 대안적인 구성에 의한 수정이나 대체를 하게 된다. 구성의 형태는 특정 수의 이분적인 구분들 사이에, 낮은 등급의 구성물을 포괄하는 높은 등급의 구성물의 서수 관계를 갖는다. 개인들이 각기 구성물을 가지고 있을 때, 사회 과정에서 공통적으로 개인들이 기대하는 사회 형태가 창출된다. 실질적인 내용은 사회학에서 많이 사용되지는 않지만, 세계와 행위를 규정하고 구조화하는 능동적인 진행 과정으로서의 일반적인 인지관에 흡수되었다. 개인의 구성물을 계획하기 위해 켈리에 의해 발전된 항목배열 기법(repertory grid technique)은 주관적 의미를 조사하는 하나의 방법이다. 인간은 근본적으로 개인적 경험 세계를 효과적으로 다루기 위해 그 세계를 이해하고 해석하고, 예견하고 조직하려고 투쟁하는 과학자라고 한다.

이런 측면에서 성숙의 개념적 이해를 높이기 위해 조지 켈리의 요점을 정리하면, '인류는 주변의 사상들을 예견하고 조절하는 연구를 해오고, 연구의 진보는 수세기에 걸쳐 두드러지게 발전했으며, 우리들이 주변에서 일상적으로 만나는 사람들이 모두 이런 인류에 포함되는 것이다. 과학자들의 열망이라는 것은 근본적으로 모든 인류의 열망이다(kelly, 1995, P43). 켈리는 그의 동료 심리학자들에게 피험자(일반사람)들도 과학자처럼 과거를 토대로 추론하고 미래에 관해 가설을 세우는 행동을 한다고 강조한다.

그러면 구성개념 심리학이란 무엇인가? 모든 사람들 역시 과학 세계에 참여하고 있는 학자와 마찬가지로, 가설을 세우고 이를 긍정하거나 혹은 부정하는 똑같은 심리학적 과정을 따른다는 의미에서 과학자라고 말했다(Kelly, 1955). 개인의 구성개념 이론의 기본 전제는 과학은 각자가 인생을 살아나가는 그 목적과 과정을 세분화시키는 것이다.

또한 『자조론/인격론』(새뮤얼 스마일스, 2007)에서는 이렇게 말하고 있다.

"높은 수준에 눈을 두고 악습을 고쳐야 한다. 나쁜 습관과 힘차게 싸워 이기려면, 세속적인 의미의 편의(便宜)만을 위하는 낮은 수준에서 생각하는 데-이것도 아주 소용이 없는 것은 아니지만-만족할 것이 아니라, 더욱 높은 수준에서 생각해야 한다. 일반적인 맹세도 어느 정도 유용할지 모르지만, 높은 사고와 행동 수준을 세워 습관을 고치는 동시에, 원칙을 강화하고 순화시키려는 노력이 더 중요하다."라고 한다.

여기에서 "진정한 영광은 묵묵히 우리 자신을 극복하는 데서 생기는 것이니, 그렇지 않으면 정복자도 오직 노예나 다름없다."라고 표현한다. 변화하기 위해서는 첫째로 뭐니뭐니 해도 자신의 내부를 들여다보고 잘못된 점부터 고쳐나가야 한다. 자신의 의지를 한 단계 높이 두고 뼈를 깎는 아픔으로 이행해나가지 않으면 안 된다. 오랜 기간 행동하여 습관으로 정착될 단계에 이르게 해야 한다.

둘째는 자신이 변신하려면 외부에서 자신의 꿈을 발견하고 세계를 향해 발걸음을 옮겨야 한다. 즉 한 지역, 한 국가의 중심에서 탈피하여 세계에 대한 통찰과 비전이 있어야 한다. 그렇게 하기 위해서는 실력을 쌓고 힘을 키워야 할 것이다. 어떻게 변해야 하는가? 한 발 두 발 세계를 향해 뻗어 나아가야 한다.

실력의 바탕 위에 목표를 외부에 두고 변화해가는 새로운 정보를 수용해야 한다. 즉 글로벌 세계에서 살아남기 위해 국내에만 국한할 것이 아니라, 세계 속에서의 자신의 위치를 확보해야 할 것이다.

현대는 교통수단의 발달은 물론 인터넷의 등장으로 세계가 하나의 네트워크(network)로 형성되었다. 자기 나라 안에서 자기 민족들끼리 살아가는 것은 옛말이 되었으며, 이제는 다른 나라 정부, 다른 나라 사람과 하나가 되어 살아가야 한다.

『달라이 라마, 물음에 답하다』(최평규, 2012)에서 보면 "모든 인류의 바람은 본질적으로 동일하다는 인식이 깊어졌음에 다름 아니다. 살고 있는 장소, 인종, 종교, 성별 또는 정치적 상황에 관계없이 누구나 다 행복을 바라고 괴로움에서 벗어나려고 한다."라고 언급하고 있다. 그렇듯이 문제는 세계 속의 모든 인종은 국가가 다르고 문화가 다를지라도 추구하는 욕망은 같기 때문에, 세계가 하나의 생활권으로 묶어져 저마다 희망과 목표를 추구하고 생존을 위해 경쟁을 벌이는 것이다. 이런 시점에 우리 각자는 생각을 달리해야 한다. 이 지구상에 살고 있는 모든 인류는 나와 똑같이 즐거움을 추구하고 고통을 피하려고 하는 인간적인 기본 욕구를 추구한다는 원칙 하에서, 세계를 상대로, 즉 세계 속에서 자신을 재발견하고 꿈을 키워야 한다는 조건이 성립한다.

그래서 몇 개 나라의 외국어를 구사할 수 있어야 하고 자신이 몸담고 있는 직업에서 전공 분야를 완벽히 이수(履修)해 외국 사람과 어떤 경쟁에서도 뒤지지 않는 실력을 갖추어야 할 것이다. 외국 사람들과도 인맥을 구축하여 언제나 필요할 때 서로가 협조 할 수 있도록 신뢰를 쌓아야 한다.

특히 건강한 체력을 갖추어 다른 사람보다 두 배의 힘을 발휘할 수 있도록 노력해야 할 것이다. 세계의 흐름에 적응하도록 새로운 사고방식을 갖추는가 하면, 자기 개혁부터 이루어야 한다. 즉 변화한다는 것은 새로운 물결과 사상을 수용하고, 오래된 관념을 평가하여 버릴 것은 버리고 수용할 것은 다시 수용하며, 한 단계 높은 창의력을 발휘해서 생각과 사상의 구조의 틀을 다시 재편성해서 보다 진보된 세계로 나아가는 것이다. 즉 외부 세계로 나아가는 방법은 견문(見聞)을 넓히고 인맥을 확장하며 새로운 분야를 개척하는 것이다. 그렇게 하려면 자신의 실력을 연마하여 기술력으로 무장하는가 하면, 미지의 세계를 받아들이고 모험적이고 탐험적인 자세로 삶을 살아가야 한다. 이와 같은 방향으로 자신을 변신해야 할 것으로 생각된다.

이런 의미에서 볼 때 자신이 변화하기 위해서는 무엇보다도 정신을 살려나가야 한다. 정신을 살려나간다는 것은 지혜를 획득하는 것인데, 이는 곧 영(靈)을 살려나가는 것이다. 이렇게 되면 다음과 같은 세 가지 항목을 추구하는 데 도움이 될 것이다. 첫째는 비판정신이다. 언제나 비판정신으로 포기할 것과 계발할 것을 분별하여 과감히 자신을 변신해 나가야 한다. 두 번째는 자신이 성장발전하기 위한 변화를 위해 항상 새로운 무엇, 즉 창조하는 자세를 견지해야 한다. 그야말로 창조(創造)는 '예전에 없었던 것을 처음으로 만들어 냄'이다. 창조 없이는 새로운 변화를 맞이할 수 없다. 언제나 창조적인 자세를 유지해야 할 것이다. 세 번째는 도전정신이다. 창조하려는 마음만으로는 부족하다. 그러니 창조를 위해 도전해야 한다. 창조의 목표물에 적극적으로 개입하여 이루기 위한 시도를 감행하는 것이다. 변화를 위해서는 더 높은 가치관, 창조, 동시에 반드시 도전정신을 취하지 않으면 안 된다.

6.
삶에 있어서 성숙이란 어떤 의미를 갖는가?

성숙(成熟)이라는 개념이 인간에게만 국한되는가? 살아 있는 모든 생명체는 다 성숙의 단계에 진입하기 위해 성장의 과정을 밟고 있지 않는가? 살아 있는 생명체는 나름대로 성장 단계를 거쳐 성숙으로 귀결된다. 모든 생명체는 물론 인간 역시 성숙의 단계에까지 이르러 그 결실을 맺어야 한다. 성숙이란 인간으로서 육체와 정신에 대해 익음을 의미한다. 익음이란 긍정적인 방향의 성공을 의미하기도 한다.

한 인간의 성장은 육체적인 성장과 정신적인 성장으로 나누어서 살펴볼 수 있다. 올바른 육체적 성장이라면 각 조직과 기관이 제 기능을 발휘하도록 자라서 성인으로 성장하면 될 것이다. 정신적인 성장은 지성과 인격적으로 하자(瑕疵)가 없어야 하며, 귀납적·연역적 추리가 가능하고, 사고의 내용을 재편성·재조직·재구성해서 사고력이 보편적인 인간의 능력에 도달하면 될 것으로 본다. 자연에 비교하면, 성숙과 관련하여 먼저 떠오르는 것이 있다. 알밤이나 석류, 무화과를 연상할 수 있다. 이들이 속이 꽉 차 벌어지는 것을 연상할 수 있다.

성숙이란 육체적인 것은 말할 것도 없겠지만, 이성을 가진 인간이기에 정신적인 성숙에 대해 언급하고자 한다.

정신적인 면에서 볼 때 인간이라면 산전수전(山戰水戰)을 다 겪었기에 삶이 어떠하다는 것을 알고, 묵묵히 세상의 흐름을 수용할 줄 알게 되는 것이다. 항상 세상은 양면성을 띠고 존재하고 있다는 것을 살아오는 동안 경험으로 알게 된다. 성숙이란 어쩌면 자신에게 반하는 어려움을 받아들이고, 이것을 승화하는 과정이라고 할 수 있다. 특히 정신적인 면에서 삶을 볼 때 성숙이란 부정적인 현상을 수용해서 그것을 긍정적인 방향으로 변화시키는 과정을 보인다.

이와 같이 정신적인 면에서 성숙의 과정과 조건으로서의 양면성은 『노자(老子)』(김홍경, 2003)의 〈도편〉 2장에서 찾아볼 수 있다. "천하가 모두 아름다운 것이 아름다운 줄만 알면 이것은 추악한 것이고, 모든 선(善)만 알며 이것은 선하지 않은 것이다."라고 기술한다. 이 문장은 일종의 상대주의(相對主義)로 파악된다. 아름답다거나 추하다거나 또는 선(善)하다거나 선하지 않다거나 하는 이름은 서로 의존하여(因) 존재하는 것이다. 추악함이 있기 때문에 아름다움이 있고, 불선(不善)함이 있기 때문에 선함이 있다는 것이다. 즉 모두를 수용한다는 의미이다. 이것은 정신적인 성숙의 조건으로 볼 수 있는 일종의 양면성이 아니겠는가? 또 여기에는 이와 비슷한 글귀가 나온다. "내(川)와 못(貯水池)은 더러운 진흙을 용납하고, 산과 늪은 해충을 품고 있고, 아름다운 옥(玉)은 티를 숨기고 있고, 나라의 임금은 치욕(恥辱)을 끌어안으니 하늘의 도다(『좌전』〈선공〉 15년)."라고 자연과 세상의 양면성을 표현하고 있다. 특히 자연 현상은 꼭 좋고 훌륭한 것만을 바라지 않는다. 좋지 않은 것도 아울러 포용한다. 우리가 살고 있는 이 세상 역시 좋은 것과 좋지 못한 것도 아울러 존재하는데, 꼭 좋은 것을 바라는 인간의 마음이 문제인 것이다.

그와 마찬가지로 인간 세상에도 언제나 선과 악이 함께 존재하니, 꼭 선만을 바라지 말고 악도 존재한다는 것을 알고, 마음 자체를 아예 포용력 있게 넓게 가져야 한다. 인간의 성숙을 우주 자연의 합일로 볼 때, 인간의 성숙한 면도 정신적인 면에서 항상 대립적인 양면성을 포용할 수 있는 가운데에서 성립할 것으로 본다.

성숙이란 반드시 이기심을 극복하고, 타인의 개성과 생각을 존중하며 모두를 수용할 수 있는 공간과 여유를 갖고, 동화(同化)와 이화(異化)라는 대사(代射) 작용을 거침으로써 또 다른 화학적 결과물이 탄생되어 새로운 정신적 생명으로 거듭나는 것이 아닐까 생각한다. 또한 성숙함을 결정하는 가장 중요한 척도는 스스로를 자제하고 조절하는 방법을 얼마나 갖추고 있느냐에 달려 있다고 하겠다.

그중에서도 특히 물질만능주의의 자본주의 사회에서 살아가는 현대인들은 본능과 욕구를 어떻게 하면 자기 스스로 조절하고 극복하느냐가 삶에서 가장 중요한 문제라고 생각한다. 그러므로 정신적인 면을 볼 때 성숙한 인간이란 결국 스스로 통제 능력을 얼마나 갖추었느냐에 달려 있다고 할 것이다. 성숙한 면을 본다는 것은 부분을 보는 것이 아니라 전체를 보아야 하기 때문이다. 일부분만을 보면 왜곡되고 삐뚤어지게 볼 수 있으나, 전체를 볼 수 있다면 조화와 균형, 내부와 외부, 깊이와 표면의 모두를 볼 수 있기에 완전함에 가까이 접근할 수 있게 되는 것이다.

성숙과 관련하여 학자들의 이론을 살펴보면, 『정신역동 상담』(심수명)에서 성인의 조건으로 "온정, 겸손, 신앙, 복종, 그리고 청빈(淸貧)"을 들고 있다. 아마도 여기서 온정과 겸손은 제외하고라도 신앙은 신을 모시고 공경해야 한다는 의미일 것이고, 복종은 자연의 섭리와 신의 절대성 앞에서 인간으로서의 한계를 인정하고 순수하게 따르는 것을 의미할 것이다. 또 청빈은 깨끗하면서 물질에 구속받지 않는 자유로우면서 정신적인 삶을 중요시하는 것으로서, 그렇게 살아갈 때 성인에 이르게 되는 것으로 풀이된다.

　로저스의 『인간 중심 상담이론』에서는 성숙이란 "충분히 기능(機能)하는 사람으로 경험에의 개방성, 실존적인 삶, 유기체적 경험에 대한 신뢰, 자유감, 창조성"을 들고 있다.

　『행복의 조건』(조지 베일런트, 2010)에서는 성인이 이루어야 여섯 가지 과업을 제시했는데, 나는 여기에 두 가지를 더 추가하기로 한다. 첫째, 청소년기에는 부모로부터 독립된 존재로 설(rise) 수 있는 '정체성 identity'을 확립해야 한다. 둘째, 자기중심주의를 극복하고 상호관계를 통해 동료들과 어울릴 수 있도록 '친밀감 intimacy'을 발전시켜야 한다. 셋째, 성인은 사회에 대해서는 물론 자신에게 가치 있는 일을 할 수 있도록 '직업적 안정 career conslidation'을 이루어야 한다. 넷째, 보람 있고 행복한 삶을 살아가기 위해 원만한 가정(a happy family)을 이루어야 한다(이 발달 과업은 성직자 등 특별한 신분을 가진 사람들을 제외한 일반 사람들에 의해 한정된다고 하겠지만, 조지 베일런트의 여섯 가지 과업에 없는 것을 본인이 더 추가한 것이다). 다섯째, 더 넓은 사회 영역을 통해 다음 세대를 배려하는 '생산성(generativity)' 과업을 이루어야 한다. 여섯째, 다음 세대에게 과거의 전통을 물려주는 '의미의 수호자(keeper of the meaning)'가 되어 과거와 미래를 연결해줄 수 있어야 한다. 일곱째, '통합(integrity)'이라는 과업을 완성함으로써 개인의 삶은 물론 온 세상의 평온함과 조화로움을 추구해야 한다. 여덟째, '신(God)'을 이해함으로써 이 세상과 작별을 고하고 두려움 없는 죽음을 맞이할 수 있어야 한다(이 발달 과업도 조지 베일런트의 여섯 가지 과업에 없는 것을 본인이 더 추가한 것이다).

그래서 성숙한 인간은 어떻게 살아야 하는지 그 방향을 알고 있기에 언제나 한 치의 흔들림이 없이 바르게 행동할 것이다. 세상만사는 자신의 욕심대로, 뜻대로 이루어지지 않는다는 것을 알고, 때로는 인순(因循)과 퇴양(退讓)으로 자연의 섭리에 순응하면서도, 서로 상생(相生)해야 한다는 원칙을 버리지 않으며, 항상 발전적이면서 긍정적인 삶을 살아가야 할 것으로 본다.

나이 많은 사람들이 흔히 하는 말씀을 들어보면 "과거 지나온 삶의 과정을 생각하면……" 하고 말문을 닫는다. 이 말에는 자신이 살아온 과정을 뒤돌아보면 너무나 삶을 힘들게 살아왔다는 한탄의 뜻이 담겨져 있다. 아마도 여기에는 좀 더 천천히 여유를 갖고 즐거움도 함께하는 삶을 살아왔어야 했는데, 그렇지 못하고 앞만 보고 살아왔다는 후회감도 깃들어 있다고 하겠다.

이를 후손인 우리는 어떻게 받아들여야 하는가? 행복하게 살려고 해도 주어진 환경으로 인해 그렇게 살아올 수밖에 없었다는 체념으로 받아들여야 할 것이다. 어쩌면 성숙은 이런 어려움을 뛰어넘어 더 높은 고지의 세계로 비상하는 가운데 획득할 수 있는 경험의 결과물이 아닌가 싶다.

성숙은 이해(利害)와 득실(得失)을 떠나서 인간으로서 갖추어야 할 인격으로 덕(德)과 함께 성장하는 것이기에 귀천(貴賤)과 미추(美醜)를 초월해 정신세계로 나아가야 한다. 이처럼 이론을 전개하기는 쉬우나 실제로 자신이 성숙하기 위해서는 대가를 치르지 않으면 안 된다. 그 대가란 어려움을 견딜 수 있는 힘과 용서할 수 있는 자세, 즉 인내와 관용을 말한다.

그런데 성숙 이전에 이루어져야 할 발달 과제가 성장이다. 충실한 성장이라는 과정을 거친 후에 찾아오는 것이 성숙이다. 성장하기 위해서 필요한 발달 과업은 무엇인가? 에릭슨은 각 시기마다 주요한 타인을 만나야 한다고 강조한다. 부모, 교사, 친구, 배우자, 자녀 등을 중요한 타인으로 본 것이다. 그 다음으로 필히 하나님을 만나야 한다고 주장한다. 하나님을 만나야 노인기에 죽음을 극복하고 지혜롭게 살다가 생을 마감할 수 있다는 것이 그의 가르침이다. 에릭슨은 만나야 할 상대를 사람과 신으로 보았다. 왜냐하면 자신을 성숙으로 잘 이끌어줄 수 있는 상대는 사람과 신이기 때문이다.

그러나 올바르게 성장하기 위해서는 어려움에 처해서 많은 경험을 쌓아야 하는 것도 성장을 위한 필수 조건이라고 본다. 곤란에 처한 환경 속에서 성장하기 위해 몸부림칠 때 자신을 잘 이끌어줄 수 있는 사람, 더 나아가서는 종교의 교리가 필요하기 때문이다. 이렇게 어려움에 처해 방황할 때 훌륭한 타인(他人)을 만나고 종교를 만나, 그 성장 단계별로 자신을 옳게 발달시켜야 참다운 성숙이라는 고지(高地)에 이를 수 있게 될 것이다.

『명상록』(마르쿠스 아우렐리우스, 2007)에서는 성숙을 "우리는 자연의 섭리에 따라 일어나는 무수한 현상 속에 우아하고 아름다운 매력이 있음을 기억해야 한다. 예를 들어 빵을 굽다 보면 군데군데 갈라지게 된다, 무화과가 무르익으면서 저절로 입을 벌리며 탐스러운 모습을 보인다. ……젊은이의 매혹적인 신선함뿐 아니라, 노인이 갖는 일종의 원숙미(圓熟美)까지도 알아볼 수 있을 것이다."라고 표현한다. 무조건 나이가 든다고 해서 성숙되는 것은 아니다. 인간이란 다른 동물이나 식물과는 달리 내면을 지혜로 채울 때 이런 원숙미가 나타나기 때문이다.

인간이 노인기에 들어 성숙하게 되려면 내면이 충실하게 채워져 있어야 한다. 성숙이란 내면의 충실함이 무엇으로 채워져 있느냐에 달려 있는 것이다. 과일 같으면 가을 햇살에 내면이 풍부한 과육으로 충만해질 때 그 속의 씨가 완전히 여물게 되듯이, 인간 내면이 성숙하게 된다는 것은 과일의 충실하게 익은 내면과 같은 성질을 갖추고 있어야 하는 것이다. 인간의 내면은 무조건 채워져야 하는 것이 아니고, 비교우위와 가치관의 선택 등이 지속적으로 걸러져서(filter), 불필요하고 해(害)가 되는 내용물은 버리고, 인간에게 가장 중요한 지혜로움으로 가득 채워져야 한다. 그래야 성숙하다고 말할 수 있을 것이다. 항상 다른 사람과의 객관적인 관계 속에서 자기 성찰이 이루어지는 것을 전제로 내면을 채워나가지 않으면 안 된다. 즉 긴 시간의 흐름 속에 인내라는 숙성(熟成)의 과정을 거쳐서 긍정적인 결실로 다시 태어나야 하는 것이다. 이점이 성숙하기 위한 과정에서 중요한 의미를 갖는 것이다.

성숙과 관련하여 칼 융(C. G. Jung)은 "인류에게 수명이 아무런 의미를 지니지 못했다면, 인간은 분명 70세나 80세까지 성장하지 않았을 것이다. 인생 후반기는 그 자체로도 중요한 의미를 지니는 것이 틀림없으며, 단순히 인생의 초반기에 덤(an addition)으로 부여받은 보잘것없는 세월이 아니다."라고 고찰했다. 즉 인간이 나이가 들어 내면의 성숙이 이루어진다는 것을, 어린, 그리고 젊은 시절에 부모나 가정형편 등에 의해서 유리한 고지(高地)에서 자신에게 나타나는 카리스마나 위엄이라고 보기보다는, 반드시 나이가 많아져서 그 정도의 오랜 세월을 거쳐 수많은 경험을 겪어와야만 획득할 수 있는 결과물로 보았다.

그러고 보면 노인기는 분명히 성장과 성숙, 그리고 노화를 함께 한다. 다만 노화가 젊은 시절보다 더 빠르게 다가온다고 할 수 있을 뿐이다. 노인기 역시 대부분은 성숙과 노화만 있을 뿐이지만, 지혜의 원천을 이루는 경험이라는 부분적인 면에서는 지속적으로 성장이 함께 이루어진다고 볼 수 있다. 성숙이라는 것은 인생의 마지막인 끝자락에서만 맞이할 수 있는 성과물이라는 의미가 함축되어 있기도 한 것이다.

하지만 또 다른 차원은 삶에서 다시 재도전이나 새로운 출발은 이제는 나이만큼이나 불가능한 상태를 의미하기도 한다. '성숙'이라는 것이 얼마나 두렵고 조심스러운 삶의 과정을 거쳐 이루어낸 실적인지 자연히 알게 되는 대목이다. 누구나 인생의 끝자락에서 이제는 그 상태로 최선을 다해 열매 맺도록 노력하지 않으면 안 되는 시기이기도 하다. 즉 나름대로 그 상황에서 인생의 보랏빛 꽃을 피워야 하는 시점에 와 있는 것이다. 현재까지의 삶의 성과는 비록 미흡하다 하더라도, 남은 생애를 잘 정리하고 반성하여 좋은 죽음을 위해서 영성을 기르고 지혜를 쌓는 데 전부를 바쳐야 한다. 자연의 섭리처럼 어김없이 성장의 계절은 끝나고 가을이 오는 것처럼 말이다. 지혜는 인생이라는 총체적인 과업을 수행하는 과정에서 후손들에게 물려줄 수 있는 유산과 삶을 영원히 찬양할 수 있는 진리를 담고 있어야 한다.

　이 모든 자연 속의 만물이 성숙에 대해서는 서정주 시인의 〈국화 옆에서〉라는 시가 잘 보여주고 있다. 성숙을 생각하면 "봄부터 소쩍새는 그렇게 울었나 보다. ……또 천둥은 먹구름 속에서 그렇게 울었나 보다."라는 시구(詩句)를 연상하게 된다. 한 송이의 국화꽃을 피우기 위해서도 그렇게 소쩍새가 봄부터 울었다면, 한 인간이 성숙하기 위해서는 얼마만한 아픔이 따라야 했겠는가? 무엇보다도 기나긴 인고(忍苦)의 세월이 없었다면, 인간은 성숙하지 못할 것이기 때문이다. 하나의 생명체로 성숙하기 위해 그 개체는 얼마나 큰 어려움을 안으로 또 안으로 참고 견뎌와야만 했는가? 아, 그토록 기나긴 인고의 세월? 찬 서리 눈보라를 그토록 견디면서 추운 겨울의 터널을 지나 따스한 봄을 맞이하게 되고, 심한 태풍을 만나 가지가 부러지고 잎이 찢어지는 아픔을 감내하면서 아래로, 아래로 뿌리를 뻗어야 했던 지난 시절의 쓰라린 추억을 간직한 채, 묵묵히 삶을 살아야만 하지 않았던가? 언제 자신의 뿌리가 흔들리고 뽑힐지 모르는 절박했던 순간을 한시도 잊지 못하고 냉혹한 현실 앞에 가슴을 움츠리고 떨며 살아왔던가? 큰 재앙이 자신의 머리 위를 지나가고 또 다가온다는 것을 예측하며 두려움에 떨던 나날들 속에 얼마나 가슴조이며 두려움 속에서 살아왔던가? 남극의 뜨거운 태양 아래 자신의 꿈을 키우기 위해 성숙의 계절인 가을을 얼마나 오래 참고 기다리며 열망해왔던가?

　하지만 지금은 지나가버린 시간들 앞에 할 말을 잊은 채 조용히 고개를 떨구고 남은 운명을 기다리고 있지 않는가? 인생이라는 긴 여정에서 자신의 삶의 마지막 관문인 죽음이라는 이별을 기다리며 사후(死後)를 기도하는 숙명의 시간을 맞고 있지 않는가?

그뿐인가? 어떤 일이 있어도 하나님의 명령을 완수해야 한다는 사명감에서 얼굴은 오통 굳은 표정을 짓고, 숨을 멈추고 긴장에 긴장의 끈을 당기기도 했다. 때로는 그 무게에 눌려서 삶의 모든 끈을 풀어 움켜쥐었던 손을 펼쳐놓기도 했다. 때로는 가슴이 조이도록 슬픔에 북받쳐 울기도 했고, 때로는 얼음과 같은 찬 기운을 피하기 위해 모든 세포를 움츠려 떨기도 했다.

그런가 하면 뜨거운 여름날 졸졸 흐르는 시냇물의 유혹에 자신의 혼(魂)을 잃지 않으려고 얼마나 발버둥 쳤던가? 성숙이라는 하나의 결실을 이끌어내기 위해 그렇게 외로움을 스스로 달래왔던 시간들. 아, 그토록 고통스러웠던 인고의 세월! 지금은 아픔의 추억도 끝나고, 시간의 흐름을 원형 그대로 간직한 채 자연의 섭리에 따라 다음의 운명을 준비해야 하는 순간들 속에서, 성숙이라는 자신의 꿈을 담은 하나의 열매로 그 생명을 지키고 있지 않은가? 아마도 이것이 삶의 성장이며 성숙의 과정일 것이다.

흔히들 말하는 청춘 남녀들의 사랑에도 탄생하고 자라는 성장 기간이 있다. 그 성장 기간에는 성장통(成長痛), 즉 사랑하고 사랑받기 위해 반드시 겪어야 하는 아픔의 기간이 있게 마련이다. 성장통을 지나 그 아픔을 견디고 극복하고 나면 사랑의 성숙이 이루어진다. 우리의 성숙 역시 이것과 하나도 다름없는 성장 과정을 거치게 된다. 그 과정에서 꼭 겪어야 하는 것이 성장통이라는 아픔의 과정이다.

성장통에는 어떤 종류가 있는가? 사춘기에 접어든 청소년들이 심리적으로 부모로부터 독립해가는 과정으로서 반드시 겪어야 하는 고독, 방황, 사색, 반항 등도 성장통의 일종이 아닐까. 사랑을 위한 성장통 역시 꼭 겪지 않으면 안 될 중요한 아픔이 아닐 수 없다. 자기가 바라는 대학에 진학하기 위해 열심히 노력하는 것 역시 성장통의 일종이다. 학창시절 성장 과정에서 학교에서나 학교 밖에서 동료 친구들과 경쟁, 시기, 반목(反目) 등 많은 갈등을 겪으면서 스스로 묵묵히 자신을 지켜오는 것 역시 성장통이다. 그리고 군대에 입대해서 고된 훈련을 받는 것도 일종의 성장통이라고 아니할 수 없다.

이처럼 성장의 아픔 속에서 젊음을 시작하고 보내지 않으면 안 된다. 성인으로서 삶의 무게를 견디는 것 역시 혼자만이 겪어야 하는 성장통이다. 그중에서도 외부에서 오는 압력과 음해, 온갖 수모를 참아내는 것이 얼마나 힘든 일인가? 그리고 시도 때도 없이 삶에 부수적으로 따르는 욕망을 통제하는 것을 비롯하여. 악에 물들지 않고 그것을 물리치면서 지키는 것, 때로는 이성(異性)의 유혹을 뿌리치는 것 등은 모두가 성장통에 해당한다.

이것뿐인가? 한 가정을 이끄는 가장으로서 가족의 운명을 어깨에 메고 아버지로서 어머니로서 사명감을 완수하기 위해 얼마나 고통의 세월을 지나왔던가? 정말 살아가는 과정은 어렵고 힘들지 않을 수 없다. 이런 과정을 겪어야만 다음 단계로 완전한 성숙의 과정에 입문하게 되는 것이다.

그렇다면 성숙을 위한 조건은 어디에서부터 시작되어야 하는가?

첫째, 객관적으로 자신을 볼 줄 알아야 한다. 『노자』(김홍경, 2003)

를 보면 "공자께서는 네 가지를 이행했다. 뜻대로만 하지 않았고, 반드시 하려고 하지 않았으며, 고집스럽지 않았고, 나를 내세우지 않으셨다(『논어』 〈자한〉)"고 한다. "감히 말재주를 피우는 것이 아니라 고집스러운 것을 미워하는 것이다(같은 책, 〈헌문〉). 결국 이 뜻을 보면 성인이 된다는 것은 타인과 함께한다는 뜻으로 해석된다. 이기심에서 벗어나 타인을 자기와 동등한 입장에서 생각하게 되는 객관적인 시각이 필요하다. 즉 이 세상과 사회는 모든 만물이 함께 공존하며 인류가 공동으로 번영해야 하는 상생의 삶이 이루어져야 하기 때문이다.

성숙한 인간이라면 이런 모든 인간심을 이해하고 포용하여 좋고 나쁨, 옳고 그름을 다 수용하는 너그러운 자세로 충만되어 있어야 할 것이다. 이것이 결여된 상태에서 성숙한 인간의 반열(班列)에 끼어들 수는 없을 것으로 본다. 즉 성숙한 인간은 외부와의 접촉을 통해 지속적인 타협으로 조절하고 통제하는 능력을 갖추어, 인간 이기심의 장벽을 넘어 진리라는 엄숙한 목표에 도달함으로써 얻게 된 반사적인 결과물의 응집에서 오는 정신적인 모습으로 나타나야 할 것이다.

둘째, 겸손한 자세가 필요하다. 『노자(老子)』(김홍경, 2003) 〈도편〉 4장을 참고하면 "근심은 번창할 수 있는 기반이고 기쁨은 망하는 지름길이다."라고 설명한다. 인간 세상만사에 뭐가 그렇게 대단하다며 으스대고 교만하며 잘난 체할 것이 있단 말인가? 인간의 삶은 한 치 앞을 알 수 없는 망망대해를 항해하는 배와 다름없으며, 길흉화복이 교차해서 오는 여정이라는 것을 몸소 겪으며 살아온 인생 역정을 누구보다 잘 알고 있기에, 항상 묵묵히 낮은 자세로 삶을 바라보아야 하지 않겠는가?

셋째, 자양분을 많이 축적하고 있어야 한다. 보편적인 인간의 도리를 지키면서 현재까지 살아온 과정에서 배우고 얻은 진리를 쌓아두어야 한다. 자연과 조화를 이루고 주변 사람들과는 화목하게 살아가며, 확실한 인생관을 가지고 지혜와 지식을 쌓고 인격의 토양을 두껍게 만들어가지 않으면 안 된다. 무엇보다도 내면을 채우는 데 전 삶을 바쳐야 한다.

성숙한 인간이라면 언제나 혼자라는 것을 알고 주어진 운명을 수용하며 자신만을 믿으며 의지한 채 삶의 고지(高地)를 향해 내디뎌야 한다. 혼자서 외로움을 달랠 줄 알고, 혼자서 괴로움을 참아낼 줄 알며, 혼자서 즐거움을 찾아 자족(自足)할 줄도 알아야 한다.

넷째, 행동으로 보여주는 삶을 살아야 한다. 『노자』(김홍경, 2003)에 의하면 "뚜렷한 지침과 목적을 내세우는 유위(有爲)의 통치술은 사물을 말로 규정하려는 노력과 같고, 환경에 순응하면서 자연스럽게 바람직한 결과가 유도되도록 하는 무위(無爲)의 통치술은 사물의 의미가 말이 아니라, 시간에 의해 자연히 드러나도록 하는 바람직한 시도(試圖)와 같다."고 한다. 이 때문에 성인은 무위의 일에 머무르면서 말 없는 교화를 행한다. 시간의 흐름에 따라 그 상황에 맞게 변화해 나가야 한다. 자연의 도가 변화하는 데 있는 만큼, 성인역시 변화를 잘 수용할 수 있어야 하며, 자신이 곧 변화해야 한다. 이것이 바로 성숙한 인간의 자세가 아닌가 생각해본다.

다섯째, 성숙한 인간이라면 자연적인 도(道)를 따르면서도 반드시 이성적(reason)인 사람이어야 한다. 여기서 이성이란 칸트가 말하는 정언(定言) 의무(義務)[91]로서, 자유와 도덕, 이성(理性)을 최고의 가치로 삼고, 그것을 실현하는 사람이 되어야 성숙한 인간이다. 자신을 성숙시키려면 자기 부족함을 인정하고 지속적으로 자신을 계발해야 한다. 『인격목회』(심수명, 2008)에서 기술하고 있는 "내면적 인격인 자신의 인생관이나 삶의 철학이 잘 정립되어 자기됨이 완성되어 있어야 한다. 즉 상황에 따라 흔들리거나 사람의 유혹에 쉽게 넘어가는 가벼운 삶을 살아서는 안 된다. 충동이나 격정이 지배하면 자신의 중심을 잃게 되므로 세상의 흐름에 휩쓸리게 된다."는 것이다.

나는 인간의 삶에서 최고 성숙의 경지를 『장자』(최효선 역해, 1997)의 사상에서 찾아보고자 한다. 즉 여기에는 '좌망(坐忘)[92]'이라는 철

---

91) 칸트의 정언명령, 의무론적 윤리설 : 칸트는 인간을 철저하게 자연 법칙의 지배를 받는 존재로 보는 당시의 자연론적 인간관을 강하게 비판하면서, 내면적 자유의지에서 우러나오는 도덕적 자율성과 자유의 주체가 되는 인간(인격)을 존중할 것을 강조했다. 이것은 "너 자신과 다른 모든 사람의 인격을 결코 단순히 수단으로 취급하지 말고, 언제나 동시에 목적으로 대우하도록 행위하라."는 정언명령에 잘 나타나 있다.
그리고 칸트는 이런 인격과 자유의지로부터 우러나오는 자율적인 도덕 법칙을 확립하고자 했다. 행위의 결과보다 동기를 중시한 칸트는 어떤 다른 목적을 달성하기 위한 수단으로서의 명령이 아니라, 그 자체가 목적인 무조건적 명령으로서의 도덕 법칙을 제시했는데, 이를 '정언(定言) 명령'이라고 한다. 정언 명령이란 인간이라면 누구나 따라야 하는 무조건적이고 절대적인 명령을 말한다. "네 의지의 격률이 언제나 동시에 보편적 입법의 원리가 될 수 있도록 행위하라."는 정언 명령은 우리가 행위를 할 때 항상 보편적인 입장에 설 것을 요구하는 동시에, 도덕적 원리는 모두에게 똑같이 적용될 수 있는 보편타당성을 지녀야 한다는 것을 강조한 것이다. 이처럼 칸트는 도덕 법칙의 절대성과 보편성을 강조하면서, 도덕 법칙에 따르는 것이 우리의 의무라고 보았다. 그리고 행위의 결과가 아니라 그런 행위를 하게 된 의지나 동기를 중시했다. 즉 사람은 자연의 존재와는 달리 자신의 행위를 선택할 수 있는 자요, 의지를 지니며, 이로 인해 실천 이성의 명령인 도덕 법칙을 따를 수 있다고 했다. 공리주의가 개인의 경험적 사실에 근거하여 도덕적 가치를 도출하려는 경향이 있는 데 대해, 칸트는 감정은 도덕적 의무 의식의 근거가 될 수 없으므로 도덕의 근거를 이성에 두어야 한다고 했다.

92) 좌망(坐忘)이란 무엇인지 공자는 놀라서 묻는다. "무엇을 좌망이라고 하는가?" 안회가 대답하기를 "육신(肉身)을 떨어뜨리고 귀와 눈의 작용을 물리쳐서 형체를 떠나고 지식을 버리며 위대한 도(道)와 하나가 되는 것, 이를 좌망이라고 합니다." 공자가 말하기를 "도와 하나가 되면 좋아하는 것이 없어지고, 변화에 따르면 일정한 것에 매이지 않게 되니, 그대는 과연 훌륭하구나. 그대 뒤를 따르리라." 공자는 안회와의 대화를 통해 좌망이 인의(仁義)와 예악(禮樂)을 버리는 단계를 거친 뒤에, 비로소 가능한 정신적 자유의 경계임을 말한다. 이런 상태에서는 지각(知覺)과 감각, 주관과 객관

학적인 용어가 나온다. 여기서 장자가 전하고 싶어 하는 이야기는 생사마저 초월해야만 진정한 자유를 얻어 그나마 편안한 삶을 누릴 수 있다는 뜻일 게다. 이것은 아마도 성숙의 마지막 단계인 극치에 도달한 경지와 같은 것으로 생각된다. 성숙한다는 것은 나이가 많아지면서 경험을 쌓아가는데, 이런 경험을 덕과 지혜라고 말할 수 있다.

한 예로서 벤자민 클랭클린(1706~1790)[93]은 자신의 인생덕목 13가지[94]를 매일 아침 되새기고 하루 속에서의 실천들을 확인하며 하루를 마감했다고 한다. 이런 덕[95]은 속으로 지니면서 겉으로 드러내지 않았다. 지혜에 대해서는 『행복의 조건』(조지 베일런트, 2010)을 참고할 때, "모순과 아이러니를 이해할 수 있는 능력과 참을성. 사물의 양면성에 대한 인식"이라고 지혜를 정의한다. 지혜는 곧 성숙

이 통일을 이루어 인간 이성에 숨겨져 있던 정감(情感)이 상상력을 타고 드러나며, 대상과 주체 간의 대립과 거리가 소멸됨으로써 모든 구속으로부터 벗어나는 자유의 느낌이 생기고, 독특한 정신적 즐거움이 유발된다.

93) 벤자민 프랭클린(Franklin, Benjamin, 1706~1790) : 미국의 정치가, 인쇄업자, 발명가. 보스턴에서 출생. 처음에는 형의 인쇄소에서 일했으나, 형과 의견이 맞지 않아 필라델피아, 런던 등지로 갔다가 1726년에 귀국했다. 1729년에 〈펜실베이니아 가제트〉 지를 경영해 크게 성공한 후, 펜실베이니아 대학의 전신이던 학교 및 도서관을 창설하고, 미국 철학협회를 조직하는 등 폭넓은 교육문화 활동을 벌였다. 자연과학에도 관심을 가져 피뢰침을 발명하는 한편, 1752년에는 번갯불과 전기가 동일하다는 가설을 증명했다. 이듬해에 전식민지 우체국 차장이 되어 우편제도를 개선하고, 1754년 올버니 회의에 참석해서 최초의 식민지 연합안을 제시했다. 1757년에 영국으로 건너가 식민지의 자주적인 과세권을 획득하고, 1764년에는 당시 영국 의회를 통과한 인지 조례를 철폐시켰다. 그 후 1776년에 독립 선언서 기초 위원이 되었으며, 동년에 프랑스 대사가 되어 미국·프랑스 동맹을 성립시키는 한편 재정 원조까지 얻고, 1783년 파리 조약 체결에 성공했다. 저서에는 『가난한 리처드의 달력』이 있으며, 그가 죽은 후에 출판된 『자서전』은 미국 산문 문학의 일품으로 손꼽히고 있다. "앉은 신사보다 서 있는 농부가 더 훌륭하다."라는 말은 그의 서민적이며 겸손한 인품을 나타내주는 유명한 말이다.

94) 인생덕목(人生德目)이란 즉 절제, 침묵, 규율, 결단, 절약, 근면, 성실, 정의, 중용, 청결, 평정, 순결, 겸손 등이다.

95) 장자(莊子)는 '덕(德)이란 만물과 완전한 조화를 유지하는 작용을 갖추고 있다'는 뜻이라고 말했다.

의 바탕이 된다. 성숙이란 모순과 아이러니를 이해하고 참아 내는 것이다. 성숙은 지혜를 바탕으로 이루어지며 지혜는 자연성을 획득함으로써 생성된다.

『시간 관리와 자아실현』(유성은, 1988)에는 자기가 얼마나 성숙한 사람인가를 알아보는 질문사항이 있다. 이것을 보면 첫째, 나의 자화상(自畵像)은 안전한가? 자기의 신체적, 정신적, 돈의 유무, 지식 정도, 나쁜 환경에도 불구하고 자기를 사랑할 수 있어야 한다. 또한 그는 자기의 감각, 감정, 정신, 의지, 인격에 대해 분별할 줄 안다. 둘째, 나는 자신의 기본적 욕구를 인식하고 있는가? 기본적 욕구는 여러 욕구를 종합한다. 즉 신체적 욕구로 육체의 물질적 구조와 신체기관의 유지 발전의 욕구이다. 정서적 욕구로는 주관적 감정이나 의식적인 욕구이다. 지적 욕구로는 사람의 합리적 이성과 사고의 욕구이다. 사회적 욕구로는 다른 사람들과 관계를 맺고자 하는 욕구이다. 영적 욕구로는 생(生)의 지침을 제시하며, 미래에 대한 확신을 갖는 욕구이다. 기본적 욕구는 이들의 욕구를 포괄하고 있다. 기본적 욕구들은 밀접하게 서로 작용하고 있으며 분리할 수 없는 것이다. 즉 통합되어 있어야 한다. 셋째, 내 주위의 환경을 이해하는가? 성숙한 사람은 자기 자신을 더 넓은 세계로 열어놓는다. 전 세계와 동일화하는 폭이 넓다. 넷째, 나는 조건 없이 남을 사랑할 수 있는가? 스스로 베풀어주는 사랑이다. 다섯째, 능동적인 삶을 사는가? 하는 것이다.

또한 여기서는 전인적인 인간(whole man)에 대한 이해의 중요성을 다루고 있다. 인도의 우화(寓話) 가운데는 소경들이 코끼리를 만지는 것에 대한 평가가 각기 다르게 나타난다. 우리는 전체적으로 볼 수 있는 안목이 부족하다는 것이다. 성숙한 삶이란 이 전체성 (the whole)을 향해 뜻있는 기여를 한다. 모든 삶은 통합적인 것이어야 한다는 것을 전제로 함으로써, 삶의 궁극적인 목적은 무엇인가를 확인하고, 목표와 관련이 없는 것들은 될 수 있는 한 제거함으로써 모두가 필요로 하는 공약수를 얻어 인류의 공동발전을 이루어야 한다는 것이다.

그래서 성숙한 인간이란 마음 깊숙한 곳에는 항상 경건한 마음으로 신(神)을 모시면서, 삶의 끝자락에서 이제는 아름다운 세상과 이별할 준비를 하고 있어야 한다. 이와 같이 삶을 착실하게 살아가면 인생의 황혼기에 이르렀을 때, 삶의 보람을 이룰 수 있고, 삶을 통합하여 인생의 결실을 맺을 수 있게 되는 것이다. 성숙이란 세월의 흐름만큼 삶의 무게를 견뎌낸 결과로 평가받게 된다.

7.
덕(德)을 쌓아야 하는 이유는
무엇인가?

　인간은 각자 생을 유지하고 있지만 어떻게 보면 삶과 관련해 대부분 큰 문제들을 주도하는 것은 본인의 의도(意圖)에 의해서가 아니라, 우주 자연에서 내려지는 무형의 원리와 법칙에 지배되는 것이 아닌가 하고 생각해본다. 자연의 무형의 원리와 법칙은 우리 인간에게 주어진 영혼의 세계, 정신의 세계와 연관성이 있을 것으로 보인다. 삶에서 우리를 가장 두려움으로 몰고 가는 것은, 어쩌면 우연적으로 발생하는 재난과 같은 현상일 것이다. 이런 우연성은 인간의 힘으로, 의지로 어떻게 할 수 있는 범위의 밖에서 일어난다. 여기서 삶의 애환(哀歡)과 희비(喜悲)는 엇갈리게 된다. 4차선 고속도로에서 수많은 차들이 속력을 내어 질주하는 가운데 갑작스럽게 한 차가 선회하면서 자신도 모르게 다른 차선으로 넘어왔을 때, 수많은 차들은 연쇄 추돌을 하게 된다. 이것은 비록 눈에 보이는 현상이며 인간의 부주의에서 발생하는 문제이지만, 또한 우연성이라고도 볼 수 있다. 이런 와중에서 다행히도 한 차는 추돌했지만 인명에는 문제가 없는가 하면, 다른 차는 불행히도 사고를 당해 생명을 잃는 경우가 있게 된다. 이런 사태는 우연에 의해서 일어나는 현상으로서, 이때 좋은 운을 만나게 된다든지, 아니면 불운을 만나게 된다는 것은 인간의 의지에 의해서 이루어지는 것이 아니다. 그야말로 바로 운(運)인 것이다.

인간의 삶에서 이와 같은 상황이 일어난다면 어떻게 대처하겠는가? 좋은 운을 만나도록 하는 것은 무엇에 좌우된다고 생각하는가? 이런 사태가 삶에서 가장 풀기 어려운 문제인 것이다. 삶에서 보이지 않는 가운데 일어나는 형이상학적인 난제를 예방하는 과정이 바로 수도(修道)니 기도(祈禱)니 공덕이니 하는 수행의 길이라고 일반적인 사람들은 생각하게 된다.

비록 종교에서 말하는 공덕(功德)의 효력이 없다고 하더라도, 우리 인간은 자신의 위치에서 최선을 다해 삶을 살아가지 않으면 안 된다. 인간으로서 자신이 해야 할 의무를 다(all) 완수한 다음에 운을 기대해보아야 하기 때문이다. 인간의 삶에서 공덕이 왜 그렇게 중요한가. 이 공덕이 주는 의미는 사람에 따라 큰 차이가 있을 수 있다. 공덕이라는 형이상학적인 문제는 너무나 주관적이며 함축적이어서 사람마다 그것을 짓고 베푸는 것에 대해는 차이가 있을 수 있다고 하겠다.

공덕의 의미는 '공로와 덕행으로, 착한 일을 많이 한 힘'으로 되어 있다. 원불교의 대산 종사님께서 말씀하시기를 "음해(陰害)는 영겁의 결원(結冤)이 되고 음덕(陰德)은 영겁의 해원(解冤)이 되나니라."라고 가르쳐주셨다. 여기서 '원(冤)은 원통할 원이다.' 즉 남모르게 사람을 어려움에 빠뜨리거나 음흉하게 헐뜯으면, 영겁(永劫)의 세월 동안 원통함과 결(結)하게 되고, 남모르게 사람을 도우면 영겁의 세월

동안 원통함에서 벗어나게 된다는 의미이다. 즉 남모르게 하는 행동이 그만큼 오랫동안 행위자에게 영향을 미치게 된다는 의미로 풀이된다.

사실 공덕을 쌓는 것이 중요한 것인가 하는 것은 본인이 어려움을 당했을 때 알 수 있다. 공덕을 쌓지 않으면 남의 도움을 받지 못할 것이다. 반대로 공덕을 쌓으면 내가 잘못을 저질러도, 내가 어려움을 당했을 때 남으로부터 도움을 받게 될 것이다. 공덕을 쌓는 좋은 이유는 사람이 사는 세상에서 사람을 좋도록 하고 서로가 잘 살도록 하는 행위이므로 그만큼 좋은 일은 또 없을 것이다. 이 세상에서 한 사람이 공덕을 행하면, 그 공덕의 효력은 소멸하지 않고 지속적으로 사람들 사이에서 전달되어 존속할 것으로 보아진다.

이 세상에서의 삶은 눈썹만큼도 공짜(空-)가 없다. 자신들이 잘산다는 것도 누군가의 공덕에 의함이 아닐까하고 생각된다. 조상의 공덕이든 자신의 공덕이든, 군인(軍人)의 공덕이든 국가(國家)의 공덕이든, 아니면 부처님의 공덕이든, 아무튼 이 공덕의 힘으로 우리는 이렇게 편안하게 살아가고 있지 않을까? 그러니 남의 공덕에 힘입어 이렇게 잘살아가고 있으니, 나도 타인에게, 사회에, 아니면 국가를 위해서라도 공덕을 쌓아야 한다는 결론에 이른다. 이런 의미에서 볼 때 죄 중에 큰 죄는 남의 가정을 파괴하고 인연줄을 끊는 행위이고, 공덕 중에 큰 공덕은 진리를 전해 죽음의 길로 가는 자를 살 길로 들어서도록 깨우쳐주는 일이라고들 말한다. 공수래 공수거(空手來 空手去), 즉 빈손으로 왔다가 빈손으로 간다고 하지만, 죽을 때 반드시 가지고 가는 것이 있으니, 그것은 남에게 해를 끼친 죄와, 남 잘 되게 해준 공덕이라고 하겠다.

인간이 삶을 살아가는 데 있어서 가장 최고의 가치로 여기는 것은 5복(五福)이라고 생각한다. 이 5복의 하나로 '유호덕(攸好德)'이 있는데, 이 뜻은 '덕을 좋아해 즐겨 행하는 일이다.' 그런가 하면 가톨릭(Catholic)에서 가르치는 윤리덕 가운데에는 사추덕(四樞德)이 있다. 이는 네 가지 덕으로 지덕(智德), 의덕(義德), 용덕(勇德), 절덕(節德)이다. 여기서 지덕(智德)은 옳고 그름을 판단하는 덕, 의덕(義德)은 정의를 이루려는 덕, 용덕(勇德)은 어떤 위험을 무릅쓰고서라도 착한 일을 해내는 덕, 절덕(節德)은 욕심을 조절하고 쾌락을 절제하는 덕이다. 그래서 가톨릭에서는 사추덕(四樞德)으로 네 가지 덕을 행하라고 가르친다.

옛날 중국에 어느 노파가 살았는데, 슬하에 아들만 8명을 두었다고 한다. 이 노파는 아주 가난하게 살면서도 남에게 덕을 베푸는 일에는 인색하지 않았다. 왜냐하면 자신의 아들이 8명이나 있어 이들에게 자신이 베푼 덕이 돌아올 것으로 믿었기 때문이라는 것이다.

『노자와 21세기 하(下)』(김용옥, 1992)에도 도(道)와 덕(德)에 관해 언급한 것이 나온다. 특히 도와 덕에 대해 표현이 잘된 글이 있기에 여기에 인용해본다.

"도(道)는 길이요, 덕(德)은 얻음이다. 얻음이란 무엇인가? 그것은 바로 도(道)라는 보편자의 생성(生成)의 모습에서 내가 얻어 가지는 것을 의미한다. ……여기서 내가 도(道)라고 하는 바른 길을 행하게 됨으로써 덕이 자신에게 돌아오는 것이 된다. 서양말의 virtue(德)에 해당하는 희랍어로 '아레테'라는 말이 있다. 그런데 이 아레테는 모든 사물(개별자)이 그 나름대로 가지는 '좋은 상태(agathos)'를 의미한다. ……도(道)란 하나님의 뜻, 신(神)이 가지는 뜻이기도 하다."

내가 도를 행한다는 말은 하나님의 뜻, 신의 뜻을 따라 내가 그것을 추구한다는 의미로 풀이할 수 있다. 즉 도는 우주와 자연의 뜻에 따르는 것이다.

『장자』(최효선 역해, 1997)에서도 보면 "도(道)는 모순(矛盾)인 동시에 존재하는 양행(兩行, 제물론〔齊物論〕)으로 일체의 대립 그대로 하나가 되는 이질적 연속이다."라고 표현한다.

여기서 장자의 제물(齊物)이 뜻하는 바는 무엇인가? 글자 그대로 풀이하면 '물(物)'을 '제(齊)한다'는 의미이다. '제(齊)'의 한문의 뜻은 '가지런할 제'이다. 여기서 '제(齊)한다'는 것은 '같게 하다', '가지런히 하다', '하나로 하다'란 의미를 지닌다. 제물이란 '사물을 내용면에서 묶어 좋고 나쁜 면을 하나로 포용해야 한다는 의미로' 해석할 수 있을 것이다. 세상 만물은 크기나 색깔, 또 그 느낌마저 다르기 때문에, 사물이 제물 상태로 있는 것은 결코 아니다. 그렇지만 드러난 외형은 다를지라도 우리들의 마음에서 '사물을 모두 포용한다'는 의미로 받아들여질 가능성은 얼마든지 있다. 그러고 보면 덕(德)이란 좋은 면만 취할 것이 아니라 나쁜 면도 함께 포용한다는 의미로 풀이된다.

공자가 완성된 인간의 모습으로 말한 이순(耳順), 즉 좋은 소리나 싫은 소리나 똑같이 들리는 상태도 이런 의미로 해석된다. 어떻게 그렇게 할 수 있는지의 해법을 찾고자 하는 것이 〈제물론〉이 일관되게 추구하는 주제이다. 즉 인간은 만물을 인간의 마음으로 재단

(cutting)한다. 그러나 도(道)는 위에서도 말했듯이 우주와 자연의 뜻에 따르는 것이다. 우주와 자연은 항상 혼돈과 무질서로서 인간심을 초월한다. 즉 양면성을 갖는다. 깨끗함과 더러움, 착함과 악함, 강함과 부드러움, 아름다움과 추함을 동시에 수용하는 것이 자연지도(自然之道)이다.

결국 덕을 쌓는다는 말은 타인에게 도를 행함으로써 도는 자신의 이기심을 떠나 상생의 원칙을 따르는 것이고, 상대방의 단점도 포용한다는 양면성을 내포하고 있는 것이다. 자신이 도를 행하면 남에게 덕을 쌓게 되고, 그 덕은 자신에게 되돌아오기 때문에 자신이 이로움을 얻게 된다는 의미로 해석된다.

흔히 누군가가 나에게 베풀어준 그 고마움을 자신의 가슴에 담아두었다가 언젠가는 그 사람에게 되돌려주듯이, 아니면 누군가가 나에게 행한 악(惡)한 행위를 가슴에 담아두었다가 다시 그 악을 보복하려고 하듯이, 남에게 베푼 공덕은 어딘가 남아서 존재하고 있다가 다시 자신에게 되돌아온다는 것은 하나의 철칙이나 다름없다고 하겠다. 남에게 선을 베풀고 나면 반작용으로 자신의 마음이 즐거움으로 가득 차며 악한 기운이 없어지고, 자연히 몸에 생기(生氣)가 돌아 몸과 정신이 살아난다는 것은 누구나 느껴본 심정이다. 자연에서도 봄기운의 따스함에 새싹이 피어나고 꽃이 피어나듯이, 나의 따뜻한 마음의 베풂에 다른 사람의 생명이 피어난다면, 이와 같은 원리는 우주와 자연의 뜻에 따른다는 의미이기도 한 것이다.

그렇게 되면 어찌 자신에게 나쁜 일이 생기겠는가? 내 마음의 후덕(厚德)의 베풂으로 상대를 살리고 이웃이 살아나며 이 사회가 한층 밝아지고 만물이 소생하게 된다면, 그 이상의 삶의 공덕이 어디 있겠는가? 이런 삶을 살아간다면 그 덕은 다시 자신에게 돌아오며, 천지자연의 감화가 있게 될 것이니, 그 이상 좋은 삶은 없을 것이다.

불기 2552년 봉축 소책자 『하루를 시작하는 이야기(주경 스님, 2008)』를 보면 "생명이 있는 존재는 인연법에 의해서 순환한다. 생명이 있는 존재는 생로병사의 법칙에 따라 나고, 늙고, 병들고, 죽는 윤회를 거듭한다. 우주와 물질은 성주괴공(成住壞空)의 법칙에 따라 어떤 물체가 만들어져서 일정 기간에 존재하다가, 그 물체가 소멸하고 그 물건이 본래의 성질로 돌아간다. 인간은 철저한 법칙에 의해 생성과 소멸을 거듭하는 우주에서 가장 가치 있는 존재로 평가된다. 최고의 가치를 지닌 존재의 삶, 즉 인간의 삶은 공덕을 짓는 태도와 방법으로 평가된다."라고 가르치고 있다.

인간의 성정(性情)은 남의 공덕에 대해서 감사하게 간직하며 반드시 되돌려 갚으려는 마음이 있게 되어 있으며, 또한 공덕(功德)의 속성은 인간의 성정을 변화시키기 때문에, 베푸는 본인에게도 베품을 받는 상대방에게도 온정의 감화를 주어 몸과 마음에 생기를 불어넣어준다. 공덕의 속성인 온정(溫情)은 한 곳에 머물러 있다가도 기회가 오면 활동을 시작하여 대지의 기류처럼 세상을 배회하며, 자신의 뜻이 가야 할 곳에 영향력을 행사한다고 본다.

그렇다면 공덕의 문제를 우리의 삶과 연관해 생각해보지 않을 수 없다. 누구나 인간이라면 자신에게 주어진 한정된 삶을 살다가 이 세상을 떠나게 된다. 자신의 삶은 누구의 문제도 아니고, 바로 자신의 문제이다. 훌륭한 삶을 살다가 세상을 떠나든지, 아니면 실패한 삶을 살다가 세상을 떠나든지, 그 책임은 전적으로 자신에게 있다.

그러므로 누구나 훌륭한 삶을 살다가 생을 마감하려고 할 것이다.

홀륭한 삶은 어떤 삶이라고 생각하는가? 이것은 개인적인 가치관에 따라 다르겠지만, 죽음의 문턱에서 사후세계를 내다보면서 현상 세계를 되돌아본다면 무엇보다도 신 앞에 죄스러움 없이 떳떳한 삶을 살았어야 함을 전제로 한다. 누구나 자신의 성품인 양심은 바로 천성(天性)이다. 우주의 신이 인간에게 가장 바라는 것이 있다면, 아마도 이 세상의 만물과 인류에게 공헌하는 삶을 사는 일일 것이다. 이것은 하나님의 마음인 동시에 인류가 따라야 할 자연의 도(道)이다. 즉 한 인간이 이 세상의 만물과 인류에게 공덕을 베풀어 살아갈 때 우주에 존재하는 신의 뜻에 부합하는 삶이 될 것이다.

우리의 현상적인 삶에서도 중요한 것은 무형(無形)이다. 보이지 않는 형이상학적인 실체를 인정하는 것이다. 이렇게 생각해볼 때 후회 없는 삶을 살기 위해서는 자신의 내면적인 기준의 설정이 중요하다. 살아가면서 죄(罪)를 범하지 않는 기준을 정해놓고, 그 범위 내에서 삶의 계율(戒律)을 지키는 삶이어야 한다.

한 예로서 티베트의 불교 수도자들은 항상 마음속으로 공덕을 쌓는다는 생각을 품고 있다고 한다. 그들에게 공덕의 의미는 부정적인 정신 요소를 일소하는 데 기여하는 긍정적인 정신 요소를 의미한다. 그러므로 그들이 갖고 있는 지배적인 생각은 '공덕을 쌓음으로써' 자기 생각의 흐름을 개선하고 정화하며, 깨달음으로 향하는 긍정적인 흐름을 강화하는 것이다. 깨달음은 무엇을 의미하는가? 아마도 평범한 인간의 인식으로는 이해하기 힘든 일이지만, 아마도 우주의 원리 현상은 물론 모든 무형(영혼)의 세계를 알게 된다는 말이 아닐까 생각해본다.

8.
세월의 흐름에 순응하는
자세가 필요하다

　나의 삶은 어디에서부터 시작되는가? 어떻게 머물다가 어디로 흘러가는가? 본인의 삶은 어머니 뱃속에 잉태되었을 때, 우주 자연으로부터 영혼의 씨(seed)가 흘러들면서부터 시작되는 것인가? 어느 날 알고 보니 나는 나와는 무관하게 이 세상에 던져져 있듯이 나(I)라는 생명이 주어져 있었다. 본인 입장에서 볼 때 자신의 출생은 어쩌면 너무나 우연적인 현상이라고 생각되기도 한다. 또 다른 한편으로 생각해보면, 출생은 이미 정해진 운명에 의함이라고 생각되기도 한다. 만약에 나에게 나의 출생을 원하느냐고 물어서 생명을 출생시킨다고 한다면, '예'라고 선뜻 말할 수 있겠는가? 달리 생각해보면 결국 죽을 테니 태어나는 것은 밑져도 본전이 아닌가 하고 생각할 수도 있을 것이다.

　또 다른 생각은 신(神)에 의해서 태어나게 되었고, 이 태어나게 된 목적을 완수하고 다시 자연으로 돌아오라(죽음)는 명령이 주어져 있다고 생각할 수 있다. 그러나 생명을 유지하며 세상을 살아가다 보면 어려운 삶의 문제들과 만나게 된다. 즉 선조는 꼭 나를 낳아야만 했던가? 나는 또 자손을 낳아야만 하는가? 나는 어떻게 살아가야 하는가? 어떻게 세상을 떠나게 될 것인가? 또 자손들은 앞으로 어떻게 살아가게 될까? 하고 이와 같은 풀기 어려운 난제들이 꼬리에 꼬리를 물고 머리를 스쳐 지나간다.

부모들의 삶을 머리에 떠올려보면 삶은 그렇게 만만하지 않았다는 것을 알게 되고, 나 역시 삶은 처절하다시피 그 무게를 지탱하기 힘들었다. 그런가 하면 출생 전과 현재 나의 존재, 그리고 사후(死後)의 세계와는 어떻게 연관지을 수 있을 것인가? 현재 나는 영혼을 간직한 채 생명을 영위하고 있다. 이것이 살아 있는 증거이다. 나의 존재가 어떻게 해서 여기까지 와(reach) 있는지 한번 생각해보면 "혹시 여기까지 오지 않으면 안 되는 당위성이 존재하고 있지는 않았는가?" 하는 생각이 들기도 한다. 독자들도 조용히 한 번 이 문제를 생각해보았으면 한다.

태어나는 것은 본인의 의사(intention)와 무관하게 태어나게 된다. '나'라는 생명은 주어졌으며, 부모에 의해서 어느 정도 성장하고 보니, 세상을 알게 되고 여기까지 살아오게 된 것이다. 또 앞으로 내가 가야 할 방향이 있어서 어떻게 든 살지 않으면 안 되게 되어 있다. 물론 나의 삶에는 나의 주관성이 개입된다. 하지만 삶의 기본적인 방향은 어쩌면 나와 무관하게 정해져 있는 것이 아닌지 모르겠다. 즉 태어나고 성장하며 삶을 영위하다가 죽음으로 끝나게 되는 정해진 생명이라는 점이다.

중요한 것은 지나치게 인위적으로 삶을 조작해서 인간심이라는 욕망에 따르며 살기보다는, 자연히 흘러가는 변화에 순응하며 살아가는 것이 순리가 아닌가 하고 생각 들기도 한다. 인간 역시 자연의 일부이다. 시간과 공간 속에서 인간은 일정 부분 함께 같은 배를 타고 흘러가야 한다. 삶의 기저에는 세월의 흐름에 일정 부분 순응해야 한다는 당위성을 내포하고 있는 것 같기도 하다. 그러니 자신에게 주어진 올바른 성품을 보존하면서, 어느 정도는 인생이라는 강물을 따라 도도히 흘러가야만 할 것이다. 이점이 삶을 살아가는 우리에게 때로는 중요한 의미를 지니게 한다.

아무리 훌륭하고 위대한 삶의 꿈을 실현하려고 몸부림쳐보지만 생각대로 되지 않는 것이 인생이기도 하다. 이러할 때는 자신의 운명을 수용하고 세월이라는 강물 위에 자신을 맡길 때도 있게 된다. 물론 자신에게 주어진 인생에서 책임과 의무를 다하려는 자세를 견지해야 하겠지만, 일정 부분은 이렇게 흘러가야만 한다. 주어진 환경을 떠나서 특별히 살아갈 수는 없으니, 그런 조건 속에서 능력을 발휘하며 살아가야 할 것으로 본다. 비록 이 삶이 허무로 끝난다 하더라도 자연의 순리에 따라 살아가는 것이 우리에게 주어진 삶일 것이다. 그 이상 지나치게 인생이 무엇이냐고 묻지 않는 것이 좋겠다.

만약에 흘러가는 세월에 자신의 일정 부분을 맡기지 않는다면 어떤 현상이 초래될까? 비 순리적인 삶이 되며, 본인이 감당할 수 없는 재난이 자신을 덮치게 될 것이다. 그 재난은 어떤 재난일까? 크게는 자신의 목숨을 스스로 끊게 되든지, 아니면 남을 죽이게 되는 일이 벌어질 수도 있다. 즉 인간심에 의해서 무리한 욕구를 충족하려다 보면, 그런 일이 일어날 수 있다는 것을 명심하지 않으면 안 된다. 이런 일을 방지하는 일이 세월의 흐름에 자신의 일정 부분을 맡겨서 순응하는 일이다. 그 이상 생각을 파고드는 것은 인간으로서 그 생명과 삶의 범위를 넘어서는 것이다. 그것은 우리 인간의 소관이 아니라, 신의 영역이라고 생각하는 것이 더 맞는 말인지 모른다.

사후의 세계를 어떻게 수용해야 하는가? 이 문제 역시 삶을 참답고 바르게 영위함으로써 생(生)에 대한 자신의 의무를 완수하는 것으로 생각해야 한다. 자연의 변화와 섭리를 따라 자신의 천성(天性)인 양심(良心)을 보존하고, 신을 공경하며 살아가는 수밖에는 없다. 주어진 조건에서 자신의 삶을 완성하도록 노력하는 길뿐이다.

어느 정도는 우리의 삶을 세월의 흐름에 맡겨야 한다. 삶은 이렇게 흘러가고, 인생은 늙어 황혼 속으로 진입하게 된다. 그러니 자기 자신에게 주어진 삶의 의무를 미루지 말고 곧바로 수행해야 할 것이다. 더 깊이 생각할 시간적인 여유도 없으며, 어느 정도 생각을 했다면 비록 잘못되는 일이 있더라도 그렇게 살아가는 것이 또한 삶의 일부분 아닐까?

인간으로 태어나서 인간적인 삶을 살다가 가야만 하기에 완벽한 삶을 살아가기란 쉬운 일이 아니다. 나름대로 생각을 정리한 후에는 비록 불안하고 혼돈된 상태가 전개되더라도 다소 부족한 상태에서 그렇게 살아가는 것이 인간의 삶이라고 생각되기도 한다.

그렇다면 최선의 삶이란? 우리의 조상들이 그렇게 살아왔듯이, 그리고 수많은 사람들이 그렇게 살아가듯이, 현재의 우리도 조상들이 살다 간 방법에 준해서 살아가는 것이다. 결혼을 해서 부부가 서로 사랑하며 자녀를 기르는 데 전부를 바치고, 어느 정도의 재산을 보유하며, 최대한 건강을 유지하고 즐거움과 행복을 찾아 열심히 살아가야 한다.

하지만 병들고 시들어 죽음으로 이어지는 우리 인간의 삶은 현실을 그대로 수용하기가 너무도 힘들고 어려우며 두렵지 않을 수 없다. 우리의 생명을 싣고(load) 흐르는 세월의 강은 계속 흐르다가, 언제 그 강물이 생명의 물거품을 삼켜버릴지 모르기 때문이다. 그러니 죽음을 준비하기 위한 순화와 적응, 즉 마음을 비워야 하는 수양이 필요한데, 그것은 각기 자신의 몫으로 남게 된다.

인간의 삶에서 인위적으로 해결할 수 없는 부분들은 세월이라는 강물과 함께 묵묵히 흘러가야 하는 것이다. 그렇기에 낮이 가고 밤이 오고 해가 지고 달이 뜨듯이, 우리의 삶도 그렇게 도도히 흘러가는 것이다. 이 흐름은 막을 수 없으며, 거역해서도 안 된다. 오직 혼자 스스로 휘파람을 불며 흘러가는 세월의 강에 자신의 영혼을 띄워 보내야 한다. 우리의 삶은 현재 자신의 모습을 간직한 채 오래 존재할 수 있도록 노력하는 가운데에서도, 한편으로는 언젠가는 이 세상을 떠나야 한다는 자연의 섭리를 받아들여야 한다.

오늘 아침에 이 글을 쓰고 있는 동안 내 창문 앞 전깃줄에 검은 콩새(되샛과의 새)가 한 마리 날아와 내 쪽으로 향해 앉았다가 곧 날아가 버렸다. 불과 나와의 거리가 4m 범위 안에서……, 그 광경을 보고 나는 이 새 역시 나와는 하나 다름없이 이 순간을 그렇게 살아가는 가보다 하고 생각하게 된다. 세월의 물줄기는 나(I)라는 생명을 간직한 채 도도히 흐르고, 언젠가 때가 오면 어느 시점에서 '나'라는 생명의 물거품이 한 순간에 영원 속으로 꺼져버리게 될 것이다. 하지만 그 세월의 강은 영원히 강물처럼 흘러내린다. 우리의 삶은 이런 현상과 하나도 다름이 없다.

어쩌면 우리의 삶은 비록 우리 자신의 소유이지만, 우리의 의도대로 마냥 그렇게 두부를 자르듯이 반듯하게 자(ruler)의 눈금처럼 살아갈 수 없다. 그것이 또한 현실 속에서의 우리 삶이다. 이렇게 살다 보면 자신도 모르게 주변사람들의 삶에 편성하여 그들의 삶의 방법이 나에게 적용되고, 이미 삶은 하루의 중간나절이 지나온 듯, 태양은 중천(中天)을 지나게 된다. 삶이 무엇이라고 해답을 구하기 전에, 되돌릴 수 없는 터널을 이미 중간쯤 지나온 셈이기에, 하는 수 없이 그 터널을 통과해야 하는 지경(地境)에 이르는 것이 곧 우리의 삶이다. 그리고 보면 이미 자식이 태어나 자라게 되고, 어쩔 수 없이 우리들의 삶은 이렇게 흘러가게 된다.

다만 세월의 강을 타고 흐르면서도 자신에게 주어진 인생에서의 막중한 책임과 의무를 다하기 위해 최선을 다해 노력하지 않으면 안 된다는 점이다. 어려운 환경에 처해 살아가면서도 자신의 능력을 발휘하도록 몸부림쳐야 한다. 비록 자신의 뜻을 이루지 못하고 허무하게 끝난다 하더라도 말이다. 인간의 수명이 80년이라고 하더라도 하루를 보내고 일 년이 지나 한평생을 다 살고 나면, 인간의 수명은 하루같이 지나가 버렸다고 생각이 들 것이다. 사실은 이제 겨우 삶이 어떠하다는 것을 알게 되는 순간, 인생은 이미 끝자락에 와 있게 된다.

교육사상가 에라스무스는 "인간의 삶이 얼마나 빨리 지나가는가를 아는가? 그리고 노년기가 얼마나 황폐하고 공허한지 아는가?" 하고 반문한다. 만약에 한평생을 살고 난 이후 다시 지금부터 새롭게 인생을 살아갈 수 있다면, 누구나 자신이 현재까지 살아온 경험을 바탕으로 참다운 삶을 살아갈 수 있을 텐데, 하고 자신감을 가질 수 있을 것이다. 하지만 우리의 삶은 연습 기간이 주어지지 않고 바로 실전(實戰)만 주어지는 일회성으로서, 인생은 이미 끝나는 지점에 와 있다는 사실을 알게 된다.

인생에서 가장 중요한 문제는 지금부터라도 남은 하루를 한평생처럼 생각하며, 소중히 아끼고 보람 있게 사는 방법밖에 없다. 이점이 우리가 인생을 살아가면서 잊어서는 안 될 가장 중요한 핵심 사항이 아닌가 생각된다. 대부분의 사람들이 인생의 끝자락에 와서 살아온 과거를 되돌아보면, 아무런 삶의 실적이 없다는 것을 느낀다고 한다. 이때까지 나름대로 열심히 살아왔는데도, 현재까지 무엇을 하며 살아왔는가 하는 생각이 들 정도라는 점이다. 하지만 인생을 특출하게 살아야 한다고 마음을 먹어보지만, 우리 삶의 현실은 입고 먹고 살기마저 힘들다. 대부분 우리 인간들은 수많은 삶의 문제를 깊이 있게 다루지도 해결하지도 못하고 안타깝게 생의 종말을 맞게 되는 것이다.

개개인의 삶이란 자신의 주관이나 정체성, 인생관에 따라 다르기는 하지만, 세월의 흐름에 순응하면서 자신의 뜻을 관철(貫徹)시키려는 노력은 주어져야 할 것으로 본다. 세상살이가 자신의 뜻대로 꼭 이루어지는 것은 아니다. 우리는 살다 보면 자연에 따라 순응하는 삶의 자세가 필요할 때가 많다. 어쩌면 인생이란 아무리 살려고 바동거려보지만, 결국은 세월이라는 강물에 삼켜지게 되기 때문이다.

물론 이렇게 글을 쓰는 나 자신을 되돌아보면, 모든 현상들이 과학적으로 빈틈없이 계획대로 이루어지고, 공학적으로 인위성을 갖고 짜맞추며 적극적으로 삶을 펼치는 요즘 세상에, 아이로니컬하게도 시세(時世)에 따라 살아가라는 것은 소극적인 자세로 삶을 살아가는 태도라고 생각하게 될 것이다. 그렇지만 세상살이가 뜻대로 안 되는 것은 안 되는 것이기에, 우리 삶의 기저(基底)에는 최선을 다해 살아가지만 어느 정도는 자연에 맡기고 초연적인 태도를 견지해야 할 때가 있게 된다는 것이다.

이 같은 상황에서 보면 우리 인간에게 오늘의 시간은 자신의 삶에서 그지없이 중요하다. 문제의 해답은 이것이다. 우리에게 30년, 20년, 10년이라는 내일이 남아 있기에, 그 세월 동안 중요한 삶을 살게 될 것이라는 기대에서 벗어나, 오늘 이 순간이 자신의 인생에서 가장 중요한 날(a day)이라는 것을 깨달아야 한다. 어쩌면 억지로 그렇게 산다는 것이 삶의 논리에 맞지 않는 것 같을지라도, 오늘의 삶의 과제를 성실히 수행해야만 하는 참담한 현실을 수용하지 않으면 안 되기 때문이다.

내가 여기서 기술하고자 하는 삶의 문제는, 언제나 미래에 있을 삶의 문제를 가슴에 안고 오늘 나에게 주어진 삶의 의무를 이루기 위해 최선을 다하며 살아가야 한다는 것이다. 세상에서의 삶은 자신의 뜻대로 되지 않기 때문에 세월이라는 흐르는 강물에 자신을 맡기고 함께 흘러가야 한다. 나는 이 점을 강조하는 바이다. 우리의 삶은 이렇게 흘러가게 되니, 이 흘러가는 세월의 강물에 일정 부분 우리의 삶을 맡기지 않으면 안 된다.

9.
인생에서 성공은 무엇을
의미하는가?

　인간으로서 생명을 부여받는다는 것은 신으로부터 어떤 삶의 과제를 부여 받는 것과 다름없을 정도로 무거운 책임감이 주어지는 것이다. 삶이란 아무리 면하고 피하려고 해도 자신에게 주어진 삶에 따른 무게를 벗어날 수는 없다. 인생이라는 것 자체는 자신에게 주어진 책임과 의무를 성실히 이행하는 것이다. 인간은 종국에 가서 세상을 떠나게 됨으로써 하나의 생명은 끝에 이르게 된다. 삶의 끝자락에서는 무엇을 어떻게 살다가 갔느냐? 라는 삶의 실적만이 남게 되는 것이다.

　성공의 뜻은 무엇인가? 성공(成功)에 대한 사전적인 의미를 살펴보면 '(일반적인 성공은 사람이) 사회 활동의 결과로 높은 지위나 많은 재물을 얻게 되거나 크게 이름을 떨치게 되는 것'으로 되어 있다. 세속(世俗)에서 말하는 성공이라고 하면 보통 사람들보다는 특별하게 권력을 손에 넣든지, 아니면 돈이 많다든지 등, 이름을 떨치게 되는 것을 말한다. 아무튼 세속에서 말하는 성공의 척도는 권력과 금력, 명예 등으로서, 사회에 영향력을 미치는 것이다. 그 결과 남으로부터 존경과 부러움의 대상이 된다.

성공의 범주는 각자 사람마다 그 정의가 다르다고 할 수 있을 것이다. 다만 성공은 선과 정의와 진리를 바탕으로 자신의 능력에 맞추어 최고의 가치를 실현하는 것이어야 할 것이다.

성공과 관련하여 『행복의 조건』(조지 베일런트, 2010)에서는 "인생에서 성공의 문을 열어주는 열쇠는 돈이 아니라 자기관리와 사랑이기 때문이다."라고 말한다. 결국 자기관리를 잘하고 자신을 비롯한 타인을 사랑함으로써 삶에 보람을 갖게 되어 행복하다면 성공에 이르게 된다는 의미일 것이다. 인간이 삶에서 성공한다는 것은 인간의 발달 과업과 연관성이 있다고 본다. 왜냐하면 성공과 실패는 하루아침에 결판나는 일이 아니라, 긴 시간의 결과물에 의해서 이루어지기 때문이다.

인간의 발달 과업을 최초로 정립시킨 사람은 미국의 심리학자 로버트 해비거스트(Robert Havighurst)이다. "그는 인간이 남들에게 꽤 행복하고 성공한 사람이라는 평가를 받기 위해 해야 할 것을 발달 과제라 부른다. 더 나아가 인간이 주어진 사회에서 성숙과 학습의 가능성을 가지고 발달해 나가는 과정에서 반드시 배우고 성취해야 할 일들을 발달 과업이라고 한다."라고 되어 있다.

해비거스트의 지적과 같이 발달 과업은 생의 특정 시기에 생기는 것으로서, 이 과업을 성공적으로 성취하면 행복을 얻고, 그 다음의 과제도 달성할 수 있다. 이 과제에 실패하면 불행을 맛보고, 사회의 인정을 받지 못하며, 다음 발달에 곤란(困難)과 고착(固着)을 겪는다고 한다. 발달 과업은 특정한 시기에 기대되는 행동 과업으로서 질서와 계열성을 가지고 있으며, 다음 발달 단계의 행동 발달에 영향을 준다. 따라서 '준비성'과 관계가 있다. 반드시 성공은 자신에게 주어진 특정한 시기에 자신의 능력으로 이루어낸 성과의 결과물이라고 볼 수 있다.

『업그레이드 인생』(윤치영, 1979)에서는 "성공하는 사람들은 남들은 자기를 어떻게 받아들이는지 지속적으로 의식하고 행동을 조절함으로써 자신의 인상을 조절한다. 첫인상이 결정되는 시간은 6초 정도라고 한다. 첫인상을 결정하는 요소로 외모, 표정, 제스처가 80%, 목소리 톤·말하는 방법이 13%, 인격이 7%를 차지하기 때문에, 첫인상에서 호감과 신뢰를 얻고자 한다면 외모와 표정을 가꾸어야 한다. 얼굴에는 80개의 근육이 있고 7,000가지 표정을 지을 수 있다고 한다.

여기서는 세속적으로 성공하기 위한 과정과 방법을 말한 것이다. 성공의 기준을 자신의 행복에 두는 경우도 있을 것이고, 사회를 위해 헌신하는 경우도 있을 것이다.

보통 일반적인 사람들은 세속적 가치관으로 '건강은 물론 명예, 권력, 행복, 물질'등을 생각한다. 그런데 성공에는 반드시 개인적인 문제로서 가치관이 따르게 된다. 성공의 관점에서 개인적인 가치관의 문제도 따르겠지만, 또 보편적인 문제로서 객관화된 평가 역시 중요하지 않을 수 없다. 그렇다고 할 때 남을 지배할 수 있고 영향력을 행사할 수 있는 권력과 금력이 타인을 지배한다는 의미에서 우위를 차지하는 것은 당연하다고 할 수 있을 것이다.

하지만 성공의 조건으로 '타인을 지배할 수 있는 권력과 금력'의 두 가지는 그것이 갖는 가치성의 문제에 대해서는 나름대로 그 의미를 부여하는 데 차이가 있을 수 있다. 본인이 말하는 성공의 의미에서 타인을 지배할 수 있는 권력과 금력이 차지하는 비중이 본인의 삶에서 얼마나 중요하느냐 하는 것이다.

여기서 권력과 금력이 시대성을 초월하고 인류에 대해 누구나 보편적으로 갖는 가치성에 만족감을 부여 할 수 있느냐는 의문을 갖지 않을 수 없다. 왜냐하면 요즘 세상에 타인의 권력으로 인해 자신의 자유와 인격, 그리고 삶의 의지를 굽힐 수 있는 사람이 얼마나되느냐 의문이기 때문이다. 물론 돈에 대한 가치관은 과거에 비해더 영향을 많이 받는다고 할 수 있을지 모르지만, 권력에 대해서는그렇지 않을 것이다. 그러나 돈 역시 어느 정도 자신의 삶을 영위할수 있는 액수를 가지고 있다면, 전혀 남의 돈에 의해 자신의 삶에좋지 않은 영향을 미치지 않도록 할 것이다. 생명은 한계가 있으며권력과 돈 역시 그 한계를 초월할 수 없기 때문이다.

성공에 대한 관점 역시 사람에 따라 차이가 있지 않을 수 없다.어떤 사람은 마음의 평화를 유지할 수 있다면 권력과 금력을 인생의 최고 가치로 여기지 않을 것이기 때문이다. 사람에 따라서 성공의 척도와 기준을 외부로부터 영향력을 받는 것에 두지 않고 자신의 내부에서 찾을 수도 있기 때문이다. 또한 성공의 척도인 권력과돈을 아무리 많이 가지고 있다고 하더라도, 그것으로 진정한 삶의문제를 해결할 수는 없는 일이다. 이런 성공의 조건들은 역시 제한된 시간 안에 유용할 따름이기에, 한때 자신에게 머물다가 언젠가자신의 곁을 떠난다고 할 수 있다.

이것이 자신을 떠날 때는 많은 후유증을 남길 수 있다. 오히려 그것이 머문 자리에는 황폐화와 실망을 남기게 될 수도 있기 때문이다. 이런 이유로 인해 어느 정도 자신의 생활에 크게 지장을 초래하지 않는 삶을 유지할 수만 있다면, 내면의 평화를 얻는 것이 더 보람 있는 일이 아닌가 하고 생각되기도 한다.

인간이면 누구나 성공하길 희망한다. 성공을 쟁취하기 위해 최선의 삶을 살아간다. 어떤 사람은 한시도 쉬지 않고 열심히 노력하는가 하면, 어떤 사람은 노력은 별로 하지 않고, 그 대신 수단과 방법을 가리지 않고 꾀를 사용한다. 또 어떤 사람은 권력자에게 아부해서 자신의 목표를 이루는 경우도 있으며, 또 어떤 사람은 시기와 기회를 잘 활용하여 성공하는 사람도 있다. 이와 같이 저마다 자신의 성향에 맞게 행동하여 성공을 쟁취하기 위해 노력한다.

그런데 세월이 바뀌고 시대가 변해도 성공하기 위한 조건으로서 변하지 않는 것은 각자가 시대와 상황에 부합하게 행동하는 것이다. 즉 자신의 행동이 시대에 잘 적응하는 사람은 성공이라는 행운을 얻을 확률이 높다.

이와 관련해볼 때 삶의 가치를 자신의 내부에서 찾으려고 했던 한 예로서 『월든』(헨리 데이빗 소로우, 2010)을 들 수 있다.

> "내가 숲속으로 들어간 것은 인생을 의도적으로 살아보기 위해서였다. 다시 말해서 인생의 본질적인 사실들만을 직면해보려는 것이었으며, 인생이 가르치는 바를 내가 배울 수 있는지 알아보고자 했던 것이며, 그리하여 마침내 죽음을 맞이했을 때 내가 헛된 삶을 살았구나 하고 깨닫는 일이 없도록 하기 위해서였다. 나는 삶이 아닌 것은 살지 않으려고 했으니, 삶은 그처럼 소중한 것이다."

이렇게 기록하면서 그는 삶에 대한 소중한 가치를 자신의 내면에서 찾고자 한다. 아마도 헨리 데이빗 소로우와 같은 사람은 타인을 지배하고 영향력을 행사하기 위해 권력과 금력에 자신의 귀중한 인생을 소비하려고 하지는 않을 것이다.

그런가 하면 『네 안에 잠든 거인을 깨워라』(안서니 라빈스, 2002)에서는 "성공이란 삶 속에서 아주 큰 즐거움과 매우 적은 고통을 느끼며 인생을 살아가는 것"이라고 정의한다. 여기에서도 타인에게 권력을 휘두르고 돈으로 남을 지배하는 것을 성공으로 보지 않는다. 이들은 모두 자신의 내면적인 삶에서 성공의 해답을 찾으려고 한 사람들이다.

미국의 철학자이며 시인이자 사상가인 랄프 왈도 에머슨(Ralph waldo Emerson)은 "자주 그리고 많이 웃는 것, 지성인으로부터는 존경심을, 아이들로부터는 애정을 받는 것, 정직한 비평에 감사하고, 나쁜 친구들의 배반을 참아내는 것, 아름다운 것이 무엇인지 알고 다른 사람이 갖고 있는 좋은 점을 찾아내는 것, 건강한 아이, 작은 정원, 그리고 보다 나은 사회 환경과 같이 세상을 좀 더 나은 것으로 남기는 것, 내가 살아 있기에 단 하나의 생명이라도 편안하게 숨 쉬었다는 것을 아는 것, 바로 이런 것이 성공이다."라고 말한다. 그런가 하면 어떤 사람은 성공의 척도를 자신이 현재 느끼는 마음의 평화, 건강, 그리고 사랑에 둔다. 그러니 성공의 관점은 사람에 따라 각자 다르게 나타난다. 아무튼 여기서 성공의 형태는 권력을 쥐는 것이든 마음에 평화를 얻는 것이든, 평범한 사람들의 의지로는 쉽게 구할 수 있는 것이 아니다. 마음의 평화를 얻는 것 역시 힘든 과정을 거치지 않으면 불가능한 일이다.

예를 들어보자. 흔히 우리의 주변에는 사장(社長)님이라고 불리는 사람들이 있다. 대부분 직접 작은 기업체를 하나 이상 운영하는 사람들을 우리는 보통 '사장님'이라고 부른다. 그런데 우리가 분명히 알아야 하는 것은, 누구나 그냥 사장이 쉽게 된다는 것이 아니라는 점이다. 이렇게 사장님이라고 불릴 수 있는 이면(裏面)에는 누구나 저마다의 피나는 노력이 숨어 있다. 남들이 잘 모르는 가운데 그들은 어려움의 날들을 함께했다는 것이다. 일반 사람들이 보지 않는 곳에서 많은 수모를 당하기도 하고, 홀로 가슴을 쥐어뜯는 아픔을 겪기도 한 후에, 그리고 홀로 일어서려고 방황하는 가운데, 때로는 밤이 되면 홀로 머리가 찢어지도록 빚 독촉에 시달리기도 하면서, 끝에 가서야 겨우 성공에 이르게 되는 것이다. 겉으로는 웃으면서 쉽게 행운을 얻어 이렇게 성장한 것 같지만, 사실은 그렇지 않다는 점을 알아야 한다. 그래서 남들 앞에서 떳떳이 사장님이라는 이름을 듣게 되는 것이다.

그러면 성공하기 위한 조건으로는 첫째, 어릴 때 아주 혹독한 고생을 겪어서 인생에서 죽음과 파멸, 그리고 굴욕의 의미를 깨달은 사람이든지, 훌륭한 부모나 스승을 만나 직접 자신이 체험하지는 않았지만, 그 영향으로 삶의 중요성과 귀중함을 인식하여 확실한 삶의 방향과 목표를 알게 된 사람이든지, 아니면 태어나면서부터 뛰어난 지능과 재능을 갖춘 사람의 경우가 그렇다. 이렇게 셋의 부류에 속한 사람들이 대체적으로 성공으로 이어지는 기본적인 자질을 갖추었다고 할 수 있을 것이다.

둘째, 건강과 돈, 그리고 시간을 갖추고 있어야 한다. 건강에 대해서는 꼭 거론할 필요성이 없겠지만, 강조하는 점에서 건강을 빼놓을 수 없다. 건강은 생명이고 삶 자체이기 때문이다. 그러나 수많은 사람들이 건강하지 못하다는 이유로 성장 과정이나 성인이 된 이후에도 자신의 뜻을 이루지 못하고 풀 위의 이슬처럼 사라진 경우가 많다. 또 불구의 몸으로 한평생을 불행하게 살아가는 사람이 의외로 많다. 자신의 건강을 보존할 수 있는 지혜와 역량을 갖추지 못하고 어떻게 성공을 바랄 수 있겠는가? 아주 기본적이면서도 원초적인 자신의 건강 보존 기술을 어릴 때부터 익혀야 할 것이다.

중국 최고의 지도자 등소평을 예로 들어보기로 하자.

등소평은 중국의 문화대혁명으로 인해 강서성에서 6년 동안 연금(軟禁) 생활을 하게 된다. 특히 그중 2년은 폐쇄된 보병학교에서 어려운 공장 노동자 생활을 하면서도 체격과 기백을 단련할 수 있었고, 그 외의 기간에도 틈을 내어서 많은 책을 읽음으로써 정신을 수양할 수 있었다. 또한 엄동설한에도 매일 계속해서 냉수마찰을 했다고 한다. 혹서(酷暑)에도 불구하고 끊임없이 땀을 흘리면서 노동을 했으며, 연금 생활 중 집에서도 일부러 몸을 움직이기 위해 운동 겸 노동을 하여 몸을 튼튼하게 만들었다고 전해지고 있다. 등소평은 나이가 70세에 가까웠으나 산을 오르고 언덕을 내려오는 데 오히려 걸음걸이가 가벼웠고 ,조금도 피로하지 않았다.

한 번은 등소평 일행이 해발 1,558미터의 황양(黃洋) 경계에 도달해 홍군이 험산준령에서 적군과의 전쟁에서 승리한 전쟁 유적지를 참배하게 되었을 때이다. 비록 여행 중에 고생은 되었지만 2년 동안의 노동 생활 덕분에 신체가 건강하게 단련되어 아무런 어려움이 없었다고 한다. 이때 어떤 사람이 그에게 작은 대나무로 만든 지팡이를 건네주자, 그는 유머스럽게 "내 몸의 부품 중에서 이 다리뿐만 아니라 기타 모두가 좋은 부품들입니다."라고 말했다고 한다. 또 다른 여행지에서도 다른 사람들이 길에서 그를 부축하려고 하자 그는 또 말했다. "나를 부축할 필요가 없습니다. 나는 20년은 더 활동할 수 있습니다." 그러자 등소평의 말씀을 들은 부인이 웃으면서 말했다. "어떻게 20년을 더 활동할 수 있어요?" 그러자 등소평은 아무렇지 않다는 듯 대답했다. "나는 겨우 69세요. 아직도 20년은 더 일할 수 있어요. 20년 더 일하는 것은 아무런 문제도 없어요."라고 말했다고 한다.

그러나 그것은 절대로 신념에서 나온 소리가 아니라, 그저 마음속에서 담담하게 나온 말이었다. 비록 이미 70에 가까웠지만 등소평이 스스로 생각하기에 신체가 건강하고 정력이 좋아, 아직도 업무를 할 수 있고, 어떤 역할도 수행해낼 수 있다고 생각했다. 당(黨)과 국가가 커다란 곤란에 직면한 비상 시국에, 그는 전 생명과 열정을 당과 국가와 인민의 은혜에 보답해야 한다고 확고히 믿고 있었다. 이 정도로 등소평은 건강에 자신(自信)이 있었다는 것이다.

그리고 등소평이 건강과 관련하여 도(道)를 따라 살았다는 점에서 이런 글귀가 나온다. 중국의 문화대혁명 중에 등소평이 타도(打倒)당하게 된 중요한 원인 중의 하나는 임표 때문이었다. 그런데 임표가 1971년 9월 13일 그의 처와 아들을 데리고 비행기로 몰래 도망을 가다가, 비행기가 몽골의 황막한 사막의 깊은 모래 속에 파묻혀버렸다. 그 소문을 들은 등소평은 이렇게 말했다고 한다. "임표가 죽지 않았다면 하늘이 용서하지 않지." 등소평은 언제나 자기에게 돌아올 기회를 기다리고 있었다. 임표가 사망한 후 많은 간부들이 구제(救濟)되었을 때 모택동은 등소평을 다시 기용했고, 그 이후 중국의 최고 지도자가 되었다. 이렇게 된 배경에는 물론 다른 이유들도 많았겠지만, 가장 업무를 잘 수행할 수 있는 건강이 뒷받침되었기 때문으로 평가한다.

『노자』(김홍경, 2003)에서도 공자가 말한 부분이 이렇게 전해진다. "제가 듣건대 자기 몸을 잘 다스린 사람은 남에게도 인정을 받고, 자기 몸을 다스리는 데 실패한 사람은 남에게도 인정받지 못한다고 했으니, 사람은 오로지 자기 몸에서 반성할 줄 아는 사람일 것이다."

그리고 돈과 시간의 문제를 살펴보기로 하자. 이러나저러나 현대는 돈 없으면 못 사는 세상이 되었다. 다른 것은 제쳐두고라도 돈 없으면 자신의 역량과 재능을 키울 수 없다. 아예 꿈도 꿀 수 없는 상태가 된다. 성공한 사람들 대부분이 돈을 귀중하게 여기지 않은 사람은 없다. 이분들은 그렇다고 돈의 노예가 된 것은 아니지만, 돈을 아껴 쓰고 어렵게 벌었으며, 생명처럼 소중히 여겼다. 또 다음은 시간의 귀중함을 알고, 일초 일분을 허비하지 않고 아껴서 자신의 성공을 위해 투자한 사람들이다.

특히 시간은 돈의 영향을 많이 받는다. 왜냐하면 돈을 벌기 위해서는 시간이 투자되어야 하기 때문이다. 돈 버는 데 시간이 소모되면 자신의 목표를 이루는 데 시간이 부족하게 된다. 그러니 돈이 확보될수록 시간의 여유가 많아진다고 할 수 있다. 그렇기 때문에 돈의 중요성이 새삼 느껴지기도 한다. 자신만의 시간을 확보하기 위해서는 사회로부터 자신을 지킬 수 있어야 한다. 물론 성공의 유형에 따라 다르긴 하지만, 대체적으로 성공하기 위해서는 지속적으로 사회와 경계선을 마련하고 거리감을 두며, 세속의 일반적인 관심에서 멀어져 자신의 세계에 몰입할 수 있을 때에 성공은 한 걸음 더 가까이 오게 된다. 그러기 위해서는 사회로부터 오는 세속적인 유혹을 차단하고 방어하며 자신을 지킬 수 있어야 한다. 그렇지 못하면 자신만의 귀중한 시간을 확보할 수 없으며, 관습에 젖어 목전(目前)의 즐거움과 좋은 소리를 듣기 위한 인기(人氣)에 영합하여 흔들리게 되어, 남과 사회를 위해 자신을 빼앗기게 될 것이기 때문이다.

셋째, 자기에게 주어진 숙명을 개척할 수 있어야 한다. 누구나 살다 보면 한두 번은 자신의 삶의 노정에서 숙명(宿命)이라는 어려움을 만나게 된다. 이럴 때 꼭 이 숙명이라는 무서운 파고(波高)를 극복함으로써 험난한 강을 무사히 건너야 한다. 여기서 말하는 숙명은 피할 수 없는 불운(不運)으로, 이것을 극복하기 위해서는 지혜가 필요하다. 이 재난(災難)과도 같은 불운을 어떻게 극복할 것인가는 정말 생의 문제에서 가장 어려운 과제가 아닐 수 없다. 만약에 숙명을 개척했다면 충분히 성공을 이룰 수 있는 힘을 보유하게 된 셈이다.

넷째, 명확한 꿈에 대한 목표를 가져야 한다. 노력하는 동안은 방황하게 되고, 때로는 헛수고가 아닌가 하고 의아심이 들 때도 있을 것이다. 하지만 성공자는 반드시 실패의 두려움을 무릅쓰고, 헛수고가 될 수 있을망정 일단은 시도하고 노력을 아끼지 않은 사람들이다. 성공의 대가는 오직 헛수고를 치르면서도 앞으로 과감히 도전을 한 사람이다. 10번 실패의 두려움보다도 한 번 성공을 붙잡기 위해 승부를 걸게 된다. 우리는 반드시 알아야 한다. 헛수고 속에서 성공할 수 있는 기회를 잡을 수 있어야 한다는 것을 말이다.

다섯째, 지속적인 인내심을 갖고 꾸준히 독서를 하여 지식의 영토를 넓혀 나가야 한다. 성공적인 삶은 창조력에 의해 결정된다. 이와 같이 독서 속에서 꿈이 성장하고, 그 힘으로 성공을 이룰 수 있기 때문이다. 성공이란 인내심의 열매이다, 즉 끝이 보이지 않는 어두운 터널을 통과하기 위해, 자신의 마음을 달래가며 앞으로 전진해야 하는 인고(忍苦)의 세월을 살아가야 성공의 문을 통과할 수 있다. 즉 오랜 세월 한 가지 목표를 세우고 열심히 노력하다 보면, 끝에 가서는 성공과 만나게 되는 것이 삶의 길이다. 다만 안으로 지속적으로 힘을 쌓고 기르게 되면, 낮은 곳에서 높은 곳으로 도약할 수 있는 기회가 반드시 찾아오기 마련이다. 그러니 남모르게 보이지 않는 노력이 있어야 하겠다. 수많은 성공한 사람들에게 한 가지 공통점이 있다면, 역경을 이겨냈다는 점이다.

여섯째, 자신의 내면에서 도덕적인 삶의 완성을 이루기 위해 내면적인 규범을 지키며 선하게 살아가야 한다. 꼭 기독교 정신은 아닐지라도 『상담목회』(심수명, 2008)에서는 "인간의 삶을 현실만 보는 것이 아니라, 내세(來世)까지도 계산에 넣는 것이다. 이 정신은 현세에서의 생명을 그 자체로서 끝으로 보지 않고, 또 다른 생명을 위한 준비로 보며, 이 세상을 우리의 영원한 고향으로 보는 것이 아니라 잠정적인 피난처로 본다."라고 기술하고 있다. 즉 아주 맑고 깨끗하게 덕을 갖춘 사람으로 내생(來生)의 삶을 준비하는 데 있어서 아무런 걸림이 없도록 철저히 자신을 잘 관리하여, 죄를 짓지 않고 현세를 살아가는 것이다. 이런 사람들은 무엇보다도 자신의 내면을 충실히 채우도록 지식과 인격을 소중히 다루며, 자신의 영혼과 관련된, 즉 정신과 마음을 잡념과 해악(害惡)으로부터 지켜낸다. 그리고 이런 사람들은 반드시 성직자는 아닐지라도 신앙인처럼 종교적 계율을 지키도록 노력하며, 비록 금욕적인 엄한 생활을 하지는 않는다 하더라도, 되도록이면 성결하게 살려고 노력한다.

금욕적인 생활을 하려고 노력하는 사람은 쾌락에만 의존해서 살아가는 사람은 아니다. 자기 나름대로 최선을 다해 내면의 규율을 지킨다. 이런 생활로 자신을 보존하며 지킴으로써 선량하게 살아간다. 이런 사람들은 외부적으로 명성을 얻어 이름을 떨치기보다는, 조용한 마음의 평화를 더 귀중하게 여기며 살아가는 사람들이다. 삶의 목표라고 할까? 생(生)의 의미를 조용한 가운데 느끼며 남에게 죄를 짓지 않고, 평화스러운 가운데 삶에 만족을 두고 살아가는 사람들이다. 분명히 우리는 이런 사람들도 성공자의 영역에 포함시켜야 할 것으로 믿는다.

참고문헌

G.W.F. 헤겔(2005). 정신현상학 1, (주)도서출판사 한길사

지그지글러(2003). 정상에서 만납시다, 산수야

조성내(2001). 인생은 가지고 와서 가지고 간다, 선재

조지 베일런트.(2010). 행복의 조건, 프런티어

김부식(2009). 삼국사기, 동서문화사

마르쿠스 아우렐리우스(2007), 명상록, 신세기북스

일연(2003). 삼국유사, 을유문화사

법정(1976). 무소유(無所有), 범우사

정재걸(2001). 한국의 전통교육 만두 모형의 교육관, 한국교육신문사

존 그레이(2002). 화성에서 온 남자 금성에서 온 여자, 친구미디어

세네카(2007). 세네카 인생론, 동서문화사

최효선 역해(1997). 장자, 고려원

법정(2008). 살아 있는 것은 다 행복하라, 조화로운 삶

김용옥(1992). 노자와 21세기(하), 통나무

권오돈 역해(1993). 예기(禮記), 홍신문화사

톨스토이(2007). 톨스토이의 인생일기, 신원문화사

이상옥 역해(2009). 육도삼략, 명문당

앤서니 라빈스(2002). 네 안에 잠든 거인을 깨워라, 씨앗을 뿌리는 사람

쇠렌 키르케고르(2005). 불안의 개념, 한길사

유성은(1988). 시간 관리와 자아실현, 숭문출판사

등용 지음(2001). 불멸의 지도자 등소평, 김영사

로베르 뮈샹블레(2006). 천년의 역사, 박영률출판사

김경동 외(2010). 인문학콘서트 KTV 한국정책방송 인문학 열전 1, 이 숲

콜린 에번스(2003). 음모와 집착의 역사, 이마고

앤서니케니(2004). 서양철학사, 이제이북스

파울로코엘료(2006). 연금술사, 문학동네

루돌프슈타이너(2001). 교육은 치료다, 물병자리

파스칼(2006). 팡세, 민음사

홍성욱역해(1997). 시경(詩經), 고려원

장 프랑수아르벨 & 마티유 리카르(1999). 승려와 철학자, 창작시대

김재권 펴냄(1990). 한영 현대인의 성경, 생명의 말씀사

심수명(2010). 정신역동상담, 도서출판 다세움

박지원(2008). 열하일기(하), 도서출판 그린비

박지원(2009). 열하일기(상), 도서출판 그린비

김홍경(2003). 노자, 도서출판들녘

서대원(2009). 주역 강의, (주)을유문화사

하야가와 이쿠오(2008). 이상한 생물 이야기, 황금부엉이

로널드 페어베언(2003). 성격에 관한 연구, 한국심리연구소

역자(譯者) 한청광(2006). 방중술, 은광사

홍사중(2008). 늙는다는 것 죽는다는 것, 로그인

호아킴데포사다·엘런싱어(2005). 마시멜로 이야기, 한국경제신문 한경 BP

헨리 데이빗 소로우(2010). 월든, ㈜도서출판 이레

한당(2006). 천서, 석문출판사

요한 볼프강 폰 괴테(2016). 파우스트, 민음사

Larry A. Hjelle, Daniel J. Ziegler(1983). 성격심리학, 법문사

김학주(2003). 공자의 생애와 사상, 명문당

소병(蕭兵, 2003). 노자와 성, ㈜문학동네

짐콜린스·윌리엄레지어(2004). 짐 콜린스의 경영전략, 위즈덤하우스

소포클레스(2010). 오이디푸스 왕, ㈜민음사

새뮤얼 스마일스(2006). 자조론/인격론, 동서문화사

박영덕(1993). 차마 신이 없다고 말하기 전에, 한국기독학생회출판부

이상태·김종록(1999). 독서와 작문의 길잡이, 형설출판사

한나아렌트(1997). 인간의 조건, 삼성출판사

프리드리히 니체(1987). 인간적인 너무나 인간적인, 동서문화사

몽테뉴(2015). 몽테뉴 수상록, 동서문화사

최평규(2012). 달라이 라마, 물음에 답하다, 도서출판모시는사람들

권오민(2015). 인도철학과 불교, 도서출판 민족사

지허스님(2011). 선방일기, 불광출판사

현진스님(2017). 행복은 지금 여기에, 조계종출판사

스티븐코비(2011). 성공하는 사람들의 7가지 습관, 김영사

세익스피어(2006). 햄릿, 혜원출판사